O RISCO NOS CONTRATOS DE ALIENAÇÃO

Contributo para o estudo do Direito privado português

NUNO AURELIANO

Assistente da Faculdade de Direito da Universidade de Lisboa

O RISCO NOS CONTRATOS DE ALIENAÇÃO

Contributo para o estudo do Direito privado português

ALMEDINA

O RISCO NOS CONTRATOS DE ALIENAÇÃO
Contributo para o estudo do Direito privado português

AUTOR
NUNO AURELIANO

EDITOR
EDIÇÕES ALMEDINA, SA
Av. Fernão Magalhães, n.° 584, 5.° Andar
3000-174 Coimbra
Tel.: 239 851 904
Fax: 239 851 901
www.almedina.net
editora@almedina.net

PRÉ-IMPRESSÃO I IMPRESSÃO I ACABAMENTO
G.C. – GRÁFICA DE COIMBRA, LDA.
Palheira – Assafarge
3001-453 Coimbra
producao@graficadecoimbra.pt

Abril, 2009

DEPÓSITO LEGAL
293 125/09

Os dados e as opiniões inseridos na presente publicação
são da exclusiva responsabilidade do(s) seu(s) autor(es).

Toda a reprodução desta obra, por fotocópia ou outro qualquer
processo, sem prévia autorização escrita do Editor, é ilícita
e passível de procedimento judicial contra o infractor.

Biblioteca Nacional de Portugal – Catalogação na Publicação

AURELIANO, Nuno

O risco nos contratos de alienação : contributo para
o estudo do Direito privado português. – (Teses de
mestrado)
ISBN 978-972-40-3840-7

CDU   347

Em memória do meu avô

Para a minha mãe

NOTA PARA PUBLICAÇÃO

O estudo que agora se publica corresponde, no essencial, à dissertação de mestrado em Ciências Jurídicas apresentada em 27 de Março de 2006 na Faculdade de Direito da Universidade de Lisboa, e discutida publicamente em 03 de Julho de 2007, perante um júri constituído pelos Senhores Professores Doutores Luís Menezes Leitão (presidente e orientador), Joaquim de Sousa Ribeiro (arguente), Manuel Carneiro da Frada (arguente) e Maria João Estorninho.

O momento da publicação foi aproveitado para a simplificação do texto, aditamento e actualização de algumas referências legislativas, jurisprudenciais e doutrinais entretanto surgidas, bem como para o abreviar do método de referências e citações.

***

É devido um agradecimento ao Senhor Professor Doutor Luís Menezes Leitão, por ter aceite o encargo da orientação da tese que subjaz a este trabalho, bem como pela disponibilidade demonstrada e indicações fornecidas ao longo da sua feitura. Por outra via, consigno também um agradecimento aos outros membros do júri, em especial aos seus dois arguentes, cujos juízos, observações e críticas contribuíram para enriquecer o seu conteúdo e forma.

São ainda credores de uma palavra de reconhecimento os Senhores Professores Doutores José de Oliveira Ascensão, Pedro Romano Martinez e Manuel Januário da Costa Gomes, de quem, em conjunto com o Senhor Professor Doutor Luís Menezes Leitão, recebi ensinamentos e orientação durante a parte escolar do mestrado em Ciências Jurídicas.

Por fim, agradeço a todos os que, na Faculdade ou fora dela, acompanharam e incentivaram o meu percurso académico, e, em especial, à Susana Pinto e ao Ricardo Ribeiro, amigos de sempre, que abdicaram do seu tempo para auxiliarem na revisão do texto. E, claro, à Inês. Por tudo.

MODO DE CITAÇÃO E ABREVIATURAS

A indicação bibliográfica completa das obras citadas consta da bibliografia apresentada a final, sendo referido o título de cada obra aquando da sua primeira citação, bem como a sua edição. Cada obra é depois identificada de forma abreviada – consoante a referência constante da bibliografia – ou através da expressão *ob. cit.*.

Salvo indicação em contrário, é empregue a última edição de cada uma das obras referidas na bibliografia.

Todas as disposições legais que não se mostrem específica ou contextualmente identificáveis pertencem ao Código Civil em vigor.

São empregues as seguintes abreviaturas:

a.	– ano
AAFDL	– Associação Académica da Faculdade de Direito de Lisboa
ac.	– acórdão
ACC	– Anteprojecto de Código do Consumidor
ADC	– *Anuario de Derecho Civil* (Espanha)
ADL	– *Annales de Droit de Louvain* (Bélgica)
AHDE	– *Anuario de Historia del Derecho Español* (Espanha)
al. (als.)	– alínea (alíneas)
AJCP	– *American Journal of Comparative Law* (Estados Unidos da América)
art. (arts.)	– artigo (artigos)
AUDCG	– Acto uniforme relativo ao Direito Comercial Geral (OHADA)
BFD	– Boletim da Faculdade de Direito (Universidade de Coimbra)
BFDBis	– Boletim da Faculdade de Direito de Bissau (Guiné--Bissau)
BGB	– *Bürgerliches Gesetzbuch* (Alemanha)
BMJ	– Boletim do Ministério da Justiça

C.	– Código de Justiniano
cap. (caps.)	– capítulo (capítulos)
CCes	– *Código Civil* (Espanha)
CCfr	– *Code Civil* (França)
CCit	– *Codice Civile* (Itália)
CCiv	– Código Civil
CCom	– Código Comercial
CComes	– *Código de Comercio* (Espanha)
CComfr	– *Code Commercial* (França)
CCse	– Código Civil de 1867
CCG	– Cláusulas contratuais gerais
CCTF	– Cadernos de Ciência e Técnica Fiscal
CDP	– Cadernos de Direito Privado
CE	– Código das Expropriações (Lei n.º 168/99, de 18 de Setembro, alterada)
cfr.	– confronte, confira
CI	– *Contratto e Impresa* (Itália)
CIMI	– Código do Imposto Municipal sobre Imóveis (Anexo I do Decreto-Lei n.º 287/2003, de 12 de Novembro, alterado)
CIMTOI	– Código do Imposto Municipal sobre as Transmissões Onerosas de Imóveis (Anexo II do Decreto-Lei n.º 287/ /2003, de 12 de Novembro, alterado)
CIRE	– Código da Insolvência e da Recuperação de Empresas (Decreto-Lei n.º 53/2004, de 18 de Março, alterado)
CJ	– Colectânea de Jurisprudência
CJ (STJ)	– Colectânea de Jurisprudência (Supremo Tribunal de Justiça)
CLYIB	– *Comparative Law Yearbook of International Business*
CPCiv	– Código de Processo Civil
CRP	– Constituição da República Portuguesa
CRPre	– Código de Registo Predial
CRom	– Convenção de Roma sobre a lei aplicável às obrigações contratuais (1980)
CSC	– Código das Sociedades Comerciais
CT	– Código do Trabalho
CVM	– Código de Valores Mobiliários (Decreto-Lei n.º 486/99, de 13 de Novembro, alterado)
CVVIM	– Convenção de Viena sobre a compra e venda internacional de mercadorias (1988)

D.	– Digesto
DC	– Direito e Cidadania (Cabo Verde)
DDP	– *Digesto delle Discipline Privatistiche* (Itália)
DI	– *Digesto Italiano* (Itália)
Dir	– O Direito
DJ	– Direito e Justiça
DR	– Diário da República
DVBC	– Directiva sobre certos aspectos da venda de bens de consumo (Directiva 1999/44/CE, de 25 de Maio).
EBLR	– *European Business Law Review*
ed.	– edição
Ed. (Eds.)	– Editora (Edições)
ED	– *Enciclopedia del Diritto* (Itália)
EDC	– Estudos de Direito do Consumidor
EDP	– *Europa e Diritto privato*
EH	– Estudos em Homenagem/Estudos em Honra
EIDC	– Estudos do Instituto do Direito do Consumo
EJB	– *Enciclopedia Jurídica Básica* (Espanha)
EM	– Estudos em Memória
ERPL	– *European Review of Private Law*
f.	– fascículo
GRL	– Gazeta da Relação de Lisboa
I.	– Instituições de Justiniano
ICLQ	– *International and Comparative Law Quarterly* (Grã-Bretanha)
INCOTERMS	– *International Commercial Terms 2000* da Câmara de Comércio Internacional
IURA	– *Rivista Internazionale di Diritto Romano e Antico* (Itália)
JCPSJ	– *Juris-Classeur Périodique, La Semaine Juridique* (França)
JDI	– *Journal du Droit International* (França)
JOCE	– Jornal Oficial da União Europeia
JS	– *Juristiche Schulung* (Alemanha)
JURA	– *Juristiche Ausbildung* (Alemanha)
JUS	– *Rivista di Scienze Giuridiche* (Itália)
JZ	– *Juristenzeitung* (Alemanha)
LCCG	– Lei das cláusulas contratuais gerais (Decreto-Lei n.º 446/85, de 25 de Outubro, alterado).
LDC	– Lei de defesa do consumidor (Lei n.º 24/96, de 31 de Julho, alterada)

LQR	– *Law Quarterly Review* (Grã-Bretanha)
LULL	– Lei Uniforme de Letras e Livranças, de Genebra (aprovação interna pelo Decreto-Lei n.º 23.721, de 29 de Março de 1934),
LUS	– Lusíada – Revista de Ciência e Cultura
LUVI	– Lei uniforme de venda internacional de mercadorias (1972)
LVBC	– Lei sobre certos aspectos da venda de bens de consumo (Decreto-Lei n.º 67/2003, de 8 de Abril, alterado)
M.c.	– Modo de citar
MJ	– Maia Jurídica
MKBGB	– *Münchener Kommentar zum Bürgerlichen Gesetzbuch* (Alemanha)
n. (ns.)	– nota (notas)
n.º	– número
NDI	– *Nuovo Digesto Italiano* (Itália)
NGCC	– *La Nuova Giurisprudenza Civile Commentata* (Itália)
NJW	– *Neue Juristische Wochenscrift* (Alemanha)
NLCC	– *Le Nuove Leggi Civili Commentate* (Itália)
NssDI	– *Novissimo Digesto Italiano* (Itália)
O.A.	– Ordenações Afonsinas
O.F.	– Ordenações Filipinas
O.M.	– Ordenações Manuelinas
OHADA	– Organização para a harmonização do Direito dos negócios em África
QRDP	– *Quadrimestre Rivista di Diritto Privato* (Itália)
p.	– página
PCCI	– Princípios relativos aos contratos comerciais internacionais (*Unidroit*)
PCEC	– Projecto de Código Europeu dos Contratos (Academia de Pavia)
PDDC	– Proposta da Comissão das Comunidades Europeias de Directiva relativa aos direitos dos consumidores (publicada no JOCE de 08 de Outubro de 2008)
PECL	– *Principles of European Contract Law* (Comissão Lando)
PGR	– Procuradoria Geral da República
pr.	– proémio
prt.	– parte

RAU	– Regime jurídico do arrendamento urbano (Decreto-Lei n.º 321-B/90, de 15 de Outubro, alterado, e, depois, revogado pelo art. 60.º, n.º 1, da Lei n.º 6/2006, de 27 de Fevereiro)
RBDC	– Revista Brasileira de Direito Comparado (Brasil)
RC	– Relação de Coimbra
RDC	– *Rivista di Diritto Civile* (Itália)
RDCDGO	– *Rivista del Diritto Commerciale e del Diritto Generale delle Obbligazioni* (Itália)
RDE	– Revista de Direito e Economia
RDES	– Revista de Direito e Estudos Sociais
RDIPP	– *Rivista di Diritto Internazionale Privado e Processuale* (Itália)
RDP	– *Revista de Derecho Privado* (Espanha)
RDPatr	– *Revista de Derecho Patrimonial* (Espanha)
RDRHP	– Regime jurídico do direito real de habitação periódica (Decreto-Lei n.º 275/93, de 5 de Agosto, alterado)
RDU	– *Revue de Droit Uniforme*
RDULB	– *Revue de la Faculté de Droit de la Université Libre de Bruxelles* (Bélgica)
RE	– Relação de Évora
REDC	– *Revue Européenne de Droit de la Consommation*
reimp.	– reimpressão
RFDUL	– Revista da Faculdade de Direito da Universidade de Lisboa
RFDUP	– Revista da Faculdade de Direito da Universidade do Porto
RIDA	– *Revue Internationale des Droits de l'Antiquité* (Bélgica)
RIDC	– *Revue Internationale de Droit Comparé*
RIFD	– *Rivista Internazionale di Filosofia del Diritto* (Itália)
RJAAFCL	– Revista Jurídica da Associação Académica da Faculdade de Direito de Lisboa
RJC	– *Revista Jurídica de Cataluña* (Espanha)
RJUPIDH	– Revista Jurídica da Universidade Portucalense Infante D. Henrique
RLF	– Regime jurídico do contrato de locação financeira (Decreto-Lei n.º 149/95, de 24 de Junho, alterado)
RLJ	– Revista de Legislação e Jurisprudência
ROA	– Revista da Ordem dos Advogados

RP	– Relação do Porto
RPJ	– *Revista del Poder Judicial* (Espanha)
RS	– *Rivista delle Società* (Itália)
RSI	– Regime jurídico dos serviços da sociedade da informação (Decreto-Lei n.º 7/2004, de 7 de Janeiro)
RT	– Revista dos Tribunais
RTDC	– *Revue Trimestrielle de Droit Civil* (França)
RTDCDE	– *Revue Trimestrielle de Droit Commercial et de Droit Economique* (França)
RTDPC	– *Rivista Trimestrale di Diritto e Procedura Civile* (Itália)
S.	– sentença
s/d	– sem data
Sep.	– Separata
SGA	– *Sale of Goods Act* (Inglaterra)
SI	– *Scientia Iuridica*
s/p	– sem paginação
StI	– Studia Iuridica
ss.	– seguintes
STJ	– Supremo Tribunal de Justiça
t.	– tomo
TCA	– Tribunal Central Administrativo
THEMIS	– Revista da Faculdade de Direito da Universidade Nova de Lisboa
ún.	– único
v.	– volume

SUMÁRIO

1. Introdução
O risco
    O delinear de um conceito legalmente pressuposto
    Delimitação da investigação
        O risco inerente à titularidade de um direito real
        Risco e a responsabilidade pelo risco
        Risco e o incumprimento obrigacional
        Risco e a alteração das circunstâncias
        Risco e contratos aleatórios
    Os desdobramentos do risco contratual
        O risco da prestação
        O risco da contraprestação
        O risco enquanto perda patrimonial contratualmente fundada
Os contratos de alienação
    Conceito e âmbito dos contratos de alienação
    O momento de constituição e transferência de direitos reais
    O momento da formação do contrato

2. Evolução histórica
Direito romano
Das Ordenações do Reino ao período pré-codificador
O Código Civil de Seabra

3. Algumas experiências e modelos de Direito estrangeiro e internacional
Razão de ordem
Direito estrangeiro
    Direito francês
    Direito espanhol
    Direito alemão
    Direito italiano
    Direito inglês

Direito internacional e modelos regulatórios
A Convenção de Viena sobre a Compra e Venda Internacional de Mercadorias
O Acto Uniforme da OHADA relativo ao Direito Comercial Geral
Os INCOTERMS
O anteprojecto de Código Europeu dos Contratos
Os Princípios *Unidroit* relativos aos Contratos Comerciais Internacionais
Os *Principles of European Contract Law*

4. O regime jurídico do risco nos contratos de alienação
Risco obrigacional e risco real
Risco real
A conexão com o momento de constituição ou de transferência de direitos reais
O regime geral de alienação de coisa presente e determinada
A alienação de coisa futura
A alienação de coisa indeterminada
Em geral
Obrigações alternativas
Obrigações genéricas
A alienação de direitos reais menores
A conexão com o tempo e o lugar do cumprimento das obrigações contratuais
Em geral
O termo para a entrega da coisa constituído a favor do alienante
Coisa a ser transportada para lugar distinto do lugar do cumprimento
O risco na transmissão não imediata ou precária da propriedade
A alienação subordinada a condição suspensiva
A alienação subordinada a condição resolutiva
A alienação subordinada a termo suspensivo
A cláusula de reserva de propriedade
Contratos de alienação paradigmáticos
A compra e venda
Em geral
A compra e venda a contento e sujeita a prova
A compra e venda a retro
A compra e venda de coisa em viagem
A locação-venda
A compra e venda de bens de consumo
A troca
A doação
O mútuo e o depósito irregular
A dação em cumprimento
A alienação fiduciária em garantia

Contratos eventual ou acessoriamente alienatórios
    A sociedade e a obrigação de entrada do sócio
    A empreitada
    O mandato sem representação para aquisição
    O contrato estimatório ou de consignação
A distribuição do risco em alguns contratos com efeitos meramente obrigacionais
    O comodato
    O depósito
    A locação
    A locação financeira
    A parceria pecuária
    O contrato-promessa de compra e venda com tradição da coisa prometida alienar
Risco e crise contratual
    A mora do devedor
    A mora do credor
    A invalidade do contrato
    A resolução do contrato
Risco e autonomia privada

5. Esboço de síntese do regime jurídico vigente

A tentativa de formulação de um princípio geral no ordenamento jurídico português: em busca do tempo perdido?

Movimento diacrónico de alteração de paradigmas ou de eterno retorno?

1. INTRODUÇÃO

A presente dissertação possui como objecto o estudo e análise dos paradigmas de distribuição do risco contratual nos contratos de alienação.

Sendo o risco tomado como um dos problemas mais obscuros do Direito privado[1], a sua distribuição no domínio contratual pressupõe, como termo *a quo*, a superação das dificuldades de definição do seu próprio conceito, bem como a sua inserção numa estrutura específica de transmissão dominial. A fixação semântica das noções de risco e de alienação constitui, deste modo, o primeiro pressuposto da investigação a empreender, sem a qual a indagação dos fundamentos que presidem à suportação do sacrifício patrimonial ocorrido por uma das partes contratuais se revela inexequível.

Não obstante, repudiando o unilateralismo das construções usualmente apresentadas, serão objecto de análise alguns contratos que, apesar de compreenderem a obrigação de entrega ou de restituição de uma coisa corpórea, não determinam a produção de efeitos reais, sendo também ponderado o enquadramento estritamente obrigacional de contratos tipificados como alienatórios pelo sistema jurídico português. Qualquer outra orientação representaria negligência grosseira perante a origem histórica e a arrumação dogmática de alguns dos tipos contratuais paradigmáticos noutros ordenamentos jurídicos, em si mesma violadora da directriz histórico--cultural subjacente a todo o Direito privado.

O rumo traçado conduz à atribuição de uma especial primazia – dogmática e factual – ao contrato de compra e venda, tipo contratual em torno do qual se encontra cristalizada a maior parte da elaboração normativa e doutrinária existente. Trata-se, porém, de uma simples predominância, a qual, sob pena do ocaso da categoria contratual alienatória, não deve ser absolutizada.

---

[1] Cfr., ainda no domínio do CCse, CUNHA GONÇALVES, *Tratado de Direito Civil em comentário ao Código Civil Português*, *v. IV*, p. 538.

20   *O Risco nos Contratos de Alienação*

Uma vez realizada a necessária delimitação conceptual e efectuado o percurso de análise das soluções de distribuição do risco consagradas em períodos históricos antecedentes e em ordenamentos jurídicos próximos, passar-se-á à abordagem, necessariamente enriquecida, refundada e relegitimada, do ordenamento jurídico vigente. Neste momento serão enunciadas e testadas as regras e princípios que enformam a estrutura substancial do tema versado, através da sua aplicação aos diversos tipos e subtipos contratuais alienatórios. Após a consideração sumária de alguns contratos obrigacionais típicos, seguir-se-á ainda uma articulação das soluções obtidas com a perturbação e o inquinamento do vínculo contratual, bem como com a orientação que possa dimanar da autonomia privada.

A síntese final resultará da equação conjunta de todos os vectores compulsados, considerando em particular a orientação resultante da DVBC, e os desenvolvimentos provenientes da autonomização normativa de alguns contratos de alienação celebrados por consumidores. Todavia, do seu confronto com a orientação que se considera subjacente ao Código Civil, resulta, aparentemente, mais um ponto de partida do que um ponto de chegada. A unificação das suas soluções pode, afinal, encontrar-se meramente dependente de um juízo de distribuição do risco contratual não reconduzível ao clássico paradigma *res perit domino*. É que, como se procurará demonstrar, a repetição deste brocardo encontra esteio, apenas, numa permanente abstracção dogmático-factual.

1.1. O risco

1.1.1. *O delinear de um conceito legalmente pressuposto*

I. O risco é um dos conceitos com maior número de aplicações na dogmática jurídica. O simples compulsar das disposições legais do CCiv a si respeitantes é elucidativo daquela diversidade, encontrando paralelo no obscurantismo da raiz etimológica da palavra. Não obstante, a consideração dos diversos significados assumidos pela expressão não deve olvidar que o seu âmago se reconduz, na presente análise, à dedução de uma regra de justiça comutativa contratualmente fundada, e não a um bosquejo puramente conceptual.

Em termos etimológicos, a palavra risco pode constituir uma derivação das expressões latinas *"rixare"* (querela) ou *"resecare"* (cortar ou

Introdução   21

separar), embora uma aproximação ao grego actual *"rhizikon"* (acaso) seja também admissível[2]. Atenta a sua tendencial sinonímia, a averiguação da origem da palavra *periculum* não se apresenta de igual modo despicienda. Este corresponde a *"perire"*, que, constituindo a voz passiva do verbo *"perdere"*, possui como sinónimos *"destruere"*, *"evertere"* e *"amittere"* (aniquilar, destruir e perder), encontrando-se de igual modo próximas as expressões *"interire"* e *"perimere"* (falecer e extinguir)[3].

O risco assume-se, ainda, como um fenómeno sociocultural com raízes profundas, embora um entendimento simplesmente tributário desta concepção enferme, em permanência, de dificuldades gnoseológicas e linguísticas insuperáveis[4].

II. A pluralidade etimológica inventariada encontra correspondência na fertilidade semântica de "risco"[5].

Possuindo um conteúdo normativo variável, a expressão força o intérprete à permanente averiguação do contexto normativo-linguístico-

---

[2] Cfr. AA.VV., *Dicionário da Língua Portuguesa Contemporânea da Academia das Ciências de Lisboa*, v. *II*, p. 3264, mencionando a sua "origem obscura"; MILLET, *La notion de risque et ses fonctions en droit privé*, p. 2; e VOIDEY, *Le risque en droit civil*, p. 12. No Direito alemão, o denominado *"Risikoverteilung"* é identificado com a locução *"Gefahr"* (cfr. FIKENTSCHER, *Schuldrecht*[7], p. 235).

[3] Cfr. AA.VV., *Dicionário da Língua Portuguesa Contemporânea*, p. 2823; ORLANDO, *Rischio e vendita internazionale*, p. 25, identificando o *"periculum"* como uma situação de risco em que o sacrifício surge como provável; e ALONSO PÉREZ, *El riesgo en el contrato de compraventa*, p. 91. No D. 50, 16, 9 (ULPIANO) refere-se que a palavra "pereceu" compreende o cortado, o destruído e o arrebatado com violência (*"(...) verbo "periisse et scissum, et fractum contineri, et vi raptum"*). Em paralelo, a expressão álea assume também uma raiz etimológica duvidosa, podendo derivar de uma expressão grega tradutora da incerteza, ou do nome de um soldado grego que, durante a guerra de Tróia, haveria inventado o jogo dos dados (cfr. CARAVELLI, *Alea*, p. 307; e SCALFI, *Alea*, p. 253).

[4] Neste sentido, cfr. COSSIO, *La transmisión de la propiedad y de los riesgos en la compra-venta de cosas genéricas*, p. 597, menciona que *"la idea del riesgo va implicita en todos los seres temporales y contingentes, afectando, por lo tanto, por igual a los hombres y a las cosas que se encontran por su naturaleza, destinados a perecer, y cuya existencia presente supone una continua incertidumbre acerca del mañana"*. Com efeito, apesar da bondade intrínseca à observação, não se vislumbra qualquer desenvolvimento dogmático que nesta se possa fundar.

[5] Cfr. ORLANDO, *ob. cit.*, p. 67, que sublinha a elipticidade de expressões e formulações; e VOIDEY, *ob. cit.*, p. 197, segundo o qual *"la notion de "risque" est une idée complexe en ce sens qu'elle désigne à la fois la notion centrale de "risque", la représentation d'ensemble de l'idée, et chacun des éléments distincts appréhendés"*.

-semântico em que surge a sua referência. Assim, cumulativamente com o paradigmático risco de perecimento ou deterioração da coisa[6], surgem alusões a alguns dos seus eventos concretizadores[7], bem como ao denominado risco de insolvência ou de crédito[8]. Por outra via, as referências normativas relacionadas com a perda ou deterioração não imputáveis, acidentais ou por caso fortuito de bens, convocam também a questão da atribuição do risco, embora algumas se revelem exteriores ao fenómeno contratual[9]. Acresce finalmente que, apesar da superação do binómio caso

---

[6] Cfr. os arts. 673.º (uso da coisa empenhada); 796.º (risco); 797.º (promessa de envio); 807.º (risco na mora do devedor); 938.º, n.º 1, als. a) e c) (venda de coisa em viagem); 984.º (execução da prestação, garantias e risco da coisa no contrato de sociedade); 1126.º (risco na parceria pecuária); 1228.º, n.º 1 (risco da obra na empreitada); e 1465.º, n.º 1 (risco da perda da soma usufruída).

[7] Cfr. o art. 1429.º, n.º 1 (seguro obrigatório contra o risco de incêndio no prédio constituído em propriedade horizontal).

[8] Cfr. os arts. 519.º, n.º 1 (direitos do credor na solidariedade passiva); 629.º, n.º 3 (mandato de crédito); 633.º, n.º 2 (reforço da fiança); 648.º, al. b) (direito à liberação ou à prestação de caução a favor do fiador); 654.º (fiança de obrigação futura); 851.º, n.º 1 (reciprocidade de créditos na compensação). Também neste âmbito, o art. 12.º, n.º 2, do Decreto-Lei n.º 351/91, de 21 de Setembro, determina a transmissão do risco de incumprimento (do vendedor) para o financiador nas situações de crédito ao consumo (cfr. GRAVATO MORAIS, *União de contratos de crédito e de venda para o consumo*, p. 304 e 450; e o ac. do STJ de 05 de Dezembro de 2006 in CJ (STJ) 2006-III, p. 151). Outra manifestação do mesmo fenómeno pode surgir na cessão de créditos, a respeito da garantia prestada pelo cedente quanto à solvência do devedor cedido (cfr. CORRIAS, *Garanzia pura e contratti di rischio*, p. 180; e MENEZES LEITÃO, *Cessão de créditos*, p. 351, n. 173, e 355, que, embora refira a exclusão da garantia pelo cedente como um risco de crédito aproximável da regra *res perit emptoris*, perspectiva depois a situação enquanto fenómeno de responsabilidade por vício ou falta de qualidade do próprio crédito transmitido, uma vez que não existe qualquer limitação da garantia de solvência eventualmente prestada pelo cedente ao preço por este recebido do cessionário). Sobre a fiança como negócio de risco ou de perigo para o fiador cfr., por todos, COSTA GOMES, *Assunção fidejussória de dívida – Sobre o sentido e o âmbito da vinculação como fiador*, p. 119; e, subsequentemente, em *A fiança no quadro das garantias pessoais. Aspectos de regime*, p. 95.

[9] Cfr. os arts. 216.º, n.º 3 (benfeitorias); 616.º, n.º 2 (efeitos da impugnação pauliana em relação ao credor); 701.º, n.º 1 (substituição ou reforço da hipoteca no perecimento da coisa hipotecada por causa não imputável ao credor); 894.º, n.º 1 (restituição no preço na venda bens alheios); 1003.º, al. d) (exclusão do sócio no perecimento da coisa objecto de entrada não imputável aos administradores); 1044.º (responsabilidade do locatário pela perda ou deterioração da coisa); 1269.º (responsabilidade do possuidor de má fé – *a contrario sensu*); 1136.º, n.os 1 e 2 (perda ou deterioração da coisa objecto de comodato); 1323.º, n.º 4 (perda ou deterioração da coisa achada); 1453.º (perecimento natural de árvores e arbustos objecto de usufruto); 1454.º (perecimento acidental de árvores e arbustos

Introdução 23

fortuito/força maior, constam ainda da lei referências individualizadas a esta última, sendo ponderável a sua aproximação aos eventos concretizadores do risco contratual[10].

III. Como termo *a quo* na compreensão do tema em análise cumpre efectuar uma distinção intelectivo-dogmática entre o que se denomina como *risco-evento*, e o que se pode caracterizar como *risco-situação jurídica*. Destarte, o risco deve, em primeiro lugar, ser entendido como situação de facto juridicamente relevante, que, ao se identificar com o próprio evento de risco – do qual se encontra dependente a assunção de uma perda patrimonial – encontra na sua base múltiplos factores de concretização[11]. Pressuposto este substrato, o risco deve ser equacionado enquanto sacrifício, dano potencial ou quantidade negativa patrimonial, que, em termos genéricos, se identifica com a eventualidade de uma situação jurídica desfavorável[12].

---

objecto de usufruto); 1462.°, n.° 2 (usufruto sobre universalidade de animais); 1478.°, n.° 1 (perda parcial do usufruto); 2109.°, n.° 2 (colação de bens – *a contrario sensu*); 2112.° (perda da coisa doada objecto de colação); e 2175.° (perecimento de bens doados objecto de redução de liberalidade).

A destruição da coisa – referida nos arts. 1428.°, n.° 1 (destruição do edifício objecto de propriedade horizontal), 1479.° (destruição do edifício objecto de usufruto); e 1536.°, n.° 1, al. b), e n.° 2 (destruição do objecto do direito de superfície) – não assume, por seu turno, qualquer estruturação dogmática específica.

A lei emprega ainda a expressão "ruína", sobretudo para traduzir a destruição de coisas imóveis, embora também esta locução não apresente indícios de relevância autónoma [cfr. os arts. 94.°, n.° 4 (autorização judicial ao curador provisório na ausência); 492.°, n.° 1 (danos causados por edifícios ou outras obras); 1225.°, n.° 1 (empreitada de imóveis destinados a longa duração); e 1350.° (ruína de construção)].

[10] Cfr. os arts. 321.°, n.° 1 (suspensão da prescrição por motivo de força maior); 505.° (exclusão da responsabilidade por acidentes causados por veículos); e 509.°, n.° 2 (exclusão da responsabilidade por danos causados por instalações de energia eléctrica ou gás).

[11] Cfr., nomeadamente, MENEZES CORDEIRO, *Direito das Obrigações 2.° v.*, p. 368, definindo risco como eventualidade danosa potencial; ALPA, *Rischio contrattuale*, p. 864, entendendo o risco como qualquer acontecimento futuro, previsto ou não pelas partes, previsível ou imprevisível, que altera a economia da relação contratual; e VOIDEY, *ob. cit.*, p. 146, na alusão a um evento futuro, incerto e danoso. Já GIANDOMENICO, *Il contrato e l'alea*, p. 95, 120 e 135, considera que a referência à verificação de um evento não completamente governável pelo sujeito representa um conceito meramente descritivo.

[12] A sistematização que se segue é paralela à sistematização adoptada por GIANDOMENICO, *Il contrato*, p. 88, 91 e 210, que, sem embargo, introduz uma terceira acepção de risco (coincidente com o juízo relativo à possibilidade de um evento). Adoptando cons-

Sem prejuízo da indagação sobre a génese do sacrifício patrimonial referido, a presente análise centra-se, naturalmente, neste último, incidindo em particular sobre a sua distribuição num vínculo contratual em que a constituição ou a transmissão de direitos reais se conjuga com a assunção de obrigações pelas partes. Averiguar-se-á deste modo o risco conexo com posições jurídicas subjectivas em si mesmas consideradas, ainda que funcionalizadas a uma concreta realidade contratual e ao perecimento ou deterioração de coisas corpóreas. Paralelamente, e sem prejuízo da inventariação subsequente de realidades cuja proximidade com o âmbito versado viabiliza uma articulação profícua com o seu objecto, cumpre recortar o âmbito do risco-situação jurídica[13].

Nestes termos, não são objecto de ponderação as situações de risco pré-contratual ou que surjam, tendencialmente, no domínio do desenvolvimento não estritamente prestacional do contrato. Excluem-se então *(i)* as situações de risco de celebração do contrato para o proponente ou decla-

---

truções próximas do delineado risco-situação jurídica cfr. BAPTISTA MACHADO, *Risco contratual e mora do credor*, p. 196, por referência ao "perigo de um prejuízo que alguém suporta como titular de uma posição jurídica"; PESSOA JORGE, *Obrigações*, p. 366 e 628, aludindo aos prejuízos decorrentes de caso fortuito ou de força maior; GIAMPIERI, *Rischio contrattuale*, p. 23, considerando o suporte por uma das partes das consequências negativas derivadas da verificação de circunstâncias externas; CORRIAS, *ob. cit.*, p. 18 e 288; COSSIO, *La transmisión*, p. 599; e PINTÓ-RUIZ, *Resolución del contrato y la regla "periculum est emptoris"*, p. 702.

RESCIO, *La traslazione del rischio contrattuale nel leasing*, p. 4, refere-se, por seu turno, a uma relação de concentricidade entre três esferas distintas de risco: *(i)* o perigo de um prejuízo derivado de factos não imputáveis às partes enquanto actos ilícitos (reconduzível no essencial à responsabilidade civil obrigacional pelo risco), *(ii)* o perigo de alteração do equilíbrio contratual por efeito de circunstâncias supervenientes, e *(iii)* o perigo de prejuízo derivado da impossibilidade de uma das prestações sinalagmáticas.

Nitidamente distinta da problemática em análise é a fixação, para efeitos da aplicação do disposto no Decreto-Lei n.º 454/91, de 28 de Dezembro, do conceito de *prejuízo patrimonial* pelo ac. do STJ n.º 1/2007, de 30 de Novembro de 2006 in DR, 1.ª série, n.º 32, de 14 de Fevereiro de 2007, p. 1156-1159, coincidindo este com "o não recebimento para si ou para terceiro, pelo portador do cheque, aquando da sua apresentação a pagamento, do montante devido, correspondente à obrigação subjacente relativamente à qual o cheque constituía meio de pagamento".

[13] Movemo-nos, assim, no âmbito da concretização do conceito abstracto de risco, embora ainda não por referência a uma espécie de risco (cfr. ORLANDO, *ob. cit.*, p. 16 e 18, referindo a necessidade de ponderação, em cada caso, do tipo de sacrifício a que o intérprete se pretende referir; e MILLET, *ob. cit.*, p. 8, na alusão ao risco como categoria de imputação e instrumento de repartição).

Introdução 25

rante (que constituem uma concretização específica do risco associado à existência de um estado de sujeição), *(ii)* o risco de não reflexão ponderada aquando da celebração de um contrato, *(iii)* o risco linguístico em relação a declarações negociais não emitidas em língua materna, *(iv)* o risco de interpretação errónea do contrato, *(v)* o risco de erro, *(vi)* o risco associado à verificação de uma condição suspensiva ou resolutiva, *(vii)* o risco de aquisição tabular por terceiro[14] ou *(viii)* o risco da determinação da prestação por terceiro[15]. Cumulativamente, não são objecto de análise elementos sectoriais do fenómeno risco, de que são exemplo o risco segurado[16], o risco de empresa[17] ou a denominada álea terapêutica[18]. Extravasam de igual modo o âmbito proposto vectores estruturais como o risco de inflação[19],

---

[14] Cfr. González, *A realidade registal predial para terceiros*, p. 499; Mónica Jardim, *Herdeiros e legatários testamentários e o art. 5.° do Código do Registo Predial*, p. 917; e Órfão Gonçalves, *Aquisição tabular*², p. 15, n. 6, e 40, n. 33.

[15] Cfr., nomeadamente, Boselli, *Alea*, p. 469; Scalfi, *ob. cit.*, p. 255; e Pedrosa Machado, *Sobre cláusulas contratuais gerais e conceito de risco*, p. 53.

[16] Não obstante, a análise proposta encontra também aplicação nos casos de assunção do risco contratual por terceiro, havendo então que determinar qual o contraente onerado *(i)* com o pagamento dos respectivos prémios de seguro e *(ii)* com a reclamação da pretensão indemnizatória perante a companhia seguradora. Por outra via, cumprirá ainda discernir *(iii)* qual a esfera jurídica em que se verificará a supressão ou redução das vantagens actuais que seriam proporcionadas pela coisa enquanto se aguarda a resolução de um eventual litígio, bem como *(iv)* qual a esfera jurídica que ficará diminuída em caso de insuficiência da cobertura seguradora contratada. Estes aspectos assumem particular premência no domínio do comércio internacional (cfr., nomeadamente, Moura Ramos/Bento Soares, *Contratos internacionais – Compra e venda, cláusulas penais, arbitragem*, p. 167, n. 303; e Valioti, *Passing of risk in international sale contracts: a comparative examination of the rules on risk under the United Nations Convention on Contracts for the International Sale of Goods and INCOTERMS 2000*, 2003, s/p, na referência do "*insurance risk*" cumulativamente ao "*price risk*").

[17] Este encontra concretização não apenas a respeito da actividade económica desenvolvida, mas também, por exemplo, no domínio do Direito do Trabalho (cfr. Menezes Cordeiro, *Manual de Direito do Trabalho*, p. 40 e 399, densificando-o através do direito à greve dos trabalhadores, da flutuação da produção e do regime jurídico das faltas justificadas; Romano Martinez, *Direito do Trabalho*⁴, p. 157; e Palma Ramalho, *Direito do Trabalho – Parte I Dogmática Geral*, p. 45 e 402, e em *Direito do Trabalho – Parte II Situações Laborais Individuais*, p. 77, identificando situações de quebra do sinalagma contratual ou de sinalagma imperfeito).

[18] Cfr., especificamente sobre esta, Millet, *ob. cit.*, p. 185-187; e Voidey, *ob. cit.*, p. 315-328.

[19] Este consiste no risco do credor inerente à "utilização de uma qualquer medida de valores" sendo socialmente inequívoca a assunção creditícia do risco, numa manifestação

o risco da lei aplicável e do tribunal competente[20], o risco ambiental, o risco social ou a denominada socialização do risco, sendo fantasiosa a sua recondução a um princípio ordenador comum[21].

Afastando aprioristicamente as realidades referidas, sublinha-se que a decomposição do risco-situação jurídica possui, em si mesma, uma nota de instrumentalidade, uma vez que o objectivo último de investigação reside na identificação dos fundamentos subjacentes à sua imputação e repartição entre as partes de um contrato alienatório[22].

IV. Após a definição de uma base comum de análise, cumpre delinear os termos da equação do risco-evento, nomeadamente dos elementos que se podem encontrar subjacentes à atribuição de uma perda patrimonial.

Consistindo a deterioração da coisa numa perda das suas qualidades prejudicial à sua utilização em termos finalísticos[23], a primeira delimitação do risco-evento reside no reconhecimento de uma equiparação normativa entre o *periculum interitus* (o perecimento da coisa) e o *periculum*

---

do princípio *favor debitoris* (cfr. BAPTISTA MACHADO, *Nominalismo e indexação*, p. 54; e MENEZES CORDEIRO, *Manual de Direito Bancário*[3], p. 501).

[20] Cfr., por todos, MOURA VICENTE, *Problemática internacional da sociedade da informação*, p. 230.

[21] Por isso se revela dogmaticamente inaproveitável a noção de risco proposta por MOUSSERON, *La gestion des risques par le contract*, p. 484, enquanto "*toute déviation par rapport à la ligne tracée, au projet initial social, économique ou financier dont les parties étaient initialement convenues*". De facto, consoante sublinha PEDROSA MACHADO, *ob. cit.*, p. 61, perante a relatividade do conceito, "nada adianta em termos de utilidade, funcionalidade ou operacionalidade dogmáticas se a sua recepção pelo Direito se não fizer a partir da referência ao respectivo objecto". Em sentido próximo, CARNEIRO DA FRADA, *Teoria da confiança e responsabilidade civil*, p. 699, n. 750, refere a pobreza e indefinição dogmática da noção de risco, sufragando que "o pensamento do risco carece de concretização através da definição do tipo ou modalidades dos perigos em causa e da determinação dos critérios relevantes para a sua distribuição nas diversas espécies de situações", orientação que o autor havia aliás já esboçado em *Contrato e deveres de protecção*, p. 119, n. 225.

[22] Como refere MILLET, *ob. cit.*, p. 327, "*(...) la richesse conceptuelle du risque réside alors dans l'analyse des raisons qui président au sens de l'imputation ou à la règle de répartition: la notion de risque permet alors, dans chaque cas considéré, de doter l'événement d'origine d'une rationalité propre et objectivée (...)*".

[23] Cfr. CARVALHO FERNANDES, *Lições de Direitos Reais*[4], p. 244. Em termos próximos, GONZÁLEZ, *Direitos Reais e Direito Registal Imobiliário*[3], p. 214, considera que "só em concreto se pode determinar quando é que a vicissitude sofrida pela coisa provoca a modificação do direito real ou a sua extinção", fazendo equivaler a alteração da sua função ao perecimento da coisa.

Introdução 27

deteriorationis (a sua deterioração), os quais se encontram genericamente sujeitos aos mesmos princípios jurídicos[24]. A conclusão não é infirmada pela aproximação da última figura ao regime jurídico da impossibilidade parcial, dado que este constitui apenas uma decorrência da eventual manutenção de interesse do credor na realização de algum do substrato prestacional[25], não podendo, por seu turno, o perecimento da coisa identificar-se necessariamente com o desaparecimento do objecto material da prestação[26]. Os dois conceitos adquirem, assim, um significado distinto

---

[24] A equipolência surge mesmo em domínios em absoluto estranhos ao risco contratual (cfr. os arts. 94.°, n.° 4; 216.°, n.° 3; 336.°, n.° 2; 480.°; 616.°, n.° 2; 673.°; 674.°, n.° 1; 692.°, n.° 1; 796.°, n.° 1; 807.°, n.° 1; 823.°; 894.°, n.° 1; 938.°, n.° 2; 1017.°, n.° 2; 1044.°; 1136.°, n.°s 1 e 2; 1228.°, n.° 1; 1269.°; 1323.°, n.° 4; 1480.°, n.° 1; 1889.°, n.° 1, al. a); e 2048.°, n.° 1), na sequência de uma orientação proveniente do CCse (cfr. GUILHERME MOREIRA, *Instituições do Direito Civil Português v. II – Das obrigações*[2], p. 124, n. 1; MANUEL DE ANDRADE, *Teoria Geral das Obrigações*[3], p. 426, n. 1, referindo a equiparação, salvo disposição em contrário, entre a perda, a deterioração e a mera redução de utilidade da coisa; e GALVÃO TELLES, *Manual de Direito das Obrigações t. I*[2], p. 261). Esta não era contudo a solução das Ordenações Filipinas a respeito da distribuição do risco na pendência de condição suspensiva, sendo a distinção entre a perda e a deterioração da coisa também relevante no ordenamento jurídico espanhol (cfr. *infra* p. 145 e 194).

[25] Pense-se, por exemplo, no desaparecimento de uma das chávenas do serviço de chá adquirido pelo comprador e cuja permanência em exposição na montra do estabelecimento comercial foi solicitada pelo vendedor, bem como na deterioração da coisa objecto de locação (embora este não seja, em rigor, um contrato de alienação). A manutenção da prestação possível será naturalmente acompanhada da contraprestação correspondente, de acordo com o disposto no n.° 1 do art. 793.° (cfr. GALVÃO TELLES, *Direito das Obrigações*[7], p. 475, no sentido de, nas situações em que o risco corre por conta do alienante – *maxime* por aplicação do n.° 2 do art. 796.° – não se verificar a caducidade automática do contrato na hipótese de deterioração da coisa, uma vez que o adquirente pode possuir um interesse objectivo na recepção de um objecto desvalorizado; VAZ SERRA, *Impossibilidade superveniente por causa não imputável ao devedor e desaparecimento do interesse do credor*, p. 113, n. 202, e 115, que sublinha, porém, a não conjugação do art. 793.° com o disposto no art. 796.°; e BIANCHI, *Rescissione e risoluzione dei contratti*, p. 578, aplicando o regime da impossibilidade parcial salvo a hipótese de mutação da prestação (*"aliud pro alio"*). Assim, não deixa de estar em causa um prisma distinto de análise, ponderando-se a realização da prestação devida, e não a atribuição do sacrifício patrimonial.

[26] Tal asserção é facilmente contraditada por uma lei enunciada há mais de dois séculos no domínio das ciências naturais. Segundo LAVOISIER, em todas as reacções químicas a soma das massas dos reagentes é igual à soma das massas dos produtos de reacção, pelo que, em rigor, todas as reacções químicas se resumem a trocas de átomos ("nada se perde, tudo se transforma"), elemento impeditivo de qualquer identificação entre os domínios físico e jurídico (cfr. MENEZES CORDEIRO, *Obrigações, II*, p. 174, considerando que a impossibilidade não deve ser apreciada em termos estritamente matemáticos mas antes em

da simples consideração ontológica da coisa, podendo o perecimento jurídico ocorrer apesar de a coisa ser simplesmente modificada em termos fácticos[27].

A partir da situação paradigmática de perecimento ou deterioração material da coisa desenha-se um conceito de risco coincidente com uma valoração económico-social do evento, *maxime* com factos que ocasionem a mudança de valor, de utilidade, de função ou de estatuto jurídico da coisa[28].

V. O passo seguinte reside na tendencial identificação fenoménica dos substratos possíveis do risco-evento, a qual adquire relevância aquando do seu subsequente cruzamento com institutos jurídicos como a alteração das circunstâncias.

Não se colocando quaisquer hesitações ao desencadear do mecanismo do risco contratual por parte de simples factos jurídicos naturais, como uma praga, uma epidemia, um abalo sísmico, uma tempestade, uma cheia, uma inundação, um maremoto, um ciclone, um tornado, um tufão, um nevão, um incêndio, um raio ou uma erupção vulcânica, não é todavia

---

termos sociais, não coincidentes com uma possibilidade meramente técnica ou científica; MAGAZZÙ, *Perimento della cosa*, p. 36, no reconhecimento de que, na natureza, nada é verdadeiramente destruído; e PINTÓ-RUIZ, *ob. cit.*, p. 712, na equiparação à perda total da perda parcial ou deterioração que signifiquem a privação de uma característica essencial da coisa).

[27] Os exemplos são inumeráveis. Pense-se nos destroços de um edifício objecto de incêndio ou de outro qualquer evento natural; no automóvel reduzido a sucata em consequência de acidente de viação; no cavalo de corrida manco; na lâmpada fundida; ou na hipótese de "*vinum mutatum*" a que expressamente aludia o Direito romano, traduzindo as referências à inutilização do solo e à equiparação entre a destruição do edifício e a destruição de uma parte que represente três quartos do seu valor concretizações legais das referidas asserções (cfr., respectivamente, a al. e) do n.° 1 do art. 1536.° e o n.° 1 do art. 1428.°). Em termos estritamente económicos, a perda patrimonial coincide, por seu turno, na deterioração ou perda parcial da coisa, com a determinação do contraente que suportará o encargo de colocação no mercado destas mercadorias.

[28] Cfr. LARENZ, *Lehrbuch des Schuldrechts – Zweiter Band Besonderer Teil 1. Halbband*[13], p. 96, por referência a uma "*wirtschaftliche Verlust*"; WESTERMANN, *Kommentar zum §§ 446 und 447*[3], p. 116 e 117, referindo-se ao risco como a possibilidade de emprego ou de utilização económica da coisa ("*wirtschaftliche Nutzungmöglichkeit des Käufers*"); MAGAZZÙ, *ob. cit.*, p. 36; RUBINO, *La compravendita*[2], p. 450; ALONSO PÉREZ, *El riesgo*, p. 141; ALBALADEJO, *Derecho Civil II – Derecho de obligaciones*[12], p. 532; e PINTÓ-RUIZ, *ob. cit.*, p. 746, concluindo que o conceito de perda é um conceito jurídico determinável em função do contrato.

Introdução 29

isenta de dúvida a concretização do risco através de actos de terceiro, de actos da autoridade pública ou do simples extravio da coisa alienada[29].

Iniciando a abordagem pelos actos de terceiro, estes desdobram-se por sua vez em distintas concretizações, de que são exemplo o furto, o roubo ou a pirataria. Actos humanos tipicamente colectivos, como situações de guerra, invasão, bloqueio, conflito armado, motim, tumulto, revolução, rebelião, terrorismo ou sabotagem podem também ser apresentados como eventos detonadores de uma situação de risco. Na ausência de qualquer indicação normativa em contrário, os elementos históricos e comparados existentes afiguram-se suficientes para a sua admissão no âmbito da concretização do risco-evento, no mesmo sentido se pronunciando a jurisprudência pátria[30].

A identificação do risco-evento com actos de autoridade pública é também objecto de diversas manifestações. Constituindo, em sentido lato, fenómenos de perda jurídica da coisa, são abrangidas neste âmbito as hipóteses de expropriação, requisição, nacionalização, confisco ou quaisquer outros actos de autoridade jurídico-pública, âmbito no qual também se podem inserir uma intervenção legislativa proibitiva do tráfego jurídico de bens culturais da Nação ou uma proibição administrativa de venda de

---

[29] No sentido da sua abrangência cfr. PIRES DE LIMA/ANTUNES VARELA, *Código Civil Anotado v. III*[2], p. 495, que sufragam o carácter exemplificativo das causas de força maior inseridas no n.º 2 do art. 1455.º, no qual se alude à "requisição do Estado ou outras causas análogas".

[30] Cfr. D. 18, 1, 35, 4 (PAULO) "*Si res vendita per furtum perierit (...)*" e D. 50, 17, 23 (ULPIANO) "*(...) impetus praedonum a nullo praestantur*" (contendo também uma referência à fuga incontrolável de escravos que, se desconsideradas as especificidades sócio-culturais daquele momento histórico, pode ela mesma ser objecto de uma leitura actualista); e a referência do art. 1302.º, IV, do CCfr a "*chose volée*", no âmbito da perda da coisa devida como causa de extinção das obrigações. Noutras latitudes cfr. ainda FIKENTSCHER, *ob. cit.*, p. 414; BROX/WALKER, *Besonderes Schuldrecht*[30], p. 18, no sentido da não exclusão da casualidade do evento; SCHULTZ, *Preisgefahr und Gehilfenhaftung beim Versendungskauf*, p. 243, por referência a "*höhere Gewalt oder Einwirkung Dritter*"; e ROTH, *Risk*, p. 291, perante a CVVIM. Na jurisprudência, cfr. o ac. do STJ de 27 de Fevereiro de 1986 in CJ (STJ) 1986-I, p. 248, na equação do problema do risco a respeito do furto de mercadorias numa venda a esmo; o ac. da RL de 3 de Novembro de 1987 in CJ 1987-V, p. 88-91; o ac. da RL de 3 de Novembro de 1994 in BMJ n.º 441, p. 391, segundo o qual o risco de furto não imputável ao vendedor da parte de mercadoria que se encontrava nas suas instalações, sem termo a seu favor, corre por conta do comprador; e o ac. da RP de 25 de Fevereiro de 2002 in CJ 2002-I, p. 215, ainda que em sede de responsabilidade obrigacional do comodatário.

30   *O Risco nos Contratos de Alienação*

medicamentos ou de outros bens de particular perigosidade ou sensibilidade social. Para além dos subsídios provenientes do Direito romano, do Direito comparado e do CCse[31], assemelha-se que a equiparação da destruição material da coisa à sua colocação fora do comércio pela al. b) do art. 1267.°, no que respeita à perda da posse, pode consistir um relevante subsídio interpretativo no domínio versado[32]. Todavia, pese embora o apoio doutrinal à inclusão de tais hipóteses enquanto detonadores do risco contratual[33], não se afigura segura uma resposta apriorística, uma vez que

---

[31] Cfr. D. 21, 2, 11 (PAULO) *"(...) has possessiones ex praecepto Principali partim distractas, partim veteranis in praemia assignatas; quaero, an huius rei periculum ad venditorem pertionere possit? Paulus respondit, futuros casus evitionis post contractam emtionem ad venditionem non pertinere, et ideo secundum ea, quae proponuntur, pretium praediorum peti posse"* em relação ao confisco, embora a colocação de *"res extra commercium"* fosse excluída do domínio do risco imputado ao comprador no contrato de compra e venda (uma solução que foi mantida nas Ordenações Filipinas e por CORREIA TELLES); o art. 1302.°, I, do CCfr na alusão à coisa *"(...) mis hors du commerce (...)"*; e a referência do art. 1122.°, II, do CCes a que *"(...) la cosa se pierde cuando (...) queda fuera del comercio (...)"*. Doutrina semelhante estabelecia o § 1.° do art. 717.° do CCse no domínio específico da atribuição do risco contratual (*"A perda póde dar-se (...) sendo (a coisa) posta fóra do commercio"*).

[32] Cfr. MENEZES CORDEIRO, *Direitos Reais – Reprint 1979*, p. 542, referindo uma hipótese de impossibilidade jurídica.

[33] Cfr., nomeadamente, LOBO XAVIER, *Alteração das circunstâncias e risco (parecer)*, p. 18-19, com declaração de concordância de MOTA PINTO, considerando-se, em relação ao confisco e à nacionalização, que "as razões que fundam o regime (do risco) valem tanto para o perecimento ou deterioração físicas como para o perecimento ou deteriorações jurídicas"; e EISSER, *Desarrolo y extension del concepto de riesgo en la compraventa, segun el derecho aleman*, p. 528 e 532, em relação ao confisco nacional ou ordenado por um país estrangeiro.

Já no âmbito da CVVIM, ROMEIN, *The passing of the risk – A comparison between the passing of risk under the CISG and German law*, s/p, e VALIOTI, *ob. cit.*, s/p, consideram que, sendo difícil ou impossível a transmissão do risco a terceiro através de um contrato de seguro, as medidas governamentais não se encontram conexas com os bens enquanto objectos, pelo que, salva a hipótese de confisco por país inimigo na ocasião de conflito militar, não serão abrangidas pelo conceito de risco. ORLANDO, *ob. cit.*, p. 212, pronuncia-se em sentido aparentemente próximo no que respeita à possibilidade de resolução do contrato pelo comprador, embora enquadre a situação no risco de impossibilidade. A orientação não é contudo unânime perante o normativo internacional, sufragando a abertura do conceito de risco a tais situações, nomeadamente, NEUMAYER/MING, *Convention de Vienne sur les contrats de vente internationale de marchandises – Commentaire*, p. 418; HEUZÉ, *La vente internationale de marchandises*, p. 324, n. 4, em relação aos riscos jurídicos de requisição ou de embargo; CAFFARENA LAPORTA, *Comentario a los artículos 3 e 66 a 70* in LUÍS DIEZ-PICASSO (ed.), *La compraventa internacional de mercaderias –*

Introdução 31

o seu enquadramento no âmbito do risco-evento pode ocasionar a compressão aplicativa de outros institutos jurídicos[34].

Comentário de la convencion de Viena, p. 519; e OLIVA BLÁZQUEZ, *La transmisión del riesgo en la compraventa internacional de mercaderías: el régimen jurídico del convénio de Viena y sus primeras aplicaciones jurisprudenciales*, p. 55.

[34] Paradigmático para a compreensão da questão suscitada é o ac. da RL de 28 de Outubro de 1999 in CJ 1999-IV, p. 139-142, no qual se discutiu a aplicação do instituto da alteração de circunstâncias perante uma declaração de expropriação ocorrida alguns meses após a constituição de um direito de superfície sobre um terreno destinado à exploração de um posto de abastecimento de combustíveis. Na situação objecto de lítigio foi constituído um direito de superfície por 30 anos, acordando-se que o preço seria reduzido proporcionalmente se o contrato cessasse em momento anterior. Em simultâneo, foi estipulada uma comissão de 1$00 a favor do alienante por cada litro de combustível alienado a terceiros pelo superficiário. Norteado por padrões de estrita interpretação contratual, o tribunal entendeu que haveria que autonomizar a existência de dois contratos neste âmbito, dizendo o segundo vínculo jurídico respeito a "licenças e direitos inerentes à construção". Assim, o montante pecuniário a tal pertinente não diria respeito à constituição do direito de superfície (em relação à qual se aceitou a aplicação do disposto no art. 796.°, n.° 1), mas a outra prestação não verificada (em relação à qual se mostrava possível aquilatar a aplicação do disposto no art. 795.°, n.° 1), pelo que, salomonicamente, foi julgado que deveriam ser "restituídas as quantias entregues a título de adiantamento da comissão que o proprietário dos terrenos cedidos iria receber com a venda futura do combustível", mas não "a quantia recebida pela cedência do direito de superfície". Todavia, mesmo sem decompor os vértices de análise em que se fundou o Tribunal, sempre se dirá que, atenta a tipicidade dos direitos reais, e em particular o disposto no n.° 1 do art. 1530.°, poderia ser equacionada a aplicação das regras jurídicas da nulidade do negócio jurídico (em que, a entender-se inviabilizada a possibilidade de conversão do negócio, o disposto no art. 1269.° se afirmaria como esteio de solução), bem como a existência de um contrato de locação entre as partes (no qual o adquirente da superfície apenas assumiria o risco inerente ao gozo da coisa e não à titularidade de um direito real sobre esta). Uma alternativa a equacionar seria ainda a aplicação da *ratio legis* subjacente ao disposto no (revogado) art. 1509.°, não assumindo o adquirente a obrigação *propter rem* subjacente ao direito de superfície validamente constituído (o que aliás estaria pressuposto pelas partes ao haverem admitido a redução proporcional do preço consoante a duração do direito constituído).

De todo o modo, e independentemente da natureza jurídica atribuída à expropriação (forma originária de aquisição de um direito real – cfr. OLIVEIRA ASCENSÃO, *Direito Civil – Reais*[5], p. 402; MENEZES CORDEIRO, *Reais – 1979*, p. 560; CARVALHO FERNANDES, *Reais*, p. 204, ainda que não em termos incisivos; SANTOS JUSTO, *Direitos Reais*, p. 233; e COELHO VIEIRA, *Direitos reais*, p. 333 e 459; ou transmissão coactiva típica – cfr. PIRES DE LIMA/ANTUNES VARELA, *CCAnotado, III*, p. 106 e 109), é inequívoco que o evento expropriativo constitui uma fonte de risco, uma vez que a *"justa indemnização"* a que se reporta o n.° 2 do art. 62.° da CRP é aferida tendo por base o *"valor real e corrente do bem de acordo com o seu destino efectivo ou possível numa utilização económica normal"* (cfr. o

32   *O Risco nos Contratos de Alienação*

As hesitações mencionadas não surgem todavia relativamente ao simples extravio da coisa, situação em relação à qual se verifica um aparente consenso enquanto substância de activação do mecanismo do risco contratual[35].

Constata-se assim, na omissão da lei, a atribuição ao risco-evento de um substrato aplicativo consideravelmente amplo nos mais diversos quadrantes[36], em consonância com a autonomização do seu próprio conceito

---

n.º 1 do art. 23.º do CE), e não a prestação solvida pelo adquirente num contrato oneroso de alienação (o preço).

Por outra via, podendo a expropriação incidir sobre direitos reais menores, o modo de atribuição da indemnização é algo duvidoso na hipótese de sobre a coisa objecto de expropriação recaírem diversos direitos reais, podendo-se discutir entre a atribuição de uma indemnização única ou de uma indemnização com pluralidade de titulares (não se levantando quaisquer hesitações no caso de o direito real menor constituir o objecto primário de expropriação, de acordo com os arts. 1.º e 32.º do CE). Assim, OSVALDO GOMES, *Expropriações por utilidade pública*, p. 29, 63, 238 e 279-280, considera, perante o CE anterior, estar consagrada na lei a tese da sub-rogação real na indemnização única em relação a todos os titulares de direitos reais menores, sendo estes interessados, mas não titulares de um direito autónomo. A mesma solução é também admitida por PIRES DE LIMA, *Do usufruto, uso e habitação*, p. 92; e PIRES DE LIMA/ANTUNES VARELA, *CCAnotado, III*, p. 111 e 539 (com base no disposto no n.º 2 do art. 1480.º, e na sequência, aliás, do disposto no art. 2248.º do CCse), embora, em rigor, esta orientação se deva restringir ao direito de usufruto. Com efeito, o art. 1542.º, em linha com a remissão do art. 1310.º, estabelece regra distinta em relação à atribuição da compensação por expropriação do direito de superfície, a qual se traduz da sua divisão consoante *"o valor que caber ao respectivo direito"*. Deste modo, enquanto que, nos termos do n.º 2 do art. 1480.º, não cabe ao usufrutuário uma parcela indemnizatória autónoma, a mesma já existe a favor do superficiário, bem como, segundo se julga, a favor do titular de um direito de servidão sobre o prédio expropriado. Não obstante, a verdade é que a atribuição de uma indemnização única é, de facto, a solução pressuposta no CE, quer na dissociação efectuada pelo n.º 1 do art. 9.º do CE entre o expropriado e os "titulares de qualquer direito real ou ónus sobre o bem a expropriar" (todos incluídos no conceito de "interessados"), quer nos n.ºs 3 e 4 do art. 37.º e no n.º 1 do art. 73.º do CE (que admitem porém a atribuição individual da compensação a cada um dos interessados), sendo assim evidente a desarticulação entre os normativos civil e expropriativo.

[35] Cfr. o art. 1302.º, I, do CCfr (*"(...) perd de manière qu'on en ignore absolument l'existence (...)"*); o art. 1122.º, II, do CCes (*"(...) la cosa se pierde cuando (...) desaparece de modo que se ignora su existencia, o no se puede recobrar"*); e o § 1.º do art. 717.º do CCse (*"(...) desapparecendo de modo que se não possa recuperar, ou que délla se não saiba"*). BROX/WALKER, *Schuldrecht, II*, p. 18, procedem, também, a uma equiparação do risco à perda da posse definitiva sobre a coisa (*"endgültige Besitzverlust der Sache"*), na sequência, aliás, de EISSER, *ob. cit.*, p. 528 e 532.

[36] Cfr. CUNHA GONÇALVES, *Tratado, IV*, p. 528, no âmbito do CCse, a respeito do caso fortuito e de força maior; RIBEIRO DE FARIA, *Direito das Obrigações, II*, p. 368, abran-

Introdução 33

e com a tendência consumptiva assumida pelo risco perante outros institutos jurídicos. Por outra via, a individualização do substrato do risco não se apresenta ociosa perante a latitude da fórmula n.º 1 do art. 790.º – evento "não imputável ao devedor" – a qual abrange no seu seio todas as concretizações *supra* mencionadas. Apesar da complementaridade entre os prismas da impossibilidade e do risco-evento, a tentativa da circunscrição deste é justificada pela erosão e renovação hodierna da figura da impossibilidade, cujas fronteiras são objecto de permanente discussão e redimensionamento.

VI. Apesar de lhe poderem ser assacadas algumas especificidades, o conceito de risco-evento é paralelo às situações antes identificadas pela lei e pela doutrina como manifestações de caso fortuito ou de força maior, objecto de uma posterior recondução à ideia de impossibilidade[37].

Com o conceito de impossibilidade superaram-se as dificuldades de distinção conceptual entre as duas figuras constantes do CCse, as quais se encontram ainda presentes no CCfr e no CCes[38]. Foram, assim, tenden-

---

gendo no domínio da impossibilidade o facto fortuito, o facto de terceiro ou do devedor sem culpa; LARENZ, *Schuldrechts, II*, p. 98, referindo-se a uma aplicação homogénea a todos os tipos de impossibilidade (*"alle übrigen Fälle des nachträglichen Unmöglichwerdens anwenden will"*); WESTERMANN, *Kommentar*[3], p. 117, e em *Kommentar zum §§ 446 und 447*[4], p. 292, abrangendo a conduta culposa de terceiro; CRISCUOLI, *Il contratto. Itenerari normativi e riscontri giurisprudenziali*, p. 494, numa configuração casuística; e PINTÓ-RUIZ, *ob. cit.*, p. 709 e 713.

[37] Consoante ensinava GOMES DA SILVA, *O dever de prestar e o dever de indemnizar v. I*, p. 179, "uma das diversas associações do caso fortuito surge a respeito do risco de perda de coisas", sendo a expressão "perecimento ou deterioração da coisa por caso fortuito ou de força maior" ainda hoje empregue, nomeadamente, por CALVÃO DA SILVA, *Compra e venda de coisas defeituosas*[4], p. 160, e em *Venda de bens de consumo*[3], p. 75. Paralelamente, PESSOA JORGE, *Ensaio sobre os pressupostos da responsabilidade civil*, p. 121, refere que a problemática do risco consiste, em parte, na determinação de quem suporta os prejuízos decorrentes de um caso fortuito ou de força maior.

[38] Cfr., nomeadamente, VAZ SERRA, *Impossibilidade superveniente*, p. 45, na conclusão pela vantagem na eliminação das duas expressões; GALVÃO TELLES, *Obrigações*, p. 320, n. 1; MENEZES CORDEIRO, *Da boa fé no direito civil*, p. 909, n. 28, sufragando a ultrapassagem da questão pela lei civil através da introdução de uma técnica jurídica mais perfeita; RIBEIRO DE FARIA, *Obrigações, II*, p. 368, n. 3; e o ac. da RC de 19 de Outubro de 2004 in CJ 2004-I, p. 33, na conjugação da referência constante do n.º 2 do art. 72.º do RAU a "motivo de força maior" com o disposto no art. 790.º do CCiv (cfr., actualmente, o art. 1103.º, n.º 6, *in principio*, do CCiv). A recondução do caso fortuito a todos os eventos não imputáveis ao devedor era já sufragada no domínio do CCse por JAIME DE GOUVEIA,

cialmente ultrapassados os diversos e desencontrados critérios relativos à sua aplicação, cuja referência todavia se impõe, atenta a limitada mas perene relevância que tais figuras encontram na nossa ordem jurídica.

Sendo largamente difundida a orientação que sufraga a sinonímia das expressões caso fortuito e de força maior[39], confluentemente com a equipolência entre *casus fortuitus, vis maior, vis divina, fatum* e *fatalitas* no *Corpus Iuris Civilis*, aquelas noções são objecto de diversos critérios de distinção. Podendo as expressões distanciar-se com base na maior ou menor gravidade do evento ocorrido[40], ou segundo a fonte ou origem do facto – constituindo o caso fortuito um desenvolvimento de forças naturais

---

Da responsabilidade contratual, p. 479, definindo a mesma situação como evento em que se verifica uma ausência de culpa; PINTO COELHO, *Direito Civil (Obrigações)*, p. 260; e MANUEL DE ANDRADE, *Obrigações*, p. 424.

[39] Cfr., perante os arts. 677.° e 705.° do CCse, GUILHERME MOREIRA, *Instituições, II*, p. 122; JAIME DE GOUVEIA, *Da responsabilidade*, p. 466, identificando um pleonasmo legal; PINTO COELHO, *Obrigações*, p. 260, sublinhando a irrelevância da distinção; PAULO CUNHA, *Direito das Obrigações – O Objecto da Relação Obrigacional*, p. 276; GOMES DA SILVA, *ob. cit.*, p. 177, mencionando que à diferença gramatical não correspondia qualquer diversidade de regimes; e GALVÃO TELLES, *Manual de Obrigações*, p. 216. No mesmo sentido se pronunciou PESSOA JORGE, *Obrigações*, p. 534, já na vigência do CCiv, o mesmo parecendo inferir-se da al. a) do n.° 2 do art. 1072.°, bem como da al. l) do n.° 3 do art. 166.° do CT (relativamente ao alargamento do período de referência da duração média do trabalho). Idêntica leitura de indiferença verbal é efectuada no Direito italiano (cfr. TRABUCCHI, *Istituzioni di Diritto Civile*[40], p. 586; e REALMONTE, *Caso fortuito e forza maggiore*, p. 275, atribuindo ao caso fortuito um significado objectivo independente de culpa) e a respeito da referência a *"force majeure"* e *"cas fortuit"* do art. 1148.° do CCfr (cfr. TERRÉ/SIMLER/LEQUETTE, *Droit Civil – Les obligations*[9], p. 568; FLOUR/AUBERT/ /SAVAUX, *Droit Civil – Les obligations 1. L'acte juridique*[11], p. 111; e CABRILLAC, *Droit des obligations*[6], p. 111). A maioria da doutrina espanhola declara, de igual modo, perante a referência do art. 1105.° do CCes a *"sucesos que no hubieran podido preverse, o que, previstos, fueran inevitables"*, a irrelevância da distinção entre as duas categorias (cfr. LACRUZ BERDEJO, *Elementos de Derecho Civil II. Derecho de Obligaciones v. I*[3], p. 175; LETE DEL RÍO/LETE ACHIRICA, *Derecho de obligaciones v. I*, p. 238; LASARTE, *Principios de Derecho civil t. II – Derecho de Obligaciones*[9], p. 171 e 357; SOTO NIETO, *El caso fortuito y la fuerza mayor*, p. 236; e OLMO GUARIDO, *El caso fortuito: su incidencia en la ejecución de las obligaciones*, p. 228).

[40] Cfr. ALBALADEJO, *Obligaciones*, p. 183; e LETE DEL RÍO/LETE ACHIRICA, *ob. cit.*, p. 238, apesar de refutarem genericamente a distinção entre os dois fenómenos. Afigura--se ser esta a orientação sufragada por JOSÉ TAVARES, *Os Princípios Fundamentais do Direito Civil v. I*[2], p. 561-562, ao entender que o caso fortuito é mais abrangente que a força maior (abarcando o próprio facto do credor), concluindo o autor no sentido da identificação do caso fortuito com a impossibilidade relativa, e da força maior com a impossibilidade absoluta.

e a situação de força maior um facto de terceiro pelo qual o devedor não é responsável[41] – as figuras são também opostas segundo um critério formal que qualifica o caso fortuito como imprevisível mas evitável se previsto, e a força maior como uma situação previsível mas inevitável[42]. Finalmente, as figuras são opostas pelo seu distinto campo de actuação, sendo o caso fortuito um facto relativo à própria esfera, círculo ou circuito de actividade do devedor, enquanto a força maior seria reservada para eventos externos a este último, objecto de uma definição efectuada por exclusão de partes[43].

Ora, apesar do juízo ser formulado em moldes estritamente tendenciais, afigura-se que a última orientação é aproveitável nalgumas das situações normativamente consagradas de exclusão da responsabilidade extraobrigacional objectiva em caso de força maior. Neste sentido figura o desenho da responsabilidade por danos causados por veículos do n.º 1 do art. 503.º, a qual, afastando-se do acidente causado por terceiro, é excluída pelo art. 505.º quando o acidente resulte de "causa de força maior estranha ao funcionamento do veículo". A mesma observação surge a respeito do n.º 2 do art. 509.º, que exclui a responsabilidade por danos causados por instalações de energia eléctrica ou gás em caso de força maior, sendo esta definida como "toda a causa exterior independente do funcionamento e utilização da coisa". Finalmente, julga-se que idêntico substrato se encontra presente no n.º 2 do art. 291.º do CT, que, a respeito de acidentes dos trabalho, exclui a responsabilidade do empregador no acidente de trabalho "devido a forças inevitáveis da natureza, independentes de intervenção humana", não constituindo "risco criado pelas condições de trabalho" nem se produzindo a "executar serviço expressamente ordenado pelo empregador em condições de perigo evidente"[44].

---

[41] ANTUNES VARELA, *Das Obrigações em geral v. II[7]*, p. 81, parece aderir a este critério, embora a p. 100 identifique os dois conceitos.

[42] Cfr. ALMEIDA COSTA, *Direito das Obrigações[11]*, p. 1074; e LIMA PINHEIRO, *Cláusulas típicas dos contratos do comércio internacional*, p. 879; na sequência de CUNHA GONÇALVES, *Tratado, IV*, p. 527, e em *Tratado, XII*, p. 561, que, apesar de sustentar a ausência de interesse prático da distinção, qualificava o caso fortuito como facto imprevisto e também irresistível.

[43] Cfr. PAULO CUNHA, *Obrigações*, p. 277, adoptando a ideia de exterioridade material quando o emprego do critério se revelasse necessário; e DIEZ-PICAZO/GULLÓN, *Sistema de Derecho Civil v. II[9]*, p. 201, com base no disposto no art. 1784.º do CCes.

[44] Uma solução normativa paralela resultava já do n.º 2 do art. 7.º da Lei n.º 100/97, de 13 de Setembro (ainda em vigor), e do n.º 2 da Base VI da Lei n.º 2127, de 3 de Agosto

1.1.2. *Delimitação da investigação*

1.1.2.1. *O risco inerente à titularidade de um direito real*

I. A primeira circunscrição do objecto da presente investigação determina o afastamento das questões de perda patrimonial de índole estática, nomeadamente do risco enquanto contraprova negativa da inerência que caracteriza alguns direitos subjectivos.

Possuindo como objecto uma coisa corpórea, qualquer direito real extinguir-se-á em consequência de um facto que afecte a sua subsistência jurídica[45], adquirindo este eficácia real automática[46]. Uma vez que o titular do direito real corre o risco de ver suprimidas as vantagens que antes lhe pertenciam, sustenta-se, assim, de acordo com uma máxima derivada da natureza das coisas cuja origem remonta ao Direito romano[47], que *res*

---

de 1965 (cfr. PESSOA JORGE, *Responsabilidade civil*, p. 119, n. 85; ROMANO MARTINEZ, *Trabalho*, p. 882, chamando todavia a atenção para a conexão com as forças da natureza; e CARLOS ALEGRE, *Acidentes de trabalho e doenças profissionais*[2], p. 64, sublinhando a não coincidência com a noção romana de *vis maior*). A força maior não foi objecto de uma concretização específica pelo Decreto-Lei n.º 383/89, de 6 de Novembro, relativo à responsabilidade civil do produtor, embora seja sufragado que esta constitui – enquanto acontecimento imprevisível, irresistível ou inevitável e exterior ao produtor – causa de exclusão da responsabilidade civil mesmo no silêncio da lei (cfr. CALVÃO DA SILVA, *Responsabilidade do produtor*, p. 737).

[45] Consoante refere MENEZES CORDEIRO, *Da natureza do direito do locatário*, p. 143, sendo o direito real inerente a uma coisa, todas as vicissitudes materiais que possam afectar a coisa reflectem-se automaticamente no próprio direito. Em sentido próximo, perante o CCse, PESSOA JORGE, *O mandato sem representação*, p. 350, concluía que a inerência que caracteriza os direitos reais ocasiona a sua extinção quando a autonomia (da coisa) é questionada.

[46] Cfr. MENEZES CORDEIRO, *Reais – 1979*, p. 455, em relação a factos que alterem materialmente a coisa objecto do direito real.

[47] C. 4, 24, 9: "*Pignus in bonis debitoris permanere, ideoque ipsi perire, in dubio non venit (...)*", atribuindo a perda patrimonial ao proprietário da coisa e não ao seu credor pignoratício. Em termos análogos cfr. também CORREIA TELLES, *Digesto Portuguez, III*, p. 168, arts. 1215.º-1216.º, em momento prévio ao CCse; e CUNHA GONÇALVES, *Tratado, V*, p. 245, excluindo a responsabilidade do credor pignoratício pelo perecimento da coisa no CCse. Será ainda de acordo com este prisma de análise que a al. a) do art. 671.º deve ser interpretada, quando atribui a perda da coisa ao credor pignoratício apenas em sede de responsabilidade civil contratual (ANTUNES VARELA, *Das Obrigações, II*, p. 536, sufraga, porém, sem justificação aparente, a existência de uma situação de responsabilidade civil objectiva).

suo domino perit[48], o que se encontra em sintonia axiológica com o clássico brocardo anglo-saxónico *"the loss lies where it falls"*, vigente no âmbito da responsabilidade civil extracontratual[49]. Não se encontrando uma norma que determine expressamente a perda do direito de propriedade pela perda da coisa sobre a qual incida o mesmo direito, tal asserção consiste porém numa evidência reconhecida pela lei a respeito dos direitos reais de gozo menores[50].

O *casum sentit dominus* encontra-se contudo distante da órbita contratual, sendo aplicável ao risco-estático que assume o titular de um direito real independentemente do modo de aquisição do seu direito, e, consequentemente, abstraindo de qualquer intersubjectividade[51]. Por outra via,

---

[48] Cfr. PESSOA JORGE, *Responsabilidade civil*, p. 33, e em *Obrigações*, p. 629, ensaiando idêntico fundamento no domínio dos direitos de crédito para justificar a assunção do risco pelo credor (*"casum sentitur creditor"*); MENEZES CORDEIRO, *Tratado de Direito Civil Português I Parte geral t. I³*, p. 420; ROMANO MARTINEZ, *Direito das Obrigações – Contratos²*, p. 33, referindo que, por princípio, a titularidade do direito e o risco se reúnem na mesma pessoa; FIKENTSCHER, *ob. cit.*, p. 235 e 411; GORLA, *La compravendita e la permuta*, p. 39, aludindo ao *"casum sentit dominus"* como um princípio de razão natural; BÉNABENT, *La chance et le droit*, p. 22, considerando o *"res perit domino"* como uma manifestação do princípio de não atribuição ou deslocação do prejuízo fortuito; e CAPILLA RONCERO, *Riesgo*, p. 6021.

[49] VIEIRA GOMES, *Responsabilidade subjectiva e responsabilidade objectiva*, p. 109, refere neste âmbito as âncoras psicológica e religiosa da concepção do dano como "espécie de fatalidade que o lesado tem de suportar, em princípio, do mesmo modo que sucede com qualquer fenómeno natural". No mesmo sentido, CARNEIRO DA FRADA, *Contrato e deveres de protecção*, p. 120, considera o *casum sentit dominus* como critério "básico e natural", referindo em *Direito Civil – Responsabilidade civil*, p. 78, que a "responsabilidade civil não pode modificar a "economia do risco" dos contratos celebrados entre as partes".

[50] O fenómeno encontra-se ainda pressuposto art. 1428.°, *maxime* na referência ao terreno e aos materiais que resultam da destruição do edifício. O preceito é todavia alheio à problemática da distribuição do risco contratual, regulando inclusivamente, segundo PIRES DE LIMA/ANTUNES VARELA, *CCAnotado, III*, p. 438, a reconstrução do edifício constituído em propriedade horizontal destruído por caso fortuito, imputável a condómino ou a terceiro que careça de meios para satisfazer a obrigação de indemnização.

[51] Cfr. EISSER, *ob. cit.*, p. 521-522, na remissão do *periculum rei* para as normas reguladoras do Direito das coisas, considerando que a distinção entre aquele e o (denominado) risco do preço se evidencia quando este seja consideravelmente inferior ao valor da coisa alienada; PROVERA, *Sul problema del rischio contrattuale nel Diritto romano*, p. 700, n. 19; ALONSO PÉREZ, *El riesgo*, p. 417, n. 104, referindo-se a *dominus* no sentido da sua legitimação por uma titularidade real; e SOTO NIETO, *ob. cit.*, p. 133, na alusão ao risco "da coisa". Elucidativa é ainda a observação de VIEIRA GOMES, *O conceito de enriquecimento,*

se, contrariamente ao sustentado perante o Direito alemão, é impensável afirmar que a questão do risco se deixa de colocar com a transmissão da propriedade[52], deve sublinhar-se que a problemática do risco é por regra associada ao lapso temporal correspondente ao período de cumprimento da obrigação de entrega da coisa devida pelo alienante. Com efeito, após a entrega da coisa a transmissão do direito real ocasionada pelo contrato e a realização da prestação principal pelo devedor suscitarão a aplicação da regra estática de risco *supra* mencionada[53]. Admite-se, porém, que em determinados contratos de alienação, nos quais a entrega da coisa seja conatural à transmissão do direito real sobre a mesma, o conceito de risco--situação jurídica assuma uma configuração específica. Semelhante raciocínio é também válido para as hipóteses em que a entrega da coisa preceda a verificação do efeito real contratualmente determinado[54].

II. A constatação de que o brocardo *res perit domino* encontra aplicação em relação a outros direitos reais de gozo que não o direito de propriedade obriga a um alargamento dogmático neste domínio.

---

o enriquecimento forçado e os vários paradigmas do enriquecimento sem causa, p. 364, a propósito da conjugação do princípio *res perit domino* com a aquisição da propriedade por acessão, considerando "muito delicado transpor para uma hipótese de aquisição originária da propriedade todos (estes) princípios que foram, obviamente, pensados para uma transmissão convencional".

[52] Cfr., nomeadamente, WESTERMANN, *Kommentar*[3], p. 115, 117 e 120, ao sustentar que "*Geht mit dem Besitz unter den Voraussetzungen des § 929 auch das Eigentum über, so ist für die Anwendung des § 446 kein Raum*". Todavia, a verdade é que, com a reforma do BGB de 2002, a questão pode também surgir no ordenamento jurídico alemão, nomeadamente se a translação dominial se verificar através do registo, transmitindo-se o risco apenas com a entrega subsequente da coisa alienada. No Direito português está obviamente em equação o disposto nos arts. 796.º, n.º 2, e n.º 3, 1.ª prt., e 797.º.

[53] Cfr., em distintos quadrantes, BURDESE, *Diritto privato romano*[4], p. 462, em relação ao Direito romano; GORLA, *ob. cit.*, p. 3 e 11; BIANCA, *La vendita e la permuta*, p. 77; EMMERICH, *Kommentar zum § 323*[4], p. 1351, sustentando que a questão do risco da contraprestação apenas se coloca durante o "*Erfüllungszeitraum*", dado que não existe ainda uma prestação em momento anterior, e no momento posterior vigorará o "*casum sentit dominus*"; e ALONSO PÉREZ, *El riesgo*, p. 106 e 156, referindo-se a uma titularidade possessória ou dominial após a entrega da coisa.

[54] Em causa estão, respectivamente, os contratos de mútuo, de depósito irregular e de dação em cumprimento, bem como as alienações com reserva de propriedade, e as alienações a que tenha sido aposto um termo ou uma condição suspensiva, verificando-se a entrega da coisa.

Nestes termos, segundo o disposto no al. d) do n.° 1 do art. 1476.° e no n.° 1 do art. 1478.°, a extinção total ou parcial do direito de usufruto pela perda total ou parcial da coisa depõe no sentido de que também o titular deste direito assume um risco-estático relativo ao perecimento da coisa, independentemente do seu modo de constituição[55-56].

---

[55] Esta orientação constava já dos arts. 2241.°, n.° 6, e 2243.° do CCse, deduzindo ainda CUNHA GONÇALVES, *Tratado, XI*, p. 530, o princípio de que, tendo o usufruto por objecto duas coisas, uma das quais é acessória da outra, "a perda da principal implica a extinção do usufruto da acessória". Disposições análogas encontram-se nos arts. 617.°, V, e 623.° do CCfr (cfr. TERRÉ/SIMLER, *Droit Civil – Les biens*[6], p. 675, mencionando a continuação do usufruto perante a perda parcial), nos arts. 1014.°, III, e 1016.° do CCit (cfr. COSTANZA, *Perimento e deterioramento dell'opera*, p. 64, referindo a translação do direito de um bem para outro) e nos arts. 513.°, V, e 514.° do CCes (cfr. SOTO NIETO, *ob. cit.*, p. 237-240, sobre o "risco" do usufrutuário).

[56] A lei individualiza três situações conexas com o risco-estático relativo ao direito real de usufruto que merecem ser objecto de consideração específica.

Contrariamente à doutrina que se extraía do art. 2246.° do CCse, estabelece-se no art. 1479.° do CCiv que, em caso de destruição de prédio urbano ou de edifício compreendido em prédio rústico, o usufrutuário tem o "direito a desfrutar o solo e materiais restantes", embora o proprietário possa reconstruir o prédio, ocupando solo e materiais, mediante o pagamento ao usufrutuário dos juros correspondentes ao valor de uns e de outros. Traduzindo uma regulamentação própria de interesses conflituantes no âmbito de uma relação jurídica-real hierárquica, a norma não constitui mais do que a aplicação dos princípios contidos no n.° 2 do art. 1478.° a respeito da *rei mutatio* (cfr. PIRES DE LIMA, *Do usufruto*, p. 93; e GONZÁLEZ, *Reais*, p. 231), aprovando o suporte cumulativo do risco estático por parte de proprietário e usufrutuário com alheamento da destinação económica da coisa. Uma abordagem distinta encontra-se presente na distinção entre perecimento natural e acidental de árvores e arbustos objecto de usufruto, constante dos arts. 1453.° e 1454.°, em que já se revela nítida a separação entre frutos e capital, em obediência à dogmática tradicionalmente associada ao direito de usufruto (cfr., PIRES DE LIMA, *Do usufruto*, p. 57; PIRES DE LIMA/ANTUNES VARELA, *CCAnotado, III*, p. 488-492; PESSOA JORGE, *Responsabilidade civil*, p. 123; e SANTOS JUSTO, *Reais*, p. 363).

O art. 1480.° determina, por seu turno, a sub-rogação real do usufrutuário no direito à indemnização a que tenha eventualmente direito o proprietário nos casos de perda, deterioração ou diminuição de valor da coisa, sendo igualmente aplicável nos casos de indemnização por expropriação, requisição, extinção do direito de superfície e outros casos análogos. Em sentido contrário ao que é aparentemente sufragado por PIRES DE LIMA/ANTUNES VARELA, *CCAnotado, III*, p. 539, não se julga que a questão do risco-estático de perecimento da coisa seja excluída pelo facto do evento ser imputável a terceiro. Na verdade, para além da atribuição patrimonial – a existir – poder ser realizada por um sujeito alheio ao facto lesivo, logo, a quem este não é imputável (pense-se nos auxílios estatais atribuídos por ocasião de uma intempérie), constata-se que aquela se pode situar aquém do sacrifício patrimonial efectivamente suportado (configure-se a situação do titular do direito

Sendo aquelas normas aplicáveis, nos termos do art. 1485.°, aos direitos reais de uso e de habitação, afigura-se que, com base na referência da al. e) do n.° 1 do art. 1536.° ao desaparecimento ou inutilização do solo, idêntica orientação é também vigente a respeito do direito de superfície[57]. De facto, se a consequência normal da destruição da obra ou implante consiste, atento o disposto na al. b) do n.° 1 e no n.° 2 do art. 1536.°, no direito à sua reconstrução[58], a exigência neste domínio de um perecimento fáctico total é justificada pelo próprio objecto e estrutura do direito de superfície[59]. Finalmente, mesmo na omissão da lei, é entendido que o desapare-

---

de usufruto com valor de x beneficiar de sub-rogação em indemnização – inferior – no valor de y). Por outra via, é seguro que a sub-rogação real do usufrutuário não envolve a consumpção da (eventual) situação jurídica de risco contratual: para além do afastamento das prestações objectivamente consideradas (recorrendo ao último exemplo, admita-se que o direito de usufruto foi adquirido onerosamente pelo usufrutuário – quer através de constituição originária do direito, quer por trespasse do direito de usufruto por parte do usufrutuário anterior – pelo valor z, superior ao montante y), pode nem sequer haver interpenetração entre as duas situações jurídicas em virtude da compensação atribuída se situar fora do perímetro obrigacional pressuposto (como na situação do trespasse de usufruto, em que o trespassante – primitivo usufrutuário – se revela inteiramente alheio ao fenómeno sub-rogatório). Não se traduzindo necessariamente na constituição legal de um usufruto de coisas consumíveis (cfr. TERRÉ/SIMLER, *ob. cit.*, p. 676), uma vez que a indemnização devida não se identifica necessariamente com uma prestação pecuniária ou equiparável, a situação em análise deve, sem prejuízo das dúvidas suscitadas quanto ao seu equilíbrio em face dos interesses conflituantes do usufrutuário e do proprietário da raiz (cfr. ANDRADE MESQUITA, *Direitos pessoais de gozo*, p. 228), ser aproximada da doutrina do art. 794.°, a respeito do *"commodum"* de representação (cfr. MAGAZZÙ, *ob. cit.*, p. 53, sumariando a aplicação do mecanismo sub-rogatório em três vias: indemnização devida; repristinação da própria coisa – por exemplo, a reconstrução do prédio; e resíduo da coisa – solo e materiais do prédio).

Finalmente, o art. 1481.° regula a hipótese de existência de um seguro da coisa, quer a cargo do proprietário, quer suportado pelo usufrutuário, determinando, na última hipótese, uma sub-rogação real em relação à indemnização devida pelo segurador perante a qual as observações anteriores também se revelam pertinentes.

[57] CARVALHO FERNANDES, *A situação jurídica do superficiário-condómino*, p. 572, sufraga ainda a aplicação das regras das als. e) e f) do n.° 1 do art. 1536.° à propriedade horizontal, a respeito da situação jurídica do superficiário-condómino.

[58] Cfr. PIRES DE LIMA/ANTUNES VARELA, *CCAnotado, III*, p. 606.

[59] Sendo os actos de autoridade pública incluídos no domínio do risco-evento, o art. 1542.° possibilita, a exemplo do art. 1480.°, uma intersecção entre os domínios do risco-estático e do risco contratualmente atribuído. Pressupondo os elementos anteriormente referidos, cumpre todavia separar as situações de risco estático e de risco contratual atenta a distinta fisionomia das prestações. Assim, sendo inequívoca a não extinção do direito em caso de terramoto que derrube o implante, não se deixa de suscitar a

cimento definitivo do prédio dominante ou do prédio serviente constitui causa de extinção do direito de servidão predial[60]. Contrariamente à situação de impossibilidade de exercício da servidão, o último evento determinará a extinção da servidão, com sacrifício patrimonial para o titular do prédio dominante. A especificidade do regime jurídico descrito encontra também justificação na estrutura específica do direito real em análise, sendo que, se a manutenção da servidão na situação contemplada no art. 1571.º se revela estranha a uma perspectiva funcional e substantiva de perda patrimonial, a mesma surge estritamente integrada em sede de risco real estático.

Encontra-se assim demonstrada a pertinência do brocardo *res perit domino* à categoria dos direitos reais de gozo, ultrapassando a sua vigência o domínio do direito de propriedade enquanto seu expoente máximo[61].

III. Paralelamente, o usufruto de coisas consumíveis adquire uma relevância específica no âmbito do risco assumido pelo titular de um direito real.

Distinguindo-se do usufruto de coisas deterioráveis[62], o usufruto de coisas consumíveis ou "quase-usufruto" é objecto do disposto no art. 1451.º, traduzindo-se num direito que, incidindo sobre coisas cujo uso regular importa a sua destruição ou alienação[63], obriga o seu titular, findo

---

questão da manutenção ou não do pagamento do cânon superficiário, prestação que pode ser perpétua (cfr. o n.º 1 do art. 1530.º), e, assim, indeterminada.

[60] Cfr. PIRES DE LIMA/ANTUNES VARELA, *CCAnotado, III*, p. 678; OLIVEIRA ASCENSÃO, *Reais*, p. 404; e TERRÉ/SIMLER, *ob. cit.*, p. 735.

[61] Também neste âmbito se inclui a situação jurídica do fiduciário, que assume o risco estático inerente ao direito de usufruto (segundo a remissão constante do 2290.º, n.º 2), ou, se assim se preferir, à propriedade temporária na qual se encontra investido (cfr. PIRES DE LIMA/ANTUNES VARELA, *CCAnotado, III*, p. 105).

[62] Estas correspondem às "*res quae usu minuuntur*" introduzidas pelo Direito romano justinianeu (cfr. SANTOS JUSTO, *Direito Privado Romano – I (Parte Geral)²*, p. 169), encontrando consagração no art. 1452.º (cfr. PIRES DE LIMA/ANTUNES VARELA, *CCAnotado, III*, p. 488 e 507; OLIVEIRA ASCENSÃO, *Direito Civil – Teoria Geral v. I²*, p. 367; MOTA PINTO, *Direitos Reais*, p. 398; MENEZES CORDEIRO, *Tratado, I-II²*, p. 156; SANTOS JUSTO, *Reais*, p. 135, n. 590, referindo coisas de "deterioração bastante rápida"; COELHO VIEIRA, *Reais*, p. 187; DIAS FERREIRA, *Codigo Civil Portuguez Annotado v. III²*, p. 193, perante o art. 2208.º do CCse; e LACRUZ BERDEJO, *Elementos, III-II²*, p. 59, atento o disposto no art. 481.º do CCes).

[63] Encontrando substrato normativo no art. 208.º, as coisas são consumíveis quando o primeiro uso da coisa efectuado pelo sujeito ocasiona o seu esgotamento ou a perda da

o usufruto, a uma restituição do seu valor ou de coisas do mesmo género, qualidade ou quantidade. A sua admissão corresponde a uma modelação típica da noção de usufruto contida no art. 1439.º, uma vez que, não apenas a coisa objecto de usufruto não é restituída extinto este direito, como também as exigências de respeito da sua "forma e substância" são obviamente postergadas[64]. Não obstante, a sua consideração no presente domínio afigura-se justificada atento o disposto no n.º 2 do art. 1451.º, que estabelece que tal direito "não importa a transferência da propriedade".

A orientação seguida pelo legislador no tratamento do usufruto de coisas consumíveis contraria os antecedentes romanos e os elementos de

---

sua utilidade (por exemplo os combustíveis e a maioria dos géneros alimentares). Todavia, podendo o consumo constituir na alienação da coisa (por exemplo a alienação do livro pelo livreiro), justifica-se a distinção entre consumo material e consumo jurídico (de que a alienação de dinheiro constituirá o exemplo paradigmático). O critério de demarcação da figura intui a diversidade do modo como as coisas satisfazem as distintas necessidades humanas, assumindo, assim, uma índole eminentemente económico-social. De facto, encontrando-se todas as coisas sujeitas ao *devir* natural, seria ficcional a referência, em termos físicos, a coisas não consumíveis (sobre o conceito jurídico de coisa consumível cfr., nomeadamente, TEIXEIRA DE ABREU, *Lições de Direito Civil Português t. I*, p. 26; GUILHERME MOREIRA, *Instituições, I*, p. 351; JOSÉ TAVARES, *Princípios, II*, p. 272; CUNHA GONÇALVES, *Tratado, III*, p. 45; PINTO COELHO, *Direito Civil (Noções fundamentais)*, p. 556; LUÍS PINTO COELHO, *Direito Civil (Teoria Geral da Relação Jurídica)*, p. 274; CABRAL DE MONCADA, *Lições de Direito Civil*[4], p. 426, n. 4; CASTRO MENDES, *Direito Civil – Teoria Geral v. II*, p. 229; OLIVEIRA ASCENSÃO, *Teoria Geral, I*, p. 367, em termos críticos da definição constante do art. 208.º; MENEZES CORDEIRO, *Reais – 1979*, p. 206, e *Tratado, I-II*, p. 155, revelando preferência por uma acepção objectiva; CARVALHO FERNANDES, *Teoria Geral do Direito Civil I*[2], p. 571, por referência (objectiva) à "coisa em si mesma no seu significado sócio-económico geral, independentemente da pessoa que a detém"; PAIS DE VASCONCELOS, *Teoria Geral do Direito Civil*[5], p. 228, com base também num conceito jurídico-funcional; e COELHO VIEIRA, *Reais*, p. 186). De acordo com uma perspectiva distinta, D'ORS, *Elementos de derecho privado romano*[3], p. 94, equaciona a inexistência de um direito de propriedade em relação a esta categoria de coisas ("*en el sentido de que nada valen si no se pierden, no cabe propriamente el dominio, sino una facultad de disposición*").

[64] As mesmas considerações conduziram, aliás, à recusa de autonomização da figura no passado (cfr. CORREIA TELLES, *ob. cit. (III)*, p. 75, no art. 507.º "*Porém os fructos e generos que se consomem com o uso, são incapazes de verdadeiro usufruto*"; e CABRAL DE MONCADA, *Elementos de história do Direito Romano v. II (teoria geral da relação jurídica)*, p. 239), não sendo as mesmas dificuldades desconhecidas da análise normativa hodierna (cfr. PIRES DE LIMA/ANTUNES VARELA, *CCAnotado, III*, p. 460; ROMANO MARTINEZ, *Obrigações – Contratos*, p. 175, referindo uma desvirtuação do instituto jurídico-real ao transformar-se o direito de usufruto num simples crédito; e COELHO VIEIRA, *Reais*, p. 759, que o rejeita como verdadeiro usufruto).

Direito comparado existentes – em especial o § 1067 do BGB[65] – não podendo de igual modo ser tomada como manutenção da solução do CCse[66]. Para além da eventual aplicação da figura em âmbitos distintos[67], a doutrina portuguesa pronuncia-se pela relevância da regra enunciada em sede de risco, ocasionando a liberação do usufrutuário do dever de restituição do valor ou de idêntica espécie na hipótese de destruição da coisa usufruída por qualquer circunstância não imputável a uma das partes antes do seu consumo[68].

---

[65] No Direito romano, sendo sublinhada a proximidade da figura com o mútuo, a propriedade da coisa era transferida para o "usufrutuário" (cfr. SANTOS JUSTO, *Direito Privado Romano – III (Direitos Reais)*, p. 190, n. 2, 201, 202, n. 8, em *Romano, I*, p. 169, e em *Reais*, p. 351; KASER, *Direito privado romano*, p. 176; LEVY, *West roman vulgar law – The law of property*, p. 35; D'ORS, *Elementos*, p. 100; e LEVY/CASTALDO, *Histoire du droit civil*, p. 354). Em conformidade, o § 1067, I, do BGB dispõe que "*Sind verbrauchbare Sachen Gegenstand des Niessbrauchs, so wird der Niessbraucher Eingentümer der Sachen (...)*". Por outra via, apesar de não resultar do art. 587.º do CCfr qualquer referência expressa à questão da transmissão da propriedade da coisa ou do risco, esta é a orientação sufragada pela doutrina francesa (cfr., nomeadamente, TERRÉ/SIMLER, *ob. cit.*, p. 681, considerando que o usufrutuário, como proprietário, assume os riscos da coisa). Já o art. 482.º do CCes suscita aproximações doutrinais díspares (se LACRUZ BERDEJO, *Elementos, III-I²*, p. 56, rejeita a configuração do quase-usufruto como mútuo em virtude do usufrutuário assumir, enquanto proprietário, o risco de perda da coisa; MOREU BALLONGA, *El aforismo genus nunquam perit y la doctrina general sobre la obligación genérica*, p. 2643, n. 22, sufraga a assunção do risco pelo usufrutuário a partir do momento em que, por actuação deste, a coisa perde a sua individualidade).

[66] Sobre o art. 2209.º do CCse, no qual se confundia o usufruto de coisas consumíveis com o usufruto de coisas fungíveis, cfr. TEIXEIRA DE ABREU, *ob. cit.*, p. 30; GUILHERME MOREIRA, *Instituições, I*, p. 353; JAIME DE GOUVEIA, *Direitos reais*, p. 36, n. 1; e MANUEL DE ANDRADE, *Teoria Geral da Relação Jurídica v. I*, p. 255. Sendo o usufruto de coisas consumíveis admitido ainda antes da promulgação do CCse (cfr. COELHO DA ROCHA, *Instituições de Direito Civil t. II*, p. 347, § 608, distinguindo-o do mútuo), BORGES CARNEIRO, *Direito Civil de Portugal t. IV*, p. 262, sufragou que o perecimento casual importaria a restituição de todo o seu valor, por aplicação da regra *genus nunquam perit*. Porém, na ausência de solução legal expressa, CUNHA GONÇALVES, *Tratado, XI*, p. 407, considerava que, ao deter apenas a faculdade de consumir a coisa, o usufrutuário não assumiria o risco.

[67] Cfr. ANDRADE MESQUITA, *ob. cit.*, p. 25, propondo a aplicação do art. 1451.º – que configura como uma "regulamentação especial da transferência da propriedade" – à locação de coisas consumíveis. A proposta é porém, salvo o devido respeito, conflituante com o princípio da tipicidade vigente em sede jurídico-real, bem como a excepcionalidade associada ao regime jurídico do usufruto de coisa consumível (cfr., respectivamente, os arts. 1306.º, n.º 1, e 11.º).

[68] Cfr. MOTA PINTO, *Reais*, p. 396; MENEZES CORDEIRO, *Reais – 1979*, p. 661; CARVALHO FERNANDES, *Reais*, p. 391; SANTOS JUSTO, *Reais*, p. 362, aplicando o art. 796.º; e

Ao abordar a questão cumpre desde logo sublinhar que esta não é privativa do domínio contratual, uma vez que o usufruto de coisas consumíveis pode resultar, desde logo, de testamento ou do fenómeno sub-rogatório previsto no n.º 1 do art. 1480.º e no n.º 1 do art. 1481.º. Assim, o problema surge a respeito de uma relação jurídica real e não de outra qualquer situação jurídica, sem que, porém, quer a solução de não transmissão da propriedade, quer a (eventual) regra de (não) transmissão do risco que seja deduzida a partir da primeira possam considerar-se imperativas. Por outra via, suscitando-se a questão em momento necessariamente anterior ao efectivo consumo da coisa, a abordagem classicamente efectuada pela doutrina portuguesa contraria precedentes romanos e comparados, não sendo apresentado um fundamento material convincente para a solução sufragada, que, aliás, se encontra em aparente contradição com a solução vigente para o usufruto de dinheiro[69].

Contudo, se a respeito do usufruto constituído sobre dinheiro em administração do usufrutuário, o n.º 1 do art. 1465.º dispõe que corre por conta deste o risco de perda da soma usufruída, a verdade é que esta norma não permite também uma resolução definitiva da questão. Para além do elemento literal contrário à generalização da sua solução ("*neste caso*"), a norma parece encontrar explicação na natureza específica do objecto do direito de usufruto: o "*dinheiro*". Para mais, a possibilidade de se verificar a concretização de uma categoria de risco com um substrato distinto do perspectivado – o "risco de emprego ruinoso de capitais" – apresenta-se como a interpretação mais plausível do referido preceito[70].

PIRES DE LIMA/ANTUNES VARELA, *CCAnotado, III*, p. 486, que consideram no entanto que, sendo admissível a criação de um regime distinto no título constitutivo, o risco corre por conta de ambos os titulares, uma vez que não apenas o proprietário perde o crédito à restituição da coisa, como também o usufrutuário perde a possibilidade de a consumir. A última posição corporiza, contudo, uma aglutinação de prismas de análise distintos, uma vez que o risco assumido pelo usufrutuário enquanto tal constitui um risco-estático inerente a qualquer direito de usufruto enquanto direito real de gozo. A questão radica antes em saber se, para além da perda do seu direito, o usufrutuário deve ou não suportar a perda patrimonial da restituição do valor ou de espécie igual ao proprietário da coisa. Por sua vez, seguindo um ângulo diverso de abordagem, MENEZES LEITÃO, *O enriquecimento sem causa no Direito Civil*, p. 506, n. 45, pondera, com hesitações, a consideração do usufruto de coisas consumíveis, bem como do usufruto de coisas deterioráveis, como um caso de aplicação da *conditio ob causam finitam*.

[69] Cfr. PIRES DE LIMA/ANTUNES VARELA, *CCAnotado, III*, p. 511, no paralelismo com o quase-usufruto.

[70] Consoante refere PIRES DE LIMA, *Do usufruto*, p. 72, "não pode deixar-se de considerar objectivamente justa a transformação do usufruto num quase usufruto, o que, im-

Introdução 45

Um elemento interpretativo relevante reside já na sobreposição da solução avançada com o contrato de mútuo. Com efeito, a adopção contratual do figurino do usufruto de coisa consumível possibilitaria uma solução divergente da presente naquele âmbito, uma vez que, adquirindo a propriedade da coisa mutuada, o mutuário suportará o respectivo risco, que, no caso, se identifica com o cumprimento de uma obrigação restitutória. Existirá, assim, um paralelo relevante entre o valor "*que a coisa tiver no momento e no lugar do vencimento da obrigação*", a que alude o art. 1149.°, e "*valor destas na conjuntura em que findar o usufruto*", a que se refere o n.° 1 do art. 1451.°[71].

Nestes termos, pressupondo alguns aspectos expositivos, entende-se que da referência à propriedade constante do n.° 2 do art. 1451.° se deve retirar apenas um comando relativo ao risco-estático à mesma inerente, e não quaisquer consequências ao nível do risco da prestação restitutória a que se refere o n.° 1 do preceito. O usufrutuário de coisas consumíveis não assume, assim, como qualquer outro usufrutuário, apesar da especificidade do objecto do seu direito, o risco inerente à titularidade do direito de propriedade sobre a coisa, assim como aos seus credores é apenas lícito agredir um direito de usufruto de tipo legal modificado[72]. Fica intacta, porém, a estatuição do n.° 1 do art. 1451.° em caso de perda ou deterioração não imputável da coisa, ao não se permitir, em sintonia axiológica com

---

porta, praticamente, a transformação do capital num crédito sobre o usufrutuário, transferindo-se para este o *risco pela perda ou diminuição do valor*". Tratar-se-á, assim, no limite, da regulação de uma situação de risco de crédito. Em sentido algo distinto, PEREIRA NEVES, *A protecção do proprietário desapossado de dinheiro – Estudo dos Direitos Inglês e Português*, p. 217, n. 189, interpreta a norma generalizando a solução de não transmissão da propriedade, sufragando que "se houvesse transferência da propriedade esta referência careceria de qualquer efeito útil".

[71] Reconhece-se porém que o objecto da previsão normativa não se apresenta exactamente coincidente, uma vez que as coisas consumíveis não são necessariamente coisas fungíveis (pense-se na garrafa de vinho rara, na vacina ou no medicamento ainda não disponível no mercado, bem como, numa acepção subjectiva de coisas consumíveis, no livro raro comercializado por um alfarrabista), e vice-versa (no exemplo clássico de produtos industriais estereotipados). Por outro lado, é verdade que o usufruto de coisa consumível pode não possuir fonte contratual, sendo essa porém a raiz do mútuo.

[72] É ainda salvaguardada ao proprietário a possibilidade de reivindicação da coisa em poder de terceiro. Em virtude da faculdade de consumo ou de alienação da coisa pelo usufrutuário, a propriedade fica contudo limitada no seu conteúdo funcional, não pertencendo ao proprietário o aumento do valor da coisa, nem a disponibilidade do direito.

o disposto no art. 1149.°, a exoneração do devedor (usufrutuário) pelo funcionamento do disposto no n.° 1 do art. 790.°[73].

Sem que se generalize a solução contida no n.° 1 do art. 1465.°, mas eliminando o que constituiria uma fractura estrutural entre os regimes jurídicos do usufruto de coisa consumível e do contrato de mútuo, e ainda um corte injustificado com a raiz histórica da figura, a solução proposta pressupõe, contudo, com expresso apoio literal e sistemático[74], a entrega da coisa ao usufrutuário[75].

IV. Assumindo conexão com as regras do usufruto de coisa consumível, o regime jurídico do risco do dinheiro – ou da prestação pecuniária – encontra-se excluído da presente investigação. O seu objecto visa, apenas, a análise do perecimento ou deterioração de coisas corpóreas subjacente a um contrato de alienação. Neste, a função da coisa – que tendencialmente se identifica com a prestação contratual característica – resulta,

---

[73] Haverá então que distinguir duas esferas de risco distintas: o risco real estático (que, no caso, se desdobra em dois: a cargo do proprietário e do usufrutuário respectivamente), e o risco de restituição, o qual não sendo necessariamente contratual (pense-se por exemplo no usufruto constituído por testamento), não se encontra sujeito à interferência do anterior.

[74] A necessidade de entrega da coisa objecto de quase usufruto resulta da referência à utilização ("*servir-se delas*") e à restituição da coisa (apenas se podendo restituir o que foi previamente entregue), bem como do paralelo com a solução genericamente aceite para a transmissão da propriedade nas obrigações genéricas (quando seja fungível a coisa objecto de usufruto) e para o mútuo (quando as figuras se entrecruzem).

[75] Para uma mais adequada percepção da solução perfilhada configurem-se os seguintes exemplos: *(i)* constituição de usufruto com a duração de um ano, tendo por objecto o combustível armazenado em determinado depósito, sendo o depósito objecto de um incêndio fortuito (sublinhe-se que se as partes celebrassem um contrato de mútuo e se verificasse uma situação de esgotamento mundial de combustíveis o art. 1149.° seria seguramente aplicável); *(ii)* usufruto, constituído por testamento, de medicamento não disponível e não reproduzível no mercado (para ser tomado pelo usufrutuário apenas se dele necessitar para sua sobrevivência), cuja propriedade é atribuída a uma instituição de pesquisa científica, sendo subsequentemente o medicamento objecto de furto enquanto em poder do usufrutuário. Em ambas as situações afigura-se inequívoco, pelas razões expostas, o suporte do risco restitutório por parte do usufrutuário. Aliás, ao poder consumir ou alienar a coisa é ao usufrutuário que pertence a decisão sobre a afectação do (eventual) aumento do seu valor (no primeiro exemplo, o usufrutuário pode consumir a coisa num momento inicial de alta de combustíveis, restituindo-a quando o respectivo preço já se estabilizou em valor inferior), ao mesmo tempo que tolhe, em termos factuais, a possibilidade efectiva de disposição ao proprietário da coisa.

Introdução

em regra, de uma utilidade retirada directamente da coisa, e não com mediação desta.

Não obstante, uma vez que alguns dos contratos de alienação visados possuem o dinheiro como objecto típico, realizar-se-á uma abordagem sumária da questão, ainda que num momento introdutório.

Possuindo um regime jurídico cuja apreensão não encontra firmes sustentáculos legais[76], uma primeira hesitação surge a respeito do modo de transmissão do mesmo objecto: sendo o dinheiro caracterizado pela sua tendencial incorporeidade[77], ultrafungibilidade ou convertibilidade[78], consumibilidade jurídica e instrumentalidade – que se revela na não assunção de uma utilidade própria ou típica[79] – tem sido sustentado que a sua transmissão não se encontra em conformidade com o sistema do título

---

[76] Cfr., no entanto, os arts. 591.º, n.º 1 (sub-rogação em consequência de empréstimo feito ao devedor); 623.º, n.º 1 (caução legal); 685.º, n.º 2 (cobrança de créditos empenhados); 705.º, al. f) (hipoteca legal); 707.º, n.º 2 (substituição da hipoteca por outra caução); 710.º, n.º 1 (hipoteca judicial); 1142.º (mútuo); 1231.º (renda perpétua); 1238.º (renda vitalícia); 1465.º (usufruto sobre dinheiro e capitais levantados); 1889.º, n.º 2 (actos dos representante submetidos a autorização judicial); 2109.º, n.º 3 (valor dos bens doados submetidos à colação); e 2270.º (entrega do legado). O esclarecimento do regime jurídico do dinheiro foi aliás proposto no Relatório preliminar da Faculdade de Direito da Universidade Católica in AA.VV., *Reforma do Direito Civil*, p. 69.

[77] Cfr. VIEIRA GOMES, *O conceito de enriquecimento*, p. 617 e 624: "o que é em regra relevante no dinheiro não é o seu suporte material concreto (a moeda de metal, o pedaço de papel) mas, sim, a relação dessa unidade com uma unidade ideal"; LACERDA BARATA, *Contrato de depósito bancário*, p. 41, na referência ao seu "valor abstracto"; PEREIRA NEVES, *ob. cit.*, p. 142 e 226, enunciando duas realidades distintas: o dinheiro enquanto bem ideal e a "moeda"; e OSÓRIO DE CASTRO, *Os efeitos da nulidade da patente sobre o contrato de licença de invenção patenteada*, p. 186 e 190, concebendo o dinheiro como valor, poder abstracto e incorpóreo expresso em cifras, no qual engloba em termos funcionais o dinheiro bancário. Quanto à desmaterialização do dinheiro cfr., por todos, MENEZES CORDEIRO, *Bancário*, p. 155.

[78] Esta era já referenciada por COELHO DA ROCHA, *ob. cit. (I)*, p. 43. Na sua sequência, MANUEL DE ANDRADE, *Obrigações pecuniárias*, p. 17, configurou as obrigações pecuniárias como obrigações genéricas que formariam contudo "uma modalidade àparte, porque a sua disciplina jurídica comporta certas peculiaridades de notável importância", referindo-se DIAS MARQUES, *Direitos reais v. I*, p. 47, e em *Noções elementares de Direito Civil[7]*, p. 48 e 180, a uma coisa genérica por natureza e subjectivamente consumível. A equiparação entre dinheiro e coisa genérica encontra-se com efeito presente no art. 2270.º.

[79] Cfr. PEREIRA NEVES, *ob. cit.*, p. 145, n. 13, na alusão a um bem de mediação incapaz de contribuir por si para a satisfação de qualquer necessidade. O dinheiro pode também ser enquadrado como coisa móvel produtiva, dado poder suscitar a existência de uma obrigação de juros (frutos civis).

O Risco nos Contratos de Alienação

genericamente vigente em relação às coisas corpóreas[80], sendo mesmo admissível que aquela ocorra *a non domino*, numa consagração incidental do sistema do modo[81]. A adesão a tais conclusões não é, porém, consen-

---

[80] Cfr. Antunes Varela, *Ensaio sobre o conceito de modo*, p. 56 e 60, n. 2, que, perante o CCse, observou que a transferência do domínio ocorreria apenas com o acto de cumprimento da obrigação, "não deve(ndo) ser considerada como um efeito próprio da compra, mas sim como um efeito de um acto logicamente posterior, que actua sobre a relação contratual derivada da compra"; Menezes Leitão, *Direito das Obrigações v. III*[5], p. 34, que exige a verificação de uma *datio pecuniae* relativamente à obrigação de pagamento do preço no contrato de compra e venda; e Vieira Gomes, *O conceito de enriquecimento*, p. 633, exigindo a entrega do dinheiro. Em sentido próximo, noutras latitudes, cfr. Brox/Walker, *Allgemeines Schuldrecht*[30], p. 89-90, que, opondo-se à aplicação do § 243, II, do BGB às obrigações pecuniárias, sufragam que o devedor deve entregar o dinheiro ao credor a seu próprio risco, configurando uma responsabilidade ilimitada que a sua insolvência não elimina; Rubino, *ob. cit.*, p. 584, aplicando o art. 1465.°, III, do CCit apenas com o acto de entrega material; Fabre-Magnan, *Le mythe de l'obligation de donner*, p. 94, entendendo que a propriedade se transmite com o pagamento; e Lacruz Berdejo, *Elementos, II-II*[2], p. 54, configurando a obrigação de pagamento do preço como uma verdadeira obrigação de "*dare*". De qualquer forma, é claro o afastamento do regime jurídico das obrigações genéricas, uma vez que, se a concentração destas obrigações se verifica, em regra, no momento de entrega da coisa devida, aquela também pode ocorrer em momento distinto, *ex vi* o art. 541.°.

[81] Cfr. Menezes Leitão, *Obrigações, III*, p. 399, n. 788, embora aparentemente recue a p. 423, e em *O enriquecimento sem causa*, p. 479 e 939, n. 13, referindo a transmissão da propriedade do dinheiro para o mutuário no mútuo com dinheiro alheio em função da verificação da *commixtio* e da inidoneidade do emprego da acção de reivindicação para coisas incertas ou indeterminadas; bem como Vieira Gomes, *O conceito de enriquecimento*, p. 634, que considera existirem "boas razões para defender a natureza abstracta da transmissão do dinheiro". Se aceite, esta solução ultrapassa inclusivamente o regime da posse vale título, uma vez que, mesmo nos ordenamentos jurídicos em que esta é admitida nos casos de roubo, perda ou extravio da coisa, exige-se sempre a boa fé do adquirente. Em termos próximos, Pereira Neves, *ob. cit.*, p. 232, entende que o regime vigente se aproxima do regime dos títulos ao portador (nomeadamente do regime da posse vale título), argumentando com a natureza consumível do dinheiro, a total ausência de individualidade de notas e moedas, a exclusão da reivindicação no património de terceiros, a injustiça da reivindicação de um terceiro que não tenha podido recusar a prestação (atento o princípio do curso legal), a consideração de que todos os cidadãos são comerciantes em matéria monetária (carecendo a sua boa fé de protecção) e o interesse público da sua circulação (sobre o regime transmissivo de títulos de crédito e valores mobiliários cfr., em sentidos divergentes, Ribeiro de Faria, *Obrigações, I*, p. 212, n. 1, entendendo que o contrato de alienação de um título de crédito é instrumento idóneo para a transmissão da propriedade do título como coisa e do próprio direito cartular; Oliveira Ascensão, *Direito Comercial, III. Títulos de Crédito*, p. 147, que considera que o endosso transmite direitos cambiários,

Introdução

sual, sendo também sufragada a inexistência de qualquer excepção aos princípios da causalidade transmissiva[82]. Esta orientação não resistirá, contudo, se, atenta a caracterização do dinheiro atrás efectuada, pura e simplesmente se considerar que o mesmo não constitui uma coisa objecto de direito de propriedade[83].

Se o problema específico do risco é eliminado através do afastamento da natureza jurídica real do dinheiro, a qualificação do dinheiro como coisa genérica viabiliza – se restrita a concentração da obrigação pecuniária ao momento da entrega da coisa – a conclusão pela inadmissibilidade

---

uma vez que "a transmissão do título é realidade diversa"; MENEZES CORDEIRO, *Manual de Direito das Sociedades II Das sociedades em especial*[2], p. 683; PINTO FURTADO, *Títulos de crédito*, p. 90, sufragando a aplicação do sistema do título, embora reconhecendo a consagração do regime da posse vale título no art. 16.º da LULL, aplicável analogicamente aos demais títulos de crédito; PEREIRA DE ALMEIDA, *Relevância da causa na circulação das acções das sociedades anónimas fora do mercado regulamentado*, p. 106 e 129, efectuando uma interpretação restritiva do art. 80.º, n.º 1, do CVM; VERA EIRÓ, *A transmissão de valores mobiliários – as acções em especial*, p. 173, considerando vigorar o sistema do título e do modo a respeito das acções, opção aceite pelo ac. do STJ de 13 de Março de 2007 in CJ (STJ) 2007-I, p. 104, apenas ressalvando a transmissão de acções em mercado regulamentado; bem como VETTORI, *Consenso traslativo e circolazione dei beni*, p. 135-140, sufragando que o disposto no art. 1994.º do CCit não posterga a aplicação do princípio consensualista, sem prejuízo da consagração de uma concretização específica de posse vale título; e RUBIO GARRIDO, *Contrato de compravenda y transmision de la propiedad*, p. 123).

[82] Cfr. OSÓRIO DE CASTRO, *ob. cit.*, p. 170 e 180, n. 199, recusando a abstracção transmissiva. A questão é cabalmente ilustrada pelo debate entre a aquisição do dinheiro pelo vendedor através do consenso translativo adequado ao regime das coisas genéricas, ou a sua recondução a uma disciplina *sui generis* de regras não escritas, mediante a qual as peças monetárias se transmitem pela *traditio*, acto necessário e suficiente (cfr. LUMINOSO, *I contratti tipici e atipici*, p. 62).

[83] Tal ponto de vista decorre da consumibilidade, instrumentalidade e incorporeidade do dinheiro (cfr. o art. 1302.º), a que acresce a insusceptibilidade da sua reivindicação (cfr. VIEIRA GOMES, *O conceito de enriquecimento*, p. 630 e 633, que, após considerar a hipótese de LIBCHABER de ser afinal o Estado o proprietário da moeda – que apenas se encontraria à disposição dos particulares enquanto meio de pagamento – conclui que o estatuto do dinheiro não é compatível com a afirmação da propriedade; ROMANO MARTINEZ, *Da cessação do contrato*, p. 190, n. 388; e LUMINOSO, *I contratti*, p. 36, referindo que o dinheiro não pode, "por motivos óbvios", ser objecto de uma atribuição translativa). Não obstante, cumpre reconhecer que o dinheiro é equiparado por lei a "outra coisa fungível" (cfr. os arts. 591.º, n.º 1, 685.º, n.º 2, 705.º, al. f), 707.º, n.º 2, 710.º, n.º 1, 1142.º e 1231.º), ainda que, em rigor, equiparação não signifique identidade (em sentido contrário cfr. GONZÁLEZ, *Reais*, p. 133; e FERREIRA DE ALMEIDA, *Contratos, II*, p. 157, considerando o dinheiro objecto idóneo do direito de propriedade).

de uma situação de impossibilidade neste âmbito, assim se frustrando o primeiro desdobramento do risco contratual (risco da prestação)[84]. Não obstante, julga-se preferível o entendimento de que a questão do risco do dinheiro constitui ainda manifestação do princípio *res perit domino*, cujo funcionamento é alheio a regras contratuais, e constitui base explicativa idónea para os eventos de destruição fáctica e desvalorização da moeda. De facto, não se impossibilitando a prestação, o problema do risco da contraprestação não se chega a colocar, não sendo viável, noutro quadrante, pretender fundar o risco da prestação num contrato que, em rigor, não provoca quaisquer alterações no estatuto jurídico da propriedade. Em suma, o enquadramento desta situação jurídica redunda na sua integração enquanto risco-estático inerente à titularidade de um direito, o qual, atenta a sua natureza, pode nem sequer se perspectivar em termos estruturalmente reais.

Idêntica conclusão é alcançada através da ponderação dos institutos específicos que versam a situação do devedor impossibilitado de cumprir[85], posição que se reconhece funcionalmente mais adaptada a situações como a proibição de exportação ou a retirada da moeda de circulação pelas autoridades administrativas competentes.

---

[84] Em causa encontra-se uma aplicação indiscriminada do brocardo *genus nunquam perit* (cfr., nomeadamente, RUBINO, *ob. cit.*, p. 449; DELFINI, *Autonomia privata e rischio contrattuale*, p. 36; LACRUZ BERDEJO, *Elementos, II-I* p. 91, referindo que sendo "o seu objecto indestrutível, a regra *genus non perit* adquire valor absoluto"; LETE DEL RÍO/LETE ACHIRICA, *ob. cit.*, p. 121; LASARTE, *Principios, II*, p. 96; PINTÓ-RUIZ, *ob. cit.*, p. 705). No mesmo sentido, o ac. do STJ de 19 de Junho de 1979 in BMJ n.º 288, p. 375, considerou que a impossibilidade de cumprimento para as obrigações pecuniárias – enquanto modalidade das obrigações genéricas – nem sequer se colocaria.

[85] Cfr. MENEZES CORDEIRO, *Da boa fé*, p. 933, n. 107, referindo que, para a impossibilidade de cumprimento de débitos pecuniários, sempre de índole subjectiva, existe, salva a hipótese académica de desaparecimento da espécie monetária, o regime específico da falência ou insolvência, excluindo a impossibilidade através de uma consideração alargada do sistema. Em sentido próximo se pronunciou, ainda no domínio do CCse, GALVÃO TELLES, *Manual de Obrigações*, p. 218, na negação da impossibilidade por falta de meios económicos. No Direito alemão, LARENZ, *Lehrbuch des Schuldrechts – Erster Band Allgemeiner Teil*[14], p. 317, protestou contra a aplicação do (agora revogado) § 279 do BGB às obrigações pecuniárias, uma vez que estas não são dívidas de prestação de coisa mas dívidas de valor ("*Summenschuld*"), possibilitando os institutos da execução forçada e da insolvência o emprego de outros bens do devedor.

Introdução   51

V. Identificada uma regra geral de suporte do risco-estático no domínio dos direitos reais de gozo, deve ser indagada a sua aplicação no domínio dos direitos reais de garantia.

Nestes termos, a al. c) do art. 730.º declara a extinção do direito de hipoteca pelo perecimento da coisa que constitui o seu objecto[86], sendo esta disposição aplicável, segundo o disposto nos arts. 664.º, 677.º, 752.º e 761.º, à consignação de rendimentos, ao penhor de coisas, aos privilégios creditórios (ainda que estes nem sempre corporizem direitos reais) e ao direito de retenção. Possuindo alguns destes direitos – *maxime* os privilégios creditórios e o direito de retenção – como fonte a lei, a consideração do substrato da sua perda encontra-se afastada *a priori* de qualquer paradigma de distribuição de risco contratual, divergindo o contrato constitutivo das demais garantias reais, por seu turno, do figurino tipológico genérico do contrato de alienação[87]. Não obstante, as figuras adquirem uma inequívoca especificidade, mesmo no âmbito da identificação de um conceito estático de risco.

Segundo o n.º 1 do art. 701.º – ressalvado expressamente pela al. c) do art. 730.º – o perecimento da coisa hipotecada por causa não imputável ao credor determina o direito do credor de exigir a substituição ou reforço da garantia pelo devedor, possibilitando ainda, em caso de incumprimento destas obrigações, a exigibilidade imediata da obrigação garantida[88]. A disposição deve ser conjugada com o disposto nos n.ºs 1 e 2 do art. 780.º, que, em caso de diminuição das garantias do crédito por causa

---

[86] PIRES DE LIMA/ANTUNES VARELA, *CCAnotado, I*[4], p. 751, sublinham a necessidade de perecimento total da coisa, mantendo-se a hipoteca em relação à parte subsistente na hipótese de perecimento parcial. Tal não suscita, porém, dificuldades específicas, encontrando-se em sintonia com o n.º 1 do art. 1478.º, a respeito do direito de usufruto.

[87] Cfr. MENÉRES CAMPOS, *Da hipoteca – caracterização, constituição e efeitos*, p. 164; e ÓRFÃO GONÇALVES, *ob. cit.*, p. 67, n. 69, e 71, na análise da questão, não decisiva, da onerosidade ou gratuitidade do negócio jurídico de constituição de hipoteca, remetendo para a sua conexão com a relação jurídica creditícia subjacente, e ponderando uma função de eventual contraprestação do mútuo. Em sentido próximo, GONZÁLEZ, *A realidade registal*, p. 420, alude ao "acto económico globalmente considerado de instituição" da hipoteca.

[88] De acordo com as remissões do art. 665.º, da al. c) do 670.º e do art. 678.º, o art. 701.º é aplicável à consignação de rendimentos e ao penhor, ainda que não vigore em relação aos privilégios creditórios (cfr. ANTUNES VARELA, *Das Obrigações, II*, p. 577; e ALMEIDA COSTA, *Obrigações*, p. 1017, n. 3), e a respeito do direito de retenção (cfr. o art. 758.º *in fine*).

imputável ao devedor, viabilizam uma escolha do credor entre a exigibilidade imediata da obrigação e a exigência de substituição ou de reforço das garantias pelo devedor. Sendo pressuposto do regime constante do art. 701.º – ao contrário do disposto no art. 780.º – que o perecimento da coisa não seja imputável ao devedor[89], o n.º 1 do art. 692.º estabelece ainda uma sub-rogação a favor do credor hipotecário em caso de perecimento, deterioração ou diminuição da coisa objecto da garantia, em face da indemnização a que o seu devedor tenha eventualmente direito[90].

Perante o quadro normativo enunciado, afigura-se indiscutível que, se o risco real estático assume modelações específicas em relação a cada um dos direitos reais de gozo *supra* mencionados, o risco associado aos direitos reais de garantia assume um conteúdo funcional inteiramente distinto dos primeiros, o que encontra fundamento, segundo se julga, na sua diferenciada função técnico-jurídica[91]. Destarte, se perante o perecimento de uma coisa objecto de usufruto se devem individualizar dois sujeitos que suportam o risco – respectivamente, em termos paradigmáticos, o risco de propriedade e o risco de usufruto – no perecimento da coisa hipotecada

---

[89] Cfr. GALVÃO TELLES, *Obrigações*, p. 268, lamentando que o legislador não tenha resolvido expressamente a questão; PIRES DE LIMA/ANTUNES VARELA, *CCAnotado*, *I*, p. 724, referindo-se à ocorrência de caso fortuito, sem culpa do devedor; ANTUNES VARELA, *Das Obrigações*, *II*, p. 51; ALMEIDA COSTA, *Obrigações*, p. 945, n. 3, e 1016; RIBEIRO DE FARIA, *Obrigações*, *II*, p. 323; e MENEZES LEITÃO, *Obrigações*, *II*[6], p. 163. Outro entendimento possível, sem substrato legal bastante, constituiria na restrição do art. 780.º às demais garantias, aplicando-se o art. 701.º também em caso de perecimento da coisa imputável ao devedor.

[90] Cfr. OLIVEIRA ASCENSÃO, *Reais*, p. 634; CARVALHO FERNANDES, *Reais*, p. 63; MENEZES LEITÃO, *Garantias das obrigações*, p. 223, referindo a existência de uma sub-rogação real que se molda sobre o regime do penhor de créditos; ROMANO MARTINEZ/ /FUZETA DA PONTE, *Garantias de cumprimento*[5], p. 197, aludindo a uma sub-rogação real *sui generis* atento o objecto sobre o qual recai; GONZÁLEZ, *Reais*, p. 218, sublinhando a *ratio* de manutenção da integridade da situação do credor hipotecário; e COELHO VIEIRA, *Reais*, p. 213 e 440). A orientação legal é paralela à dos arts. 891.º, n.os 3 e 4, e 902.º do CCse (cfr. DIAS FERREIRA, *CCAnnotado*, *II*[2], p. 162), constando idêntica solução do art. 823.º do CCiv a respeito da perda ou deterioração da coisa penhorada (cfr. PIRES DE LIMA/ANTUNES VARELA, *CCAnotado*, *II*[4], p. 96). O disposto no art. 692.º é considerado também aplicável, em termos genéricos, aos privilégios creditórios e ao direito de retenção (cfr. PIRES DE LIMA/ANTUNES VARELA, *CCAnotado*, *I*, p. 771 e 783; e ANTUNES VARELA, *Das Obrigações*, *II*, p. 576).

[91] Na verdade, o objecto de tutela reside no valor económico do bem, o que justifica, segundo VIEIRA GOMES, *O conceito de enriquecimento*, p. 94, n. 152, que a sub-rogação real encontre sede preferencial nos direitos reais de garantia.

Introdução 53

não se verifica um paralelo entre o risco suportado pelo proprietário – ou pelo titular de outro direito real de gozo sobre o objecto da garantia – e a situação jurídica assumida pelo credor hipotecário. O risco inerente à hipoteca – ainda que objecto de uma reformulação funcional – identificar--se-ia com a supressão da garantia do crédito, o que se encontra em oposição com a tutela atribuída ao credor hipotecário em caso de perecimento da coisa hipotecada.

Assim, ainda que se pretenda a delimitação de um sacrifício patrimonial conexo com estes direitos enquanto "risco do acessório do crédito", a teia normativa existente determina, como consequência última, em caso de não substituição ou reforço da garantia, o surgimento de um substituto funcional coincidente com a exigibilidade imediata da obrigação garantida, o que evidencia a minoração daquele sacrifício. Por outra via, se o art. 692.° encontra um equivalente normativo no art. 1480.°, a identificação de uma categoria de risco inerente a um direito real de garantia obnubilaria que a regra *res perit domino* foi originariamente construída para a definição da situação jurídica do credor pignoratício em face do proprietário, induzindo um desfasamento histórico-cultural inadmissível. Conclusivamente, os únicos resultados dogmáticos seguros a retirar neste âmbito residem na exclusão do risco de perecimento ou deterioração da coisa do seu regular domínio de aplicação, bem como no seu relacionamento com normas que apenas adquirem um enquadramento idóneo quando associadas ao denominado "risco de crédito".

As mesmas considerações são válidas, com as necessárias adaptações, para os direitos reais de aquisição.

VI. No domínio do risco inerente à titularidade de um direito real cumpre efectuar uma última referência ao regime jurídico da posse, aquilatando a conjugação dogmática dos dois institutos.

A questão é suscitada em virtude da responsabilização do possuidor de boa fé "pela perda ou deterioração da coisa se tiver procedido com culpa" *ex vi* o disposto no art. 1269.°.

Sendo no essencial coincidente com a orientação do art. 494.° do CCse e do art. 38.° do anteprojecto de LUÍS PINTO COELHO[92], a referida

---

[92] PINTO COELHO, *Da posse*, p. 151, embora se distinguissem com nitidez as situações jurídicas do possuidor de boa e de má fé, sendo a fórmula legal invertida: o possuidor de má fé responderia "por perdas e danos acidentais quando se prove que eles não se teriam dado se a coisa estivesse no poder do vencedor".

norma permite a atribuição de responsabilidade ao possuidor de má fé pela perda ou deterioração da coisa, independentemente da presença daquele elemento ético[93]. Esta orientação encontra apoio na anterior redacção do art. 496.º do CCse[94], compaginando-se, de igual modo, com a diarquia entre o regime de frutos – na posse de boa e de má fé – estabelecida nos arts. 1270.º e 1271.º do CCiv.

Por outra via, apesar do afastamento textual da solução que constava do referido art. 496.º do CCse e do articulado da 2.ª revisão ministerial do Código Civil, a doutrina entende que, por aplicação do n.º 2 do art. 807.º relativo à mora do devedor, a responsabilidade do possuidor de má fé independentemente de culpa pode ser excluída através do funcionamento da relevância negativa da causa virtual, *maxime* com a prova de que os mesmos danos se teriam produzido se a coisa se encontrasse em poder do seu legítimo titular[95].

---

[93] Cfr. PIRES DE LIMA/ANTUNES VARELA, *CCAnotado, III*, p. 36; MENEZES CORDEIRO, *Da boa fé*, p. 444, em *Da alteração de circunstâncias*, p. 331, e em *A posse: perspectivas dogmáticas actuais*[3], p. 125; CARVALHO FERNANDES, *Reais*, p. 291 e 295; PINTO DUARTE, *Curso de Direitos Reais*[2], p. 287; MENEZES LEITÃO, *O enriquecimento*, p. 711, n. 3, e 933, n. 1; SANTOS JUSTO, *Reais*, p. 181; COELHO VIEIRA, *Reais*, p. 618; e MOITINHO DE ALMEIDA, *Restituição de posse e ocupações de imóveis*[5], p. 89. O disposto nos arts. 11.º e 483.º, n.º 2, não constitui um verdadeiro obstáculo à mesma orientação, uma vez que esta resulta de interpretação enunciativa da lei, e não do recurso à analogia. Para mais, a responsabilidade do possuidor de má fé por *"fuerza mayor"* consta também do art. 457.º do CCes (cfr. ALBALADEJO, *Compendio de Derecho Civil*[12], p. 339; LACRUZ BERDEJO, *Elementos, III-I*, p. 96 e 97; e SOTO NIETO, *ob. cit.*, p. 234).

[94] Cfr., no seu âmbito, MANUEL RODRIGUES, *A posse – Estudo de Direito Civil português*[4], p. 314-315; GUILHERME MOREIRA, *Instituições, III*, p. 37, sufragando a aplicação dos preceitos da responsabilidade obrigacional, nomeadamente da presunção de culpa; DIAS FERREIRA, *CCAnnotado, I*[2], p. 349; e CUNHA GONÇALVES, *Tratado, III*, p. 616-617. Ainda no domínio do CCse, PEREIRA COELHO, *O problema da causa virtual na responsabilidade civil*, p. 212, n. 67, e 214, n. 72, sublinhava porém que, encontrando-se o caso fortuito e o facto de terceiro compreendidos nos danos acidentais pelos quais o possuidor é responsável, estes deveriam ser objecto de um juízo de causalidade adequada, ou, por outra forma, que o possuidor não responderia por todos os danos acidentais mas apenas pelo perecimento fortuito da própria coisa. Tal traduz-se, afinal, numa circunscrição da esfera do risco-evento (que por si só questiona uma integração dogmática na presente sede).

[95] Cfr. HENRIQUE MESQUITA, *Direitos reais*, p. 119, por recurso à al. b) do n.º 2 do art. 805.º; PEREIRA COELHO, *O problema da causa virtual*, p. 7 (n. introdutória), e em *Obrigações*, p. 185, n. 1, referindo também a situação do gestor *prohibente domino*; PIRES DE LIMA/ANTUNES VARELA, *CCAnotado, III*, p. 36; MENEZES CORDEIRO, *Da boa fé*, p. 446 e 453, e em *A posse*, p. 126, como *minimum* corrector de saídas disfuncionais; SANTOS JUSTO, *Reais*, p. 181; e COELHO VIEIRA, *Reais*, p. 619. Verificando-se uma permuta sistemática de

Introdução

Pressupondo uma qualificação da situação jurídica do possuidor[96], a solução jurídica equacionada será apenas aplicável à posse formal, pela impossibilidade do titular-possuidor responder perante si próprio[97]. A questão é então alheia ao domínio da titularidade jurídica, afastando-se também do âmbito em análise ao corporizar, em rigor, não uma situação de risco, mas uma situação de responsabilidade civil objectiva extraobrigacional[98]. Não obstante, a eventual aplicação do disposto no art. 1269.° noutros domínios, nomeadamente nos casos de invalidade do contrato, contribui significativamente para a sua consideração unitária com a temática do risco contratual.

---

lacunas normativas – uma vez que no CCse se partia das disposições da posse para a sua aplicação à situação de mora do devedor (cfr. PEREIRA COELHO, *O problema da causa virtual*, p. 211) – a relevância negativa da causa virtual era também sufragada, em momento anterior ao CCse, por CORREIA TELLES, *ob. cit. (I)*, p. 70, nos arts. 543.°-545.°; e COELHO DA ROCHA, *ob. cit. (II)*, p. 262 (§ 449, n.° 7).

[96] A posse de boa fé é definida no n.° 1 do art. 1260.° como a adquirida pelo possuidor ignorando que "lesava o direito de outrem", sendo a posse não titulada presumidamente de má fé, nos termos do n.° 2 da mesma disposição (cfr. a sua crítica em MENEZES CORDEIRO, *A posse*, p. 45, 91 e 97). No limite, porém, será a "finalidade, abstracta ou concretamente definida que determina a qualificação da posse de boa ou má fé" (cfr. COSTA E SILVA, *Posse ou posses?*, p. 28).

[97] Cfr., a respeito do conceito de posse formal, por todos, ORLANDO DE CARVALHO, *Introdução à posse*, p. 105, referindo ser a "posse formal ou autónoma, que constitui um fenómeno jurídico *sui generis*, fonte de consequências de direito que não logram imputar-se senão a ela"; e COSTA E SILVA, *Posse*, p. 14 e 53, que, considerando a existência de dois tipos de posse, entende, em paralelo, que o comportamento possessório que coincida com a titularidade do direito que se infere desse comportamento dispensa o preenchimento do tipo previsto no art. 1251.°. De outro prisma, o art. 1269.° corporiza uma pretensão real a atribuir ao adquirente do direito real, sempre que, dos termos do negócio ou das circunstâncias, não se possa inferir o contrário (por exemplo, se A alienar a B um prédio que sofreu danos na posse de má fé de C – cfr. HENRIQUE MESQUITA, *Obrigações reais e ónus reais*, p. 111, n. 29, embora que se refira apenas a frutos e a deteriorações causadas pelo possuidor).

[98] Neste sentido depõe não apenas a letra da lei, mas, sobretudo, a admissão do instituto da relevância negativa da causa virtual, que é alheio, quer ao risco inerente a uma situação jurídica-real, quer ao risco contratual. Esta orientação é ainda denunciada pelos objectivos punitivos perseguidos pelo regime da posse de má fé, de que o art. 1269.° constitui manifestação inequívoca (cfr. MENEZES CORDEIRO, *Da boa fé*, p. 456).

1.1.2.2. Risco e responsabilidade pelo risco

I. Não se revela isento de dificuldades o confronto entre os institutos do risco e da responsabilidade pelo risco – entendida como responsabilidade civil objectiva ou independente da formulação de um juízo de censura sobre a conduta do agente – sendo estes aliás identificados por alguns sectores da doutrina[99].

De facto, se a consideração da fonte da obrigação é operante face à responsabilidade civil extraobrigacional, este critério formal não funciona relativamente a situações de responsabilidade contratual objectiva – nomeadamente, nas hipóteses configuradas nos arts. 800.º e 921.º – postulando uma busca de vértices distintos de análise[100]. Por outra via, cumpre reconhecer que a turbulência doutrinal afecta à superação da *summa divisio* entre responsabilidade aquiliana e responsabilidade obrigacional[101], bem como a continuidade aparentemente existente entre a responsabilidade culposa e a responsabilidade pelo risco[102], em nada contribuem para a demarcação de fronteiras precisas neste domínio.

---

[99] Cfr. GIANDOMENICO, *Il contrato*, p. 56, a respeito da distinção entre risco económico e risco jurídico, entendido como responsabilidade objectiva; e ALONSO PÉREZ, *El riesgo*, p. 93 e 107, considerando que o *"periculum"* anuncia uma responsabilidade objectivada. Em simultâneo, a recondução da responsabilidade pelo risco a uma situação jurídica em que não se verifica um juízo ético sobre a conduta do agente não constitui sequer um entendimento legal unívoco. Na subsecção do CCiv que lhe é dedicada surgem normas que pressupõem a culpabilidade do comportamento do agente (cfr. os arts. 500.º, n.º 3; 503.º, n.º 3; 506.º, n.ᵒˢ 1 e 2; 507.º, n.ᵒˢ 1 e 2; e 508.º, n.º 1).

[100] Cfr. ALMEIDA COSTA, *Obrigações*, p. 611, n. 2, e 1039, n. 1. Aliás, também em sede obrigacional pode existir responsabilidade civil por factos lícitos, como na hipótese do art. 1229.º (CARNEIRO DA FRADA, *Danos económicos puros*, p. 154). A distinção entre a *"théorie des risques"* – que vigora em sede obrigacional – e a *"théorie du risque"* – cuja relevância surge no domínio delitual – é, porém, facilmente apreensível (cfr. CARBONNIER, *Droit Civil volume II*, p. 2239; e VOIDEY, *ob. cit.*, p. 33, n. 109), em consonância com a típica delimitação de esferas de risco na última (cfr. os arts. 503.º, n.º 3, 505.º e 509.º, n.º 2).

[101] Cfr., por todos, CARNEIRO DA FRADA, *Teoria da confiança*, p. 86, 271, n. 249, 274, n. 253, 276, 281, 284, n. 264, e 291, efectuando uma distinção fundada nos bens jurídicos atingidos pelo evento danoso, embora renunciando a uma ordenação teleológico-valorativa dos dois fenómenos. Estas mesmas hesitações eram já suscitadas, perante o CCse, por GOMES DA SILVA, *ob. cit.*, p. 189-211, concluindo, porém, que "em regra, o nosso direito adoptou um único sistema de responsabilidade civil".

[102] Cfr. VIEIRA GOMES, *Responsabilidade*, p. 118 e 123, tomando a responsabilidade pelo ilícito culposo como responsabilidade pelo risco proibido. Atribuindo relevância ao

II. Assumindo-se o risco-situação jurídica como produto do programa contratual desenhado pelas partes, o seu afastamento da responsabilidade objectiva – mesmo quando esta se associe a uma fonte contratual – radica na distinção de GOMES DA SILVA entre prestação e indemnização[103]. Segundo um critério relativo ao seu objecto e finalidade, a indemnização constitui uma prestação quantitativa e qualitativamente distinta da prestação originária, possuindo como desiderato proporcionar ao credor um benefício a que o devedor não se encontrava inicialmente adstrito. Assim, pese embora se reconheça a confluência no fundamento último de justiça comutativa das situações de risco e responsabilidade obrigacional objectiva, as diferenças de regime jurídico existentes permitem a separação das duas realidades.

Nestes termos, *(i)* se a solução de manutenção das garantias do crédito pode suscitar dúvidas quanto à responsabilidade obrigacional, a mesma hesitação não surge a respeito do risco prestacional, em que a garantia se encontra funcionalizada à prestação devida[104]. Por outra via, *(ii)* apesar das hesitações que circundam a sua aplicação no domínio obrigacional, não se verificam, nos termos do disposto pelo art. 494.º – aplicável por remissão do art. 499.º – quaisquer graduações possíveis a respeito do sacrifício patrimonial exigível no domínio do risco contratual. O mesmo raciocínio deve ser empreendido *(iii)* relativamente a tectos indemnizatórios como os constantes dos arts. 508.º e 510.º – que eventualmente possam surgir no domínio da responsabilidade obrigacional objectiva – os quais são em absoluto alheios à dogmática do risco-situação jurídica, bem

---

referente axiológico-jurídico das actividades permitidas, CARNEIRO DA FRADA, *Teoria da confiança*, p. 263, n. 242, 589 e 598, n. 634, sublinha, por seu turno, que, na responsabilidade pelo risco "requisitos como a ilicitude e a culpa estão deslocados, sendo substituídos pela realização de uma previsão específica de responsabilidade".

[103] GOMES DA SILVA, *ob. cit.*, p. 224, 228, 230 e 249.

[104] Se a fiança pode incidir sobre as obrigações de pagamento do preço e de entrega da coisa no contrato de compra e venda, a sua extensão, por exemplo, ao defeito não culposo que a coisa possua, pode apenas ser derivada dos usos, não resultando dos arts. 627.º, n.º 1, e 634.º. Neste sentido, ao admitir que a fiança cubra a responsabilidade por impossibilidade não culposa de realização da prestação, COSTA GOMES, *Assunção*, p. 619, considera que "deve, porém, afastar-se a inclusão desta situação na previsão da 2.ª prt. do art. 634, não podendo, de modo algum, presumir-se que o fiador, tendo embora conhecimento da cláusula de agravamento, se tenha querido responsabilizar pela mesma: esse é um *plus* particularmente gravoso que exige um específica declaração fidejussória". A conclusão idêntica se chega a respeito da hipoteca concedida por terceiro, atento o disposto nos arts. 686.º, n.º 1, e 693.º.

58   O Risco nos Contratos de Alienação

como *(iv)* nas situações em que o ordenamento jurídico admita que a indemnização seja superior ao valor da coisa (*"punitive damages"*). A distinção encontra-se ainda presente *(v)* na diferente sanção estabelecida por lei para cláusulas contratuais gerais que derroguem os respectivos regimes jurídicos[105].

Sublinha-se todavia que a distinção entre as duas figuras é dificultada com o reconhecimento, no domínio da distribuição do risco contratual, de uma categoria de risco contratualmente fundado, com independência do jogo prestacional (nomeadamente nos contratos de mandato e de empreitada), e, em especial, nas hipóteses tradicionais de assunção contratual do risco. Se corporizarem obrigações de garantia estas serão, em rigor, situações de responsabilidade obrigacional objectiva.

III. Um derradeiro aspecto na contraposição entre as normas de distribuição do risco e as normas de responsabilidade objectiva reside no significado específico que a relevância negativa da causa virtual pode assumir nesta última[106].

Assumindo a regra uma preponderância típica em situações de responsabilidade civil extraobrigacional em que a culpa do lesante é legalmente presumida – nomeadamente nos arts. 491.°; 492.°, n.° 1; e 493.°, n.° 1 – a exclusão de responsabilidade do sujeito perante a verificação de outro qualquer evento que produzisse o dano encontra-se também prevista nos arts. 616.°, n.° 2; 807.°, n.° 2; e 1136.°, n.° 2. Destarte, se as situações de impugnação pauliana perante o adquirente de má fé[107] e de violação de algumas das obrigações contratuais do comodatário extra-

---

[105] Cfr., respectivamente, os arts. 18.°, al. d), e 21.°, al. f), da LCCG.

[106] A causa virtual pode traduzir-se num caso fortuito, num comportamento do próprio lesado ou num acto de terceiro que induziria a responsabilidade do seu autor se houvesse causado o dano. Por outra via, a situação pode consubstanciar-se num facto impedido ou frustrado (logo, um facto hipotético), e ocorrer antes, simultaneamente ou depois da verificação real do dano (cfr. PEREIRA COELHO, *O problema da causa virtual*, p. 103; GALVÃO TELLES, *Obrigações*, p. 411, 413 e 416, considerando todavia que, sendo o facto de terceiro simultaneamente objecto de relevância positiva e negativa, apenas perante o caso fortuito se pode apurar a relevância negativa da causa virtual; ANTUNES VARELA, *Das Obrigações, I*[10], p. 618, 620 e 924; ALMEIDA COSTA, *Obrigações*, p. 768, n. 1; ROMANO MARTINEZ, *Direito das Obrigações – Apontamentos*[2], p. 114; e MENEZES LEITÃO, *Obrigações, I*, p. 350).

[107] Cfr., a este respeito, ROMANO MARTINEZ/VASCONCELOS, *Vício na formação do contrato, interpretação do negócio jurídico, condição resolutiva e incumprimento contratual*, p. 256.

Introdução 59

vasam o domínio versado – a primeira, pela sua fonte, a última, atentos os efeitos meramente obrigacionais do contrato e a sua associação a um ilícito obrigacional culposo – a norma do art. 807.º constitui uma das situações de distribuição de risco contratual que, apesar de se revelar directamente proveniente do sistema jurídico romano, se afasta da acepção de risco pressuposta.

Independentemente da eventual construção de um princípio geral fundado nas referidas normas[108], é suficiente o enquadramento da relevância negativa da causa virtual como limitação à causalidade pressuposta pelo instituto da responsabilidade civil, em paralelo com o referido aquando da análise da situação jurídica do possuidor de má fé[109].

1.1.2.3. *Risco e incumprimento obrigacional*

Constituindo o incumprimento obrigacional – e a responsabilidade debitória ao mesmo associada – a realidade básica subjacente à inexecução do programa contratual gizado, a distribuição do risco contratual surge em antítese àquele, sendo o seu funcionamento excluído em tais situações[110].

---

[108] A doutrina oscila entre a consideração do carácter excepcional das normas que consagram a relevância negativa da causa virtual (cfr. GALVÃO TELLES, *Obrigações*, p. 392, n. 1, 418, n. 1, e 422; ANTUNES VARELA, *Das Obrigações, I*, p. 620, 931 e 936; ALMEIDA COSTA, *Obrigações*, p. 769; RIBEIRO DE FARIA, *Obrigações, I*, p. 478 e 494; MENEZES LEITÃO, *Obrigações, I²*, p. 351; e ROMANO MARTINEZ, *Obrigações – Apontamentos*, p. 115), a possibilidade da sua aplicação analógica (cfr. PEREIRA COELHO, *O problema da causa virtual*, p. 218, nomeadamente em caso de responsabilidade objectiva; e CARNEIRO DA FRADA, *Teoria da confiança*, p. 326, n. 319, que não exclui a aplicação do n.º 2 do art. 1136.º "em constelações de interesses paralelas, ocorridas embora em contratos diversos") e a aceitação genérica da sua relevância (cfr. PESSOA JORGE, *Responsabilidade civil*, p. 418, sufragando a analogia com o disposto no art. 807.º).

[109] Cfr. GALVÃO TELLES, *Obrigações*, p. 422, n. 1, por referência a uma causalidade indirecta. PEREIRA COELHO, *O problema da causa virtual*, p. 185 e 212-215, prefere a referência a um "agravamento da posição do obrigado a indemnizar" como substrato de invocação da relevância negativa da causa virtual.

[110] Cfr. nomeadamente, GUILHERME MOREIRA, *Instituições, II*, p. 121, referindo que o "caso fortuito (...) começará onde a culpa acaba"; JAIME DE GOUVEIA, *Da responsabilidade*, p. 272 e 357; CABRAL DE MONCADA, *Direito Civil*, p. 425; LARENZ, *Schuldrechts, II*, p. 101; PROVERA, *ob. cit.*, p. 693, n. 4; PUCELLA, *Colpa e rischio nel caso fortuito*, p. 350, sublinhando que a dificuldade da distinção entre o caso fortuito e a causa não imputável deriva da necessidade de equilibrar o objecto da prova liberatória com o objecto da obrigação derivada do contrato; LUMINOSO, *I contratti*, p. 77, com apelo a um critério de

60 O Risco nos Contratos de Alienação

Em simultâneo, ao estabelecer uma presunção de culpa do devedor em caso de incumprimento obrigacional, o n.º 1 do art. 799.º soluciona a questão da distribuição do ónus da prova da verificação dos factos ou eventos que consubstanciem uma situação de risco, situando-o na esfera jurídica do devedor[111]. As regras de risco encontram-se deste modo submetidas à inexistência de um juízo de censura sobre a conduta do devedor, pelo que o incumprimento obrigacional determina a sua circunscrição aplicativa.

As situações de imputabilidade precedente do devedor perante o incumprimento obrigacional ocorrido adquirem um relevo especial neste domínio, nomeadamente quando o devedor não empregue os esforços exigíveis para evitar ou remover o perecimento ou deterioração da coisa que seriam perspectivados ou perspectiváveis pelo homem médio nas condições do caso concreto[112]. Não obstante, nunca deve ser excluída a hipó-

---

imputabilidade; RESCIO, *ob. cit.*, p. 5; ALONSO PÉREZ, *El riesgo*, p. 92, em relação à perda, perecimento ou deterioração de uma coisa comprada; e LASARTE, *Principios, II*, p. 356. No mesmo sentido depunha o art. 717.º do CCse, ao excepcionar a transmissão do risco da coisa *"se (esta se) houver deteriorado ou perdido por culpa ou negligência do alienante"*, a qual ocorria, nos termos do § 2.º, *"quando o obrigado pratica actos contrarios á conservação da coisa"* (cfr. ainda, em termos paralelos, os arts. 719.º, 1398.º e 1417.º do CCse). A contraposição entre os domínios do risco e da responsabilidade obrigacional é igualmente delineada na prt. final do art. 66.º e no art. 70.º da CVVIM.

[111] Cfr. GUILHERME MOREIRA, *Instituições, II*, p. 126; MANUEL DE ANDRADE, *Obrigações*, p. 430; CUNHA GONÇALVES, *Tratado, IV,* p. 530 e 578; PINTO COELHO, *Obrigações*, p. 269; GALGANO, *Diritto privato*[11], p. 208, sufragando também a responsabilidade pelas *"cause ignote"*; CIAN/TRABUCCHI, *Comentario breve al Codice Civile – complemento giurisprudenziale*[6], p. 1797; SOTO NIETO, *ob. cit.*, p. 128; OLMO GUARIDO, *ob. cit.*, p. 281, referindo-se em especial ao problema probatório das causas desconhecidas, pelas quais responde ainda o devedor; e OLIVA BLÁZQUEZ, *ob. cit.*, p. 79 e 137, perante a CVVIM. As dificuldades probatórias surgem, por exemplo, no contrato de compra e venda à distância de mercadorias, em que se discute se o seu perecimento ocorreu durante a viagem – com o risco da contraprestação a onerar o comprador – ou se as mesmas foram já entregues com vício (cfr., nomeadamente, ZUNARELLI/TELLARINI, *La vendita a condizione fob*, p. 173 e 179).

[112] Cfr., ainda no domínio do CCse, GUILHERME MOREIRA, *Instituições, II*, p. 126; VAZ SERRA, *Caso fortuito ou de fôrça maior e teoria da imprevisão*, p. 206, n. 2, referindo que "a culpa do devedor é relevante no que respeita ao aparecimento do caso fortuito ou de fôrça maior, devendo ele usar de determinada diligência para prever e evitar o acontecimento que determinará a impossibilidade de cumprir a obrigação"; PINTO COELHO, *Obrigações*, p. 262; CUNHA GONÇALVES, *Tratado, IV,* p. 530; e PESSOA JORGE, *Responsabilidade civil*, p. 129. Esta orientação foi consagrada no ac. do STJ de 5 de Junho de 1996 in CJ (STJ) 1996-II, p. 121, que considerou que a elisão da presunção legal de culpa pres-

Introdução 61

tese de, sendo os eventos configurados como situações de impossibilidade de prestação, estes resultarem de um facto não imputável do devedor que exclua a aplicação do regime do incumprimento obrigacional[113]. Distintas são já as situações de culpa indirecta, particularmente prementes no órbita do contrato de comodato: nestas a existência de responsabilidade civil obrigacional é inultrapassável.

1.1.2.4. *Risco e alteração das circunstâncias*

I. A exemplo do incumprimento contratual, a alteração das circunstâncias em que as partes fundaram a sua decisão de contratar constitui uma figura cuja delimitação conceptual do risco-situação jurídica se afigura de elementar solução, ainda que a sua relação com o objecto versado se desenvolva em termos inversos aos do incumprimento contratual[114].

---

supõe "demonstrar haver-se adoptado todas as providências destinadas a evitar o perigo"; e no ac. do STJ de 22 de Abril de 1997 in CJ (STJ) 1997-II, p. 72, em que se entendeu que o depositário de mercadorias na ocasião de um incêndio deveria provar que tomou "medidas de prevenção ou combate ao fogo, nomeadamente, a instalação de alarmes ou outros meios de detecção de incêndios, bem como a colocação de extintores, etc (...)" ou a colocação do "armazém sob vigilância específica". Por sua vez, no ac. do STJ de 5 de Março de 1996 in CJ (STJ) 1996-I, p. 120, foi entendido, em relação a um contrato de compra e venda de uma viatura em que se provou que o incêndio começara no habitáculo do motor, ignorando-se porém a sua causa, ser "gratuito afirmar que o sinistro se ficou a dever a qualquer deficiência ou anomalia na (sua) construção ou funcionamento".

Na síntese de ALPA, *Per una critica all'identificazione di casus e non culpa*, p. 375, a valoração do comportamento diligente do devedor importa um exame concreto das circunstâncias que perturbaram o cumprimento.

[113] Cfr. MANUEL DE ANDRADE, *Obrigações*, p. 420; VAZ SERRA, *Impossibilidade superveniente*, p. 40; PESSOA JORGE, *Responsabilidade civil*, p. 127; e ANTUNES VARELA, *Das Obrigações, II*, p. 82.

[114] Sobre o instituto da alteração das circunstâncias, consagrado no art. 437.º, cfr. GALVÃO TELLES, *Obrigações*, p. 369, e em *Manual dos Contratos em Geral*[4], p. 96, 102 e 337; ANTUNES VARELA, *Das Obrigações, II*, p. 282, e em *Anotação ao ac. do STJ de 7 de Outubro de 1982*, p. 175, relativamente à excessiva onerosidade; ALMEIDA COSTA, *Obrigações*, p. 323; RIBEIRO DE FARIA, *Obrigações, II*, p. 354, n. 2; OLIVEIRA ASCENSÃO, *Teoria Geral, III*, p. 211, e em *Onerosidade excessiva por "alteração das circunstâncias*, p. 625; MOTA PINTO, *Teoria Geral do Direito Civil*[3], p. 597 e 600; MENEZES CORDEIRO, *Contratos públicos: subsídios para a dogmática administrativa, com exemplo no princípio do equilíbrio financeiro*, p. 51, em *Da alteração de circunstâncias*, p. 293, em *Da boa fé*, p. 905, e em *Obrigações, II*, p. 143; PAIS DE VASCONCELOS, *Teoria Geral*, p. 357-377, e em *A natureza das coisas*, p. 754 e 761, desenhando a sua relação com a natureza das coisas e a "*fuzzy logic*"; MENEZES LEITÃO, *O enriquecimento*, p. 519, n. 72, e em *Obrigações, II*,

62   *O Risco nos Contratos de Alienação*

Adquirindo diversas formulações históricas e comparadas[115], o instituto da alteração das circunstâncias adquiriu uma renovada fluidez dogmática com a sua consagração no BGB através da reforma de 2002, bem como em alguns projectos normativos e paradigmas contratuais do comércio internacional[116]. Constituindo a teoria (da distribuição) do risco um dos seus fundamentos possíveis[117], o desvio à estabilidade contratual aproxima-se do domínio do risco ao não encontrar aparente aplicação quanto

---

p. 129; e MOURA RAMOS/BENTO SOARES, *ob. cit.*, p. 215, n. 400. O Código Civil de 1966 veio resolver a questão da admissibilidade do instituto, objecto de fundadas dúvidas no CCse (cfr. JOSÉ TAVARES, *Princípios, I*, p. 524; BARBOSA DE MAGALHÃES, *A teoria da imprevisão e o conceito classico de fôrça maior*, p. 129, que, todavia, propôs uma aproximação entre a teoria da imprevisão e o caso de força maior através de uma interpretação extensiva do art. 705.°, abrangendo a "radical e inconjecturável transformação do mercado" ou a "inesperada transformação do meio ambiente"; VAZ SERRA, *Caso fortuito ou de fôrça maior*, p. 201, 203 e 208, dissociando-se das posições anteriormente tomadas em *Impossibilidade superveniente por causa não imputável ao devedor e desaparecimento do interesse do credor*, p. 18, n. 32; JAIME DE GOUVEIA, *Da responsabilidade*, p. 502-518; PAULO CUNHA, *Obrigações*, p. 259; PINTO COELHO, *Obrigações*, p. 154, e em *Noções fundamentais, 2.ª prt.*, p. 226; CABRAL DE MONCADA, *Direito Civil*, p. 703; CUNHA GONÇALVES, *Tratado, IV*, p. 531; e CARVALHO FERNANDES, *A teoria da imprevisão no Direito Civil Português*, p. 242), embora a sua recondução dogmática tenha sido deixada em aberto.

[115] Cfr. ROTH, *Kommentar zum § 313*[4], p. 1843, referindo a generosidade jurisprudencial germânica neste domínio, com os exemplos de participação de uma parte no risco da outra nos casos de fornecimento de cerveja para o Irão, ou do comprador que havendo comprado aparelhos visando a sua exportação para a antiga República Democrática Alemã foi impedido de o fazer por decisão governamental; TERRÉ/SIMLER/LEQUETTE, *ob. cit.*, p. 468, relativamente à teoria da imprevisão; FLOUR/AUBERT/SAVAUX, *ob. cit.*, p. 310; CABRILLAC, *ob. cit.*, p. 87; BESSONE, *Causa tipica e "motivo" del contratto, dogmi di teoria generale, orientamenti della giurisprudenza*, p. 32, considerando que a resolução do contrato apenas é admitida quando, mediante uma valoração precisa da economia do sinalagma, a inexigibilidade do cumprimento constitua exigência da boa fé; ALBALADEJO, *Obligaciones*, p. 303, que, no silêncio do CCes, adere ao limite de sacrifício com base no princípio da boa fé; LACRUZ BERDEJO, *Elementos, II-I* p. 507; e OLMO GUARIDO, *ob. cit.*, p. 135-144, relativamente à excessiva onerosidade da prestação.

[116] Cfr., nomeadamente, as referências ao emprego de cláusulas de "*hardship*" em LIMA PINHEIRO, *Cláusulas típicas*, p. 877-902, p. 884-891, e em *Direito Comercial Internacional*, p. 238-245.

[117] Cfr., por todos, MENEZES CORDEIRO, *Da boa fé*, p. 938, em *Da alteração de circunstâncias*, p. 315-324, e em *Contratos públicos*, p. 63. OLIVEIRA ASCENSÃO, *Onerosidade excessiva*, p. 633, n. 13, mostra-se porém adverso à dissolução da sua disciplina na temática comum do risco, "que repercute outros pontos de vista".

Introdução   63

aos contratos já cumpridos[118]. Não obstante, uma delimitação idónea das figuras adquire especial relevância em virtude da supletividade assumida pelo instituto da alteração das circunstâncias, o qual não encontra aplicação se o evento se encontrar coberto pelos "riscos próprios do contrato"[119].

II. Apesar do consenso em torno da exclusão aplicativa do regime da alteração das circunstâncias no âmbito das flutuações normais do contrato e dos riscos expressamente assumidos pelas partes, que podem, por esta via, assumir sacrifícios patrimoniais superiores aos pressupostos no tipo contratual escolhido, a doutrina acaba por introduzir alguma flexibilização neste âmbito ao admitir que o instituto encontre aplicação nos contratos aleatórios[120].

---

[118] A orientação decorre não apenas da letra da lei ("*obrigações ... assumidas*", que, deste modo, não foram extintas pelo cumprimento), mas também do princípio da boa fé (cfr. MOTA PINTO, *Teoria Geral*, p. 603; ANTUNES VARELA/HENRIQUE MESQUITA, *Resolução ou modificação do contrato por alteração de circunstâncias*, p. 9 e 15; LOBO XAVIER, *ob. cit.*, p. 21, em especial n. 34; MENEZES CORDEIRO, *Da alteração de circunstâncias*, p. 70; e MENEZES LEITÃO, *Obrigações, II*, p. 136, n. 267). Sendo a exclusão aplicativa da alteração das circunstâncias aos contratos de execução imediata objecto de um subsídio jurisprudencial (cfr. o ac. do STJ de 29 de Março de 1979 in BMJ n.º 285, p. 268; e o ac. do STJ de 12 de Junho de 1979 in BMJ n.º 288, p. 371), tal orientação é porém rejeitada por GALVÃO TELLES, *Obrigações*, p. 371, n. 1, e, em parte, por ALMEIDA COSTA, *Obrigações*, p. 344 (referindo o impressivo exemplo do contrato de aquisição de tecnologia médico-industrial em que a autoridade pública proíbe o fabrico do medicamento antes do início da laboração). Apesar de remeter a questão para os "riscos próprios do contrato", também MENEZES CORDEIRO, *Contratos públicos*, p. 78, rejeita um conceptualismo rígido.

[119] Cfr. OLIVEIRA ASCENSÃO, *Teoria Geral, III*, p. 201, na alusão ao risco que "*naquelas* peculiares circunstâncias acompanha *aquele* contrato" (itálicos nossos).

[120] Esta solução encontrava-se já pressuposta no n.º 5 do art. 1.º do anteprojecto de VAZ SERRA, admitindo a aplicação do instituto da alteração das circunstâncias quando as flutuações ultrapassassem de modo apreciável todas as previsões efectuadas no momento da celebração do contrato (cfr. VAZ SERRA, *Resolução ou modificação do contrato por alteração das circunstâncias*, p. 381). No mesmo sentido pronunciaram-se, subsequentemente, GALVÃO TELLES, *Contratos em Geral*, p. 347, n. 318, ainda que "muito excepcionalmente"; ALMEIDA COSTA, *Obrigações*, p. 344; MENEZES CORDEIRO, *Obrigações, II*, p. 149, e em *Da boa fé*, p. 930, n. 102, relativamente a grandes alterações; ROMANO MARTINEZ, *Da cessação*, p. 155; PAIS DE VASCONCELOS, *Teoria Geral*, p. 370 e 666; MENEZES LEITÃO, *Obrigações, II*, p. 137; OLIVEIRA ASCENSÃO, *Onerosidade excessiva*, p. 635 e 643, n. 22, no que "estiver para lá do risco tipicamente implicado no contrato" (orientação que a p. 635 também sufraga para os contratos gratuitos, centrando-se na "equação económica do negócio"); e DIAS OLIVEIRA, *O risco na alteração das circunstâncias – Alguns problemas*, p. 25. Em consonância, o ac. do STJ de 13 de Fevereiro de 1986 in BMJ n.º 354, p. 518, con-

64   *O Risco nos Contratos de Alienação*

Não se verifica todavia unanimidade no momento da articulação do regime da alteração das circunstâncias com as regras de distribuição do risco. De facto, se a maioria da doutrina se pronuncia no sentido da prevalência aplicativa do art. 796.° como exigência positiva e de segurança jurídica[121], é também equacionada uma individualização de esferas de risco distintas. Neste sentido, é proposta uma distinção entre o "risco normal" e o risco "anormal"[122], sendo ainda admitida uma circunscrição entre

---

siderou – num contrato de renda vitalícia – que "não se exclui em absoluto a sua aplicação aos contratos aleatórios ou semelhantes", embora se exija "um maior rigor na apreciação das circunstâncias que terão de apresentar uma alteração desmedida, com carácter excessivamente improvável à data da sua celebração". Paralelamente, a rescisão do contrato por lesão no Direito espanhol e comparado foi analisada por DÍAZ GÓMEZ, *El contrato aleatorio*, p. 161-195, concluindo pela relevância da consideração do momento da celebração do contrato, da estatística e do cálculo de probabilidades como utensílios funcionais e de comparação com outros contratos similares celebrados no mercado.

[121] Cfr. ALMEIDA COSTA, *Obrigações*, p. 346, embora admitindo que os riscos possam exceder a álea normal do art. 796.°; LOBO XAVIER *ob. cit.*, p. 17 e 20, em parecer, com declaração de concordância de MOTA PINTO, relativo à nacionalização das acções de uma sociedade; MOTA PINTO, *Teoria Geral*, p. 603; MENEZES CORDEIRO, *Da boa fé*, p. 1093 e 1107, ainda que admita que a supletividade não deve ser entendida em termos absolutos, havendo que averiguar se a atribuição é definitiva ou plena, desempenhando a boa fé, ainda, um (segundo) papel de controlo, e em *Da alteração de circunstâncias cit.*, p. 328, 331 e 357; MENEZES LEITÃO, *O enriquecimento*, p. 523, n. 79, e em *Obrigações, II*, p. 137, n. 268; CALVÃO DA SILVA, *Compra e venda*, p. 24; CARNEIRO DA FRADA, *Teoria da confiança*, p. 884, n. 997; e DIAS OLIVEIRA, *ob. cit.*, p. 11. O entendimento consumptivo do art. 437.° pelas regras de risco foi também objecto de adesão jurisprudencial (cfr. o ac. do STJ de 8 de Fevereiro de 1979 in BMJ n.° 284, p. 226, em relação à nacionalização de um empresa de camionagem; o ac. do STJ de 29 de Março de 1979 *cit.*, p. 268; o ac. do STJ de 12 de Junho de 1979 *cit.*, p. 371, em relação às nacionalizações em geral; e o ac. do STJ de 27 de Fevereiro de 1986 *cit.*, p. 249). A orientação pode ainda encontrar fundamento na remissão do art. 439.° para o n.° 2 do art. 432.° – uma vez que ao comprador da coisa perecida não é admitida a resolução do contrato por não se encontrar em condições de restituir o que recebeu – ainda que, em rigor, este configure uma regra de liquidação do vínculo obrigacional, e pressuponha a resolução do contrato ("*resolvido o contrato*").

[122] Cfr. ANTUNES VARELA/HENRIQUE MESQUITA, *ob. cit.*, p. 14 e 16, exemplificando com um contrato de compra e venda de mata de pinheiros por um preço vantajoso para o vendedor "na pressuposição, reflectida nos termos do contrato, de que na zona onde o pinhal se situava não se verificariam incêndios, quer por se tratar de zona particularmente húmida e verdejante, quer por se encontrar sujeita a especiais medidas de prevenção de fogos", sendo o quantitativo do preço pago em prestações que comprador esperava poder realizar através de cortes periódicos de pinheiros e através da extracção da resina.

No mesmo sentido, numa hipótese jurisprudencial de acordo de partilhas homologado judicialmente em que os filhos legítimos ficaram com os bens de raiz e os filhos

Introdução 65

distintos sinalagmas, ou mesmo uma remissão genérica para o instituto do abuso de direito[123].

Sendo a primeira posição a que encontra consagração normativa, importa reconhecer, porém, que uma delimitação negativa da alteração das circunstâncias perante as regras de distribuição do risco acarreta, em virtude do desdobramento fenoménico do risco-evento, o seu progressivo esvaziamento. Assim, apesar da dúbia equidade de tal juízo, obstar-se à aplicação do art. 437.º a casos como o embargo à importação ou exportação de mercadorias por parte de um Estado soberano, a proibição administrativa de revenda de mercadorias (por exemplo medicamentos) objeto de fornecimentos anteriores, ou a exclusão ou modificação da potencialidade edificativa de determinado terreno por intermédio de instrumento de gestão territorial subsequente[124].

(ditos) ilegítimos ficaram credores de tornas, sendo os bens partilhados nacionalizados pelo Estado Angolano, cfr. FALCÃO DE OLIVEIRA *Alteração das circunstâncias, risco e abuso de direito, a propósito de um crédito de tornas*, p. 24, sustentando que se a perda da coisa é sempre, enquanto dano, imprevista e anormal, o risco que se corre em cada caso é variável, existindo "riscos normais e riscos anormais, riscos próprios do tráfego jurídico e riscos que estão fora deste" (de que seriam exemplo o confisco a nacionalização de bens por Estado estrangeiro). O autor entende, assim, que o "domínio cego do velho regime previsto no art. 796.º" cede perante "riscos de tal modo insólitos e arriscados que o sujeito merece uma atenção especial do sistema jurídico", admitindo o desempenho de uma função correctora por parte do art. 437.º.

[123] Cfr. FALCÃO DE OLIVEIRA, *ob. cit.*, p. 22 e 24, referindo não apenas que "o sinalagma das tornas é mais forte, mais protegido que o sinalagma da compra e venda", nomeadamente atento o disposto na al. e) do art. 705.º, bem como que o instituto do abuso de direito não se encontra paralisado pelo art. 796.º. A questão foi apreciada pelo ac. do STJ de 10 de Dezembro de 1991 in BMJ n.º 412, p. 468, na sequência do parecer do autor, em que, não se considerando verificada uma situação de abuso de direito, julgou o tribunal em conformidade com a prevalência aplicativa do regime jurídico do art. 796.º. Maior abertura – ainda que limitada – foi revelada pelo ac. do STJ de 13 de Fevereiro de 1986 *cit.*, p. 518, que, em relação à descolonização ocorrida no território moçambicano, considerou que, ainda que anormal, tal circunstancialismo deveria assumir-se como "determinante da realização do negócio".

[124] MENEZES LEITÃO, *Obrigações, III*, p. 111, remete a última situação para uma aplicação analógica do regime jurídico da venda de bens onerados, entendendo não se verificar uma questão de garantia de especiais vantagens jurídicas da coisa. Mas, salvo o devido respeito, a limitação urbanística em questão mostra-se superveniente, e não pretérita (abordando situação inversa, o ac. do STJ de 11 de Abril de 1969 in BMJ n.º 186, p. 182-185, considerou, em relação à alteração de um plano urbanístico que possibilitou um maior volume de construção, invocado pelos promitentes-vendedores no âmbito de um contrato-promessa, a inexistência de uma situação de impossibilidade por caso de força maior).

Não se vislumbrando fundamentos normativo-dogmáticos sólidos para uma circunscrição conceptual alternativa do risco-evento, será admissível que se reconheça, em termos excepcionais, um campo de aplicação comum aos dois institutos jurídicos versados, limitado contudo a situações em que uma ponderação unilateral do risco contratual se apresente disfuncional. Em causa está a circunscrição de situações anómalas da categoria do *risco de utilização da coisa*, por razões que são análogas às que autorizam o pontual funcionamento do instituto da alteração das circunstâncias em contratos aleatórios. Pese embora o seu escasso rigor jurídico-formal, esta é a solução que melhor se adequa ao desenho estrutural daquela figura, corrigindo as assimetrias (eventualmente) presentes nos exemplos *supra* referidos[125].

1.1.2.5. *Risco e contratos aleatórios*

I. A álea normal do contrato identifica-se, em sentido lato, com o equilíbrio sócio-económico extrínseco ao vínculo contratual[126]. Esta não influi na determinação, mas tão somente no valor relativo das prestações, surgindo associada a uma prestação cujo cumprimento pode, inclusivamente, já se haver verificado. Pedra de toque no instituto da alteração das circunstâncias, a mesma encontra-se porém distante do risco tipicamente subjacente aos contratos de alienação.

Distinta é já a álea que serve de substrato aos denominados contratos aleatórios, a qual acresce à composição de interesses tipicamente pressuposta, constituindo um elemento essencial e conatural ao vínculo contratual assumido. Apesar das dificuldades associadas à sua delimitação[127],

---

[125] Embora fora do âmbito dos contratos de alienação, a aplicação do regime jurídico da alteração das circunstâncias numa hipótese de risco de utilização da coisa foi equacionada pelo ac. da RC de 31 de Janeiro de 2006 in CJ 2006-I, p. 15, a respeito da renda a pagar num contrato de cessão de exploração de restaurante numa área de serviço numa estrada nacional, que viu a sua clientela reduzida em virtude da abertura de uma auto-estrada (com a consequente redução do tráfego automóvel).

[126] Cfr. ALPA, *Rischio*, p. 863; SCALFI, *ob. cit.*, p. 258; e GIANDOMENICO, *Il contrato*, p. 77 e 225, definindo "risco contratual económico" como a possibilidade de mutação económica das prestações contratuais por eventos supervenientes que resultam de um mero facto, os quais não entram na causa negocial, nem constituem um interesse das partes ao contratar.

[127] Que justificaram, nomeadamente, a ausência de uma definição legal do contrato de jogo e aposta (cfr. GALVÃO TELLES, *Contratos Civis – Exposição de motivos*, p. 219).

Introdução 67

a álea é genericamente considerada como situação jurídica de incerteza quanto a um ganho ou uma perda contratualmente determinados, dissociando-se do risco devido à bilateralidade dos seus efeitos patrimoniais[128]. Nestes termos, se o risco é considerado como simples expressão negativa de uma situação jurídica de incerteza ou como "perigo de um mal", a álea é objecto de uma consideração bipolar, podendo a sua concretização traduzir-se numa situação jurídica de vantagem para um dos sujeitos do vínculo contratual.

Não obstante, a álea pode, em si mesma, adoptar um feição unilateral, nomeadamente nas situações em que um dos contraentes suporta um sacrifício patrimonial certo em vista de uma atribuição patrimonial incerta[129].

II. Apesar dos contratos aleatórios serem demarcados pela doutrina nacional enquanto sub-espécie categorial dos contratos onerosos – na qual se verifica uma incerteza quanto à existência, conteúdo ou momento de verificação das atribuições patrimoniais de um ou de ambos os contraentes[130] – aqueles não adquirem a relevância normativo-dogmática presente noutros sistemas jurídicos[131].

---

[128] Cfr. DIAS FERREIRA, *CCAnnotado, III,* p. 142, referindo a álea como "jogo de sorte ou de fortuna, risco ou incerteza"; PESSOA JORGE, *Obrigações,* p. 629; PEDROSA MACHADO, *ob. cit.,* p. 59, ainda que apenas por referência à obtenção de um proveito; CARAVELLI, *ob. cit.,* p. 308; BOSELLI, *ob. cit.,* p. 469-471; GIANDOMENICO, *Il contrato,* p. 50, que menciona todavia a possibilidade da distinção entre álea e risco se traduzir numa questão puramente terminológica; e ORLANDO, *ob. cit.,* p. 31. SCALFI, *ob. cit.,* p. 254, entende porém que a explicação é meramente linguística, considerando, por sua vez, DÍAZ GÓMEZ, *ob. cit.,* p. 111, que se pode aludir a risco enquanto "possibilidade de um resultado desequilibrado", conduzindo à perda de um dos contraentes e ao ganho do outro.

[129] Esta pode incidir sobre a existência da própria obrigação de prestar (por exemplo em contratos de lotaria, de seguro de montante fixo ou nos contratos de compra e venda a que se refere o art. 881.°), sobre o montante da obrigação de prestar (como nas hipóteses de celebração de um contrato de renda vitalícia ou de constituição de direito de usufruto) ou sobre ambas as coordenadas (por exemplo nas situações do art. 880.°, n.° 2 – cfr. CARVALHO FERNANDES, *Teoria Geral, II³,* p. 84). GIANDOMENICO, *Il contrato,* p. 62, 65 e 82, sustenta a existência de uma dupla perspectiva da álea: simultaneamente estrutural (o evento incerto incide sobre a existência ou sobre a determinação de uma prestação), em que se enuncia a obrigação de suportar as consequências da fortuna; e funcional, identificando-se com a causa negocial.

[130] Cfr. GALVÃO TELLES, *Contratos em Geral,* p. 482; MOTA PINTO, *Teoria Geral,* p. 405; OLIVEIRA ASCENSÃO, *Teoria Geral, III,* p. 314; PAIS DE VASCONCELOS, *Teoria Geral,* p. 438, 449 e 555, que considera que, constituindo o risco um elemento típico do

68   *O Risco nos Contratos de Alienação*

Por outra via, sendo duvidosa a sua articulação com alguns tipos contratuais gratuitos[132], os contratos aleatórios não se devem confundir com os contratos condicionais. Na verdade, a condição corporiza um elemento acidental e não essencial do negócio jurídico, pelo que, ainda que determinante para a configuração do negócio a que se encontra aposta, a condição revela-se estranha à estrutura contratual típica. Por outro lado, se o acontecimento incerto determina o momento de eficácia do contrato suspensivamente condicionado, o contrato aleatório é *ab initio* válido e eficaz[133].

---

contrato, obsta-se desde logo à aplicação do art. 237.º no sentido da equivalência das prestações.

[131] Os arts. 1104.º, II, e 1964.º do CCfr definem e concretizam as diversas modalidades de contrato aleatório, havendo sido com base nestas disposições legais que, na sequência do ensinamento de POTHIER e das exigências racionais do iluminismo, o conceito foi elevado a categoria sistemática. Nos termos do art. 1118.º do CCfr, é-lhes atribuída relevância para a exclusão do instituto da lesão, segundo o tradicional brocardo *"l'álea chasse la lésion"* (cfr. FLOUR/AUBERT/SAVAUX, *ob. cit.*, p. 62; TERRÉ/SIMLER/LEQUETTE, *ob. cit.*, p. 80 e 322, admitindo porém excepções; DUTILLEUL/DELEBECQUE, *Contrats civils et commerciaux*[5], p. 149 e 158; CABRILLAC, *ob. cit.*, p. 27; e MAINGUY, *Contrats spéciaux*[4], p. 101). Apesar da eliminação do conceito de contrato aleatório no CCit, os seus arts. 1448.º, IV, e 1469.º determinam paralelamente a não aplicação dos institutos da lesão e da excessiva onerosidade aos contratos aleatórios (cfr. GIANDOMENICO, *Il contrato*, p. 14, 34 e 39, n. 70, e em *La nozione di alea nei contratti*, p. 280; DELFINI, *ob. cit.*, p. 17; e BIANCHI, *ob. cit.*, p. 90 e 637). Os contratos aleatórios *"o de suerte"* são finalmente objecto do Título XII do Livro IV do CCes, que abrange os contratos de seguro, de jogo e aposta, e de renda vitalícia, sendo a categoria definida no seu art. 1790.º (a doutrina espanhola entende porém que a definição melhor se quadraria com o conceito de contrato condicional – cfr. ALBALADEJO *Obligaciones*, p. 429; ou ser apenas relativa ao contrato de jogo e aposta – cfr. LASARTE, *Principios, III*[8], p. 407; DIEZ-PICAZO/GULLÓN, *ob. cit.*, p. 429; LETE DEL RÍO/LETE ACHIRICA, *ob. cit.*, p. 409; e LACRUZ BERDEJO, *Elementos, II-II* p. 299).

[132] A questão coloca-se, nomeadamente, perante contratos como a renda vitalícia gratuita (admitida no art. 1872.º do CCit), a aposta unilateral e a promessa de prestação de facto de outrem (no sentido da sua admissibilidade cfr. OLIVEIRA ASCENSÃO, *Teoria Geral, III*, p. 315; e SCALFI, *ob. cit.*, p. 256; em sentido contrário cfr. MOTA PINTO, *Teoria Geral*, p. 405; CARAVELLI, *ob. cit.*, p. 308; e GIANDOMENICO, *Il contrato*, p. 259, dada a sua oposição à causa contratual).

[133] Em sentido contrário, DÍAZ GÓMEZ, *ob. cit.*, p. 37, defende que, atenta a sua proximidade estrutural e no fim concretamente prosseguido pelas partes, deve ser dada a mesma denominação a todos os contratos cujo efeito ou efeitos estejam subordinado a um acontecimento incerto. CORRIAS, *ob. cit.*, p. 75, em especial n. 129, sublinha, por sua vez, a distinção entre a interacção do evento com toda a relação jurídica no negócio condicional, e a incidência do evento aleatório sobre as obrigações negociais individualmente existentes.

Introdução   69

Finalmente, cumpre sublinhar que, se a categoria dos contratos aleatórios não adquire – salvo por exemplo na sua articulação com o instituto da alteração das circunstâncias – uma relevância normativa específica, o afastamento, em termos conceptuais, entre risco e álea, não prejudica o equacionar da sua distribuição em contratos tipicamente aleatórios. Integram este domínio espécies contratuais como a alienação com reserva de usufruto vitalício, a constituição de usufruto vitalício, o trespasse de usufruto, a constituição de renda vitalícia através da alienação de uma coisa ou o contrato atípico pelo qual a contraprestação da alienação consista na assistência e na manutenção do alienante em sua vida. A sua abordagem apenas confirma a distinta perspectiva intelectivo-categorial do risco e da álea.

1.1.3. *Os desdobramentos do risco contratual*

1.1.3.1. *O risco da prestação*

I. Embora o instituto da impossibilidade encontre aplicações alheias à distribuição do risco contratual[134], é inelutável a conexão entre as suas normas e as regras de distribuição do risco contratual[135].

---

[134] Aspecto enfatizado por MÚRIAS/LURDES PEREIRA, *Prestações de coisa: transferência do risco e obrigações de reddere*, p. 3-5, para, apesar de reconhecerem um sentido duplo às regras de transferência do risco, considerarem "terminologicamente discutível" a alusão ao risco da prestação e da contraprestação.

[135] Consoante refere MILLET, *ob. cit.*, p. 54, "*risque et force majeure interviennent à un niveau différent. La notion de risque permet au droit d'appréhender les incidences de la force majeure*", identificando-se a denominada "*theorie des risques*" com a atribuição das consequências patrimoniais danosas da impossibilidade da prestação. Também ALONSO PÉREZ, *El riesgo*, p. 57, sublinha que "*ciertamente, el problema del riesgo en las obligaciones, y concretamente en la compraventa, se reduce en gran medida a pura question de impossibilidad*", embora considere que "*no toda imposibilidad ocasiona la liberación del deudor y el consiguiente problema de dilucidar, siempre dentro de la compraventa, se el acreedor debe pagar el precio (periculum obligationis)*".

Já BAPTISTA MACHADO, *Risco contratual*, p. 336, entende que "o problema da repartição do risco contratual não é um problema necessariamente solidário com o da impossibilidade da prestação, pois pode apresentar-se como um problema autónomo a resolver por critérios próprios": a prestação deve ter-se por efectuada sempre que a perda do seu valor ou o desaparecimento da sua utilidade resultem de mora do credor ou de contingências da sua esfera de risco. O pensamento do autor dirige-se, todavia, para o equacionar de situações jurídicas distintas das que se visam indagar, nomeadamente, os casos de frustração do

70   *O Risco nos Contratos de Alienação*

Dispondo a lei a respeito de qualquer obrigação validamente cons-tituída – abrangendo, no âmbito contratual, contratos sinalagmáticos e não sinalagmáticos – cumpre averiguar a que sujeito da relação obrigacional o ordenamento jurídico atribui a perda patrimonial ocorrida em virtude da verificação do evento gerador da impossibilidade.

Visa-se assim, desde logo, o tratamento jurídico da impossibilidade superveniente da prestação, ainda que a sua impossibilidade originária haja recentemente sido objecto, noutros quadrantes, de um tratamento normativo paralelo àquela situação jurídica[136]. O quadro gizado encontra porém sustentáculo no enquadramento sistemático da norma de distribui-ção do risco constante do art. 796.º, bem como no elemento literal que se deduz do n.º 1 do art. 815.º – "risco da impossibilidade superveniente da prestação" – embora esta última norma não corporize em rigor, como se analisará depois, um fenómeno de risco contratual.

II. Integrado numa secção relativa ao não cumprimento das obri-gações[137], o n.º 1 do art. 790.º declara a extinção da obrigação quando

---

fim da prestação, de realização do interesse do credor por outra via ou de não colaboração do credor essencial à concretização do vínculo obrigacional.

[136] Nos termos do disposto no n.º 1 do art. 280.º e do n.º 1 do art. 401.º – na sequên-cia do art. 669.º do CCse – a impossibilidade originária da prestação, nomeadamente a alie-nação de coisa cujo perecimento haja já ocorrido, determina a nulidade do contrato cele-brado entre as partes, sendo as obrigações recíprocas de restituição reguladas pelo art. 289.º. A solução normativa repete a máxima de Celso no D. 50, 17, 185 ("*impossibilium nulla obligatio est*" – cfr. Santos Justo, *Direito Privado Romano – II (Direito das Obri-gações)*, p. 13, exemplificando com a transferência da propriedade de *res* já propriedade do comprador; Antunes Varela, *Das Obrigações, II*, p. 66, n. 1; e Romano Martinez, *Da cessação*, p. 26, que coloca porém dúvidas quanto à origem da solução normativa), ainda que o art. 938.º obste à sua vigência em termos absolutos. Por outra via, se a sanção da nulidade se encontra alinhada com as previsões dos arts. 1601.º do CCfr e 1460.º do CCes, os desenvolvimentos emergentes da reforma do BGB, dos PCCI e dos PECL apontam já, como se constatará, para uma unificação dos regimes jurídicos da impossibilidade originá-ria e superveniente da prestação (cfr. *infra* p. 214, 281 e 284).

[137] Apesar da relativa flutuação dogmática e terminológica existente, o não cumpri-mento é entendido como sinónimo de incumprimento ou inadimplemento em sentido amplo, compreendendo a situação objectiva de não realização da prestação debitória e de insatisfação do interesse do credor independentemente da sua causa (cfr. Antunes Varela, *Das Obrigações, II*, p. 60 e 62; Almeida Costa, *Obrigações*, p. 1033; e Ribeiro de Faria, *Obrigações, II*, p. 336; ainda que Galvão Telles, *Obrigações*, p. 299, 332-333 e 340, e Pessoa Jorge, *Responsabilidade civil*, p. 21, prefiram o emprego do termo inexe-

Introdução 71

a prestação se torna impossível por causa não imputável ao devedor, pressupondo a lei, numa formulação negativa mais ampla que a constante do CCse, a verificação de uma situação de impossibilidade superveniente, objectiva, total, absoluta e definitiva[138].

Podendo assumir um fundamento estritamente normativo ou ancorado na natureza das coisas, a delimitação do conceito de impossibilidade encontra – atenta nomeadamente a solução consagrada com a reforma do BGB de 2002 – uma possível flutuação quanto ao seu âmbito, discutindo-se se a denominada impossibilidade prática ou racional – que se traduza no emprego de meios objectivamente desmedidos para a realização da prestação atento o interesse do credor – deve ou não ser incluída no seu seio[139]. A sua repercussão no domínio da distribuição do risco contratual em análise mostra-se, porém, residual, a exemplo, aliás, da própria fundamentação adoptada para a justificação da solução do art. 790.º[140].

---

cução). Em sentido contrário à recondução da situação de impossibilidade ao incumprimento obrigacional cfr., todavia, MENEZES CORDEIRO, *Obrigações, II*, p. 170 e 436.

[138] No situação da obrigação (que se tornou) impossível voltar a ser possível – nomeadamente nas hipóteses de abolição superveniente da proibição legal ou de aparecimento da coisa furtada – é sufragado que, se a obrigação se integrar num contrato bilateral entretanto resolvido, nenhum dos contraentes poderá ser forçado ao renascimento do contrato, salvo se outra solução resultar da boa fé (cfr. ANTUNES VARELA, *Das Obrigações, II*, p. 66, n. 1; e RIBEIRO DE FARIA, *Obrigações, II*, p. 343, n. 1).

[139] Podendo a impossibilidade prática ou factual relacionar-se com a admissibilidade de uma impossibilidade alargada (cfr. MENEZES CORDEIRO, *Da boa fé*, p. 1006), a mesma tem sido admitida pela doutrina nacional ainda no âmbito da impossibilidade absoluta (cfr. ROMANO MARTINEZ, *Da cessação*, p. 26 e 47; LIMA PINHEIRO, *Comercial Internacional*, p. 233, postulando um prisma germânico na compreensão do CCiv; e PINTO DE OLIVEIRA, *Contributo para a "modernização" das disposições do Código Civil Português sobre a impossibilidade da prestação*, p. 14, que considera que "o legislador português deveria adaptar-se à evolução do direito europeu, reabilitando (e simplificando) a formula de VAZ SERRA"). A figura não deve porém ser confundida com a denominada impossibilidade económica ("*difficultas praestandi*"), objecto de exclusão ainda no domínio do CCse (cfr., nomeadamente, MANUEL DE ANDRADE, *Obrigações*, p. 407-409, embora admitindo como limite o funcionamento da base negocial e da impossibilidade moral; PIRES DE LIMA/ANTUNES VARELA, *CCAnotado, II*, p. 42; CUNHA DE SÁ, *Direito ao cumprimento e direito a cumprir*, p. 200; e o ac. do STJ de 8 de Fevereiro de 1979 *cit.*, p. 227).

[140] A análise do fundamento subjacente ao art. 790.º foi empreendida por LURDES PEREIRA, *Conceito de prestação e destino da contraprestação*, p. 17, 33, 49, 51, 71 e 73, que, entendendo a acção de prestar como acção de prestar em abstracto, conclui que a consequência estipulada no n.º 1 do art. 790.º tem na impossibilidade da prestação (e não na superveniência de circunstâncias desresponsabilizantes) a sua "situação fundamento". MENEZES CORDEIRO, *Da boa fé*, p. 1001, realiza, por sua vez, uma abor-

A impossibilidade beneficia ainda de algumas concretizações normativas sectoriais, como a impossibilidade de realização do objecto social da sociedade (a que se refere a 2.ª prt. da al. c) do art. 1007.°), ou a impossibilidade de execução da obra na empreitada (a que alude a 1.ª prt. do art. 1227.°), embora a sua aplicação não se perfile a respeito de todas as espécies contratuais, ou, em termos mais rigorosos, perante todas as obrigações emergentes daquelas. São disso mesmo exemplo, respectivamente, o contrato de mútuo e as obrigações genéricas, em termos que serão objecto de desenvolvimento subsequente.

III. Em face da exoneração do devedor determinada pelo n.° 1 do art. 790.°, a doutrina é unânime na atribuição do risco de prestação ao credor, que suporta, assim, o sacrifício patrimonial associado à sua não realização[141].

Traduzindo o *"Leistungsgefahr"* a que se refere a doutrina alemã, o conceito possui uma aplicação específica no que respeita aos contratos não sinalagmáticos, tenham ou não estes por objecto coisas corpóreas[142]. A sua aplicação não deve todavia ser obnubilada em relação aos contratos sinalagmáticos, em que a mesma funciona como primeiro vértice de uma

---

dagem conexa com a natureza das coisas, dado que a manutenção de obrigações impossíveis equivaleria à sujeição de um sujeito da relação obrigacional às consequências do seu incumprimento.

[141] Cfr. PAULO CUNHA, *Obrigações*, p. 335, aludindo a um prejuízo de não cumprimento; NAZARÉ RIBEIRO, *O risco nas obrigações*, p. 36; MENEZES CORDEIRO, *Tratado, I-I*, p. 420, tomando a regra como uma manifestação, a exemplo do *"res perit domino"*, da natureza das coisas; LURDES PEREIRA, *Conceito da prestação*, p. 153, a propósito da análise do art. 792.°; LARENZ, *Schuldrechts, II*, p. 308, referindo-se a um risco da prestação ou da coisa, quando o contrato a tenha por objecto; FIKENTSCHER, *ob. cit.*, p. 235, em relação à realização de uma nova prestação pelo devedor; ERNST, *Kommentar zum § 275*[4], p. 700, que, embora considere que o risco da prestação é dividido entre o devedor e o credor, entende que o credor enfrenta a perda do objecto da prestação (*"Untergang des Leistungsobjekts"*); GALGANO, *Privato*, p. 210; e DELFINI, *ob. cit.*, p. 8.

[142] Cfr. PAULO CUNHA, *Obrigações*, p. 336; PINTO COELHO, *Obrigações*, p. 265; MANUEL DE ANDRADE, *Obrigações*, p. 425, por referência ao credor ou ao proprietário; VAZ SERRA, *Impossibilidade superveniente*, p. 85; TRABUCCHI, *ob. cit.*, p. 722, entendendo como uma exigência de justiça que o risco seja suportado pelo credor nos contratos unilaterais; e ALONSO PÉREZ, *El riesgo*, p. 97-99, aludindo a *"periculum obligationis"* e não a um *"periculum rei"*. Em sentido distinto, cfr., todavia, MAGAZZÙ, *ob. cit.*, p. 58, n. 76, que, excluindo uma situação de distribuição do risco nos contratos unilaterais, conclui que *"tutto si riduce nel descrivere semplicemente l'effetto riflesso sul creditore dell'impossibilità liberatoria"*.

Introdução 73

consideração mais abrangente da distribuição do risco contratual. Destarte, tendo o contrato por objecto uma coisa corpórea, o brocardo *res perit creditori* encontra vigência, distanciando-se do tradicional *res perit domino*, desde logo, atento o distinto círculo aplicativo das duas máximas[143].

Este distanciamento é aliás perceptível pela inviabilidade do risco de prestação no domínio das obrigações genéricas, pelo menos a respeito das obrigações genéricas puras. Na verdade, se nestas não se encontra um campo de aplicação para o conceito de impossibilidade, também não o haverá para o sacrifício patrimonial relativo a este. A associação do risco do perecimento da coisa à titularidade real é porém inequívoca[144].

Por fim, sublinha-se que o risco da prestação objecto de análise não se confunde com o denominado *risco de investimento*, que coincide com a inutilização de tempo, despesas e esforços efectuados pelo devedor tendo em vista o cumprimento de uma prestação supervenientemente impossível, ou com o desperdício ou inutilização da capacidade prestacional que o devedor circunscreveu ao seu credor[145]. Uma aproximação ainda dis-

---

[143] Verificar-se-á alguma sobreposição nas situações em que, por exemplo, o proprietário de uma coisa – nomeadamente de um automóvel – celebre um contrato de depósito, vindo a coisa a perecer na sua vigência, bem como no caso de ser o usufrutuário da coisa a celebrar o mesmo negócio (ainda que não por referência ao tradicional *res perit domino* mas ao risco inerente à titularidade de um direito real de gozo). Mas se o referido contrato de depósito for celebrado por um comodatário, locatário ou credor pignoratício a distinção torna-se translúcida: se o risco da prestação (restitutória da coisa) onera estes sujeitos, o risco-estático do seu perecimento surge inscrito na esfera jurídica do titular do direito real.

[144] ORLANDO, *ob. cit.*, p. 151, 156 e 191, n. 123, sufraga, contudo, uma aproximação obigacional, atenta a obrigação do devedor substituir os bens com que tencionava cumprir a obrigação. Mas a regra vigente neste domínio é exactamente a contrária: o risco onera o credor. Assim, o risco onera, em rigor, o titular do direito real, e não o devedor.

[145] Cfr. BAPTISTA MACHADO, *Risco contratual*, p. 195, referindo um *risco da prestação* que onera o devedor e compreende o agravamento do custo ou das dificuldades da prestação enquanto possível, a perda do direito à contraprestação e a perda dos dispêndios e esforços dirigidos à prestação; LURDES PEREIRA, *Conceito da prestação*, p. 220, n. 594; ANTUNES VARELA, *Das Obrigações, II*, p. 84, n. 1; e SOUSA RIBEIRO, *O problema do contrato – As cláusulas contratuais gerais e o princípio da liberdade contratual*, p. 351, n. 234, justificando a elisão desta regra pelas cláusulas contratuais gerais em especial pela não racionalidade da opção do aderente. Em sentido próximo, EMMERICH, *ob. cit.*, p. 1351 e 1361, refere, perante o § 323 do BGB, um risco de investimento ("*Investitionrisiko*") que corre, em princípio, por conta do devedor, sendo paralela a alusão à atribuição ao devedor do "*Investierungskosten*" por ESSER/SCHMIDT, *Schuldrecht – Band I Allgemeiner Teil Teilband 2*[7], p. 18. CARNEIRO DA FRADA, *Teoria da confiança*, p. 670, n. 730, salienta, por outra via, a distinção, fundada no art. 1227.°, entre o risco das despesas e o risco da contraprestação.

tinta reside no denominado *risco de utilização* ou de emprego da prestação, que, compreensivelmente, a exemplo do risco de prestação propriamente dito, se encontra ancorado na esfera jurídica do credor[146]. O cruzamento deste com o risco situação-jurídica objecto de análise é viabilizado pela maximização das situações de risco-evento, *maxime* nas situações de intervenção de autoridades públicas.

IV. O enquadramento subjacente ao n.º 1 do art. 790.º encontra-se de igual modo presente na 1.ª prt. do n.º 1 do art. 793.º a respeito da impossibilidade parcial, permitindo uma consideração unitária de soluções quando a impossibilidade seja relativa à deterioração de uma coisa[147]. Todavia, o risco de prestação assumido pelo credor pode encontrar alguma mitigação, nos termos do art. 794.º, nos casos em que o devedor adquira uma prestação substitutiva na sequência da impossibilidade da prestação.

O *commodum* de representação, de substituição ou sub-rogação directa – que se encontra também consagrado, em termos próximos, no n.º 2 do art. 1126.º[148] – apresenta-se assim como uma medida paliativa das consequências danosas da impossibilidade, atribuindo ao credor a indemnização ou o crédito indemnizatório a que o devedor tenha direito segundo um prisma reordenador das respectivas atribuições patrimoniais[149].

---

[146] Cfr. BAPTISTA MACHADO, *Risco contratual*, p. 195, referindo ser esta a segunda "grande regra" de distribuição do risco contratual, englobando a eventualidade da prestação não servir o fim a que era destinada ou não ser utilizável nesse ou noutro fim, por se ter malogrado o seu "plano de aplicação"; e LURDES PEREIRA, *Conceito da prestação*, p. 37. O risco de utilização assume extrema relevância no âmbito do não exercício pelo credor do direito à prestação (cfr. ANTUNES VARELA, *Das Obrigações, II*, p. 79; e RIBEIRO DE FARIA, *Obrigações, II*, p. 360, n. 4, 367 n. 1, e 482, n. 1).

[147] Pense-se, por exemplo, nas situações de perecimento de metade das laranjas de determinada árvore, já vendidas, ou no furto de algumas peças do serviço vendido e retido pelo vendedor para exposição numa última feira ou congresso.

[148] Cfr., perante o art. 1309.º do CCse, e na omissão de uma regra geral, PAULO CUNHA, *Obrigações*, p. 341; PINTO COELHO, *Obrigações*, p. 269; e MANUEL DE ANDRADE, *Obrigações*, p. 423. A paridade normativa não é porém inequívoca, uma vez que, conforme sustentam PIRES DE LIMA/ANTUNES VARELA, *CCAnotado, II*, p. 48, o parceiro proprietário permanece sendo o titular dominial dos despojos (o que permite sustentar uma limitação do risco real e não do risco obrigacional). Por outra via, estabelece-se um limite ao suposto *commodum*: o valor dos despojos no momento da sua entrega ao parceiro pensador.

[149] Independentemente da exacta qualificação dogmática da figura – enquanto situação de exoneração não liberta (cfr. ANTUNES VARELA, *Das Obrigações, II*, p. 67, 71, n. 1,

Introdução 75

Postulando a manutenção da contraprestação pelo credor nos contratos sinalagmáticos[150], a sua aplicação nos contratos de alienação encontra-se todavia circunscrita às hipóteses em que o efeito real do contrato não se haja ainda verificado, como por exemplo em contratos de compra e venda ou troca de coisa futura ou indeterminada[151]. Por seu turno, são marcadamente residuais as situações em que, no Direito português, a figura pode assumir uma natureza biforme[152].

---

e 81, n. 2), de não exoneração do devedor (ALMEIDA COSTA, *Obrigações*, p. 1077) ou de correcção do enriquecimento obtido pelo devedor (VAZ SERRA, *Impossibilidade superveniente*, p. 49, n. 89; e MENEZES LEITÃO, *Obrigações, II*, p. 120) – a previsão encontra aplicação em relação ao terceiro que foi responsável pela destruição da coisa, perante o segurador, o expropriante ou mesmo perante a entidade responsável pela concessão de subsídios (cfr. MANUEL DE ANDRADE, *Obrigações*, p. 423; ANTUNES VARELA, *Das Obrigações, II*, p. 82; RIBEIRO DE FARIA, *Obrigações, II*, p. 343; e MENEZES LEITÃO, *Obrigações, II*, p. 120, n. 228). O remanescente factual do objecto da prestação não constitui porém *commodum* de representação, podendo apenas, no pressuposto da manutenção do interesse do credor, ser abrangido no âmbito de uma situação de impossibilidade parcial (cfr. VAZ SERRA, *Impossibilidade superveniente*, p. 57).

[150] Cfr. MANUEL DE ANDRADE, *Obrigações*, p. 424; VAZ SERRA, *Impossibilidade superveniente*, p. 57 e 69 (no n.º 1 do art. 12.º do seu anteprojecto estabelecia-se que "Se em vez da prestação devida, o credor reclamar a indemnização ou fizer valer o crédito de indemnização (...) deve realizar a contraprestação, a não ser que aquela indemnização ou aquele crédito seja inferior ao valor dela, pois, em tal caso, reduz-se proporcionalmente a dita contraprestação"); ANTUNES VARELA, *Das Obrigações, II*, p. 85; PIRES DE LIMA/ ANTUNES VARELA, *CCAnotado, II*, p. 47 e 49; RIBEIRO DE FARIA, *Obrigações, II*, p. 371; e MENEZES LEITÃO, *Obrigações, II*, p. 122 e 272, n. 525, e em *O enriquecimento sem causa*, p. 512, n. 56. A mesma solução consta do § 326, III, do BGB, sendo também prevista pelo § 323, II, da sua versão original.

[151] Cfr. ANTUNES VARELA, *Das Obrigações, II*, p. 82-83; PIRES DE LIMA/ANTUNES VARELA, *CCAnotado, II*, p. 48; e MENEZES LEITÃO, *Obrigações, II*, p. 120, n. 228, e em *O enriquecimento sem causa*, p. 779, n. 154, exemplificando com o perecimento dos frutos que haviam sido alienados, percebendo o alienante um seguro de colheita ou um subsídio compensatório.

Em termos próximos, CALVÃO DA SILVA, *Anotação ao ac. do Tribunal da Relação de Lisboa de 12 de Outubro de 2000*, p. 217, sufragou inaplicabilidade do art. 794.º a uma hipótese em que o direito do portador legítimo de um conhecimento de embarque relativo à entrega de mercadorias (o qual não era mais, afinal, que o seu comprador) se transmitiu, de forma directa, para o valor da mercadoria segurada, ficando aquele titular de um sucedâneo directo (o valor da mercadoria em substituição do objecto da prestação). MAGAZZÙ, *ob. cit.*, p. 41, sustenta, porém, para o Direito italiano, uma aplicação compreensiva do mecanismo sub-rogatório aquando do perecimento da coisa. Contudo, este não deixa de ser relativo ao risco-estático de perecimento ou deterioração da coisa *supra* mencionado.

[152] A lei abrange o *commodum ex re* – a substituição da coisa desaparecida ou inutilizada – bem como, em casos contados, o *commodum ex negotiatione* – o afastamento da

76 O Risco nos Contratos de Alienação

A delimitação específica dos sacrifícios patrimoniais suportados pelas partes em termos alheios a vectores jurídico-dominiais afastam o "*commodum*" do domínio em análise, ainda que o instituto se revele um subsídio interpretativo não negligenciável no momento da distribuição do risco atribuído em sede de inerência a um direito real de gozo.

1.1.3.2. O risco da contraprestação

I. O risco da contraprestação assume-se como a pedra angular de desdobramento do risco contratual, sendo o mesmo objecto de recondução generalizada ao referido vector[153]. Este corporiza o "*Gegenleistungsgefahr*", "*Preisgefahr*" ou "*Entgeltgefahr*" a que alude a doutrina germânica[154], conferindo também substrato à "*theorie des risques*", cuja aplicação a doutrina francesa reserva para os contratos sinalagmáticos[155]. A consideração do disposto pelo art. 795.º afigura-se insuprível para a sua correcta dilucidação no ordenamento jurídico português.

II. Reproduzindo a doutrina do n.º 1 do art. 12.º do anteprojecto de VAZ SERRA, inspirada, por sua vez, no disposto no art. 1463.º do CCit,

---

disponibilidade do devedor – por exemplo, na hipótese de alienação da coisa devida a terceiro, por acto do procurador praticado sem culpa do representado, em que a sua propriedade ainda se não houvesse transferido para a esfera jurídica do credor (cfr. VAZ SERRA, *Impossibilidade superveniente*, p. 52, n. 92, referindo-se ao preço obtido; ANTUNES VARELA, *Das Obrigações, II*, p. 83; e RIBEIRO DE FARIA, *Obrigações, II*, p. 370, n. 1).

[153] Cfr. PEREIRA COELHO, *Obrigações*, p. 243; GALVÃO TELLES, *Obrigações*, p. 306, 307, 319 e 466; PIRES DE LIMA/ANTUNES VARELA, *CCAnotado, II*, p. 50, em relação ao risco do preço; PAULO MOTA PINTO, *Declaração tácita e comportamento concludente no negócio jurídico*, p. 590; GORLA, *ob. cit.*, p. 39, referindo o problema como restrito às obrigações sinalagmáticas; BETTI, *Teoria generale delle obbligazioni I*, p. 154, com a alusão à perda do *commodum obligationis*, aferível em quaisquer contratos; ORLANDO, *ob. cit.*, p. 71, configurando o risco em sentido técnico como o risco da impossibilidade ou da perda da contraprestação; ALONSO PÉREZ, *El riesgo*, p. 26, 106 e 141, por referência à posição jurídica do vendedor; RUBIO GARRIDO, *ob. cit.*, p. 470, reclamando uma noção técnica de risco que pressupõe que a obrigação do devedor se impossibilita e se extingue por causa a este não imputável, regulando-se "*las consecuencias que de ello deben seguirse*"; OLIVA BLÁZQUEZ, *ob. cit.*, p. 44; e LINACERO DE LA FUENTE, *Los riesgos en el contrato de compraventa*, p. 15.

[154] Cfr., nomeadamente, FIKENTSCHER, *ob. cit.*, p. 235 e 241, enunciando a regra "*ohne Leistung keine Leistung*"; e ERNST, *ob. cit.*, p. 702.

[155] Cfr. MILLET, *ob. cit.*, p. 21; e VOIDEY, *ob. cit.*, p. 139.

Introdução

o n.º 1 do art. 795.º determina que a impossibilitação de uma das prestações num contrato bilateral ocasiona que o credor fique desobrigado da sua prestação, bem como que, se já a houver realizado, tenha o direito "de exigir a sua restituição nos termos prescritos para o enriquecimento sem causa"[156].

Constituindo um corolário do sinalagma funcional ou do princípio da interdependência das obrigações sinalagmáticas latente no CCiv[157], a solução normativa ocasiona a caducidade do contrato celebrado entre as partes[158], pressupondo a reciprocidade de interesses subjacente ao jogo prestacional. Mais do que justapostas, as obrigações encontram-se unidas no momento da sua execução, retirando a lei consequências do mesmo facto.

Por outra via, ainda que se reconheça que o n.º 1 do art. 795.º encontra aplicação em situações em que da verificação da impossibilidade não resulta qualquer sacrifício patrimonial para o devedor[159], não se afigura

---

[156] A fundamentação genérica da norma pressupõe a sua aplicação apenas aos contratos bilaterais perfeitos ou, mais correctamente, às obrigações de prestação principal que se entrecruzem (cfr. PINTO OLIVEIRA, *Direito das obrigações v. I*, p. 167; e EMMERICH, *ob. cit.*, p. 1352, em relação ao § 323 do BGB). Todavia, é sufragado que o nexo sinalagmático pode existir entre a obrigação de reparação do dano contratual e o preço de mercadorias, "visto o sinalagma funcional, próprio dos contratos bilaterais abranger, em princípio, as obrigações decorrentes para as partes das vicissitudes da relação contratual" (cfr. ANTUNES VARELA, *Cumprimento imperfeito do contrato de compra e venda. A excepção do contrato não cumprido*, p. 31 e 35; e MENEZES CORDEIRO, *Cumprimento imperfeito do contrato de compra e venda. A compensação entre direitos líquidos e ilíquidos. A excepção do contrato não cumprido*, p. 46 e 48, em relação ao vício da coisa vendida, embora enquadrando de modo diverso a matéria de facto subjacente à mesma situação jurídica).

[157] Cfr. GALVÃO TELLES, *Obrigações*, p. 452; ANTUNES VARELA, *Das Obrigações, II*, p. 84, ainda que não de forma explícita; e RIBEIRO DE FARIA, *Obrigações, II*, p. 374, que sublinha o "evitar que o devedor chegue de mãos vazias a exigir a prestação".

[158] Cfr. ROMANO MARTINEZ, *Obrigações – Apontamentos*, p. 214 e 216, e em *Da cessação*, p. 33, 41, 74, 76 e 553, recusando a figura da resolução com causa objectiva e sufragando o seu funcionamento *ipso facto* (com particularidades no momento da restituição); MENEZES LEITÃO, *O enriquecimento*, p. 471, 505, 510, em especial n. 52, sublinhando a manutenção do equilíbrio entre as prestações e a não liquidação do vínculo contratual; e BRANDÃO PROENÇA, *A resolução do contrato no Direito civil*, p. 116, por referência à "extinção-libertação" de obrigações recíprocas.

[159] Cfr. LURDES PEREIRA, *Conceito da prestação*, p. 93 e 98, n. 240, e 310, propondo, em coerência, a substituição da expressão empregue por "destino da contraprestação", e concluindo que o escopo do art. 795.º não se analisa numa distribuição de prejuízos mas radica no princípio da mútua dependência ou do "condicionamento" recíproco das vinculações num contrato sinalagmático.

78   *O Risco nos Contratos de Alienação*

porém adequada a desconsideração da sua função típica de imputação do risco contratual, consoante é evidenciado por contratos obrigacionais que possuem como objecto uma coisa corpórea, como a locação ou o depósito oneroso.

Sendo afastada a aplicação das normas respeitantes à resolução contratual – nomeadamente do art. 433.º e, extensivamente, do art. 289.º[160] – nem por isso se deixa de verificar uma restituição integral da prestação eventualmente realizada. A adopção de uma concepção real de enriquecimento permite que a pretensão no enriquecimento por prestação se dissolva na própria autoria da prestação, coincidindo com o objecto prestado[161]. A solução afigura-se ser inclusivamente a mais equilibrada em função da dinâmica contratual subjacente, não se descortinando com facilidade a *ratio legis* de uma distinção patrimonial que, a existir, prejudicaria o contraente que atempadamente, ou mesmo com antecipação, realizou a sua prestação.

III. A máxima *res perit debitori* é enunciada com base no paradigma referido, no sentido de que a perda patrimonial associada à contraprestação se situa na esfera jurídica do devedor[162]. Tal aproximação peca todavia por unilateral, uma vez que nenhuma das partes num contrato sinalagmático assume em termos exclusivos a posição de devedor ou de credor, antes integrando a sua esfera jurídica o complexo daquelas duas posições[163].

---

[160] Cfr. RIBEIRO DE FARIA, *Obrigações, II*, p. 397; CALVÃO DA SILVA, *Cumprimento e sanção pecuniária compulsória*[4], p. 297, n. 537; e MOURA RAMOS/BENTO SOARES, *ob. cit.*, p. 229, n. 439, referindo um risco pela não obtenção da totalidade daquilo que prestou a cargo do contraente cuja prestação se não impossibilitou. Em sentido próximo, BRANDÃO PROENÇA, *A resolução*, p. 127, e 175, n. 519, refere que o art. 795.º não provoca um efeito recuperatório real mas apenas efeitos no quadro de uma deslocação patrimonial.

[161] Cfr. MENEZES LEITÃO, *O enriquecimento*, p. 687, 874, 904, 907 e 929. Na qualificação da situação em análise como *conditio ob causam finitam* cfr. MENEZES LEITÃO, *O enriquecimento*, p. 471, 505, 510, em especial n. 52, em *Obrigações, I*, p. 55, e em *Obrigações, II*, p. 122; VIEIRA GOMES, *O conceito de enriquecimento*, p. 110 e 853; e ROMANO MARTINEZ, *Da cessação*, p. 33 e 105. Em sentido aparentemente distinto cfr. porém ANA PRATA, *O regime do artigo 796.º do Código Civil ("one man's platitude is another's revolution")*, p. 16.

[162] Cfr., nomeadamente, GORLA, *ob. cit.*, p. 39, mesmo em relação ao contrato de compra e venda no domínio do CCit de 1865; MOUSSERON, *ob. cit.*, p. 85, n. 150, considerando que o risco é suportado pelo devedor da prestação tornada impossível tanto em relação à prestação de coisas como em relação à prestação de factos; e NAZARÉ RIBEIRO, *ob. cit.*, p. 36.

[163] Cfr. BETTI, *Obbligazioni*, p. 165; DELFINI, *ob. cit.*, p. 44; e ORLANDO, *ob. cit.*, p. 78, sublinhando a equivocidade das fórmulas empregues.

De facto, o devedor da prestação impossibilitada é, por seu turno, credor da prestação possível, sendo a esta que lhe é vedado o acesso, pelo que, em rigor, ao visar-se identificar isoladamente o risco da contraprestação, este deve ser imputado a uma parte contratual: à parte cuja prestação se impossibilitou.

Num pólo oposto, é sufragado por GALVÃO TELLES que, de acordo com uma regra de justiça comutativa, o risco seria eliminado no âmbito dos contratos sinalagmáticos, uma vez que ambas as partes ficariam libertas dos respectivos vínculos[164]. MENEZES CORDEIRO e MENEZES LEITÃO indicam por seu turno a verificação de uma distribuição positiva do risco pelas partes[165]. As perspectivas referidas postulam todavia uma consideração integrada do risco de prestação e de contraprestação distinta da que agora se empreende, surgindo a anulação ou reciprocidade de riscos através da conjugação dos vectores resultantes, respectivamente, do n.º 1 do art. 790.º, e do n.º 1 do art. 795.º[166].

A conjugação da orientação sumariada com as normas constantes do art. 796.º – que constitui o cerne do regime jurídico do risco nos contratos de alienação – são remetidas para um momento posterior. Não obstante, desde já se consigna a possibilidade do art. 795.º encontrar ainda aplicação,

---

[164] Cfr. GALVÃO TELLES, *Manual de Obrigações*, p. 251, ainda perante o CCse referindo que "o prejuízo não é de ninguém: nenhuma das partes suportará o risco do contrato, visto ambas ficarem libertas dos seus vínculos"; e em *Obrigações*, p. 465.

[165] MENEZES CORDEIRO, *Obrigações, II*, p. 179, e em *Da alteração de circunstâncias*, p. 329 e 331; e MENEZES LEITÃO, *Obrigações, II*, p. 122. Em sentido diverso, LURDES PEREIRA, *Conceito da prestação*, p. 125, considera que o n.º 1 do art. 795.º não deve ser tomado como uma "regra concretizadora do princípio de divisão igualitária das perdas", pois encontrar-se-ia então circunscrito a hipóteses em que da impossibilidade emergem prejuízos para alguma das partes, podendo, por outra via, a medida das perdas das partes ser amplamente divergente de um paradigma de 50%.

[166] Diversa de ambas as perspectivas é ainda a abordagem de BAPTISTA MACHADO, *Risco contratual*, p. 196, 198 e 262, que refere a inviabilidade do adimplemento do programa obrigacional como um "risco comum", a ser repartido segundo o critério do art. 1227.º, sendo as perdas e os custos suportados "por aquela das partes de cuja esfera de vida ou de cuja empresa procede a contingência que perturbou o dito plano". O autor refere-se porém a perturbações do plano obrigacional que não se encontram pressupostas no campo de análise, ocupando-se de "esferas de risco" distintas. Do mesmo modo, a afirmação de BAPTISTA MACHADO, *Risco contratual*, p. 197 e 15, de que o risco da prestação é bem mais amplo que o risco da contraprestação regulado pelos arts. 795.º e 815.º – que apenas se refere a esta ou à sua restituição – encontra eco no conceito amplo de risco de prestação sufragado pelo autor, em termos distintos dos *supra* equacionados.

80   O Risco nos Contratos de Alienação

em termos circunscritos, previamente à produção do efeito real, ou em consequência da sua não verificação.

IV. Algumas situações típicas na análise da realização da contraprestação não assumem relevância no domínio versado.

Nestas condições se encontra a situação de impossibilidade da prestação imputável ao credor, nomeadamente nas hipóteses em que o adquirente provoca o perecimento da coisa no lugar da celebração do contrato, ou a impossibilidade do desempenho da actividade do empreiteiro por destruição do objecto da empreitada. Estas não possuem, nos termos do n.º 2 do art. 795.º, um reflexo específico no domínio da contraprestação, ainda que, na sequência do disposto no n.º 3 do art. 12.º do anteprojecto de VAZ SERRA, se deva proceder a um desconto na contraprestação fundado no benefício que o devedor obtenha com a sua exoneração[167]. O seu afastamento do domínio do risco é simétrico às hipóteses de incumprimento obrigacional imputável ao devedor, o mesmo ocorrendo nos casos de não exercício do direito à prestação por causa imputável ao credor[168].

Do âmbito em análise afastam-se de igual modo as situações equiparáveis à impossibilidade de prestação, em que esta se verifique em virtude de um facto relativo ao credor, conexo com este ou com a sua esfera jurídica, ainda que não segundo um juízo estrito de imputabilidade. Aqui se enquadram as hipóteses de frustração do fim ou de desaparecimento do interesse do credor, bem como da realização do fim da prestação ou do

---

[167] Cfr. GALVÃO TELLES, *Contratos em Geral*, p. 490, n. 444, exemplificando com a danificação do automóvel pelo comprador no próprio estabelecimento do vendedor, sendo descontada na sua prestação o que o último obtiver pelo automóvel a título de "salvado"; ANTUNES VARELA, *Das Obrigações, II*, p. 63, 74 e 84; ALMEIDA COSTA, *Obrigações*, p. 1077; CALVÃO DA SILVA, *Compra e venda*, p. 25; CUNHA DE SÁ, *Direito ao cumprimento*, p. 197, n. 53, aludindo a uma modalidade especial de *commodum* de representação; e MENEZES LEITÃO, *Obrigações, I*, p. 55, descortinando também neste domínio uma manifestação do princípio da restituição do enriquecimento injustificado. No ac. da RL de 24 de Outubro de 1996 in CJ 1996-IV, p. 139-140, o n.º 2 do art. 795.º foi aplicado num caso em que o credor da realização temporalizada de um espectáculo musical não proporcionou as condições logísticas necessárias à sua realização.

[168] Cfr., sobre estas hipóteses, ANTUNES VARELA, *Das Obrigações, II*, p. 79 e 163; RIBEIRO DE FARIA, *Obrigações, II*, p. 482; CALVÃO DA SILVA, *Cumprimento*, p. 128, n. 245; e MENEZES LEITÃO, *Obrigações, II*, p. 244 e 249. Noutro contexto, BAPTISTA MACHADO, *Risco*, p. 171, n. 15, refere que nas prestações com prazo absolutamente fixo "o problema da repartição do risco sobreleva ao da impossibilidade".

interesse do credor por outra via, cujo enquadramento e regime jurídico aplicável se encontram envoltos em severas hesitações. A ponderação da aplicação analógica de disposições como o n.º 1 do art. 468.º, a 2.ª prt. do art. 1227.º ou o n.º 2 do art. 815.º encontra-se distante, em termos típico-situacionais, dos fins de investigação visados[169].

1.1.3.3. O risco enquanto perda patrimonial contratualmente fundada

I. Apesar da sua consolidada estruturação dogmática, a distribuição do risco contratual segundo o binómio prestação-contraprestação revela-se insuficiente.

A constatação do mesmo fenómeno pode residir, precisamente, no afastamento da regra do art. 795.º pelo art. 796.º em sede de contratos de alienação, embora a última norma seja também objecto de uma aproximação estrutural ao primeiro domínio. De todo o modo, a existir um afastamento, este ocorrerá, por princípio, no destino da contraprestação normativamente determinado, afigurando-se idónea a conexão do art. 796.º com essa atribuição patrimonial. Mas mesmo esta conclusão pode acabar por ser infirmada, atentas as diversas concretizações típico-factuais possíveis.

O desenvolvimento destas premissas é remetido para a análise do regime jurídico de distribuição do risco nos contratos de alienação.

II. Independentemente do adequado enquadramento dogmático do art. 796.º, é desde logo possível identificar situações de atribuição de risco contratual independentes do jogo prestacional.

São disso exemplo o risco de perecimento ou deterioração da coisa objecto de entrada no âmbito de um contrato de sociedade, o risco de perecimento ou deterioração da coisa adquirida em nome próprio por conta do mandante e o risco associado à destruição da obra. É ainda admissível a referência a situações paralelas, que podem surgir no domínio de um contrato de locação financeira ou mesmo de um simples

---

[169] Cfr., a este respeito, VAZ SERRA, *Impossibilidade superveniente*, p. 139; BAPTISTA MACHADO, *Risco contratual*, p. 197; ANTUNES VARELA, *Das Obrigações, II*, p. 75, 77, n. 1, 78, e 85; RIBEIRO DE FARIA, *Obrigações, II*, p. 363, n. 2, 364, 379, n. 3, e 490, n. 1; CALVÃO DA SILVA, *Cumprimento*, p. 82; ROMANO MARTINEZ, *Da cessação*, p. 107; MENEZES LEITÃO, *Obrigações, II*, p. 120 e 123; e LURDES PEREIRA, *Conceito da prestação*, p. 278, 303 e 313.

82 O Risco nos Contratos de Alienação

contrato-promessa de alienação. Em causa encontram-se situações de imputação de um sacrifício patrimonial a um dos contraentes, sem que as suas prestações contratuais tenham necessariamente que interferir naquela determinação.

Constituindo todo o risco, em sentido lato, uma perda patrimonial contratualmente fundada, a sua separação dos vértices angulares do contrato obriga o intérprete a uma análise individualizada de cada espécie contratual. Redundando por vezes em concretizações específicas do risco-estático (residualmente) imputado ao titular de um direito real de gozo, as regras aplicáveis podem também assumir-se como vectores de oposição a paradigmas de distribuição de risco comummente enunciados. A sua ponderação conjunta com a orientação do art. 796.º traduz o fim último de pesquisa, não sendo negligenciável o seu contributo, ou resistência, à formulação de directrizes dogmáticas aglutinadoras.

1.2. Os contratos de alienação

1.2.1. *Conceito e âmbito dos contratos de alienação*

I. Possuindo como substrato o tipo de efeitos produzidos pelo contrato, é sumamente conhecida a contraposição entre contratos obrigacionais e reais[170]. Os contratos de alienação representam uma síntese destas duas categorias num acto de autonomia privada, cumulando-se, numa mesma espécie contratual, a produção de efeitos reais e obrigacionais[171]. Destes são exemplo, nomeadamente, os contratos de compra e venda, de doação, de troca, de mútuo e de depósito irregular.

---

[170] Cfr., nomeadamente, MOTA PINTO, *Teoria Geral*, p. 104 e 400; OLIVEIRA ASCENSÃO, *Teoria Geral, III*, p. 148; MENEZES CORDEIRO, *Tratado, I-I*, p. 468; PAIS DE VASCONCELOS, *Teoria Geral*, p. 442.

[171] Cfr. JOSÉ TAVARES, *Princípios, I*, p. 453, ainda no domínio do CCse; GALVÃO TELLES, *Obrigações*, p. 82; e ALMEIDA COSTA, *Obrigações*, p. 288, em termos não expressos. Em sentido próximo, cfr. também BETTI, *Teoria generale del negozio giuridico*, p. 292, aludindo à alienação como um negócio de atribuição patrimonial ou de disposição, em que a desvantagem encontra correspondência na aquisição do mesmo direito através de um *"nesso derivativo qualificante"*; e PUGLIATTI, *Alienazione*, p. 2, 4 n., e 5, que, sublinhando que o legislador italiano não delimitou, nem poderia haver delimitado, um significado preciso e fixo ao termo alienação, conclui pela sua associação à transferência da propriedade – género de que a compra e venda, a permuta e a doação constituem espécies – podendo

Introdução 83

Não vigorando uma regra de *numerus clausus* em termos categoriais, outras espécies contratuais em que se verifique a transmissão de um direito real e a existência de uma relação creditícia podem também ser integradas no mesmo conceito, como ocorrerá, nomeadamente, em relação aos contratos de sociedade, de mandato sem representação ou de empreitada.

Independentemente do reconhecimento de uma valia científica genérica ao conceito de alienação[172], é inequívoco que este assume preponderância ao determinar uma distribuição específica do risco contratual, pelo que, pese embora a polissemia que se lhe encontra associada, o mesmo constitui o substrato no qual se basearão a investigação e estruturação dogmática subsequentes.

Em termos preliminares, refira-se que a alienação não se identifica nem com a existência de um contrato sinalagmático, nem com a onerosidade do vínculo contratual[173], mostrando-se ainda o critério delineado alheio a considerações funcionais de demarcação dos diversos tipos contratuais[174].

---

assumir uma modalidade gratuita ou parcial (*maxime* na constituição de direitos reais menores). TERRÉ/SIMLER, *ob. cit.*, p. 120, restringem porém a alienação à transmissão pelo proprietário da totalidade do seu direito.

[172] LUMINOSO, *I contratti*, p. XXII, recusa-o liminarmente. VINCENZO ROPPO, *Preparazione e conclusione del contrato*, p. 48, sublinha, por sua vez, a nova centralidade que deve ser atribuída à distinção entre os *"contratti per la cooperazione"* e os *"contratti sull'appartenenza"*, que, para além da disciplina do risco, se separam ao nível da causa, da abstracção e da manifestação do consenso das partes.

[173] CARVALHO FERNANDES, *Teoria Geral, II*, p. 632, n. 2, configura a alienação como uma transmissão onerosa. Assemelha-se, todavia, que a alienação pode conjugar-se com o conceito de liberalidade, sendo a doação o resultado evidente dessa união (sobre o conceito de liberalidade cfr. GALVÃO TELLES, *Contratos em Geral*, p. 282 e 481, e em *Introdução ao Estudo do Direito v. II*[10], p. 187; MENEZES LEITÃO, *Obrigações, III*, p. 172; e PIMENTA COELHO, *A imputação de liberalidades feitas ao cônjuge do autor da sucessão*, p. 530).

[174] Cfr., propondo uma estruturação quadripartida do negócio jurídico relativamente à sua função económico-social – troca, liberalidade, cooperação e garantia – com recurso aos critérios da unilateralidade ou bilateralidade da relação custo/benefício, e da coincidência ou divergência entre a finalidade global do acto e a finalidade típica do agente ou dos agentes, FERREIRA DE ALMEIDA, *Texto e enunciado na teoria do negócio jurídico v. I*, p. 519. Em termos próximos, ALBALADEJO, *Obligaciones*, p. 408, alude a uma classificação dos contratos pelo papel que desempenham na vida jurídica, nesta inserindo contratos tendentes a transmitir definitivamente bens a outras pessoas, como os contratos de compra e venda, de permuta ou de doação.

84 *O Risco nos Contratos de Alienação*

II. Se, em termos etimológicos, alienação coincide com acto de tornar alheia uma coisa[175], o termo *"alienatio"* não adquiriu logo na sua génese um significado unívoco, distinguindo RIDOLFI, com base na diversidade de indícios nas fontes de Direito romano, quatro acepções de alienação[176]. Em sentido estrito, a alienação identificava-se com a transferência do domínio absoluto ou directo através de um acto ou omissão, sendo a sua produção ocasionada por fontes não necessariamente contratuais, como por exemplo, a instituição de herdeiro, a edificação em solo alheio, o abandono ou mesmo a usucapião[177]. Os contratos que importavam a alienação não se resumiam, por seu turno, à compra e venda, à doação ou à permuta, englobando também a transacção, a constituição de dote, a *cessio bonorum* e a *cessio actionis*, a que eram ainda equiparados a *promissio*, a *fideijussio* ou a *confessio*. Por outra via, entendia-se que, em sentido restrito, se transmitia pela alienação o domínio útil da coisa, fenómeno que se encontra essencialmente relacionado com o instituto da enfiteuse. Em sentido lato, a alienação compreenderia por sua vez a limitação da propriedade, nomeadamente através da constituição de servidão, penhor ou hipoteca. Finalmente, em sentido latíssimo, a alienação coincidiria com a transmissão da posse de uma coisa.

Apesar de não ter recebido uma definição legal expressa, o "direito de alienação" foi objecto do Título IX do Livro ún. da Parte III dedicada pelo CCse ao direito de propriedade, declarando-o o art. 2359.º *"inherente á propriedade"*. Circunscrito a uma diminuição patrimonial voluntária, o mesmo direito era também equacionado perante simples direitos de crédito, bem como a respeito do fenómeno extintivo da renúncia abdicativa[178]. Não se suscitavam por seu turno hesitações relativamente

---

[175] Cfr. PAULO CUNHA, *Direito Civil – Teoria Geral da Relação Jurídica*, p. 65, possuindo o significado de perda relativa; e PUGLIATTI, *ob. cit.*, p. 1, que advoga a explicação etimológica da palavra *"alienazione"* no Direito italiano com base na ideia de separação.

[176] RIDOLFI, *Alienatio, alienazione*, p. 290. Cfr. ainda, a este respeito, PUGLIATTI, *ob. cit.*, p. 2.

[177] No mesmo sentido cfr. DEL PRETE, *"Alienatio"*, p. 324, noticiando que a expressão foi tomada por WAECHTER como uma transmissão de direitos reais, abrangendo a transmissão não voluntária e mesmo a aquisição originária fundada na usucapião; e BRASIELLO, *Alienatio*, p. 481, que sublinha a coincidência da *"alienatio"* com a transferência da coisa por um titular a outro operado pelo primeiro ou com fonte objectiva.

[178] Cfr. GUILHERME MOREIRA, *Instituições, I*, p. 378, considerando a alienação como uma "perda do direito correspondente à aquisição derivada" que abrangia a renúncia; JOSÉ TAVARES, *Princípios, II*, p. 399 e 405, excluindo porém desta os direitos reais de garantia,

à constituição de direitos reais menores através do emprego da mesma figura[179].

III. A alienação deve ser tomada no CCiv como um conceito quadro, policausal ou categorial, que encontra previsão normativa nos arts. 2124.º a 2130.º a respeito do objecto herança, e assume ainda uma relevância particular em caso de aposição de uma cláusula de reserva da propriedade ao contrato[180].

---

a execução judicial e a renúncia; PINTO COELHO, *Noções fundamentais 2.ª prt.*, p. 65, referindo-se a uma perda relativa de direitos subjectivos resultante de um facto voluntário daquele que perde o direito; e DIAS MARQUES, *Reais*, p. 125, sufragando a abrangência pelo direito de alienação da generalidade dos poderes de disposição jurídica contidos no direito de propriedade.

[179] Cfr. CUNHA GONÇALVES, *Tratado, XII*, p. 183, que configura a alienação enquanto "faculdade de transferir a outrem (*alium*) o direito de propriedade por acto entre vivos, a título oneroso ou gratuito", mencionando a sua possível aplicação relativamente a outros direitos reais.

[180] A alienação encontra-se pressuposta em diversas disposições legais, nomeadamente nos arts. 94.º, n.º 3 (direitos do curador provisório do ausente); 119.º, n.º 1 (regresso do ausente); 145.º (dever especial do tutor); 208.º (coisas consumíveis); 272.º (pendência da condição); 273.º (actos conservatórios); 274.º, n.º 2 (actos dispositivos); 289.º, n.º 2 (efeitos da declaração de nulidade e da anulação); 408.º, n.º 2 (contratos com eficácia real); 419.º, n.º 2 (pluralidade de preferentes); 422.º (valor relativo do direito de preferência); 481.º (obrigação de restituição no enriquecimento sem causa em caso de alienação gratuita); 613.º, n.º 1, al. b) (transmissões ou constituição posterior de direitos na impugnação pauliana); 616.º, n.º 2 (efeitos da impugnação pauliana em relação ao credor); 695.º (cláusula de inalienabilidade dos bens hipotecados); 700.º (administração da coisa hipotecada); 715.º (legitimidade para hipotecar); 796.º (risco); 797.º (promessa de envio); 833.º (execução de bens objecto de cessão aos credores); 939.º (extensão das regras da compra e venda); 978.º, n.º 3 (efeitos da revogação da doação); 1015.º (poderes dos liquidatários da sociedade); 1052.º, al. b) (não caducidade da locação efectuada pelo usufrutuário); 1231.º (contrato de renda perpétua); 1238.º (contrato de renda vitalícia); 1239.º (forma do contrato de renda vitalícia); 1270.º, n.º 3 (frutos alienados pelo possuidor de boa fé antes da colheita); 1380.º, n.º 2, al. a), e n.º 3 (direito de preferência dos proprietários de terrenos confinantes); 1381.º, al. b) (inexistência de direito de preferência dos proprietários de terrenos confinantes); 1410.º (acção de preferência); 1413.º, n.º 2 (processo da divisão de coisa comum); 1420.º, n.º 2 (direitos dos condóminos); 1423.º (inexistência de direito de preferência ou divisão dos condóminos); 1428.º, n.ºs 3 e 4 (destruição do edifício objecto de propriedade horizontal); 1448.º (frutos alienados pelo usufrutuário antes da colheita); 1451.º, n.º 1 (usufruto de coisas consumíveis); 1469.º (dispensa de caução do usufrutuário); 1528.º (constituição do direito de superfície); 1551.º, n.º 2 (afastamento do encargo de servidão legal); 1555.º, n.ºs 1 e 3 (direito de preferência relativo a prédio encravado); 1682.º (alienação de móveis dos cônjuges); 1682.º-A (alienação de imóveis e estabele-

86 *O Risco nos Contratos de Alienação*

Constituindo um equivalente funcional de "disposição" e o contrapolo de uma aquisição a favor de outro sujeito, a abrangência no seu seio de contratos gratuitos é confirmada pelos arts. 289.°, n.° 2; 481.°, n.° 1; 1682.°, n.° 4; 2057.°, n.° 1; e 2129.°, n.° 2, inferindo-se conclusão idêntica das contraposições pressupostas nalgumas referências legais a respeito da alienação onerosa. Extravasando de algum modo o âmbito estritamente voluntário de actuação do sujeito[181], a figura beneficia ainda de latitude no seu objecto, o qual pode coincidir com uma parte da coisa, com partes integrantes ou coisas acessórias, bem como com os frutos da coisa[182].

Não inteiramente unívoca se revela porém a abrangência pela alienação da transmissão de direitos reais menores, nomeadamente de direitos reais de gozo. Se a solução é pressuposta pelas referências constantes dos arts. 1052.°, al. b), 1528.°, e 1551.°, n.° 1, este último relativo ao extinto direito real de enfiteuse, outros dados normativos induzem à autonomização da categoria de oneração[183]. Produto da influência da terceira sistemática a respeito dos direitos reais sobre coisa alheia[184], a oneração traduz-se numa restrição ao conteúdo de um direito anteriormente existente permitida pela elasticidade dos direitos reais (em fenómeno de sobrepo-

---

cimento comercial dos cônjuges); 1687.°, n.os 3 e 4 (sanções relativas à alienação de bens em que é exigido o consentimento de ambos os cônjuges ou de bens próprios do outro cônjuge); 1701.°, n.° 2 (bens objecto de pacto sucessório); 1723.°, al. b) (bens sub-rogados no lugar de bens próprios); 1889.°, n.° 1, al. a) (actos dos pais dependentes de autorização judicial); 2057.° (aceitação tácita de herança); 2063.° (forma do repúdio de herança); 2069.°, al. b) (âmbito da herança); 2076.°, n.os 1 e 2 (petição de herança contra terceiro); 2109.°, n.° 2 (valor dos bens sujeitos à colação); 2175.° (perecimento de bens na redução de liberalidades); 2291.° (disposição de bens na substituição fideicomissária); e 2316.°, n.os 1 e 3 (revogação do legado).

[181] Cfr. a referência aos fenómenos de execução, falência e insolvência no art. 422.°, apesar da menção à venda e dação em cumprimento nos arts. 1409.°, n.os 1 e 3; 1410.°, n.° 1; 1423.°; e 1555.°, n.° 1.

[182] Cfr., respectivamente, os arts. 1409.°, n.° 3; 1410.°, n.° 1; 1413.°, n.° 2; e 2316.°, n.° 1; o art. 700.°; e os arts. 1270.°, n.° 3; e 1448.°.

[183] A contraposição entre as duas situações jurídicas surge, nomeadamente, nos arts. 94.°, n.° 3; 695.°; 819.° (por referência a "disposição"); 1408.°, n.° 1, *in fine*; 1682.°; 1682.°-A; 1687.°, n.os 3 e 4; 1889.°, n.° 1, al. a); 2109.°; 2175.°; e 2291.°. A sinonímia entre alienação e transferência da propriedade é igualmente rastreável no anteprojecto de Vaz Serra relativo aos efeitos dos contratos (cfr. Vaz Serra, *Efeitos dos contratos (princípios gerais)*, p. 367).

[184] Menezes Cordeiro, *Reais – 1979*, p. 363, e em *Direitos Reais – Sumários*, p. 107.

Introdução 87

sição), sendo em regra enquadrada através de uma aquisição derivada constitutiva[185].

Não oferece todavia oposição que – como resulta do art. 715.º a respeito do direito de hipoteca – a alienação se não confunde com a constituição de direitos reais de garantia, bem como que – por aplicação do art. 1682.º-A, e das als. a) e m) do n.º 1 do art. 1889.º – a figura não é integrada pelo arrendamento ou por outros direitos pessoais de gozo.

A dificuldade de contraposição entre alienação e oneração não possui todavia reflexos ao nível da transmissão do risco, uma vez que a sua norma paradigmática – o art. 796.º – encontra aplicação em relação a ambos os fenómenos[186]. Excluem-se apenas os direitos reais de garantia e de aquisição, cuja análise de risco-estático havia já revelado especificidades.

1.2.2. *O momento de constituição e transferência de direitos reais*

I. O sistema do título foi, na sequência do CCse[187], adoptado como base substantiva no que respeita à transmissão de direitos reais sobre coisas corpóreas, presentes, autónomas, certas e determinadas, produzindo-se o efeito real com o encontro de vontade das partes, independentemente da tradição da coisa ou do registo do título[188]. É este fenómeno que se encon-

---

[185] Cfr. CASTRO MENDES, *Teoria Geral, II*, p. 67; OLIVEIRA ASCENSÃO, *Teoria Geral, III*, p. 148, e em *Reais*, p. 273, 279 e 285, n. 1; e GONZÁLEZ, *Reais*, p. 95 e 211. A venda de bens onerados, regulada nos arts. 905.º a 912.º, constitui ainda uma realidade distinta, podendo abranger a existência de direitos reais de garantia, de direitos reais de aquisição ou mesmo a prévia locação do bem (cfr. PIRES DE LIMA/ANTUNES VARELA, *CCAnotado, II*, p. 196; CALVÃO DA SILVA, *Compra e venda*, p. 29; e MENEZES LEITÃO, *Obrigações, II*, p. 109 e p. 333, n. 676, e em *Arrendamento urbano*, p. 68, n. 70).

[186] Cfr., de forma expressa, GALVÃO TELLES, *Obrigações*, p. 475.

[187] SINDE MONTEIRO, *Manuel de Andrade e a influência do BGB sobre o código civil português de 1966*, p. 196, refere a fidelidade do Código Civil de 1966 à tradição jurídica portuguesa. Por seu turno, VAZ SERRA, *Efeitos dos contratos*, p. 352-353, justifica a não adesão ao sistema translativo alemão por este representar "uma tão grande alteração nos hábitos da população, acostumada em largos domínios a não registar (e por vezes nem sequer a documentar os actos), que seria susceptível de lhe causar graves prejuízos, sem ao menos a vantagem de lhe assegurar o direito adquirido, pois o registo não sanaria os vícios do título aquisitivo".

[188] Cfr., nomeadamente, VAZ SERRA, *Fontes das obrigações – O contrato e o negócio jurídico unilateral como fontes das obrigações*, p. 162, n. 55-n; ALMEIDA COSTA, *Obrigações*, p. 289; e MENEZES LEITÃO, *Obrigações, I*, p. 197, n. 397. A regra da eficácia real

tra na raiz da indagação das soluções de colocação da perda patrimonial ocorrida, em sede de contratos de alienação, no ordenamento jurídico-privado português.

Nos termos do n.º 1 do art. 408.º, sem prejuízo das excepções legalmente estabelecidas, "a constituição ou transferência de direitos reais sobre coisa determinada dá-se por mero efeito do contrato". A orientação legislativa de exaltação da força jurígena da vontade das partes funda-se no ideário jusnaturalista dos séculos XVII e XVIII[189], sendo corroborada pelas disposições respeitantes aos contratos em especial e aos direitos reais. Assim, nos termos da al. a) do art. 879.º e da al. a) do art. 954.º[190], a transmissão da propriedade da coisa constitui um efeito essencial dos contratos de compra e venda e de doação. Por sua vez, o art. 1316.º estabelece que a propriedade se adquire por contrato, sendo o momento da aquisição, nos termos da al. a) do art. 1317.º, o determinado pelas regras gerais. Disposições paralelas surgem a respeito da constituição dos direitos de propriedade horizontal, de usufruto, de uso e habitação, de superfície e de servidão predial, de acordo com o disposto, respectivamente, no n.º 1 do art. 1417.º, no art. 1440.º, no art. 1485.º, no art. 1528.º e no n.º 1 do art. 1547.º[191]. A transmissão da integralidade da posição jurídica do condómino e dos direitos de usufruto e de superfície resulta, por seu turno, dos arts. 1420.º, 1444.º e 1534.º[192].

---

dos contratos foi todavia questionada no Relatório preliminar da Faculdade de Direito da Universidade Nova de Lisboa in AA.VV., *Reforma do Direito Civil*, p. 95, considerando-se ser inevitável a evolução no sentido do carácter constitutivo do registo.

[189] Nas palavras de ANTUNES VARELA, *Anotação ao ac. do STJ de 4 de Março de 1982*, p. 286, "o mero acordo consensual (o chamado mútuo consenso) das partes actua como uma mágica ou uma espécie de varinha de condão na formação ou na translação do direito de soberania (plena ou limitada) sobre a coisa". Na verdade, o art. 408.º constitui uma regra básica pela "evolução juscultural que lhe está subjacente" (cfr. GONZÁLEZ, *A realidade registal*, p. 366).

[190] Paralelamente ao disposto no art. 7.º do anteprojecto de GALVÃO TELLES relativo à compra e venda (cfr. GALVÃO TELLES, *Dos contratos em especial (compra e venda e locação)*, p. 178).

[191] Também o direito real de habitação periódica se constitui por via contratual, embora a sua transmissão envolva matizações (cfr., respectivamente, o n.º 1 do art. 6.º e o n.º 1 do art. 12.º do RDRHP).

[192] O art. 1488.º não admite a transmissão dos direitos de uso e habitação, atenta a função sócio-económica destes direitos. Já a transmissão das servidões encontra-se limitada à inexistência de uma relação directa do direito com o seu titular e à nota de inseparabilidade consignada no art. 1545.º (cfr. PIRES DE LIMA/ANTUNES VARELA, *CCAnotado, III*, p. 622; MOTA PINTO, *Reais*, p. 106-111; e GONZÁLEZ, *Reais*, p. 99, n. 287).

Encontrando-se o registo no âmbito das excepções legalmente previstas[193], a orientação legal descrita admite – salvo nas situações de constituto possessório e de *traditio ficta* – a dissociação entre a titularidade real e a posse da coisa, a qual em regra se transmitirá, nos termos da al. b) do art. 1263.º, mediante tradição material[194].

II. Se a solução de eficácia contratual translativa é genericamente aceite a respeito dos direitos reais de gozo, o mesmo não sucede em relação aos direitos reais de garantia e de aquisição.

Mesmo afastando os direitos cuja fonte elimina o campo de aplicação do art. 408.º – como os privilégios creditórios ou o direito retenção – constata-se que figuras paradigmáticas como a hipoteca e o penhor de coisas se encontram distantes daquele paradigma. Com efeito, ainda que estas normas possam encontrar vigência apenas para algumas modalidades de hipoteca, o art. 687.º do CCiv e o n.º 2 do art. 4.º do CRPre postulam a observância da formalidade do registo para a sua constituição, exigindo o n.º 1 do art. 669.º do CCiv, para o penhor, a entrega da coisa. Apenas a consignação de rendimentos restará, nos termos do art. 660.º, enquanto manifestação contratual constitutiva de um direito real de garantia.

As hipóteses socialmente típicas de constituição negocial de direitos reais de aquisição envolvem de igual modo a necessidade de inscrição registal. Tal verifica-se, nos termos do n.º 1 do art. 413.º e do n.º 1 do art. 421.º, a respeito do contrato-promessa com eficácia real e do pacto de preferência com eficácia real. As situações de constituição legal destes direitos encontram-se obviamente excluídas do nosso campo de análise.

---

[193] Cfr. ANTUNES VARELA, *Anotação ao ac. do STJ de 4 de Março de 1982*, p. 315; e PEREIRA MENDES, *De novo o conceito de terceiro para efeitos de registo predial*, p. 168, perante o n.º 1 do art. 5.º do CRPre. Tal não significa contudo que, a exemplo do CCse, se deva efectuar uma distinção entre o momento aquisitivo do direito e o momento de oponibilidade pelo seu beneficiário a terceiros (o retomar desta orientação é porém sufragado por FERREIRA DE ALMEIDA, *Transmissão contratual da propriedade – entre o mito da consensualidade e a realidade de múltiplos regimes*, p. 15; e, perante o Direito italiano, por BELVEDERE, *Vendita e permuta*, p. 270). Quanto à equação de risco aplicável em sede de aquisição tabular – cfr. o n.º 1 do art. 5.º, o n.º 2 do art. 17.º e o art. 122.º do CRPre, bem como o art. 291.º do CCiv – remete-se para o risco-estático *supra* compulsado.

[194] A usucapião permanece, contudo, como a última *ratio* do ordenamento jurídico-dominial português (cfr. OLIVEIRA ASCENSÃO, *Reais*, p. 355, n. 1, 382 e 385, em relação à ordem imobiliária; MENEZES CORDEIRO, *A posse*, p. 131; e PEREIRA MENDES, *A protecção registral imobiliária e a segurança jurídica no Direito Patrimonial Privado*, p. 76).

90 *O Risco nos Contratos de Alienação*

Assumindo uma concretização senão distinta, pelo menos particular, de risco-estático, o afastamento destas figuras dos paradigmas de atribuição do risco contratual encontra fundamento, desde logo, na sua diferenciada base aplicativa.

III. O n.º 2 do art. 408.º enuncia, por seu turno, excepções relevantes à produção do efeito real pelo contrato, as quais serão objecto de abordagem subsequente. Em simultâneo, espécies contratuais como o contrato de mútuo e o contrato de empreitada introduzem regimes específicos de produção do efeito real, também ponderados em momento posterior.

Não obstante, o momento de transmissão da propriedade assume uma relevância capital na sua conexão com a distribuição do risco nos contratos de alienação. Tal não significa, porém, a concretização do risco contratual no paradigma do contraente proprietário, uma vez que outros – e relevantes – vectores concorrem com a mera titularidade dominial.

IV. Adquirindo expressão no que respeita à determinação do contraente que assume o risco de perecimento ou de deterioração da coisa, a relevância jurídica da transmissão de direitos reais, tomando o direito de propriedade como paradigma, desdobra-se ainda noutros polos[195].

Assumindo como pressuposto a transmissão da propriedade no momento da celebração do contrato, a situação jurídica do adquirente assume uma configuração que permite desde logo – consoante referia o n.º 5 do art. 2168.º do CCse e se retira hoje do art. 1305.º do CCiv – uma faculdade de disposição imediata do mesmo direito enquanto direito actual. Não se exigindo a observância de quaisquer formalidades subsequentes ao encontro de vontades, a solução potencia a rapidez e a celeridade do tráfego, adquirindo também o titular do direito, independentemente da apreensão material da coisa, o direito ao seu uso e fruição, ainda que com a ressalva do disposto no art. 1270.º quanto a terceiro possuidor de

---

[195] Sobre os efeitos da propriedade e da sua transmissão cfr., nomeadamente, GALVÃO TELLES, *Venda obrigatória e venda real*, p. 85-86; MENEZES LEITÃO, *Obrigações, III*, p. 20-28; MESSINEO, *Il contratto in genere t. II*, p. 84; e SACCO, *Il transferimento della proprietà mobiliare*, p. 406. Sublinhe-se, por sua vez, que a "transmissão de uma coisa" não constitui mais do que uma forma abreviada e socialmente usual de referência à transmissão do direito de propriedade sobre aquela (cfr. ANTUNES VARELA, *Anotação ao ac. do STJ de 10 de Fevereiro de 1983*, p. 16; e LUMINOSO, *I contratti*, p. 34).

Introdução 91

boa fé. Esta atribuição, tal como o eventual aumento do valor da coisa, possui como contrapartida o suporte pelo titular das despesas e encargos a esta relativos, nomeadamente dos impostos e outras contribuições que a sua titularidade acarrete, bem como a eventual responsabilidade civil pelos danos que a coisa possa vir a causar a terceiro[196].

Por outra via, tal como decorria do disposto no art. 718.° do CCse, e consta agora do art. 1311.°, a aquisição imediata do direito sobre a coisa possibilita a sua reivindicação, quer da contraparte contratual, quer de terceiro que não possua título bastante para a sua detenção, concorrendo a acção de reivindicação, na primeira situação, com a acção declarativa de condenação destinada ao exercício do direito de crédito à entrega da coisa. Em conformidade, encontra-se vedada a agressão da coisa pelos credores do alienante, sendo antes aos credores do adquirente que se faculta a possibilidade de nomeação à penhora do mesmo bem. Lateralmente, a transmissão da propriedade adquire ainda relevância no domínio do seguro contratado em relação ao objecto alienado, bem como na tutela judicial contra aquele que seja responsável pelo seu perecimento ou deterioração.

1.2.3. *O momento da formação do contrato*

I. Sendo os direitos reais de gozo constituídos e transmitidos por via contratual, o momento de formação do contrato assume importância capital para que "se torne calculável o início dos (seus) efeitos jurídico-económicos"[197], *maxime* para aferir da transmissão do risco de perecimento ou

---

[196] A correlação entre a fruição e os encargos surge plasmada no art. 1272.° a respeito da posse, bem como nos arts. 1446.°, 1472.° e 1474.° a propósito do direito de usufruto. Existem por outra via modelações à responsabilidade civil assumida pelo proprietário da coisa, consoante se retira, nomeadamente, do disposto nos arts. 492.°, n.° 2, e 503.°, n.° 1, embora sobre este tenda a recair um dever de prevenção do perigo (cfr. PIRES DE LIMA/ANTUNES VARELA, *CCAnotado, III*, p. 95; e, em sentido mais fluído, CARNEIRO DA FRADA, *Responsabilidade*, p. 74, sublinhando a possibilidade do dever não incumbir ao proprietário da coisa, nomeadamente quando este não exerce um domínio fáctico sobre a coisa ou houver transferido o seu cuidado para outrem).

[197] HÖRSTER, *Sobre a formação do contrato segundo os arts. 217.° e 218.°, 224.° a 226.° e 228.° a 235.° do Código Civil*, p. 123 e 135, e em *A Parte Geral do Código Civil Português*, p. 468. No mesmo sentido cfr. MOTA PINTO, *Teoria Geral*, p. 390; e PAULO MOTA PINTO, *Declaração tácita*, p. 576.

deterioração da coisa alienada[198]. Em termos genéricos, encontrando aplicação as regras jurídicas dos arts. 224.º a 235.º, pode afirmar-se que a conclusão do contrato se verifica – pressupondo uma proposta eficaz bem como a sua aceitação eficaz e tempestiva, e salvo se se puder atribuir relevância a uma conduta exterior do agente – no momento de eficácia da declaração de aceitação contratual[199]. A solução não deve contudo fazer obnubilar a existência de modelos distintos de formação do vínculo contratual[200].

Alguns tipos de contratação, como a que ocorre em postos de abastecimento de combustível, em grandes superfícies comerciais[201] ou ainda

---

[198] Uma concretização específica do mesmo raciocínio parece surgir no n.º 4 do art. 9.º da LDC, segundo o qual o consumidor não "responde" pelo risco de perecimento ou deterioração de bens que não tenha prévia e expressamente encomendado ou solicitado ou que não constitua cumprimento de um contrato válido, embora a referida norma possa também ser integrada enquanto exclusão de responsabilidade objectiva (do comodatário). Uma regra idêntica consta do art. 186.º do ACC.

[199] Cfr. HÖRSTER, *Sobre a formação do contrato*, p. 151 e 155, e em *A Parte Geral*, p. 466; MOTA PINTO, *Teoria Geral*, p. 391 e 441; e OLIVEIRA ASCENSÃO, *Teoria Geral, II²*, p. 207 e 463, com base na doutrina da recepção. Sobre a conclusão do contrato cfr. ainda MENEZES CORDEIRO, *Tratado, I-I*, p. 551; CARVALHO FERNANDES, *Teoria Geral, II*, p. 250; PAIS DE VASCONCELOS, *Teoria Geral*, p. 465; e GALVÃO TELLES, *Obrigações*, p. 63, e em *Contratos em Geral*, p. 246. Numa análise de Direito comparado, VATTIER FUENZALIDA, *Nota breve sobre el momento de perfección del consentimiento contractual*, p. 3217-3218, qualifica o ordenamento jurídico português como um sistema em que a regra da recepção determina não a imediata perfeição do negócio, mas a existência de um conhecimento presuntivo de aceitação pelo proponente, que devendo actuar com diligência, não se encontra todavia vinculado se se verificar um obstáculo impeditivo ao conhecimento efectivo da aceitação.

[200] Cfr., por todos, FERREIRA DE ALMEIDA, *Contratos, I⁴*, p. 111.

[201] Cfr., em sentidos divergentes, MOTA PINTO, *Teoria Geral*, p. 443, no sentido de existência de uma proposta contratual com a exposição dos produtos nas prateleiras; OLIVEIRA ASCENSÃO, *Teoria Geral, II*, p. 458 e 486, configurando a situação como uma proposta contratual embora o contrato só se conclua com a apresentação do produto na caixa; HÖRSTER, *Sobre a formação do contrato*, p. 143, e em *A Parte Geral*, p. 457, aludindo a um simples convite a contratar; ROMANO MARTINEZ, *Obrigações – Apontamentos*, p. 158, e em *Obrigações – Contratos*, p. 36, entendendo não se verificar um diferimento temporal da transmissão da propriedade dado existir, como acto inicial, uma mera proposta a contratar, efectuando o cliente a proposta de compra; e PAIS DE VASCONCELOS, *Teoria Geral*, p. 484, que remete a regulamentação da contratação em auto-serviço para os usos, circunstâncias, tipo de mercado e de abastecimento, e para a natureza das coisas, mencionando não poder "concluir-se com generalidade que é com o pagamento na caixa que se conclui o contrato".

por recurso a aparelhos automáticos[202], envolvem problemas específicos. Ora, a conclusão no sentido da celebração do contrato apenas no momento em que se verifique o cumprimento da obrigação pecuniária do adquirente determina que o risco contratual seja suportado pelo alienante entre o momento do contacto fáctico da coisa pelo adquirente e o momento da realização da prestação patrimonial correspectiva. Fundada na estrita aplicação do princípio *"res perit domino"* enquanto risco-estático, tal solução poderá todavia, em algumas situações, colidir com outros vectores do ordenamento jurídico, nomeadamente com a aferição da relevância do interesse na detenção da coisa, mesmo em sede pré-contratual.

II. Dificuldades particulares divisam-se no domínio da contratação electrónica, recentemente disciplinada pelo Decreto-Lei n.º 7/2004, de 7 de Janeiro, que transpôs para o ordenamento jurídico nacional a Directiva n.º 2000/31/CE, do Parlamento e do Conselho, de 8 de Junho de 2000, relativa a certos aspectos legais dos serviços da sociedade da informação, em especial do comércio electrónico no mercado interno[203].

Aplicando-se a lei a contratos celebrados por via electrónica ou informática independentemente da natureza civil ou comercial por estes assumida[204], o normativo é susceptível de ser decomposto em diversas situações tipo.

Nestes termos, para além dos contratos celebrados entre computadores (contratação automatizada)[205], o art. 30.º da RSI regula a celebração

---

[202] Cfr. Mota Pinto, *Teoria Geral*, p. 443, no sentido de existência de uma proposta de contratar; Galvão Telles, *Contratos em Geral*, p. 151, sufragando a cumulação das teses da oferta e aceitação automática; Oliveira Ascensão, *Teoria Geral, II*, p. 486; Hörster, *Sobre a formação do contrato*, p. 143, e em *A Parte Geral*, p. 457, configurando as máquinas automáticas como verdadeiras declarações negociais; Menezes Cordeiro, *Manual de Direito Comercial²*, p. 537, considerando que a teoria da oferta apenas explica "os primeiros passos dos negócios celebrados com recurso a autómatos"; Carvalho Fernandes, *Teoria Geral, II*, p. 253, efectuando uma aproximação da oferta ao público; e Pais de Vasconcelos, *Teoria Geral*, p. 482, que advoga a limitação da oferta às mercadorias existentes, pressupondo o bom funcionamento do aparelho.

[203] Cfr., sobre a contratação electrónica, Oliveira Ascensão, *Teoria Geral, II*, p. 473; Menezes Cordeiro, *Tratado, I-I*, p. 583-591; Pais de Vasconcelos, *Teoria Geral*, p. 484; e Galvão Telles, *Contratos em Geral*, p. 151.

[204] Cfr. o art. 24.º do RSI. Segundo AA.VV., *Lei do comércio electrónico anotada*, p. 95, o alcance da norma reside na abrangência de contratos celebrados entre profissionais, entre um profissional e um consumidor e entre particulares.

[205] A esta se refere o art. 33.º do RSI, sendo o seu regime jurídico essencialmente paralelo ao regime comum (cfr. Castro Rosa, *Intervenção na Conferência – O novo*

94   *O Risco nos Contratos de Alienação*

do contrato exclusivamente por correio electrónico ou por outro meio de comunicação individual equivalente, excluindo expressamente a aplicação do regime do seu art. 29.º aos vínculos assim criados. Encontrará então vigência o binómio proposta-aceitação, formulado nos termos gerais.

A terceira situação equacionada é relativa a contratos que o alienante – prestador de serviços da sociedade da informação – pretenda celebrar com indiferença em relação à contraparte em rede aberta, nomeadamente através da colocação de informação contratual relevante na *internet*, objecto de uma proposta ou aceitação do destinatário emitida directamente em linha ou por correio electrónico. Esta modalidade de formação do contrato suscita algumas hesitações em virtude da aparente oposição entre o n.º 5 no art. 29.º e o art. 32.º da RSI. De facto, ao dispor que "a encomenda se torna definitiva com a confirmação do destinatário, dada na sequência do aviso de recepção, reiterando a ordem emitida", a primeira disposição parece pressupor um procedimento contratual quadrifásico, traduzido *(i)* na colocação da disponibilidade do produto pelo prestador, *(ii)* na ordem de encomenda subsequente pelo destinatário, *(iii)* a emissão de aviso de recepção pelo primeiro – dispensada, nos termos do n.º 2 do art. 29.º da RSI, se ocorrer uma imediata prestação do produto em linha – e *(iv)* na ulterior confirmação pelo destinatário, que, todavia, poderá revogar a ordem de encomenda inicialmente emitida.

Assim sendo, o momento de conclusão do contrato, e, em particular, os efeitos reais que ao mesmo se possam encontrar associados, são deslocados para um momento distinto do que resulta da aplicação das regras gerais[206],

---

regime legal da contratação electrónica, p. 191-208; e DIAS VENÂNCIO, *O contrato electrónico e o momento da sua conclusão*, p. 71).

[206] Neste sentido cfr. COSTA E SILVA, *Intervenção na Conferência – O novo regime legal da contratação electrónica*, p. 187, perante a resposta "perplexizante" do legislador, o qual concebe a aceitação como um procedimento, de acordo com o sistema do "duplo clique"; e DIAS VENÂNCIO, *ob. cit.*, p. 76, considerando resultar da letra da lei um regime específico para a conclusão dos contratos electrónicos. Em termos próximos, CALVÃO DA SILVA, *Banca, Bolsa e Seguros t. I Parte Geral*[2], p. 118, alude também a um "pesado" sistema do "terceiro clique".

Todavia, mesmo que se sufrague uma solução distinta quanto ao momento de formação do contrato, é consensual, atento o disposto no n.º 2 do art. 29.º da RSI, a emergência de um duplo sistema neste âmbito (cfr. AA.VV., *Lei do comércio electrónico*, p. 120, que, em relação à situação do produto imediatamente prestado em linha, reconhecem que a inexistência de aviso de recepção preclude a existência de confirmação, pelo que "os destinatários não têm a possibilidade de, nestes contratos, determinar o momento de produção de efeitos").

Introdução   95

embora a mesma orientação não se apresente consensual na doutrina. De facto, é igualmente sufragado, com base numa aplicação prevalente do disposto no art. 32.º da RSI, a ausência de qualquer modificação do momento de celebração do contrato, não se influenciando assim, correlativamente, os seus efeitos jurídicos[207]. Em desenvolvimento desta última construção apresenta-se ainda uma terceira via, que identifica uma condição suspensiva legal de perfeição do contrato na sua confirmação pelo destinatário, fazendo recair o "risco negocial", no essencial, sobre o fornecedor[208].

A questão enunciada assume relevância no âmbito versado, uma vez que, a verificar-se uma excepção às regras gerais de formação do contrato, apenas no momento da confirmação da ordem emitida se produz o efeito real a que, em regra, se encontra associada a transmissão do risco. Solução paralela pode também surgir nas hipóteses em que a oferta *on-line* seja configurada enquanto mero convite a contratar, considerando-se a confirmação como um elemento de eficácia do contrato. Nestes termos, será o alienante a suportar o risco de perecimento e deterioração da coisa durante o momento temporal que medeia entre a ordem de encomenda e a

---

[207] Cfr. FERREIRA DE ALMEIDA, *Direito do consumo*, p. 93 e 96, no sentido de que os contratos electrónicos não põem em causa os princípios gerais da formação do contrato, bem como em *Contratos, I*, p. 171; e AA.VV., *Lei do comércio electrónico*, p. 117, 118, 127 e 129, segundo a qual "quando a oferta de produtos em linha constitua uma proposta contratual, a ordem de encomenda deve ser qualificada como aceitação dessa proposta, formando-se o contrato", valendo o aviso de recepção como aceitação da proposta emitida pelo destinatário apenas se a oferta de produtos ou serviços representar um simples convite a contratar (a confirmação constituirá, por sua vez, uma "condição de eficácia do contrato"). PAIS DE VASCONCELOS, *Teoria Geral*, p. 485, n. 471, sublinha, por seu turno, a não injuntividade do n.º 5 do art. 29.º da RSI (que não encontra suporte na Directiva nem corresponde à prática geralmente adoptada), configurando o seu art. 32.º como "uma intromissão da teoria jurídica no texto da lei". Na verdade, fica por apurar qual a efectiva relevância jurídica da confirmação, *maxime* se esta constitui um direito ao arrependimento do adquirente, uma cautela técnica a que se encontra associado um efeito probatório da aceitação daquele, ou um elemento que deve ser objecto de interpretação ab-rogante ou a respeito do qual se haverá já formado um costume *contra legem*.

[208] Cfr. DIAS PEREIRA, *Correio electrónico e consumidor*, p. 356, em especial n. 24. No mesmo sentido se pronuncia MORAIS CARVALHO, *Comércio electrónico e protecção dos consumidores*, p. 51, considerando que em momento anterior à confirmação do destinatário "o contrato não produz efeitos, excepto no que diz respeito à obrigação de envio do aviso de recepção por parte do prestador de serviços". É todavia duvidoso, salvo o devido respeito, que este dever jurídico seja, em rigor, uma obrigação emergente do contrato, e não um elemento da esfera de vinculação pré-contratual do fornecedor.

96   *O Risco nos Contratos de Alienação*

sua subsequente confirmação, não sendo a solução oposta viabilizada por uma consideração alargada do disposto no n.º 2 do art. 796.º. Na verdade, é o alienante que se encontra na detenção da coisa, sendo ainda manifesta a proximidade aplicativa da 2.ª prt. do n.º 3 do art. 796.º[209].

III. As especificidades relativas ao momento de conclusão do contrato de alienação e suas repercussões nos efeitos por este produzidos surgem finalmente a respeito da venda executiva.

Sendo excluída do tema em análise pela al. c) do art. 2.º da CVVIM e pela DVBC – mas não pela LVBC – a natureza jurídica da figura é objecto de prolongada controvérsia, não sendo unívoca a sua integração no domínio contratual[210]. Suscitando-se as mesmas hesitações a respeito

---

[209] Encontrando-se os contratos reais *quoad constitutionem* por princípio excluídos deste âmbito – em virtude da aparente impossibilidade de entrega electrónica de bens corpóreos (LIMA PINHEIRO, *Direito aplicável aos contratos celebrados através da internet*, p. 150, considera todavia como bem corpóreo o exemplar de uma obra fornecida em linha) – surge contudo a questão de, com a desmaterialização da *traditio*, ser ou não admissível a celebração de um contrato de mútuo bancário *on line*, em que se verifique uma transferência electrónica de fundos. A questão não deixa de ser tributária, no entanto, de uma tomada de posição quanto à natureza jurídica do dinheiro e à latitude da moeda escritural.

[210] De entre as diversas teses avançadas pontificam a da aquisição derivada (em que se discute a venda do Estado em substituição mas contra a vontade do executado, a venda pelos credores ou a venda imputável ao próprio executado), a tese do contrato especial de compra e venda com características de acto de direito público e a configuração de um contrato de natureza processual em que o tribunal funciona como substituto do executado (sobre a questão cfr., nomeadamente, CUNHA GONÇALVES, *Tratado, VIII*, p. 358; ALBERTO DOS REIS, *Da venda no processo de execução*, p. 410-450, que, a p. 449, se aproxima da tese de CARNELUTTI de contrato de direito público com características especiais; GALVÃO TELLES, *Acção de arbitramento e preferência do inquilino comercial*, p. 209, por referência a um contrato de natureza processual em que o tribunal funciona como substituto do executado; VAZ SERRA, *Realização coactiva da prestação*, p. 306-307, mencionando uma aquisição derivada em que "o tribunal, como órgão de execução, vende, no lugar do executado, os bens penhorados"; ANSELMO DE CASTRO, *A acção executiva singular, comum e especial*[3], p. 255; LEBRE DE FREITAS, *A acção executiva depois da reforma*[4], p. 349, sufragando um contrato especial de compra e venda com características de acto de direito público; CALVÃO DA SILVA, *Venda de consumo*, p. 50, considerando como vendedor o credor exequente ou os credores a quem tenha sido atribuído o preço da venda; ROMANO MARTINEZ, *Venda executiva – Alguns aspectos das alterações legislativas introduzidas na nova versão do Código de Processo Civil*, p. 335, entendendo que o vendedor é o executado, apesar da venda poder ser realizada contra a sua vontade; MÓNICA JARDIM, *Efeitos decorrentes do registo da penhora convertido em definitivo nos termos do artigo 119.º do Código do Registo Predial*, p. 40, ns. 33 e 35, considerando a venda executiva como uma

Introdução 97

da posse dos bens objecto de alienação[211], a venda executiva pode ainda, segundo o disposto no art. 886.° do CPCiv, assumir diversas modalidades, pelo que a equação da transmissão do direito de propriedade da coisa ao adquirente postula uma abordagem individualizada daquelas.

Constituindo a venda mediante propostas em carta fechada a espécie paradigmática da alienação executiva, o n.° 1 do art. 900.° do CPCiv determina que os bens apenas são "adjudicados" e entregues ao proponente uma vez "pago o preço e satisfeitas as obrigações fiscais inerentes à transmissão", sendo nesse momento emitido "título de transmissão a seu favor" pelo agente de execução. Nestes termos, é sufragado que a venda se aperfeiçoa com o depósito do preço, que se assume como seu elemento constitutivo[212], ainda que o título só seja passado com o pagamento do imposto relativo à transmissão do bem[213]. O contrato apresenta-se, assim, real

---

verdadeira venda; e o ac. do STJ de 9 de Janeiro de 1979 in BMJ n.° 283, p. 198, configurando a situação como um acto misto de Direito privado em relação ao adquirente e de Direito público em relação ao vendedor). Embora a sua recondução ao fenómeno alienatório se encontre pressuposta nos arts. 422.° e 824.°, o afastamento da venda executiva da venda de Direito privado funda-se em diversas especificidades do seu regime jurídico (cfr. Lebre de Freitas/Ribeiro Mendes, *Código de Processo Civil Anotado v. 3.°*, p. 558, com os argumentos de assunção de diversas modalidades, de exclusão da vontade do proprietário, da regra da caducidade dos direitos reais constante do n.° 2 do art. 824.° – adquirindo-se mais direitos que o transmitente pode transmitir, do regime de pagamento do preço e de anulação do contrato consagrado nos arts. 908.° e 909.° do CPCiv, bem como das sanções existentes para o não pagamento do preço na venda por proposta em carta fechada).

[211] Lebre de Freitas, *A acção executiva*, p. 263-264, n. 4, considera que a penhora, enquanto apreensão judicial de bens que constituem objecto de direitos do executado, origina a transferência para o tribunal dos poderes de gozo que integram os direitos do executado, determinando a transferência da posse para o tribunal, quando desta se possa falar. A mesma orientação parece encontrar-se subjacente ao 901.° do CPCiv, em relação à entrega dos bens pelo "detentor".

[212] Cfr. Lebre de Freitas, *A acção executiva*, p. 331, n. 6-C, e 336, n. 20; Lebre de Freitas/Ribeiro Mendes, *ob. cit.*, p. 582 e 591, sufragando a existência prévia de um contrato preliminar entre o proponente e o tribunal; Romano Martinez, *Venda executiva*, p. 336, em relação à versão do CPCiv anterior à reforma, aludindo a uma situação de não produção de efeitos jurídicos; e Anselmo de Castro, *ob. cit.*, p. 206 e 209, embora perante um normativo ainda anterior.

[213] Cfr. Lebre de Freitas/Ribeiro Mendes, *ob. cit.*, p. 591, entendendo que uma vez pago o preço a propriedade se transfere, ainda que o título de transmissão não seja emitido antes do cumprimento da obrigação fiscal respectiva (pelo que se verifica um condicionamento indirecto da sua eficácia). A orientação parece ser confirmada pelas normas de Direito fiscal aplicáveis. Assim, nas transmissões operadas por venda judicial servem de base à liquidação os correspondentes instrumentos legais, devendo este imposto ser pago

98   *O Risco nos Contratos de Alienação*

quoad constitutionem quanto ao pagamento do preço, o que também se poderá deduzir da equiparação efectuada pela al. d) do art. 904.º do CPCiv da falta de depósito do preço à falta de proponentes e à não aceitação das propostas, todas reunidas num conceito unitário de frustração da venda[214]. O n.º 4 do art. 905.º do CPCiv exige o depósito do preço previamente ao lavrar do instrumento de venda na alienação executiva por negociação particular, em moldes não inteiramente coincidentes com os da venda mediante propostas em carta fechada. Destarte, a lei não se refere à adjudicação do bem, mas antes ao instrumento de venda, pelo que se postula uma concretização específica de forma[215]. Desconsiderada esta, será já viável uma solução uniforme, sendo a situação jurídica uma vez mais delineada como um contrato real *quoad constitutionem* quanto ao pagamento do preço[216].

---

dentro de trinta dias contados da assinatura do respectivo auto (cfr., respectivamente, o art. 23.º e o n.º 3 do art. 36.º do CIMTOI). Surge assim uma concretização específica da prt. final do n.º 1 do 22.º do CIMTOI ("a liquidação do IMT precede o acto ou facto translativo dos bens (...), *salvo quando o imposto deva ser pago posteriormente*"). Em sentido contrário pronunciam-se todavia AMÂNCIO FERREIRA, *Curso de Processo de Execução*[5], p. 333, que, com base no disposto nos arts. 900.º e 905.º, n.º 4, do CPCiv, conclui pela transferência da propriedade com a emissão do título de transmissão e com a outorga do instrumento de venda, sendo necessário o pagamento do preço e a satisfação das obrigações fiscais respectivas; REMÉDIO MARQUES, *Curso de processo executivo comum*, p. 360, perante a versão anterior do CPCiv; e, aparentemente, TEIXEIRA DE SOUSA, *A acção executiva singular*, p. 385, ao concluir, anteriormente à reforma, que a transmissão da propriedade apenas operava com o pagamento do preço e a passagem pelo tribunal do respectivo título de transmissão.

[214] Deverão ser desconsiderados os elementos em sentido contrário – fundadores de uma eficácia real *solo consenso* no momento da aceitação da proposta – que se retiram do n.º 1 do art. 898.º ("venda fique *sem efeito*" na falta de depósito), bem como da dispensa de tal factualidade pelo art. 887.º do CPCiv.

[215] Cfr. LEBRE DE FREITAS, *A acção executiva*, p. 335, n. 15; e LEBRE DE FREITAS/ /RIBEIRO MENDES, *ob. cit.*, p. 602, embora sustentando a submissão genérica da figura ao regime geral da compra e venda de Direito civil.

[216] A solução não se afigura porém coincidente na venda executiva em estabelecimento de leilão, em que o n.º 3 do art. 906.º do CPCiv remete para as "regras que estejam em uso", encontrando-se o gerente da instituição obrigado apenas a efectuar o depósito do preço líquido subsequentemente à venda (cfr. LEBRE DE FREITAS/RIBEIRO MENDES, *ob. cit.*, p. 605). As mesmas regras de tráfego poderão também ser aplicáveis à venda em bolsas de mercadorias (cfr. o disposto no art. 886.º, n.º 1, al. b), e no art. 902.º do CPCiv). Quanto às vendas em depósito público, a que se referem a al. f) do n.º 1 do art. 886.º e o art. 907.º- -A do CPCiv, o n.º 7 do art. 9.º da Portaria n.º 512/2006, de 5 de Junho, admite que a venda fique "definitivamente realizada" antes do pagamento do preço.

A relevância das regras enunciadas para a equação de distribuição do risco contratual é inequívoca[217]. Com efeito, na ausência de normas especificamente aplicáveis[218], a remissão para as regras gerais é modelada a respeito do momento de transmissão dominial[219]. Todavia, apesar da solução não resultar do n.º 1 do art. 908.º do CPCiv[220], não é admissível uma aplicação cega do n.º 1 do art. 796.º. Na hipótese de, após o pagamento do preço, a coisa ainda se encontrar em poder do executado – que não seja juridicamente o seu possuidor – o risco de perecimento ou deterioração da coisa não pode, sem mais, ser colocado na esfera jurídica do adquirente. A aplicação do n.º 2 do art. 796.º deve ser equacionada em termos funcionais, embora não exista um termo constituído a favor do alienante em sentido técnico.

---

[217] Cfr. ROMANO MARTINEZ, *Venda executiva,* p. 336, que, na versão do CPCiv anterior à reforma, considerava que a propriedade se transmitia com o despacho judicial de adjudicação dos bens.

[218] Nomeadamente a disposição do n.º 10 do art. 13.º do anteprojecto de VAZ SERRA, segundo a qual "o risco passa(va) para o comprador com a entrega da coisa ou com a colocação dela à sua disposição" (cfr. VAZ SERRA, *Impossibilidade superveniente*, p. 109, por considerar que as vantagens para a execução não se deviam sobrepor ao interesse do adquirente).

[219] Cfr. LEBRE DE FREITAS, *A acção executiva*, p. 348, n. 45, e, anteriormente à reforma, em *A acção executiva à luz do Código revisto*[3], p. 294, n. 45, no sentido da aplicabilidade de todas as normas gerais não contrariadas por uma norma que especialmente regule a venda em execução.

[220] Norma apenas relativa aos ónus e erro sobre a coisa vendida (cfr. LEBRE DE FREITAS, *A acção executiva*, p. 343, referindo-se aos vícios nos pressupostos do acto). O carácter taxativo do n.º 1 do art. 909.º do CPCiv foi, por seu turno, sublinhado pelo ac. do STJ de 9 de Janeiro de 1979 *cit.*, p. 197.

2. EVOLUÇÃO HISTÓRICA[221]

A consideração do Direito como um fenómeno eminentemente cultural possui a sua análise diacrónica como postulado lógico, sendo esta via a que mais eficazmente possibilita a compreensão do ordenamento jurídico vigente e minimiza os efeitos intelectivo-dogmáticos nefastos do positivismo legalista. De facto, se a privação da mentalidade jurídica não constitui mais do que uma "utopia gnoseológica"[222], o obnubilar da evolução história conduz não apenas a uma deficiente interpretação e aplicação do Direito vigente, mas também ao vislumbrar de soluções normativas inovadoras em domínios em que, na verdade, se divisam apenas novas aplicações de orientações anteriormente sedimentadas. Tal justifica, por si só, a breve incursão que nos propomos realizar.

Constituindo um dos pilares estruturantes da civilização ocidental, o Direito romano desempenha um papel essencial na configuração hodierna do Direito privado[223], sendo fundamental a consideração das soluções apresentadas por este ordenamento jurídico no domínio da transferência da propriedade e do risco contratual. A ponderação do sistema jurídico romano entronca desde logo num desiderato cognitivo da origem e fundamento das regras jurídicas aplicáveis, sem prejuízo porém da eventual constatação da sua evolução e alteração com a estruturação e consolidação progressiva do que hoje representa o *Corpus Iuris Civilis*. O campo de análise é contudo bafejado por concretizações específicas de *ars ignorandi*, com repercussão saliente, por exemplo, na busca de legitimação nos

---

[221] Na presente investigação são empregues a compilação do *Corpus Iuris Civilis* de GARCÍA DEL CORRAL, *Cuerpo del Derecho Civil Romano tomos 1.º a 6.º*; o *Fuero Real* de PALACIOS ALCAINE, *Alfonso X El Sabio. Fuero Real*; a edição das Ordenações Filipinas da Fundação Calouste Gulbenkian; bem como a tradução dos Livros III e IV das *Instituições de Direito Civil Português, tanto público como particular*, de MELLO FREIRE, realizada por PINTO DE MENEZES.

[222] SANTOS JUSTO, *Romano, III*, p. 5.

[223] Cfr., por todos, MENEZES CORDEIRO, *Tratado, I-I*, p. 62.

102 · O Risco nos Contratos de Alienação

mesmos fragmentos do Direito romano por parte dos três sistemas hodiernos de transmissão da propriedade[224].

A perpetuação do substrato romanista no fundo tradicional do ordenamento jurídico português será reconhecida através da análise das O.F. e da ténue construção dogmática a estas associada. Especial relevo é atribuído, porém, ao empenho compilatório-integrador de alguns juristas lusitanos, cuja actividade contribuiu para a ultrapassagem das soluções romanas, ou, talvez melhor, para a sua refundamentação. A análise da perspectiva adoptada pelo Código Civil de Seabra concluirá o percurso a efectuar.

2.1. Direito romano

I. A análise da distribuição do risco contratual no Direito romano possui como termo *a quo* o reconhecimento de que o contrato contemporâneo não encontra naquele um correspondente funcional, ao se abrangerem no seu conceito, por um lado, a prática de actos unilaterais, ao mesmo tempo que, por outro lado, o mesmo se encontrava restrito à constituição de obrigações[225]. Sendo o paradigma do negócio jurídico bilateral produtor de efeitos obrigacionais ainda desconhecido, os juristas recorriam a um método casuístico, de carácter empírico e indutivo, que apenas reconhecia os contratos particulares ou típicos[226], identificando-se a própria noção de contrato, no limite, não com o acto jurídico celebrado, mas antes com o conteúdo ou com os efeitos da vinculação negocial assumida.

Não obstante, a compreensão do fenómeno contratual como fonte de obrigações constitui um avanço saliente em relação à concepção jurídica

---

[224] Cfr. RUBIO GARRIDO, *ob. cit.*, p. 163, n. 37. Segundo se julga, a recondução das soluções jurídico-dominiais e de distribuição do risco dos ordenamentos jurídicos actuais aos subsídios fornecidos pelo sistema jurídico romano encontra paralelo nas reticências colocadas pelos juristas romanos ao emprego de definições em Direito: assume evidente perigosidade (cfr. D. 50, 17, 202 (JAVOLENO) *"Omnis definitio in iure civile periculosa est; parum est enim, ut non subservi possit"*).

[225] Cfr. RAÚL VENTURA, *Direito Romano – Obrigações*, p. 209; VERA-CRUZ PINTO, *O Direito das Obrigações em Roma v. I*, p. 207 e 210, referindo contudo a superação justinianeia da concepção de contrato como mero veículo de obrigações; ALBUQUERQUE/ /ALBUQUERQUE, *História do Direito Português v. I t. II*, p. 199; SOUSA RIBEIRO, *O problema*, p. 56, n. 92; e KASER, *ob. cit.*, p. 61.

[226] Cfr. FERNÁNDEZ DE BUJAN, *Sistema Contratual Romano*, p. 105 e 491; e LEVY/ CASTALDO, *ob. cit.*, p. 647.

Evolução Histórica 103

vigente na antiga Grécia, em que – tomando como paradigma o contrato de compra e venda – a perfeição do contrato apenas se verificava com o pagamento do preço e a entrega da coisa vendida (compra e venda a contado ou com realização imediata das respectivas prestações)[227]. Esta concepção estritamente real do contrato haverá encontrado eco numa primeira fase de estruturação do Direito romano[228], exercendo uma possível influência no Direito visigótico que se lhe seguiu[229]. Todavia, a primitiva configuração (duplamente) real *quoad constitutionem* do contrato de compra e venda não pode deixar de se considerar como a negação deste enquanto vínculo jurídico, não possuindo relevância autónoma em sede da determinação do risco contratual.

A configuração real do contrato de compra e venda conduz a que, encontrando-se a perfeição do contrato – e a transmissão da propriedade da coisa – dependente da sua entrega ao comprador e do pagamento por este do preço convencionado, o comprador assuma o risco apenas enquanto proprietário, que exerce sobre a coisa um controlo material. A situação encontra então solução em sede de risco inerente à titularidade do direito real sobre a coisa, sendo subtraída a qualquer influência contratual.

II. Para além das dificuldades conexas com a rarefacção da noção de contrato e com a delimitação do conceito de *periculum*[230], a análise da dis-

---

[227] Cfr. ROMANO MARTINEZ, *Cumprimento defeituoso, em especial na compra e venda e na empreitada*, p. 74.

[228] Cfr. VIEIRA CURA, *O fundamento romanístico da eficácia obrigacional e da eficácia real da compra e venda nos Códigos Civis espanhol e português*, p. 60, n. 57; CARIDADE DE FREITAS, *A compra e venda no Direito romano: características gerais*, p. 439 e 454; LEVY/CASTALDO, *ob. cit.*, p. 715; e BADENES GASSET, *El contrato de compraventa* t. I², p. 18, referindo mesmo que apenas no século VII d. C. existem provas convincentes da assunção pelo contrato de compra e venda de um cariz meramente obrigacional, nomeadamente através da celebração de contratos entre ausentes.

Segue-se, quanto ao Direito romano, a periodização adoptada por SEBASTIÃO DA CRUZ, *Direito Romano (ius romanum) I (Introdução. Fontes)*⁴, p. 43; SANTOS JUSTO, *Romano, I*, p. 18; e D'ORS, *Derecho privado romano*¹⁰, p. 38, que distingue entre a época arcaica (de 753 a 130 a. C), a época clássica (de 130 a. C. a 230 d. C.), a época pós-clássica (de 230 a 530 d. C.) e a época justinianeia (de 530 a 565 d. C.), embora enquadramentos distintos possam ser igualmente aceites (cfr., nomeadamente, LEVY/CASTALDO, *ob. cit.*, p. 1).

[229] Cfr. PAULO MERA, *Estudos de Direito Privado Visigótico*, p. 72, e em *Sobre a compra e venda na legislação visigótica*, p. 84; e FERNÁNDEZ DE BUJAN, *La compraventa*, p. 552, n. 15.

[230] MIQUEL, *Derecho privado romano*, p. 288, refere três acepções para a palavra "*periculum*", identificando-o com o risco, com o dano já ocorrido ou ainda com o critério

tribuição do risco contratual no Direito romano encontra obstáculos no próprio esquema de transmissão de propriedade adoptado, bem como nos termos fragmentários em que a distribuição do risco nas diversas espécies contratuais se encontra plasmada na compilação justinianeia. Com efeito, os romanos não construíram uma "teoria unitária e orgânica do risco"[231], nem formularam os "princípios teóricos que deveriam nortear as (suas) soluções"[232], havendo essa tarefa sido apenas desempenhada pela pandectística. Por outra via, não se distinguindo com precisão nos textos o pensamento de autores clássicos e justinianeus[233], o intérprete é confrontado com um quadro normativo de soluções contraditórias, senão mesmo inconciliáveis[234], no qual se fundam os equívocos e dissensões subsequentes no domínio da distribuição do risco contratual, nomeadamente a adopção de soluções normativas opostas por ordenamentos jurídicos da família romano-germânica.

III. A análise da transmissão de direitos reais no Direito romano requer uma referência prévia às noções de *res mancipi* e *res nec mancipi*, bem como a compreensão das figuras da *mancipatio*, da *in iure cessio* e da *traditio* enquanto actos translativos distintos do contrato que se lhes podia encontrar subjacente, *maxime* do contrato de compra e venda.

O afastamento entre *res mancipi* e *res nec mancipi* constitui um dos vectores elementares de análise do sistema translativo romano, uma vez que as duas categorias de coisas possuíam formas de transmissão distintas. As *res mancipi* coincidiam com os elementos considerados estruturais na sociedade ou na organização económico-social romana, sendo essencialmente caracterizadas pela sua estaticidade, carácter perdurável e rela-

---

de imputação de responsabilidade. Por seu turno, VERA-CRUZ PINTO, *ob. cit.*, p. 121, não encontrando nas fontes um conceito geral de caso fortuito, reconduz este à ocorrência de "uma causa, não primitiva ou inicial, de incumprimento da prestação, não imputável ao devedor". As situações de risco-evento encontram-se porém consignadas nos textos, identificando-se, nomeadamente, com a *"ruina"*, o *"incendium"*, a *"inundatio"*, o *"naufragium"*, o *"furtum"*, a *"mors"*, a *"fuga servorum"* e a *"res quae pondere numero mensura constant"*.

[231] VERA-CRUZ PINTO, *ob. cit.*, p. 108

[232] SARGENTI, *Rischio contrattuale – Diritto romano*, p. 1126.

[233] SARGENTI, *ob. cit.*, p. 1132.

[234] Cfr., paralelamente, a respeito da *iusta causa traditionis*, VAN VLIET, *Iusta causa traditionis and its history in european private law*, p. 343, aludindo às *"opaque and confusing Roman law sources"*.

Evolução Histórica 105

ção tendencial com a actividade agrícola. Destarte, eram *res mancipi* os *"fundi"* itálicos, as casas e prédios situados em solo itálico, os *"servi"* (escravos), os animais de tiro e de carga (bovinos, cavalos, mulas e asnos) e as quatro servidões prediais rústicas tipificadas (*"iter, via, actus e aquae-ductus"*). As *res nec mancipi* consistiam nas coisas de menor relevo em termos sócio-económicos, elementos movediços e dinâmicos, que, sendo alheios à subsistência da família romana, eram designados de forma puramente residual[235]. Esta distinção foi contudo eliminada por JUSTINIANO em 531 d.C., sendo substituída pela oposição, que ainda hoje perdura, entre *res mobiles* e *immobiles*[236].

A *mancipatio* consistia num negócio jurídico do *ius civile*, apenas empregue por *cives romani* ou pelos que gozavam de *ius comercii*, que se realizava na presença de, pelo menos, cinco cidadãos romanos púberes enquanto testemunhas, e de um outro *civis romanus* que segurava uma balança (*"libripens"*), no qual o adquirente tomava a *res* fáctica ou simbolicamente, proferia uma fórmula solene e se pesava o cobre que o adquirente dava ao alienante a título de preço[237]. Empregue também para outros fins que não a alienação de *res mancipi*, a *mancipatio* proporcionava ao adquirente a aquisição derivada da propriedade, julgando-se que o seu carácter originariamente real, a exemplo da compra e venda

---

[235] Cfr. nomeadamente, MARNOCO E SOUZA, *História das Instituições do Direito Romano Peninsular e Português*[3], p. 410; CABRAL DE MONCADA, *Romano, II*, p. 224; SANTOS JUSTO, *Romano, III*, p. 20, n. 6, e 97, em *Romano, I*, p. 116 e 167, e em *A evolução do direito romano*, p. 68; VIEIRA CURA, *Compra e venda e transferência da propriedade no Direito romano clássico e justinianeu (a raiz do "sistema do título e do modo")*, p. 73, n. 13; CARIDADE DE FREITAS, *ob. cit.*, p. 437; KASER, *ob. cit.*, p. 122; BURDESE, *ob. cit.*, p. 173; LEVY/CASTALDO, *ob. cit.*, p. 268 e 557; D'ORS, *Romano*, p. 195; e IGLESIAS, *Derecho romano – Historia e instituciones*[11], p. 211.

[236] C. 7, 31, 4 *"(...) quum etiam res dividi mancipi et nec mancipi sane antiquum est, et merito antiquari oportet, ut sit rebus et locis omnibus similis ordo, inutilibus ambiguitatibus et differentiis sublatis"* (cfr. CABRAL DE MONCADA, *Romano, I*, p. 260, referindo um novo critério económico de utilidade social; SANTOS JUSTO, *Romano, I*, p. 169; VIEIRA CURA, *O fundamento romanístico*, p. 96, n. 146; e ALBERTARIO, *Il momento del trasferimento della proprietá nella compravendida romana*, p. 237, contrapondo a distinção entre *res mancipi* e *res nec mancipi* da fase clássica ao subsequente tratamento uniforme da compra e venda de qualquer *res*).

[237] Cfr. SANTOS JUSTO, *Romano, III*, p. 94, e em *Romano, I*, p. 21 e 192, n. 923; VERA-CRUZ PINTO, *ob. cit.*, p. 169 e 305; BURDESE, *ob. cit.*, p. 299; LEVY/CASTALDO, *ob. cit.*, p. 533, sugestivos na alusão a uma *"véritable comédie extra-judiciaire"*; D'ORS, *Romano*, p. 231; e IGLESIAS, *ob. cit.*, p. 253.

grega[238], se haja convertido subsequentemente numa venda imaginária ("*imaginaria venditio*"), tal como configurada nas *Institutiones* de GAIO[239].

Recaindo sobre a *in iure cessio* um juízo de obsoletidade ainda durante o período clássico, esta traduzia-se num acto de índole aparentemente processual, em que o adquirente tomava a coisa proferindo palavras solenes perante um magistrado (governador ou *pretor*), que, após interrogar o cedente do desejo de efectuar a *contra vindicatio*, adjudicava a *res* ao adquirente em consequência da resposta negativa ou do silêncio do primeiro[240].

Sendo formalidades *ad substantiam* a observar pelas partes[241], tanto a *mancipatio* como a *in iure cessio* se podiam qualificar como negócios abstractos, pelo que a transmissão do *dominium* por estes operada não se encontrava dependente da validade do contrato de compra e venda celebrado, ou de qualquer outra relação causal preexistente.

Para além da *mancipatio* e da *in iure cessio*, também a *traditio* assumiu relevo neste domínio, sendo contudo acantonada à transmissão dominial das *res nec mancipi*[242]. Aquela consistia na entrega ou na colocação da coisa à disposição do seu novo proprietário, pressupondo, entre outros requisitos, a existência de vontade contratual e de uma *iusta causa traditionis*. Com efeito, a formalidade de entrega da coisa não era susceptível de transferir o domínio se isoladamente considerada[243].

---

[238] Em pararelo à concepção puramente real de contrato vigente no período inicial de desenvolvimento do Direito romano, é também referida a função económica de compra a contado, à vista ou de execução imediata assumida pela *mancipatio* numa primeira fase (KASER, *ob. cit.*, p. 65, 148 e 239; IGLESIAS, *ob. cit.*, p. 255; MIQUEL, *ob. cit.*, p. 177; e FERNÁNDEZ DE BUJAN, *Romano*, p. 139).

[239] Cfr. VIEIRA CURA, *Compra e venda e transferência da propriedade*, p. 98, n. 66; e ARANGIO-RUIZ, *Istituzioni di diritto romano*[14], p. 198-208.

[240] Cfr. SANTOS JUSTO, *Romano, III*, p. 97, e em *Romano, I*, p. 192, n. 924; VERA-CRUZ PINTO, *ob. cit.*, p. 169; KASER, *ob. cit.*, p. 68 e 149; BURDESE, *ob. cit.*, p. 303; LEVY/CASTALDO, *ob. cit.*, p. 558; MIQUEL, *ob. cit.*, p. 177; e IGLESIAS, *ob. cit.*, p. 257.

[241] Cfr. SANTOS JUSTO, *Romano, I*, p. 229 e 231; e MENEZES LEITÃO, *O enriquecimento*, p. 82.

[242] D. 19, 1, 11, 2 (ULPIANO) "*Et in primis ipsam rem praestare venditorem oportet, id est tradere; quae res, si quidem dominus fuit venditor, facit et emtorem dominus (...)*" (cfr. D'ORS, *Romano*, p. 239; IGLESIAS, *ob. cit.*, p. 258; e MIQUEL, *ob. cit.*, p. 182).

[243] D. 41, 1, 31 pr. (PAULO) "*Nunquam nuda traditio transfert dominium, sed ita, si venditio aut aliqua iusta causa praecesserit, propter quam traditio sequeretur*", regra confirmada pela prt. final da I. 2, 1, 40 "*Per traditionem quoque iure naturali res nobis*

Por outra via, ainda que o vendedor fosse o proprietário civil da *res*, a *traditio* de uma *res mancipi* somente operava a transferência da posse, podendo o adquirente de boa fé ser protegido apenas através do instituto da propriedade bonitária[244]. Através deste mecanismo, reconhecido pelo *pretor* itálico, o vendedor, embora permanecendo proprietário da coisa, deixava de a poder reivindicar, concedendo-se ao comprador não apenas a faculdade de exigir a restituição da sua posse mediante a *actio publiciana*, mas também a possibilidade de fazer valer uma aquisição originária da coisa, por usucapião, num prazo de dois anos[245].

A abolição por JUSTINIANO da distinção entre *res mancipi* e *res nec mancipi* acarretou porém que as anteriores *res mancipi* caíssem também sob a alçada da *traditio* em termos translativos, sendo esta elevada – perante o ocaso da *mancipatio* e da *in iure cessio* – a modo único de aquisição da propriedade no Direito romano justinianeu[246].

---

acquiruntur; nihil enim tam conveniens est naturali aequitati, quam voluntatem domini, volentis rem suam in alium transferre, ratam haberi: et ideo, cuiuscunque generis sit corporalis res tradi potest, et a domino tradita alienatur (...)" (cfr. SANTOS JUSTO, *Romano, III*, p. 99 e 103; e MENEZES LEITÃO, *O enriquecimento*, p. 83, n. 72).

O enquadramento da "*iusta causa traditionis*" mostra-se porém duvidoso, referindo VAN VLIET, *ob. cit.*, p. 346, 351 e 355, três teorias distintas para a sua explicação: a necessidade de uma "*causa vera*"; a abstracção, que admite a transferência do direito mesmo existindo vícios na vontade (teoria que, apesar da variedade de posições assumidas por glosadores e comentadores, encontrou em relação ao "*dolus*" percursores em ROGÉRIO, BÁRTOLO, BALDO, JACQUES DE RÉVIGNY e DONELLUS); e o "*animus dominii transferendi*", *media via* que entende bastante para a transferência da propriedade a causa putativa ou inválida, reconhecendo todavia os efeitos dos vícios da vontade.

[244] Cfr. SANTOS JUSTO, *Romano, I*, p. 37; e D'ORS, *Romano*, p. 252.

[245] Cfr. SANTOS JUSTO, *Romano, III*, p. 25; VERA-CRUZ PINTO, *ob. cit.*, p. 322; VIEIRA CURA, *Compra e venda e transferência da propriedade*, p. 100, em *Transmissão da propriedade e aquisição de outros direitos reais (algumas considerações sobre a história do "sistema do título e do modo")*, p. 382, e em *O fundamento romanístico*, p. 79; CARIDADE DE FREITAS, *ob. cit.*, p. 471, distinguindo entre os efeitos da entrega de uma *res mancipi* pelo *dominus* segundo o Direito honorário e o Direito civil; MANNINO, *Quelques réflexions en marge de la possession des droits*, p. 728; e MIQUEL, *ob. cit.*, p. 171.

[246] Cfr. CABRAL DE MONCADA, *Romano, I*, p. 184 e 263, n. 1; GALVÃO TELLES, *Venda obrigatória*, p. 78, e em *Contratos Civis*, p. 149; SANTOS JUSTO, *Romano, I*, p. 167, em *Romano, II*, p. 61, n. 77, e em *Romano, III*, p. 105, referindo, relativamente aos imóveis, a prática de redacção de um acto escrito perante funcionários, magistrados municipais ou notários, bem como o depósito de uma cópia nos arquivos públicos (prática que conduziu a uma paulatina dispensa da *traditio* como meio de transmissão do direito real); VIEIRA CURA, *Compra e venda e transferência da propriedade*, p. 105, e em *O fundamento romanístico*, p. 95 e 99; e LEVY, *ob. cit.*, p. 148.

Com este enquadramento, é fácil concluir que o contrato de compra e venda assumia efeitos meramente obrigacionais no Direito romano. Este devia ser acompanhado de um *modus adquirendi*, que, traduzindo-se num segundo negócio jurídico ou formalidade subsequente – originalmente, a *mancipatio* ou a *in iure cessio* para as *res mancipi*, e a *traditio* ou a *in iure cessio* para as *res nec mancipi* – ocasionava a transmissão da propriedade da coisa. Nestes termos, o acto de alienação não consistia, em rigor, no contrato de compra e venda, mas antes na execução desse vínculo[247], sendo as mesmas regras aplicáveis ao direito de usufruto e às servidões, cuja aquisição também se verificava por *mancipatio* ou por *in iure cessio*[248].

A conexão da transmissão dos direitos reais com a *mancipatio*, a *in iure cessio* e a *traditio*, e o império transmissivo subsequente desta última não esgotam, porém, a compreensão do ordenamento jurídico romano. Podem divisar-se neste estádios de evolução distintos, que escapam a uma simples bipolarização entre as regras precedentes e as soluções da obra de JUSTINIANO. Desde logo, cumpre salientar que a contraposição entre o contrato e o *modus adquirendi* não chega a verificar-se no contrato de compra e venda de execução imediata dos primórdios, ao qual se reconduz, aliás, a concepção primitiva de *mancipatio* antes enunciada. Por outra via, embora com formulações distintas, romanistas como LEVY[249], BURDESE[250] ou VIEIRA CURA[251], admitem a existência com o imperador CONSTANTINO

---

[247] C. 2, 3, 20 *"traditionibus et usucapionibus dominia rerum, non nudis pacta transferuntur"* (cfr. SANTO JUSTO, *Romano, II*, p. 61, e em *Romano, III*, p. 22, n. 12; CABRAL DE MONCADA, *Direito Civil*, p. 424, n. 2; GALVÃO TELLES, *Venda obrigatória*, p. 76, e em *Contratos em Geral*, p. 40; ANTUNES VARELA, *Ensaio sobre o conceito de modo*, p. 61, n. 1; HENRIQUE MESQUITA, *Obrigações reais*, p. 46, n. 14; OLIVEIRA ASCENSÃO, *Reais*, p. 71 e 78; RIBEIRO DE FARIA, *Obrigações, I*, p. 212; MENEZES LEITÃO, *Obrigações, III*, p. 21; e ARANGIO-RUIZ, *ob. cit.*, p. 197). Sobre a formação dos contratos no Direito romano cfr. ainda GILISSEN, *Introdução histórica ao direito*[4], p. 731.

[248] Cfr. SANTO JUSTO, *Romano, III*, p. 183 e 195; e LEVY/CASTALDO, *ob. cit.*, p. 632.

[249] LEVY, *ob. cit.*, p. 127 e 136, referindo *"a coalescense of acts of obligation and acts of disposal"*.

[250] BURDESE, *ob. cit.*, p. 456, na solução de *"emptione dominium trasferentur"* restrita, todavia, à alienação de imóveis.

[251] VIEIRA CURA, *O fundamento romanístico*, p. 81-82, 85, 90, em especial n. 122, e em *Compra e venda e transferência da propriedade*, p. 105, o qual, fundando o seu entendimento em constituições imperiais de 327, 331 e 336 d. C., na Epítome de GAIO e na *"Interpretatio"* das *"Pauli Sententiae"*, considera ainda que não existem provas da sujeição

Evolução Histórica

(no Direito romano pós-clássico ou pré-justinianeu) de uma compra e venda imediatamente translativa do domínio, aparentemente induzida pela prática provincial posterior à concessão da cidadania romana a todos os habitantes livres do império em 212 pelo imperador CARACALA, e motivada pelo sentimento jurídico dominante da população[252].

A aceitar-se esta interpretação evolutiva do Direito romano, divisam-se quatro paradigmas históricos diferenciados quanto à transmissão da propriedade, sendo esta alheia ao contrato no Direito romano clássico e justinianeu (que reduz à unidade os três *modus adquirendi* do Direito romano clássico), mas encontrando-se a propriedade relacionada com o contrato, quer no período arcaico (ainda que de forma marcadamente residual dado basear-se na celebração de um contrato real *quoad constitutionem*), quer no período pós-clássico. Surpreendentemente, poder-se-á haver mesmo verificado, no período pós-clássico, um figurino translativo próximo da hodierna transmissão de direitos reais *solo consenso*, nomeadamente se se admitir que aquele não pressupunha a realização imediata das prestações de pagamento do preço e de entrega da coisa alienada[253]. Segundo esta interpretação, JUSTINIANO haveria apenas regressado ao paradigma transmissivo da *iurisprudentia* clássica, sendo incorreta a recondução atemporal do ordenamento romano ao sistema do título e do modo.

As dificuldades de estruturação dogmática do sistema translativo romano são aliás confirmadas pelo não emprego da nomenclatura "*titulus*

---

do contrato à condição jurídica de pagamento do preço até uma constituição imperial do ano de 451 d. C., fenómeno que se explica pelo desígnio de protecção do comprador perante a acentuada desvalorização monetária durante aquele período histórico (*ratio legis* paralela, aliás, àquela que haveria de presidir à consagração da transmissão da propriedade *solo consenso* no CCfr). No sentido da eficácia real do contrato em relação a bens imóveis e móveis de maior valor – nos quais se exigia a observância da forma escrita – cfr., ainda, CARIDADE DE FREITAS, *ob. cit.*, p. 472.

[252] O fenómeno é nitidamente distinto da progressiva espiritualização da *traditio* enquanto modo de transmissão da propriedade, que conduziu CABRAL DE MONCADA, *Romano, I*, p. 263, a afirmar que "o princípio da transferência da propriedade pelo simples consentimento das partes (*solo consenso*) veio ainda a achar-se reconhecido, pelo menos virtualmente, na legislação de Justiniano".

[253] Cfr. VIEIRA CURA, *O fundamento romanístico*, p. 94, n. 139, em relação à discussão entre a configuração da compra e venda do Baixo Império como venda a contado ou como consenso translativo, ainda que subordinado, a partir do século V d. C., ao requisito de pagamento do preço.

110   *O Risco nos Contratos de Alienação*

et modus acquirendi" pelos compiladores do *Corpus Iuris Civilis*, embora seja inequívoco que a sua raiz se encontra plasmada nas fontes[254].

IV. Referenciada a oscilação dogmática do modelo de transmissão contratual do direito de propriedade, cumpre ainda, previamente à análise da distribuição do risco contratual, delinear os contornos do contrato de compra e venda no Direito romano, atento o seu afastamento do paradigma vigente na ordem jurídica interna[255].

De facto, para além da transmissão da propriedade não ocorrer no momento da celebração do contrato, ao menos no período clássico e justinianeu, o vendedor não se encontrava sequer obrigado a transferir a propriedade da coisa para a esfera jurídica do comprador, mas apenas a proporcionar-lhe a posse livre e pacífica ("*habere licere*") da coisa vendida, com base na qual o comprador, sendo *cives* romano, poderia subsequentemente adquirir a propriedade das *res mancipi* por usucapião[256]. Nestes ter-

---

[254] Cfr. VIEIRA CURA, *Compra e venda e transferência da propriedade*, p. 109, e em *Transmissão da propriedade*, p. 384-400, que, analisando a sua formulação, concluiu que a primeira teorização surgiu provavelmente no século XVI por JOHANN APEL (jurisconsulto humanista alemão), beneficiando depois do contributo de DONELLUS e de LUIS DE MOLINA, e sendo posteriormente consagrada no ordenamento jurídico espanhol. Esta doutrina transmissiva ter-se-á consolidado por acção dos juristas alemães do *usus modernus pandectarum*, *maxime* de DARIES e de HEINECCIUS (cujo manual foi adoptado na Faculdade de Leis em 1772, sendo o seu pensamento acolhido por MELLO FREIRE). Em consonância, FERNÁNDEZ DE BUJAN, *Romano*, p. 197, reconhece que o Direito espanhol é um "fiel herdeiro do Direito romano" quanto aos modos de aquisição de domínio.

[255] Apesar da romanística se encontrar dividida sobre a sua origem (cfr., nomeadamente, SANTO JUSTO, *Romano, II*, p. 50; VERA-CRUZ PINTO, *ob. cit.*, p. 303-307; CARIDADE DE FREITAS, *ob. cit.*, p. 440; BURDESE, *ob. cit.*, p. 451; PROVERA, *ob. cit.*, p. 722, n. 57; LEVY/CASTALDO, *ob. cit.*, p. 716; IGLESIAS, *ob. cit.*, p. 370; e FERNÁNDEZ DE BUJAN, *Romano*, p. 143), a compra e venda romana é genericamente configurada como um contrato consensual, sinalagmático, de boa fé, em que uma das partes – o *venditor* – se obrigava a transferir à outra – o *emptor* – a posse de uma *res* e a assegurar-lhe o seu gozo pacífico, obrigando-se o último a transmitir ao primeiro a propriedade de determinada *pecunia*, que constituía o *pretium* (cfr. SANTO JUSTO, *Romano, I*, p. 191 e 230, e em *Romano, II*, p. 49; VERA-CRUZ PINTO, *ob. cit.*, p. 300; VIEIRA CURA, *Compra e venda e transferência da propriedade*, p. 74, n. 14; CARIDADE DE FREITAS, *ob. cit.*, p. 434; e ROMANO MARTINEZ, *Cumprimento defeituoso*, p. 76-87). A individualização do seu estudo é justificada pela importância central assumida no Direito dos contratos e, em termos genéricos, na teoria geral das obrigações (cfr. por todos, LEVY/CASTALDO, *ob. cit.*, p. 713).

[256] Cfr. SANTO JUSTO, *Romano, II*, p. 50 e 54; VERA-CRUZ PINTO, *ob. cit.*, p. 321; VIEIRA CURA, *Compra e venda e transferência da propriedade*, p. 78, n. 21, e 80, n. 23,

mos, a obrigação do vendedor residia apenas na segurança do comprador perante ataques possessórios de terceiros, incorrendo em responsabilidade perante aquele se se produzisse a evicção, *maxime* se um terceiro – o verdadeiro proprietário da coisa – efectuasse a reivindicação da sua propriedade sem que se verificasse já a usucapião da coisa por parte do comprador[257]. O cumprimento da obrigação do vendedor não era prejudicado pela nulidade do acto translativo que versasse sobre coisa alheia[258], dado que, em rigor, ao não dispor da propriedade da coisa, o vendedor não violava semelhante previsão[259]. Por outra via, a garantia prestada pelo vendedor de uma *res mancipi* perpetuar-se-ia se o comprador não fosse um *cives* romano mas um peregrino, uma vez que este não podia adquirir a propriedade por usucapião, nem era admitido à celebração dos negócios de *mancipatio* ou de *in iure cessio*[260].

O pagamento do *pretium* estruturava-se, por seu turno, como uma obrigação de *dare* a cargo do comprador[261], consistindo na transmissão da

---

e em *O fundamento romanístico*, p. 67, ns. 71-72; CARIDADE DE FREITAS, *ob. cit.*, p. 438 e 466; BURDESE, *ob. cit.*, p. 455; TALAMANCA, *Vendita in generale: a) Diritto romano*, p. 379; MANNINO, *Quelques réflexions*, p. 728; e D'ORS, *Romano*, p. 582.

[257] D. 19, 4, 1 (PAULO) "*(...) Emtor enim, nisi numos accipientis fecerit, tenutur ex venditio, venditori sufficit ob evictionem se obligare, possessionem tradere, et purgari dolo malo; itaque si evicta res non sit, nihil debet (...)*". A tutela do comprador materializava--se, assim, na indemnização pelo incumprimento da obrigação do vendedor de lhe atribuir uma posse isenta de turbações durante o tempo necessário para a usucapião (cfr., nomeadamente, CALVÃO DA SILVA, *Responsabilidade do produtor*, p. 181, n. 1).

[258] Cfr. D. 50, 17, 54 (ULPIANO) "*Nemo plus iuris ad alium transferre potest, quam ipse haberet*". A *usucapio* exigia, não obstante, a *bona fides* no momento da celebração do contrato e da tradição da coisa, presumindo-se, porém, se se verificasse uma *iusta causa possessionis* (cfr. SANTO JUSTO, *Romano, III*, p. 82, 87, n. 36, e 88).

[259] A regra tem fundamento provável na confluência entre a impossibilidade de um *cives* romano transmitir a um estrangeiro o *dominium ex iure quiritium* e o progressivo incremento do tráfego jurídico entre Roma e os povos estrangeiros (cfr. SANTO JUSTO, *Romano, II*, p. 54; e CARIDADE DE FREITAS, *ob. cit.*, p. 438).

[260] Cfr. SANTO JUSTO, *Romano, II*, p. 54, em especial n. 31; VERA-CRUZ PINTO, *ob. cit.*, p. 321; e CARIDADE DE FREITAS, *ob. cit.*, p. 438.

[261] A obrigação de *dare* identifica-se com a constituição ou a transferência de um direito real, envolvendo a "*datio*", em sentido técnico, a transmissão da propriedade de dinheiro ou de outras coisas fungíveis através da *traditio* (cfr. SEBASTIÃO DA CRUZ, *Conteúdo das obligationes de dar*, p. 997, 999, em especial n. 12, e 1023, distinguindo *(i)* "*dare*" de "*datio*" – que constituiria o efeito produzido pela primeira, bem como *(ii)* "*dare*" de "*dari*" – obrigação que prescinde do comportamento do "*dans*"; SANTO JUSTO, *Romano, II*, p. 11; VERA-CRUZ PINTO, *ob. cit.*, p. 273; KASER, *ob. cit.*, p. 231; e D'ORS, *Romano*,

propriedade da *pecunia*[262]. O contrato de compra e venda resolvia-se, assim, num acordo cuja existência ou validade não eram afectadas pela não realização da *datio rei pecunia*[263], ainda que, no que respeita à transmissão da propriedade da coisa, e salvo confiando o vendedor no comprador, se possa entender que a *traditio* seria insuficiente se o preço não fosse pago, ou se o vendedor não estivesse garantido alternativamente por alguma forma[264].

---

p. 432). A natureza pecuniária da prestação do adquirente no âmbito do contrato de compra e venda é tributária do triunfo da doutrina proculeiana sobre a doutrina sabiniana, para a qual o preço poderia identificar-se com qualquer coisa, considerando a *"permutatio"* como uma modalidade da *emptio e venditio*.

[262] Cfr. Raúl Ventura, *Romano – Obrigações*, p. 265; Santo Justo, *Romano, II*, p. 60; Vera-Cruz Pinto, *ob. cit.*, p. 315; e Vieira Cura, *Compra e venda e transferência da propriedade*, p. 76, n. 18, em *Transmissão da propriedade*, p. 379, ns. 20-21, e em *O fundamento romanístico*, p. 71.

[263] I. 3, 23, 1 *"Emtio et venditio contrahitur, simulatque de pretio convenerit, quamvis nondum pretium numeratum sit, ac ne arra quidem data fuerit; nam quod arrae nomine datur, argumentum est emtionis et venditionis contractae (...)"* (cfr. Santo Justo, *Romano, II*, p. 49 e 60; Vieira Cura, *O fundamento romanístico*, p. 57, n. 54, e 61; Caridade de Freitas, *ob. cit.*, p. 436; Kaser, *ob. cit.*, p. 151, entendendo a *"datio pecunia"* como um desenvolvimento pós-clássico desvalorizado na época justinianeia; e Fernández de Bujan, *Romano*, p. 153).

[264] I. 2, 1, 41 *"Sed si quidem ex causa donationis aut dotis aut qualibet alia ex causa tradantur, sine dubio transferuntur: venditae vero res et traditae non aliter emtori acquiruntur, quam si is venditori pretium solverit, vel alio modo ei satisfecerit, veluti expromissore aut pignore dato. Quod cavetur quidem lege duodecim tabularum, tamen recte dicitur, et iure gentium, id est iure naturali, id effici. Sed si is, qui vendidit, fidem emtoris secutus fuerit, dicendum est, statim rem emtoris fieri"*; D. 18, 1, 19 (Pompónio) *"Quod vendidi non aliter fit accipientis quam si aut pretium nobis solutum sit, aut satis eo nomine factum, vel etiam fidem habuerimus emtori sine ulla satisfactione"*; e D. 18, 1, 53 (Gaio) *"Ut res emptoris fiat, nihil interest, utrum solutum sit pretium an eo nomine fideiussor datus sit. Quod autem de fideiussore diximus, plenius acceptum est, qualibet ratione si venditori de pretio satisfactum est, veluti expromissore, aut pignore dato, proinde sit, ac si pretium solutum esset"*. Cfr. Paulo Mera, *Direito Privado Visigótico*, p. 74, e em *Sobre a compra e venda*, p. 86, referindo que as dúvidas quanto à vigência da referida regra no Direito clássico não surgem na época seguinte, na qual a mesma é afirmada; Santo Justo, *Romano, III*, p. 104, n. 31, e em *Romano, I*, p. 40; Vera-Cruz Pinto, *ob. cit.*, p. 316 e 337, referenciando a sua difícil conciliação com o regime jurídico do contrato de compra e venda; Vieira Cura, *O fundamento romanístico*, p. 95 e 99; Caridade de Freitas, *ob. cit.*, p. 473; Levy, *ob. cit.*, p. 133, que, por referência ao período pós-clássico, entende que *"payment loses its determining function only when designation of the party and traditio stand jointly against it"*; Burdese, *ob. cit.*, p. 456; D'Ors, *Romano*, p. 244, sustentando que a inoponibilidade da propriedade pelo comprador ao vendedor em caso de não pagamento

Ainda que se ultrapassem as dificuldades de articulação do condicionamento da transmissão do direito real ao pagamento do preço com os efeitos jurídicos da *lex comissoria*[265], este posicionamento é responsável por dificuldades de construção dogmática perante os quadros em que modernamente se insere o instituto da compra e venda. De facto, mesmo admitindo a distinção no Direito romano entre o vínculo contratual e as obrigações de entrega da coisa e de pagamento do preço, a sua cumulação necessária para a produção do efeito real acaba por aproximar a figura em análise – sem que todavia se verifique identidade – do desenho primitivo do contrato *quoad constitutionem* com dupla formalidade, bem como, no que respeita à segunda das obrigações elencadas, da estrutura socialmente típica da cláusula de reserva de propriedade[266]. Todavia, a conclusão última é a de que, com distanciamento inequívoco do paradigma actual internamente vigente, o elemento objecto de condicionamento simultâneo – através das formalidades de entrega da coisa e de pagamento do preço – é o efeito real, e não o contrato celebrado entre as partes.

---

do preço na época clássica foi alvo de generalização justinianeia; e FERNÁNDEZ DE BUJAN, *Romano*, p. 207, referindo uma aproximação ao Direito grego, que funcionaria em alternativa para as regiões orientais. Em sentido contrário, ALBERTARIO, *ob. cit.*, p. 240, 254, 260 e 263, sufraga, porém, a exigência de pagamento do preço para as *res mancipi* transmitidas por *mancipatio* na época clássica, não sendo este exigido a partir de Justiniano.

[265] O vendedor podia reservar através da *lex comissoria* – configurada como um negócio sujeito a condição suspensiva articulado com o contrato de compra venda – o direito de pedir a restituição da *res* se o comprador não pagasse o *pretium* no tempo acordado, por esta via recuperando *ipso iure* a propriedade daquela (D. 18, 5, 10, pr. (SCÉVOLA) *"Seius a Lucio Titio emit fundum lege dicta, ut si ad diem pecuniam non solvisset, res inemta fieret"* – cfr., sobre esta, SANTO JUSTO, *Romano, I*, p. 193; VERA-CRUZ PINTO, *ob. cit.*, p. 338; e LUCÍA HERNÁNDEZ-TEJERO, *Pactos añadidos a la compraventa*, p. 565). ALONSO PÉREZ, *Periculum est emptoris y frag. Vat. 16*, p. 378, 384 e 388, equacionou a articulação da figura com o domínio do risco, que oneraria o comprador ainda que este não pagasse o preço no prazo acordado (não perspectivando no entanto a *lex comissoria* como uma condição em sentido técnico). De todo o modo, assemelha-se que, a ser o pagamento do preço um elemento necessário para a transmissão do direito real, a *lex comissoria* não poderia assumir efeitos restitutórios reais, dado que estes não se haveriam chegado a verificar.

[266] Em sentido próximo, D'ORS, *Romano*, p. 487, refere, como antecedente histórico da reserva de propriedade, que o vendedor podia reservar a propriedade da coisa convencionando a sua entrega em precário ou em locação, que valeria como *traditio* quando ocorresse o pagamento integral do preço. MENEZES LEITÃO, *Garantias das obrigações*, p. 256, sufraga, por sua vez, que a reserva de propriedade já era conhecida no Direito romano, apoiando-se em alguns dos fragmentos anteriormente referidos.

114   *O Risco nos Contratos de Alienação*

V. Um derradeiro apontamento prévio à explanação da distribuição do risco contratual no Direito romano consiste na verificação de novo afastamento estrutural no que respeita ao sistema de responsabilidade civil vigente, em especial na assunção pelo vendedor de uma responsabilidade pela custódia da coisa contratualmente negociada.

Independentemente da aceitação da vigência de uma unidade incindível entre a responsabilidade civil subjectiva e objectiva no Direito romano[267], e pese embora, uma vez mais, a contraditoriedade dos textos[268], constitui entendimento comum da doutrina romanista que o vendedor assumia uma responsabilidade pela custódia da coisa, respondendo, nomeadamente, pelo furto, roubo ou por outro dano causado por terceiro na coisa vendida[269]. A responsabilidade pela custódia da coisa alastra assim do *commodatum* a contratos como a *emptio et venditio* e a *locatio condutio*, traduzindo-se, no essencial, numa actividade dirigida à preservação de danos de uma *res*, com exclusão da *vis maior* e do *casus fortuitus*. Consti-

---

[267] Cfr. VERA-CRUZ PINTO, *ob. cit.*, p. 112 e 119, considerando que o ordenamento se centrava no paradigma da responsabilidade civil objectiva. SANTO JUSTO, *A locatio-conductio rei*, p. 23, pronuncia-se, porém, em sentido contrário, distinguindo as duas realidades.

[268] Cfr. SARGENTI, *ob. cit.*, p. 1130, sufragando que a responsabilidade por custódia não encontrou aplicação no Direito romano clássico.

[269] D. 18, 6, 1, 1 (ULPIANO) *"Sed et custodiam ad diem mensurae venditor praestare debet (...)"*; D. 18, 6, 2, 1 (GAIO) *"Custodiam autem ante admetiendi diem qualem praestare venditorem oporteat, utrum plenam, ut diligentium praestet, an vero dolum duntaxat, videamus (...)"*; D. 18, 6, 3 (PAULO) *"Custodiam autem venditor talem praestare debet, quam praestant hi, quibus res commodata est, ut diligentiam praestet exactiorem, quam in suis rebus adhiberet"*; D. 18, 6, 4, 1 (ULPIANO) *"Si aversione vinum veniit, custodia tantum praestanda est (...)"*; D. 19, 1, 31, pr. (NERÁCIO) *"Si ea res, quam ex emto praestare debebam, vi mihi ademta fuerit, quamvis eam custodire debuerim, tamen proprius est, ut nihil amplius, quam actiones persequendae eius praestari a me emtori oporteat, quia custodia adversus vim parum proficit (...)"*; e D. 19, 1, 36 (PAULO) *"Venditor domus, antequam eam tradat, damni infecti stipulationem interponere debet, quia, antequam vacuam possessionem tradat, custodiam et diligentiam praestare debet, et pars est custodiae diligentiaeque, hanc interponere stipulationem; et ideo, si id neglexerit, tenubitur emtori"* (cfr. SANTO JUSTO, *Romano, II*, p. 57 e 205, sublinhando que o conceito foi reconduzido à *culpa* pelo Direito justinianeu, embora com a atribuição ao devedor de uma responsabilidade que ultrapassa a *culpa levis* e a *culpa in concreto*; VERA-CRUZ PINTO, *ob. cit.*, p. 118, referindo um "grau de responsabilidade objectiva" presente na custódia; VIEIRA CURA, *O fundamento romanístico*, p. 64, n. 64; CARIDADE DE FREITAS, *ob. cit.*, p. 465; KASER, *ob. cit.*, p. 215 e 243, destacando o abandono do conceito clássico de custódia pelo sistema gradativo multiarticulado emergente do *Corpus Iuris Civilis*; e D'ORS, *Romano*, p. 548 e 582).

Evolução Histórica 115

tuindo um padrão distinto, e seguramente mais abrangente, do que a culpa *stricto sensu*, a sua admissibilidade neste domínio não é porém unânime, sendo questionada a sua autonomia, inclusive no período clássico[270].

Não obstante, o perspectivar da responsabilidade do vendedor pela custódia da coisa representa uma compressão inequívoca da amplitude do fenómeno do risco contratual no Direito romano, podendo ser mesmo tomada como uma contrapartida da atribuição do risco do perecimento ou deterioração da coisa ao comprador[271]. Em simultâneo, a obrigação de custódia pode articular-se com tendências subsequentes de distribuição do risco contratual, embora assumindo uma função em relação à qual não se encontrava *ab initio* destinada. A sua conjugação, nomeadamente, com a solução do n.º 2 do art. 796.º, carece de uma ponderação posterior.

VI. Delineada a configuração da transmissão da propriedade e a estrutura do contrato de compra e venda no Direito romano – bem como a eventual compressão da esfera de risco contratual através da assunção pelo vendedor de responsabilidade fundada na custódia da coisa – cumpre avançar na consideração da solução de distribuição do risco contratual adaptada no âmbito do contrato de compra e venda pelo *Corpus Iuris Civilis*.

A associação do risco à transmissão da propriedade e a sua efectivação com a entrega da coisa pelo vendedor ao comprador conduziria, em termos lógicos, pelo menos durante o período justinianeu, à conclusão de

---

[270] Cfr. Betti, *"Periculum" – Problema del rischio contrattuale in Diritto romano classico e giustinianeo*, p. 143 e 146, aludindo à custódia como um elemento puramente acidental da compra e venda, resultando apenas de estipulação pactícia; Fernández de Bujan, *Romano*, p. 200 e 202, sufragando o critério da *culpa leve in abstracto*, e reservando a custódia, em sentido técnico, para a estipulação das partes; e Alonso Pérez, *El riesgo*, p. 221, explicando a responsabilidade do vendedor pelo furto com base na pressuposição da sua evitabilidade.

[271] Cfr. Vera-Cruz Pinto, *ob. cit.*, p. 318 e 320, referindo que, sendo terceiros os responsáveis pelo dano, "a obrigação do vendedor consistiria em transmitir ao comprador as acções contra eles"; Kaser, *ob. cit.*, p. 243; Zimmermann, *Roman law, contemporary law, european law*, p. 120; Arangio-Ruiz, *ob. cit.*, p. 342; Betti, *"Periculum"*, p. 153 e 162, aludindo a uma intensificação da responsabilidade do vendedor como contrapeso à assunção do risco pelo comprador, elevada a *naturale negotii* apenas por inovação justinianeia; Talamanca, *ob. cit.*, p. 448 e 458, sublinhando a possível aproximação do *custodiam praestare* na compra e venda à *rem restituere* (própria da obrigação de custódia); Cannata, *La responsabilità contrattuale*, p. 173, n. 169; D'Ors, *Elementos*, p. 111 e 146, embora a configure como *"assunción del riesgo de cosa mueble"*; e Miquel, *ob. cit.*, p. 322.

que, perecendo ou deteriorando-se a coisa entre o momento de celebração do contrato de compra e venda e o momento da entrega da coisa, seria o vendedor – que permanecia seu proprietário – a suportar o risco (contraprestacional) ocorrido, não se encontrando o comprador obrigado ao pagamento do preço acordado. Mais ainda, a se entender que a transmissão da propriedade se encontrava dependente do pagamento do preço pelo comprador, a assunção do risco por este último encontrar-se-ia cumulativamente dependente da *traditio rei* e do *pretium dare*, coincidindo, então, com a completa execução do programa obrigacional estabelecido pelas partes.

Não foi porém esta, segundo a acepção maioritária da doutrina romanista, a orientação seguida pelos jurisconsultos romanos. De facto, foi sustentada a regra exactamente oposta, sendo o risco imputado ao comprador – que mantinha a sua obrigação de pagamento do preço ao vendedor – segundo o brocardo *periculum est emptoris*[272]. Não sendo imune a acusações de paradoxalidade[273], nem a juízos críticos de iniquidade e injustiça[274], a interpretação referida funda-se em numerosos passos do *Corpus Iuris Civilis*[275], embora se deva sublinhar que a regra pressupunha a exis-

---

[272] Cfr. RAÚL VENTURA, *Romano – Obrigações,* p. 268, sublinhando que a solução contrária vigoraria porém para todos os outros contratos sinalagmáticos; GALVÃO TELLES, *Obrigações*, p. 467; SANTO JUSTO, *Romano, II*, p. 57 e 60; VERA-CRUZ PINTO, *ob. cit.*, p. 316; CARIDADE DE FREITAS, *ob. cit.*, p. 465, 486 e 494; KASER, *ob. cit.*, p. 243; BURDESE, *ob. cit.*, p. 461; PROVERA, *ob. cit.*, p. 709, referindo que os jurisconsultos romanos haviam preferido a adopção de uma orientação mais favorável ao vendedor; CANNATA, *ob. cit.*, p. 174, considerando que a regra *periculum est emptoris* se destina a solucionar o conflito entre o princípio natural *casus sentit dominus* e a regra "*casus a nullo praestantur*"; LEVY/CASTALDO, *ob. cit.*, p. 727; D'ORS, *Romano*, p. 582, embora sublinhe que a máxima não encontrava aplicação em relação a imóveis, os quais também não estariam sujeitos à obrigação de custódia; IGLESIAS, *ob. cit.*, p. 373; FERNÁNDEZ DE BUJAN, *Romano*, p. 133; e FERNÁNDEZ DE BUJAN, *La compraventa*, p. 561.

[273] Cfr. ARANGIO-RUIZ, *ob. cit.*, p. 342; BETTI, *"Periculum"*, p. 165; BURDESE, *ob. cit.*, p. 462; e SOTO NIETO, *ob. cit.*, p. 153 e 155, sublinhando a sua flagrante contradição com o brocardo *res perit domino*.

[274] Cfr. COELHO DA ROCHA, *ob. cit. (II)*, p. 542, n. KK ao § 818, aludindo a uma doutrina "*mui dura e injusta*"; e GALVÃO TELLES, *Manual de Obrigações*, p. 254. ALONSO PÉREZ, *El riesgo*, p. 239, propugna, contudo, pela justiça do critério romano.

[275] Nomeadamente, I. 3, 23, 3 "*Quum autem emtio et venditio contracta sit (quod effici diximus, simulatque de pretio convenerit, quum sine scriptura res agitur), periculum rei venditae statim ad emtorem pertinet, tametsi adhuc ea res emtori tradita non sit (...)*"; D. 18, 6, 1 (ULPIANO) "*Si vinum venditum acuerit, vel quid aliud vitti sustinuerit, emtoris erit damnum, quemadmodum si vinum esset effusum vel vasis contusis, vel qua alia este*

tência de uma *emptio perfectae* – a qual se traduzia num contrato de compra e venda em condições de ser cumprido (possuindo o vendedor a coisa à disposição do comprador) – não se aplicando nas situações de *emptio contracta*. A assunção do risco pelo comprador encontrava-se assim excluída em diversas situações típicas[276].

Destarte, e sem prejuízo *(i)* da supletividade assumida pela solução em virtude da contratualização do risco pelas partes[277], se *(ii)* o contrato de compra e venda se encontrasse sujeito a uma condição suspensiva, exigia-se a sua verificação para a transmissão do risco, numa manifestação inequívoca da adopção, neste domínio, de um sistema independente do

---

causa (...)"; D. 18, 6, 8 (PAULO) *"Necessario sciendum est, quando perfecta sit emtio; tunc enim sciemus, cuius periculum sit, nam perfecta emtione periculum ad emtorem respiciet. Et si id, quod venierit, appareat, quid, quale, quantum sit, sit et pretium, et pure veniit, perfecta est emtio (...)*"; D. 18, 6, 15 (GAIO) *"(...) quodsi nihil affirmavit, emtoris erit periculum, quia, sive non degustavit, sive degustando male probavit, de se queri debet"*; D. 23, 3, 15 (POMPÓNIO) *"Quodsi per eam non stetisset, perinde pretium aufert, ac si tradidisset, quia quod evenit, emtoris periculo est"*; D. 43, 24, 11, 12 (ULPIANO) *"(...) Nec multum facit, quod res emtoris periculo est; nam et statim post venditionem contractam periculum ad emtorem spectat, et tamen, antequam ulla traditio fiat, nemo dixit interdictum ei competere (...)*"; D. 47, 2, 14, pr. (ULPIANO) *"(...) Et sane periculum rei ad emtorem pertinet, dummodo custodiam venditor ante traditionem praestet"*; C. 4, 48, 1 *"Post perfectam venditionem omne commodum et incommodum, quod rei venditae contingit, ad emtorem pertinet (...)*"; C. 4, 48, 4 *"Quum inter emtorem et venditorem, contractu sine scriptis initio, de pretio convenit, moraque venditoris in traditione non intercessit, periculo emtoris rem distractam esse, in dubium non venit"*; e C. 4, 48, 6 *"Mortis casus ancillae distractae etiam ante traditionem, sine mora venditoris dilatam, non ad venditorem, sed ad emtorem pertinet, et hac non ex praeterito vitio rebus humanis pretti exemta, solutionem emtor non recte recusat"*.

[276] A *emptio perfectae* correspondia ao assumir de eficácia plena pelo contrato de compra e venda (cfr., novamente, I. 3, 23, 3 *"Quum autem emtio et venditio contracta sit (quod effici diximus, simulatque de pretio convenerit, quum sine scriptura res agitur) (...)*" e D. 18, 6, 8 *"Necessario sciendum est, quando perfecta sit emtio (...)*". Considerando que, num primeiro momento, a assunção do risco pelo comprador se bastava com a *"emptio contracta"*, sendo subsequentemente associado à *"emptio perfecta"*, ALONSO PÉREZ, *El riesgo*, p. 176, 179, 188 e 197, reconhece, porém, que *"el fantasma histórico de la emptio perfecta aparece de una u otra forma en todo el sistema vigente del riesgo en la compraventa"*.

[277] D. 18, 6, 1, pr. (ULPIANO) *"(...) Aut igitur convenit, quoad periculum vini sustineat, et eatenus sustinebit, aut non convenit, et usque ad degustationem sustenebit"*; e D. 18, 6, 10 pr. (ULPIANO) *"Si in venditione conditionali hoc ipsum convenisset, ut res periculo emtoris servaretur, puto pactum valere"* (cfr. SANTO JUSTO, *Romano, II*, p. 58; VERA-CRUZ PINTO, *ob. cit.*, p. 317; CARIDADE DE FREITAS, *ob. cit.*, p. 466, n. 139, e 486; IGLESIAS, *ob. cit.*, p. 373; e ALONSO PÉREZ, *El riesgo*, p. 218 e 227).

118   *O Risco nos Contratos de Alienação*

eventual efeito retroactivo da condição[278]. Por outro lado, em relação *(iii)* às coisas que devessem ser pesadas, contadas ou medidas, o comprador assumiria o risco apenas no momento da sua pesagem, contagem ou medição[279], numa regra que poderá constituir um subsídio ou paralelo remoto do paradigma da distribuição do risco nas obrigações genéricas. Finalmente, *(iv)* a esfera de risco assumida pelo comprador era objecto de uma delimitação fenoménica, não sendo este onerado por actos de soberania estatal, como a expropriação da coisa por utilidade pública, ou a declaração de *res extra commercium*[280].

---

[278] D. 18, 1, 7, pr. (ULPIANO) *"Haec venditio servi, "si rationes domini computasset arbitrio", conditionalis est; conditionales autem venditiones tunc perficiuntur, quum impleta fuerit conditio"*; D. 18, 1, 35, 1 (GAIO) *"Illud constat, imperfectum esse negatium, quum emere volenti sic venditor dicit: "quanti velis. Quanti aequum putaveris, quanti aestimaveris, habemis emtum""*; e D. 18, 6, 8 (PAULO) *"(...) Quodsi sub conditione res venierit, si quidem defecerit conditio, nulla est emptio, sicuti nec stipulatio; quodsi extiterit, Proculus et Octavenus emtoris esse periculum aiunt; idem Pomponius libro nono probat. Quodsi pendente conditione emtor vel venditor decesserit, constat, si extiterit conditio, heredes quoque obligatos esse, quasi iam contracta emtione in praeteritum. Quodsi pendente conditione res tradita sit, emtor non poterit eram usucapere pro emtore, et quod pretii solutum est, repetetur, et fructus medii temporis venditoris sunt, sicuti stipulationes et legata condicionalia perimuntur, si pendente conditione res extincta fuerit. Sane si extet res, licet deterior effecta, potest dici, esse damnum emtoris"* (cfr. SANTO JUSTO, *Romano, II*, p. 57; LEVY/CASTALDO, *ob. cit.*, p. 727; MIQUEL, *ob. cit.*, p. 323; IGLESIAS, *ob. cit.*, p. 373; e ALONSO PÉREZ, *El riesgo*, p. 213 e 215). A autonomização dogmática da condição no Direito romano é contudo duvidosa (MENEZES CORDEIRO, *Tratado, I-I*, p. 714, alude a um grupo de actos tipicamente condicionados e não a uma categoria geral).

[279] D. 18, 1, 35, 5 (PAULO) *"In his, quae pondere numero mensurave constant, veluti frumento, vino, oleo, argento, modo ea servatur, quae in ceteris, ut, simul atque de pretio convenerit, videatur perfecta venditio, modo ut, etiamsi de pretio convenerit, nom tamen aliter videatur perfecta venditio, quam si admensa, adpensa adnumeratave sint (...)"* (cfr. SANTO JUSTO, *Romano, II*, p. 57; CARIDADE DE FREITAS, *ob. cit.*, p. 452, distinguindo entre a venda *corpus demonstratum* e a venda *corpore non demonstrato*; IGLESIAS, *ob. cit.*, p. 373; e ALONSO PÉREZ, *El riesgo*, p. 210).

[280] D. 19, 2, 33 (AFRICANO) *"(...) nam et si vendideris mihi fundum, isque, priusquam vacuus traderetur, publicanus fuerit, tenearis ex emto. Quod hactenus verum erit, ut pretium restituas, non ut etiam id praestes, si quid pluris mea intersit, eum vacuum mihi tradi (...)"* (cfr. SANTO JUSTO, *Romano, I*, p. 161-166, e em *Romano, II*, p. 58; IGLESIAS, *ob. cit.*, p. 373; e ALONSO PÉREZ, *El riesgo*, p. 218). PROVERA, *ob. cit.*, p. 708, sustenta, porém, que o D. 19, 2, 33 não se encontra relacionado com a adopção da regra geral *periculum est venditoris*.

Evolução Histórica

São plúrimas as tentativas de justificação da regra *periculum est emptoris* realizadas pela doutrina romanista e jusprivatista[281]. Para além da consideração pragmática de que a solução favorecia o vendedor, ao lhe conferir, nomeadamente, a possibilidade de evitar os riscos de navegação[282], é admissível que a regra consista num reaproveitamento clássico ou justinianeu das normas vigentes para a configuração real primitiva do contrato de compra e venda, em que, coincidindo o pagamento do preço e a entrega da coisa com o momento de celebração do contrato, o risco de perecimento daquela era atribuído ao comprador. Outros dados a equacionar residem na remissão para a *bona fides* enquanto elemento aglutinador da *factispecie* contratual, na configuração de uma situação de ressarcimento indirecto do vendedor pela mora na execução do contrato por parte do comprador (*mora credendi*), bem como na ponderação do substrato económico do contrato, dado que, em contraposição ao preço, a coisa assumia um valor oscilante, cujo aumento deveria ser compensatoriamente atribuído ao comprador[283]. Um derradeiro elemento reside na eventual concretização da teoria da dupla estipulação – ou da ignorância do sinalagma funcional das obrigações – por parte dos jurisconsultos romanos. Pressupondo a autonomia ou independência recíproca das obrigações de pagamento do preço e de entrega da coisa, estas seriam concebidas em simples justaposição. Não haveria, pois, qualquer fundamento que justificasse a interferência da frustração de um vínculo obrigacional na manutenção do outro, o qual não era considerado como seu correspectivo[284].

---

[281] Cfr., nomeadamente, VERA-CRUZ PINTO, *ob. cit.*, p. 317; CARIDADE DE FREITAS, *ob. cit.*, p. 487; ROMANO MARTINEZ, *Cumprimento defeituoso*, p. 77; ARANGIO-RUIZ, *ob. cit.*, p. 342; LEVY/CASTALDO, *ob. cit.*, p. 727; MILLET, *ob. cit.*, p. 29; LACRUZ BERDEJO, *Elementos, II-II*, p. 25; e ALONSO PÉREZ, *El riesgo*, p. 101 e 161.

[282] A venda com expedição terá, não obstante, sido desconhecida em Roma (cfr. SUSANA MALTEZ, *A transferência do risco nos incoterms*, p. 11, n. 3).

[283] I. 3, 23, 3 *"(...) nam et commodum eius esse debet, cuius periculum est (...)"*. ZIMMERMANN, *ob. cit.*, p. 120, refere, em conformidade, o risco como resultado de uma transacção com realocação de valor, encontrando os frutos como contrapartida.

[284] Em sentido contrário, VIEIRA CURA, *Compra e venda e transferência da propriedade*, p. 95, refere, porém, a existência de um sinalagma funcional entre a obrigação de entrega da coisa e a obrigação de pagamento do preço. O conhecimento da noção de sinalagma pelos romanos é também sufragado por LEVY/CASTALDO, *ob. cit.*, p. 695, embora ressalvando que a relação do sinalagma com a causa se reporta ao século XIX; bem como por D'ORS, *Romano*, p. 456, n. 2, e 578, n. 6, citando o D. 2, 14, 7, 2, e o D. 50, 16, 19, onde a origem grega do termo e a sua utilização por ARÍSTON são referidas por ULPIANO.

VII. A vigência do brocardo *periculum est emptoris* na distribuição do risco no contrato de compra e venda não é todavia consensual.

Reclamando cânones de distribuição do risco supostamente harmónicos, uma corrente relevante da romanística associou a transmissão do risco, não à celebração do contrato de compra e venda, mas à efectiva tradição da coisa vendida. BETTI pontifica como arauto desta orientação, que, na sequência do sufragado, ainda no século XIX, por ARNÒ, com adesão subsequente de HAYMANN[285], entende que, ao contrário do Direito justinianeu, o risco, no período clássico, era suportado pelo vendedor até à tradição, ou à atribuição da disponibilidade factual sobre a coisa ao comprador, sendo a orientação inversa tributária de interpolações dos textos. Desta regulação apenas se excepcionariam as situações de *(i)* assunção pactícia de responsabilidade pela custódia do vendedor (tida como um limite aplicativo do risco contratual), *(ii)* da qualidade da coisa vendida sugerir um critério distinto de passagem do risco ou de auto-responsabilização do comprador (nomeadamente em relação à compra e venda de escravos), bem como *(iii)* resultar aquele critério do interesse do comprador sobre a actividade em questão ou do tipo de contratação desenvolvida (nomeadamente em relação à *emptio in aversione* e à cláusula *in diem addictio)*[286]. Por outra via, BETTI completa a revisão do paradigma inter-

---

[285] Cfr., nomeadamente, MEYLAN, *Paul. D. 21.2.11 pr. et la question des risques dans le contrat de vente*, p. 197; e ALONSO PÉREZ, *El riesgo*, p. 168.

[286] Cfr. BETTI, *Obbligazioni*, p. 174, bem como em *"Periculum"*, p. 172 e 185, segundo o qual *"il criterio di massima per il diritto classico, invece, è che, fino alla traditio o al conferimento della disponibilità di fatto della cosa, il rischio è sopportato dal venditore, e dopo passa al compratore, salvo che un'assunzione pattizia di responsabilità per custodia abbia ristretto a danno del venditore il margine del rischio contrattuale e salvo che la qualità della res vendita o il tipo della contrattazione suggerisca un criterio di auto-responsabilità a carico del compratore, e induca ad anticipare il trapasso del rischio"*. Em sentido contrário, PROVERA, *ob. cit.*, p. 696 e 698, refere, todavia, que a tese de que teriam sido os juristas justinianeus a aplicar à compra e venda a regra *casum sentit creditor* labora num duplo equívoco, não apenas ao admitir a elaboração e dogmatização pelos romanos do conceito de bilateralidade funcional, mas também ao pressupor que o problema do risco deveria ser resolvido de forma unitária à luz daquele conceito, concluindo pela aparência do argumento da iniquidade da solução (*sic "si ritorna così al punto dal quale siamo partiti: non risultando che i romani abbiano approfondito la valutazione del nesso di interdipendenza fra prestazione e controprestazione al punto da porlo come base di un principio generale conforme, al tempo stesso, alla struttura del raporto con prestazioni corrispective ed all'esigenza di assicurare e conservare, sul piano economico patrimoniale, il loro equilibrio originario, non si può ritere illogica – e non si pone per essa un problema di*

Evolução Histórica   121

pretativo tradicional, ao considerar que o eventual regresso do Direito justinianeu à *emptio perfecta* significaria, ainda, a atribuição de relevância à tradição (simbólica) no domínio da passagem do risco contratual[287]. Não é todavia efectuada qualquer articulação com a possível existência de uma transmissão contratual da propriedade no Direito romano pós-clássico, sendo também nebulosa a convergência desta orientação com a possibilidade da transmissão do direito de propriedade sobre a coisa se encontrar dependente do pagamento do preço acordado.

A consideração do brocardo *periculum est emptoris* como criação justinianeia e a defesa da vigência de soluções distintas de distribuição de risco nos distintos períodos evolutivos do Direito romano foram retomadas por SARGENTI, sustentando que, no Direito romano clássico, e até ao final do século III, o risco se encontrava associado à entrada da coisa na disponibilidade jurídica ou de facto do adquirente, a qual se materializava, em geral, na *traditio*[288]. Nestes termos, a consagração da máxima *periculum est emptoris* encontraria justificação dogmática na doutrina da *perfectio emptionis*, como se poderia deduzir das fontes[289]. Acima de tudo porém, esta leitura identifica uma conflitualidade internormativa virtualmente insanável no *Digesto*, a qual não é solucionada pela individualização da *ratio legis* de cada uma das soluções em confronto[290].

---

equità o iniquità – la massima periculum est emptoris solo perchè addosa il rischio inerente all impossibilità sopravvenuta di una delle prestazioni al creditore della prestazione medesima").

[287] Cfr. BETTI, *"Periculum"*, p. 164, *"il richiamo del dogma legale dell'emptio perfecta significa che ormai la traditio ha rilevanza per il trapasso del rischio non piú come traspasso della possessio, ma come fatto che opera la perfectio emptionis*".

[288] Cfr. SARGENTI, *ob. cit.*, p. 1127, fundando-se no D. 18, 6, 12 (PAULO) *"Lectos emtos Aedilis, quum in via publica positi essent, concidit; si traditi essent emtori, aut per eum stetisset quominus traderentur, emtori periculum esse placet*", e no D. 18, 6, 14 (PAULO) *"Quodsi neque traditi essent, neque emtor in mora fuisset, quominus traderentur, venditoris periculum erit*", em que a *traditio* é equiparada à mora do credor (comprador). PROVERA, *ob. cit.*, p. 708, considera contudo que tais fragmentos são estranhos ao domínio do risco contratual, antes se relacionando com a responsabilidade por facto ilícito.

[289] Cfr. SARGENTI, *ob. cit.*, p. 1129, com base no *supra* mencionado fragmento D. 18, 6, 8.

[290] Também MACCORMACK, *Alfenus Varus and the law of risk in sale*, p. 573 e 583, conclui que os fragmentos D. 18, 6, 12 e D. 18, 6, 14 depõem a favor da consagração da entrega como momento de passagem do risco ao comprador, sublinhando, como termo inicial, *"the possibility of divergent approaches by the classical jurists*".

Uma tese intermédia de transmissão do risco contratual foi finalmente sufragada por MEYLAN, distinguindo para o efeito entre as *res mancipi* e as *res nec mancipi*. Fundando a sua posição na vigência de regras
distintas quanto à transmissão das duas categorias de coisas – pois se, em
relação às *res mancipi*, bastaria a *mancipatio*, no que respeita às *res nec
mancipi* exigir-se-ia a verificação da tradição e o pagamento do preço ou
de seu equivalente – este autor conclui que o risco é distribuído não de
acordo com a *"maitrise de fait mais à la propriété de la chose"*, embora
admitisse que o risco de deterioração se encontraria a cargo do adquirente
desde o momento da celebração do contrato[291]. Assim, o risco só se transmitiria ao adquirente de uma *res nec mancipi* a partir do *dies pretii solvendi*, assumindo o adquirente de uma *res mancipi* o risco de perecimento
ou deterioração da coisa com a celebração do contrato.

Perdendo alguma relevância com a eliminação da distinção entre *res
mancipi* e *res nec mancipi*, o contributo de MEYLAN coloca no entanto a
descoberto que a adopção da teoria da *traditio* como veículo de transmissão do risco contratual na compra e venda não acarreta forçosamente
a sua coincidência com a titularidade do direito de propriedade sobre a
coisa. Sendo o pagamento do preço essencial para a transmissão do direito
real, a transferência do risco pela simples entrega da coisa é destinada a
um sujeito que ainda não é proprietário daquela, embora possa, ao ficar
investido no seu controlo material, vir a adquirir por usucapião. Por outra

---

[291] MEYLAN, *Paul. D. 21.2.11 pr.*, p. 204 e 211, e, subsequentemente, em *Fr. Vat. 16
et la question des risques dans le contrat de vente*, p. 263, citando o D. 21, 2, 11 (PAULO)
*"Lucius Titius praedia in Germania trans Rhenum emit, et partem pretii intulit; quum in
residuam quantitatem heres emtoris conveniretur, quastionem retulit dicens, has possessiones ex praecepto Principali partim distractas, partim veteranis in praemia assignatas;
quaero, an huius rei periculum ad venditorem pertinere possit? Paulus respondit, futuros
casus evictionis post contractam emtionem ad venditorem non pertinere, et ideo secundum
ea, quae proponuntur, pretium praediorum peti posse"*, e o Fr. Vat. 16 (PAPINIANO) *"Vino
mutato periculum emptorem spectat, quamvis ante diem pretti solvendi vel conditionem
emptionis impletam id evenerit. Quodsi mille amphoras certo pretio corpore non demonstrato vini vendidit, nullum emptoris interea periculum erit"*, sublinhando *"les conditions
différentes que regissent le transfert de la propriété pour ce deux grandes catégories de
choses"*. Consistindo o último fragmento num *Responsum* de PAPINIANO, o mesmo é interpretado diversamente por ALONSO PÉREZ, *Periculum est emptoris*, p. 364, 378, 384 e 388,
que, com base na essencialidade da *"corpore demonstratio"* para a atribuição do risco ao
comprador, bem como na equivalência entre *"corpus"* e *"genus"*, e entre *"demonstratio"* e
degustação, o considera como confirmação de que a regra da transmissão do risco antes da
entrega da coisa não possuia somente origem justinianeia.

Evolução Histórica

via, transmitindo-se a propriedade das *res mancipi* através da *mancipatio* ou da *in iure cessio*, a solução oposta é também possível: ao transmitir-se com a entrega da coisa, o risco onera no entretanto alguém que não era proprietário da coisa.

Por fim, e independentemente da opção por qualquer uma das três teorias em confronto, a sua articulação com a eventual venda translativa do período pós-clássico assume contornos curiosos. A aplicação do brocardo *periculum est emptoris* neste domínio conduziria a resultados próximos da solução adoptada pelo *Code Napoleon* no século XIX. Por outro lado, a vigência do paradigma da entrega da coisa proporcionaria uma situação paralela à referida em relação à sua aplicação às *res nec mancipi*: o risco de perecimento ou deterioração da coisa seria atribuído a quem havia deixado já de ser o seu proprietário através do contrato, solução sem paralelo directo em nenhum dos sistemas contemporâneos de distribuição do risco contratual no contrato de compra e venda.

VIII. Os dúbios paradigmas de distribuição do risco enunciados sofrem ainda adaptações em algumas modalidades do contrato de compra e venda.

Nas vendas *ad gustum*, ou nos contratos em que se atribuía ao comprador o direito de examinar a coisa, o *periculum* apenas o oneraria no momento da *degustatio*, ou da ocasião em que o comprador manifestasse o seu agrado[292]. Em caso de estipulação da cláusula *in diem addictio* – e

---

[292] D. 18, 6, 1 (ULPIANO) "(...) *quodsi non designavit tempus, eatenus periculum sustinere debet, quoad degustetur vinum, videlicet quasi tunc plenissime veneat, quum fuerit degustatum. Aut igitur convenit, quoad periculum vini sustineat, et eatenus sustinebit, aut non convenit, et usque ad degustationem sustinebit (...)*"; D. 18, 6, 4, pr. (ULPIANO) "*Si quis vina vendiderit, et intra diem certum degustanda dixerit, deinde per venditorem steterit, quominus degustarentur, utrum praeteritum duntaxat periculum acoris et mucoris venditor praestare debeat, an vero etiam die praeterito, ut, si forte corrupta sint, posteaquam dies deguntandi praeteriit, periculum ad venditorem pertineat, an vero magis emtio sit soluta, quasi sub conditione venierint, hoc est, si ante diem illum fuissent degustata? Et intererit, quid actum sit; ego autem arbitor, si hoc in occulto sit, debere dici, emtionem manere, periculum autem ad venditorem respiciere etiam ultra diem degustando praefinitum, quia per ipsum factum est*"; e D. 18, 6, 15 (GAIO) "*Si vina, quae in doliis erunt, venierint, eaque, antequam ab emtores tollerentur, sua natura corrupta fuerint, si quidem de bonifate eorum affirmavit venditor, tenebitur emtori; quodsi nihil affirmavit, emtoris erit periculum, quia, sive non degustavit, sive degustando male probavit, de se queri debet (...)*" (cfr. SANTO JUSTO, *Romano, II*, p. 58; VERA-CRUZ PINTO, *ob. cit.*, p. 320; CARIDADE DE FREITAS, *ob. cit.*, p. 466; BETTI, *"Periculum"*, p. 176; PROVERA, *ob. cit.*, p. 704; D'ORS,

124   *O Risco nos Contratos de Alienação*

pese embora as dúvidas na sua conformação dogmática[293] – entende-se por seu turno que a eventualidade de surgimento de melhor comprador não impedia a alocação do risco contratual ao comprador primitivo[294]. A distribuição do risco contratual deve ser igualmente relacionada com a compra e venda de coisa futura, e a distinção efectuada no seu seio entre a *emptio rei speratae* – configurada como simples contrato condicional – e a *emptio spei*, de que a venda do *"iactus retium"* (faina que se encontrasse depositada nas redes dos pescadores) constitui exemplo paradigmático[295].

Romano, p. 581, n. 5; e ALONSO PÉREZ, *El riesgo*, p. 210). A configuração do *pactum displicentiae* – que se seguiu ao *pactum si res placuerit* – oscila entre a aposição ao contrato de compra e venda de uma condição suspensiva ou resolutiva – I. 3, 23, 4, D. 18, 5, 6 e D. 18, 6, 1 (cfr. SANTO JUSTO, *Romano, II*, p. 58 e 61; VERA-CRUZ PINTO, *ob. cit.*, p. 340; MAX KASER, *ob. cit.*, p. 248; LUCÍA HERNÁNDEZ-TEJERO, *ob. cit.*, p. 568; e FERNÁNDEZ DE BUJAN, *Romano*, p. 236-238, considerando o *pactum degustationis* de certo modo como análogo ao *pactum displicentiae*, pelo que, até ao momento da degustação do vinho, o risco pertenceria ao vendedor).

[293] A figura surge no D. 18, 2, 1 (PAULO) *"In diem addictio ita fit "ille fundus centum esto tibi emtus, nisi si quis intra kalendas Ianuarias proximas meliorem conditionem fecerit, qua res a domino abeat"* e subsequentes; bem com no D. 41, 4, 2, 4 (PAULO) *"Si in diem addictio facta sit, id est, nisi si quis meliorem conditionem attulerit, perfectam esse emtionem, et fructus emtoris effici, et usucapionem procedere Iulianus putabat; alii, et hanc sub conditione esse contractam; ille, non contrahi, sed resolvi dicebat; quae sententia vera est"*, sendo múltiplas as formas empregues para o seu enquadramento. O *pactum in diem addictio* é assim configurado enquanto condição suspensiva autónoma (cfr. SANTO JUSTO, *Romano, I*, p. 193, ns. 928 e 930, em virtude do desconhecimento da condição resolutiva pelos romanos), enquanto verdadeira condição resolutiva (cfr. KASER, *ob. cit.*, p. 84, 86 e 248, embora remetendo a sua conformação para a vontade das partes; LEVY/CASTALDO, *ob. cit.*, p. 933; FERNÁNDEZ DE BUJAN, *Romano*, p. 232; e LUCÍA HERNÁNDEZ-TEJERO, *ob. cit.*, p. 567), por remissão para a vontade das partes (cfr. VERA-CRUZ PINTO, *ob. cit.*, p. 340, invocando ser esta a orientação dos compiladores justinianeus) ou excluindo-se a sua identificação com uma condição em sentido técnico (cfr. ALONSO PÉREZ, *Periculum est emptoris*, p. 378, 384 e 388).

[294] BETTI, *"Periculum"*, p. 185; ALONSO PÉREZ, *Periculum est emptoris*, p. 378, 384 e 388; FERNÁNDEZ DE BUJAN, *Romano*, p. 232; e LUCÍA HERNÁNDEZ-TEJERO, *ob. cit.*, p. 567, referindo os dois últimos a sua conexão com a configuração da cláusula enquanto condição resolutiva. De facto, constituindo a condição suspensiva uma das excepções à regra *res perit emptoris*, a referida solução – a configurar-se a cláusula *in diem addictio* como uma condição suspensiva – constituiria uma excepção à própria excepção, podendo ocasionar, no limite, dúvidas quando à efectiva vigência da primeira regra.

[295] Cfr., para a primeira modalidade, o D. 18, 6, 8, pr. *supra* referido e o D. 18, 1, 8, 1 (POMPÓNIO) *"Aliquando tamen et sine re venditio intelligitur, veluti quum quasi alea emitur; quod fit, quum captus piscium, vel avium, vel missilium emitur; emtio enim contrahitur, etiamsi nihil inciderit, quia speio emtio est, et quod missilium nomine eo casú captum*

Revela-se, por esta via, e ainda no domínio do contrato de compra e venda, a ausência de um sistema unitário de repartição do risco, enumerando-se soluções que, a respeito de algumas concretizações específicas daquele contrato, se adicionam às excepções ao paradigma tradicional *res perit emptoris*. A atribuição do risco ao comprador na *emptio spei* deve, contudo, ser afastada do domínio em análise, dado que, em rigor, não se negoceia a alienação da coisa, mas a álea subjacente à sua existência. É contratualizada a assunção do risco de inexistência futura da coisa – ou existência insuficiente – e não do seu perecimento ou deterioração.

A confirmação destas premissas surge com a análise da distribuição do risco noutras espécies contratuais, nomeadamente naquelas em que a transmissão da propriedade da coisa se possa encontrar presente ou perspectivada *in futurum*, bem como em relação a contratos com eventuais efeitos reais.

IX. A permuta (*permutatio*) consistia num contrato inominado do tipo "*do ut des*" que, ao ficar perfeita somente com a *datio* de uma das coisas permutadas, assumia uma configuração próxima dos contratos reais *quoad constitutionem*, afastando-se ainda do contrato de compra e venda por pressupor a transmissão da propriedade da outra coisa, e não apenas a garantia do seu *habere licere*[296].

Excepcionando o paradigma de produção de efeitos reais no Direito romano, o contrato assume-se como real *quoad effectum*, ocasionando a transmissão da propriedade de ambas as coisas. Ao mesmo tempo, a exigência da formalidade de entrega de uma das coisa para a sua constituição

---

est, si evictum fuerit, nulla eo nomine ex emto obligatio contrahitur, quia id actum intelligitur"; bem como o D. 18, 4, 11 (ULPIANO) "*Nam hoc modo admittitur, esse venditionem: "si qua sit hereditas, est tibi emta", et quasi spes hereditatis; ipsum enim incertum rei veneat, ut in retibus*" para a denominada *emptio spei* (cfr. SANTO JUSTO, *Romano, II*, p. 52; VERA-CRUZ PINTO, *ob. cit.*, p. 311; CARIDADE DE FREITAS, *ob. cit.*, p. 435-445; LEVY/ /CASTALDO, *ob. cit.*, p. 719; e FERNÁNDEZ DE BUJAN, *Romano*, p. 171).

[296] D. 19, 4, 1, pr. (PAULO) "*(...) at in permutatione discerni non potest, uter emtor, vel uter venditor sit, multumque differunt praestationem (...) In permutatione vero, si utrimque pretium est, utriusque rem fieri oportet, si merx, neutrius (...)*"; D. 19, 4, 1, 2 (PAULO) "*(...) permutatio autem ex re tradita initium obligationi praebet, alioquin si res nondum tradita sit, nudo consensu constitui obligationem dicemus, quod in his duntaxat receptum est, quae nomen suum habent, ut in emptione, venditione, conditione, mandato*" (cfr. RAÚL VENTURA, *Romano – Obrigações*, p. 313; SANTO JUSTO, *Romano, II*, p. 101; D'ORS, *Elementos*, p. 146, mencionando uma "*dación crediticia*"; e IGLESIAS, *ob. cit.*, p. 402).

126   *O Risco nos Contratos de Alienação*

suscita uma adesão parcial à categoria dos contratos *re*. Ambos os permutantes ficavam, assim, investidos na propriedade das coisas que haviam sido permutadas, possuindo um dos contraentes a disponibilidade fáctica de uma delas, sem a qual o contrato não se formaria. A questão da distribuição do risco contratual assumia, então, uma feição necessariamente unilateral, suscitando-se apenas em relação ao perecimento ou deterioração da coisa ainda não entregue, cuja obrigação subsistia após a celebração do contrato. Em relação à coisa entregue, o risco oneraria seguramente o contraente que a tinha recebido, o qual era, aliás, seu proprietário.

Relativamente à coisa permutada mas não entregue, poder-se-ia admitir a assunção do risco pelo contraente que a deveria entregar – devedor da prestação impossível – concretizando uma exigência de sinalagmaticidade funcional no contrato de permuta[297]. Não obstante, ainda que se admita a vigência do sinalagma neste domínio – o que, consoante foi anteriormente referido, não será seguramente pacífico – a verdade é que o mesmo poderia operar em relação à transmissão contratual do domínio já efectuada. Para mais, a equiparação da troca à compra e venda presente nas fontes pode também depor no sentido da transmissão do risco (contraprestacional) no momento da celebração do contrato[298].

As hesitações referidas não surgem todavia no contrato de mútuo (*mutuum* ou *mutui datio*), o único dos quatro contratos *re* inventariados por GAIO que, atento o carácter fungível da coisa e a finalidade do seu consumo, envolvia a transmissão da propriedade. Este consistia, assim, na atribuição real e patrimonial de determinada *pecunia* ou de outras *res* fungíveis por uma pessoa a outra, que se obrigava a restituir igual quantidade do mesmo género e qualidade[299]. Sem qualquer dissensão, o mutuário

---

[297] Cfr. RAÚL VENTURA, *Romano – Obrigações*, p. 313.

[298] Cfr. o D. 19, 4, 2 (PAULO) *"Aristo ait, quoniam permutatio vicina esset emtioni, sanum quoque, furtis noxisque solutum, et non esse fugitivum servum praestandum, qui ex causa daretur"*, e, em comentário, LEVY/CASTALDO, *ob. cit.*, p. 762.

[299] I. 3, 14, pr. *"Re contrahitur obligatio, veluti mutui datione. Mutui autem datio in iis rebus consistit, quae pondere, numero, mensurave constant, veluti vini, oleo, frumento, pecunia numerata, aere, argento, auro, quas res aut numerando, aut metiendo, aut appendendo in hoc damus, ut accipientium fiant, et quandoque nobis non eaedem res, sed aliae eiusdem naturae et qualitatis reddantur: unde etiam muttum appelatum est, quia ita a me tibi datur, ut ex meo tuum fiat (...)"*; e I. 3, 14, 2 *"(...) Sed is abe eo, qui mutuum accepit, longe distat; namque non ita res datur, ut eius fiat, et ob id de ea re ipsa restituenda tenetur (...)"*. O depósito irregular era também havido como mútuo, com a inerente transmissão da propriedade da coisa depositada (cfr. SANTO JUSTO, *Romano, II*, p. 44; VERA-CRUZ PINTO, *ob. cit.*, p. 286; BURDESE, *ob. cit.*, p. 435; D'ORS, *Romano*, p. 560; e IGLESIAS, *ob. cit.*, p. 366).

Evolução Histórica
127

assumiria, em qualquer caso, a restituição da coisa mutuada, em virtude da não extinção da obrigação pelo perecimento de coisa fungível[300].

As dúvidas na distribuição do risco encontram-se todavia presentes no contrato estimatório (*aestimatum*), que se traduzia num contrato inominado em que uma pessoa entregava à outra uma *res* ou uma mercadoria determinada para que esta a vendesse pelo valor acordado, comprometendo-se a mesma, num prazo determinado, a pagar as *res* vendidas e a devolver as não vendidas, tendo o direito de obter o excesso do preço real da venda sobre o preço estimado[301].

Não pressupondo a obrigação de entrega da coisa a transmissão da propriedade – dada a ausência de *iusta causa traditionis* – a doutrina romanista enfrenta textos contraditórios no que respeita à distribuição do risco no contrato estimatório, cujo objecto se reconduzia, afinal, à atribuição ao *accipiens* de um poder de disposição *ad vendendum*[302]. Assim, se por um lado se sustenta que o risco oneraria o *accipiens*, por outro lado faz-se depender tal imputação da iniciativa do negócio, sendo o risco assumido por este apenas se aquela iniciativa lhe fosse devida, ou em caso de dolo ou culpa da sua parte. Na ausência de indicação contratual, o risco pertenceria ao *tradens*[303].

---

[300] I. 3, 14, 2 " (...) *Et is quidem, qui mutuum accepit, veluti incendio, ruina, naufragio, aut latronum hostiumve incursu, ni hilominus obligatus pemanet*" (cfr. SANTO JUSTO, *Romano, I*, p. 170; VERA-CRUZ PINTO, *ob. cit.*, p. 79, por referência às obrigações genéricas; e FRANCISCO HERNÁNDEZ-TEJERO, *Extinción de las obligaciones*, p. 218). Em sede de pura aléa, SANTO JUSTO, *Romano, II*, p. 37, n. 24, refere ainda que, como contrapartida do risco excepcionalmente assumido pelo mutuante, o mutuário obrigar-se-ia, no *foenus nauticum*, ao pagamento de juros remuneratórios.

[301] Cfr. RAÚL VENTURA, *Romano – Obrigações*, p. 314; SANTO JUSTO, *Romano, II*, p. 102; KASER, *ob. cit.*, p. 264; e ALEMÁN MONTERREAL, *El contrato estimatorio*, p. 23.

[302] Cfr. ALEMÁN MONTERREAL, *ob. cit.*, p. 46 e 100.

[303] D. 19, 3, 1, 1 (ULPIANO) "*Aestimatio autem periculum facit eius, qui suscepit; aut igitur ipsam rem debebit incorruptam reddere, aut aestimationem, de qua convenit*"; e D. 19, 5, 17, 1 (ULPIANO) "*Si margarita tibi aestimata dedero, ut aut eadem mihi afferres, aut pretium eorum, deinde haec perierint ante venditionem, cuis periculum sit? Et ait Labeo, quod et Pomponius scripsit, si quidem ego te venditor rogavi, meum esse periculum, si tu me, tuum, si neuter nostrum, sed duntaxat consensimus, teneri te hactenus, ut dolum et culpam mihi praestes (...)*". São ainda ponderados o passo 2, 4, 4 das *Pauli Sententiae*, segundo o qual "*Si rem aestimatam tibi dedero, ut distracta pretium ad me deferres, eaque perierit, si quidem ego rogavit meo periculo perit: si tu de vendenda promisisti, tuo periculo perit (...)*" (paralelo ao D. 19, 5, 17, 1); bem como o passo 19, 9, 1 dos *Basílicos* "*(...) Aestimatio autem periculum facit accipientis, isque rem integram reddere debet, vel aestimationem de qua convenit. Aestimatio periculum facit accipientis, et si rem non*

128   *O Risco nos Contratos de Alienação*

Todavia, independentemente da eventual interpolação e manipulação dos fragmentos pelos compiladores do *Digesto*, a doutrina romanista que mais recentemente se debruçou sobre a questão sufraga maioritariamente a prevalência do critério do interesse ou da iniciativa contratual[304], embora seja igualmente viável uma conciliação das duas proposições em confronto com a adopção de uma perspectiva evolutiva do próprio ordenamento jurídico romano[305]. É inequívoco, porém, que a distribuição do risco de perecimento da coisa no *aestimatum* se alheia, quer do paradigma do contrato (*emptio perfectae*), quer da titularidade do direito real sobre a coisa, antes remetendo para um embrionário conceito de interesse conexo com a existência e o desenvolvimento do vínculo contratual[306].

Finalmente, cumpre mencionar as hesitações quanto à distribuição do risco na *fiducia cum creditore*, contrato através do qual se transferia para outra pessoa a propriedade de uma *res mancipi*, mediante o emprego de um negócio jurídico formal (a *mancipatio* ou *in iure cessio*), obrigando-

---

praestet, dat aestimationem" (este com aproximações ao D. 19, 3, 1, 1). Sobre as *Pauli Sententiae* e os Basílicos cfr., por todos, SEBASTIÃO DA CRUZ, *Romano*, p. 432, 498, 502 e 511, n. 812; e SANTO JUSTO, *Romano, I*, p. 91 e 97.

[304] Cfr. SARGENTI, *ob. cit.*, p. 1129, que qualifica o interesse na operação realizada, nomeadamente no mandato de venda; ROSA DIAZ, *Contribucion a la interpretacion de D. 19.3.1.1. en relacion con D. 19.5.17.1*, p. 405, 409 e 412, que, mencionando a existência de três correntes interpretativas dos fragmentos, imputando uma – onde pontifica BÁRTOLO – o risco ao *accipiens*, sufragando a segunda a sua refutação, e encontrando-se, finalmente, posições eclécticas – como a de CUJÁCIO – conclui pela irresponsabilidade do *accipiens* por caso fortuito; e ALEMÁN MONTERREAL, *ob. cit.*, p. 62-74, em especial n. 178, e 101.

[305] Cfr. SANTO JUSTO, *Romano, II*, p. 103; e D'ORS, *Romano*, p. 590, n. 3, sufragando a probabilidade de que o risco tivesse onerado inicialmente o *accipiens*, havendo LABEO introduzido a regra de que se responsabilizava a parte de quem houvesse partido a iniciativa contratual.

[306] Assume particular interesse o paralelo que aparentemente se estabelece entre o depósito de dinheiro e o contrato estimatório, responsabilizando-se o depositário pela perda da coisa segundo um critério também fundado no interesse contratual – D. 12, 1, 4, pr. (ULPIANO) "*Si quis nec causam, nec propositum foenerandi habuerit, et tu emturus praedia desideraveris mutuam pecuniam, nec volueris creditae nomine, antequm emisses, suscipere, atque ita creditor, quia necessitatem forte proficiscendi habebat, deposuerit apud te hanc eandem pecuniam, ut, si emisses, crediti nomine obligatus esses, hoc depositum periculo est eius, qui suscepit. Nam et qui rem vendendam acceperit, ut pretio uteretur, periculo suo rem habebit*" (cfr. D'ORS, *Romano*, p. 559, n. 2, aproximando a solução do depósito irregular; e VERA-CRUZ PINTO, *ob. cit.*, p. 282, referindo a sanção da obrigação de não uso da coisa depositada com a responsabilidade do depositário pelo caso fortuito).

-se aquela à restituição da coisa após a realização do fim estabelecido no *pactum fiduciae* (paradigmaticamente a satisfação de um crédito do adquirente). Era esta a estrutura da mais antiga garantia real das obrigações, que, sendo objecto de uma progressiva substituição pelo *pignus*, foi subsequentemente eliminada do *Corpus Iuris Civilis* em virtude da desproporção entre o meio empregue e o fim visado[307]. De facto, para além da fluidez de contornos deste vínculo contratual – atenta a dúvida a respeito da exigência de uma *datio rei*[308] – não será seguramente idónea a atribuição do risco contratual segundo a determinação da propriedade da coisa, cujo conteúdo se apresentava, em princípio, distinto da propriedade comum[309].

X. Apesar do contrato de sociedade não ocasionar a criação de uma nova pessoa jurídica – salvo possivelmente em relação às *societates publicanorum* e às *societates argentariorum* – e de a constituição do património social não ser configurada juridicamente como uma transmissão da propriedade a título singular, a questão do suporte do risco de perecimento dos bens objecto de entrada social foi considerada no Direito romano[310].

---

[307] Cfr. SANTO JUSTO, *Romano, II*, p. 38 e 167; VERA-CRUZ PINTO, *ob. cit.*, p. 296; VIEIRA CURA, *Fiducia cum creditore – Aspectos gerais*, p. 175; KASER, *ob. cit.*, p. 180; LEVY/CASTALDO, *ob. cit.*, p. 1062; D'ORS, *Romano*, p. 464; FERNÁNDEZ DE BUJAN, *Romano*, p. 418; ALMEIDA COSTA, *Alienação fiduciária em garantia e aquisição de casa própria*, p. 55, n. 26; MENEZES CORDEIRO, *Reais – 1979*, p. 742; e PINTO DUARTE, *Reais*, p. 161.

[308] Cfr. SANTO JUSTO, *Romano, II*, p. 38, em termos não unívocos; VERA-CRUZ PINTO, *ob. cit.*, p. 296, não o tomando como contrato real dada a não inclusão na classificação de GAIO; e D'ORS, *Romano*, p. 464. Em sentido contrário, sufragando que a estrutura do negócio se baseava na *datio*, cfr. VIEIRA CURA, *Fiducia cum creditore*, p. 98; e ARANGIO-RUIZ, *ob. cit.*, p. 307.

[309] Não sendo decisivos, podem contudo ser compulsados alguns subsídios neste âmbito. Assim, SANTO JUSTO, *Romano, II*, p. 168; e VERA-CRUZ PINTO, *ob. cit.*, p. 297, admitem que, sendo a propriedade do credor fiduciário, a posse da coisa se possa manter no devedor fiduciante, sublinhando, por seu turno, VIEIRA CURA, *Fiducia cum creditore*, p. 199, que o fiduciário era "titular de um direito de propriedade com um conteúdo absolutamente idêntico ao de qualquer outro proprietário".

[310] D. 17, 2, 58, pr. (ULPIANO) "*Si id, quod quis in societatem contulit, extinctum sit, videndum, an pro socio agere possit. Tractatum ita est apud Celsum libro septimo Digestorum ad epistolam Cornelii Felicis: Quum tres equos haberes, et ego unum, societatem coivimus, ut accepto equo meo quadrigam venderes, et ex pretio quartam mihi redderes. Si igitur ante venditionem equus meus mortuus sit, non putare se Celsus ait, societatem manere, nec ex pretio equorum tuorum partem deberi; non enim habendae quadrigae, sed vendadae coitam societatem. Ceterum si id actum dicatur, ut quadriga fieret, eaque communicaretur, tuque in ea tres partes haberes, ego quartam, non dubie adhuc socii sumus*";

130   *O Risco nos Contratos de Alienação*

Em especial, discutiu-se se devia ou não ser efectuada uma distinção entre a entrada de coisa específica e a entrada de coisa genérica[311], bem como a relevância da *collatio* enquanto equivalente funcional da *traditio rei*[312].

A dúvida entre a assunção do risco com a celebração do contrato ou com a entrega da coisa encontra raízes, aparentemente, na remissão para as regras do contrato de compra e venda, sendo a distinção entre coisa específica e coisa genérica um elemento em harmonia sistémica com a assunção do risco pelo mutuário em virtude da entrega da coisa mutuada. Estas aproximações podem, todavia, provar-se falaciosas, uma vez que a fragmentaridade e a tendencial incomunicabilidade dogmática do ordenamento romano pontificam neste domínio, sendo as dificuldades explicativas assumidas pela doutrina romanista[313].

Maiores hesitações levanta ainda a distribuição dos riscos no contrato de empreitada (*locatio condutio operis* ou *locatio operis faciendi*)[314], cuja configuração dogmática surge algo distante do paradigma actual[315].

D. 17, 2, 58, 1 "*Item Celsus tractat, si pecuniam contulissemus ad mercem emendam, et mea pecunia periiset, cui perierit ea? Et ait, si post collationem evenit, ut pecunia periret, quod non fieret, nisi societas coita esset, utrique perire, utputa si pecunia, quum peregre portaretur ad mercem emendam, periit; si vero ante collationem, posteaquam eam destinasses, tunc perierit, nihil eo nomine consequeris, inquit, quia non societati periit*"; e, reflexamente, D. 17, 2, 60 pr. (POMPÓNIO) "*Socium, qui in eo, quod ex societate lucri faceret, reddendo moram adhibuit, quum ea pecunia ipse usus sit, usuras quoque eum praestare debere Labeo ait, sed non quasi usuras, sed quod socii intersit moram eum non adhibuisse; sed si aut usus ea pecunia non sit, aut moram non fecerit, contra esse (...)*".

[311] Cfr. SANTO JUSTO, *Romano, II*, p. 76, sufragando que o risco e a responsabilidade por danos causados à *res* pertencem aos *socii* desde o momento da conclusão do contrato ou a partir da sua entrega, consoante se tratasse de *res* determinada ou de *res* genérica; e VERA-CRUZ PINTO, *ob. cit.*, p. 394, referindo, por seu turno, uma derrogação aos rígidos princípios romanos, entrando as coisas em propriedade social por efeito da celebração do contrato.

[312] KASER, *ob. cit.*, p. 256, menciona a necessidade de uma *traditio* tácita realizada no momento da constituição da sociedade, ou subsequentemente, quanto às coisas adquiridas em momento posterior. Sobre a forma de transmissão dos bens com que os sócios entravam para a sociedade no Direito romano cfr. MENEZES LEITÃO, *Obrigações, III*, p. 244, sublinhando a eficácia real do contrato.

[313] SARGENTI, *ob. cit.*, p. 1129, recorda que, apesar da possível vigência do critério da *collatio* e da sua analogia com a *traditio*, as opiniões dos autores são muito distintas, sendo difícil descortinar uma orientação consensual.

[314] Sobre a tripartição da *locatio-conductio* em *locatio-condutio rei, locatio-condutio operis* e *locatio-condutio operarum* cfr. SANTO JUSTO, *Romano, II*, p. 64; VERA-CRUZ PINTO, *ob. cit.*, p. 345; KASER, *ob. cit.*, p. 250; BURDESE, *ob. cit.*, p. 464; D'ORS, *Romano*,

Em face da contraditoriedade dos textos, a doutrina encontra-se longe de consenso em relação a qualquer uma das soluções possíveis, oscilando entre *(i)* a atribuição do risco de perecimento da coisa ao *locator* (dono da obra)[316], *(ii)* a assunção pela *adprobatio* ou *adsignatio* de uma relevância funcional paralela à da *traditio* no contrato de compra e venda (ainda que esta respeitasse em princípio à transmissão do direito real e não do risco)[317], *(iii)* a distinção entre o risco assumido pelo dono da obra em relação aos vícios do solo e a assunção pelo empreiteiro do risco relativo aos vícios da obra[318], e *(iv)* uma compreensão evolutiva das soluções romanas[319].

---

p. 592; FERNÁNDEZ DE BUJAN, *Romano*, p. 255 e 261; ROMANO MARTINEZ, *Obrigações – Contratos*, p. 346; e MENEZES LEITÃO, *Obrigações, III*, p. 503.

[315] Exemplificativamente, a maioria dos juristas reconduziu a empreitada realizada com materiais do *conductor* ao contrato de compra e venda (cfr. SANTO JUSTO, *Romano, II*, p. 71, n. 62; VERA-CRUZ PINTO, *ob. cit.*, p. 350; e KASER, *ob. cit.*, p. 254).

[316] D. 14, 2, 10, pr. (LÁBEO) "*Si vehenda mancipia conduxisti, pro eo mancipio, quod in nave mortuum est, vectura tibi non debetur; Paulus: imo quaeritur, quid actum est, utrum, ut pro his, qui impositi, an pro his, qui deportati essent, merces daretur; quodsi hoc apparere non poterit, satis erit pro nauta, si probaverit impositum esse mancipium*"; e D. 19, 2, 59 (JAVOLENO) "*Marcius domum faciendam a Flacco conduxerat, deinde operis parte effecta terrae motu concussum erat aedificium; Massurius Sabinus, si vi naturali, veluti terrae motu hoc acciderit, Flacci esse periculum*" – cfr. SANTO JUSTO, *Romano, II*, p. 72, salvo estipulação diversa; BURDESE, *ob. cit.*, p. 468; PROVERA, *ob. cit.*, p. 719; D'ORS, *Romano*, p. 599, n. 8; e FERNÁNDEZ DE BUJAN, *Romano*, p. 291, ressalvando os dois últimos o caso do contrato de *locatio operis* irregular, relativa, por exemplo, a uma quantidade de prata, em que, entregando o *locator* coisa fungível a transformar pelo *conductor*, a sua propriedade e risco passariam para este.

[317] D. 19, 2, 36 (FLORENTINO) "*Opus, quod aversione locatum est, donec approbetur, condutoris periculum est. Quod vero ita conductum sit, ut in pedes mensurasve praestetur, eatenus conductoris periculo est, quatenus admensuram non sit; et in utraque causa nociturum locatori, si per eum steterit, quominus opus approbetur vel admetiatur. Si tamen vi maiore opus prius interciderit, quam approbaretur, locatoris periculo est, nisi si alium aetum sit; non enim amplius praestari locatori oporteat, quam quod sua cura atque opera consecutus esset*"; D. 19, 2, 37 (JAVOLENO) "*Si, priusquam locatori opus probaretur, vi aliqua consuntum est, detrimentum ad locatorem ita pertinet, si tale opus fuit, ut probari deberet*"; e D. 50, 12, 1, 6 (ULPIANO) "*Si quis opus, quod perfecit, assignavit, deinde id fortuito casu aliquid passum sit, periculum ad eum, qui fecit, non pertinere Imperator rescripsit*" – cfr. VERA-CRUZ PINTO, *ob. cit.*, p. 351, ressalvando a *vis maior*; BETTI, *Obbligazioni*, p. 174, e em "*Periculum*", p. 185; e IGLESIAS, *ob. cit.*, p. 382, embora ressalvando também as situações de força maior.

[318] D. 19, 2, 62 (LÁBEO) "*Si rivum, quem faciendum conduxeras, et feceras, antequam eum probares, labes corrumpit, tuum periculum est. Paulus: imo si soli vitio id accidit locatoris erit periculum, si operis vitio accidit, tuum erit detrimentum*" – cfr. ROMANO

132   *O Risco nos Contratos de Alienação*

Curiosamente, as dificuldades na delimitação do conceito de *opus* e na contraposição entre o risco contratual *stricto sensu* e o risco de perecimento ou deterioração da coisa perspectivadas no Direito romano em relação à *locatio condutio operis* encontram sequência no ordenamento jurídico vigente. A eficácia dogmático-desconstrutiva *post-mortem* daquele Direito é ainda confirmada pelo afastamento das soluções enunciadas de qualquer tentativa segura de identificação de um critério de distribuição do risco contratual.

XI. Cumpre ainda referenciar, atento o relevo dicotómico que podem assumir perante situações jurídicas reais, as soluções de distribuição do risco no âmbito dos contratos de *locatio conductio rei*, de *commodatum* e de *depositum*.

Tendo apenas por objecto o gozo livre da *res* locada, e não a transferência da sua propriedade ou de outro direito real, é consensual que a perda ou deterioração da coisa não seriam suportadas pelo locatário, que, de acordo com a máxima *periculum est locatoris* (locador) – possível manifestação do sinalagma funcional existente entre a obrigação do *locator* e a obrigação do *conductor* (locatário) – não seria obrigado a efectuar o pagamento total (*remissio merces*) ou parcial (*deductio merces*) da renda acordada, consoante a perda da coisa locada fosse, também, total ou parcial[320].

MARTINEZ, *O contrato de empreitada no Direito romano e no antigo Direito português*, p. 24, em *Cumprimento defeituoso*, p. 78, e em *Obrigações – Contratos*, p. 352.

[319] Cfr. KASER, *ob. cit.*, p. 254, sufragando que o risco do preço seria, com LABEO, suportado pelo *conductor*, havendo posteriormente surgido, com SABINO, a distinção entre a *vis naturalis* e a *vitium solis*, encontrando-se a última a cargo do dono da obra, bem como todos os prejuízos cuja causa fosse expressão da sua actividade ou esfera jurídica.

[320] D. 19, 2, 9, 2 (ULPIANO) "*Iulianus libro quinto decimo Digestorum dicit, si quis fundum locaverit, ut, etiamsi quid vi maiori accidisset, hoc ei praestaretur, pacto estandum esse*"; D. 19, 2, 15, 2 (ULPIANO) "*Si vis tempestatis calamitosae contigerit, an locator conductori aliquid praestare debeat, videamus. Servius omnem vim, cui resisti non potest, dominum colono praestare debere ait, ut puta fluminum, graculorum, sturnorum, et si quid simile acciderit, aut si incursus hostium fiat; si qua tamen vitia ex ipsa re oriantur, haec damno coloni esse, veluti si vinum coacuerit, si raucis aut herbis segetes corruptae sint. Sed et si labes facta sit, omnemque fructum tulerit, damnum coloni non esse, ne supra damnum seminis amissi mercedes agri praestare cogatur; sed et si uredo fructum oleae corruperit, aut solis fervore non assueto id acciderit, damnum domini futurum. Si vero nihil extra consuetudinem acciderit, damnum coloni esse; idemque dicendum, si exercitus praeteriens per lasciviam aliquid abstulit. Sed et si ager terrae motu ita corruerit, ut nusquam*

sit, damno domini esse; oportere enim agrum praestari conductori, ut frui possit"; D. 19, 2, 19, 6 (ULPIANO) *"Si quis, quum in annum habitationem conduxisset, pensionem totius anni dederit, deinde insula post sex menses ruerit, vel incendio comsunta sit, pensionem residui temporis, rectissime Mela scripsit, ex conducto actione repetiturum, non quasi indebitum condicturum (...)"*, e o *supra* citado D. 19, 2, 33 (AFRICANO) *"Si fundus, quem mihi locaveris, publicatus sit, teneri te actione ex conducto, ut mihi frui liceat, quamvis per te non stet, quominus id praestes. Quemadmodum, inquit, si insulam aedificandam locasses, et solum corruisset, nihilominus teneberis (...); Similiter igitur et circa conductionem servandum puto, ut mercedem, quam praestiterim, restituas, eius scilicet temporis quo fruitus non fuerim; nec ultra actione ex conducto praestare cogeris (...)"* (cfr. RAÚL VENTURA, *Romano – Obrigações*, p. 288; SANTO JUSTO, *Romano, II*, p. 67, e em *A locatio*, p. 28, considerando que os riscos anormais recaiam sobre o locador, ainda que o locatário pudesse assumir o encargo de pagar a totalidade da renda no caso de *vis maior*; VERA-CRUZ PINTO, *ob. cit.*, p. 356; KASER, *ob. cit.*, p. 251; BETTI, *"Periculum"*, p. 192, aludindo a uma *"rigorosa interdipendenza fra le prestazioni corrispettive"*; PROVERA, *ob. cit.*, p. 694 e 721, sublinhando antes que *"la diversità delle soluzioni prospettate per la compravendita da una parte, e per la locazione rei dall'altra, fu suggerita dalla considerazione della particolare funzione economico-sociale dei sudetti tipi di contratto"*; SARGENTI, *ob. cit.*, p. 1128, ainda que ressalve os riscos conexos com a actividade, que se encontravam ainda a cargo do colono; D'ORS, *Romano*, p. 594, que todavia alude ao *periculum locatoris* em conexão com o risco de utilização da coisa; IGLESIAS, *ob. cit.*, p. 380; e FERNÁNDEZ DE BUJAN, *Romano*, p. 277 e 280).

A fractura estrutural no que respeita à distribuição do risco nos contratos de compra e venda e de locação é também denunciada pela dificuldade de recondução da enfiteuse a qualquer uma destas figuras, aspecto relevante para o efeito de saber sobre que sujeito recairiam as consequências da impossibilidade de cultivo. Para solucionar estas dificuldades, uma constituição de ZENÃO, de 480 a. C., veio reconhecer uma estrutura própria ao contrato enfitêutico (*ius tertium*), atribuindo, por princípio, o risco ao concedente, embora o enfiteuta devesse suportar os danos que fossem temporários (por exemplo, a inundação do rio Nilo em algum ano) e reparáveis (C. 4, 66, 1 *"Ius emphyteuticarium neque conductionis neque alienationis esse titulis adiiciendum, sed hoc ius tertium sit constitutum, ab utriusque memoratorum contractuum societate seu similitudine separatum, conceptionem definitionemque habere propriam, et iustum esse validumque contractum, in quo cuncta, quae inter utrasque contrahentium partes super omnibus, vel etiam fortuitis casibus, pactionibus scriptura interveniente habitis placuerint, firma illibataque perpetua stabilitate modis omnibus debeant custodiri; ita ut, si interdum ea, quae fortuitis casibus eveniunt, pactorum non fuerint conventione concepta, si quidem tanta emerserit clades, quae prorsus etiam ipsius rei, quae per emphyteusin data est, facit interitum, hoc non emphyteuticario, cui nihil reliquum permansit, sed rei domino, qui, quod fatalitate ingruebat, etiam nullo intercedente contractu habiturus fuerat, imputetur. Sin vero particulare vel aliud leve contigerit damnum, ex quo non ipsa rei penitus laedatur substantia, hoc emphyteuticarius suis partibus non dubitet adscribendum"* – cfr. SANTO JUSTO, *Romano, III*, p. 208, em espe-

Não se suscitando já uma questão relacionada com a contraprestação contratual, é igualmente pacífico que o comodatário não assumia o risco de perecimento da coisa, ainda que a responsabilidade pela sua custódia – vigente até à época justinianeia – conduzisse a resultados que divergiam daquela solução apenas na *vis maior*, respondendo o comodatário, nomeadamente, pelo furto da coisa dada em comodato[321]. Foi feita referência à possível transposição deste critério para o âmbito do contrato de compra e venda, bem como à consequente circunscrição da esfera de risco assumida pelo comprador. Por outra via, o comodatário responderia também, de acordo com uma norma objecto de subsequente aceitação generalizada, se a coisa fosse estimada, consistindo este fenómeno num pacto de garantia associado ao contrato[322].

A exemplo do comodato, a *datio rei* assume-se requisito essencial do contrato de depósito (*depositum*), não implicando, todavia, nem a transmissão do domínio, nem a conversão do depositário em possuidor, verificando-se antes uma situação de mera *possessio naturalis*[323]. Em conformidade, a vinculação estruturava-se no âmbito de um contrato bilateral imperfeito, em que a gratuitidade se assumia como um elemento essencial,

---

cial n. 10; VAZ SERRA, *A enfiteuse no Direito romano, peninsular e português*, p. 199, atribuindo porém o risco ao enfiteuta, salvo destruição total do prédio; ARANGIO-RUIZ, *ob. cit.*, p. 257, que cita contudo um documento em que o risco é integralmente atribuído ao enfiteuta; LEVY, *ob. cit.*, p. 44 e 76; e D'ORS, *Romano*, p. 595, n. 2).

[321] I. 4, 1, 16 "*Quae de fullone et sarcinatore diximus, eadem et ad eum, cui commodata res est, transferenda veteres existimabant; nam ut ille fullo mercedem accipiendo custodiam praestat, ita is quoque, qui commodum utendi percipit, similiter necesse habet custodiam praestare (...)*" (cfr. SANTO JUSTO, *Romano, II*, p. 46, n. 12, referindo que a responsabilidade subjectiva pela custódia se encontrava tão próxima da responsabilidade objectiva que apenas seria afastada pela *vis maior*; VERA-CRUZ PINTO, *ob. cit.*, p. 290, sufragando que, por maioria de razão, a responsabilidade do comodatário estender-se-ia ao caso fortuito quando este fosse prevenível; KASER, *ob. cit.*, p. 233; LEVY/CASTALDO, *ob. cit.*, p. 712; D'ORS, *Romano*, p. 496, e em *Elementos*, p. 111; IGLESIAS, *ob. cit.*, p. 364; e MIQUEL, *ob. cit.*, p. 289, relacionando a responsabilidade do comodatário pelo furto – alheia ao conceito de culpa – com a noção de utilidade).

[322] D. 13, 6, 5, 3 (ULPIANO) "*Et si forte res aestimata data sit, omne periculum praestandur ab eo, qui aestimationem se praestiturum recepit*" (cfr. BETTI, "*Periculum*", p. 150, referindo a existência de um pacto de garantia pelo qual eram assumidos riscos que excedessem a álea normal do contrato).

[323] D. 16, 3, 17, 1 (FLORENTINO) "*Rei depositae proprietas apud deponentem manet, sed et possessio, nisi apud sequestrem deposita est, nam tum demum sequester possidet; id enim agitur ea depositione, ut neutris possessioni id tempus procedat*" (cfr. VERA-CRUZ PINTO, *ob. cit.*, p. 281).

Evolução Histórica 135

podendo o depositário responder pelo risco apenas se existisse convenção no mesmo sentido[324].

O gozo e a guarda isolada da coisa encontravam-se normalmente dissociados da assunção do risco de perecimento ou deterioração da coisa, reconduzindo-se esta ao paradigma *res perit domino*. Não obstante, consoante se referiu anteriormente, esta máxima apenas foi associada ao penhor, não encontrando positivação em termos genéricos.

XII. A análise de distribuição do risco no Direito romano reclama por fim a ponderação de alguns dos seus aspectos puramente obrigacionais, sem os quais é inviável uma visão de conjunto.

Nestes termos, a perda não dolosa de *res certa* originava, não se havendo o devedor responsabilizado pela sua conservação, a extinção da obrigação da sua entrega ou da sua restituição, operando-se a liberação do devedor de acordo com o princípio *species perit ei cui debetur*[325]. Regra distinta vigorava contudo para as obrigações genéricas – a admitir-se que a categoria foi conhecida no universo romano[326] – em que o brocardo *genus nunquam perit* ocasionava a não exoneração do devedor do dever de prestar, que apenas ocorreria com a especificação da coisa[327]. No que

---

[324] D. 2, 14, 7, 15 (ULPIANO) "*(...) Item si quis pactus sit, ut ex causa depositi omne periculum praestet, Pomponius ait pactionem velere, nec quasi contra iuris formam factam non esse servandam.*"; e D. 16, 3, 1, 35 (ULPIANO) "*Saepe evenit, ut res deposita vel numi periculo sint eius, apud quem deponuntur, utputa si hoc nominatim convenit; sed et si se quis deposito obtulit, idem Iulianus scribit, periculo se depositi illigasse, ita tame, ut non solum dolum, sed etiam culpam et custodiam praestet, non tamen casus fortuitos*" (cfr. SANTO JUSTO, *Romano, II*, p. 42, n. 15; e FERNÁNDEZ DE BUJAN, *Romano*, p. 428).

[325] Cfr. SANTO JUSTO, *Romano, II*, p. 214; BURDESE, *ob. cit.*, p. 580; IGLESIAS, *ob. cit.*, p. 337; FRANCISCO HERNÁNDEZ-TEJERO, *ob. cit.*, p. 218; e ALEMÁN MONTERREAL, *ob. cit.*, p. 97, aludindo à extinção do vínculo contratual.

[326] Cfr. VERA-CRUZ PINTO, *ob. cit.*, 78 e 311, que, na sequência de IGLESIAS, *ob. cit.*, p. 432, refere ser a venda de coisa genérica muito pouco frequente, por repugnar à mentalidade romana; ZIMMERMANN, *ob. cit.*, p. 121, considerando que a venda de coisa genérica não se encontrava prevista nas fontes e que a sua introdução na equação *periculum est emptoris* carece de base racional; TALAMANCA, *ob. cit.*, p. 362, enumerando contudo passos do Digesto que a pressupõem; ALONSO PÉREZ, *El riesgo*, p. 209, sustentando que, atento o espírito concreto e empirista romano, a venda genérica foi desconhecida enquanto entidade abstracta; e CAFFARENA LAPORTA, "*Genus nunquam perit*", p. 300, mencionando a inexistência de um regime específico no Direito romano para a responsabilidade do devedor nas obrigações genéricas.

[327] São apontados como exemplos de obrigações genéricas a entrega de vinho, de cordeiros do rebanho ou de telhas do forno, consoante resulta do D. 18, 1, 35, 7 (PAULO)

136   *O Risco nos Contratos de Alienação*

respeita às obrigações alternativas, entende-se que, de acordo com uma aparente manifestação do *casum sentit dominus*, se uma das prestações se tornasse impossível sem culpa do devedor, a obrigação reduzir-se-ia às prestações ainda possíveis, exigindo-se para a extinção da obrigação o desaparecimento de todos os objectos sobre os quais a mesma poderia recair[328].

Por fim, remonta igualmente ao Direito romano a responsabilidade do devedor moroso pelo perecimento da coisa devida (*perpetuatio obligationis*), ainda que seja duvidoso o reconhecimento nesta sede na relevância negativa da causa virtual[329]. Outro paralelo com a normatividade

---

"*Sed et si ex doliario pars vini venierit, veluti metretae centum, verissimum est, quod et constare videtur antequam admetiatur, omne periculum ad venditoris pertinet (...)*", e do D. 18, 6, 5 (PAULO) "*(...) Si verbi gratia amphorae centum ex eo vino, quod in cella esset, venierint, si admensum est, donec admetiatur, omne periculum venditoris est, nisi id per emtorem fiat*", fragmentos que, contudo, são igualmente associados à extinção de uma obrigação específica (cfr. CABRAL DE MONCADA, *Romano, II*, p. 237; SANTO JUSTO, *Romano, I*, p. 170, em relação à não extinção da obrigação pelo perecimento de coisa fungível, e em *Romano, II*, p. 214; VERA-CRUZ PINTO, *ob. cit.*, p. 79; D'ORS, *Romano*, p. 583, e em *Elementos*, p. 95; FERNÁNDEZ DE BUJAN, *Romano*, p. 60 e 135, entendendo que o próprio *genus* constitui o objecto da obrigação; e ALONSO PÉREZ, *El riesgo*, p. 200 e 205, que todavia relaciona tais preceitos com as vendas *per aversionem*).

[328] Nomeadamente, D. 46, 3, 95 pr. (PAPINIANO) ""*Stichum aut Pamphilum, utrum ego velim, dare spondes?*" *altero mortuo, qui vivit solus petetur, nisi si mora facta sit in eo mortuo, quem petitor elegit; tunc enim perinde solus ille, qui decessit, praebetur, ac si solus in obligationem deductus fuisset (...)*" (cfr. SANTO JUSTO, *Romano, II*, p. 216, mencionando a dúbia solução do Direito clássico; VERA-CRUZ PINTO, *ob. cit.*, p. 71 e 74; KASER, *ob. cit.*, p. 206; ARANGIO-RUIZ, *ob. cit.*, p. 417; BURDESE, *ob. cit.*, p. 568; e FERNÁNDEZ DE BUJAN, *Romano*, p. 62).

Uma solução distinta vigoraria nas obrigações facultativas ou com faculdade alternativa, em que a impossibilidade não imputável da prestação que o devedor resolvesse efectuar o liberaria (cfr. SANTO JUSTO, *Romano, II*, p. 216; VERA-CRUZ PINTO, *ob. cit.*, p. 71 e 76; KASER, *ob. cit.*, p. 206; e FERNÁNDEZ DE BUJAN, *Romano*, p. 63).

[329] D. 10, 4, 12, 4 (PAULO) "*Si post iudicium acceptum homo mortuus sit, quamvis sine dolo malo et culpa possessoris, tamen interdum tanti damnandus est, quanti actoris interfuerit per eum non effectum, quo minus tunc, quum iudicium acciperetur, homo exhiberetur; tanto magis, si apparebit, eo casu mortuum esse, qui non incidisset, si tum exhibitus fuisset*"; D. 18, 6, 12 *supra* mencionado; D. 24, 3, 25, 2 (PAULO) "*Si post divortium res dotales deteriores factae sint, et vir in reddenda dote moram fecerit, omnimodo detrimentum ipse praestabit*"; D. 30, 47, 6 (ULPIANO) "*Item si fundus chasmate perierit, Labeo ait, utique aestimationem non deberi; quod ita verum est, si non post moram factam id evenerit, potuit enim eum acceptum legatarius vendere*"; D. 32, 26 (PAULO) "*Is, qui fideicommissum debet, post moram non tantum fructus, sed etiam omne damnum, quo affectus est*

vigente diz respeito à *mora credendi*, respondendo o devedor por dolo na destruição da coisa, embora não fosse responsável pelos danos causados por mera culpa[330].

XIII. É inegável o contributo do Direito romano para o acolhimento de numerosas soluções ainda hoje vigentes no ordenamento jurídico português, pontificando entre estas, nomeadamente, as regras relativas à impossibilidade e à mora no cumprimento das obrigações, bem como à delimitação da esfera de risco em contratos meramente obrigacionais e no contrato de mútuo.

Todavia, haverá que reconhecer que são também numerosos os afastamentos compulsados.

Abstraindo da admissibilidade de uma construção diacrónica do sistema transmissivo romano, a sua identificação em termos paradigmáticos com o sistema do título e do modo determina que o substrato real em que os dois sistemas se movem seja *a priori* distinto. Este aspecto conduz, depois, a uma nova antinomia dogmática quanto ao momento da celebração do contrato como elemento detonador do risco da contraprestação no contrato de compra e venda. É que, ao não produzir efeitos reais, o contrato de compra e venda não deveria envolver, segundo a lógica interna que aparen-

---

fideicommissarius, praestare cogitur"; D. 45, 1, 82, 1 (ULPIANO) "*Si post moram promissoris homo decesserit, tenetur nihilominus proinde, ac si homo viveret; et hic moram videtur fecisse, qui litigare maluit, quam restituere*"; D. 45, 1, 91, 3 (PAULO) "*Sequitur videre de eo, quod veteres constituerunt, quoties culpa intervenit debitoris, perpetuari obligationem quemadmodum intelligendum sit (...)*" (cfr. SANTO JUSTO, *Romano, II*, p. 206 e 208, admitindo a relevância da causa virtual; VERA-CRUZ PINTO, *ob. cit.*, p. 128, que somente a admite no Direito justinianeu; KASER, *ob. cit.*, p. 220 e 222, expressando dúvidas em relação à mesma questão; ARANGIO-RUIZ, *ob. cit.*, p. 387; BURDESE, *ob. cit.*, p. 606; D'ORS, *Romano*, p. 476; IGLESIAS, *ob. cit.*, p. 438; e MIQUEL, *ob. cit.*, p. 292).

[330] D. 30, 84, 3 (JULIANO) "*Si cui homo legatus fuisset, et per legatarium stetisset, quominus Stichum, quum heres tradere volebat, acciperet, mortuo Stichio exceptio doli mali heredi proderit*"; D. 46, 3, 72 pr. (MARCELO) "*Qui decem debet, si ea obtulerit creditori, et ille sine iusta causa ea accipere recusavit, deinde debitor ea sine sua culpa perdiderit, doli mali exceptione potest se tueri, quamquam aliquando interpellatus non solverit; etenim non est aequum teneri pecunia amissa, quia non teneretur, si creditor accipere voluisset. Quare pro soluto id, in quo creditor accipiendo moram fecit, oportet esse. Et sane si servus erat in dote, eumque obtulit maritus, et is servus decessit, aut numos obtulit, eosque non accipiente muliere perdiderit, ipso iure desinet teneri*" (cfr. SANTO JUSTO, *Romano, II*, p. 209; VERA-CRUZ PINTO, *ob. cit.*, p. 131; ARANGIO-RUIZ, *ob. cit.*, p. 388; BETTI, "*Periculum*", p. 174; BURDESE, *ob. cit.*, p. 608; D'ORS, *Elementos*, p. 116; e FERNÁNDEZ DE BUJAN, *Romano*, p. 130).

temente subjaz ao CCiv vigente, a transmissão do risco. Em simultâneo, pré-compreensões estruturais como a custódia, o *habere licere* ou o pagamento do preço como pressuposto da produção do efeito real não encontram paralelo na estrutura contratual típica adoptada pelo normativo interno.

Os afastamentos referidos não impedem, porém, que, sendo discutidos alguns dos fundamentos jurídico-dominiais do ordenamento jurídico romano, a sua aproximação a vectores do Direito vigente se produza através de leituras dogmáticas alternativas do primeiro sistema, como a de BETTI. Não obstante, não se devem olvidar as dificuldades existentes – no próprio Direito romano – na articulação de regras de distribuição do risco de contratos confluentes, nomeadamente quanto se cruzam as soluções dos contratos de compra e venda, de permuta ou de (entrada do sócio na) sociedade. Constituindo um baú dogmático-significativo virtualmente inesgotável, suscitam-se ainda fundadas hesitações quanto à formulação exacta do conceito de sinalagma pelos juristas romanos, bem como no que respeita à fundamentação do brocardo *res perit emptoris* no domínio do contrato de compra e venda, e à sua articulação com a máxima *res perit domino*.

As soluções passadas em revista não devem, porém, ser em circunstância alguma desconsideradas, viabilizando mesmo desenvolvimentos que não seriam expectáveis à partida. De facto, o gérmen do interesse contratual prevalente como base de atribuição do risco contratual encontrar-se-á já presente no contrato estimatório, ou mesmo, em sentido lato, na harmonização entre o funcionamento do mecanismo do risco e o instituto da custódia da coisa.

2.2. Das Ordenações do Reino ao período pré-codificador

I. Apesar dos paradigmas legados pelo Direito romano permanecerem no essencial inalterados ao longo do decurso do período intermédio – sendo aliás assimilados pelas três Ordenações do Reino internamente vigentes – a inadmissibilidade da lacuna de praticamente um milénio de evolução histórico-jurídica justifica uma referência sumária ao mesmo intervalo temporal.

São especialmente visadas, em momento prévio à análise da distribuição do risco contratual no Livro IV das O.F., as especificidades relativas à transmissão da propriedade no Direito visigodo, o contributo dado nesse domínio por outros direitos, bem como a orientação assumida pela escola de Bolonha.

Evolução Histórica   139

Em rigor, atenta a solução de continuidade encontrada nas Ordenações do Reino, o corte estrutural deveria ocorrer somente com o advento
do jusnaturalismo jurídico e sua influência nos juristas portugueses, sendo
a presente sistematização adoptada, contudo, por razões de uniformidade
histórico-jurídica[331].

II. Encontrando-se escassas referências à medida de atribuição do
risco contratual pelo Direito medieval[332], cuja imbricação com o fenómeno da responsabilidade contratual é aliás ponderada[333], são inúmeras as
hesitações a respeito das regras de transmissão da propriedade da coisa
estabelecidas pelo Direito visigodo, que vigorou no nosso espaço terri-

---

[331] Esta é a sistematização adoptada, em geral, por MENEZES CORDEIRO, *Tratado,*
I-I, p. 117-123.

[332] FERNÁNDEZ ESPINAR, *La compraventa en el Derecho medieval español*, p. 496,
explica o fenómeno da ausência de formulação da doutrina dos riscos nas fontes medievais
(*maxime* nos *Fueros de la Nvenera*, no *Fuero de Alcala*, no *Fuero de Jaca*, no *Fuero de*
Teruel e no *Fuero Viejo de Castilla*) pelo carácter real que preside ao contrato de venda
neste período. É apenas excepção uma disposição do *Fuero de Soria*, do ano de 369 d. C.,
que, fundada no paradigma *res perit emptoris*, se refere às hipóteses em que o objecto da
venda "*si ardiere o cayere o se lisiare o se perdiere*". A orientação haverá passado (como
noticiam PALACIOS ALCAINE, *Alfonso X El Sabio. Fuero Real*, p. 83, e LINACERO DE LA
FUENTE, *ob. cit.*, p. 24, n. 10) para o *Fuero Real* 3, 10, 17, que estendeu a doutrina a "*otro*
daño qualquier le veniere ante que lo haya rescebido el comprador", ressalvando, porém,
as situações de mora do vendedor, bem como a sua negligência ou acção dolosa (sobre a
pouco provável aplicação deste normativo no nosso país cfr. ALBUQUERQUE/ALBUQUERQUE,
História do Direito, I-I, p. 191, por contraposição à larga difusão das *Siete Partidas*; ainda
que MARCELLO CAETANO, *História do Direito Português*[3], p. 341; ALMEIDA COSTA, *His-*
tória do Direito Português, p. 264; e CABRAL DE MONCADA *Lições de história do direito*
português, p. 113, sufraguem a sua vigência como Direito subsidiário, fundado, segundo
os dois primeiros autores, na "autoridade intrínseca do conteúdo romano-canónico que lhes
servia de alicerce").
As *Siete Partidas* do mesmo AFONSO X – cuja aplicação entre nós recolhe unanimidade entre os jushistoriadores – merecem porém uma referência. A Partida 5, 5, 23, prescrevia, a respeito do contrato de compra e venda, uma orientação semelhante à vigente no
Direito romano, que, posteriormente, viria a ser ainda empregue para a justificação da solução hoje tida por vigente no CCes. Nestes termos, estabelecia-se, mesmo para além da
hipótese do contrato de compra e venda de execução instantânea, que "*(...) Esso mesmo*
dezimos, quando se faze por escripto, que luego que la carta es acabada, e firmada con
testigos, donde adelante es el daño del comprador: maguer la cosa non sea passada al su
poder (...)" (cfr. LOPEZ, *Las Siete Partidas – Partidas V-VI-VII*, p. 20).

[333] Cfr. BIROCCHI, *Rischio contrattuale – Diritto intermedio*, p. 1134, em relação à
Alta Idade Média.

140 O Risco nos Contratos de Alienação

torial pelo menos até ao século XII, *maxime* nos contratos de compra e venda e de doação[334].

Nestes termos, haver-se-á, por um lado, ressuscitado a compra e venda romana dos primórdios, traduzindo-se a compra e venda visigoda num acto sintético ou instantâneo de permuta imediata do objecto pelo preço, cujos efeitos se esgotavam – pelo menos os seus efeitos primários e essenciais – no momento da celebração do contrato e da atribuição da propriedade da coisa ao comprador[335]. A realização simultânea de ambas as prestações na compra e venda germânica anularia, assim, a questão do *periculum*, sendo o risco atribuído, em termos estáticos, ao proprietário da coisa[336]. Um figurino distinto seria porém adoptado pela compra e venda muçulmana[337].

Ao lado desta configuração real *quoad constitutionem* e *quoad effectum*, a compra e venda terá sido ainda admitida enquanto contrato obrigacional, consistindo a *arra* no seu elemento formal. Manifestação do "direito romano degenerado", o contrato tornar-se-ia perfeito e obrigatório com a entrega daquela, podendo a propriedade, por seu turno, ser transmitida através de tradição *ficta* (mediante a celebração de escritura) e de um pagamento meramente parcial do preço[338].

---

[334] A exemplo do Direito romano, o contrato de escambo ou permuta seguiria o regime jurídico do contrato de compra e venda (cfr. GAMA BARROS, *História da Administração Pública em Portugal t. VI²*, p. 295; CABRAL DE MONCADA, *A "traditio" e a transferência da propriedade imobiliária no direito português*, p. 7, n. 1; e ALBUQUERQUE/ALBUQUERQUE, *História do Direito, I-II*, p. 215).

[335] Cfr. PAULO MERÊA, *Direito Privado Visigótico*, p. 73, 76 e 78, e em *Sobre a compra e venda*, p. 85, referindo, em relação ao Código de EURICO, cap. 286 ("*Venditio per scripturam facta plenam habeat firmitatem. Si etiam scriptura facta non fuerit, datum praetium testibus conprobatur, et emptio habeat firmitatem*"), que as escrituras supõem um negócio realizado; FERNÁNDEZ ESPINAR, *ob. cit.*, p. 375 e 379, sublinhando a continuidade no Direito territorial da venda-acto instantâneo, sendo a entrega da coisa o elemento que aperfeiçoaria o contrato; e LUZ ALONSO, *La compraventa en los documentos toledanos de los siglos XII-XV*, p. 457, com base em regra idêntica do Código Visigótico 5, 4, 3. Também em relação ao Direito alemão antigo WIEACKER, *História do Direito Privado Moderno*, p. 263, menciona que "apenas na aparência foram recebidas as formas romanas da aquisição da propriedade (imobiliária)". GILISSEN, *ob. cit.*, p. 734, refere, por seu turno, que a maior parte dos contratos se formavam pela entrega da coisa nos séculos X a XIII.

[336] BIROCCHI, *ob. cit.*, p. 1134.

[337] Cfr. LUZ ALONSO, *ob. cit.*, p. 488, n. 118, referindo o seu carácter meramente consensual.

[338] Cfr. PAULO MERÊA, *Direito Privado Visigótico*, p. 83 e 85, e em *Sobre a compra e venda*, p. 101, fundando-se nos caps. 286, 296 e 297 do Código de EURICO. SÍLVIA ALVES,

Se bem interpretamos o pensamento de PAULO MERÊA, verifica-se uma orientação bifronte do ordenamento jurídico, através da qual, por uma via, se retrocede em relação à estrutura do fenómeno contratual, enquanto que, por outra via, se admite a degradação da materialidade da *traditio* e a desnecessidade de execução da prestação pecuniária para a *translatio domini*, ocorrendo o afastamento de dois pressupostos translativos básicos enunciados pelo Direito romano justinianeu.

Noutro quadrante, e pesem embora os obstáculos à afirmação de uma tipologia contratual inequívoca[339], também o contrato de doação suscita questões estruturais de difícil solução.

Acompanhando uma vez mais a orientação sufragada por PAULO MERÊA, a transmissão da propriedade da coisa doada no Código Visigótico ocorreria mediante a *traditio* desta ao donatário, ou através da passagem da carta de doação para o seu poder com o consentimento do doador, ou ainda mediante o levantamento do seu espólio da carta de doação firmada (na hipótese da sua morte). A *traditio* perde, assim, "todo o seu valor intrínseco, suplantada pelo próprio acto da doação, que por si só é transmissor da propriedade, desde que se realize de certo e determinado modo"[340].

Alguns aspectos acerca da natureza obrigacional ou real da compra e venda civil na história do Direito português, s/p, avança, todavia, a possibilidade da configuração desta situação como simples contrato-promessa. Em sentido algo distinto, cfr., porém, GAMA BARROS, *ob. cit.*, p. 195, 197, 234 e 239, que, exigindo o pagamento do preço no contrato de compra e venda, referia ser a escritura a forma preponderantemente adoptada no Código Visigótico, embora os contratos verbais, ao menos o de compra e venda e o de escambo, continuassem a ser válidos na presença de testemunhas (neste sentido se pronunciam também ALBUQUERQUE/ALBUQUERQUE, *História do Direito*, *I-II*, p. 203).

A evolução subsequente não se terá processado de forma uniforme. Assim, se um estatuto incluído nas Ordenações de D. Duarte, imputado a D. Afonso III, determinava que valessem os "*preytos que se fizerem legitimamente, ainda que não intervenham neles tabeliães*", D. Fernando restabeleceria a obrigatoriedade de escritura pública em relação a contratos superiores a certa quantia (constam aliás do Livro de Leis e Posturas, p. 427-428, duas leis de D. Afonso IV que postulam a observância de escritura pública em relação à transmissão de direitos reais). Paralelamente, a rébora – gratificação não essencial à validade do acto – adquiriu alguma tipicidade neste âmbito (cfr. GAMA BARROS, *ob. cit.*, p. 245; e ALBUQUERQUE/ALBUQUERQUE, *História do Direito*, *I-II*, p. 214).

[339] Cfr. ALBUQUERQUE/ALBUQUERQUE, *História do Direito*, *I-II*, p. 209, remetendo para a intenção final das partes como critério orientador.

[340] Cfr. PAULO MERÊA, *A doação per cartam no Direito romano vulgar e no direito visigótico*, p. 75 e 79-80, fundando-se no Código Visigótico 5, 2, 6. GAMA BARROS, *ob. cit.*, p. 333 e 335, refere, por seu turno, que a tradição do domínio era representada pela rébora, que asseguraria a sua irrevogabilidade.

Não obstante, mostra-se duvidosa a doutrina de CABRAL DE MONCADA que advoga a passagem da *traditio chartae* à *traditio per chartam* na *Lex Visigothorum*. Segundo esta orientação, a entrega do título escrito pelo transferente ao adquirente – que se haveria mantido em documentos e fórmulas sacramentais dos séculos XI e XII – consumaria a transferência de domínio de bens móveis e imóveis, substituindo a entrega da coisa na doação, bem como a entrega do preço na presença de testemunhas no contrato de compra e venda, convertendo-se assim o acto escrito – ao materializar o próprio direito que constituía o seu objecto – na própria alienação e não num simples meio de prova[341]. Com efeito, haverá que distinguir, segundo PAULO MERÊA, entre a *traditio (rei) per chartam* – a entrega fictícia da coisa através da entrega de um documento ao adquirente, da qual resulta a transferência da propriedade – e a *traditio chartae* – que possui antes por objecto o documento (completo ou incompleto), constituindo um acto juridicamente formal que serve de referência documental à primeira[342]. Nestes termos, é admissível que a entrega translativa do documento se encontrasse ainda em conexão com a *traditio ficta* da coisa, não suplantando esta em termos substanciais, ao mesmo tempo que a tradição material da coisa poderá ainda haver-se mantido residualmente operante.

Hesitações paralelas às anteriores suscita ainda o entendimento diacrónico da estrutura transmissiva vigente, segundo o qual a *traditio* romana haverá reaparecido desde meados ou fins do século XIII, consolidando-se nos séculos XIV e XV enquanto uma espécie de investidura na posse, traduzida normalmente na entrega de uma coisa que simbolizasse o objecto que se queria alienar, ou o poder sobre ele, cindindo a trans-

---

[341] Cfr. CABRAL DE MONCADA, *A "traditio"*, p. 5, 7 e 15.

[342] Cfr. PAULO MERÊA, *A doação per cartam*, p. 81, n. 59, e em *A Traditio Cartae e os documentos medievais portugueses*, p. 115, 118 e 122, considerando que CABRAL DE MONCADA confunde *traditio cartae* e *traditio per cartam*, encontrando-se o essencial da documentação na *roboratio* do emitente e não na primeira. Assim, embora a entrega do documento ou a passagem da sua posse com o consentimento do alienante se tornasse indispensável para a transferência do direito – decisivamente para as doações, presumivelmente para os contratos de compra e venda – "não há que falar em *traditio cartae*, visto que não era a entrega da escritura, mas sim a *roboratio*, que constituía o essencial da documentação, valendo o documento *roborado* independentemente da sua entrega ao destinatário". Note-se, contudo, que a figura da *roboratio* é também fonte de problemas por dilucidar. De facto, se CABRAL DE MONCADA, *A "traditio"*, p. 14, n. 2, a toma como gesto de consentimento solene de imposição das mãos sobre a carta que se confunde com o próprio título, GAMA BARROS, *ob. cit.*, p. 333 e 335, sustenta que esta representa antes a tradição do domínio, assegurando a irrevogabilidade das doações.

Evolução Histórica

ferência dominial em dois actos distintos segundo a clássica dissociação romana entre a *iusta causa* e o *modus adquirendi*[343]. O primeiro acto poder-se-ia resolver então numa simples declaração de vontade, e não na típica estrutura consensual, ao mesmo tempo que se formula a desnecessidade de uma expressa demissão de direitos por parte do transmitente[344].

De todo modo, a renovada separação entre o contrato e a entrega da coisa poderia ocasionar a relevância da última em sede de distribuição do risco, e o afastamento do paradigma romano da sua distribuição[345]. Uma orientação sistemática de análise e compreensão das fontes, embora distante da formulação dogmática de princípios ou teorias gerais, pode ser mesmo imputada à escola de Bolonha, nomeadamente a BALDO[346]. Contudo, ao basear-se na bilateralidade obrigacional e na contraposição entre *casus* e responsabilidade por custódia, esta construção não logrou ultrapassar os dogmas bizantinos de distribuição do risco, encontrando-se eco da mesma, em Portugal, nas Ordenações do Reino.

---

[343] Cfr. CABRAL DE MONCADA, *A "traditio"*, p. 17, 19, 23, 24, 30 e 34, referindo a involução como concretização de uma *traditio corporalis* de forma simbólica, sob influência latina e enquanto consequência provável da penetração do Direito romano justinianeu, a que, todavia, o elemento germânico forneceu uma "base moral" de reconstrução. A "grande autoridade que tinha em Portugal o Direito Romano" é mencionada também por GAMA BARROS, *ob. cit.*, p. 204, em relação aos contratos reduzidos a escrito desde os princípios do século XIV. Sobre a investidura medieval franca cfr., por seu turno, OLIVIER-MARTIN, *Histoire du droit français*, p. 277, referindo GILISSEN, *ob. cit.*, p. 740 (n. do tradutor ANTÓNIO MANUEL HESPANHA), as exigências da desistência da propriedade do alienante e da investidura do novo proprietário a partir do século XIII.

[344] Cfr. ALBUQUERQUE/ALBUQUERQUE, *História do Direito, I-II*, p. 212; e SÍLVIA ALVES, *ob. cit.*, s/p.

[345] Cfr., noutras paragens, BIROCCHI, *ob. cit.*, p. 1134, referindo que "*vi sono indizi di una regola del periculum che si distacca da quella del testi justinianei. In particolare vi è un passo della consideta Summa Perusina nel quale il rischio è posto a carico del venditore dopo la conclusione del contratto e fino al momento della consegna della cosa*".

[346] Cfr. BIROCCHI, *ob. cit.*, p. 1136, 1139 e 1143, mencionando que "*il processo storico di formazione della moderna teoria del rischio contrattuale si è delineato in una prima fase (scienza giuridica medievale) come un'elaborazione legata alle normae stabilite per i singoli contratti e in una seconda fase come sistematizzazione dei princìpi continuti in esse (...)*". O contributo dos glosadores é não obstante desvalorizado por ALONSO PÉREZ, *El riesgo*, p. 242-244, que sublinha a repetição dos antigos paradigmas "*con monotonia y uniformidad*".

144   *O Risco nos Contratos de Alienação*

III. As Ordenações do Reino constituem, em qualquer uma das suas versões – *Afonsinas* (1445-1447), *Manuelinas* (1512-1514) e *Filipinas* (1603) – uma assimilação dos paradigmas de transmissão da propriedade e do risco tidos por vigentes no Direito romano clássico e justinianeu[347].

Concentrando-nos no Livro IV do último destes textos, monumento legislativo com maior longevidade de vigência no nosso país[348], desde logo se constata haver sido adoptado o sistema do título e do modo para a transmissão da propriedade da coisa no contrato de compra e venda, exigindo-se a sua tradição para a produção do efeito real contratualmente visado[349]. A mesma orientação constava já das O.A. e das O.M.[350], sendo repetida, dois séculos mais tarde, num Alvará de 4 de Setembro de 1810 do príncipe regente D. João VI[351].

---

[347] Sobre as Ordenações do Reino cfr., em geral, MARCELLO CAETANO, *ob. cit.*, p. 529-551; ALBUQUERQUE/ALBUQUERQUE, *História do Direito*, *II*, p. 34-63; ALMEIDA COSTA, *História do Direito*, p. 273-285 e 288-293; e ESPINOSA GOMES DA SILVA, *História do Direito Português*[2], p. 246-276, e 285-288.

[348] Ainda que este, segundo MELLO FREIRE, *História do Direito Civil Português*, p. 50, tivesse *"muitos defeitos"* e nem sempre conservasse *"a antiga majestade da Jurisprudencia Patria"*.

[349] O. F. 4, 2, pr. *"Porque, tanto que o comprador e vendedor são acordados na compra e venda de alguma certa cousa por certo preço, logo esse contrato he perfeito e acabado"* e 4, 7, prt. final *"porque concorrendo assi na dita venda entrega da cousa e paga do preço, o fazem senhor dela"*. A orientação resulta ainda do regime jurídico da venda da *"mesma cousa duas vezes a diversas pessoas"*, pois se ambas pagassem o preço, a propriedade caberia a quem houvesse recebido a coisa (aspecto que denuncia a relevância da sua entrega). Se a coisa houvesse sido entregue a ambos os contraentes (em momentos necessariamente distintos), a sua propriedade caberia a quem primeiro pagasse o preço (cfr. CABRAL DE MONCADA *História do direito português*, p. 207, e em *A "traditio"*, p. 24, onde, em relação ao passo das O.A. 4, 42, que impossibilitava a reivindicação da coisa não se verificando a sua prévia entrega, alude a uma expressão de um *jus ad rem* e não de um *jus in re*; GALVÃO TELLES, *Venda obrigatória*, p. 83, referindo ainda o pagamento do preço como *conditio iuris* da transmissão do domínio; ALMEIDA COSTA, *Obrigações*, p. 291, n. 2; SANTO JUSTO, *O código de Napoleão e o direito ibero-americano*, p. 43; VIEIRA CURA, *Compra e venda e transferência da propriedade*, p. 70, n. 6, em *Transmissão da propriedade*, p. 374, n. 4, e em *O fundamento romanístico*, p. 61). Em sentido contrário cfr., todavia, CUNHA GONÇALVES, *Tratado, IV*, p. 569, e em *Tratado, VIII*, p. 346, interpretando as O. F. 4, 2, 5, 3, no sentido de que a propriedade se transferia ao comprador logo que o acordo era perfeito.

[350] Cfr., respectivamente, O. A. 4, 36 e 42; e O. M. 4, 24 e 28.

[351] Neste se estabelecia que *"sendo sem controversia estabelecido pelos Direitos Natural, Romano, e Pátrio, e pelo das Nações cultas, e civilizadas, que no contrato da compra, e venda, ajustado o preço, e entregue ao comprador a cousa vendida, e ao ven-*

Evolução Histórica   145

O risco é objecto de uma divisão autónoma no título VIII do Livro IV das O.F. sob a epígrafe *"Do perigo, ou perda, que aconteceu na cousa vendida, antes de ser entregue ao comprador"*, estabelecendo-se, como regra geral, a estatuição justinianeia de que *"tanto que a venda de qualquer cousa he de todo perfeita, toda a perda e perigo, que dahi em diante ácerca della aconteça, sempre acontece ao comprador, ainda que a perda e dano aconteça, antes que a cousa seja entregue"*[352]. Ressalva-se todavia a hipótese das partes haverem acordado que a venda fosse efectuada por escritura pública ou em que esta forma devesse ser respeitada, em que, antes da *"nota do instrumento de venda"*, a perda pertenceria ao vendedor[353]. São mantidas, por seu turno, as soluções da supletividade da distribuição do risco, bem como a exclusão da hipótese do confisco da coisa[354].

A exemplo do sumariado a propósito do Direito romano, eram fixadas excepções àquela regra, nomeadamente a respeito da condição suspensiva, cuja solução de irretroactividade foi mantida, embora acompanhada da distinção entre perda e deterioração da coisa: a última era atribuída ao comprador, salvo mora do vendedor[355]. Surge ainda uma referência au-

---

dedor o preço, ou fiando-o ele, não só fica o contrato aperfeiçoado, mas completo de todo; que por meio de tradição passa o domínio para o comprador, ainda quando o ajuste foi feito habita fide de pretio; que deste contrato nascem as acções pessoaes ex empto et vendito, para se haver por meio dellas a cousa vendida, e o preço; e que a acção de reivindicação he real, e tem origem immediata no domínio" (cfr., a este respeito, Santo Justo, *O código de Napoleão*, p. 38). O acolhimento que se pretendeu demonstrar da orientação jusnaturalista é porém falacioso, uma vez que esta sufragava orientação exactamente contrária: que a propriedade se transmitia *solo consenso*. O mesmo diploma possui, todavia, um conteúdo preceptivo de relevo quando estabelece, revogando o § 2 do Tít. 5 do Liv. 4 das O. F., que *"fiando o vendedor o preço seja, ou não por prazo certo, tenha somente a acção pessoal para pedi-lo, e não possa haver a coisa vendida, por que não fosse paga no tempo aprazado"*. A solução da insusceptibilidade de resolução do contrato de compra e venda pelo não pagamento do preço sendo a coisa entregue ao comprador – consagrada no art. 886.º do CCiv – parece encontrar aqui uma fonte remota.

[352] O. F. 4, 8, pr. A orientação é paralela às O. A. 4, 8, pr. e às O. M. 4, 31, pr..

[353] O. F. 4, 8, 3.

[354] O. F. 4, 8, 8 *"E em todo o caso, que as partes conviessem e acordassem, que o perigo e a perda da cousa vendida pertença a cada hum delles em outra maneira do que aqui declaramos, deve cumprir-se o que entre elles fôr firmado e acordado"*; e O. F. 4, 8, 4 *"(...) fosse confiscada por algum malefício, que o vendedor houvesse commettido, ou a mandassemos Nós tomar por alguma necessidade, antes que fosse entregue ao comprador, em cada hum destes casos pertence a perda e perigo da cousa ao vendedor"*.

[355] O. F. 4, 8, 1 *"(...) fallecendo a condição, falleceria em todo a venda, como se nunca fosse feita. E por conseguinte todo o dano e perda, que acontecesse na cousa ven-*

146   *O Risco nos Contratos de Alienação*

tónoma ao termo para o cumprimento da obrigação de entrega da coisa – fenómeno através do qual se transmitiria a propriedade sobre esta – estabelecendo-se que o risco seria imputado ao comprador após o seu vencimento[356].

Por outra via, as fontes apresentam-se algo equívocas no que respeita às coisas objecto de venda de *"quantidade, não por medidas, mas juntamente em specie"* – que surgiam reguladas em articulação com a venda a contento – estabelecendo-se soluções distintas de distribuição de risco em cada uma destas situações[357]. Já a contraposição entre a assunção e a não

---

dida em qualquer tempo, pertenceria ao vendedor. E se pendendo a condição, perecesse a cousa vendida de todo e depois fosse a condição cumprida, a perda da cousa pertencia de todo ao vendedor; porque tanto que a cousa perecer, pendendo a condição, logo a venda de todo he desfeita, como se nunca fosse feita, e por conseguinte tudo o que ácerca della acontecer pertence ao vendedor"; e O. F. 4, 8, 2 *"E se pendendo a condição, a cousa vendida fosse peiorada, ou danificada em alguma parte, e depois fosse a condição cumprida, todo o danificamento e peioria pertenceria ao comprador, salvo se o vendedor fosse em mora e tardança de entregar a cousa ao comprador; porque em tal caso pola culpa da tardança, em que o vendedor foi, carrega-se a elle o danificamento, que depois aconteceu á cousa vendida, antes da condição cumprida".*

[356] O. F. 4, 8, 7 *"E se fosse entre o comprador e o vendedor posto termo, a que o comprador houvesse de receber a cousa, passado o dito termo será o perigo do comprador".*

Sublinhe-se, desde logo, que é ficcional a aproximação desta norma ao n.º 2 do art. 796.º do CCiv. Não apenas por a solução se abstrair *(i)* do interesse na estipulação do termo e *(ii)* da entrega da coisa enquanto elemento transitivo do risco, mas sobretudo devido *(iii)* ao sistema do título e do modo pressuposto pelas O.F.. Interpretativamente porém, o facto do efeito real ser produzido pela entrega da coisa (e não com a celebração do contrato) não se mostrava decisivo, uma vez que, em sede de risco, a regra então vigente coincidia com a sua antecipação em relação ao domínio. A solução representava, assim, um retardamento na normal transmissão do risco (que todavia ainda se anteciparia à aquisição dominial). A O. F. 4, 8, 7, aplicar-se-ia se o termo se vencesse, com independência da entrega da coisa, alheando-se a qualquer compatibilização entre risco e dominialidade.

[357] O. F. 4, 8, 5 *" (...) alguma quantidade, que se haja de medir e gostar, ou pesar e gostar, assi como vinho, mel, azeite, ou speceria, ou outras semelhantes, todo o perigo, que ácerca da dita cousa assi vendida acontecesse, antes que o comprador medisse e gostasse, ou pesasse e gostasse, pertencia ao vendedor. Porém, tanto que for medida e gostada, pertencerá o perigo ao comprador"*; e O. F. 4, 8, 6 *"E sendo vendida a dita quantidade, não por medidas, mas juntamente em specie, pertencerá o perigo, que acontecer antes da entrega, ao comprador, ora a gostasse ou não. Porém neste caso, quando assi he vendida quantidade em specie simplesmente, sem termo algum, a que se haja de receber, se o vendedor tomasse o perigo em si, será o perigo do vendedor: salvo se o comprador,*

assunção do risco de perecimento da coisa por mutuário e comodatário resultava claramente do texto das O.F.[358], embora a imperfeição do sistema instituído em sede de risco – em especial quando em conexão com a transmissão da propriedade – fosse sublinhada ainda durante o seu período de vigência[359].

IV. O advento do jusnaturalismo jurídico constitui o verdadeiro marco de viragem em relação à estruturação bizantina de distribuição do risco contratual, operando uma revolução coperniciana na sua compreensão.

O consenso das partes assumiu-se então como fundamento bastante para a produção do efeito de transmissão da propriedade da coisa, através do qual o contrato ultrapassa o círculo restrito dos seus contraentes e alcança uma projecção universal[360]. Sendo anunciado pela canonística[361], este entendimento surge expresso em alguns dos exponentes máximos da escola racionalista do Direito Natural, nomeadamente GROTIUS e PUFENDORF, bem como no iluminismo racionalista de WOLFF[362]. A sua influên-

---

depois do vendedor ter tomado o perigo em si, gostasse a quantidade vendida, por que em este caso logo cessa todo o perigo, que o vendedor tinha em si tomado, e carregará sobre o comprador".

[358] O. F. 4, 50, pr. *"Toda a pessoa, que emprestar a outra cousa alguma, que consiste em numero, peso ou medida, como dinheiro, vinho, aseite, trigo ou qualquer outro legume, tanto que se recebe a tal cousa emprestada, fica a risco daquelle que a recebeu; porque pola entrega ficou propria do que a recebeu, e fica sempre o obrigado a pagar o genero, que não podia perecer, que he outro tal dinheiro, trigo, vinho, ou aseite ou outro legume"*; e O. F. 4, 53, 1 *"(...) se o tal dinheiro se perdesse por caso algum fortuito em poder do commodatario não será obrigado a paga-lo, como fora, se se lhe dera o tal dinheiro para o gastar, e consumir"*, sendo a regra confirmada pelo § 3 e pelo § 4 do mesmo título.

[359] Cfr. ALMEIDA E SOUSA (LOBÃO), *Fasciculo de dissertações juridico-praticas t. II*, III Dissertação, § 5, p. 55; e, numa análise contemporânea, SÍLVIA ALVES, *ob. cit.*, s/p. Em sentido contrário, coerente contudo com o que entendia ser o mecanismo alienatório contratual das Ordenações Filipinas, cfr. CUNHA GONÇALVES, *Tratado, IV*, p. 575, em *Tratado, VIII*, p. 351, e em *Dos contratos em especial*, p. 261, sustentando a vigência de uma regra paralela ao art. 717.° do CCse.

[360] GALVÃO TELLES, *Aspectos comuns aos vários contratos*, p. 260.

[361] Terá sido TEUTONICUS o primeiro a sustentar o *"ex nudo pacto, actio oritur"* na sua glosa ao Decreto de GRACIANO, cerca do ano de 1212, a que se seguiu a orientação presente nas Decretais de Gregório IX, de 1234, e a incorporação do respeito pela palavra dada nos costumes da Europa Ocidental dos séculos XIII e XIV (cfr. GILISSEN, *ob. cit.*, p. 735).

[362] WOLFF, *Institutiones juris naturae et gentium*, de 1768, § 314, *"Quoniam domino competit jus de re sua pro lubitu disponendi a voluntas ipsius unice dependet, in quem et*

148   *O Risco nos Contratos de Alienação*

cia na dogmática civilista subsequente, nomeadamente na de matriz francesa, é insofismável[363].

A revolução no enquadramento dogmático da vontade surge em articulação directa com a manutenção da regra *periculum est emptoris*, agora justificada, em termos racionais, com base na titularidade pelo comprador da propriedade da coisa cujo risco suporta[364]. Apesar da antinomia romana na distribuição do risco contratual, nomeadamente no contrato de compra e venda, haver sido anteriormente enfrentada[365], a adopção do consensualismo translativo viabilizou a conciliação – senão a unificação – daquele brocardo com a máxima *res perit domino*. Não se verifica, porém, uma correspondência necessária entre ambos, como resulta, desde logo, do pensamento dos representantes da escola jusnaturalista.

Considerado o fundador da corrente jusnaturalista, GROTIUS veio defender, nos caps. VIII e XII do Livro II do seu *"De iure belli ac pacis"*, que a tradição não seria exigível para a transmissão do domínio segundo

---

quomodo dominium, aut jus quoddam suum transferre velit", constando idêntica orientação dos §§ 316-317 da mesma obra (*apud* VIEIRA CURA, *O fundamento romanístico*, p. 49; e WIEACKER, *ob. cit.*, p. 356).

[363] WIEACKER, *ob. cit.*, p. 330.

[364] Cfr. BIROCCHI, *ob. cit.*, p. 1141, considerando a articulação da transmissão da propriedade e do risco em GROTIUS e PUFFENDORF como a atribuição de um substrato de equidade à regra *periculum est emptoris*; e ALONSO PÉREZ, *El riesgo*, p. 251, no reconhecimento de que a instituição da venda translativa se deveu, fundamentalmente, ao propósito de acabar com a *inelegantia iuris* do funcionamento da regra *periculum emptoris* antes da entrega da coisa, embora os redactores do CCfr hajam mesmo ultrapassado tal desiderato: *"lo que empezó siendo causa, acabó siendo efecto"*. Com efeito, o acolhimento do princípio da consensualidade translativa pelo CCfr corporiza uma justificação *a posteriori* de uma solução com fundamento longínquo, apoiada, não na eficácia real do contrato, mas no dogma bizantino da *emptio perfecta* (cfr. RAINER, *Zur Eigentumsübertragung in der EU*, p. 411; MAGAZZÙ, *ob. cit.*, p. 58; DELFINI, *ob. cit.*, p. 50; e LEVY/CASTALDO, *ob. cit.*, p. 728, que deixam uma interrogação em relação à actualidade da regra *res perit emptoris*: *"comment pourrait-elle avoir survécu quelques 2000 ans à sa raison d'être?"*).

[365] A superação do critério romano de distribuição do risco na compra e venda encontra-se já presente em CUJÁCIO, que, com base no D. 19, 2, 33, subverteu a regra geralmente afirmada (e sustentou que o risco se encontrava a cargo do vendedor ou do locador até à entrega da coisa), podendo este jurista ser havido como precursor da futura reforma (cfr. BIROCCHI, *ob. cit.*, p. 1141, sufragando que *"si deve alla scuola culta il merito di aver posto al centro dell'attenzione l'analisi del sinalagma, di fondamentale importanza per il superamento del sistema dei contratti e per la formazione della categoria generale del contratto"*).

o Direito natural[366]. Em conformidade, sufragou que ultrapassada a ficção criada pelo Direito civil, o risco de perecimento da coisa correria por conta do adquirente, sendo apenas imputado ao alienante se o efeito real não fosse imediato[367].

Acolhendo também a solução transmissiva consensualista, PUFENDORF propugna, todavia, uma repartição distinta do risco contratual no seu *"De iure naturae et gentium"*[368]. Com originalidade[369], o mesmo autor excluiu o brocardo *periculo est emptoris*, *"si per emptorem sterit quominus ipse (rem) non traditam possideat"*[370]. Rejeitando as construções apresentadas para a justificação das regras romanas de distribuição do risco no contrato de compra e venda, PUFENDORF considerou que o melhor meio para descobrir as regras de equidade natural no seu seio seria distin-

---

[366] GROTIUS, *De iure belli ac pacis libre tres*, v. I, 1623, p. 415 – 2, 8, 25 *"Ultimus acquirendi modus qui juris gentium dicitur, est per traditionem. Atqui supra diximus, ad dominii translationem naturaliter traditionem non requiri (...)"*; 2, 12, 2 *"(...) item donatio, qua dominium transfertur (...)"*; 2, 12, 15 *"De venditione et emtione notandum, etiam sine traditione, ipso contractus omento trasferri dominium posse, atque id esse simplicissimum: ita Seneca" (De beneficiis, V, 10) venditio alienantio est, et rei suae jurisque sui in alium translatio: nam est ita fit in permutatione"* (cfr. VIEIRA CURA, *O fundamento romanístico*, p. 52, n. 51; e ANTUNES VARELA, *Anotação ao ac. do STJ de 4 de Março de 1982*, p. 286, n. 1).

[367] GROTIUS, *De iure belli ac pacis libre tres cit.*, v. II, p. 68 – 2, 12, 15 *" (...) Quod si actum sit, ne statim dominium transeat, obligatur venditor ad dandum domino, atque interim rei erit commodo et periculo venditoris: quare quod venditio et emtio constat praestando, ut habere liceat, et evictionem, item quod res periculo est emtoris, et ut fructus ad eum pertineant antequam dominium transeat, commenta sunt juris civilis, quod nec ubique observatur: imo plerisque legum conditoribus placuisse, ut ad traditionem usque rem commodo et periculo venditoris sit, notavit Theophrastus in loco, qui apud Stobaeum (...)"*.

[368] Tomando a propriedade como *"merum ius et facultas moralis"*, PUFENDORF, *De iure naturae et gentium libri octo* 4, 9, 5, cita GROTIUS na admissibilidade da alienação consensual, fixando idêntica máxima – ainda que não com a mesma clareza do primeiro autor – em 4, 9, 8 *"(...) Hisce positis adparet, omnino per sola pacta transire posse dominium, prout id consideratur nude tanquam qualitas moralis, et prout abstrahit à possessione: verum prout illud etiam aliquid physicae facultatis intelligitur continere, per quam stati mactu exerceri queat, praeter pacta etiam traditionem requiri. Id quod non ex jure positivo, sedex ipsa naturali ratione fluit (...)"* (cfr. PUFENDORF, *De iure naturae et gentium libri octo, II*, p. 137 e 140, e em *Le droit de la nature et des gens*, p. 559 e 561; e VIEIRA CURA, *O fundamento romanístico*, p. 52, n. 51).

[369] WIEACKER, *ob. cit.*, p. 352.

[370] PUFENDORF, *De iure naturae et gentium libri octo*, 5, 5, 3 (cfr. PUFENDORF, *De iure naturae, II*, p. 252, e em *Le droit de la nature*, p. 53).

guir entre três situações. Nestes termos, a perda deveria ser imputada ao vendedor se *(i)* a dilacção (não morosa) na entrega da coisa se verificasse pelo facto de esta não poder ser transportada senão dentro do tempo determinado para o lugar onde aquela deveria ocorrer, bem como nos casos em que *(ii)* a coisa não fosse entregue ao comprador em virtude de mora do vendedor. A retenção da coisa pelo vendedor nas situações de aparente mora do credor da entrega da coisa (o comprador) encontrar-se-ia, por seu turno, associada a uma assunção pelo primeiro da qualidade de depositário e não de proprietário, não lhe sendo atribuída responsabilidade pelo caso fortuito[371].

Esta orientação aproxima-se inesperadamente, ainda que em termos apenas tendenciais, da doutrina constante do n.º 2 do art. 796.º. Não obstante, o distanciamento sistémico de PUFENDORF da mesma solução é evidente quando o autor sustenta, em *"De officio hominis et civis juxta legem naturalem libri duo"*, a responsabilidade do comodatário pelo risco[372].

A superação da solução romana de transmissão da propriedade com a entrega da coisa através da consagração da eficácia real do contrato de compra e venda conduz assim, logo a partir dos seus primeiros defensores, à necessidade de um novo enquadramento dogmático da atribuição do risco contratual. Desaparecia o paradoxo da sua atribuição ao comprador não proprietário: este passava a assumir a perda patrimonial enquanto novo *dominus*. Todavia, desde os primórdios que o logicismo deste critério de distribuição do risco contratual encontrou mediatizações: pressupondo a aquisição do direito real pelo adquirente, PUFENDORF haver-se-á aproximado, segundo se julga, da ponderação dos vectores do controlo e do interesse aquando da distribuição do risco contratual.

---

[371] Uma solução paralela é ainda sustentada por PUFENDORF em *De officio hominis et civis juxta legem naturalem libri duo* 1, 15, 9, *maxime* quando refere a atribuição do risco ao vendedor se for fixado que a mercadoria deva ser entregue numa determinada data, apenas se transmitindo ao comprador em virtude da sua mora (cfr. PUFENDORF, *On the duty of man an citizen – De officio hominis et civis juxta legem naturalem libri duo*, p. 99).

[372] PUFENDORF, *De officio hominis et civis juxta legem naturalem libri duo* 1, 15, 6 (cfr. PUFENDORF, *On the duty*, p. 98), admitindo porém o mecanismo da relevância negativa da causa virtual. Refira-se ainda a inexistência de uma ruptura acrítica de PUFENDORF com a orientação romana, uma vez que a solução de distribuição de risco sufragada pelo autor em *De iure naturae et gentium libri octo* 5, 6, 2, a respeito da locação em nada modificava o paradigma então vigente (cfr. PUFENDORF *Le droit de la nature*, p. 64). A solução preconizada para a compra e venda haverá resultado de uma consideração típica dos interesses das partes, cuja generalização não se afigura, porém, intuída por PUFENDORF.

Evolução Histórica 151

V. Nas suas diversas manifestações, a progressiva espiritualização da *traditio* corporiza um elemento que se adicionou ao movimento jusnaturalista na superação dos paradigmas dominiais romanos. O simbolismo – nomeadamente através da entrega de chaves, de um documento ou da adstrição de alguém à guarda da *res* – ou mesmo a simples ficção de verificação da entrega da coisa (*traditio ficta* ou *intellectualis*), foram encontrando paralelo na admissão generalizada do constituto possessório enquanto manifestação da vontade das partes, antecipando a possibilidade de configuração da *translatio domino* independente da ocorrência de uma modificação efectiva na esfera de controlo da coisa alienada[373].

Latente desde o período romano, foi então consumado o enquadramento fáctico e sócio-económico para a solução translativa consensualista que viria a ser acolhida[374]. Em particular, o constituto possessório irá sofrer um desvio fundamental da sua índole e função específicas operado pela civilística francesa, sendo, com base em costumes locais, considerado implícito no acto de alienação, sem necessidade de expressa previsão[375]. Uma orientação idêntica, a respeito da transmissão do domínio e da posse por tradição *ficta*, haverá também constituído tradição tabeliónica no nosso país[376].

VI. Na base da pré-codificação portuguesa encontra-se MELLO FREIRE e as suas *Instituições de Direito Civil Português, tanto público como par-*

---

[373] Cfr., em quadrantes distintos, SANTO JUSTO, *Romano, III*, p. 100; MIQUEL, *ob. cit.*, p. 181, mencionando a espiritualização da *traditio* através de uma cláusula de estilo empregue documentalmente pelos tabeliães; CABRAL DE MONCADA, *A "traditio"*, p. 29, n. 1; e MENEZES CORDEIRO, *A posse*, p. 108.

[374] WIEACKER, *ob. cit.*, p. 266, refere que "o sucedâneo da tradição, mantido discretamente no direito clássico e algo alargado no Direito justinianeu, foi tão revolvido e espiritualizado pelo *usus modernus* que, sobretudo a teoria jurídica francesa, chegou a partir daí ao princípio da consensualidade". A atenuação da materialidade da *traditio* ainda na alta Idade Média é mencionada, por seu turno, por GILISSEN, *ob. cit.*, p. 740 (n. do tradutor ANTÓNIO MANUEL HESPANHA).

[375] Nestes termos, HOUIN, *Sale of good in french law*, p. 23, sublinha que o CCfr apenas sancionou o princípio da estipulação nos contratos de que o vendedor ficaria com a coisa por conta e risco do adquirente em virtude do constituto possessório.

[376] Cfr. COELHO DA ROCHA, *ob. cit. (II)*, p. 539 n. KK ao § 818; VAZ SERRA, *Efeitos dos contratos*, p. 349, n. 32; e GALVÃO TELLES, *Contratos Civis*, p. 150. Distinta desta é ainda a declaração expressa de ficar a coisa vendida pertencendo ao comprador e sua descendência, particularidade mencionada a respeito dos nossos instrumentos de venda (cfr. GAMA BARROS, *ob. cit.*, p. 237; e GALVÃO TELLES, *Contratos em Geral*, p. 43, n. 40).

ticular, que, havendo alcançado prestígio na cátedra e nos tribunais, não deixavam de manifestar já a influência do "espírito do direito natural e do *usus modernus pandectarum*"[377].

Não obstante, resulta com evidência da sua obra que o autor não se libertou do jugo imposto pelas O. F. – e, em termos mais remotos, pela interpretação clássica dos trechos do *Corpus Iuris Civilis* – no domínio da configuração do contrato de compra e venda e da distribuição do risco de perecimento e deterioração da coisa.

Assim, embora sustente, no domínio dos elementos essenciais da venda, que *"não são da essencia deste contrato nem a tradição da coisa, nem o pagamento do preço, nem a escritura, nem as arras, porquanto a venda é perfeita e a obrigação nasce para ambos os contraentes, logo que eles acordam em vender certa coisa por certo preço"*, refere MELLO FREIRE que *"o vendedor, embora seja obrigado a entregar ao comprador a coisa vendida, retém todavia, o domínio dela até à tradição"*, não ficando proprietário *"logo após a entrega, se não pagar ou garantir o preço"*[378]. Em conformidade, sufragou o insigne jurista, como *"regra do Direito natural e romano (...) seguida na Ord. Liv. 4, Tít., 8, Man. 31, Afons. 46"*, que *"o risco e o cómodo da coisa vendida pertencem ao comprador, porque, embora o vendedor retenha o seu domínio até à tradição, como, todavia, é devedor da espécie, liberta-se com o perecimento desta"*[379].

---

[377] BRAGA DA CRUZ, *Formação histórica do moderno Direito privado português e brasileiro*, p. 17. Cfr., de igual modo, ALMEIDA COSTA, *História do Direito*, p. 379.

[378] MELLO FREIRE, *Instituições de Direito Civil Português – Tanto público como particular – Livros III e IV*, no Livro IV (*Das obrigações e acções*), Título III (*Das Convenções benéficas, onerosas e acessórias*), § XIV, p. 66, fundando-se, respectivamente, na Ord. Liv. 4, Tít. 2; na Ord. Liv. 4, Tít. 7, no princípio, Man. 28, e Afons. 42; e na Ord. Liv. 4 Títs. 5 e 7, § 1 e *Venditae* 41 do Tít. *De rerum divisione* das *Institutas*. Não obstante, no Livro III, Título III (*Da aquisição do domínio das coisas*), § X (cfr. BMJ n.º 165, p. 67), citando GRÓCIO e PUFENDORF na ruptura com a orientação romanista, MELLO FREIRE parece preferir uma solução distinta, pois *"segundo a simplicidade natural, pode abdicar-se do domínio por simples palavras e transferir-se a propriedade a outro por qualquer acto externo em que se declare a vontade"*, orientação que *"no nosso direito também parece necessária"*.

[379] MELLO FREIRE, *Instituições*, Livro IV (*Das obrigações e acções*), Título III, § XVI (*Do risco e cómodo da coisa vendida*), p. 68, ainda que reserve o seu juízo para o *"caso da venda ser perfeita"*, ou seja, *"quando se sabe claramente em que a coisa consiste, e a qualidade, quantidade e preço por que se comprou e vendeu"*.

Evolução Histórica   153

O mesmo freio interpretativo surge a respeito, nomeadamente, da admissão lata da responsabilidade do comodatário[380], pese embora a fixação, como referência básica, de que "*a coisa perece para o seu dono*", pelo que "*o caso fortuito não se paga (...) salvo se alguém por convenção especial aceitou esse risco ou incorreu em mora*"[381]. O perdão aos arrendatários da "*pensão devida em caso de calamidade pública, que não lhes permit(a) fruir da coisa alugada*" constitui uma manifestação segura da última regra[382].

VII. Uma orientação já consolidada quanto à adopção do paradigma jusnaturalista de transmissão da propriedade e de adequação dos mesmos efeitos ao domínio do risco pode divisar-se em ALMEIDA E SOUSA (LOBÃO), a que não será seguramente alheia a influência exercida pela doutrina francesa e o seu *Code Civil*[383].

Segundo o mesmo autor, "*o dominio adquire ao comprador, logo que se unem as vontades, a do vendedor em lho transferir, e a do comprador em o adquirir*"[384], associando a translação à assunção do risco pelo comprador segundo as regras estabelecidas nas O. F.[385].

---

[380] MELLO FREIRE, *Instituições*, Livro IV, Título III, § V, p. 54, (*Regras sobre a prestação do dano nos contratos*): "*nos contratos em que um fica com o cómodo e outro com o incómodo, aquele responde ordinariamente pela culpa leve e levíssima, e este apenas pela culpa grande (...) por isso o comodatário que recebeu a coisa emprestada só para seu proveito, até a culpa levíssima lhe é imputada (...), mas, se seguirmos a razão e a equidade, é o beneficiário, e, por isso, é o comodatário quem deve responder pelo perecimento da coisa, cujo uso lhe foi graciosamente concedido, ou então pelo dano que lhe sobrevier de qualquer modo, inclusive de caso fortuito*", louvando-se no Direito hebreu e nos antigos Direitos germânicos.

[381] MELLO FREIRE, *Instituições*, Livro IV, Título III, § V, p. 54, com base na Ord. Liv. 4, Tít. 50, no princípio, e Tít. 53 § 1, no fim, §§ 3 e 4.

[382] MELLO FREIRE, *Instituições*, Livro IV, Título III, § XIX, p. 72. Solução análoga surge em CORREIA TELLES, *ob. cit. (III)*, p. 107, art. 763.°; e em COELHO DA ROCHA, *ob. cit. (II)*, p. 466 (§ 835).

[383] Segundo MENEZES CORDEIRO, *Tratado, I-I*, p. 118, n. 358, este terá sido o primeiro jurisconsulto português a empregá-lo.

[384] ALMEIDA E SOUSA (LOBÃO), *Fasciculo de dissertações juridico-praticas t. II*, III Dissertação, § 3, p. 53, louvando-se no CCfr, e concluindo, *rectius*, que "*a necessidade da tradição para a aquisição de domínio se ha de dizer invento do Direito Civil, e não precisamente do Direito Natural*" (as mesmas referências ao Direito natural são efectuadas no *Fasciculo de dissertações juridico-praticas t. I*, VII Dissertação, § 20, p. 417).

[385] ALMEIDA E SOUSA (LOBÃO), *Fasciculo de dissertações juridico-praticas t. II*, III Dissertação, § 5, p. 55, citando DOMAT, sublinha que "*parece, que pela simples vontade*

ALMEIDA E SOUSA (LOBÃO) antecipava assim a solução consensualista adoptada no CCse e retirava da mesma consequências quanto à distribuição do risco. Com efeito, o risco acompanhava o contrato porque este constituía o veículo transmissivo da propriedade da coisa alienada, havendo a mesma orientação sido subsequentemente sufragada por CORREIA TELLES e COELHO DA ROCHA[386].

VIII. Dialogando em simultâneo com as Ordenações do Reino, o CCom de 1833 e os Códigos civis francês e prussiano, o *Digesto Portuguez* de CORREIA TELLES constitui a obra que mais desenvolvidamente abordou a temática do risco na fase pré-codificadora, ostentando um elevado nível técnico relativamente ao momento histórico a que se reporta[387].

Em primeiro lugar, na secção II (*Acaso*) do Título IX (*Obrigações de dar, fazer ou não fazer*) do Livro I (*Dos direitos e obrigações em geral*) define-se o caso fortuito como "*o acontecimento que não podia ser previsto, ou ainda que o fosse, não se lhe poderia resistir*", estabelecendo-se, em termos genéricos, que "*em regra ninguem é responsável (...)*" por tais eventos. Como excepções referem-se todavia as situações em que "*alguem se obrigou a responder por elles; se a mora ou a culpa do devedor os motivou; (ou) se a Lei obriga a responder por elles*"[388].

---

estava transferido, e adquirido o dominio ao comprador; porque se assim não fosse não cederia em prejuiso delle toda a perda acontecida depois da perfeição do contracto, e antes da tradição". Na sequência, entende o autor, a respeito das "*Especialidades de Direito nas compras e vendas de Vinhos*", que existe no § 5 e no § 6 do Título 8 do Livro IV das Ordenações Filipinas uma condição "*subentendida na venda que se faz por almudes (e não por grosso)*", para aplicar o regime de risco aí estabelecido, ainda que a terminologia empregue seja algo equívoca ("*por grosso, a olho, ao montão ou por aversão*" – cfr. ALMEIDA E SOUSA (LOBÃO), *Fasciculo de dissertações juridico-praticas t. I*, VII Dissertação, § 5 e § 24, p. 407 e 420).

[386] Facto que confirma que a compra e venda com efeitos reais – com repercussões ao nível do risco e outras – constituiu uma das "inovações que mais apaixonava os juristas portugueses da época liberal" (cfr. BRAGA DA CRUZ, *ob. cit.*, p. 26 e 33).

[387] Datando a sua primeira edição de 1835, a obra chegou a ser considerada para promulgação enquanto Código civil da Nação brasileira (cfr. BRAGA DA CRUZ, *ob. cit.*, p. 30).

[388] CORREIA TELLES, *ob. cit. (I)*, p. 31, arts. 211.º a 213.º. Assumem igualmente relevância os preceitos de CORREIA TELLES a respeito da "*extincção da cousa devida*" enquanto "*modo(s) de fazer cessar os direitos e obrigações*", regulado na secção VIII do Título XVI. Nestes se equipara a perda da coisa ao "*deixar de estar em comércio*", e se contrapõe a extinção da obrigação se a coisa "*certa e de determinada espécie (...) deixou de existir sem culpa do devedor*", à manutenção da sua vinculação se a dívida consistia em "*cousa indeterminada entre as do seu genero*", nas quais inclui, exemplificativamente, "*um cavalo,*

O contrato de compra e venda é por sua vez configurado no Título IV (*Da compra e venda*) do Livro III (*Do direito de propriedade, modos de a adquirir, gozar e alhear*) como consensual no que respeita à translação do domínio[389], recorrendo CORREIA TELLES às O.F. para sufragar, em termos supletivos, que "*tanto que a venda é perfeita, a perda ou proveito, que sobrevem á cousa vendida, ainda que não tenha sido entregue, é por conta do comprador*", embora deste âmbito fosse excluído o confisco da coisa, que correria sempre "*por conta do vendedor*". Não seria todavia perfeita "*a compra e venda de generos ou mercancias, que tem de ser medidos ou pesados, em quanto se não faz o seu peso ou medida*", pelo que "*até esse acto o perigo que sobrevem á cousa vendida, é a cargo do vendedor*". A perda seria não obstante atribuída ao comprador se "*o vinho ou outras mercancias foram vendidas por junto a olho, independentemente do peso ou medida*"[390]. Nestes termos, CORREIA TELLES fundava o risco assumido pelo comprador na aquisição da propriedade, distinguindo a venda de coisa genérica da venda por aversão, e procedendo à definição e circunscrição do conceito de risco[391]. Em simultâneo, o jurista de novecentos considera a aposição ao contrato de compra e venda de condição suspensiva e reso-lutiva, atribuindo, respectivamente, o risco de perecimento da coisa ao vendedor e ao comprador[392], enunciando de igual modo as regras da res-ponsabilidade pelo risco do devedor moroso, e da relevância negativa da causa virtual[393].

---

moio de trigo e dinheiro" (cfr. CORREIA TELLES, *ob. cit. (I)*, p. 164, respectivamente nos arts. 1268.°, 1267.° e 1269.°). A doutrina referida é harmónica com a posição do autor em relação às obrigações alternativas, em que, respectivamente, "*(...) se uma das cousas pereceu, ainda que o devedor não tivesse culpa, deve pagar a outra*", "*se ambas perecerem sem culpa sua, e sem ter havido mora na entrega, extingui-se a obrigação*" (cfr. CORREIA TELLES, *ob. cit. (I)*, p. 24 e 165, respectivamente, no art. 157.° – corroborado pelo art. 1278.°, e no art. 160.°).

[389] CORREIA TELLES, *ob. cit. (III)*, p. 29 e 56, arts. 182.°, 183.° e 380.°.

[390] CORREIA TELLES, *ob. cit. (III)*, p. 50-52, sob a epígrafe "*Do perigo e commodo da cousa vendida*", respectivamente nos arts. 355.°, 339.°, 340.° e 342.°.

[391] A orientação referida constituiria porém, ao que se julga, uma mera proposta nor-mativa do autor, uma vez que na tradução de POTHIER, *Tratado das obrigações pessoaes e reciprocas nos pactos, contractos, convenções, &c. t. I*, p. 116, n., CORREIA TELLES refere que "*entre nós o comprador corre risco da cousa, eis que ella he ajustada (...) Entretanto não adquire a propriedade antes da tradição*".

[392] CORREIA TELLES, *ob. cit. (I)*, p. 16, arts. 92.° e 93.°; e *ob. cit. (III)*, p. 52, arts. 351.° e 352.°.

[393] CORREIA TELLES, *ob. cit. (I)*, p. 164, arts. 1270.° e 1273.°, e em *ob. cit. (III)*, p. 51 e 96, arts. 344.°, 345.° e 682.°, referindo-se inclusive ao "castigo da mora". Curiosa

CORREIA TELLES estabeleceu por fim algumas regras de distribuição de risco a respeito de cada um dos diversos contratos que foram por si sucessivamente examinados. Nestes termos, imputa o perecimento da *"cousa com que um socio devia entrar na sociedade"* à sociedade ou ao sócio consoante houvesse sido comunicada a sua propriedade ou apenas o seu uso[394]. Regulando a empreitada no título relativo ao arrendamento, distribui o risco de perecimento da coisa antes da conclusão da obra consoante o sujeito que haja procedido à entrega dos materiais[395], ressalvando expressamente desta solução o caso em que o *"operario da empreitada so fornece o seu trabalho ou industria"*, respondendo este apenas se for susceptível de um juízo de culpa no perecimento da coisa[396]. O autor contrapõe ainda a assunção de risco pelo mutuário, conexo com a entrega da coisa, à responsabilidade por culpa levíssima do comodatário[397], perspectivando um regime específico para a *"sociedade ácêrca d'animaes"*, cuja similitude com a parceria pecuária se afigura inequívoca[398].

IX. Destinadas a substituir, no ensino e na prática jurídica, a obra de MELLO FREIRE[399], as *Instituições de Direito Civil* de COELHO DA ROCHA constituem um dos últimos monumentos doutrinais do período pré-codificador, remontando a sua primeira edição a 1844.

Configurando a perda da coisa devida como um modo de extinção das obrigações[400], COELHO DA ROCHA sublinha a doutrina *"mui dura e injusta"* das O.F. em relação à distribuição do risco da compra e venda[401],

---

é a norma constante do art. 1274.º da prt. geral, na qual se introduz uma presunção de que *"a cousa não teria perecido em poder do credor, se era mercador, que negociava em cousas taes"*.

[394] CORREIA TELLES, *ob. cit. (III)*, p. 153, arts. 1113.º e 1114.º.

[395] CORREIA TELLES *ob. cit. (III)*, p. 175, arts. 875.º e 876.º: *"se o dono da obra dá os materiais o perecimento d'ella por caso fortuito, antes da obra acabada, é por conta do dono"*; *"se o mestre dá os materiais, o perecimento d'estes, antes da obra concluída, é por conta d'elle"*.

[396] CORREIA TELLES *ob. cit. (III)*, p. 266, apoiando-se no art. 517.º do Codigo Commercial de 1833.

[397] CORREIA TELLES, *ob. cit. (III)*, p. 161-163, arts. 1162.º, 1170.º, 1172.º e 1177.º.

[398] CORREIA TELLES, *ob. cit. (III)*, p. 155, arts. 1125.º e 1128.º: *"se os animais morrem sem culpa do tomador, a perda é por conta do dono, o tomador perde o trabalho que teve com elles"*; *"e illicito o pacto, que a perda total dos animaes, acontecida sem culpa do tomador, será toda por conta d'este"*.

[399] ALMEIDA COSTA, *História do Direito*, p. 468.

[400] COELHO DA ROCHA, *ob. cit. (I)*, p. 85 (§ 169).

[401] COELHO DA ROCHA, *ob. cit. (II)*, p. 542 (n. KK ao § 818).

Evolução Histórica 157

ainda que não sufrague neste âmbito uma adopção liminar das soluções do CCfr, como propunha a respeito das regras de risco da empreitada e da entrada na sociedade[402]. Não obstante, máximas como a *perpetuatio obligationis* e a admissão da relevância negativa da causa virtual na mora do devedor adquirem um renovado sustentáculo doutrinal na sua obra[403].

X. Previamente ao exame da disciplina consagrada pelo CCse, justifica-se ainda uma referência sucinta a algumas normas contidas no *Codigo Commercial Portuguez* de FERREIRA BORGES conexas com o domínio em análise.

Assumindo uma estrutura meramente obrigacional, o contrato de compra e venda mercantil era regulado pelos arts. 453.º a 504.º do Título IX do Livro II, relativo às obrigações comerciais, deixando o art. 454.º contudo a descoberto a desnecessidade da entrega da coisa e do pagamento do preço para a perfeição do contrato[404].

Revelando-se a sua filiação napoleónica na estatuição, pelo art. 469.º, da nulidade do contrato "(...) *perecendo a totalidade da cousa ao tempo da venda*" – norma que, apenas seria aplicável enquanto atribuição da perda patrimonial ao vendedor em caso de impossibilidade originária de prestação[405] – o art. 468.º estabelecia regras distintas de distribuição do risco contratual consoante a coisa seja vendida "*por conta, peso ou medida*" ou "*a esmo ou por partida inteira*", imputando no primeiro caso a perda ao vendedor até que as coisas fossem "*contadas, pesadas ou medidas*", enquanto no segundo caso a faz "*por conta e risco do comprador, ainda que não tivessem sido contadas, pesadas ou medidas para determi-*

---

[402] COELHO DA ROCHA, *ob. cit. (II)*, p. 472 e 482, § 852 e § 864, embora surja também uma referência ao Codigo Commercial de 1833.

[403] COELHO DA ROCHA, *ob. cit. (I)*, p. 85; e *ob. cit. (II)*, p. 442 (§ 169 e § 785 a respeito do depósito).

[404] Cfr. GALVÃO TELLES, *Venda obrigatória*, p. 84, referindo, todavia, que "embora a lei se conservasse presa à concepção romana, a prática evoluíra, pela inserção quase constante nos contratos escritos de cláusulas atinentes à translação do domínio". Em sentido contrário cfr., no entanto, CUNHA GONÇALVES, *Tratado, IV*, p. 569. A solução obrigacional retira-se todavia da referência constante do art. 455.º *in fine* de que "*o seu efeito é em todos os casos regulado pelos principios geraes das convenções*".

[405] A mesma restrição vigora a respeito do art. 508.º, relativo ao contrato de escambo ou troca mercantil, segundo o qual "*se uma cousa certa e determinada, prometida em troca, perecer sem intervenção de culpa d'aquelle que a devia dar, o contrato reputa-se não celebrado, e o que deu a sua cousa póde pedir a restituição dela*".

nar a quantia do preço". É indesmentível a manutenção dos paradigmas clássicos, embora não se divise uma linha sistemática firme.

Normativizando e especificando as regras tradicionais de distribuição do risco nos contratos de comodato, mútuo e depósito irregular[406], o texto de Ferreira Borges estabelece ainda um regime jurídico próprio de risco relativamente ao contrato de empreitada, designação terminológica que o seu art. 515.º reservava para a hipótese dos materiais serem fornecidos pelo empreiteiro. Assim, se a "*cousa perece, por que modo que fôr, antes de entregue, a perda corre por conta do empreiteiro, salvo estando o encommendador em mora de a receber*". Todavia, se o operário "*só fornece o seu trabalho ou indústria, perecendo a cousa, só responde por sua culpa*". Neste último caso, o empreiteiro não teria, antes que a cousa fosse recebida, "*salario nenhum a reclamar, uma vez que a cousa não perecesse por vicio proprio*"[407].

2.3. O Código Civil de Seabra

I. As soluções adoptadas pelo primeiro Código Civil português em sede de transmissão da propriedade e de distribuição do risco contratual absorveram o contributo jusnaturalista incorporado no *Code Civil* napoleónico, constituindo este ordenamento jurídico um sustentáculo interpretativo imprescindível na sua análise[408].

---

[406] Cfr., respectivamente, o art. 302.º: "*O commodatario responde por casos fortuitos e de força maior, incorrendo em culpa levíssima. Assim, se remover a cousa dada em commodato para logar diverso d'aquelle, para que especificamente fôra emprestada, e ella vier a perecer por caso fortuito ou força maior, o commodatario responderá pelo seu equivalente*"; o art. 303.º: "*(...) se no mesmo sinistro salvar as suas (coisas), e não as alheias, responderá pela perda (...)*"; o art. 273.º "*O dominio da coisa mutuada passa para o tomador (...)*"; e o art. 308.º: "*O perigo e commodo da quantidade numerica de dinheiro depositado corre por conta do banqueiro, ou depositário d'elle. O perigo e commodo da cousa certa e qualificada corre por conta do depositador, salvo o caso de culpa, negligencia, ou dolo do depositario*", do Codigo Commercial de 1833.

[407] Cfr. os arts. 516.º, 517.º e 518.º do *Codigo Commercial Portuguez*, ainda que os dois últimos se afastem conceptualmente da empreitada, na acepção em que esta foi tomada por Ferreira Borges.

[408] A orientação jusnaturalista assumiu preponderância sobre o fundo tradicional ou escolástico das Ordenações, e relativamente aos tratados de velhos praxistas (cfr. Braga da Cruz, *ob. cit.*, p. 23; e Vieira Cura, *O fundamento romanístico*, p. 103 e 108, referindo o triunfo do "jusnaturalismo sem qualquer travão jurídico-filosófico nacionalista"), embora

Ainda que em termos longínquos, a legislação pátria assumiu-se assim tributária do primado dos costumes franceses sobre o Direito romano no domínio da transferência da propriedade[409], orientação de que, todavia, não seria partidário POTHIER, jurista a quem é comummente imputada a paternidade do primeiro monumento legislativo da era moderna.

Havendo o conceito romano de propriedade individual e absoluta sido recuperado pela revolução francesa[410], o ordenamento jurídico-dominial separa-se definitivamente da materialidade das situações jurídicas[411], sendo a adopção do sistema causal uma simples decorrência da opção consensualista[412]. A adequação em termos abstractos da concepção consensual de transmissão da propriedade não é todavia unânime, podendo mesmo considerar-se alheada da realidade fáctica subjacente[413]. Não obstante, a justificação dogmática da colocação do risco de perecimento ou deterioração da coisa na esfera jurídica do comprador foi a partir deste momento objecto de uma pretensa "injecção lógica", cujo conteúdo se identifica, precisamente, com a transmissão da propriedade *solo consenso*.

II. Destarte, o art. 715.º do CCse veio estabelecer, como uma das suas "inovações mais marcantes"[414], que "*nas alienações de coisas certas*

---

algumas das soluções adoptadas possam também ser filiadas no Direito romano pós-clássico, a reconhecerem-se as suas especificidades dogmáticas (cfr. *supra* p. 108).

[409] Cfr. SANTO JUSTO, *O código de Napoleão*, p. 31. Havendo PORTALIS assumido a explicação do fundamento da transferência da propriedade *solo consenso* no CCfr, ROMANO MARTINEZ, *Obrigações – Contratos*, p. 30, n. 2, entende que a solução se terá baseado na acentuada desvalorização monetária ocorrida durante a Revolução Francesa, conduzindo os vendedores à preferência pela situação de incumprimento contratual.

[410] A sua imbricação no CCse é em si mesma elucidativa da influência francesa neste normativo. Assim, o direito de apropriação era consagrado no 4.º parágrafo do art. 359.º do CCse como um direito originário "*que resulta da propria natureza do homem, e que a lei civil reconhece e protege como fonte e origem de todos os outros*", sendo definido no art. 366.º enquanto "*faculdade de adquirir tudo o que for conducente á conservação da existencia, e á manutenção e ao melhoramento da propria condição*".

[411] Na síntese de HUET, *Les principaux contrats spéciaux*[2], p. 43, "*le droit, poussant la logique à l'extreme, se détache totalement de la matiére*".

[412] Cfr. VAN VLIET, *ob. cit.*, p. 372, referindo uma escolha não deliberada do mesmo sistema.

[413] Cfr. CHAZAL/VINCENTE, *Le transfert de propriété par l'effet des obligations dans le code civil*, p. 479, referindo haver razões para duvidar que a vontade dos autores do CCfr fosse a adopção de um esquema tão pouco respeitador da segurança das transacções.

[414] SANTO JUSTO, *O código de Napoleão*, p. 43; e VELOZO, *Orientações filosóficas do Código de 1867 e do futuro Código*, p. 163, 166 e 188, sustentando a filiação kantiana do

160 *O Risco nos Contratos de Alienação*

e determinadas, a transferencia de propriedade opera-se entre os contra-hentes, por mero effeito do contrato, sem dependencia de tradição ou de posse, quer material, quer symbolica, salvo havendo accordo das partes em contrario". A mesma doutrina seria corroborada, apesar da aparente definição do contrato de compra e venda, no art. 1544.º do CCse, segundo um prisma meramente obrigacional[415], pelo art. 1549.º do mesmo normativo, a respeito dos efeitos daquele contrato[416]. O figurino legal possibilitava, todavia, em consonância com a inserção sistemática daquela disposição, a extensão do novo paradigma às alienações subjacentes a quaisquer outros contratos.

Sendo a solução legal supletiva[417], a transmissão real pressupunha a determinação da coisa alienada[418], havendo ocasionando uma distinção entre a eficácia do contrato *inter partes* e perante terceiros[419]. Por outra via, o efeito real não acarretou a impossibilidade de tutela jurídica do possuidor actual na dupla venda[420], nem o ocaso do instituto da evicção[421].

---

pensamento de SEABRA. Na verdade, foi por este sufragada a desnecessidade da tradição para a transmissão do domínio por ser o Direito "uma relação metafísica, uma ideia que depende unicamente do império da vontade livre e inteligente". A defesa do sistema jurídico-transmissivo adoptado pode ainda ser confrontada em GALVÃO TELLES, *Venda obrigatória*, p. 87, e em *Contratos Civis*, p. 150.

[415] Cfr. CUNHA GONÇALVES, *Tratado, VIII*, p. 327.

[416] Cfr. CUNHA GONÇALVES, *Dos contratos*, p. 257, exigindo que a venda fosse "pura e simples", e em *Da propriedade e da posse*, p. 205. A orientação real *quoad effectum* seria todavia inequívoca no contrato de doação, segundo o art. 1452.º do CCse (cfr. CUNHA GONÇALVES, *Tratado VIII*, p. 145).

[417] Cfr. SÍLVIA ALVES, *ob. cit.*, s/p, interpretando a ressalva da prt. final do art. 715.º do CCse como uma abertura excepcional ao contrato real *quoad constitutionem*.

[418] O pr. do art. 716.º do CCse regulava as "alienações de coisas indeterminadas de certa especie" (cfr., sobre a interpretação dos arts. 715.º e 716.º do CCse, GUILHERME MOREIRA, *Instituições, II*, p. 67 e 83; PAULO CUNHA, *Obrigações*, p. 136 e 140; MANUEL DE ANDRADE, *Obrigações*, p. 424-429; PINTO COELHO, *Obrigações*, p. 104, 137, 171 e 176, com alusão à máxima *genus nunquam perit*, aplicando o art. 716.º; JAIME DE GOUVEIA, *Da responsabilidade*, p. 382; CUNHA GONÇALVES, *Tratado, IV*, p. 571 e 574, e em *Tratado, VIII*, p. 453, sufragando que, tendo a lei por objecto as obrigações genéricas e alternativas, encontraria aplicação a teoria do conhecimento ou da determinação bilateral; e CABRAL DE MONCADA, *Direito Civil*, p. 424, n. 3).

[419] Cfr., por todos, CUNHA GONÇALVES, *Tratado IV*, p. 571, em *Tratado, VIII*, p. 350, e em *Dos contratos*, p. 29 e 258, sustentando que, em relação a terceiros, a transmissão só seria eficaz após a tradição efectiva nos móveis ou o registo nos imóveis, sendo tal disciplina aplicável também às entradas sociais.

[420] O art. 1578.º do CCse continha uma medida de flexibilização do sistema, dispondo que "*Se a mesma coisa fôr vendida pelo mesmo vendedor a diversas pessoas, obser-*

Evolução Histórica

III. A delimitação da noção de risco foi favorecida pelo CCse, pese embora as dificuldades existentes na separação dos conceitos de caso fortuito e de força maior. Nestes termos, o § 1.º do art. 717.º estabelecia que a perda da coisa poderia ocorrer *"perecendo a coisa; sendo posta fóra do commercio;* (ou) *desapparecendo de modo que se não possa recuperar, ou que délla se não saiba"*, encontrando a desmaterialização do efeito real paralelo numa delimitação lata da esfera de risco assumida pelo adquirente. Definida no pr. do art. 717.º por exclusão face a uma situação de culpa do alienante, a noção de risco deveria ainda ser afastada de situações de risco provocado ou de contribuição para a sua verificação. Assim, o art. 705.º do CCse excluía a responsabilidade obrigacional do devedor *"por caso fortuito, para o qual de nenhum modo haja contribuído"*[422], sendo a mesma orientação seguida em modalidades contratuais específicas, das quais são exemplo os contratos de albergaria e de comodato[423].

---

var-se-ha o seguinte: se a coisa vendida fôr mobiliária, prevalecerá a venda mais antiga em data; se não fôr possivel verificar a prioridade da data prevalecerá a venda feita ao que se achar de posse da coisa" (COELHO VIEIRA, *Reais*, p. 235, alude a uma mitigação do consensualismo).

[421] Constando o seu regime dos arts. 1046.º a 1055.º do CCse – para os quais remetia o art. 1581.º a respeito do contrato de compra e venda – a evicção é proveniente do Direito romano, identificando-se com a responsabilidade pela transmissão da propriedade da coisa, sendo evicto aquele que foi vencido num pleito relativo a uma coisa adquirida a terceiro (cfr., nomeadamente, RAÚL VENTURA, *Romano – Obrigações*, p. 273; VERA-CRUZ PINTO, *ob. cit.*, p. 324; DIAS FERREIRA, *CCAnnotado, II*, p. 281; CUNHA GONÇALVES, *Dos contratos*, p. 281 e 288, e em *Tratado, VI*, p. 8-29). Todavia, uma vez ultrapassado o esquema romanista de transmissão da propriedade e os efeitos meramente obrigacionais do contrato de compra e venda, o instituto haverá perdido razão de ser. A sua manutenção na lei atribuía uma natureza híbrida e algo ilógica ao CCse (cfr. GALVÃO TELLES, *Contratos Civis*, p. 159 e 162; PIRES DE LIMA/ANTUNES VARELA, *CCAnotado, II*, p. 184 e 735; ROMANO MARTINEZ, *Obrigações – Contratos*, p. 111, n. 1; e CALVÃO DA SILVA, *Responsabilidade do produtor*, p. 181, n. 1, e em *Compra e venda*, p. 17). Não obstante, uma referência à evicção consta ainda do n.º 2 do art. 903.º do CCiv (cfr. MENEZES LEITÃO, *Obrigações, III*, p. 108, n. 246), e a esta se parece referir o n.º 3 do art. 25.º do CSC (cfr. MANUEL PITA, *Cumprimento defeituoso da obrigação de entrada em espécie*, p. 333 e 352, considerando a norma estranha ao sistema de direito privado comum).

[422] GOMES DA SILVA, *ob. cit.*, p. 176, aproximava a questão do requisito da imprevisibilidade do caso fortuito ("não podendo o devedor prever certo acontecimento, também não lhe pode resistir"), remetendo, a final, para a noção de inimputabilidade ao devedor ("seja porque ele nada fez para lhe dar lugar, seja porque não poupou esforços, segundo a extensão do seu dever, para evitar que surgisse o mesmo caso, quando previsível, e para lhe fazer tolher os resultados").

[423] Nos termos do art. 1422.º do CCse "o albergueiro não é todavia, responsavel

162 *O Risco nos Contratos de Alienação*

IV. A dogmática geral do risco é enfrentada pelo art. 717.° do CCse, segundo o qual "*se a coisa transferida por effeito de contrato se deteriorar ou perder em poder do alienante, correrá o risco por conta do acquirente, salvo se se houver deteriorado ou perdido por culpa ou negligencia do alienante*". A norma era completada pelo disposto no art. 719.°, que, em obediência a um paradigma (estritamente) lógico de atribuição do risco, estabelecia que "*nos casos em que a prestação da coisa não envolve transferencia de propriedade, o risco da coisa corre sempre por conta de seu dono, excepto havendo culpa ou negligência da outra parte*"[424]. O art. 719.° seria especialmente aplicável à constituição de direitos pessoais de gozo em contratos cujo objecto coincidisse com a mera cedência do uso ou da fruição da coisa[425], embora a sua aplicação possa haver sido ponderada mesmo em relação a direitos reais menores[426].

---

pelos damnos provenientes de culpa do hospede, *de força maior, ou de caso fortuito, para os quaes de nenhum modo haja concorrido*". Do art. 1517.° do CCse constava, por seu turno, uma norma segundo a qual "se o caso fortuito ou força maior fôr tal que seja óbvio, que *tal caso ou força maior não se teria dado, se a coisa estivesse em poder de seu dono*, responderá o commodatario por metade das perdas e danos". DIAS FERREIRA, *CCAnnotado, III*, p. 131, anotou a última regra no sentido de que a "*meia responsabilidade*" se fundava na "equidade para com o comodante, que se privou do uso da cousa comum sem retribuição alguma, e attendendo a que "*nemini officium suum debet esse damnosum*"", devendo contudo sublinhar-se a consagração de uma solução de atribuição de responsabilidade que se verificaria, *rectius*, não em virtude da violação do programa obrigacional contratado, mas antes com independência daquela, de acordo com uma opção salomónica de divisão da perda patrimonial ocorrida (cfr. ainda PEREIRA COELHO, *O problema da causa virtual*, p. 215, n. 74).

[424] Estes preceitos eram aplicáveis ao contrato de compra e venda através da remissão constante do art. 1550.° do CCse. Foi eliminado pela comissão revisora do CCse um preceito fracturante, segundo o qual "*nos contratos de alienação com reserva de posse, uso ou fruição da cousa até certo tempo, a perda ou deterioração fortuita da cousa correrá por conta de ambas as partes, se tiver logar n'esse intervalo, excepto havendo estipulação em contrario*" (cfr. DIAS FERREIRA, *CCAnnotado, II*, p. 50). A sua inclusão no texto da lei haveria seguramente ditado a formulação de outros paradigmas de distribuição do risco pela doutrina e jurisprudência pátrias.

[425] Cfr. PINTO COELHO, *Obrigações*, p. 267. CABRAL DE MONCADA, *Direito Civil*, p. 425, n. 1; e CUNHA GONÇALVES, *Tratado, IV*, p. 540 e 575, referem, por seu turno, a sua aplicação a obrigações genéricas e alternativas.

[426] Cfr. DIAS FERREIRA, *CCAnnotado, II*, p. 50, considerando que na alienação de usufruto – que configura como alienação temporária do uso ou fruição de certa coisa – o risco corre por conta do proprietário.

Evolução Histórica   163

A distribuição do risco nos contratos de alienação equivalia à aplicação do brocardo *res perit domino*[427], fundamento alheio à interdependência das obrigações das partes que, em rigor, apenas com o aditamento do § ún. do art. 709.º pela Reforma de 1930 do CCse encontrou consagração em sede de impossibilidade ou inexecução casual da prestação[428]. Não obstante, GALVÃO TELLES, em orientação que manteria com ligeiras alterações face ao Código Civil vigente, ponderou uma matização do critério tradicional subordinada à satisfação de um interesse do adquirente[429]. Como se tentará demonstrar adiante, esta orientação foi aprofundada pela lei civil vigente, sendo convertida em paradigma aplicável.

V. Havendo sido discutido em conexão com a equívoca disciplina jurídica das obrigações alternativas, *maxime* no caso de impossibilidade de prestação na sua pendência (o qual não se encontrava porém distante do brocardo *res perit domino*)[430], o problema do risco encontrou concre-

---

[427] Cfr. PAULO CUNHA, *Obrigações*, p. 340; MANUEL DE ANDRADE, *Obrigações*, p. 190, com base no disposto nos arts. 717.º, 719.º, 736.º, 1260.º, 1288.º, 1308.º e 1516.º do CCse; PINTO COELHO, *Obrigações*, p. 266; DIAS FERREIRA, *CCAnnotado, II*, p. 52 e 66; e CUNHA GONÇALVES, *Tratado, IV*, p. 539, e em *Tratado, VIII*, p. 352. Cfr. ainda, sobre a questão, GUILHERME MOREIRA, *Instituições, II*, p. 123-127 e 574; e JAIME DE GOUVEIA, *Da responsabilidade*, p. 269.

[428] GALVÃO TELLES, *Manual de Obrigações*, p. 252. MANUEL DE ANDRADE, *Obrigações*, p. 426, sufragava, por seu turno, a aplicação analógica do art. 1395.º do CCse às outras obrigações sinalagmáticas.

[429] GALVÃO TELLES, *Manual de Obrigações*, p. 259, enunciando, com base no art. 717.º do CCse, o princípio geral de que "o risco transfere-se para o adquirente logo que o alienante lhe proporciona a satisfação de um seu interesse. Essa satisfação pode consistir na transmissão do domínio ou na entrega do objecto. Aquele dentre estes dois resultados que se produzir em primeiro lugar é que determina a deslocação do risco". No fundo, buscar-se-ia o momento de verificação do "benefício económico-jurídico, susceptível de justificar a contraprestação".

[430] O art. 716.º do CCse devia ser conjugado com os arts. 734.º ("Se uma das coisas se perdeu, sendo a escolha do credor", não se verificando nem culpa nem negligência do devedor, aquele seria obrigado a "acceitar a restante") e 736.º ("Se ambas as coisas se tiverem perdido sem culpa nem negligencia do devedor, far-se-ha a seguinte distincção: 1.º Se a escolha ou designação da coisa se achar feita, a perda será por conta do credor; 2.º Se a escolha se não achar feita ficará o contrato sem efeito", consistindo esta última passagem na assunção do risco pelo devedor). Cfr., a este respeito, DIAS FERREIRA, *CCAnnotado, II*, p. 66; GUILHERME MOREIRA, *Instituições, II*, p. 86 e 88; PAULO CUNHA, *Obrigações*, p. 118, 122 e 124; PINTO COELHO, *Obrigações*, p. 132, 134 e 167; MANUEL DE ANDRADE, *Obrigações*, p. 202; CUNHA GONÇALVES, *Tratado, IV*, p. 668 e 670; JOSÉ TAVARES, *Princípios*,

164   *O Risco nos Contratos de Alienação*

tizações específicas a respeito de alguns dos tipos contratuais individualizados pelo CCse.

Nestes termos, o contrato de mútuo permaneceu fiel à estrutura real *quoad effectum* e *quoad constitutionem* herdada do Direito romano, estabelecendo o art. 1523.º do CCse que *"o mutuario adquire a coisa emprestada, e por sua conta correrá todo o risco, desde o momento em que lhe fôr entregue"*, numa orientação que era considerada também vigente a respeito do depósito irregular[431]. A continuidade de tal abordagem apenas cessará, aliás, nos ordenamentos jurídicos continentais, com a reforma de 2002 do BGB.

Por outra via, o CCse parece operar duas distinções a respeito da sociedade particular[432], primeiro segundo a natureza fungível ou certa e determinada dos bens, e, subsequentemente, separando uma atribuição de bens determinados a título de propriedade ou por qualquer outro título. O art. 1260.º do CCse atribui o risco à sociedade *"se o socio houver contribuído com objectos fungíveis"*, o que igualmente ocorre, segundo o disposto no art. 1259.º, *"se o socio tiver contribuído com objectos certos e determinados não fungíveis, pondo em sociedade (...) a propriedade dos objectos"*. O risco de perecimento da coisa era imputado ao sócio em caso de atribuição *"só (d)os fructos e o uso d'elles"* de coisa certa e determinada.

Sendo as normas referidas tidas como manifestações do brocardo *res perit domino*[433], presente também a respeito da sociedade familiar[434], a verdade é que as mesmas não deixam de sofrer alguns ajustamentos interpretativos. Deste modo, se a contribuição estabelecida pelo art. 1260.º do CCse pressupõe a entrega da coisa pelo sócio – eventualmente ao abrigo

---

I, p. 368; e VAZ SERRA, *Obrigações alternativas. Obrigações com faculdade alternativa*, p. 106, n. 95).

[431] Cfr. GUILHERME MOREIRA, *Instituições, I*, p. 353; DIAS FERREIRA, *CCAnnotado, III*, p. 127; CUNHA GONÇALVES, *Tratado, IV*, p. 576, e em *Tratado, VIII*, p. 266, sublinhando a sua conformidade às regras gerais; e JAIME DE GOUVEIA, *Da responsabilidade*, p. 374, com base no art. 1436.º do CCse.

[432] A sociedade particular era aquela que, nos termos do art. 1249.º do CCse, se limitava a *"certos e determinados bens, aos fructos e rendimentos d'estes, ou a certa e determinada industria"*.

[433] Cfr. DIAS FERREIRA, *CCAnnotado, II*, p. 189; CUNHA GONÇALVES, *Tratado, IV*, p. 576; e JAIME DE GOUVEIA, *Da responsabilidade*, p. 328.

[434] Nos termos do art. 1288.º do CCse, *"As perdas e damnos, que, por caso fortuito, padecerem os bens de algum dos socios, recairão sobre o proprietario"*.

Evolução Histórica

de um contrato de mútuo – a "contribuição" antevista no art. 1259.° poderia ocorrer com a simples celebração do contrato constitutivo da sociedade, sendo este o momento em que se transmitiria o risco relativo aos bens certos e determinados referidos naquele contrato[435]. Em conformidade, a referência à fungibilidade no art. 1260.° do CCse visaria, em rigor, contrapor a alienação de coisa determinada à alienação de coisa indeterminada, deixando-se todavia sem aparente solução a atribuição social de um bem através da constituição de um direito real de gozo menor[436].

A empreitada surge enquadrada num cap. relativo à prestação de serviços, distinguindo-se, por seu turno, consoante se verificasse ou não um fornecimento de materiais por parte do empreiteiro. Na primeira hipótese, o art. 1397.° do CCse estabelecia que *"(...) todo o risco da obra correrá por conta dos empreiteiros, até ao acto da entrega, salvo se houver mora da parte do dono da obra em recebel-a, ou convenção expressa em contrario"*. Relativamente à empreitada *de lavor*, o art. 1398.° do CCse dispunha que *"todo o risco será por conta do dono, excepto de houver mora, culpa, ou imperícia dos empreiteiros, ou se conhecendo a má qualidade dos materiaes, não tiverem prevenido o dono da obra do risco, a que, empregando-os, ficaria exposta"*.

Possuindo nítida influência napoleónica, a primeira regra foi também entendida como manifestação do princípio *res perit domino*[437], sendo duramente criticada por estabelecer uma solução excessivamente onerosa para o empreiteiro[438]. Suscitavam-se todavia dúvidas em relação à admis-

---

[435] Cfr. CUNHA GONÇALVES, *Tratado, VII*, p. 251, ressalvando a hipótese de obrigação genérica; e JAIME DE GOUVEIA, *Da responsabilidade*, p. 326.

[436] Cfr. CUNHA GONÇALVES, *Tratado, VII*, p. 253, na atribuição do risco à sociedade em relação à entrada de sócio que se traduzisse em usufruto de coisa consumível, nos termos do art. 1260.° do CCse.

[437] Cfr. CUNHA GONÇALVES, *Tratado, IV*, p. 576; e JAIME DE GOUVEIA, *Da responsabilidade*, p. 356.

[438] Entendendo ser a recepção da obra o acto que "faz passar os riscos", CUNHA GONÇALVES, *Tratado, v. VII*, p. 631 e 637, e em *Dos contratos em especial*, p. 156 e 158, denuncia a influência do art. 1788.° do CCfr e de uma concepção errónea de empreitada como venda de coisa futura. Na sequência, o autor denuncia a incoerência da consideração do empreiteiro como dono da obra até à sua entrega com *(i)* a acessoriedade da construção em relação ao terreno, *(ii)* o entendimento do fornecimento de materiais pelo empreiteiro como simples "abertura de crédito" ou "adiantamento de despesas" intuído pelas partes, e *(iii)* a constituição de um direito de retenção a favor do último. A solução de atribuição do risco ao empreiteiro até à entrega da obra foi todavia aplicada pelo ac. do STJ de 10 de Fevereiro de 1961 in BMJ n.° 104, p. 401, em relação a um contrato de impermeabilização de

166   *O Risco nos Contratos de Alienação*

sibilidade de entrega parcelares da obra[439], as quais surgiam de igual modo no domínio do risco suportado por cada uma nas partes no âmbito da empreitada de lavor[440].

Finalmente, também em relação aos contratos de depósito[441], comodato[442], arrendamento[443] e parceria pecuária[444] se estendeu o império da

---

coberturas fabris; bem como pelo ac. do STJ de 16 de Março de 1973 in BMJ n.º 225, p. 214, em relação a uma empreitada de casa pré-fabricada.

[439] Cfr., em sentido negativo, CUNHA GONÇALVES, *Tratado, VII*, p. 638. Já JAIME DE GOUVEIA, *Da responsabilidade*, p. 358, entendia que na empreitada em imóvel do dono da obra a entrega da obra se fazia à medida que o trabalho e os materiais iam sendo incorporados e confundidos no solo, admitindo assim uma entrega "contínua e sucessiva", que onerava permanentemente o dono do terreno (*locator operis*) em sede de risco.

[440] De facto, se DIAS FERREIRA, *CCAnnotado, III*, p. 52, apoiando-se no art. 1790.º do CCfr, entendia que "destruida a obra antes de entregue sem culpa quer do dono, quer do empreiteiro, *é razoável supportar cada um dos contratantes o prejuízo respectivo, dono da obra a perda dos materiais e o empreiteiro a perda do trabalho*", JAIME DE GOUVEIA, *Da responsabilidade*, p. 357, sufragava, em sentido contrário, supostamente apoiado no Direito romano, a abrangência pela norma do art. 1398.º do CCse, quer da remuneração do empreiteiro, quer do valor dos materiais.

[441] Nos termos do art. 1436.º do CCse, "*O depositario só responde pelo prejuízo acontecido ao deposito por caso fortuito ou força maior: 1.º Se a isso se tiver obrigado expressamente; 2.º Se estava em mora quando se deu o prejuizo*".

[442] Segundo o disposto no art. 1516.º do CCse "*Se a coisa perecer, ou se deteriorar no uso que lhe é proprio, ou por acontecimento fortuito ou força maior, não sendo a dita coisa empregada em uso different d'aquelle para que foi emprestada, será toda a perda, por conta do dono, salvo havendo estipulação em contrário*", embora com as ressalvas constantes do seu § ún. e do art. 1517.º. CUNHA GONÇALVES *Tratado, VIII*, p. 253, referia que a convenção de responsabilidade poderia ser expressa ou tácita, como tal se considerando a avaliação da coisa antes da sua entrega ao comodatário.

[443] O art. 1612.º do CCse estabelecia que "*Se o arrendatario fôr estorvado ou privado do uso do predio por caso fortuito ou por força maior, relativa ao mesmo predio, e não á propria pessoa do arrendatario, poderá exigir, que lhe seja abatido na renda o valor proporcional á privação que padecer, se outra coisa não tiver sido estipulada*". Em anotação a esta norma DIAS FERREIRA, *CCAnnotado, III*, p. 200, referia que a privação do uso total ocasionaria "ficar sem efeito o contracto", bem como o não pagamento da renda. Idêntica orientação também se deduzia do art. 1417.º em relação à alquilaria, segundo o qual "*Se as cavalgaduras morrerem ou se arruinarem durante o serviço, será a perda por conta do alquilador, se não provar que houver culpa da parte do alugador*" (cfr. GUILHERME MOREIRA, *Instituições, II*, p. 125, aplicando a máxima *res perit domino* ao aluguer de cavalo; e CUNHA GONÇALVES, *Dos contratos*, p. 178).

[444] Correspondendo este tipo contratual ao contrato de animais a ganho das Ordenações Filipinas, o risco de perecimento dos animais por caso fortuito era, de acordo com o disposto no art. 1308.º do CCse, atribuído ao seu proprietário.

Evolução Histórica   167

máxima *res perit domino*[445]. A mesma orientação encontrava-se ainda
subjacente aos preceitos reguladores do contrato de constituição do direito
de enfiteuse[446].

---

[445] Cfr. DIAS FERREIRA, *CCAnnotado, II*, p. 514, e em *CCAnnotado, III*, p. 62, 72 e
131; CUNHA GONÇALVES, *Tratado, VII*, p. 379 e 726; JAIME DE GOUVEIA, *Da responsabilidade*, p. 371 e 377; e MANUEL DE ANDRADE, *Obrigações*, p. 190.

[446] Segundo se estabelecia no art. 1687.º do CCse, "*Se o prédio se destruir ou incendiar totalmente, por força maior ou caso fortuito, ficará extincto o contrato*", possibilitando o art. 1688.º, na situação de destruição ou inutilização parcial do prédio enfitêutico,
a faculdade do "*foreiro requerer que o senhorio directo lhe reduza o fôro, ou encampar o
prazo, se elle se oppozer á reducção*". DIAS FERREIRA, *CCAnnotado, III*, p. 258, enquadrou
a situação como falta de "base do contrato", delimitando por sua vez CUNHA GONÇALVES,
Tratado, v. IX, p. 280, o campo de aplicação da primeira norma, que considerava aplicável
à invasão do terreno pelo mar em virtude de um sismo, mas não à situação de epifitia.
A doutrina do art. 1688.º do CCse foi aceite por PIRES DE LIMA, no anteprojecto do novo
Código Civil relativo à enfiteuse (cfr. PIRES DE LIMA, *Enfiteuse (anteprojecto de um título
do futuro Código Civil)*, p. 30).

3. ALGUMAS EXPERIÊNCIAS DE DIREITO ESTRANGEIRO E DE DIREITO INTERNACIONAL

3.1. Razão de ordem

I. Constituindo o Direito romano o denominador comum entre o ordenamento jurídico privado vigente e os demais sistemas gizados na órbita daquele[447], a consideração das normas jurídicas em vigor nas diversas ordens jurídico-privadas próximas, ou, com maior abrangência, nos ordenamentos jurídicos pertencentes ao "círculo cultural europeu"[448], revela-se essencial na aproximação, análise e fundamentação última dos paradigmas internos de transmissão da propriedade e do risco.

Reconhecendo o unilateralismo de uma análise meramente nacional do Direito civil[449], bem como que, em virtude de axiomas judaico-cristãos civilizacionalmente condicionantes, cada défice de conhecimento não constitui produto da inocência mas "fruto do pecado"[450], empreende-se uma análise sumária de algumas experiências vigentes de Direito estrangeiro e de Direito internacional.

Sem que se pretenda realizar uma tarefa de microcomparação dos institutos jurídicos vigentes[451], visa-se todavia beneficiar, na medida do

---

[447] Segundo FERNÁNDEZ DE BUJAN, *Romano*, p. 455, "*la historia jurídica europea es, en grande medida, la historia del surgimiento, vigência y supervivencia del orden jurídico romano*".

[448] WIEACKER, *ob. cit.*, p. 569.

[449] Exercício que seria exemplo da tendência identificada por LANDO, *Principles of European Contract Law and Unidroit Principles: Moving from Harmonisation to Unification?*, p. 126, de "*scholars who cultivate their own domestic garden*".

[450] BUSSANI, *Diritto privato e diritto europeo*, p. 142, e em *En busca de un Derecho privado europeo*, p. 963, citando ROBERT BROWNING.

[451] Cfr., sobre esta, por todos, CASTRO MENDES, *Direito comparado*, p. 11; e FERREIRA DE ALMEIDA, *Direito Comparado. Ensino e método*, p. 64, e em *Introdução ao Direito Comparado*, p. 10.

170   *O Risco nos Contratos de Alienação*

possível, dos vectores cognitivos e dogmáticos que a mesma potencia, *maxime* da sua intervenção crítica, senão subversiva, na compreensão dos mecanismos que estabelecem a dinâmica efectiva do *legal process*[452]. Serão assim objecto de uma análise sucinta os sistemas francês, espanhol, alemão, italiano e inglês, sendo a inclusão deste último justificada pela sua repercussão internacional, e, curiosamente, pelos vértices de contacto assumidos com o sistema transmissivo-dominal português. Num momento subsequente, serão compulsadas algumas experiências normativas internacionais vigentes ou perspectivadas, nomeadamente a Convenção de Viena relativa ao Contrato de Compra e Venda Internacional de Mercadorias, o Acto Uniforme OHADA relativo ao Direito Comercial Geral, os INCO-TERMS, o Anteprojecto de Código Europeu dos Contratos, os Princípios *Unidroit* relativos aos Contratos Comerciais Internacionais e os *Principles of European Contract Law*.

II. Sendo o Direito civil português vigente comummente caracterizado como um Direito continental de estilo germânico[453], constata-se, todavia, uma resistência ao influxo germanista no domínio em análise, permanecendo a transmissão da propriedade e a distribuição do risco fundadas nos alicerces do CCse e, reflexamente, no *Code Napoleon*[454].

Podendo tal fenómeno ser em parte justificado pela intersecção com o domínio dos Direitos reais – cujas acusações de arcaismo, tradicionalismo, estaticidade, senão mesmo obsolência, perante o influxo pandectista no Direito das obrigações, são conhecidas – a verdade é que a génese dogmática do risco obriga ao manuseamento de subsídios interpretativos distintos dos habitualmente empregues na busca de desenvolvimentos

---

[452] ANTONIO GAMBARO, *Il método comparatistico nel diritto privato. Obiettivi*, p. 113 e 119-121. Sobre estas funções cfr. CASTRO MENDES, *Comparado*, p. 78; FERREIRA DE ALMEIDA, *Introdução ao Direito Comparado*, p. 16-19; e DAVID/JAUFFRET-SPINOSI, *Les grands systèmes de droit contemporains*[11], p. 3-4.

[453] Cfr., por todos, MENEZES CORDEIRO, *Da modernização do Direito Civil I – Aspectos Gerais*, p. 53, e em *Da natureza civil do Direito do consumo*, p. 707, embora sublinhando uma "adequada acuituração".

[454] Esta constitui uma das áreas em que as observações de EWALD HÖRSTER, *Sobre a formação do contrato*, p. 125, n. 4, a respeito da relação entre o Direito civil português e o Direito civil germânico possuem maior acuidade (*sic* – "As soluções dos *Códigos Civis português e alemão, no vasto campo dos negócios de atribuição patrimonial, possuem fundamentos e desenvolvimentos jurídico-sistemáticos bem diferentes, não transponíveis, sem mais, de um sistema para o outro*").

Algumas experiências de direito estrangeiro e de direito internacional   171

dogmáticos emergentes. Para além da doutrina francesa, assume relevo a dogmatização efectuada em Itália em desenvolvimento no primeiro ordenamento, cujo modelo alienatório possui inequívocas similitudes com o arquétipo adoptado pelo legislador português[455].

Renunciando a aproximações apriorísticas, cumpre fixar algumas premissas resultantes da consideração plúrima de ordens jurídicas, justificando-se um enquadramento prévio destas.

III. Adoptando uma classificação usual, a primeira arrumação entre os diversos ordenamentos jurídicos é efectuada de acordo com o modelo de transmissão da propriedade contratualmente adoptado.

A transmissão de direitos reais – nomeadamente do direito de propriedade, enquanto direito real paradigmático – assume-se, assim, como um dos domínios mais sensíveis de estruturação jurídica, ascendendo à categoria de "jóia da coroa" de cada ordenamento jurídico interno. A sua configuração possui, aliás, consequências não apenas no domínio da imputação do risco de perecimento ou deterioração da coisa, mas também nas soluções a equacionar nas hipóteses de dupla venda de coisa móvel não sujeita a registo e da nulidade ou anulação do contrato em relação à transmissão do domínio[456].

Encontrando vigência nos ordenamentos jurídicos francês, italiano, português e inglês, a transmissão do direito real ocorre, em regra, no sistema do título, aquando da celebração do contrato, constituindo este fundamento aquisitivo bastante. O mesmo já não se verifica no sistema do título e do modo, que vigora nomeadamente em Espanha, o qual, na sequência do étimo romano, postula a conjunção de um título substantivamente válido com um modo de aquisição – de um contrato e de um acto

---

[455] Facto que é conhecido além fronteiras (cfr., nomeadamente, ALONSO PÉREZ, *El riesgo*, p. 252, n. 219, reconhecendo que o Código Civil português segue o sistema franco-italiano).

[456] Sobre os diversos sistemas de transmissão dos direitos reais e suas consequências jurídicas cfr., nomeadamente, ANTUNES VARELA, *Das Obrigações, I*, p. 303; ALMEIDA COSTA, *Obrigações*, p. 293; RIBEIRO DE FARIA, *Obrigações, I*, p. 215; ROMANO MARTINEZ, *Obrigações – Contratos*, p. 32, n. 3; MENEZES LEITÃO, *O enriquecimento*, p. 473, n. 32, e em *Obrigações, I*, p. 197, n. 397; CALVÃO DA SILVA, *Cumprimento*, p. 101, n. 193; PINTO DUARTE, *Reais*, p. 56; COELHO VIEIRA, *Reais*, p. 231; e GALGANO/KRONKE, *La transmisión de la propiedad mobiliaria por acto inter vivos*, p. 187-206. Sobre as dificuldades de unificação normativa no domínio da transferência da propriedade cfr. CÁMARA LAPUENTE, *El hipotético "Código Civil Europeo": por qué, como y cuando?*, p. 356.

172   *O Risco nos Contratos de Alienação*

de transmissão – identificando-se este último com a tradição da coisa ou o registo do título. Por fim, o sistema do modo, adoptado pelo Direito alemão por influência directa de SAVIGNY, prescinde do título para que se verifique a transmissão do direito real, bastando-se apenas com o modo aquisitivo. O contrato celebrado atribui, assim, a exemplo do sistema anterior, um mero direito de crédito quanto à transmissão do direito sobre a coisa, distinguindo-se daquele atenta a insensibilidade do efeito real à invalidade do vínculo contratual.

IV. Se a preferência pela defesa da materialidade substantiva em detrimento da tutela da confiança e da aparência se encontra pressuposta na adopção de um sistema consensual de transmissão do domínio, a não abertura da lei interna ao instituto da posse vale título – sem paralelo nos demais sistemas de idêntica matriz sócio-cultural – vem inequivocamente maximizar a primeira, estabelecendo um binómio virtualmente intransponível entre os princípios da consensualidade e da causalidade[457].

Ao contrário da orientação aceite pelos demais ordenamentos[458], a aquisição de boa fé de uma coisa móvel, não sendo o alienante seu proprietário, nem possuindo os poderes necessários para consumar a sua alie-

---

[457] Sobre o instituto da posse vale título cfr., nomeadamente MOTA PINTO, *Reais*, p. 54-59; MENEZES CORDEIRO, *Reais – 1979*, p. 288 e 296, considerando todavia a virtual impossibilidade de elisão da presunção contida no art. 1268.º, em *Da boa fé*, p. 448, n. 143, e 456, e em *Reais – Sumários*, p. 100; CARVALHO FERNANDES, *Reais*, p. 67 e 92--94; PINTO DUARTE, *Reais*, p. 59 e 158; GONZÁLEZ, *A realidade registal*, p. 189; e COELHO VIEIRA, *Reais*, p. 246. Não é assim verdadeira a associação de CAMARDI, *Vendita e contratti traslativi – Il patto di differimento degli effetti reali*, p. 3, entre o princípio da consensualidade e o princípio da posse vale título, que desempenharia uma função análoga à inscrição registal. Sobre a posse vale título pode ainda compulsar-se a breve resenha histórico-comparada de GALGANO, *La adquisición de la propiedad mediante la posesión*, p. 103, considerando a sua introdução normativa como instrumento de uma circulação de bens "segura, ampla e célere".

[458] Cfr. o disposto no art. 2279.º do CCfr, no art. 464.º do CCes, nos §§ 932 e 1007 do BGB, e no art. 1153.º do CCit, embora o instituto não haja sido consagrado no Direito inglês (cfr. MENEZES CORDEIRO, *Da boa fé*, p. 456, n. 147). A introdução do regime da posse vale título no sistema jurídico português foi porém sufragada, *de iure condendo*, no Relatório preliminar da Faculdade de Direito da Universidade Católica in AA.VV., *Reforma do Direito Civil*, p. 69, opção que não é seguramente alheia à solução de "registo vale título" constante do nosso ordenamento legal (cfr. GONZÁLEZ, *A realidade registal*, p. 496, n. 809, na consideração de que a posse vale título "representa para os direitos sobre coisas móveis não registáveis o mesmo que o registo predial representa para os direitos sobre coisas imóveis"; e ÓRFÃO GONÇALVES, *ob. cit.*, p. 49, n. 44).

nação, não impede a reivindicação da mesma pelo seu verdadeiro proprietário, apenas se admitindo, nos termos do art. 1301.º, que, havendo a coisa sido adquirida a "comerciante que negoceie em coisa do mesmo ou semelhante género", o adquirente possa exigir do reivindicante o preço que pagou[459].

Em linha com o que já dispunha o art. 534.º do CCse[460], o art. 1301.º do CCiv introduz uma fractura do ordenamento jurídico-dominial português perante os seus sistemas jurídicos próximos, sendo esta mitigada apenas pela aceitação da alienação na sequência de cláusula de reserva de propriedade não registada, da transmissão de bem móvel não sujeito a registo realizada por um dos cônjuges sem consentimento do outro, da situação jurídica criada por herdeiro aparente, e dos efeitos da aquisição tabular[461]. Na verdade, reconhece-se no ordenamento jurídico interno uma escassa relevância ao princípio da aparência[462], e uma diminuta "força cultural" da

---

[459] CARVALHO FERNANDES, *Reais*, p. 94, refere, na sequência da última prt. do art. 1301.º, correr pelo proprietário o "risco" de vir a obter do esbulhador a restituição do valor desembolsado. O fenómeno será porém reconduzível ao denominado "risco de crédito", assumindo natureza inversa à do risco assumido pelo proprietário nas situações de aquisição tabular.

[460] MENEZES CORDEIRO, *Da boa fé*, p. 461, explica esta norma como uma cedência ao "romanismo e liberalismo estático", mantida no novo Código Civil em virtude de simples tradição.

[461] Cfr., respectivamente, o n.º 2 do art. 409.º, o n.º 3 do art. 1687.º, o n.º 2 do art. 2076.º do CCiv, bem como o n.º 1 do art. 5.º, o n.º 2 do art. 17.º e o art. 122.º do CRPre, e o art. 291.º do CCiv (cfr. MENEZES CORDEIRO, *Da boa fé*, p. 465, n. 180, 514, e 1248, n. 152; VIEIRA GOMES, *O conceito de enriquecimento*, p. 441; GONZÁLEZ, *A realidade registal*, p. 190, n. 310; e PINTO FURTADO, *Títulos*, p. 91). É também curiosa a alienação *a non domino* de frutos naturais pelo possuidor de boa fé e pelo usufrutuário, nos termos do n.º 3 do art. 1270.º e do art. 1448.º do CCiv.

Quanto aos diversos sistemas de registo predial cfr., por todos, PEREIRA MENDES, *A publicidade registral imobiliária como factor de segurança jurídica*, p. 16-30. Havendo o legislador português adoptado um sistema registal inspirado nos modelos germânico e espanhol de entabulação, o registo foi porém objecto, até à entrada em vigor das alterações introduzidas pelo Decreto-Lei n.º 116/2008, de 04 de Julho, de simples obrigatoriedade indirecta, resolvendo-se num fenómeno de eficácia declarativa genérica (cfr. PEREIRA MENDES, *A publicidade*, p. 32, em *A protecção*, p. 67, e em *Repercussões do registo das acções dos princípios de direito registral e da função qualificadora dos conservadores do registo predial*, p. 86; e GONZÁLEZ, *A realidade registal*, p. 59). Verifica-se assim uma natureza ambivalente do sistema registal português, no qual confluem vectores de distintas proveniências normativo-culturais, dando origem a resultados heterogéneos.

[462] Cfr. OLIVEIRA ASCENSÃO, *Reais*, p. 72 e 626; e CARNEIRO DA FRADA, *Teoria da confiança*, p. 46, n. 35.

174   *O Risco nos Contratos de Alienação*

segurança do tráfego perante a estaticidade do domínio[463]. Consensualidade e causalidade (quase) radical: eis, então, o substrato dominial do nosso sistema jurídico.

3.2. Direito estrangeiro

3.2.1. *Direito francês*

I. Constituindo o substrato básico subjacente ao primeiro Código Civil português, a noção de risco surge no *Code Napoleon* a respeito de fenómenos muito díspares, sendo empregue, nomeadamente, nos arts. 889.º, 1138.º, 1182.º, 1257.º, 1585.º, 1629.º e 1792.º-6, com polissemia análoga à assumida pela expressão no CCiv.

Admitindo-se a regra da posse vale título – ainda que condicionada pelo requisito de boa fé do adquirente e pela exclusão do seu âmbito das coisas perdidas ou roubadas[464] – o CCfr normativiza a transmissão *solo consenso* da propriedade nos dois parágrafos do seu art. 1138.º[465]. A efi-

---

[463] Cfr. MENEZES CORDEIRO, *A posse*, p. 121. No mesmo sentido, MENEZES LEITÃO, *O enriquecimento*, p. 474, n. 33, e em *Obrigações, III*, p. 28, classificando o ordenamento jurídico vigente "como um daqueles que mais relevância atribui ao princípio da causalidade, mesmo com sacrifício da tutela do tráfego jurídico de bens". A crítica à orientação adoptada remonta a VAZ SERRA, *Anotação ao ac. do STJ de 21 de Maio de 1976*, p. 175, que sublinha que a rejeição da posse vale título faz com que o nosso direito admita "uma excepção que só nele e em muitos poucos direitos existe". O mesmo autor havia, aliás, anteriormente à vigência do CCiv, sufragado a adopção sem reservas daquele princípio – de igual modo aplicável à constituição de outros direitos reais – exigindo apenas a existência de um "título abstractamente hábil" e a boa fé ética do adquirente (cfr. VAZ SERRA, *Realização coactiva da prestação*, p. 155, 166 e 171).

[464] Com base na articulação entre o art. 2279.º e o disposto na prt. final do art. 1141.º do CCfr (cfr. TERRÉ/SIMLER, *ob. cit.*, p. 317-337; DUTILLEUL/DELEBECQUE, *ob. cit.*, p. 169; MAINGUY, *ob. cit.*, p. 117; e MENEZES CORDEIRO, *Da boa fé*, p. 458, e em *A posse*, p. 119).

[465] Segundo esta disposição "*L'obligation de livrer la chose est parfaite par le seul consentement des parties contractantes. Elle rend le créancier propriétaire et met la chose à ses risques dès l'instant où elle a dû être livrée, encore que la tradition n'en ait point été faite, à moins que le débiteur ne soit en demeure de la livrer; auquel cas la chose reste aux risques de ce dernier*". POTHIER adoptou todavia, no *Traite du contrat de vente, selon les regles tant du for de la conscience, que du for extérieure* t. I, 1772, p. 1, 41 e 326, em sintonia com o Direito romano, a configuração meramente obrigacional do contrato de compra e venda, havendo também DOMAT em *Les lois civiles dans leur ordre naturel; de droit public, et legum delectus t. I*, 1756, p. 33, seguido tal orientação (cfr. VIEIRA CURA, *O fun-*

Algumas experiências de direito estrangeiro e de direito internacional   175

cácia real do contrato não resulta directamente da noção de compra e venda contida no art. 1582.º, mas do estabelecido no art. subsequente, segundo o qual *"(...) la propriété est acquise de droit à l'acheteur à l'egard du vendeur, dès qu'on est convenu de la chose et du prix, quoique la chose n'ait pas encore été livrée ni le prix payé"*, bem como da sanção da nulidade cominada pelo art. 1599.º para a compra e venda de coisa alheia[466]. Idêntica transmissão ocorre na venda de mercadorias *"en bloc"* regulada no art. 1586.º do CCfr, ainda que as mesmas mercadorias não sejam pesadas, contadas ou medidas[467], distinguindo-se esta da venda *"au poids, au compte ou à la mesure"* regulada no art. 1585.º, em que, não se encontrando perfeita a venda, a propriedade das mercadorias e o risco do seu perecimento ou deterioração continuam a onerar o vendedor[468].

A doutrina legalmente pressuposta não é todavia inteiramente consentânea com a previsão de uma obrigação de *"donner"* nos arts. 1104.º e 1126.º do CCfr, que, em sentido técnico, coincide com a transmissão do direito de propriedade sobre a coisa[469].

---

damento romanístico, p. 106, ns. 175-176; e ALONSO PÉREZ, *El riesgo*, p. 244 e 250). A eficácia real do contrato é subscrita hodiernamente por TERRÉ/SIMLER, *ob. cit.*, p. 298; DUTILLEUL/DELEBECQUE, *ob. cit.*, p. 167; e MAINGUY, *ob. cit.*, p. 25 e 113. SACCO, *ob. cit.*, p. 395, sublinha, porém, que o efeito translativo não é produto imediato do consenso, mas da intervenção do legislador ao declarar extinta a obrigação no momento da sua constituição. Em sentido divergente, CHAZAL/VINCENTE, *ob. cit.*, p. 494, sufragam que *"le sens veritáble de l'article 1138 n'est pas de consacrer le principe du transfert immédiat de la pleine propriété, mais de lier le transfert des risques à la délivrance"*.

[466] No contrato de doação o art. 938.º do CCfr estabelece, em conformidade com o seu art. 711.º, que *"(...) la propriété des objets donnés sera transférée au donataire, sans qu'il soit besoin d'autre tradition"*. Existe também uma remissão no contrato de *"échange"* para a transmissão *solo consenso* do contrato de compra e venda (cfr. o art. 1703.º do CCfr).

[467] Este fenómeno traduz-se numa *"vente d'un corps certains"* (cfr. DUTILLEUL/DELEBECQUE, *ob. cit.*, p. 121; e MAINGUY, *ob. cit.*, p. 114).

[468] Cfr. DUTILLEUL/DELEBECQUE, *ob. cit.*, p. 122.

[469] No art. 1145.º do *Avant-Projet de Réforme du Droit des Obligations e du Droit de la Prescrition* (2005), refere-se que a *"l'obligation de donner a pour objet l'aliénation de la propriété ou d'un autre droit, comme das la vente, la donation, la cession de créance ou la constitution d'usufruit"*, autonomizando-se esta da *"obligation de donner à usage"*, respeitante, por exemplo, à entrega da coisa no contrato de locação ou de mútuo. O desdobramento funcional da figura, bem como a sua eventual conexão com uma prestação estritamente creditícia, prejudicam, todavia, a apreensão do seu exacto alcance (a manutenção da *obligation de donner* foi mesmo lamentada por FAUVARQUE-COSSON/MAZEAUD, *L'avant-projet français de réforme du droit des obligations e du droit de la prescription*,

Apelidada de "mito" por alguns[470], a *obligation de donner* é contudo proposta como base explicativa da assunção do risco de perecimento da coisa pelo comprador[471], sendo generalizada, por outra via, a remissão da sua concretização para as situações de alienação de coisa futura, de aposição ao contrato de uma cláusula de reserva de propriedade e de transmissão da propriedade nas obrigações genéricas[472]. A *obligation de donner* adquire ainda relevância se – contrariamente ao entendimento tradicional – se aceitar a distinção entre a transferência do direito relativo à coisa emergente do consentimento das partes, e a propriedade da mesma coisa enquanto direito real de gozo, cuja transmissão apenas se verificaria com a sua entrega ao comprador[473]. As questões suscitadas colocam-se, assim, num duplo domínio: a verificação ou não de uma solução unitária quanto à transmissão da propriedade da coisa; e a investigação dos efeitos do consentimento das partes, *maxime*, a coincidência entre consentimento e vontade, encontrando-se na manifestação do consentimento o substrato necessário à execução da obrigação de *dare*[474].

---

p. 125, referindo que *"les rédacteurs de l'avant-projet n'aient pás saisi l'occasion de tordre le cou à ce mythe que constitue l'obligation de donner"*), sendo o cumprimento desta obrigação remetido para o momento do acordo de vontades (de acordo com o art. 1152.°, I, do anteprojecto, *"L'obligation de donner s'execute en principe par le seul échange des consentements"*). Todavia, não se deixa de referir no anteprojecto que o cumprimento da obrigação *"rend le créancier titulaire du droit transmis et met à ses risques et périls la chose object de ce droit, encore que la tradition n'en ait pás été faite"*.

[470] Cfr. FABRE-MAGNAN, *ob. cit.*, p. 86 e 89, considerando que a transmissão da propriedade *solo consenso* elimina o papel do vendedor neste domínio (radicando também no contrato a transmissão da propriedade na venda sujeita a termo ou com reserva de propriedade) bem como que a individualização da coisa na venda genérica se traduz numa mera obrigação de prestação de facto. Neste sentido se pronuncia também ANCEL, *Force obligatoire et contenu obligationnel du contrat*, p. 784.

[471] Cfr. DUTILLEUL/DELEBECQUE, *ob. cit.*, p. 177, recorrendo também a ela para o enquadramento da fidúcia e da reserva de propriedade. Em sentido próximo, BLOCH, *L'obligation de transférer la propriété dans la vente*, p. 706, conclui que o efeito translativo resultante da troca de vontades, independentemente de qualquer poder de facto sobre a coisa vendida, bastará para a execução da obrigação de *dare*.

[472] Cfr., com distintos enquadramentos, FLOUR/AUBERT/SAVAUX, *ob. cit.*, p. 26; CABRILLAC, *ob. cit.*, p. 3; MAINGUY, *ob. cit.*, p. 122; e TERRÉ/SIMLER/LEQUETTE, *ob. cit.*, p. 277.

[473] Cfr. CHAZAL/VINCENTE, *ob. cit.*, p. 506, após uma apurada investigação histórico--filosófica das origens do CCfr e a conclusão no sentido da polissemia do termo propriedade.

[474] Cfr. COURDIER-CUISINIER, *Nouvel éclairage sur l'énigme de l'obligation de donner*, p. 532, após uma análise exaustiva das posições em confronto.

Algumas experiências de direito estrangeiro e de direito internacional   177

Constata-se então, preliminarmente, uma ausência de consenso quanto à estrutura dogmática daquele que constitui o marco histórico de consagração da transmissão da propriedade *solo consenso*. Com efeito, o sistema é enublado através do reconhecimento e funcionalidade de uma obrigação cuja existência, a exemplo do instituto da evicção[475], não parece encontrar verdadeira justificação racional. A extensão e analiticidade do efeito real não encontram também sede no CCfr, havendo que aguardar, a este respeito, pelos desenvolvimentos introduzidos pelo *Codice Civile* italiano.

II. A assunção ou transmissão do risco contratual no Direito francês desdobra-se em dois vectores complementares de análise. Pese embora a sua generalizada dissociação, estes podem contudo ser objecto de consideração unitária, se a propriedade for entendida como um dos vértices do sinalagma contratual.

O primeiro vector de análise reside na *"théorie des risques"*, construção não projectada directamente na lei, mas construída pela doutrina com base nos seus subsídios e fragmentos, afirmando o brocardo *res perit debitori*[476]. A referida teoria funda-se no art. 1722.º do CCfr, segundo o qual se a coisa locada é totalmente destruída por caso fortuito *"(...) le bail est résilié de plein droit"*, possibilitando a perda parcial da coisa objecto de locação *"une diminuition du prix"*[477]. No mesmo sentido invoca-se também o art. 1790.º, que, em relação ao contrato de *"ouvrage"* em que o empreiteiro haja apenas fornecido o seu trabalho ou indústria, estabelece que, no perecimento da coisa *"avant que l'ouvrage ait été reçu et sans que le maître fût en demeure de le vérifier, l'ouvrier n'a point de salaire à réclamer, à moins que la chose n'ait péri par le vice de la matière"*. Sublinhe-se contudo que o enquadramento dogmático das soluções como simples decorrências do sinalagma funcional não resulta unívoco[478],

---

[475] Cfr. BLOCH, *ob. cit.*, p. 705, considerando esta como simples reminiscência do Direito romano.

[476] Cfr. CARBONNIER, *ob. cit.*, p. 2239; BÉNABENT, *ob. cit.*, p. 37; MILLET, *ob. cit.*, p. 22; e SOUCHON, *Rapport nationaux: France*, p. 59.

[477] A atribuição ao locador do sacrifício patrimonial do perecimento da coisa locada é confirmada pelo art. 1741.º do CCfr, sendo a perda da coisa considerada como forma de extinção das obrigações, segundo o disposto nos seus arts. 1234.º, 1302.º e 1303.º.

[478] Cfr., quanto a este, cfr. TERRÉ/SIMLER/LEQUETTE, *ob. cit.*, p. 349, 363, 626 e 634; e RESCIO, *ob. cit.*, p. 19.

sendo frequentes as teorizações fundadas na noção de causa do contrato[479].

O segundo dado da equação da distribuição do risco contratual resulta da sua associação à transmissão da propriedade da coisa, regra fundada na remissão da *"question de savoir sur lequel, du vendeur ou l'acquéreur, doit tomber la perte ou la détérioration de la chose vendue avant la livraison"* para *"les règles prescrites au titre Des contrats ou des obligations conventionneles en général"*[480], em particular para o disposto no art. 1138.º, II[481]. Esta regra de distribuição do risco não é por sua vez postergada pelo art. 1601.º do CCfr, que declara a nulidade do contrato *"si au moment de la vente la chose vendue était périe en totalité"*, uma vez que tal estatuição se destina apenas à perda ocorrida no momento do encontro das respectivas declarações negociais[482]. Por outra via, a formulação aparentemente fixa da primeira regra exige uma determinação exacta do momento de transmissão dominial.

Nestes termos, se na venda em bloco o adquirente assume o risco de perecimento da coisa desde o momento da celebração do contrato, por ser este o momento de aquisição da propriedade das coisas[483], o brocardo *genus nunquam perit* assume vigência na alienação que pressuponha uma obrigação genérica, exigindo-se a individualização da coisa para a transferência da propriedade[484]. O art. 132.º-7 do CComfr articula-se com esta

---

[479] Cfr. TERRÉ/SIMLER/LEQUETTE, *ob. cit.*, p. 657; CABRILLAC, *ob. cit.*, p. 113; MAINGUY, *ob. cit.*, p. 319, considerando o art. 1722.º do CCfr como uma hipótese de caducidade; DUTILLEUL/DELEBECQUE, *ob. cit.*, p. 393; e HUET, *ob. cit.*, p. 731.

[480] Cfr. o art. 1624.º do CCfr.

[481] Cfr. CARBONNIER, *ob. cit.*, p. 2242; TERRÉ/SIMLER/LEQUETTE, *ob. cit.*, p. 659; CABRILLAC, *ob. cit.*, p. 113; MAINGUY, *ob. cit.*, p. 123, articulando ainda a questão com o disposto no art. 100.º do CComfr (correspondente ao actual art. 132.º-7); DUTILLEUL/DELEBECQUE, *ob. cit.*, p. 177; BLOCH, *ob. cit.*, p. 676; MOUSSERON, *ob. cit.*, p. 494; HOUIN, *ob. cit.*, p. 27; PLÉGAT-KERRAULT, *Transfer of Ownership in International Trade – France*, p. 161, sugerindo uma cobertura seguradora a contratar pelo adquirente; e RAINER, *ob. cit.*, p. 391. O art. 1152.º, III, do *Avant-Projet* mantém que o cumprimento da obrigação de *dare* *"rend le créancier titulaire du droit transmis et met à ses risques et périls la chose object de ce droit, encore que la tradition n'en ait pás été faite"*.

[482] Cfr. CARBONNIER, *ob. cit.*, p. 2242; TERRÉ/SIMLER/LEQUETTE, *ob. cit.*, p. 279; MAINGUY, *ob. cit.*, p. 88; DUTILLEUL/DELEBECQUE, *ob. cit.*, p. 114; e HUET, *ob. cit.*, p. 144 e 189.

[483] HUET, *ob. cit.*, p. 144, n. 259, 182 e 189, por contraposição do art. 1585.º ao art. 1586.º do CCfr.

[484] Cfr. TERRÉ/SIMLER/LEQUETTE, *ob. cit.*, p. 571, e 660, n. 2, mencionando o reconhecimento jurisprudencial do brocardo e a equivalência, neste domínio, entre as máximas

Algumas experiências de direito estrangeiro e de direito internacional   179

categoria de obrigações, ao estabelecer supletivamente, em relação a coisas objecto de transporte, que *"la marchandise sortie du magasin du vendeur ou de l'expéditeur voyage (...) aux risques et périls de celui à qui elle appartient (...)"*[485]. Ainda no sentido do carácter decisivo da transferência da propriedade para a transmissão do risco parece depor o art. 1587.° do CCfr, que subordina a perfeição do contrato de compra e venda a prova à sua efectiva realização[486].

III. A conjugação do efeito real do contrato com a aposição a este de uma condição suspensiva ou resolutiva não desvirtua, em rigor, a regra de distribuição do risco enunciada, uma vez que não se atribui relevo específico à retroactividade dos efeitos da condição em caso de verificação do evento de que depende o seu preenchimento.

Nos termos do art. 1182.°, I, do CCfr, *"lorsque l'obligation a été contractée sous une condition suspensive, la chose qui fait la matière de la convention demeure aux risques du débiteur (...)"*, estabelecendo-se ainda que se a coisa houver perecido integralmente sem culpa do devedor *"l'obligation est éteinte"*. No caso de deterioração da coisa sem culpa do devedor, *"(...) le créancier a le choix ou de résoudre l'obligation, ou d'exiger la chose dans l'état où elle se trouve, sans diminution du prix"*.

Perante estas disposições, e independentemente de considerações de *iure condendo*[487], a doutrina é unânime na atribuição do risco ao devedor da obrigação de entrega da coisa, ou seja, ao vendedor[488], atenta a remis-

---

res perit domino e *res perit debitori*; TERRÉ/SIMLER, *ob. cit.*, p. 299; DUTILLEUL/DELEBECQUE, *ob. cit.*, p. 168 e 177; MILLET, *ob. cit.*, p. 31; e PLÉGAT-KERRAULT, *ob. cit.*, p. 162. O risco onera também o vendedor proprietário se a obrigação for alternativa, consoante se deduz dos arts. 1192.°, 1193.° e 1195.° do CCfr (cfr. TERRÉ/SIMLER/LEQUETTE, *ob. cit.*, p. 1179; e CABRILLAC, *ob. cit.*, p. 247).

[485] Cfr. HUET, *ob. cit.*, p. 189-190, ressalvando a não transmissão do risco no transporte em grupo; e MAINGUY, *ob. cit.*, p. 124. O ordenamento jurídico francês faz porém tábua rasa das especificidades suscitadas pelo transporte de mercadorias (cfr. o § 447 do BGB e o art. 797.° do CCiv).

[486] Cfr. HUET, *ob. cit.*, p. 127, e 188-189, referindo a suspensão do efeito de transmissão do risco; e MAINGUY, *ob. cit.*, p. 76, remetendo para a promessa de venda.

[487] TERRÉ/SIMLER/LEQUETTE, *ob. cit.*, p. 661, n. 4, criticam a doutrina do art. 1182.°, III, do CCfr, entendendo que deveria ser o comprador a suportar o risco da perda parcial da coisa. As soluções legais são contudo mantidas no *Avant-Projet*.

[488] Cfr. TERRÉ/SIMLER/LEQUETTE, *ob. cit.*, p. 661 e 1176; CABRILLAC, *ob. cit.*, p. 263; DUTILLEUL/DELEBECQUE, *ob. cit.*, p. 178, n. 3; HUET, *ob. cit.*, p. 143, n. 252; SOUCHON, *ob. cit.*, p. 61; e MILLET, *ob. cit.*, p. 33. Algo dubiamente porém, MAINGUY, *ob. cit.*, p. 124,

180   *O Risco nos Contratos de Alienação*

são para as regras gerais efectuada pelo art. 1584.º, III, do CCfr. A desconsideração da retroactividade no preenchimento da condição funda-se essencialmente na sua impossibilidade, atento o desaparecimento do objecto do contrato[489]. A regra assume ainda aplicação com a remissão, no art. 1588.º do CCfr, para a existência presuntiva de uma condição suspensiva na *"vente faite à l'essai"*[490].

No que respeita à condição resolutiva, perante a ausência de uma previsão normativa expressa, e por contraposição à solução de distribuição de risco aceite no contrato subordinado a condição suspensiva, é sufragado que, sendo esta alienação imediatamente translativa da propriedade, o risco de perecimento da coisa pertence ao adquirente, numa concretização, ainda, da máxima *res perit domino*[491].

Ambas as soluções encontram um substrato do qual se encontra ausente qualquer consideração relativa à entrega ou ao controlo material da coisa, aspecto que se manifesta também nas hipóteses de sujeição do contrato a termo, em que, não ocorrendo a transmissão da propriedade até à sua verificação, o risco de perecimento da coisa onerará o vendedor[492].

IV. Outro aspecto saliente no domínio da distribuição do risco no ordenamento jurídico francês reside na sua articulação com a garantia dos vícios da coisa vendida, declarando a este respeito o art. 1647.º do CCfr que *"Si la chose qui avait des vices a péri par suite de sa mauvaise qualité, la perte est pour le vendeur, qui sera tenu envers l'acheteur à la res-*

---

considera ser o adquirente (retroactivamente) proprietário com a verificação da condição, pelo que o vendedor deve assumir os riscos até esse momento.

[489] Cfr. TERRÉ/SIMLER/LEQUETTE, *ob. cit.*, p. 661 e 1176; e MILLET, *ob. cit.*, p. 33, considerando a vigência do brocardo *res perit domino*.

[490] Cfr. DUTILLEUL/DELEBECQUE, *ob. cit.*, p. 84, referindo que a apreciação de elementos subjectivos pode conferir a esta um *"air de potestativité"*; MAINGUY, *ob. cit.*, p. 75, mencionando a presença de elementos objectivos; e HUET, *ob. cit.*, p. 129 e 188, explícito quanto à suspensão do efeito de transmissão do risco de perecimento da coisa.

[491] Cfr. TERRÉ/SIMLER/LEQUETTE, *ob. cit.*, p. 662; DUTILLEUL/DELEBECQUE, *ob. cit.*, p. 178, n. 1; e MILLET, *ob. cit.*, p. 36. A nova regulamentação da condição resolutiva pelo art. 1184.º do *Avant-Projet* parece pressupor, contudo, uma solução distinta, ao remeter a obrigação de restituição para as regras da resolução (dispondo o art. 1163-3, II, que a restituição opera em valor *"lorsque la chose n'est plus individualisable en raison de sa destruction volontaire ou fortuite (…)"*.

[492] TERRÉ/SIMLER/LEQUETTE, *ob. cit.*, p. 661, distinguem entre o termo para a transmissão da propriedade, no qual o risco não se transmite, e o termo para o cumprimento da obrigação de entrega da coisa, em que o adquirente assume a perda patrimonial.

titution du prix, et aux autres dédommagements (…). Mais la perte arrivé par cas fortuit sera pour le compte de l'acheteur". É assim sufragado que, salvo se o vício for anterior à aquisição da coisa ou se existir em gérmen nesta, o risco do seu perecimento corre por conta do adquirente[493]. Nestes termos, na resolução por inexecução do contrato, postula-se a restituição da prestação em valor se o bem tiver sido consumido[494].

V. A solução de distribuição do risco avançada pelo CCfr no contrato de empreitada (*"entreprise"*) – que influenciou o CCse – constitui um dos esteios da construção doutrinária da *"théorie des risques"*.

Em primeiro lugar, verifica-se um afastamento tipológico dos termos comuns no domínio da empreitada de construção de imóveis, contrato que é regulado, ao menos parcialmente, pelas disposições da compra e venda, constantes dos arts. 1601.°-1 a 4 do CCfr. Referindo-se este tipo contratual à obrigação do vendedor de *"édifier un immeuble dans un delai déterminé"*, o mesmo pode redundar na celebração de um contrato a termo – em que, não obstante, a transferência retroactiva da propriedade se verifica *"de plein droit par la constatation par acte autentique de l'achèvement de l'immeuble"* – ou antes numa *"vente en l'état futur d'achèvement"*. Nesta última o vendedor transfere imediatamente ao comprador os seus direitos sobre a propriedade do solo e das construções já existentes, transmitindo-se a obra à medida que a sua execução for sendo realizada[495]. Assim, eliminando-se a hipótese de celebração de um contrato de empreitada em imóvel pertencente ao empreiteiro[496], a lei acaba por consagrar uma hipótese específica de alienação de coisa futura, tal como genericamente previsto no art. 1130.°, I, do CCfr. A propriedade da coisa é adquirida com a conclusão da obra ou à medida que avancem os trabalhos de constru-

---

[493] Cfr. DUTILLEUL/DELEBECQUE, *ob. cit.*, p. 227, aludindo ao critério jurisprudencial do momento de transmissão do risco quanto à data de existência de vícios na coisa, ressalvando-se, todavia, o vício existente em gérmen nesta, e a necessidade da sua manutenção; MAINGUY, *ob. cit.*, p. 165; HUET, *ob. cit.*, p. 147 e 311; e FRANK, *Directive 1999/44 du 25 Mai 1999 sur certains aspects de la vente et des garanties des biens de consommation*, p. 164.

[494] Cfr. TERRÉ/SIMLER/LEQUETTE, *ob. cit.*, p. 643, com base no art. 1184.° do CCfr.

[495] A norma encontra terreno preferencial de aplicação à venda de imóveis em construção (cfr. HUET, *ob. cit.*, p. 185).

[496] Cfr. HUET, *ob. cit.*, p. 1339, considerando que se o empreiteiro fornecer não apenas os materiais mas também o terreno, o contrato será de compra e venda de imóvel a construir; e MENEZES LEITÃO, *Obrigações, III*, p. 533, n. 1068.

ção[497], sublinhando-se, todavia, que, em qualquer caso, *"le transfert des risques ne s'effectue qu'à l'achèvement des travaux"*[498].

Distinguindo-se a *"ouvrage"* do simples contrato de prestação de serviços[499], constata-se desde logo, porém, que as normas dos arts. 1788.º a 1790.º do CCfr, respeitantes à distribuição do risco na empreitada, não se encontram articuladas com a transmissão da propriedade da coisa. Na ausência de normas jurídicas específicas, é aliás entendido que as regras da acessão permitem a aquisição da obra pelo proprietário do solo na empreitada imobiliária, transmitindo-se a propriedade pela entrega da coisa na empreitada mobiliária[500].

No que respeita ao risco de perecimento da coisa, distinto do risco contratual propriamente dito[501], distingue-se consoante o empreiteiro haja ou não fornecido os materiais da empreitada. No primeiro caso, o art. 1788.º do CCfr atribui a perda ocorrida antes da entrega da coisa ao empreiteiro, o que parece significar, em virtude da aplicação das regras da acessão quanto à transmissão dominial, que esta não é determinante no domínio versado[502]. Não havendo o empreiteiro fornecido os materiais, embora se configure uma obrigação de conservação a seu cargo, não responde este pelo seu perecimento, agora em aparente consonância com o critério *res perit domino*[503].

---

[497] DUTILLEUL/DELEBECQUE, *ob. cit.*, p. 115; MAINGUY, *ob. cit.*, p. 88; e TERRÉ/SIMLER, *ob. cit.*, p. 299.

[498] Cfr. MAINGUY, *ob. cit.*, p. 88.

[499] Cfr. HUET, *ob. cit.*, p. 1349, exemplificando com a prestação do garagista, em que, de acordo com o disposto no art. 1789.º do CCfr, aplica a regra *res perit domino*.

[500] Cfr. MAINGUY, *ob. cit.*, p. 409; e HUET, *ob. cit.*, p. 1339, referindo, todavia, a possibilidade de recepções sucessivas da obra, e da transferência de propriedade ao ritmo dos pagamentos parciais na empreitada mobiliária. Já DUTILLEUL/DELEBECQUE, *ob. cit.*, p. 605, parecem admitir a transmissão da propriedade com a entrega de coisas móveis apenas no caso destas terem sido fornecidas exclusivamente pelo empreiteiro, aplicando, no caso contrário, as regras da acessão.

[501] Cfr. HUET, *ob. cit.*, p. 1343, afastando o risco da coisa, que, tendencialmente, remete para a máxima *res perit domino*, do risco do contrato.

[502] Cfr. MAINGUY, *ob. cit.*, p. 410, referindo que o art. 1788.º do CCfr faz triunfar o adágio *res perit debitori* sobre a máxima *res perit domino*; DUTILLEUL/DELEBECQUE, *ob. cit.*, p. 619, que, ao aderirem à aplicação do critério *res perit debitori*, referem que *"la charge des risques n'est pas liée ici à la propriété, mais plutôt aux pouvoirs que l'entrepreneur a sur la chose jusqu'à la réception des travaux"*; e HUET, *ob. cit.*, p. 1339 e 1348, aludindo a uma *"certain décalage"* entre a propriedade e o risco.

[503] Cfr. DUTILLEUL/DELEBECQUE, *ob. cit.*, p. 606 e 619, sufragando que o risco de perecimento da coisa corre por conta do dono da obra.

Algumas experiências de direito estrangeiro e de direito internacional 183

Finalmente, numa consagração legal da regra *res perit debitori*, o art. 1790.° do CCfr estabelece que o perecimento da obra efectuada com materiais do seu dono possui como consequência a inexigibilidade da contraprestação[504].

VI. Uma derradeira referência é devida aos efeitos da transposição da DVBC no ordenamento jurídico francês, a qual foi cumprida através da alteração ao *Code de la Consommation* introduzida pela *Ordennance* n.° 2005-136, de 17 de Fevereiro, relativa à garantia de conformidade do bem ao contrato devida pelo vendedor ao consumidor.

Havendo o impacto real do normativo em perspectiva sido ponderado nos projectos de transposição da Directiva, discutindo-se, nomeadamente, a necessidade da realização de alterações ao CCfr, foi todavia entendido, como noutras latitudes, que a referência da DVBC a *"délivrance"* – entendida como a simples colocação do bem à disposição do comprador – e não a *"livraison"* – esta sim coincidente com a entrega real do bem ao comprador – viabilizava a solução minimalista de transferência do risco com a entrega da coisa apenas nas situações de compra e venda à distância, em que aquela fosse realizada pelo vendedor a um transportador[505].

Assim, o art. 211.°-4 do *Code de la Consommation* veio estabelecer que *"le vendeur est tenu de livrer un bien conforme au contrat et répond des défauts de conformité existant lors de la délivrance"*, mantendo as soluções de distribuição do risco constantes do CCfr[506].

---

[504] Cfr. Dutilleul/Delebecque, *ob. cit.*, p. 618, em relação às prestações de facto, implicando a perda da contraprestação para o empreiteiro; e Huet, *ob. cit.*, p. 1344-1347, apresentando, criticamente, a solução de, sendo os materiais fornecidos pelo dono da obra, o risco de perda da coisa ser seu, mas o risco contratual pertencer ao empreiteiro.

[505] Foi neste sentido que o anteprojecto elaborado pela Comissão presidida por Geneviève Viney propôs a alteração do 1.° parágrafo do art. 1641.° do CCfr, atribuindo responsabilidade ao vendedor *"lors de la délivrance"*, em conformidade com a *ratio legis* proposta no art. 1647.° (cfr. *Osservatorio*, p. 387 e 389). Cfr., a este respeito, Pelet, *L'impact de la directive 99/44/CE relative à certains aspects de la vente et des garanties des biens de consommation sur le droit français*, p. 48, lamentando que o momento determinante eleito pelo legislador não se identificasse com a *"livraison"*; Mannino, *L'attuazione della directiva 1999/44/CE in Francia*, p. 407, que refere a possibilidade de individualização da entrega com incidência na regulação do risco; e Cujini, *L'avant-projet sull'attuazione nel diritto francese della directiva n.° 44/1999*, p. 912.

[506] Sobre a nova lei, embora sem alusão às suas (in)consequências no domínio do risco, cfr. Bernardeau, *Transposition de la directive sur la vente en droit français*, p. 877- -881; e Calais-Auloy, *Une nouvelle garantie pour l'acheteur: la garantie de conformité*,

VII. A síntese do ordenamento jurídico francês não assume a complexidade de outros sistemas jurídicos, aspecto que encontra justificação na não consideração do fenómeno alienatório em toda a sua extensão, bem como no estabelecimento de uma dicotomia virtualmente fechada entre os efeitos reais e os efeitos obrigacionais do contrato.

Neste contexto, não se verifica uma abordagem específica do risco contratual em outros direitos reais de gozo que não a propriedade, ao mesmo tempo que a produção contratual de efeitos reais determina a atribuição do risco ao titular da coisa na maioria das situações jurídicas compulsadas. De facto, sem prejuízo de algumas modelações a respeito da configuração da obrigação de *"donner"* ou do contrato de *"entreprise"*, o paradigma de distribuição do risco contratual nos contratos de alienação tende a coincidir com a transmissão pelo contrato do direito real de gozo máximo: a propriedade. A consolidação desta orientação constituirá mesmo, segundo se julga, a raiz profunda para que nenhuma alteração ao seu paradigma se haja verificado aquando da transposição da DVBC.

Todavia, o sistema de distribuição do risco contratual vigente no CCfr não se identifica com a orientação seguida no nosso ordenamento jurídico, o qual, não apenas regula distintamente algumas das figuras contratuais compulsadas, como introduz relevantes contrapontos valorativos ao cego brocardo *res perit domino*. Constituindo um instrumento técnico insuprível na ponderação dos alicerces em que se estrutura o risco contratual, o CCfr não traduz porém o étimo da sua regulação interna. A comparação das suas soluções como os resultados interpretativos finais do ordenamento jurídico português – em sede de risco contraprestacional e de risco contratualmente fundado – confirmará esta asserção.

3.2.2. *Direito espanhol*

I. O *Código Civil* espanhol de 1889 explana o sistema que mais se aproxima do étimo transmissivo-dominial romano, contrariando a orientação consensualista de inspiração francesa que se encontrava plasmada no projecto de *Código Civil* apresentado, em 1851, por García Goyena.

---

p. 701-712. A transição entre o projecto Viney e a Lei aprovada pode ser compulsada em Bernardeau, *L'attuazione della direttiva sulla vendita dei beni di consumo in Francia*, p. 783-801.

Por via da articulação entre a última prt. do art. 609.º, II, e a 2.ª prt. do art. 1095.º, o sistema bifásico do título e do modo apresenta-se como situação jurídica de formação progressiva, ou, mais simplesmente, enquanto mecanismo de aquisição do direito de propriedade. Sendo a tradição da coisa associada a uma exigência normativa de causalidade, o título afirma-se, então, como condição necessária, embora não suficiente, para a transmissão dominial[507].

A geometria do sistema é todavia enublada pela admissão da tradição instrumental da coisa no art. 1462.º, II, do CCes, segundo o qual *"cuando se haga la venta mediante escritura pública, el otorgamiento de ésta equivaldrá a la entrega de la cosa objeto del contrato (...)"*[508]. Distinguindo-

---

[507] Dispõe-se, respectivamente, que *"la propiedad y los demás derechos sobre los bienes se adquieren y transmiten (...) por consecuencia de ciertos contratos mediante la tradición"*, bem como que *"(...) no adquirirá derecho real sobre ella (el acreedor) hasta que le haya sido entregada"*, orientação com filiação directa nas *Siete Partidas* de AFONSO X, e que remonta à venda de *res nec mancipi* no Direito romano clássico (cfr., nomeadamente, LACRUZ BERDEJO, *Elementos, II-II*, p. 30, e em *Elementos, III-I*, p. 176 e 180; ALBALADEJO, *Compendio*, p. 345, sublinhando que, contrariamente do Direito alemão, o registo não substitui a tradição para os bens imóveis; LETE DEL RÍO/LETE ACHIRICA, *ob. cit.*, p. 86; RUBIO GARRIDO, *ob. cit.*, p. 103, n. 2, e 159, avançando como justificação sociológica da opção legislativa *"el deseo de ciertos grupos sociales de ralentizar el ritmo de la circulación de la propiedad"*, sendo a entrega um acto executivo da relação contratual precedente; GUARDIOLA SACARRERA, *La compraventa internacional – Importaciones y exportaciones*, p. 12; VIEIRA CURA, *Compra e venda e transferência da propriedade*, p. 70, e em *O fundamento romanístico*, p. 35, n. 4, 101, 102, n. 164, e 106; ASSUNÇÃO CRISTAS/FRANÇA GOUVEIA, *Transmissão da propriedade de coisas móveis e contrato de compra e venda – Estudo dos Direitos Português, Espanhol e Inglês*, p. 65-80; e PINHEIRO TORRES, *A transmissão da propriedade das entradas in natura nas sociedades anónimas*, p. 85-92). Em simultâneo, apesar de o art. 609.º determinar a transmissão da propriedade por efeito da doação, constitui entendimento comum que esta corporiza, ainda, um contrato com efeitos meramente obrigacionais, verificando-se a transmissão da propriedade somente com a entrega da coisa (cfr. LACRUZ BERDEJO, *Elementos, II-II*, p. 87; ALBALADEJO, *Compendio*, p. 244, e em *Obligaciones*, p. 573 e 595; DIEZ-PICAZO/GULLÓN, *ob. cit.*, p. 306; e LASARTE, *Principios, III*, p. 193). O afastamento do sistema espanhol do paradigma germânico ocorre também a nível registal, não assumindo o registo um carácter constitutivo genérico, nem se distinguindo entre o negócio causal e o negócio de disposição (cfr. PEREIRA MENDES, *A publicidade*, p. 27).

[508] Cfr. ALBALADEJO, *Compendio*, p. 234; LACRUZ BERDEJO, *Elementos, III-I*, p. 187; LETE DEL RIO/LETE ACHIRICA, *ob. cit., II*, p. 90, ressalvando, porém, a situação em que o vendedor não possua a coisa a título de proprietário. GONZÁLEZ, *A realidade registal*, p. 25, 143, 282, n. 468, e 367, considera não existir, nesta situação, diferença sensível em face do sistema da eficácia real do contrato.

186 *O Risco nos Contratos de Alienação*

-se da tradição simbólica e da *traditio brevi manu* consagradas no art. 1463.º do CCes, esta figura traduz, aparentemente, a sobrevivência de um antigo preceituado tabeliónico[509]. Porém, o sistema transmissivo adoptado não contende com o reconhecimento, pelo art. 464.º, I, da equiparação ao título da *"posesión de los bienes muebles, adquirida de buena fe"*, sendo a úlima objecto de presunção normativa[510]. A tutela do comprador que primeiro haja adquirido posse de boa fé da coisa móvel, ou que tenha obtido o registo relativo a coisa imóvel, constitui, na venda plúrima do mesmo bem, uma concretização específica daquele regime jurídico[511].

II. A proximidade do sistema contratual espanhol dos paradigmas romanos é ainda sensível no dissídio doutrinal existente quanto aos efeitos jurídicos do contrato de compra e venda.

Sendo definido no art. 1445.º do CCes, em moldes puramente obrigacionais, como o contrato pelo qual *"(...) uno de los contratantes se obliga a entregar una cosa determinada y el outro a pagar por ella un precio cierto (...)"*, o art. 1450.º afasta a natureza real *quoad constitutionem* do vínculo ao prescrever a desnecessidade de entrega, quer da coisa vendida, quer do preço acordado, encontrando-se, por seu turno, a produção do efeito transmissivo real dependente da entrega da primeira[512].

Não obstante, não recolhe unanimidade a orientação que sufraga a existência de uma obrigação de transmissão da propriedade da coisa a

---

[509] Cfr. Lacruz Berdejo, *Elementos, II-II*, p. 33; e Pintó-Ruiz, *ob. cit.*, p. 714, n. 40*bis*, referindo, contudo, o afastamento do sistema francês através da substantividade da tradição, dado que, se quem alienar por escritura pública não possuir a coisa, não poderá transmitir a sua posse e propriedade. Em relação à transmissão da propriedade das entradas sociais, Pinheiro Torres, *ob. cit.*, p. 95, conclui que a transmissão se efectua com a celebração da escritura pública, justapondo-se o título e o modo através do cumprimento do último por tradição *ficta*.

[510] Esta consta do art. 434.º do CCes (cfr. Lacruz Berdejo, *Elementos, III-I*, p. 197 e 206; Rubio Garrido, *ob. cit.*, p. 241; e Assunção Cristas/França Gouveia, *ob. cit.*, p. 86, sublinhando o relevo da regra em relação à inoponibilidade a terceiros de cláusulas de reserva e de antecipação da transmissão da propriedade).

[511] Nos termos do art. 1473.º do CCes (cfr. Albaladejo, *Compendio*, p. 219 e 242; e Diez-Picazo/Gullón, *ob. cit.*, p. 34 e 257).

[512] Definida pelo art. 3.º da *Ley* n.º 28/1998, de 13 de Julho, como aquela em que *"una de las partes entrega a la otra una cosa mueble corporal y ésta se obliga a pagar por ella un precio cierto de forma total o parcialmente aplazada (...)"*, a *"venta a plazo"*, constitui, todavia, um contrato real *quoad constitutionem* típico (cfr. Lete del Rio/Lete Achirica, *ob. cit., II*, p. 162; e Pintó-Ruiz, *ob. cit.*, p. 706, n. 21, em relação ao normativo anteriormente vigente).

Algumas experiências de direito estrangeiro e de direito internacional   187

cargo do vendedor, pronunciando-se parte da doutrina favoravelmente à mera transmissão da posse legal e pacífica da coisa ao comprador, tal como se pode deduzir da sua referência, no art. 1474.° do CCes, a respeito da obrigação de *"saneamiento de la cosa"* a cargo do vendedor, bem como do argumento *a contrario sensu* a partir do art. 1539.°, para o contrato de permuta. A exemplo do Direito romano, a propriedade da coisa seria, então, adquirida pelo comprador por usucapião[513]. Tal orientação é todavia contestada, nomeadamente através da atribuição de conteúdo perceptivo ao carácter "legal" da posse, bem como aos usos a que se refere o art. 1258.° do CCes[514].

As hesitações referidas não impediram, contudo, a configuração da obrigação de *dare* no art. 1160.° do CCes, embora esta seja reconduzida não apenas à transmissão de um direito real, mas também à simples entrega da coisa sem que tal se verifique[515].

III. As soluções de distribuição do risco de perecimento e deterioração da coisa no ordenamento espanhol constituem uma demonstração cabal do radical histórico-cultural subjacente à elaboração dogmática efectuada em torno de um sistema jurídico.

Constatando-se a inexistência de uma teia normativa estruturada no que respeita aos fundamentos e consequências da impossibilidade da prestação[516], as soluções propostas no CCes são no essencial fundadas na

---

[513] Cfr. ALBALADEJO, *Obligaciones*, p. 518; LACRUZ BERDEJO, *Elementos, II-II*, p. 6, embora considerando que na normalidade das situações se deduza das circunstâncias e da intenção das partes ser o contrato translativo do domínio; BADENES GASSET, *ob. cit. (I)*, p. 57 a 63, que, após prolixa consideração das posições doutrinais ao tempo existentes, sublinha o carácter irracional do sistema; SOTO NIETO, *ob. cit.*, p. 194; e LETE DEL RIO/LETE ACHIRICA, *ob. cit., II*, p. 69. A obrigação do vendedor de *"saneamiento en caso de evicción"* é regulada, por seu turno, nos arts. 1475.° e ss. do CCes, sendo lícita a venda de coisa alheia (cfr. DIEZ-PICAZO/GULLÓN, *ob. cit.*, p. 263; ALBALADEJO, *Obligaciones*, p. 494; LASARTE, *Principios, III*, p. 216; e SOTO NIETO, *ob. cit.*, p. 204 e 210, analisando a questão da distribuição do risco contratual).

[514] Cfr. DIEZ-PICAZO/GULLÓN, *ob. cit.*, p. 262; LASARTE, *Principios, III*, p. 212; RUBIO GARRIDO, *ob. cit.*, p. 51, 79, n. 52, e 88, entendendo também a *emptio venditio* romana como um contrato essencialmente translativo; e PINTÓ-RUIZ, *ob. cit.*, p. 707, n. 24, em termos tendenciais. Uma síntese dos argumentos empregues pelas duas teses em confronto pode ser confrontada em ASSUNÇÃO CRISTAS/FRANÇA GOUVEIA, *ob. cit.*, p. 27, n. 14.

[515] Cfr. ALBALADEJO, *Obligaciones*, p. 36; e LETE DEL RÍO/LETE ACHIRICA, *ob. cit.*, p. 86.

[516] Cfr. ALONSO PÉREZ, *El riesgo*, p. 67, ressalvando contudo o enquadramento normativo das obrigações de *dare*, que identifica com a entrega da coisa devida; e OLMO

extrapolação de alguns fragmentos legais, ainda que certos brocardos – como por exemplo o *genus nunquam perit* – encontrem consolidada sedimentação[517].

A liberação do devedor da prestação – e consequente suporte do seu risco pelo credor – pode não obstante ser retirada da extinção da obrigação *"(...) que consista en entregar una cosa determinada cuando ésta se perdiere o destruyere sin culpa del deudor (...)"* decretada pelo art. 1182.º, bem como da ausência de responsabilidade civil por *"aquellos sucesos que no hubieran podido preverse, o que, previstos, fueran inevitables"*, segundo estabelece o art. 1105.º do CCes[518]. Mas não se verifica um bloqueio automático da contraprestação – típico do funcionamento das obrigações sinalagmáticas – uma vez que o art. 1124.º do CCes determina a faculdade de resolução contratual pela contraparte do contraente cuja prestação se impossibilitou, e não a caducidade do vínculo[519]. Sendo a regra aproximada da noção de causa e equidade na vinculação contratual[520], a mesma não é aplicável no domínio paradigmático do contrato de compra e venda[521].

GUARIDO, *ob. cit.*, p. 110, referindo que a noção de impossibilidade superveniente da prestação resulta da extensão da referência da *"pérdida de la cosa"* às obrigações de *facere*.

[517] A orientação encontra sede normativa no art. 1096.º, III, e na interpretação *a contrario sensu* do art. 1182.º do CCes (cfr. DIEZ-PICAZO/GULLÓN, *ob. cit.*, p. 143; LASARTE, *Principios, II*, p. 82, 173 e 196; LETE DEL RÍO/LETE ACHIRICA, *ob. cit.*, p. 98; e MOREU BALLONGA, *ob. cit.*, p. 2638). O art. 334.º do CComes reporta-se, de igual modo, à venda de coisas genéricas, atribuindo ao vendedor os *"daños y menoscabos que sufran las mercaderías (...) si la venta se hubiere hacho por número, peso o medida, o la cosa vendida no fuere cierta y determinada, com marcas y señales que la identifiquen"* (cfr., nomeadamente, COSSIO, *Los riesgos en la compraventa civil y en la mercantil*, p. 397; e ALONSO PÉREZ, *El riesgo*, p. 444-448).

[518] Cfr. ALBALADEJO, *Obligaciones*, p. 51 e 80, abrangendo factos evitáveis quando a sua previsão exija uma diligência superior à exigida pelas circunstâncias; e SOTO NIETO, *ob. cit.*, p. 11, aludindo a *"hechos que implican una total elisión de voluntad en aquel que se libera de la obrigación por su causa"*.

[519] Cfr. LACRUZ BERDEJO, *Elementos, II-I*, p. 197; ALBALADEJO, *Obligaciones*, p. 108; LASARTE, *Principios, III*, p. 175; ALONSO PÉREZ, *El riesgo*, p. 239; e CAPILLA RONCERO, *ob. cit.*, p. 6023. Em sentido próximo, cfr. também LETE DEL RÍO/LETE ACHIRICA, *ob. cit.*, p. 142; e PINTÓ-RUIZ, *ob. cit.*, p. 745, concluindo pela desnecessidade de um juízo de culpa para o funcionamento, como condição implícita, do art. 1124.º do CCes.

[520] Cfr. ALCÁNTARA SAMPELAYO, *La prestacion del riesgo en la compraventa*, p. 496, quanto à recondução do art. 1124.º à teoria da causa; enquanto SOTO NIETO, *ob. cit.*, p. 138, considera que a norma obedece a um princípio de equidade, segundo o qual *"dada la condición recíprocamente subordinada, de las obligaciones bilaterales es razonable liberar*

Encontrando-se fora do domínio aplicativo do art. 1460.º do CCes, que, a exemplo do art. 1601.º do CCfr, declara sem efeito o contrato *"si al tiempo de celebrarse la venta se hubiese perdido en su totalidad la coisa objeto de la misma (...)"*[522], a solução da questão de suportação do risco no contrato de compra e venda está envolvida em profunda e radicada polémica. Perante a inexistência de uma regra geral aplicável, e atentas as dúvidas interpretativas suscitadas pelo art. 1452.º do CCes[523], perfilam-se quatro orientações fundamentais.

Paralelamente à orientação constante do Direito romano clássico e justinianeu, a doutrina e a jurisprudência tradicionais atribuem ao comprador o risco de perecimento e deterioração da coisa[524].

Nesse sentido é desde logo carreado um argumento de índole histórica, uma vez que tal entendimento corresponde à orientação do Direito Romano, acolhida na Lei XVII do Título X do Livro III do *Fuero Real*, nas Leis XXIII e XXIV do Título V da V *Partida* de Afonso X, bem com

---

a cualquiera de las partes intervinientes de las que privativamente les incumben, cuando la contraria deja incluplidas las suyas".

[521] Cfr. Alonso Pérez, *El riesgo*, p. 140.

[522] Cfr. Lacruz Berdejo, *Elementos, II-II*, p. 10, por referência à coisa já perecida ao tempo da compra e venda, sustentando que o comprador se encontrará ainda obrigado a pagar o preço quando tivesse conhecimento desta; Badenes Gasset, *ob. cit. (I)*, p. 471; e Pintó-Ruiz, *ob. cit.*, p. 745.

[523] Segundo Linacero de la Fuente, *ob. cit.*, p. 13 e 38, este é *"precepto oscuro cuya interpretación ha atormentado a varias generaciones de juristas"*, concluindo que *"en el Derecho Español no está resuelto el problema ya que el Código Civil no contiene una norma que afronte, en realidad, el tema de los riesgos"* (sendo assuminda pelo autor uma proposta reformista do sistema).

[524] Cfr. Diez-Picazo/Gullón, *ob. cit.*, p. 290; Lasarte, *Principios, III*, p. 239, suscitando contudo dúvidas quanto à justiça material da solução; Lacruz Berdejo, *Elementos, II-II*, p. 28, embora o seu revisor, Rivero Hernández, sufrague uma posição distinta; Soto Nieto, *ob. cit.*, p. 163 e 165, mencionando que *"el legislador español se desintiende de la cuestion de transmisión de la propiedad, para atender tan sólo al momento de perfección del contrato"*, fundando-se num *"sentimiento colectivo de justicia, que es, a sua vez, el reflexo de las condiciones sociales que determinaron la formación del instituto de la compraventa"*; Alonso Pérez, *El riesgo*, p. 291, referindo a manutenção do critério romano *"periculum est emptoris"*; Badenes Gasset, *ob. cit. (I)*, p. 293; Guardiola Sacarrera, *ob. cit.*, p. 100; e Orti Vallejo, *La regla periculum est venditore en la Directiva 1999/94/CE y la especificación de la cosa vendida genérica*, p. 2766, e em *La Directiva 1999/44/CE: un nuevo régimen para el saneamiento por vícios en la compraventa de consumo*, p. 616. Uma explanação cabal, embora discordante, da orientação tradicional pode compulsar-se em Albaladejo, *Obligaciones*, p. 527.

no projecto de Código Civil de García-Goyena, embora, em rigor, no último a regra surgisse articulada com a eficácia real do contrato de compra e venda.

Em termos normativos genéricos, refere-se a contraposição da assunção do risco ao direito do credor (comprador) aos frutos da coisa, segundo o disposto no art. 1095.º e no art. 1468.º, II, desde o momento em que nasce a obrigação da sua entrega (*ubi commodum ibi incommodum*), bem como a oneração do vendedor com uma obrigação de conservação da coisa, cuja entrega pode ser forçado a cumprir, nos termos dos arts. 1094.º e 1096.º, I, do CCes. Afastando a conexão sinalagmática entre as obrigações emergentes do contrato de compra e venda, sustenta-se a aplicação do art. 1182.º à obrigação de pagamento do preço a cargo do comprador, o qual nunca ficaria exonerado daquela, em virtude da aplicação do brocardo *genus nunquam perit*. O *commodum* de representação – admitido pelo art. 1186.º do CCes em caso de perda da coisa imputável a terceiros – não deixaria ainda o comprador sem tutela, podendo este assim ressarcir-se do dano ocorrido na sua esfera jurídica.

Finalmente, considera-se que a remissão do art. 1452.º, I, para os arts. 1096.º e 1182.º do CCes corrobora uma abordagem normativa alheia ao sinalagma contratual, consistindo a *"venta de cosas fungibles, hecha aisladamente y por un solo precio o sin consideración a su peso, número o medida"*, a que se refere o art. 1452.º, II, ainda numa venda de coisa específica[525]. Ao estabelecer que o risco apenas será imputado ao comprador aquando da pesagem, contagem ou medição de *"cosas fungibles (que) se vendirem por un precio fijado con relación al peso, número o medida (...)"*, o art. 1452.º, III, admitiria, por sua vez, o emprego de argumento *a contrario sensu*, sendo idêntico o raciocínio perante o art. 1487.º do CCes, a respeito da coisa vendida com vícios ocultos[526].

---

[525] Independentemente do entendimento adoptado em sede de risco, assemelha-se que o art. 1452.º, II, do CCes se refere à venda *per aversionem* (cfr. Albaladejo, *Obligaciones*, p. 529; e Badenes Gasset, *ob. cit. (I)*, p. 299).

[526] Segundo alguma doutrina espanhola, encontram previsão no art. 1452.º, III, as vendas que criem obrigações simplesmente genéricas, obrigações genéricas de género limitado e ainda as vendas *"en bloque"*, nas quais as operações apenas determinam o preço a pagar. Nesta última categoria surge porém, atenta a sua determinação, um conflito estrutural com o entendimento sufragado (cfr. Diez-Picazo/Gullón, *ob. cit.*, p. 291-292, referindo que a transferência do risco no último caso poderá apenas ser consequência de uma notificação do preço a pagar, supondo que a compra e venda se encontrará perfeita através da determinação do único elemento que permanecia indeterminado; Lacruz Berdejo,

Em consonância com a aplicação do sinalagma funcional ao contrato (obrigacional) de compra e venda, uma orientação antagónica sufraga contudo que o risco de perecimento e deterioração da coisa deve ser suportado pelo vendedor até ao momento da entrega[527]. Nesse sentido deporiam o não seguimento pelo CCes do projecto de Garcia Goyena e dos antecedentes normativos francês e italiano de 1865, bem como o afastamento da questão da órbita do art. 1452.°, não existindo, assim, uma disposição legal que especificamente versasse a questão em análise[528]. Em especial, defende-se que o art. 1452.°, III, versaria o risco da prestação e não o risco da contraprestação, pelo que seria inapelável a remissão deste último para o regime jurídico das obrigações sinalagmáticas, *maxime* para a faculdade de resolução contratual outorgada pelo art. 1124.° do CCes. Aliás, ao estabelecer que *"el vendedor deberá entregar la cosa vendida en el estado en que se hallaba al perfeccionarse el contrato"*, o art. 1468.°, I, determinaria, não apenas ser inadmissível que o vendedor realizasse alterações na coisa até ao momento da entrega, mas também ser o risco de deterioração da coisa assumido por este, e, extensivamente, o risco da sua destruição.

A terceira orientação compulsada introduz por sua vez uma limitação na tese tradicional, ao distinguir entre a perda parcial da coisa – cujo risco incumbe ao comprador – e a sua perda total – cujo sacrifício é imposto ao vendedor[529]. Sufraga-se então que o art. 1452.° do CCes não possui por

---

Elementos, II-II, p. 28, considerando que as três categorias envolvidas são de coisa indeterminada; Soto Nieto, *ob. cit.*, p. 171 e 177, por referência a uma venda de coisas fungíveis *"ad mensuram"*; Alonso Pérez, *El riesgo*, p. 313, atribuindo ao vendedor o risco de perecimento da coisa nas obrigações genéricas; e Cossio, *La transmisión*, p. 612, aludindo, embora num contexto distinto, não a obrigações genéricas, mas antes à venda *"ad mensuram"* com fixação do preço).

[527] Cfr. Alcántara Sampelayo, *ob. cit.*, p. 506, segundo uma correcta interpretação do princípio *res perit domino* e dos princípios das obrigações recíprocas estabelecidos no art. 1124.° do CCes; e Caffarena Laporta, *Genus*, p. 343, que, embora não se dedicando expressamente a tal demonstração, refere que o vendedor fica exonerado da sua prestação segundo o art. 1182.°, embora perca o seu direito à (contra)prestação.

[528] Lacruz Berdejo, *Elementos, II-II*, p. 26, considera também que a remissão para os arts. 1096.° e 1182.° (relativos à impossibilidade de prestação), de nada adianta no domínio versado, salvo no aproveitamento do art. 1096.°, III (risco de perecimento da coisa na mora do devedor).

[529] Cfr. Pintó-Ruiz, *ob. cit.*, p. 747, que, depois de distinguir a *emptio contracta* e a *emptio perfecta*, na qual não se verificam obstáculos à consumação do contrato, aplica o regime do art. 1124.° do CCes em relação à *"venta contracta no perfecta"* e à *"venta per-*

objecto o perecimento total da coisa, mas antes o seu *"daño o provecho"*, pelo que o perecimento total deve ser regulado pelo art. 1124.º do CCes. A atribuição ao comprador dos frutos produzidos pela coisa seria apenas compensada com a assunção por este da deterioração, e não do perecimento da coisa vendida.

Um derradeiro apontamento deve ainda ser efectuado ao entendimento de Cossio, que, não negligenciando a sinalagmaticidade das obrigações de comprador e vendedor, e considerando a aparente anomalia que reside no facto da coisa permanecer em poder do vendedor após a celebração do contrato, considera como única solução justa para o problema dos riscos que *"éstos deben ser soportados, a falta de pacto em contrario, por aquel contratante en cuyo provecho o comodidad se ha diferido la entrega de la cosa"*[530].

De acordo com esta abordagem, as referências ao art. 1452.º, I, e ao argumento *a contrario sensu* a partir do art. 1452.º, III, encontrar-se-iam deslocadas, constituindo antes este último uma presunção *iuris tantum* de dilação da entrega da coisa a favor do comprador. Seguindo o paradigma da perfeição do contrato de compra e venda, a atribuição do risco contratual ao comprador seria contrária *"al más elementar sentido de justicia"*, devendo aquele radicar-se na esfera jurídica do vendedor, que, em compensação, beneficia dos frutos e acessões da coisa[531]. É assim proposto

---

fecta y perdida o menoscabo asimilable", sendo apenas inaplicável na *"venta perfecta com menoscabo no asimilable a pérdida"*, em que vigoraria o regime do art. 1452.º; bem como ALBALADEJO, *Obligaciones*, p. 532, após uma detida análise das posições em confronto.

[530] COSSIO, *Los riesgos*, p. 371. PINTÓ-RUIZ, *ob. cit.*, p. 722 e 724, sustenta, por seu turno, que a doutrina de COSSIO se encontra próxima da configuração do contrato de compra e venda como *emptio perfecta*, em que a entrega da coisa é exigível *"pura, definitiva e firmemente"*, excluindo-se as situações de submissão da entrega da coisa a um prazo, de condição (mesmo que resolutiva), de não determinação do preço, de inexistência da coisa vendida ou de desconformidade com o contrato, de necessidade de determinação ou de medição da coisa, bem como, em sentido lato, de verificação de algum facto que obste à sua entrega. O autor conclui que, neste sentido, a regra *res perit emptoris* será *"pragmáticamente exigua y abusdante la aplicabilidad del principio periculum est venditoris"*. Já LETE DEL RIO/LETE ACHIRICA, *ob. cit.*, *II*, p. 82, aderem à doutrina de COSSIO (sublinhando todavia que a perfeição do contrato implica que a coisa se encontre à disposição do comprador), embora a mesma doutrina seja inaceitável para LINACERO DE LA FUENTE, *ob. cit.*, p. 34, pela dificuldade (probatória) de determinar qual o beneficiário do prazo, bem como atendendo ao facto do prazo representar um elemento objectivo, que beneficia ou prejudica ambos os contraentes.

[531] COSSIO, *La transmisión*, p. 605 e 609, entendendo que a percepção dos frutos se associa à entrega da coisa.

Algumas experiências de direito estrangeiro e de direito internacional   193

um sistema inspirado no princípio da perfeição do contrato, no qual os riscos apenas se transmitem ao comprador a partir do momento em que nasce a obrigação de entrega da coisa. No entanto, a sua constituição será, nos termos gerais, e salvo prova em contrário, simultânea à celebração do contrato[532].

Encontrando-se alguns dos elementos compulsados distantes do substrato normativo presente no ordenamento jurídico nacional, o sistema jurídico espanhol constitui porém um profícuo banco de ensaios dos fundamentos substantivos de atribuição do risco contratual no contrato de compra e venda. Aliás, será mesmo admissível a aproximação de algumas das suas soluções ao paradigma internamente vigente, em particular a tendencial coincidência da construção de Cossio com o disposto no n.º 2 do art. 796.º do CCiv. Também a eventual bipolaridade existente no Direito espanhol entre os regimes jurídicos da compra e venda civil e da compra e venda comercial pode mostrar-se aproveitável, embora com modificação do respectivo substrato ontológico.

IV. As dificuldades de distribuição do risco no contrato civil de compra e venda são exponenciadas pelas soluções plasmadas no *Código de Comercio*, as quais se apresentam aparentemente contraditórias entre si, e também perante a orientação dominante na dogmática juscivilista. Nestes termos, o art. 331.º do CComes estabelece que *"la pérdida o deterioro de los efectos antes de su entrega, por accidente imprevisto o sin culpa del vendedor, dará derecho al comprador para rescindir el contrato, a no ser que el vendedor se hubiera constituído en depositário de las mercaderías, en cuyo caso se limitará su obligación a la que nazca del depósito (...)"*, enquanto o seu art. 333.º dispõe que *"los daños y menoscabos que sobrevinieren a las mercaderías, perfecto el contrato y teniendo el vendedor los efectos a disposición del comprador en el lugar y tiempo convenidos, serán de cuenta del comprador, excepto en los casos de dolo o negligencia del vendedor"*.

A primeira norma introduz um afastamento do paradigma contratual romano da transmissão do risco, atribuindo, em consonância com o princípio germânico da tradição, o risco de perecimento da coisa ao comprador apenas após a verificação da sua entrega[533]. Na sua prt. final, a mesma

---

[532] Cossio, *La transmisión*, p. 620.

[533] Cfr. Alonso Pérez, *El riesgo*, p. 331 e 419, considerando o art. 331.º do CComes como o preceito fundamental, bem como a consagração por este do *periculum est vendi-*

194   *O Risco nos Contratos de Alienação*

disposição possibilita, contudo, uma aproximação ao conceito de interesse na detenção da coisa, embora não se mostre unívoco que a contradição entre os arts. 331.º e 333.º do CComes seja superada através da sinonímia entre *"entrega"* e *"puesta a disposicion"*[534].

A venda *"a carga indistinta"* não é, por seu turno, objecto de previsão no ordenamento jurídico espanhol[535].

V. Alheios à incerteza que impera em relação à transmissão do risco contratual no contrato de compra e venda, os arts. 1122.º e 1123.º do CCes disciplinam a aposição ao contrato de uma condição suspensiva ou resolutiva[536].

No contrato sujeito a condição suspensiva, a lei espanhola distingue entre a perda e a deterioração da coisa. Segundo o art. 1122.º, I, na pendência da condição, *"si la cosa se perdió sin culpa del deudor, quedará extinguida la obligación"*, estabelecendo-se no art. 1122.º, III, que *"quando la cosa se deteriora sin culpa del deudor, el menoscabo es de cuenta del acreedor"*. Demonstrando esta diarquia a não unicidade do conceito de risco, a extinção da obrigação imputa, desconsiderando a possível eficácia retroactiva da condição, o risco de perecimento da coisa ao ven-

---

toris; SOTO NIETO, *ob. cit.*, p. 320; GUARDIOLA SACARRERA, *ob. cit.*, p. 100; e SAN JUAN CRUCELAEGUI, *Contrato de compraventa internacional de mercaderías*, p. 169, n. 5.

[534] Cfr. COSSIO, *Los riesgos*, p. 393, considerando que se previamente ao depósito ou à entrega, a mercadoria já estivesse à disposição do comprador no lugar e no tempo convencionados os riscos transitariam para o comprador; bem como, em termos incisivos, em *La transmisión*, p. 620, sublinhando que *"el vendedor soporta los riesgos hasta el momento de la entrega real de la cosa vendida; sin embargo (...) siempre que se pruebe que el vendedor ha realizado por su parte todos los actos necessarios (...) habemos de entender los riesgos transmitidos al comprador, pues no seria justo hacerlos gravitar sobre quien había cumprido íntegralmente su obligación, sino más bien sobre el que ha diferido hacerse cargo de las cosas"* (no mesmo sentido cfr. LETE DEL RIO/LETE ACHIRICA, *ob. cit., II*, p. 83-84). SOTO NIETO, *ob. cit.*, p. 326, considera antes ser distinto o âmbito aplicativo dos dois preceitos, reservando o art. 333.º do CComes para contratos de compra e venda *"en lugar e tiempo convenidos"*. A respeito das diferentes interpretações doutrinais dos arts. 331.º e 333.º do CComes cfr. ainda OLIVA BLÁZQUEZ, *ob. cit.*, p. 35, n. 55.

[535] Cfr. ALONSO PÉREZ, *El riesgo*, p. 453, que admite a aplicação neste domínio do critério germânico da *"gefarengemeinschaft"* ou da comunhão de riscos entre os compradores das mercadorias transportadas.

[536] Estas normas são todavia aplicadas por DIEZ-PICAZO/GULLÓN, *ob. cit.*, p. 157, à obrigação condicional, e não ao contrato condicional.

Algumas experiências de direito estrangeiro e de direito internacional   195

dedor[537], embora o *periculum deteriorationis* se encontre ancorado na esfera jurídica do comprador[538].

No que respeita à condição resolutiva, o art. 1123.º, II, remete para as disposições da condição suspensiva, que "*se aplicarán al que deba hacer la restitución*", não se verificando contudo consenso sobre quem efectivamente suporta o perecimento da coisa. Assim, se por aplicação do paradigma da retroactividade é admitida a vigência do brocardo *periculum est venditoris*[539], é sufragado, em sentido contrário, que, sendo o adquirente sob condição resolutiva equiparado ao devedor, a inexistência de uma obrigação de devolução da coisa é paralela à manutenção do preço pago pelo adquirente[540]. De acordo com esta leitura, o risco do perecimento da coisa será, assim, atribuído ao comprador, o que permite concluir que a contraposição entre a perda e a deterioração da coisa no contrato objecto de condição suspensiva não encontra paralelo dogmático a respeito da condição resolutiva.

VI. Ainda no domínio do contrato de compra e venda, o art. 1487.º do CCes estabelece regras relativas à perda da coisa em virtude da existência de vícios ocultos na mesma, atribuindo aquela perda patrimonial ao vendedor[541]. O art. 1488.º determina, por sua vez, que, em caso de perda

---

[537] Cfr. Soto Nieto, *ob. cit.*, p. 179, referindo a aplicação do art. 1122.º, I, do CCes a ambas as obrigações, de entrega da coisa pelo vendedor e de pagamento do preço pelo comprador; Alonso Pérez, *El riesgo,* p. 324 e 328, sublinhando a aproximação dos paradigmas do Direito romano e a prevalência da equidade sobre a lógica jurídica da retroactividade: o vendedor sofre o *periculum rei* e o *periculum obligationis*, embora o *periculum deteriorationis* incumba ao comprador; e Badenes Gasset, *ob. cit. (I)*, p. 300.

[538] Cfr. Soto Nieto, *ob. cit.*, p. 183 e 336, ainda que a solução do art. 334.º do CComes se oponha à diarquia estabelecida pelo art. 1122.º do CCes; e Cossio, *Los riesgos,* p. 374, interpretando todavia o art. 1123.º, III, do CCes como uma concessão parcial ao princípio da retroactividade.

[539] Cfr. Cossio, *Los riesgos,* p. 376, referindo que a lei não distingue entre a perda total e a perda parcial, devendo cada uma das partes, salva a extinção da obrigação do comprador pelo disposto no art. 1182.º do CCiv, "*devolver lo que recebió*"; Alonso Pérez, *El riesgo,* p. 329, n. 360*bis*, e 330, aplicando a mesma solução à resolução fundada em convenção das partes; Badenes Gasset, *ob. cit. (I)*, p. 301; e Lete del Rio/Lete Achirica, *ob. cit., II*, p. 83.

[540] Cfr. Soto Nieto, *ob. cit.*, p. 183.

[541] É no momento da celebração do contrato que, nos termos do art. 1484.º do CCes, se apreciam os eventuais defeitos da coisa vendida (cfr. Orti Vallejo, *La regla periculum est venditore,* p. 2765), fundando-se no art. 1475.º a exigência da sua anterioridade (cfr. Lacruz Berdejo, *Elementos, II-II*, p. 49; Rubio Garrido, *ob. cit.*, p. 361, 466 e 474,

de coisa defeituosa ("*la cosa vendida tenía algún vicio oculto al tiempo de la venta, y se pierde después*") o comprador pode reclamar o preço pago, "*con la rebaja del valor que la cosa tenía al tiempo de perderse*".

Constituindo a destruição da coisa por vício oculto – em que o risco da contraprestação é atribuído ao vendedor – uma situação de possível responsabilidade contratual, o art. 1488.° do CCes refere-se ao vício alheio ao perecimento da coisa, em termos que apenas na aparência se distanciam do ordenamento jurídico francês[542].

As normas referidas não obstam, na verdade, a que, nos termos do art. 1295.°, I, do CCes, a "*rescisión*" do contrato seja apenas admitida quando "*el que la haya pretendido pueda devolver aquello a que por su parte estuviese obligado*"[543].

VII. O CCes disciplina o risco de perecimento das coisas objecto de entrada social, segundo uma perspectiva aparentemente assente na fungibilidade ou não dos mesmos bens. Assim, segundo o art. 1687.°, I e II, "*el riesgo de las cosas ciertas y determinadas, no fungibles, que se aportan a la sociedad para que sólo sean comunes su uso y sus frutos, es del socio propietario*", encontrando-se a sociedade onerada com o risco "*si las cosas aportadas son fungibiles, o no pueden guardarse sin que se deteriorem, o si se aportaron para ser vendidas*", bem como se os bens forem objecto de "*estimación hecha en el inventario*"[544].

---

considerando os vícios posteriores uma "*hipótesis de riesgo stricto sensu o un incumplimiento de la obrigación de entrega del vendedor*"; e OLIVA BLÁZQUEZ, *ob. cit.*, p. 47, n. 82). PINTÓ-RUIZ, *ob. cit.*, p. 709, n. 27, questiona todavia se as normas dos arts. 1484.°, 1487.° e 1488.° do CCes não constituirão, afinal, uma manifestação do brocardo *periculum est venditoris*.

[542] Segundo ALBALADEJO, *Obligaciones*, p. 511, o art. 1488.° do CCes refere-se à perda da coisa por outra causa que não o vício oculto, podendo o comprador da coisa viciada exigir a diferença do preço, dado que esta valeria "*menor precio del que se pagó por ella*".

[543] A rescisão constitui uma forma particular de ineficácia do contrato, atentos os seus efeitos lesivos para as partes e para terceiros (cfr. LACRUZ BERDEJO, *Elementos, II-I*, p. 573; LETE DEL RÍO/LETE ACHIRICA, *ob. cit.*, p. 572; e LASARTE, *Principios, III*, p. 182). DIEZ-PICAZO/GULLÓN, *ob. cit.*, p. 249, admitem ainda que o art. 1123.° do CCes seja aplicável à resolução do contrato.

[544] Conforme observam DIEZ-PICAZO/GULLÓN, *ob. cit.*, p. 468, o suporte do risco pela sociedade implica uma perda social, havendo o sócio direito às compensações correspondentes no momento da dissolução da sociedade por não receber a coisa que constituiu a sua entrada.

Algumas experiências de direito estrangeiro e de direito internacional   197

Relativamente à entrada em propriedade de coisa determinada, afigura-se admissível sustentar, por argumento *a contrario sensu* a partir do art. 1687.°, I, do CCes, que o risco de perecimento da coisa correrá por conta da sociedade uma vez efectuada a sua entrega, pela qual a propriedade da coisa se transmite, consagrando o art. 1687.°, II, por sua vez, uma *translatio domini* em que o sócio apenas conserva um crédito relativo à devolução das coisas ou do seu preço[545]. A enunciação desta regra de risco é todavia dissonante do paradigma do contrato dominantemente aceite a respeito da compra e venda, razão pela qual é também sufragado que a perda ou a deterioração de coisas certas e determinadas após a celebração do contrato mas antes da sua entrega corre, desde que não se verifique uma dilação temporal entre o momento de celebração contratual e o de começo de funcionamento da sociedade, por conta do ente colectivo, o qual é tomado como *"dominus negotii"*[546].

Estas considerações devem ainda ser articuladas com o art. 1701.°, I e III, do CCes, determinando que a perda da coisa específica objecto da entrada do sócio ocasiona, antes da sua entrega, a dissolução da sociedade, apenas não se verificando esta se a perda ocorrer *"después que la sociedad ha adquirido la propiedad de ella"*. De facto, independentemente de uma eventual interpretação restritiva do art. 1701.°, I, às hipóteses em que se verifique um carácter insubstituível da coisa objecto de entrada[547], afigura-se que a conexão da dissolução da sociedade com a não entrega da entrada social, pode depor, senão a favor do reconhecimento de um paradigma específico de distribuição de risco contratual, pelo menos no sentido da separação entre o suporte do risco obrigacional e do risco real no contrato de sociedade[548].

VIII. Uma referência é ainda devida ao *"arrendamiento de obras"*, atentas as suas similitudes com o contrato de empreitada, *maxime*

---

[545] Cfr. ALBALADEJO, *Compendio*, p. 288, e em *Obligaciones*, p. 768; e ALCÁNTARA SAMPELAYO, *ob. cit.*, p. 495, sustentando uma confirmação do princípio *res perit domino*.

[546] Cfr. SOTO NIETO, *ob. cit.*, p. 286; e LACRUZ BERDEJO, *Elementos, II-II*, p. 273, embora reconhecendo a eventual colisão da tese com o disposto no art. 1701.°, I, do CCes.

[547] Cfr. SOTO NIETO, *ob. cit.*, p. 288; e LETE DEL RIO/LETE ACHIRICA, *ob. cit., II*, p. 636.

[548] Cfr. nomeadamente, sobre as mesmas disposições, ALBALADEJO, *Obligaciones*, p. 774; LACRUZ BERDEJO, *Elementos, II-II*, p. 284, concluindo que, em relação a coisa específica, o *periculum* corre por conta do sócio, que nada poderá reclamar à sociedade; e DIEZ-PICAZO/GULLÓN, *ob. cit.*, p. 475.

quando o primeiro assuma a modalidade de *"obras por ajuste o precio alzado"*.

Verificando-se a aquisição da propriedade da obra – em conformidade com o paradigma transmissivo vigente no ordenamento jurídico espanhol – com a sua entrega ao comitente[549], a regulação do risco contratual nos arts. 1589.º e 1590.º do CCes assume proximidade evidente do disposto nos arts. 1788.º e 1790.º do CCfr, *maxime* a respeito da distinção entre as situações de fornecimento ou não dos materiais pelo empreiteiro. Nestes termos, *"si el que contrató la obra se obligó a poner el material, debe sufrir da pérdida en el caso de destruirse la obra antes de ser entregada (...)"*, enquanto que *"el que se ha obligado a poner sólo su trabajo o industria, no puede reclamar ningún estipendio si se destruye la obra antes de haber sido entregada, a no ser que haya habido morosidad para recibirla, o que la destrucción haya provenido de la mala calidad de los materiales, con tal que haya advertido oportunamente esta circunstancia al dueño"*. O empreiteiro assume assim o risco da remuneração estipulada antes da entrega da obra, perdendo o seu trabalho e os materiais, se estes lhe pertenciam, salvo nas situações de mora ou de imputabilidade do dano ao credor[550].

A regra do art. 1590.º do CCes suscita ainda um juízo de repartição de riscos, segundo o qual o empreiteiro perderia o valor do seu trabalho e o dono da obra arcaria com o prejuízo da perda dos materiais empregues[551]. Paralelamente, apesar da ausência de uma disposição legal nesse sentido, constitui entendimento comum que a obrigação do empreiteiro realizar a obra subsiste após a verificação do sinistro[552], situação jurídica

---

[549] Cfr. Lacruz Berdejo, *Elementos, II-II*, p. 185 e 188.

[550] Cfr. Albaladejo, *Obligaciones*, p. 737; Lacruz Berdejo, *Elementos, II-II*, p. 186, enquadrando o art. 1589.º do CCes no risco do empreiteiro enquanto proprietário dos materiais, mesmo que estes já se encontrem incorporados na obra, uma vez que o pacto se sobrepõe às regras da acessão; Diez-Picazo/Gullón, *ob. cit.*, p. 384; Lasarte, *Principios, III*, p. 339, seguindo a orientação de perecerem as coisas por conta do seu dono depois de entregues; Soto Nieto, *ob. cit.*, p. 269, numa abordagem crítica do art. 1589.º do CCes; e Lete del Rio/Lete Achirica, *ob. cit., II*, p. 523, considerando que se a perda ocorre por caso fortuito a regra geral é a de que o risco é suportado pelo empreiteiro.

[551] Cfr. Lacruz Berdejo, *Elementos, II-II*, p. 186, referindo que *"cada uno pierde lo que puso"*; e Soto Nieto, *ob. cit.*, p. 271, ressalvando todavia a hipótese de *"fijación de un precio por piezas o medidas"*, em que a remuneração do empreiteiro deverá ser conservada.

[552] Cfr. Lacruz Berdejo, *Elementos, II-II*, p. 186, nomeadamente sendo a obrigação genérica, e não dependendo a execução do objecto destruído da entrega dos materiais

Algumas experiências de direito estrangeiro e de direito internacional   199

que se distingue, por sua vez, da problemática do *"riesgo economico"* por aumento de despesas e do custo dos materiais a que se reporta o art. 1593.º.

IX. A distribuição do risco no ordenamento jurídico espanhol sofreu finalmente o influxo da *Ley n.º 23/2003*, de 11 de Julho, de *Garantías en la venta de bienes de consumo*, cujo art. 4.º I, sob a epígrafe *"Responsabilidad del vendedor y derechos del consumidor"*, estabelece a aferição da responsabilidade do vendedor pela *"falta de conformidad que exista en el momento de la entrega del bien"*[553]. Sendo esta norma interpretada como uma regra de risco[554], é todavia sufragado que, atento o regime jurídico das obrigações genéricas e a natureza supletiva da disciplina do risco contratual, a alteração será *"más aparente que real"*[555]. Não se levantam contudo dúvidas quanto à mudança de paradigma normativo[556].

---

necessários pelo dono da obra; e Soto Nieto, *ob. cit.*, p. 272, ressalvando a hipótese da obra recair sobre coisa já existente.

[553] Sobre a *Ley n.º 23/2003*, seus antecedentes e enquadramento normativo, cfr., nomeadamente, Mannino, *L'attuazione della directiva 1999/44/CE in Spagna*, p. 131-159; Genovese, *Le garanzie dei beni di consumo, la direttiva 99/44/CE ed il diritto spagnolo*, p. 1103-1130; Luna Serrano, *El alcance de los conceptos de venta de bienes de consumo y de garantia de los mismos en la Directiva 1999/44/CE*, p. 2341-2353; e Lete, *The impact on spanish contract law of the EC directive on the sale of consumer goods and associated guarantees*, p. 351-357.

[554] Cfr. Orti Vallejo, *La Directiva 1999/44/CE*, p. 616; e Linacero de la Fuente, *ob. cit.*, p. 21, 38, 64 e 169. Em sentido ainda assim distinto, Morales Moreno, *La modernización del Derecho de Obligaciones*, p. 34 e 116, considera porém que *"no queda espacio para la doctrina de los riesgos, porque há sido absorbida en el ámbito operativo del incumplimiento"*.

[555] Cfr. Orti Vallejo, *La regla periculum est venditore*, p. 2767 e 2773, efectuando ainda um paralelo com o regime jurídico do transporte da coisa, normalmente a cargo e risco do vendedor, nos termos do disposto no art. 1602.º do CCes e no art. 361.º do CComes.

[556] Cfr. Martin Santisteban, *Nuova disciplina della vendita di beni di consumo nel diritto spagnolo*, p. 885, sufragando que, sob pena de incoerência, a introdução daquela novidade no ordenamento jurídico espanhol implica uma alteração das regras de risco. Em consonância, Morales Moreno, *La modernización*, p. 45, 116 e 170, refere que, como consequência, *"toda perdida o deterioro casual de la cosa, que ocurra antes del momento en que el vendedor haya cumplido su obligación de entregarla, es a riesgo del vendedor, pues la pérdida provoca el incumplimiento de la obligación de entregar la cosa, y el deterioro, de la obligación de entregarla en conformidad"*, considerando mesmo que, no caso da entrega consistir com a colocação da coisa à disposição do comprador, a transmissão do risco pressupõe entrega efectiva ou mora do comprador.

X. Reconhecendo-se falaciosa, salvo no domínio do registo predial, qualquer aproximação estrutural do ordenamento jurídico português ao sistema transmissivo-dominial espanhol, a peculiaridade assumida por algumas das suas soluções reveste contudo interesse dogmático.

Para além da multiplicidade de argumentos esgrimidos pela doutrina espanhola, na ausência de norma legal expressa, a respeito da fundamentação das diversas soluções de distribuição do risco contratual no contrato de compra e venda, os regimes jurídicos da condição suspensiva e do contrato de sociedade fornecem contrapontos e elementos de apoio que se podem revelar aproveitáveis aquando da equação das regras internamente vigentes. Em simultâneo, a mitigação da regra sinalagmática beneficia uma análise isolada dos diversos tipos contratuais, que, escapando ao puro empirismo, admite modelações conexas com regras de simples equidade. Não especificando verdadeiras espécies alienatórias, o Direito contratual espanhol afirma-se ainda como o sucessor contemporâneo do Direito romano, constituindo o fiel da balança na aferição histórico-cultural de quaisquer soluções alternativas de distribuição do risco contratual.

3.2.3. *Direito alemão*

I. O confronto das soluções de distribuição do risco contratual no Direito alemão postula, em primeiro lugar, o reconhecimento dos numerosos afastamentos que este ordenamento possui do Direito português em termos jurídico-dominiais, nomeadamente ao nível do modo de transmissão do direito de propriedade e da sua abstracção da relação obrigacional subjacente[557].

Por outra via, a reforma de 2002 do BGB no domínio do Direito das obrigações veio introduzir um vector adicional de complexidade, dado

---

[557] Cfr. EWALD HÖRSTER, *Sobre a formação do contrato*, p. 125, n. 4. THORN, *Transfer of Ownership in International Trade – Germany*, p. 183, sintetiza em quatro os princípios vigentes neste âmbito: separação (*"Trennungprinzip"*) entre os acordos obrigacionais (*"Verpflichtungsgeschäfte"*) e os acordos reais (*"Verfügungsgeschäfte"*); abstracção da relação obrigacional subjacente (*"Abstraktionprinzip"*), embora o instituto do enriquecimento sem causa (*"Ungerechtfertigte Bereicherung"*) possa funcionar em relação à retransmissão da propriedade injustamente transmitida; especialidade (*"Spezialitätsprinzip"*) em relação à coisa transmitida; e tradição da coisa (*"Traditionsprinzip"*), cuja vigência no âmbito do § 446 do BGB é sublinhada por WESTERMANN, *Kommentar*[3], p. 115.

Algumas experiências de direito estrangeiro e de direito internacional   201

haver sido alterada uma parte significativa da estrutura normativa relevante no âmbito versado. É que, a repercussão da versão original do BGB no seio das demais ordens jurídicas, em especial na CVVIM, inviabiliza a sua ignorância dogmático-cognitiva, pelo que a análise do regime jurídico aplicável principiará precisamente pela sua consideração, remetendo-se para momento posterior a ponderação das soluções consagradas pela reforma[558].

II. Apesar da adopção de um sistema consensual de transmissão da propriedade não haver obtido vencimento na comissão redactora da versão original do BGB por apenas um voto[559], o ensinamento de Savigny não permitiu sequer a adesão ao então prevalente sistema do título e do modo[560], constituindo o sistema jurídico-transmissivo germânico

---

[558] Sobre a reforma cfr., nomeadamente, Canaris, *Contenuti fondamentali e profile sistematici del gesetz zur modernisierung des schuldrechts*, p. 7-10; Cian, *Relazione introduttiva*, p. 9-30; Cristofaro, *Note introduttive sulla genesi e sull'oggetto della riforma tedesca e sui contenuti del Quaderno*, p. IX-XXI; e Menezes Cordeiro, *Da modernização*, p. 69-83. A abordagem das influências recíprocas entre a reforma alemã do Direito das obrigações e o novo Direito europeu dos contratos, bem como a análise relativa à "europeização do BGB" e à transposição de orientações comunitárias pode ser compulsada em Canaris, *L'attuazione in Germania della direttiva concernente la vendita di beni di consumo*, p. 254, mencionando a inspiração da disciplina do incumprimento das obrigações nos PECL, e em *A transposição da directiva sobre compra de bens de consumo para o direito alemão*, p. 49-67; Möllers, *European Directives on Civil Law – The German Approach: Towards the Re-codification and the New Foundation of Civil Law Principles*, p. 782 e 788; Schulze, *Schuldrechtsmodernisierungsgesetz e prospettive di unificazione del diritto europeu delle obligazioni e dei contratti*, p. 161-175; Berger, *Harmonisation of european contract law. The influence of comparative law*, p. 894-898; Dohrmann, *Un nuevo Derecho de obligaciones. La Reforma 2002 del BGB*, p. 1143; e Cristofaro, *Note introduttive*, p. XIV, referindo, nomeadamente, a oposição entre o paradigma da relação obrigacional do BGB e do vértice do contrato presente nos demais instrumentos visados. O carácter *"user-friendlier"* da nova redacção da lei civil é, por sua vez, sublinhado por Krajewski, *The new german law of obligations*, p. 212.

[559] Cfr. Van Vliet, *ob. cit.*, p. 368, aludindo a uma votação de seis contra cinco, bem como ao carácter supérfluo da solução no que respeita à protecção de terceiros em virtude da adopção, também, do instituto da posse vale título.

[560] Cfr. Hattenhauer, *Conceptos fundamentales del derecho civil*, p. 53; e Van Vliet, *ob. cit.*, p. 361, referindo os argumentos empregues pelo ilustre pandectista de inexistência de qualquer contrato na doação manual (por exemplo na doação de uma moeda a um pedinte), bem como da situação jurídica da *conditio indebiti*, razões a que posteriormente foram acrescentados o interesse da protecção de terceiros, e a segurança jurídica, em linha com as exigências de circulação da economia liberal.

202   O Risco nos Contratos de Alienação

um dado absolutamente original a respeito da criação do acordo real ("*dinglicher Vertrag*").

Conferindo substrato ao "*Trennungprinzip*", o § 433, I, do BGB atribui uma eficácia meramente obrigacional ao contrato de compra e venda[561], operando-se a transmissão de direitos reais sobre coisas mediante a conjugação de dois actos distintos. Deste modo, a um acordo real abstracto sobre a transmissão da coisa ("*Einigung*" ou "*Auflassung*"), segue-se, consoante a sua natureza móvel ou imóvel, a formalidade da entrega ("*Übergabe*") ou do registo ("*Eintragung*")[562]. Apesar de ser eficaz quanto à

---

[561] Constituem obrigações do vendedor, nos termos do § 433, I, do BGB, não apenas a entrega da coisa, mas também a transmissão da propriedade ("*(...) dem Käufer die Sache zu übergeben und das Eigentum an der Sache zu verschaffen (...)*"). Todavia, os §§ 433, I, e 435 do BGB (antes da reforma o § 434) estabelecem que, contrariamente ao sistema romano, a garantia prestada pelo vendedor é não apenas relativa ao *habere licere* da coisa, mas igualmente afecta à propriedade da coisa vendida, podendo o comprador agir directa e imediatamente contra o devedor se este não o tornar proprietário da coisa vendida (cfr., nomeadamente, ENNECCERUS/LEHMANN, *Derecho de obligaciones v. II 1.ª parte*[3], p. 19 e 45; GALVÃO TELLES, *Venda obrigatória*, p. 79, e em *Contratos Civis*, p. 156; e CALVÃO DA SILVA, *Responsabilidade do produtor*, p. 181, n. 1).

[562] A referência ao primeiro acordo consta do § 873, I, ("*(...) Einigung des Berechtigten und des anderen Teils über den Eintritt der Rechtsänderung...*"), do § 925, I, ("*(...) Einigung des Veräusserers und des Erwerbers (Auflassung) muss bei gleichzeitiger Anwesenheit beider Teile vor einer zuständigen Stelle erklärt werden*") e do § 929, I, do BGB ("*(...) und beide darüber einig sind, dass das Eigentum übergehen soll (...)*"), traduzindo ainda o § 873, I, e o § 929, I, a observância alternativa de uma formalidade ("*(...) und die Eintragung der Rechtsänderung in das Grundbuch erforderlich (...)*"; "*(...) dass der Eigentümer die Sache dem Erwerber übergibt (...)*"). A entrega de coisa móvel é dispensada nas hipóteses de *traditio brevi manu*, constituto possessório e cessão da pretensão de entrega da coisa por terceiro, previstas, respectivamente, no § 929, II, no § 930, e no § 931 do BGB. O § 311b, I, resultante da reforma do BGB (antigo § 313) regula ainda a forma legalmente exigida para a celebração de contratos de alienação de imóveis ("*Grundstück*"), admitindo a sua preterição quando "*(...) die Auflassung und die Eintragung in das Grundbuch erfolgen*" (sobre o sistema germânico de transmissão da propriedade cfr., nomeadamente, GALVÃO TELLES, *Contratos em Geral*, p. 299, n. 279; EWALD HÖRSTER, *A Parte Geral*, p. 608-610, referindo a imperiosidade de "ter em consideração a diversidade fundamental existente no campo dos negócios jurídicos de atribuição patrimonial entre os dois sistemas jurídicos (alemão e português) e as realidades sociais por eles moldadas"; HENRIQUE MESQUITA, *Obrigações reais*, p. 258; MENEZES LEITÃO, *Obrigações, III*, p. 23; LIMA PINHEIRO, *A venda com reserva de propriedade em Direito internacional privado*, p. 44--47; ANA PRATA, *Os contratos em volta (da compra e venda)*, p. 369; PEREIRA MENDES, *A publicidade*, p. 22 e 27, em relação ao efeito constitutivo da inscrição registal do negócio transmissivo abstracto; DI MAJO, *Il secondo libro del BGB*, p. 353; KRONKE, *La trans-*

Algumas experiências de direito estrangeiro e de direito internacional   203

garantia de segurança no tráfego, a separação é desconforme às representações normais dos sujeitos – que configuram a transacção económica realizada como um processo unitário e coerente – pelo que a pureza do sistema é objecto de estrangulamentos e supressões.

A *causa solvendi* assume-se como substrato do negócio dispositivo, residindo a sua abstracção na independência da validade da *causa obligandi* preexistente, nomeadamente na hipótese típica da dupla venda. Operando-se um desdobramento dos actos de autonomia da vontade em negócios obrigacionais e negócios de cumprimento ou de disposição, os últimos não se encontram submetidos ao jugo dos primeiros[563]. O *"Abstraktionprinzip"* manifesta-se, ainda, no regime da posse vale título consagrado no § 932 do BGB[564].

III. No domínio da distribuição do risco contratual é usual distinguir, seguindo a contraposição de LARENZ, entre o risco da prestação (*"Leistungsgefahr"*) ou da coisa (*"Sachgefahr"*), e o risco da contraprestação (*"Gegenleistungsgefahr"*), da remuneração (*"Vergütungsgefahr"*) ou do preço (*"Preisgefahr"*)[565]. Não obstante, consoante sufraga FIKENTSCHER, pode ser atribuída autonomia ao risco da coisa, radical cujo funcionamento será independente do jogo prestacional[566].

Encontrando-se o enquadramento sinalagmático da impossibilidade originária da prestação afastado pelo § 306 da redacção original do BGB – uma vez que se declarava a nulidade do contrato que tivesse por objecto

---

misión de la propiedad mobiliaria por acto inter vivos, p. 195-206; MONATERI, *Causalidad y abstracción del contrato*, p. 161-170; e RUBIO GARRIDO, *ob. cit.*, p. 107).

[563] Cfr., nomeadamente, OLIVEIRA ASCENSÃO, *Teoria Geral, II*, p. 301, e em *Teoria Geral, III*, p. 149; e MENEZES CORDEIRO, *Obrigações, I*, p. 518, n. 341, e em *Da boa fé*, p. 440, n. 129.

[564] Cfr. VAN VLIET, *ob. cit.*, p. 376, que, afirmando-se uma vez mais crítico do sistema instituído, considera que a estipulação de uma condição suspensiva ou resolutiva possibilita que o acordo real tenha a sua validade dependente do contrato base. O sistema abstracto é assim configurado como *ius dispositivum*, o que, segundo se julga, permite uma abordagem do sistema de distribuição de risco com alguma autonomia perante o sistema translativo do BGB, não constituindo necessariamente uma decorrência funcional deste.

[565] Cfr. LARENZ, *Schuldrechts, I*, p. 308 e 310, e em *Schuldrechts, II*, p. 102, constituindo o *"Preisgefahr"* o objecto do § 446 do BGB. A contraposição é acompanhada por ESSER/SCHMIDT, *ob. cit. (II)*, p. 15 e 17, embora sublinhando o teor restritivo da expressão *"Sachgefahr"*; MEDICUS, *Schuldrecht I – Allgemeiner Teil*[16], p. 187; EMMERICH, *ob. cit.*, p. 1351, em relação ao risco da contraprestação; e ALONSO PÉREZ, *El riesgo*, p. 392.

[566] Cfr. FIKENTSCHER, *ob. cit.*, p. 235 e 411, por referência ao *"periculum rei"*.

uma *"unmögliche Leistung"*[567] – o § 275, I, determinava a exoneração do devedor em caso de impossibilidade superveniente da prestação, colocando o risco da mesma a cargo do credor. Uma excepção a esta regra residia porém na hipótese do objecto da prestação corporizar uma obrigação genérica (*"Gattungsschuld"*), cuja impossibilidade não era liberatória para o seu devedor, ou não era, em rigor, fenomenologicamente admitida[568]. A concentração da obrigação genérica apenas ocorria, por princípio, com a entrega ou com a colocação da coisa à disposição do credor, embora o risco lhe pertencesse em caso de mora[569].

A atribuição do risco da contraprestação deduzia-se do disposto no § 323, I e III, do BGB, segundo o qual a impossibilidade da prestação de uma partes num *"gegenseitiger vertrag"* ocasionava a perda do direito à contraprestação da outra parte, operando a sua devolução segundo as regras do enriquecimento sem causa se a contraprestação já houvesse sido

---

[567] O § 306 foi todavia eliminado pela reforma do BGB, por se considerar que a impossibilidade originária da prestação exclui a prestação *in natura*, mas não a existência de uma prestação indemnizatória secundária (cfr., nomeadamente, CANARIS, *Contenuti fondamentali*, p. 16, e em *Il programma obbligatorio e la sua inattuazione: profili generali. Il nuovo Diritto delle leitungsstörungen* (reformulado em *La mancata attuazione del rapporto obbligatorio: profili generali. Il nuovo diritto delle leistunsstörungen*), p. 53; MAJO, *La modernisierung del diritto delle obbligazioni in germania*, p. 360; MENEZES CORDEIRO, *A modernização do Direito das Obrigações – II – O direito da perturbação das prestações*, p. 334, sublinhando que a obrigação não se limita apenas à prestação principal; e PINTO DE OLIVEIRA, *Contributo*, p. 15 e 21).

[568] Cfr. LARENZ, *Schuldrechts, I*, p. 316; ESSER/SCHMIDT, *ob. cit. (I)*, p. 227; e ZWEIGERT, *Aspects of the german law of sale*, p. 6, com a liminar observação de que *"the goods are still available somewhere in the world"*. Apesar da derrogação desta norma, permanece consensual a responsabilidade do devedor se a prestação permanecer objectivamente possível, havendo a supressão normativa sido aparentemente motivada pela inutilidade do § 279 perante o disposto no novo § 276, I, prt. final (cfr. CANARIS, *Il programma obbligatorio*, p. 47; ERNST, *ob. cit.*, p. 702, entendendo que a impossibilidade depende da concretização da obrigação; CHIUSI, *Modern, alt und neu: Zum Kauf nach BGB und römischem Recht*, p. 223; KRAJEWSKI, *ob. cit.*, p. 205; DOHRMANN, *La Reforma*, p. 1168; CIAN, *Relazione*, p. 25, e em *Significato e lineamenti della riforma dello Schuldrecht tedesco*, p. 14; e RANIERI, *La nouvelle partie générale du droit des obligations*, p. 950).

[569] Cfr. o § 300, II, (*"(...) so geht die Gefahr mit dem Zeitpunkt auf den Gläubiger über, in welchem er dadurch in Verzug kommt, dass er die angebotene Sache nicht annimmt"*). É todavia diminuto o campo de aplicação desta norma, a qual, em virtude do disposto no § 243, II, do BGB, se resume às situações em que não ocorreu ainda a concretização da coisa, nomeadamente em casos de recusa de aceitação da prestação por parte do credor (cfr. ENNECCERUS/LEHMANN, *Derecho de obligaciones v. I²*, p. 33; FIKENTSCHER, *ob. cit.*, p. 155 e 157; MEDICUS, *Schuldrecht, I*, p. 162; e BROX/WALKER, *Schuldrecht, I*, p. 284).

Algumas experiências de direito estrangeiro e de direito internacional 205

realizada[570]. Encontra assim aplicação a vulgarizada máxima *res perit debitori*, a qual obtém, ao contrário dos ordenamentos jurídicos francês e espanhol, consagração legal na parte geral do Direito das obrigações. A proximidade das normas compulsadas com o sistema normativo português surge todavia acantonada a este domínio, uma vez que, a exemplo do sistema transmissivo adoptado, as regras de distribuição do risco contratual no contrato de compra e venda e noutros domínios adquirem uma especificidade dogmática considerável.

IV. Assumindo o contrato de compra e venda mera eficácia obrigacional, a transmissão do risco de perecimento ou deterioração da coisa não se encontra em regra associada à sua celebração. Nos termos do § 446, I, do BGB, o risco de perda ou deterioração acidental da coisa era – e é – assumido pelo comprador apenas com a entrega da coisa, no mesmo momento se atribuindo a este a faculdade de seu emprego e os encargos da coisa[571]. Sendo unificadas as hipóteses de perecimento (*"Untergang"*) e de deterioração (*"Verschlechterung"*) da coisa, a tradição desta constitui o detonador exigido para a transmissão do risco no Direito alemão[572], orien-

---

[570] *Rectius*, *"Wird die aus einem gegenseitigen Vertrage dem einem Teile obliegende Leistung infolge eines Umstandes unmöglich, den weder er noch der andere Teil zu vertreten hat, so verliert er den Anspruch auf die Gegenleistung (...)"*; e *"(...) kann das Geleistete nach den Vorschriften über die Herausgabe einer ungerechtfertigten Bereicherung zurückgefordert werden"* (cfr. Ennecerus/Lehmann, *Obligaciones, I*, p. 243; Larenz, *Schuldrechts, I*, p. 310, n. 2, referindo-se a um princípio de troca ou de sinalagmaticidade (*"Astauschprinzip"*); Esser/Schmidt, *ob. cit. (II)*, p. 17; Medicus, *Schuldrecht, I*, p. 175, com referência análoga; Brox/Walker, *Schuldrecht, I*, p. 20; Emmerich, *ob. cit.*, p. 1352, aludindo ao sinalagma condicional; e Plessing, *Rapport nationaux: Allemagne*, p. 209). Actualmente, cfr. o § 326, I, 1.ª prt. do BGB.

[571] Segundo o § 446, I, *"Mit der Übergabe der verkauften sache geht die Gefahr des zufälligen Unterganges und der zufälligen Verschlechterung auf den Käufer über. Von der Übergabe an gebüren dem Käufer die Nutzungen und trägt er die Lasten der Sache"*, sendo os *"Nutzungen"* definidos no § 100 do BGB como os frutos ou benefícios proporcionados pela coisa (*"(...) die Früchte einer Sache oder eines Rechtes sowei die Vorteile, welche der Gebrauch der Sache oder des Rechtes gewärt"*). Os encargos da coisa são, por seu turno, objecto do § 103 (*"Tragung der Lasten"*).

De acordo com a remissão constante do agora revogado § 515 do BGB (hoje § 480), as regras dos §§ 446 e 447 seriam também aplicáveis ao contrato de permuta (cfr. Larenz, *Schuldrechts, II*, p. 194).

[572] Cfr. Eisser, *ob. cit.*, p. 522, informando que o mesmo princípio advém do Direito territorial prussiano; Ennecerus/Lehmann, *Obligaciones, II*, p. 52; Orlando, *ob. cit.*, p. 196; e Ewald Hörster, *Sobre a formação do contrato*, p. 124, n. 3.

tação que foi subsequentemente comunicada à CVVIM. Na previsão da norma são ainda abrangidas as situações em que a entrega da coisa se verifica por *traditio brevi manu*, bem como através de constituto possessório ou de cessão da pretensão de entrega, não se encontrando aquela em princípio circunscrita a uma entrega material[573].

Abstraindo-nos por ora da transmissão dominial, poder-se-ia concluir pela aderência da lei ao binómio prestação-contraprestação, no caso, entre a entrega da coisa e o pagamento do preço. Tal conclusão era porém obscurecida pelo antigo § 446, II, que, em relação a prédios e a navios já registados ou em construção – assimiláveis enquanto categoria, em sentido lato, às coisas imóveis e móveis sujeitas a registo público do sistema jurídico português – declarava transmitir-se o risco com a inscrição registal, em momento anterior, portanto, à entrega da coisa. Mas, se a antecipação da passagem do risco não se verificaria se a entrega da coisa ocorresse em momento anterior ao registo, sendo aliás o § 446, II, suprimido pela reforma de 2002 do BGB, a orientação sinalagmática continua a esbarrar no regime jurídico do § 447 do BGB e na fenomenologia do cumprimento obrigacional, pelo que não se julga admissível uma adesão apriorística à mesma[574].

---

[573] Possibilita-se, deste modo, uma articulação com o disposto, respectivamente, nos §§ 929 (2.ª prt.), 930 e 931 do BGB (cfr. LARENZ, *Schuldrechts, II*, p. 97; WESTERMANN, *Kommentar*[3], p. 117-118, ressalvando, todavia, a simples cedência do gozo da coisa, e considerando a hipótese de locação da coisa vendida pelo comprador ao vendedor ("*Zurückvermietung*") como abrangida pela norma de risco; EISSER, *ob. cit.*, p. 523; e ALONSO PÉREZ, *El riesgo*, p. 394). Em sentido contrário, afirmando, salvo acordo em contrário, a insuficiência da "*Mittelbarer Besitz*" cfr. ENNECCERUS/LEHMANN, *Obligaciones, II*, p. 53; e BROX/WALKER, *Schuldrecht, II*, p. 17.

[574] Cfr. WESTERMANN, *Kommentar*[3], p. 115, no sentido de que o § 446 introduz uma excepção à conjunção dos §§ 275 e 323 do BGB, embora possa associar-se a este último no caso de entrega parcial da coisa. Em sentido próximo, identificando no § 446 uma mutação face ao disposto no § 323 do BGB, se pronunciam LARENZ, *Schuldrechts, II*, p. 96 ("*eine gewisse Abwandlung*"); e, perante o novo § 326 do BGB, ZIMMERMANN/BISCHOFF, *Haftungsausschluss für zwischen Vertragsschluss und Gefahrübergang entstehende Mängel bei Gebrauchtimmobilien*, p. 2508, em especial n. 19.

Não obstante, a revogação do § 446, II, e o possível enquadramento da entrega da coisa a terceiro como acto de cumprimento, suscitam a reponderação da solução sinalagmática neste âmbito. Assim, haverá ainda que ter presente que a transmissão do risco se verifica mesmo quando o devedor não cumpre (por exemplo, quando entrega uma coisa com vícios jurídicos ou materiais), bem como que, em termos ontológicos, se o devedor cumpre, a questão do risco em rigor não se suscitará (cfr. LARENZ, *Schuldrechts, II*, p. 97, "*(...) wenn bei einer beweglichen Sache der Eigentumsübergang (gemäss § 929) mit der*

Por outra via, apesar dos eventos da entrega e do registo assumirem uma relevância específica relativamente à transmissão dominial da coisa, não é igualmente unívoca a aproximação do sistema germânico de distribuição do risco contratual no contrato de compra e venda ao paradigma *res perit domino*[575]. Ainda que pressupondo uma construção distinta dos paradigmas francês e italiano – em que a propriedade se transmite *solo consenso* e não em momento posterior à celebração do contrato – esta afirmação colide com o facto de, nos bens imóveis, a entrega da coisa transmitir o risco, mas não a propriedade, para cuja transmissão se continua a exigir a inscrição registal a favor do adquirente[576]. Outra antecipação de atribuição do risco em relação à translação dominial divisa-se também na compra e venda com cláusula de reserva de propriedade (*"Eigentumsvorbehalt"*)[577], em que o risco de perecimento e deterioração da coisa se transmite com a sua entrega ao comprador[578]. Uma antecipação de atribuição do risco em relação à transmissão da propriedade estará igualmente presente no § 447 do BGB.

Übergabe zusammenfällt, weil dann der Verkaufer vollständig erfüllt hat und damit das Gefahrproblem entfällt"; e FIKENTSCHER, *ob. cit.*, p. 415, referindo a desconsideração da entrega da coisa como acto de cumprimento contratual).

[575] Cfr. PLESSING, *ob. cit.*, p. 210; GALGANO, *Diritto civile e commerciale v. II t. II²*, p. 22, em relação à solução normativa da CVVIM; e ALONSO PÉREZ, *El riesgo*, p. 146. No sentido da excepção do § 446 do BGB ao *casum sentit dominus* cfr., porém, WESTERMANN, *Kommentar³*, p. 115 e 117; LARENZ, *Schuldrechts, II*, p. 96; EISSER, *ob. cit.*, p. 523; MEDICUS, *Schuldrecht II – Besonderer Teil¹³*, p. 12; e BROX/WALKER, *Schuldrecht, II*, p. 17.

[576] Esta regra de transmissão do risco é consequência directa da revogação do § 446, II, pela reforma do BGB de 2002.

[577] Nos termos dos §§ 455 e 925, II, da versão original do BGB a cláusula de reserva de propriedade era circunscrita à alienação de coisas móveis em que o preço da coisa não houvesse sido solvido, funcionando, sem quaisquer condicionalismos formais ou registais, como condição suspensiva do acordo real (*"dingliche Einigung"* – cfr. THORN, *ob. cit.*, p. 191; e ORTSCHEID, *Possession et clause de réserve de propriété en droits français et allemand*, p. 768). Não introduzindo alterações muito significativas, a reforma de 2002 do BGB veio estabelecer, com interesse, a nulidade do acordo se a transmissão da propriedade se encontrar dependente do cumprimento pelo comprador de exigências de um terceiro, nomeadamente de uma empresa relacionada com o vendedor (cfr. o novo § 449, III, e o comentário de HABERSACK/SCHÜRNBRAND, *Der Eigentumsvorbehalt nach der Schuldrechtreform*, p. 839).

[578] Cfr. ENNECCERUS/LEHMANN, *Obligaciones, II*, p. 53 e 177, com referência à função de garantia da figura; EISSER, *ob. cit.*, p. 523 e 532; FIKENTSCHER, *ob. cit.*, p. 415; WESTERMANN, *Kommentar³*, p. 115 e 117, e em *Kommentar⁴*, p. 287; MEDICUS, *Schuldrecht, I*, p. 182, e em *Schuldrecht, II*, p. 12; BROX/WALKER, *Schuldrecht, II*, p. 106; e ALONSO PÉREZ, *El riesgo*, p. 395.

208   *O Risco nos Contratos de Alienação*

Em termos mais maleáveis, é sufragada a conexão da atribuição do risco contratual com a possibilidade de controlo (*"Kontrollmöglichkeit"*)[579], de influência efectiva (*"tatsächliche Einwirkungsmöglichkeit"*)[580], ou de utilização económica da coisa (*"wirtschaftliche Nutzungmöglichkeit des Käufers"*)[581], não sendo o paralelo normativo com a atribuição ao comprador dos frutos e outros benefícios gerados pela coisa igualmente negligenciado[582].

V. Complementarmente, o § 447, I, do BGB disciplina a transmissão do risco de perecimento e deterioração da coisa em relação à compra e venda em que haja sido acordado pelas partes, a solicitação do comprador, o envio da coisa para um lugar distinto do lugar de cumprimento (*"Versendungskauf"*), estabelecendo-se uma antecipação do momento de transferência do risco – o qual coincide com a entrega da coisa ao transportador, expedidor ou à pessoa encarregue de efectuar o envio por parte do vendedor[583] – que demonstra o afastamento do brocardo *res perit domino*. Tendo necessariamente por objecto o transporte de coisas móveis, o § 447 impõe a transmissão do risco antes que a propriedade da coisa seja adquirida pela sua entrega ao comprador, sendo a norma também interpretada como uma imputação de risco que, revelando-se independente do cumprimento da obrigação de entrega, afasta a configuração do risco do sinalagma obrigacional[584]. O critério legal é essencialmente justificado como decorrência da vontade e do interesse do comprador, uma vez que é por sua iniciativa que as mercadorias são transportadas, sendo assim adequado imputar-lhe o incremento da possibilidade da sua perda ou deterioração pelo transporte[585].

---

[579] FIKENTSCHER, *ob. cit.*, p. 242 e 414.

[580] LARENZ, *Schuldrechts, II*, p. 96, aludindo, a p. 98, a uma *"wirtschaftlichen Übergang"*.

[581] WESTERMANN, *Kommentar*[3], p. 116.

[582] Cfr. BROX/WALKER, *Schuldrecht, II*, p. 17.

[583] *Rectius*, *"Versendet der Verkäufer auf Verlangen des Käufers die verkaufte Sache nach einem anderen Ort als dem Erfüllungsort, so geht die Gefahr auf den Käufer über, sobald der Verkäufer die Sache dem Spediteur, dem Frachtfürer oder der sonst zur Ausfürung der Versendung bestimmten Person oder Anstalt ausgeliefert hat"*.

[584] Cfr. EISSER, *ob. cit.*, p. 531-532; e ROMEIN, *ob. cit.*, s/p, configurando a norma como uma excepção ao § 323 do BGB. A entrega da coisa a terceiro pode todavia ser tida como acto de cumprimento (cfr. *supra* p. 206, n. 574).

[585] Cfr. LARENZ, *Schuldrechts, II*, p. 101, com base num *"erhöhtes Risiko"* criado por iniciativa do comprador; FIKENTSCHER, *ob. cit.*, p. 174, sublinhando a conexão com o

Algumas experiências de direito estrangeiro e de direito internacional   209

É todavia discutido se o âmbito de aplicação da norma se limita ou não ao risco emergente do transporte da coisa (*"typische Transportgefahr"*), *maxime* se abrange no seu seio todo o risco "temporal", no qual se inclui a actuação de terceiro, mesmo no domínio do próprio transporte[586]. Surgem ainda hesitações quanto aos pressupostos aplicativos do § 447. É que, se se admite, ao contrário da orientação dominante na CVVIM, que o transporte da coisa seja realizado por auxiliares do devedor ou mesmo por este[587], não é evidente a aplicação do preceito em relação aos envios ou expedições colectivas de mercadorias (*"Sammellsendung"*)[588]. O risco

---

"Gegenleistungsgefahr"; WESTERMANN, *Kommentar*[3], p. 120-121; e BROX/WALKER, *Schuldrecht, II*, p. 19. Aliás, o § 447 pressupõe que, em derrogação do § 269, o comprador exija ao vendedor o envio da coisa para lugar distinto do cumprimento, o que se poderá deduzir das circunstâncias da contratação, e que traduz um velho uso mercantil (EISSER, *ob. cit.*, p. 523 e 532).

O facto do devedor (vendedor) assumir as despesas ou o custo da entrega da coisa não permite inferir porém que o lugar de cumprimento da obrigação seja aquele para onde deva ser expedida a coisa (nos termos do § 269, III, do BGB, *"Aus dem Umstand allein, dass der Schuldner die Kosten der Versendung übernommen hat, ist nocht zu entnehmen, dass der Ort, nach welchem die Versendung zu erfolgen hat, der Liestungsort sein soll"* – cfr. LARENZ, *Schuldrechts, II*, p. 101; FIKENTSCHER, *ob. cit.*, p. 174; WESTERMANN, *Kommentar*[3], p. 122, e em *Kommentar*[4], p. 298; MEDICUS, *Schuldrecht, II*, p. 12; e BROX/WALKER, *Schuldrecht, II*, p. 19). De facto, as cláusulas de entrega não possuem repercussões necessárias na questão da transferência do risco (cfr. WESTERMANN, *Kommentar*[3], p. 119, concluindo, em *Kommentar*[4], p. 297, que o risco passa com a entrega ao transportador nas transacções realizadas através da *internet*).

[586] Cfr. LARENZ, *Schuldrechts, II*, p. 98 e 102, colocando as hipóteses de embargo (*"Beschlagnahme"*) da mercadoria na esfera de risco do comprador; WESTERMANN, *Kommentar*[3], p. 127, e em *Kommentar*[4], p. 306, ressalvando todavia as hipóteses de embargo da mercadoria, que computa na esfera do vendedor, salvo ocorrendo este por vício da coisa vendida; e EISSER, *ob. cit.*, p. 525. Em sentido contrário pronunciam-se, porém, ENNECCERUS/LEHMANN, *Obligaciones, II*, p. 56; e FIKENTSCHER, *ob. cit.*, p. 417.

[587] Cfr. ENNECCERUS/LEHMANN, *Obligaciones, II*, p. 55; LARENZ, *Schuldrechts, II*, p. 103; FIKENTSCHER, *ob. cit.*, p. 417, embora considerando que a situação se pode resolver numa obrigação de entrega; SCHULTZ, *ob. cit.*, p. 241, sufragando poder ser o vendedor a efectuar o transporte; e EISSER, *ob. cit.*, p. 524. Em termos algo dissonantes, WESTERMANN, *Kommentar*[3], p. 125, e em *Kommentar*[4], p. 303, refere que o emprego de colaboradores próprios pode indiciar uma obrigação de entrega (*Bringschuld*), bem como que é manifesta a fronteira da hipótese com a responsabilidade por acto de terceiro, na qual não se verifica já um problema de risco contratual. MEDICUS, *Schuldrecht, II*, p. 12, pronuncia-se, por seu turno, em sentido abertamente contrário à referida orientação.

[588] Cfr., em sentido afirmativo, ENNECCERUS/LEHMANN, *Obligaciones, I*, p. 32, e em *Obligaciones, II*, p. 56, entendendo a massa de mercadorias como coisa determinada e a

210 O Risco nos Contratos de Alienação

onerará ainda o vendedor se o envio não foi peticionado pelo comprador – nomeadamente em relação a mercadorias apenas susceptíveis de
transporte (*"reidender oder schwimmmender Ware"*)[589] – bem como a respeito do cumprimento de simples obrigações contratuais acessórias[590].
A mesma doutrina é aplicável ao envio de cortesia efectuado pelo vendedor e ao envio de mercadorias de um lugar que não o lugar do cumprimento da obrigação[591].

VI. Na alienação de herança o § 2380 estabelece correr o risco por
conta do adquirente desde o momento da celebração do contrato, numa
consagração aparente da máxima *periculum est emptoris*[592]. A norma
consubstancia uma regulamentação supletiva do risco da contraprestação
que, afastando a aplicação do § 323 do BGB, é justificada através do
objecto sobre o qual incide o contrato de compra e venda, sendo o preço
calculado em relação a um conjunto de bens[593]. A sua aplicação à compra

---

atribuição do risco aos seus compradores, unidos por uma comunidade de interesses;
EISSER, *ob. cit.*, p. 527; e ESSER/SCHMIDT, *ob. cit. (II)*, p. 319, materializando o envio a possibilidade de perdas parciais (*"Gefahr für Teilverluste"*) pelos compradores unidos em
comunidade (*"Rechtsgemeinschaft"*). Já WESTERMANN, *Kommentar*[3], p. 125, e em *Kommentar*[4], p. 303, sufraga opinião diversa, ressalvando a hipótese de negociação do título de
crédito representativo da mercadoria.

[589] Cfr. WESTERMANN, *Kommentar*[3], p. 121, e em *Kommentar*[4], p. 298; e BROX/
WALKER, *Schuldrecht, II*, p. 20.

[590] Cfr. WESTERMANN, *Kommentar*[3], p. 123. Em sentido contrário cfr. porém
LARENZ, *Schuldrechts, II*, p. 103, sufragando a aplicação do § 447.

[591] Cfr. ENNECCERUS/LEHMANN, *Obligaciones, II*, p. 55; LARENZ, *Schuldrechts, II*,
p. 102, excepcionando a hipótese de consentimento do comprador; FIKENTSCHER, *ob. cit.*,
p. 417; WESTERMANN, *Kommentar*[3], p. 121, e em *Kommentar*[4], p. 298, ressalvando porém
as hipóteses de consentimento do comprador e de envio longínquo, propondo, para a última
situação, uma solução de partilha do risco segundo o princípio do trajecto mais curto entre
o lugar do envio e o lugar da entrega (*"der kürzesten Strecke zwischen dem Versende- und
dem Ablieferungsort"*); BROX/WALKER, *Schuldrecht, II*, p. 20, ressalvando o acordo do
comprador; e ROMEIN, *ob. cit.*, s/p, considerando a aplicação do § 446 do BGB quando os
bens são transportados a partir do lugar da fábrica, sendo o local de cumprimento o lugar
do estabelecimento do vendedor.

[592] Cfr. EISSER, *ob. cit.*, p. 522 e 524; FIKENTSCHER, *ob. cit.*, p. 242 e 417; EMMERICH,
ob. cit., p. 1352, aludindo à atribuição ao credor do risco da contraprestação; *Schuldrecht,
II*, p. 13; e ALONSO PÉREZ, *El riesgo*, p. 340 e 403, sufragando a aplicação da sua doutrina
ao Direito espanhol.

[593] Cfr. MUSIELAK, *Kommentar zum § 2380*[3], p. 2220.

Algumas experiências de direito estrangeiro e de direito internacional   211

e venda global ou de um conjunto de coisas (*"Sachgesamtheit"*) não gera, todavia, consenso doutrinal[594].

Uma regra de distribuição de risco poderia também configurar-se através do efeito retroactivo da condição estabelecido no § 159 do BGB, embora se considere que a transferência do risco está dependente da entrega da coisa mesmo no caso de existir uma condição suspensiva aposta ao contrato[595]. O princípio da retroactividade encontra contudo aplicação na compra e venda sujeita a condição resolutiva, devendo o preço da coisa, se solvido, ser restituído ao comprador[596].

O momento de passagem do risco assume por fim relevância em relação aos defeitos conexos com a qualidade da coisa, uma vez que, de acordo com o antigo § 459 – agora § 434, I, do BGB – o vendedor apenas assume responsabilidade até àquele momento[597].

Não obstante, é pacífico que, sem prejuízo dos diversos remédios invocáveis pelo comprador, a passagem do risco para este se verifica ainda que a coisa alienada padeça de vícios, mesmo que apenas em gérmen[598]. Com esta orientação colidia o § 350 do BGB, que, afastando-se de outros paradigmas normativos, determinava não ser o direito de resolução do contrato (*"Rücktritt"*) afastado pelo perecimento acidental da coisa entregue[599]. Ape-

---

[594] Cfr., em sentidos distintos, Eisser, *ob. cit.*, p. 522 e 524; e Westermann, *Kommentar*³, p. 116, e em *Kommentar*⁴, apesar de manter fundadas hesitações quanto à aplicação do § 446 do BGB.

[595] Cfr. Larenz, *Schuldrechts, II*, p. 99; e Westermann, *Kommentar*³, p. 116, configurando a entrega como um acordo concludente de transferência do risco (*"konkludente Vereinbaung einer Gefahrtragung (...)"*).

[596] Cfr. Westermann, *Kommentar*³, p. 117. Em sentido mais restrito, Larenz, *Schuldrechts, II*, p. 100, sufraga que, em caso de verificação da condição, o comprador possa recusar o pagamento do preço se não houver ainda cumprido a sua obrigação.

[597] Cfr. Larenz, *Schuldrechts, II*, p. 99; Westermann, *Kommentar*³, p. 130, e em *Kommentar*⁴, p. 309; Medicus, *Schuldrecht, II*, p. 7 e 29; Zimmermann/Bischoff, *ob. cit.*, p. 2506, equiparando a perda à deterioração da coisa na síntese harmónica que consideram existir no sistema de transmissão do risco (*"einheitliches System der Risikoverteilung"*); e Grundmann, *European sales law – reform and adoption of international models in German sales law*, p. 251.

[598] Cfr. Enneccerus/Lehmann, *Obligaciones, II*, p. 54; Eisser, *ob. cit.*, p. 529; Fikentscher, *ob. cit.*, p. 414; e Westermann, *Kommentar*³, p. 115. A mesma regra vigora quanto à aceitação de uma obra com vícios, atenta a sua relevância como veículo transmissor do risco (cfr. Emmerich, *ob. cit.*, p. 1355; e Soergel, *Kommentar zum §§ 644 und 651*³, p. 1364).

[599] Possibilitando o paralelo com a admissibilidade de devolução do escravo morto no Direito romano, a norma dispunha que *"Der Rücktritt wird nicht dadurch ausgeschlos-*

212   *O Risco nos Contratos de Alienação*

sar de supletiva, a coerência da solução com a regra geral do § 446 foi severamente questionada, havendo a disposição sido derrogada pela reforma[600].

VII. O contrato de empreitada ou de realização de uma obra (*"Werkvertrag"*) possui soluções específicas de distribuição do risco contratual[601].

Sob a epígrafe *"Leistungs- und Vergütungsgefahr"*, o § 644, I, determina que o empreiteiro suporta o risco até ao momento de aceitação da obra, salvo mora do dono da obra na sua aceitação, não sendo todavia responsável pelo perecimento ou deterioração acidental dos materiais fornecidos pelo dono da obra[602]. Por sua vez, o § 644, II, declara aplicável

---

sen, dass der Gegenstand, welchen der Berechtigte empfangen hat, durch Zufall untergegangen ist" (cfr. ENNECCERUS/LEHMANN, *Obligaciones, I*, p. 201, ressalvando a entrega da eventual indemnização percebida pelo perecimento da coisa; WESTERMANN, *Kommentar*[3], p. 115, e em *Das neue Kaufrecht einschliesslich des Verbrauchgüterkauf*, p. 542; MEDICUS, *Schuldrecht, I*, p. 193; JANSSEN, *Kommentar zum § 350*[4], p. 1638; e DI MAJO, *La nuova disciplina della risoluzione del contratto (rücktritt)*, p. 114).

[600] LARENZ, *Schuldrechts, I*, p. 407 e 413, considerava a norma como um fracasso normativo (*"rechtspolitisch verfehlt"*), no mesmo sentido se pronunciando ESSER/SCHMIDT, *ob. cit. (I)*, p. 317, na alusão a uma excepção ao *"Paritätsprinzip"*. Admitindo a sua contradição com o § 323 do BGB e com o art. 82.º da CVVIM, JANSSEN, *ob. cit.*, p. 1349, considera por seu turno que, não sendo possível que uma regra de risco (*"Gefahrtragungsregel"*) ocasione uma solução justa em todos os casos, a circunscrição aplicativa do § 350 podia conduzir à produção de resultados aceitáveis. A norma não deveria ser porém limitada às hipóteses em que o objecto da restituição houvesse permanecido junto da parte perante a qual a resolução do contrato fosse desencadeada, nesse sentido depondo, não apenas o seu teor literal, mas também a constatação de que a solução contrária não implicaria necessariamente a criação de um risco superior para a coisa.

[601] Cfr. o § 631 do BGB, o qual não foi objecto de modificação pela reforma. O *"Werkvertrag"* é comummente distinguido do contrato de prestação de serviços (*"Dienstvertrag"*) por corporizar uma obrigação de resultado e não de meios.

[602] O § 644, I, refere-se directamente apenas ao risco da retribuição, colocando o empreiteiro numa situação jurídica mais débil que o vendedor (*"Der Unternehmer trägt die Gefahr bis zur Abnahme des Werkes. Kommt der Besteller in Verzug der Annahme, so geth die Gefahr auf ihn über. Für den zufälligen Untergang und eine zufällige Verschlechterung des von dem Besteller gelieferten Stoffes ist der Unternehmer nicht verantwortlich"*). Nestes termos, LARENZ, *Schuldrechts, II*, p. 363, sublinha que o empreiteiro pode trabalhar em vão (*"(...) umsonst gearbeitet (...)"*), sendo remunerado pela realização da obra e não pelo tempo consumido ou pelo trabalho realizado (na pertinência da situação ao risco da contraprestação cfr. de igual modo FIKENTSCHER, *ob. cit.*, p. 556; MEDICUS, *Schuldrecht, II*, p. 135; e BUSCHE, *Kommentar zum §§ 644 und 651*, p. 1959). A situação de mora do dono

Algumas experiências de direito estrangeiro e de direito internacional 213

o § 447 quando, a pedido do dono da obra, esta deva ser entregue em lugar distinto do lugar do cumprimento da prestação. Não constituindo a remissão para a *"Versendungskauf"* uma solução original, o certo é que critério do § 644, I, do BGB não coincide, em termos estritos, com a entrega da obra ao seu dono.

De acordo com o § 651, I, as disposições do contrato de compra e venda eram ainda aplicáveis quando a obra de coisa móvel realizada com materiais do empreiteiro fosse fungível, o que conduzia, nomeadamente, à aplicação dos §§ 446 e 447[603]. Todavia, sendo infungível a obra realizada com materiais do empreiteiro, vigoraria a distribuição de risco do *"Werkvertrag"*. Esta constituía uma das especificidades normativas do *"Werklieferungvertrag"* ou contrato de fornecimento de obra, no qual, encontrando-se a criação em primeiro plano, os materiais eram fornecidos pelo empreiteiro[604].

---

da obra era aproximada do disposto no § 324, II (cfr. LARENZ, *Schuldrechts, II*, p. 367, e em *Schuldrechts, I*, p. 314; e SOERGEL, *ob. cit.*, p. 1364, referindo a ocorrência da transferência do risco quando o dono da obra deva praticar um acto necessário ao seu fabrico ou realização), com remissão, hoje, para o § 326, II, do BGB.

A abordagem lateral do risco relativo aos materiais é por sua vez considerada como resultado dos princípios gerais ou do denominado *"Sachgefahr"* (cfr. FIKENTSCHER, *ob. cit.*, p. 555; SOERGEL, *ob. cit.*, p. 1365; BUSCHE, *ob. cit.*, p. 1961; e MEDICUS, *Schuldrecht, II*, p. 135, exemplificando com a não responsabilidade do sapateiro pelo perecimento dos sapatos, embora perca o seu direito à remuneração).

Por outra via, o empreiteiro continua, salvo se outra solução resultar dos ditames da boa fé, obrigado à sua prestação, não vencendo remuneração pelos gastos adicionais sofridos (cfr. ENNECCERUS/LEHMANN, *Obligaciones, II*, p. 539, remetendo para as regras gerais; LARENZ, *Schuldrechts, II*, p. 363; EMMERICH, *ob. cit.*, p. 1355; SOERGEL, *ob. cit.*, p. 1363, concluindo pela possibilidade do empreiteiro suportar o risco da prestação e da contraprestação; BUSCHE, *ob. cit.*, p. 1962; e BROX/WALKER, *Schuldrecht, II*, p. 272, que deduzem uma regra concludente do § 644 em relação ao risco da prestação quando a obra não for possível).

[603] Cfr. LARENZ, *Schuldrechts, II*, p. 375, referindo a existência de uma *"Lieferungskauf"* ou de um contrato de compra e venda com a especificidade de fabrico da coisa (*"Kaufvertrag mit der einzigen Besonderheit, dass der Verkäufer regelmässig auch der Hersteller der Sache ist"*).

[604] Sobre a figura do *"Werklieferungsvertrag"* cfr., nomeadamente, ENNECCERUS/ /LEHMANN, *Obligaciones, II*, p. 554; LARENZ, *Schuldrechts, II*, p. 376, exemplificando com o fabrico de próteses dentárias, fatos e móveis por medida; FIKENTSCHER, *ob. cit.*, p. 556; MEDICUS, *Schuldrecht, II*, p. 138; SOERGEL, *ob. cit.*, p. 1412-1416; e VAZ SERRA, *Empreitada*, (BMJ n.° 145) p. 49.

VIII. Havendo operado transformações estruturais no domínio do Direito das obrigações, a Lei para a modernização do Direito das obrigações (*"Gesetz zur Modernisierung des Schuldrechts"*) aprovada em 11 de Outubro de 2001, e entrada em vigor a 1 de Janeiro de 2002, veio igualmente introduzir algumas alterações no domínio da distribuição do risco de perecimento ou deterioração da coisa, ainda que não haja sido neste domínio que a intervenção legislativa alcançou maior notoriedade.

Seguramente digna de nota é a consagração do instituto da alteração das circunstâncias ou da base negocial (*"Geschäftsgrundlage"*) no § 313 do BGB, no qual é ponderada, enquanto circunstância do caso concreto, a repartição contratual ou legal do risco existente[605]. Por outra via, pontificam no renovado normativo soluções originais no que respeita ao redimensionamento do conceito de impossibilidade da prestação, as quais, podendo repercutir-se *a latere* no domínio versado, cumpre referenciar em termos sucintos[606].

O § 275 desdobra-se agora em quatro parágrafos, estabelecendo-se no primeiro a exclusão da pretensão prestacional em caso de impossibilidade da prestação pelo devedor ou por qualquer outro sujeito. Operando a exclusão da realização da prestação *ipso iure*, estabelece-se um tratamento normativo unitário da impossibilidade, unificando a impossibilidade inicial e superveniente, a impossibilidade objectiva e subjectiva,

---

[605] *Sic: "vertraglichen oder gesetzlichen Risikoverteilung"*. Na sua análise cfr., nomeadamente, CANARIS, *Contenuti fondamentali*, p. 28, e em *Il programma obbligatorio*, p. 35 e 38, encontrando o instituto amplitude fora do mecanismo do "tudo ou nada" da impossibilidade; BROX/WALKER, *Schuldrecht, I,* p. 285; ROTH, *Kommentar zum § 313*, p. 1798, sublinhando a sua não aplicação perante a incapacidade do devedor encontrar os meios pecuniários de que necessita para cumprir a sua obrigação; DOHRMANN, *La Reforma*, p. 1194; MAJO, *La modernisierung*, p. 359; CIAN, *Relazione*, p. 18, e em *Significato e lineamenti*, p. 9; SCHNEIDER, *La codification d'institutions prétoriennes*, p. 965, confirmando o legislador uma orientação jurisprudencial centenária; RESCIGNO, *La codificazione tedesca della störung der geschäftsgrundlage*, p. 101-108; D'ALFONSO, *The European judicial harmonization of contractual law: observations on the german law reform and "Europeanization" of the BGB*, p. 699, aludindo à codificação de uma instituição pretoriana; SAN MIGUEL PRADERA, *La excesiva onerosidad sobrevenida: una propuesta de regulación europea*, p. 1117, adoptando uma terminologia relacionada com a excessiva onerosidade; e MENEZES CORDEIRO, *Da modernização*, p. 116, e em *A modernização do Direito das Obrigações, II*, p. 344.

[606] CHIUSI, *ob. cit.*, p. 223, sustenta porém que a violação da obrigação (*"Pflichverletzung"*) constitui o conceito central do novo Direito das obrigações, aproximando-a do paradigma da responsabilidade *ex fide bona* do Direito romano.

Algumas experiências de direito estrangeiro e de direito internacional   215

a impossibilidade total e parcial, bem como a impossibilidade de facto e de direito[607]. Por outro lado, a reforma conduziu a um alargamento do conceito de impossibilidade, permitindo o § 275, II, que o devedor se recuse a efectuar a prestação sempre que a mesma comporte uma oneração gravemente desproporcionada relativamente ao interesse que o credor possa ter no seu cumprimento, tendo por base o conteúdo da relação obrigacional e a boa fé contratual. É assim consagrada, ainda que com funcionamento potestativo – pelo exercício de uma excepção em sentido técnico – e não *ipso iure*, a impossibilidade prática, fáctica ou material, de que são exemplos paradigmático a entrega do anel que repousa no fundo do rio ou da coisa furtada. Em causa estão situações de desequilíbrio inadmissível da relação obrigacional, a valorar de acordo com o seu sentido sócio-económico e cultural, as quais não se confundem, todavia, com as situações de impossibilidade económica cobertas pela doutrina do limite do sacrifício, a integrar, eventualmente, no âmbito do instituto da alteração das circunstâncias[608]. O § 275, III, admite, por sua vez, a inexigibilidade de pres-

---

[607] Cfr., sobre o novo § 275 do BGB, nomeadamente, CANARIS, *Contenuti fondamentali*, p. 12, e em *Il programma obbligatorio*, p. 33-34, referindo a manutenção da utilidade da noção de impossibilidade enquanto fundamento da liberação do devedor e a abrangência da impossibilidade culposa; MEDICUS, *Schuldrecht, I*, p. 138; BROX/WALKER, *Schuldrecht, I*, p. 205; DOHRMANN, *La Reforma*, p. 1165; RANIERI, *ob. cit.*, p. 948; MEMMO, *Il nuovo modello tedesco della responsabilità per inadempimento delle obbligazioni*, p. 804; MENEZES CORDEIRO, *Tratado, I-I*, p. 681, em *Da modernização*, p. 107, e em *A modernização do Direito das Obrigações – II*, p. 335; e ROMANO MARTINEZ, *Da cessação*, p. 30.

[608] Cfr. CANARIS, *Contenuti fondamentali*, p. 13, em especial n. 22, e em *Il programma obbligatorio*, p. 35 e 40, referindo que a norma constitui uma concretização do princípio da proporcionalidade em termos menos difusos que o art. 7.2.2.b) dos PCCI, sendo esta aferida exclusivamente de acordo com o interesse do credor, pelo que não funciona, por exemplo, na flutuação do preço do petróleo; KRAJEWSKI, *ob. cit.*, p. 207; DOHRMANN, *La Reforma*, p. 1166 e 1198; RANIERI, *ob. cit.*, p. 948; CIAN, *Relazione*, p. 26; MEMMO, *ob. cit.*, p. 805; MENEZES CORDEIRO, *Tratado, I-I*, p. 683-684, em *Da modernização, p. 109, e em A modernização do Direito das Obrigações – II*, p. 337-338, considerando que a impossibilidade deve ser tomada em sentido sócio-cultural e não naturalístico, visando-se a sua depuração da alteração das circunstâncias; ROMANO MARTINEZ, *Da cessação*, p. 47, que considera existir, porém, uma certa equiparação entre a impossibilidade absoluta e a onerosidade excessiva, fenómeno criticável por uma operar de *per se*, e a outra ser aferida em função da boa fé; e PINTO DE OLIVEIRA, *Contributo*, p. 10 e 12, relacionando os novos parágrafos II e III do § 275 do BGB com os arts. 334.º e 335.º do CCiv. A relação do § 275, II, do BGB com o art. 9.102, n.º 2, al. b), dos PECL é, por seu turno, enfatizada por D'ALFONSO, *ob. cit.*, p. 708. Quanto ao apoio dogmático inicial da ideia de impossibilidade

216 *O Risco nos Contratos de Alienação*

tações de carácter personalíssimo, em termos que extravasam a própria impossibilidade moral[609].

O novo § 326 – para onde remete o § 275, IV – não modifica a solução que constava do § 323 da versão original do BGB no que respeita ao risco da contraprestação, estabelecendo como consequência da impossibilidade da prestação, em relação à impossibilidade não imputável a nenhuma das partes, a perda do direito à contraprestação e a sua restituição, se já houvesse sido prestada, agora, todavia, segundo as regras da resolução do contrato[610].

No âmbito da resolução contratual estabelece-se por seu turno, em derrogação do anterior § 350, que o devedor deve efectuar o reembolso do valor da prestação (*"Wertersatz"*) quando o objecto recebido haja perecido ou se haja deteriorado, salvo quando tais eventos sejam da responsabilidade do credor, ou se o dano também se houvesse produzido se a coisa se encontrasse com ele[611]. Se não se suscitam dúvidas quanto à aplicação

---

alargada, segundo a qual a possibilidade jurídica de uma prestação se afere de acordo com a boa fé e tendo em conta o teor do vínculo cfr., por todos, MENEZES CORDEIRO, *Da boa fé*, p. 1002-1003.

[609] Constitui exemplo paradigmático o da actriz ou cantora que não executa a prestação devida para se encontrar à cabeceira do filho que se encontre em perigo de vida (cfr., por todos, CANARIS, *Contenuti fondamentali*, p. 14; e MENEZES CORDEIRO, *Da modernização*, p. 110, e em *A modernização do Direito das Obrigações – II*, p. 339).

[610] A orientação resulta do § 326, I e IV (cfr. CANARIS, *Contenuti fondamentali*, p. 15, e em *Il programma obbligatorio*, p. 42; RANIERI, *ob. cit.*, p. 955; e MENEZES CORDEIRO, *A modernização do Direito das Obrigações – II*, p. 337).

[611] *Rectius*, § 346, II.3, *"(...) der empfangene Gegenstand sich verschlechtert hat oder untergegangen ist (...)"* e § 346, III, 2, *"(...) sowei der Gläubiger die Verschlechterung oder den Untergang zu vertreten hat oder der Shaden bei ihm gleichfalls eingetreten wäre"* (cfr. CANARIS, *Contenuti fondamentali*, p. 62, sufragando a superação da solução injusta e contrária ao sistema do § 350; MEDICUS, *Schuldrecht, I*, p. 196, referindo a possibilidade de restituição do enriquecimento residual; BROX/WALKER, *Schuldrecht, I*, p. 158, sublinhando a sua conformidade com o § 446, encontrando-se o titular do direito de resolução liberado da restituição *in natura*, mas não em valor (*"Wertersatzpflicht"*), e devendo devolver o enriquecimento residual no caso de exclusão da última parcela; DOHRMANN, *La Reforma*, p. 1184, considerando, porém, que a inovação legislativa se traduz na possibilidade de resolução contratualmente estabelecida, ainda que quem a invoque seja responsável pela impossibilidade; RANIERI, *ob. cit.*, p. 957; e MAJO, *Rücktritt*, p. 120, e em *Recesso e risoluzione del contratto nella riforma dello schuldrecht: al di là dell'inadempimento colpevole*, p. 28). Nestes termos, o exercício de uma faculdade resolutiva inserida num contrato de compra e venda (por exemplo a resolução do contrato por não entrega pelo vendedor de acessórios ou documentos da coisa) não afasta a assunção do risco por parte do com-

Algumas experiências de direito estrangeiro e de direito internacional   217

da primeira excepção – com assunção do risco por parte do vendedor – em caso de resolução do contrato pelo comprador em consequência do vício da coisa adquirida que impossibilite a sua restituição, a perda da coisa na hipótese de resolução do contrato por desconformidade recebe um tratamento normativo ainda distinto, podendo ser assumida pelo comprador se este não houver observado em relação à coisa a diligência que emprega no tratamento dos seus próprios negócios ou assuntos (*"quam in suis"*)[612]. Não obstante, a doutrina já alertou para o facto de as novas soluções serem, afinal, harmónicas com os antigos paradigmas legais[613].

---

prador, salvo se o perecimento ou deterioração da coisa também se verificasse se a coisa se encontrasse com o vendedor. Sendo insofismável a relevância da causa virtual nos efeitos da resolução do contrato, não se encontram abrangidas na esfera de risco do contraente que exerce o direito potestativo de resolução contratual (no caso, o comprador) as deteriorações produzidas como decorrência do uso adequado ou conforme à destinação da coisa, as quais, em rigor, não devem ser sequer abrangidas neste domínio (cfr. CANARIS, *Contenuti fondamentali*, p. 65, aludindo à simples passagem de coisa "nova" a "usada", ainda que os benefícios obtidos com a coisa possam ser computado através do disposto no § 346, I, do BGB).

[612] Começando por enquadrar a situação na previsão do § 346, III, 2, CANARIS, *Contenuti fondamentali*, p. 67 e 69, equaciona depois a aplicação do § 364, III, 3, em relação a um defeito da coisa que provenha da esfera da outra parte, circunstância que pode ser assim eleita como critério de imputação do risco (*rectius*, § 346, III, 3 *"(...) wenn im Falle eines gesetzlichen Rücktrittsrecht die Verschlechterung oder der Untergang beim Berechtigten eingetreten ist, obwohl dieser diejenige Sorgfalt beobachtet hat, die er in eigenen Angelegenheiten anzuwenden pflegt"*). A mesma orientação é porém excluída pelo § 357, III, do BGB, a respeito da devolução da coisa em consequência do direito de revogação contratual que assiste ao consumidor quando este haja sido devidamente informado do conteúdo do seu direito: restar-lhe-á apenas a possibilidade de o dano também se ter por verificado se a coisa estivesse em poder do profissional (§ 346, III, 2).

[613] CANARIS, *Contenuti fondamentali*, p. 74-79, considera que o complexo unitário da restituição do valor e da sua limitação pelo critério consagrado no § 364, III, 3, pode, numa interpretação histórico-teleológica, conduzir à sobrevivência do § 350 em termos substanciais (o autor sufraga mesmo a sua extensão analógica às hipóteses em que a resolução, fundada em convenção, se relacione com a desconformidade com o contrato, bem como a redução teleológica da norma na hipótese de resolução fundada no § 313). Em sentido próximo, MEDICUS, *Schuldrecht, I*, p. 196, alude a uma obrigação de restituição que apenas onera o comprador se a perda da coisa, nas hipóteses de resolução legal, for devida ao seu descuido, segundo o padrão que observa na conservação das suas próprias coisas (*"eigenübliche Sorfalt"*).

218   *O Risco nos Contratos de Alienação*

IX. Verificam-se também alterações no que respeita às previsões do §§ 446 e 447 do BGB[614]. Nestes termos, o § 446 foi reduzido a apenas um parágrafo – implicando a eliminação da distinção anteriormente efectuada a respeito de imóveis e móveis sujeitos a registo a consagração da entrega da coisa como momento geral de transmissão do risco – ao mesmo tempo que a mora do comprador na recepção da coisa adquirida foi equiparada à sua entrega[615]. Consequentemente, foi superada a diarquia fundada na natureza das coisas alienadas, introduzindo-se ainda uma referência à mora do credor que, atentas as regras gerais, *maxime* o disposto no inalterado § 300, parece supérflua[616].

Apesar de existirem directrizes para a sua revogação, a redacção do § 447 manteve-se inalterada[617], embora seja nova a exclusão da sua aplicação a contratos de compra e venda de bens de consumo, vedando-se, assim, a possibilidade de antecipação do momento de transmissão do risco nestes negócios jurídicos[618]. Coincidindo em absoluto com a entrega da

---

[614] Modificações que WESTERMANN, *Kommentar*[4], p. 288, não considera porém impostas pela DVBC.

[615] *Rectius*, *"Mit der Übergabe der verkauften Sache geht die Gefahr des zufälligen Untergangs und der zufälligen Verschlechterung auf den Käufer über (...) Der Übergabe steht es gleich, wenn der Käufer im Verzug der Annahme ist"* (cfr. WESTERMANN, *Kommentar*[4], p. 288, justificando a derrogação do regime jurídico anterior pela raridade da situação do registo preceder a entrega e pela sua desconformidade com o interesse de ambas as partes; e MEDICUS, *Schuldrecht, II*, p. 12).

[616] WESTERMANN, *Kommentar*[4], p. 288, relembra, porém, que o § 300, II, do BGB apenas se destina à definição do regime jurídico das obrigações genéricas. Por outra via, a mora do comprador e a possibilidade do vendedor efectuar o depósito das mercadorias por sua conta e risco (*"(...) auf Gefahr und Kosten des Käufers (...)"*) são, de igual modo, objecto da disciplina do § 373 do BGB.

[617] Cfr., a respeito da orientação da *"Komission zur Überarbeitung des Schuldrechts"*, CANARIS, *Contenuti fondamentali*, p. 55; e WESTERMANN, *Kommentar*[4], p. 295.

[618] Tal resulta do § 474, II (*"Die §§ 445 und 447 finden auf diesem Untertitel geregelten Kaufverträge keine Anwendung"*). Cfr. CANARIS, *Contenuti fondamentali*, p. 55, considerando que a solução não deixa de encontrar paralelo no art. 67.° da CVVIM; WESTERMANN, *Das neue Kaufrecht*, p. 250, ficando em aberto a reacção prática à nova norma; MEDICUS, *Schuldrecht, II*, p. 29, aludindo a *"eine weitere Hilfe für den Käufer"*; LORENZ, *Kommentar zum § 474*[4], p. 485, justificando a escolha legislativa pela faculdade do vendedor escolher o transportador, dirigir a mercadoria e contratar o seu seguro com maior facilidade; BROX/WALKER, *Schuldrecht, II*, p. 19; DOHRMANN, *La Reforma*, p. 1212, maximizando-se a regra de que apenas o controlo fáctico da coisa transmite o risco; e ROSCH, *Le nouveau droit de la vente: présentation générale*, p. 972, referindo a norma como uma transposição fiel da DVBC pelo legislador alemão, obstando a uma transferência antecipada do risco para o comprador através da entrega da coisa pelo vendedor ao transpor-

Algumas experiências de direito estrangeiro e de direito internacional 219

coisa, o momento de transmissão do risco assume ainda relevância para a apreciação de vícios da coisa pelos quais responda o vendedor, consoante resulta do §§ 434, I, e 476 do BGB[619].

A reforma do BGB assumiu ainda relevância ao separar os contratos de mútuo de numerário (*"Darlehensvertrag"*) e os contratos de mútuo de outras coisas fungíveis que não o dinheiro (*"Sachdarlehensvertrag"*), atribuindo o § 488, I, uma configuração consensual e sinalagmática ao contrato de mútuo disciplinado *ex novo* pela lei[620]. Mantém-se contudo regulado nos §§ 607 e ss. do BGB o primitivo contrato de mútuo não sinalagmático e real *quoad constitutionem*, garantindo-se a sua "homogeneidade cultural com os principais Códigos civis europeus"[621].

Finalmente, foi introduzida uma alteração ao § 651 do BGB em relação aos contratos que tenham por objecto a empreitada de coisas móveis por produzir ou a fabricar, independentemente da pertença dos materiais e da qualidade profissional ou de consumo do bem, estabelecendo-se, em harmonia com a orientação comunitária, a aplicação do regime do contrato de compra e venda[622]. Por outra via, não se distingue sequer, para efeitos

---

tador. Ainda perante a DVBC, EHMANN/RUST, *Die Verbrauchsgüterkaufrichtlinie*, p. 857, mencionavam uma melhoria da situação jurídica do comprador na compra e venda com envio da coisa.

[619] Cfr. CANARIS, *Contenuti fondamentali*, p. 47; ROTH, *German Sales Law after the implementation of Directive 1999/44/EC*, p. 870; e DOHRMANN, *La Reforma*, p. 1214. Nesta categoria se inclui a entrega de coisa diversa (*aliud pro alio*) (cfr. CANARIS, *Contenuti fondamentali*, p. 32; e MENEZES CORDEIRO, *Da modernização*, p. 131, n. 409, e em *A modernização do Direito das Obrigações – III – A integração da defesa do consumidor*, n. 68).

[620] Cfr. MEDICUS, *Schuldrecht, II*, p. 106; BROX/WALKER, *Schuldrecht, II*, p. 207; e VOLANTE, *La nuova disciplina del mutuo come contratto consensuale*, p. 290, considerando que na raiz da alteração normativa se encontra a intenção de conferir uma melhor tutela ao mutuário enquanto contraente economicamente débil.

[621] Cfr. VOLANTE, *ob. cit.*, p. 278 e 303, que refere o hibridismo do *"Sachdarlehenvertrag"* entre o mútuo romano e o contrato de locação.

[622] *Rectius*, *"Auf einen Vertrag, der die Lieferung herzustellender oder zu erzeugender beweglicher Sachen zum Gegenstand hat, finden die Vorschriften über den Kauf Anwendung (...) Sowei es sich bei den herzustellenden oder zu erzeugenden beweglichen Sachen um nicht vertretbare Sachen handelt, sind auch die §§ 642, 643, 645, 649 und 650 mit der Massgabe anzuwenden, dass an die Stelle der Abnahme der nach den § 446 und 447 massgebliche Zeitpunkt tritt."* (cfr. BUSCHE, *ob. cit.*, p. 2036, aludindo à ruptura com o *"Werklieferungsvertrag"*; MEDICUS, *Schuldrecht, II*, p. 138, referindo a inexistência de uma categoria de empreitada de bens de consumo (*"Verbrauchsgüterwerkvertrag"*); BROX/WALKER, *Schuldrecht, II*, p. 268, sufragando a eliminação do *"Werklieferungvertrag"*; e HESELER, *Le nouveau droit du contrat d'entreprise*, p. 1008). Antecipando a

220 O Risco nos Contratos de Alienação

de distribuição do risco, se as coisas objecto do contrato são fungíveis ("*Lieferungskauf*") ou infungíveis ("*Werklieferungsvertrag*"), uma vez que a aplicabilidade do § 644 é excluída neste domínio[623]. A empreitada de construção de imóveis continua porém submetida às regras do "*Werkvertrag*"[624].

X. No momento de formação de um juízo sintético sobre o regime distribuição de risco no sistema jurídico alemão constata-se serem válidas também aqui as considerações iniciais relativas ao seu enquadramento dominial: os afastamentos estruturais existentes impedem uma qualquer importação acrítica das suas soluções para o ordenamento jurídico interno, sem prejuízo, porém, do relevantíssimo contraponto intelecto-cognitivo que o mesmo ordenamento representa. Sumamente importante é o desenvolvimento doutrinal efectuado em torno do § 447 do BGB, embora os seus pressupostos aplicativos não possibilitem uma efectiva convergência com o art. 797.° do CCiv.

Por fim, também a alteração pontual das soluções de risco previstas no BGB – em nome de uma completa conformidade com a DVBC – adquire relevo aquando da análise do ordenamento jurídico português. A eliminação do § 446, II, e a restrição aplicativa do § 447 aos contratos com consumidores contribuem decisivamente para o completar do círculo de inversão do brocardo *res perit emptoris*.

3.2.4. *Direito italiano*

I. Apresentado como italiano e fundado na tradição milenar do Direito romano pelo regime fascista, embora, na realidade, haja continuado a possuir inspiração francesa[625], o *Codice Civile* de 1942 constitui o nor-

---

reforma, EHMANN/RUST, *ob. cit.*, p. 856, haviam já previsto a necessidade de uma alteração legislativa a respeito da empreitada de coisas infungíveis com materiais fornecidos pelo empreiteiro.

[623] Cfr. BUSCHE, *ob. cit.*, p. 2043.

[624] Cfr. BUSCHE, *ob. cit.*, p. 2040; e MEDICUS, *Schuldrecht, II*, p. 138.

[625] Cfr. PATTI, *Fascismo, Códice Civile ed evoluzione del diritto privato*, p. 551, noticiando contudo que se ocuparam da redacção do CCit juristas que estudaram na Alemanha. O distanciamento do CCit do CCfr é porém sublinhado por MATTEI/ROBILANT, *Les longs adieux: la codification italienne et le Code Napoléon*, p. 864, havendo a cultura jurídica italiana, sem participar na denominada "*Alliance du Nord*", "*volontairement coupé le cordon ombilical qui la reliat à la culture juridique française*".

mativo que mais se aproxima das soluções internamente consagradas em sede de transmissão da propriedade e do risco.

Alguns afastamentos deste sistema face aos paradigmas vigentes devem não obstante ser sublinhados, obviando a uma importação assistemática e acrítica daquele ordenamento jurídico. Com efeito, no Direito italiano a transmissão da propriedade *solo consenso* encontra paralelo na admissão do instituto da posse vale título a respeito da aquisição por terceiros de boa fé e com título idóneo de bens móveis não sujeitos a registo, não sendo esta figura sequer excluída pelo facto das coisas haverem sido perdidas ou roubadas[626]. Em consonância, o confronto de duas alienações sucessivas é disciplinado no art. 1155.° do CCit com prevalência da situação jurídica do possuidor de boa fé, solução que se encontra em harmonia sistemática com a disciplina do conflito entre dois direitos pessoais de gozo, regulada pelo art. 1380.°[627].

Outro afastamento estrutural, ainda que sem intervenção directa no domínio em análise, reside na consagração pelo art. 1467.° do CCit da *"eccessiva onerosità"* nos contratos com *"prestazioni corrispettive"*, em termos distintos do art. 437.° do CCiv. Possibilitando a resolução do contrato se a prestação de uma partes *"è divenuta eccessivamente onerosa per il verificarsi di avvenimenti straordinari e imprevedibili"*, o ordenamento jurídico italiano admite o controlo do equilíbrio económico da operação contratual[628], postulando a conservação do custo inicial da prestação

---

[626] Cfr. MENEZES CORDEIRO, *Da boa fé*, p. 459, n. 162.

[627] Aqui, a oposição, pelo menos literal, com o regime do art. 407.° do CCiv, encontra-se a descoberto, uma vez que são enunciados pelo art. 1380.° do CCit três critérios sucessivos na hierarquização dos direitos pessoais de gozo: o registo prévio, a obtenção do gozo da coisa (entrega ou posse da coisa) e a existência de título com data certa anterior. Todavia, apesar de tal não coincidir com a prevalência do "direito mais antigo em data, sem prejuízo das regras próprias do registo" – a que alude o art. 407.° – verifica-se na doutrina nacional uma aproximação das duas normas, sublinhando VAZ SERRA, *Anotação ao ac. do STJ de 21 de Maio de 1976*, p. 172, que o art. 407.° "não pode ser interpretado à letra", uma vez que atribuiria eficácia real a direitos meramente obrigacionais, obstando à harmonização dos arts. 407.° e 408.° a distinta natureza dos direitos em questão. O insigne jurista propõe, assim, em linha com o 1380.° do CCit, a prevalência do "direito cujo gozo é mais antigo em data", da mesma posição se aproximando ANDRADE MESQUITA, *ob. cit.*, p. 196, e PINTO OLIVEIRA, *Obrigações*, p. 247 e 249, ao considerarem que a constituição dos direitos pessoais de gozo em sentido estrito apenas ocorre com a tradição da coisa do concedente ao concessionário (HENRIQUE MESQUITA, *Obrigações reais*, p. 154, n. 50, sufraga porém a desnecessidade de entrega da coisa para a aplicação do 407.° a conflitos de direitos pessoais de gozo).

[628] BESSONE, *Adempimento e rischio contrattuale*, p. 48.

enquanto exigência fundada na equidade da cooperação entre devedor e credor na repartição do risco que ultrapasse a álea normal do contrato[629]. Ao remeter para a equidade, o esquema adoptado constitui uma dinamização da teoria da pressuposição de WINDSHEID, embora de acordo com um esquema objectivo de abordagem[630]. Contudo, é entendido que a esfera de aplicação da norma se encontra circunscrita à vertente obrigatória do contrato de compra e venda, não vigorando a respeito da compra e venda com efeitos translativos imediatos[631].

II. Sendo antecipado pela referência no art. 922.º do CCit aos modos de aquisição da propriedade, o art. 1376.º determina que *"nei contratti che hanno per ogetto il trasferimento della proprietà di una cosa determinata, la costituzione o il trasferimento di un diritto reale ovvero il trasferimento di un altro diritto, la proprietà o il diritto si trasmettono e si acquistano per effetto del consenso delle parti legittimamente manifestato"*.

A consagração do sistema do título é complementada por duas disposições subsequentes relativas à transmissão de *"una determinata massa di cose, anche se omogenee"* e de coisas genéricas. Assim, ainda que para determinados efeitos as coisas devam ser *"numerate, pesate o misurate"*, existe um efeito imediatamente translativo na venda em bloco ou *per aversionem*, o qual pressupõe a individualização do seu objecto através de uma proveniência comum ou da colocação material das coisas, embora com independência de uma destinação unitária. Esta situação jurídica não se confunde com a alienação de coisa genérica propriamente dita[632].

---

[629] Cfr. BETTI, *Obbligazioni*, p. 199. No mesmo sentido, cfr. GALGANO, *Privato*, p. 345, e em *Civile e commerciale*, *I*, p. 467; ENZO ROPPO, *La resoluzioni per eccessiva onerosità sopravvenuta*, p. 296, referindo situações limite caracterizadas pela gravidade do desequilíbrio superveniente da economia contratual, bem como pela excepcionalidade dos eventos que a determinaram, sendo exemplo jurisprudencial a desvalorização monetária em relação a um contrato-promessa, mas não em relação a contratos em bolsa de valores; bem como CRISCUOLI, *ob. cit.*, p. 499, com o clássico exemplo do fecho do canal do Suez.

[630] Cfr. MENEZES CORDEIRO, *Da boa fé*, p. 1101 e 1297 (tese n.º 101).

[631] Cfr. CIAN/TRABUCCHI, *ob. cit.*, p. 1655.

[632] Cfr. MESSINEO, *ob. cit.*, p. 68, referindo que *"le cose si pressuppongono già individuate, sebbene in quanto complexo"*; BIANCA, *La vendita*, p. 258, distinguindo-a ainda da alienação de uma universalidade; ALPA, *Sulla nozione di prezzo*, p. 145, por referência a um contrato no qual os contraentes prescindem da indicação do peso, número ou medida, sendo o preço acordado em *"somma fissa e complessiva"* (que se pode revelar, em concreto, maior ou menor que o estabelecido individualmente em relação a cada coisa

Na sequência, o art. 1378.° estabelece que nos contratos que tenham por objecto a transferência de coisas determinadas apenas quanto ao género, *"la proprietà si trasmette con l'individuazione fatta d'accordo tra le parti o nei modi da esse stabiliti"*, ressalvando, para a hipótese do seu transporte, que *"l'individuazione avviene anche mediante la consegna al vettore o allo spedizioniere"*. Esta norma é parcialmente coincidente com o art. 541.° do CCiv, devendo a sua prt. final ser articulada com o disposto no art. 1510.°, II. Assim, considera-se, a respeito do lugar da entrega da coisa no contrato de compra e venda, que, devendo esta ser transportada, *"il venditore si libera dall'obbligo della consegna rimettendo la cosa al vettore o allo spedizioniere"*[633]. Normas relativas ao efeito real surgem ainda no art. 1472.°, em relação à compra e venda de coisa futura e de frutos, bem como no art. 1814.° do CCit a respeito do mútuo, que, sendo configurado como contrato real *quoad constitutionem*, proporciona a aquisição das coisas mutuadas pelo mutuário.

A consagração no art. 1476.° do CCit da obrigação do vendedor atribuir ao comprador *"(...) la proprietà della cosa o del diritto, se l'acquisto non è effetto immediato del contratto"* possibilita, por seu turno, a configuração meramente obrigacional do contrato de compra e venda no Direito italiano. Autonomizando-se uma obrigação de *dare*[634], os contornos do contrato de compra e venda obrigatória tendem a identificar-se com um vínculo jurídico de efeito translativo não imediato[635], sendo exemplos

---

alienada); GALGANO, *Privato*, p. 328; LUMINOSO, *I contratti*, p. 39, 54 e 60, tomando por paradigma a venda de coisa específica; CIAN/TRABUCCHI, *ob. cit.*, p. 1457, referindo uma coisa originariamente genérica objecto de posterior especificação; FERRI, *Manuale di Diritto Commerciale*[11], p. 831; e CAMPOBASSO, *Diritto Commerciale 3 – Contratti, titoli di credito, procedure concorsuali*[3], p. 5, n. 2.

[633] RUBINO, *ob. cit.*, p. 533, n. 24, sustenta a sua aplicação apenas em relação a coisas genéricas, tal como alguma doutrina portuguesa restringe a aplicação do art. 797.° do CCiv às obrigações genéricas. A disposição articula-se com o art. 1465.°, III, do CCit, ocasionando a assunção pelo comprador do risco da contraprestação (cfr. BOCCHINI, *La tutela del consumatore nella vendita tra piazze diverse*, p. 166 e 169).

[634] Cfr. BIANCA, *Diritto Civile IV – L'obbligazione*, p. 108, rejeitando, porém, a sua associação exclusiva a uma atribuição translativa; e CHIANALE, *Obbligazione di dare e atti traslativi solvendi causa*, p. 247. A compra e venda era genericamente configurada por GORLA, *ob. cit.*, p. 6 e 25, como obrigatória perante o *Codice Civile* anterior, emergindo deste contrato duas obrigações de *dare* distintas.

[635] Cfr. TRABUCCHI, *ob. cit.*, p. 708; FERRI, *ob. cit.*, p. 843; BIANCA, *La vendita*, p. 83, referindo que o vendedor é obrigado ao resultado translativo que surge como efeito mediato do contrato; e GALGANO, *Civile e commerciale, II*, p. 5 e 22, sublinhando, porém,

deste a alienação de coisa genérica, de coisa alternativa, de coisa futura e de coisa alheia, bem como a alienação subordinada a condição suspensiva, a termo inicial ou com reserva de propriedade[636]. Esta abertura – que todavia pode redundar numa divergência pouco mais que vocabular do ordenamento jurídico português – deve integrar-se com a manutenção da garantia por evicção enquanto instituto comum aos diversos contratos de alienação[637].

III. Embora o enquadramento sistemático das normas de distribuição do risco contratual no CCit seja distinto daquele que é adoptado internamente – situando-se num cap. relativo à resolução do contrato – o prisma de abordagem revela-se amplamente paralelo, nomeadamente na contraposição entre os denominados risco obrigacional e risco real.

Neste contexto, prescreve-se, em sede de impossibilidade total superveniente, que a parte exonerada em virtude da impossibilidade da sua prestação *"non può chiedere la controprestazione, e deve restituire quella che abbia già ricevuta, secondo le norme relative alla ripetizione dell'indebito"*. Reconhecendo a existência de um sinalagma funcional[638], o art. 1463.º do CCit corporiza o "critério de racionalidade teleológica" subjacente à verdadeira repartição de riscos, encontrando aplicação, nomeadamente, em contratos que a doutrina italiana tipifica como vendas obrigatórias[639].

---

que, embora se produza num momento sucessivo, o efeito translativo da propriedade permanece como efeito real do contrato.

[636] Cfr. Messineo, *ob. cit.*, p. 69; Galgano, *Privato*, p. 533 e 537, e em *Civile e commerciale, II*, p. 5 e 22; Luminoso, *I contratti*, p. 48, 72 e 76, em relação à venda de coisa futura; Ferri, *ob. cit.*, p. 826; Campobasso, *Commerciale 3*, p. 5.

[637] Cfr. os arts. 797.º, 1476.º, 1479.º-1489.º, e 1553.º do CCit (a respeito da doação, compra e venda e pemuta). A garantia de evicção não subsiste, todavia, se a venda é acordada *"a rischio e pericolo del compratore"*, correspondendo esta à "exoneração do risco de evicção" (cfr. Bianca, *La vendita*, p. 792).

[638] Cfr. Betti, *Obbligazioni*, p. 171; Bianca, *Civile, IV*, p. 547; Mosco, *Impossibilità sopravvenuta della prestazione*, p. 437, por referência aos contratos onerosos; Luminoso, *I contratti*, p. 485; Magazzù, *ob. cit.*, p. 60, em especial n. 84; e Lombardi, *La risoluzione per impossibilità sopravvenuta*, p. 186.

[639] Luminoso, *I contratti*, p. 77, sendo o vendedor o sujeito onerado com o risco de acordo com a máxima *casum sentit debitori*; e Delfini, *ob. cit.*, p. 131, n. 13, em relação à compra e venda de coisa alheia. Ferri, *ob. cit.*, p. 840, considera porém que, nos casos de compra e venda de coisas futuras que não venham a existir, de coisas alheias que não foi possível adquirir, ou de coisas não individualizadas, o problema do risco não se chega a colocar, sendo aplicáveis as regras da impossibilidade da prestação.

Algumas experiências de direito estrangeiro e de direito internacional 225

IV. O art. 1465.° do CCit constitui a base comum de apoio do risco real, o qual é abordado também em sede de impossibilidade superveniente da prestação.

Na sequência do disposto pelo art. 1125.° do *Codice Civile* de 1865, o art. 1465.°, I, determina que *"nei contratti che trasferiscono la proprietà di una cosa determinata ovvero costituiscono o trasferiscono diritti reali, il perimento della cosa per una causa non imputabile all'alienante non libera l'acquirente dall'obbligo di eseguire la controprestazione, ancorchè la cosa non gli sia stata consegnata"*. Sendo paralela ao n.° 1 do art. 796.° do CCiv, a norma em epígrafe é todavia mais elucidativa no situar da questão em sede do jogo prestação-contraprestação, ainda que não se refira expressamente à mera deterioração da coisa. Ancorada literal e sistematicamente em sede de impossibilidade, a norma é interpretada como contendo uma excepção ao regime jurídico do art. 1463.° do CCit, atribuindo a perda patrimonial ao adquirente, credor da obrigação de entrega da coisa, segundo o brocardo *res perit domino*[640].

Em termos simétricos, o art. 1465.°, III, estabelece que em relação à coisa determinada apenas quanto ao género *"l'acquirente non è liberato dall'obbligo di eseguire la contropretazione, se l'alienante ha fatto la consegna o se la cosa è stata individuata"*[641]. Obtendo o brocardo *genus nunquam perit* aplicação em relação ao *genus illimitatum*[642], esta norma deve articular-se com o disposto no art. 1378.° do CCit, embora se entenda que

---

[640] Cfr. BETTI, *Obbligazioni*, p. 173 e 179, considerando embora que a derrogação do nexo sinalagmático possui a sua origem *"nella storia dei dogmi"*; ALPA, *Rischio contrattuale – Diritto vigente*, p. 1144; GALGANO, *Privato*, p. 328-329; LUMINOSO, *I contratti*, p. 76; BIANCHI, *ob. cit.*, p. 595; OMODEI-SALÈ, *Il rischio del perimento fortuito nella vendita di cosa viziata*, p. 16; FERRI, *ob. cit.*, p. 839, referindo a validade do princípio em relação à venda de coisa determinada ou de coisa genérica já determinada, mas não em relação a coisa futura ou alheia; e ZUNARELLI, *Transfer of Ownership in International Trade – Italy*, p. 205. A mesma orientação parece encontrar-se subjacente à atribuição ao comprador do risco de perecimento dos bens na alienação de herança (cfr. BIANCA, *La vendita*, p. 203). Distintamente porém, RESCIO, *ob. cit.*, p. 42, considera inexistir qualquer excepção ao sinalagma no art. 1465.° do CCit (*sic "la situazione del venditore che, spogliatosi della proprietà, deve consegnare il bene non é infatti diversa, sotto il profilo delle conseguenze del perimento del bene, da quella del depositario o del comodatario che debbano restituirei l bene ricevuto in custodia o in uso"*), embora, como se sustentará *infra*, tal orientação não seja transponível para o ordenamento jurídico português.

[641] Cfr. RUBINO, *ob. cit.*, p. 457 e 462, dogmatizando a questão enquanto venda obrigatória; ZUNARELLI, *ob. cit.*, p. 205; e LOMBARDI, *ob. cit.*, p. 236.

[642] LUMINOSO, *I contratti*, p. 60.

226 *O Risco nos Contratos de Alienação*

no transporte a granel a entrega ao transportador não ocasiona nem a transmissão da propriedade, nem a transferência do risco[643].

V. O ordenamento jurídico italiano não adoptou porém um critério unitário de distribuição do risco contratual. Como alerta DELFINI, o brocardo *res perit domino* não possui o amplo e generalizado campo de aplicação que a sua colocação sistemática poderia sugerir[644], sendo mesmo detectadas por RESCIO, atentos os princípios aplicáveis e os distintos interesses alvo de tutela, excepções ao sinalagma que não encontram justificação em termos racionais[645].

Desde logo, constata-se que, de acordo com o disposto no art. 1465.°, II, do CCit, a regra contida no seu parágrafo anterior *"si applica nel caso in cui l'effetto traslativo o costitutivo sia differito fino allo scadere di un termine"*. Ora, apesar do termo apenas se circunscrever ao efeito real produzido pelo contrato, tal não escamoteia que a atribuição da perda patrimonial ao adquirente não se articula, nem com o sinalagma obrigacional da obrigação de pagamento do preço e da obrigação de entrega da coisa, nem sequer com a conexão da obrigação de pagamento do preço com a obrigação de transferência da propriedade. Com efeito, o preço será pago independentemente da verificação de qualquer um destes efeitos, não se encontrando outros argumentos para justificar a solução que não os atinentes à certeza da translação dominial[646]. Reconhece-se, então, a insufi-

---

[643] Cfr. BIANCHI, *ob. cit.*, p. 598, considerando que quando o transporte é a granel a obrigação se concretiza com a entrega ao comprador; e LOMBARDI, *ob. cit.*, p. 244. GALGANO, *Civile e commerciale, I*, p. 248, refere, porém, a hipótese das mercadorias, pertencendo a vários compradores, serem transportadas *"alla rinfusa"*, sufragando, por princípio, a manutenção da propriedade sobre coisas unidas ou mescladas por aplicação do art. 939.° do CCit (*"(...) cose appartenenti a diversi proprietari sono state unite o mescolate in guisa da formare un solo tutto, ma sono separabili senza notevole deterioramento, ciascuno conserva la proprietà della cosa sua (...) in caso diverso, la proprietà diventa comune in proporzione del valore delle cose spettanti a ciascuno"*). Segundo se julga, a questão reside, fundamentalmente, na existência ou não de determinação das coisas e na sua manutenção – ou possibilidade de subsistência – durante o transporte, destas dependendo a transmissão da propriedade, e, por inerência, a transmissão do risco.

[644] DELFINI, *ob. cit.*, p. 126. Também LOMBARDI, *ob. cit.*, p. 220, sustenta que *"la centralità del criterio della proprietà (...) è, tuttavia, più apparente che reale"*.

[645] RESCIO, *ob. cit.*, p. 54 e 57.

[646] Cfr. BETTI, *Obbligazioni*, p. 179, entendendo que o efeito aquisitivo se pode considerar virtualmente operado; BALBI, *Il contratto estimatorio*, p. 34, justificando a excepção pela certeza de titularidade sem que se verifique um facto dependente do alienante;

Algumas experiências de direito estrangeiro e de direito internacional   227

ciência do brocardo *res perit domino* para o enquadramento de todas as situações jurídicas, possibilitando-se, no limite, a adesão a um critério de transmissão de risco fundado – a exemplo do Direito espanhol – no paradigma do contrato[647].

Idênticas hesitações surgem a respeito do art. 1523.º do CCit, ao estabelecer que na venda a prestações (*"vendita a rate"*) com reserva de propriedade *"il compratore acquista la proprietà della cosa col pagamento dell'ultima rata di prezzo, ma assume i rischi dal momento della consegna"*.

A assunção do risco surge agora associada, não à qualidade de proprietário ou à celebração de um contrato de alienação, mas antes à entrega da coisa ao comprador, pertencendo a sua propriedade ao adquirente apenas com o pagamento integral do preço. Possuindo a figura um âmbito menos abrangente daquele que é assumido pela reserva de propriedade no Direito português, são diversificadas as tentativas de justificação da regra de distribuição do risco. Afastando-se claramente da solução contida no art. 1465.º, I, bem como da aposição de uma condição suspensiva ao contrato[648], o seu fundamento é buscado na equidade[649], na satisfação do inte-

---

RUBINO, *ob. cit.*, p. 456; CRISCUOLI, *ob. cit.*, p. 495, que alude ao facto do alienante, com a manifestação do seu consenso, haver prestado toda a cooperação necessária para a execução do contrato; BIANCHI, *ob. cit.*, p. 595, sufragando uma *ratio legis* assente na certeza da translação, dado haver o alienante cumprido a sua obrigação principal; e SCACCHI, *La proprietà temporanea*, p. 96 e 134, que reconhece que o 1465.º, II, introduz uma excepção à regra geral, tratando a lei de forma igual o proprietário e aquele que apenas detém uma expectativa real em virtude da existência de *"una vera e própria certeza in ordine al futuro acquisto"*. No âmbito da mesma orientação, BIANCA, *La vendita*, p. 79, indaga, por sua vez, se a passagem do risco não poderá depor no sentido do adquirente a termo se encontrar, a exemplo do adquirente sob reserva de propriedade, numa posição de direito actual sobre o bem, aspecto que assume relevância aquando da configuração da figura no ordenamento jurídico português.

647 Cfr., neste sentido, DELFINI, *ob. cit.*, p. 125, 138 e 192; LOMBARDI, *ob. cit.*, p. 211 e 222; e BADENES GASSET, *ob. cit. (I)*, p. 290.

648 Cfr. GALGANO, *Privato*, 540, e em *Civile e commerciale, II*, p. 27; FERRI, *ob. cit.*, p. 839; CAMPOBASSO, *Commerciale 3*, p. 20; DELFINI, *ob. cit.*, p. 141; e RESCIO, *ob. cit.*, p. 61 e 65.

649 Cfr. RUBINO, *ob. cit.*, p. 433, referindo haver o comprador obtido a posse e o gozo da coisa. Em sentido próximo, CAMARDI, *ob. cit.*, p. 57, efectua a ponderação entre o gozo e o risco de uma parte, e a dilação do cumprimento com a conservação da propriedade. LUMINOSO, *I contratti*, p. 104, conclui, por seu turno, que será o direito de gozo sobre o bem que explica a passagem do risco, bem como a responsabilidade civil do adquirente consagrada no art. 2054.º, III, do CCit em sede de circulação rodoviária.

resse primário do comprador na disponibilidade do bem[650], ou ainda na ponderação da função de garantia que se encontra associada à figura[651]. O teor não excepcional deste regime é denunciado pela extensão da solução de resolução contratual à locação-venda, bem como através da orientação jurisprudencial que viabiliza a sua aplicação analógica ao *leasing* translativo[652].

Finalmente, o art. 1465.°, IV, do CCit exonera o adquirente do cumprimento da contraprestação, *"se il trasferimento era sottoposto a condizione sospensiva e l'impossibilità è sopravvenuta prima che si verifichi la condizione"*. Traduzindo-se numa orientação paralela à da 2.ª prt. do n.° 3 do art. 796.° do CCiv, a norma constitui uma excepção ao regime da retroactividade da condição[653], que, fundada na "vontade presuntiva das partes" ou numa "distribuição típica de interesses"[654], atribui, sem que se contrarie a dogmática do sinalagma funcional, o risco ao alienante[655].

Sem prejuízo da análise posterior de outras regras de risco vigentes no sistema jurídico italiano, é viável concluir, em termos preliminares, que este não é, na sua abordagem geral, como sublinha DELFINI, reconduzível a nenhum princípio unitário e coerente, não existindo homogeneidade de soluções no seio do art. 1465.°[656].

---

[650] Cfr. AMBROGIO, *Ancora sulla vendita com riserva di proprietà*, p. 157, considerando que a obrigação que subsiste para o comprador deriva do facto do vendedor haver já cumprido as suas obrigações, limitando-se a assumir uma obrigação de abstenção de actos que possam impedir a aquisição pelo comprador do direito de propriedade sobre a coisa vendida; LUMINOSO, *I contratti*, p. 77; e RESCIO, *ob. cit.*, p. 74, concluindo que a compressão normativa dos efeitos do sinalagma encontra uma justificação funcional.

[651] Cfr. BIANCA, *La vendita*, p. 522 e 526; e LUMINOSO, *I contratti*, p. 102, referindo igualmente uma função de financiamento e de incremento do tráfego mercantil.

[652] Cfr., respectivamente, o art. 1526.°, III, do CCit; e CIAN/TRABUCCHI, *ob. cit.*, p. 1749.

[653] Cfr. BALBI, *ob. cit.*, p. 34; DELFINI, *ob. cit.*, p. 140; e OMODEI-SALÈ, *ob. cit.*, p. 23, mencionando vigorar tal excepção igualmente a respeito da condição resolutiva, em que risco deverá onerar o adquirente. Também RESCIO, *ob. cit.*, p. 60, n. 148, sustenta que o risco deve ser atribuído ao adquirente na condição resolutiva, uma vez que a atribuição patrimonial já foi efectuada.

[654] Cfr., respectivamente, BALBI, *ob. cit.*, p. 34; e BETTI, *Obbligazioni*, p. 180.

[655] Cfr. RUBINO, *ob. cit.*, p. 463; e RESCIO, *ob. cit.*, p. 60.

[656] Cfr. DELFINI, *ob. cit.*, p. 140. As dificuldades são ainda agravadas pela conjugação das regras do CCit com a CVVIM (cfr. ZUNARELLI, *ob. cit.*, p. 208, continuando a propriedade a transmitir-se com o contrato, embora a transmissão do risco surja associada à entrega da coisa; e LOMBARDI, *ob. cit.*, p. 271). Não existem porém regras específicas a respeito *(i)* da alienação sob condição resolutiva, *(ii)* da alienação com termo aposto à obrigação de entrega da coisa e *(iii)* da alienação com transporte da coisa alienada.

Algumas experiências de direito estrangeiro e de direito internacional 229

VI. Pela sua relevância enquanto subsídios para a solução de questões que também se colocam no ordenamento jurídico pátrio, cumpre efectuar uma referência específica à distribuição do risco nos contratos alienatórios relativos a direitos reais de gozo que não a propriedade, bem como em relação à venda de coisa defeituosa.

Pese embora a equiparação literal constante do art. 1465.º, I, parte da doutrina italiana propõe a exclusão da sua aplicação à alienação de direitos reais menores temporalizados. Partindo do disposto no art. 963.º do CCit em relação à enfiteuse[657], advoga-se uma interpretação restritiva da primeira disposição, em articulação com uma renovada vigência do princípio do sinalagma funcional. Nestes termos, se o correspectivo for referido a períodos de realização do direito, a norma do art. 963.º deve ser objecto de generalização, sendo idêntica solução sufragada se o correspectivo for fixado globalmente face a um direito temporalmente delimitado (com termo certo) e a contraprestação for realizada em dinheiro ou outros bens divisíveis. A consideração sinalagmática da diminuição parcial do gozo da coisa não será porém operante se o direito real for constituído a termo incerto (como na hipótese de usufruto vitalício), bem como nas situações em que a contraprestação se refira a bens indivisíveis[658].

Enquadrando-se os vícios verificados entre o momento da transmissão da propriedade e o momento da entrega da coisa no âmbito da obrigação de custódia do vendedor – em que vigora o princípio da culpa[659] – determina o art. 1492.º, III, que, podendo o comprador resolver o contrato se a coisa entregue perecer em consequência dos seus vícios, a resolução será inadmissível se a coisa houver perecido "*per caso fortuito o per colpa del compratore*", embora, na última hipótese, o comprador possa exigir a

---

[657] Segundo o art. 963.º, I, do CCit, a enfiteuse extingue-se em caso de perecimento do fundo enfitêutico, admitindo-se, no parágrafo subsequente, a possibilidade de um "*congrua riduzione del canone*" em caso de perecimento de "*parte notevole del fondo e il canone risulta sproporzionato al valore della parte residua*". Recorre-se ainda ao art. 1092.º, IV, relativo às servidões de aproveitamento de água.

[658] Cfr. RESCIO, *ob. cit.*, p. 52; e, na sua sequência, DELFINI, *ob. cit.*, p. 135. Salvo quanto às situações de contraprestação inicial e global do direito adquirido, também MOSCO, *ob. cit.*, p. 438, se pronunciou anteriormente neste sentido, embora tal argumentação não seja aceite por LOMBARDI, *ob. cit.*, p. 228, atenta a letra da lei, e a irrelevância da forma como são estabelecidos os correspectivos daqueles direitos. Em paralelo porém, ainda que sem que uma conexão se possa efectuar, EMMERICH, *ob. cit.*, p. 1352, refere a aplicação do § 323 do BGB ao cânon superficiário.

[659] Cfr. MASTRORILLI, *La garanzia per vizi nella vendita*, p. 104.

230 *O Risco nos Contratos de Alienação*

redução do preço[660]. A este respeito sufraga-se que a equivalência normativamente estabelecida entre a culpa do comprador e o caso fortuito resulta da exigência de que a resolução não constitua um instrumento para endossar à parte inadimplente o risco de um dano alheio ao incumprimento obrigacional[661]. Não obstante, o risco deixa de onerar o comprador se, na sequência da resolução contratual, este oferecer a prestação ao vendedor e o mesmo não a aceitar injustamente[662], considerando-se mesmo que se o perecimento da coisa ocorrer após a declaração de resolução, o risco correrá por conta do seu destinatário[663]. As situações de perda parcial da coisa e de *aliud pro alio* apresentam contudo horizontes de solução mais duvidosos[664].

VII. Uma norma de risco que igualmente desafia o paradigma *res perit domino* consta do cap. relativo à venda sobre documentos, em que,

---

[660] Cfr. MASTRORILLI, *ob. cit.*, p. 104 e 163, concluindo que as deteriorações supervenientes à transferência do direito incumbem ao comprador enquanto proprietário do bem, salvo aqueles que, sendo sucessivos, tenham origem em causa preexistente à transferência do direito; e DI MAJO, *Rücktritt*, p. 114, e em *Recesso e risoluzione*, p. 20, n. 17. A análise do fundamento da regra contida no art. 1492.°, III, do CCit foi empreendida por OMODEI-SALÈ, *ob. cit.*, p. 3 e ss., em especial p. 15 e 40, n. 71, que, rejeitando as teses da dificuldade probatória da existência de vícios ocultos, e da impossibilidade objectiva de repristinação da situação em que se encontravam as partes anteriormente à celebração do contrato, sufraga que a norma constitui – a exemplo do art. 1647.° do CCfr – uma manifestação do princípio *res perit domino*. A retroactividade dos efeitos da resolução do contrato é excluída deste domínio ao conduzir, em regra, a uma situação diversa da que resultaria da não celebração do contrato, não podendo o mesmo fenómeno alterar situações de facto criadas. Deste modo, em consequência da *"logica costitutiva"* do princípio, a resolução é afastada nos casos em que o vício da coisa *"non abbia irrimediabilmente precluso all'acquirenti i vantaggi tipicamente inerenti alla posizione proprietaria"*.

[661] Cfr. BIANCA, *La vendita*, p. 862 e 1034, aplicando o art. 1492.°, III, também ao contrato de permuta; e BIANCHI, *ob. cit.*, p. 440. OMODEI-SALÈ, *ob. cit.*, p. 15, n. 22, aproxima esta consideração, em termos substanciais, do brocardo *res perit domino*.

[662] Cfr. BIANCA, *La vendita*, p. 864.

[663] Cfr. MASTRORILLI, *ob. cit.*, p. 164, remetendo o perecimento da coisa após a propositura da acção de resolução para as regras da *mora accipiendi*; OMODEI-SALÈ, *ob. cit.*, p. 44, fundando-se no princípio de que a duração do processo não se pode traduzir num dano para o contraente fiel; BIANCHI, *ob. cit.*, p. 440; e ZACCARIA/CRISTOFARO, *La vendita dei beni di consumo*, p. 96.

[664] Cfr. ZACCARIA/CRISTOFARO, *ob. cit.*, p. 100, admitindo a aplicação da norma na primeira situação, embora o preço devolvido deva absorver a perda ocorrida; OMODEI-SALÈ, *ob. cit.*, p. 55 e 64, no último caso, por não verificação de uma atribuição transmissiva; e CIAN/TRABUCCHI, *ob. cit.*, p. 1714.

Algumas experiências de direito estrangeiro e de direito internacional   231

nos termos dos arts. 1527.º e 1996.º do CCit, a obrigação de entrega das mercadorias é substituída pela entrega do seu título representativo, atribuindo este o direito à entrega, à posse e à faculdade de disposição daquelas[665].

Segundo o disposto no art. 1529.º do CCit, com ressalva da hipótese do vendedor conhecer a ocorrência do dano e ocultar de má fé este facto ao comprador, havendo a venda por objecto uma coisa em viagem, e sendo entregue ao comprador a apólice de seguro das mercadorias pelos riscos de transporte, estarão a seu cargo "*i rischi a cui si trova esposta la merce dal momento della consegna al vettore*". Nestes termos, uma vez que a aquisição é posterior à entrega das mercadorias ao transportador, possibilita-se que o contrato de alienação produza efeitos ainda que as coisas alienadas não existam no momento da sua celebração. Pese embora o seu carácter supletivo, o 1529.º estabelece uma atribuição retroactiva do risco ao comprador[666], embora seja negada a existência de qualquer anomalia em relação aos princípios do contrato de compra e venda[667].

VIII. O contrato estimatório é definido no art. 1556.º do CCit como aquele em que "*una parte consegna una o più cose mobili all'altra e questa si obbliga a pagare il prezzo, salvo che restituisca le cose nel termine stabilito*". Superando as hesitações da romanística, o art. 1557.º do CCit estabelece que o *accipiens* não fica exonerado da sua obrigação de pagar o preço se a restituição integral da coisa se tornou impossível por causa que não lhe seja imputável, surgindo, uma vez mais, a atribuição do risco de perecimento da coisa ao adquirente com alheamento da máxima *res perit domino*[668].

---

[665] Cfr. BIANCA, *La vendita*, p. 409, considerando que a alienação através do título implica a especificação do bem, assumindo o comprador o risco de proprietário; e LUMINOSO, *I contratti*, p. 85.

[666] Cfr. FERRI, *ob. cit.*, p. 836; e CAMPOBASSO, *Commerciale 3*, p. 9.

[667] Cfr. BIANCA, *La vendita*, p. 410, entendendo que o objecto da venda se pode consubstanciar no próprio título, ou ter a venda um objecto duplo (as mercadorias ou a indemnização). O mesmo autor sufraga contudo que a abordagem mais correcta residirá em tratar o problema como uma questão de risco, com aproximação à *emptio spei*.

[668] Cfr. CAMPOBASSO, *Commerciale 3*, p. 27; e DELFINI, *ob. cit.*, p. 142, referindo a divergência sobre o seu enquadramento dogmático, a qual se verifica relativamente ao próprio tipo contratual. Com efeito, LUMINOSO, *I contratti*, p. 214 e 225, considera que a nomenclatura legal não encontra paralelo na *praxis* social, onde o contrato é denominado como venda "*in conto deposito*" ou venda "*in sospeso*". Em paralelo, BALBI, *ob. cit.*, p. 51,

232 *O Risco nos Contratos de Alienação*

O enquadramento dogmático da solução tem dividido a doutrina italiana, sendo bastante distintas as construções explicativas propostas.

Existe assim quem considere que a assunção do risco pelo *accipiens* se funda na titularidade do direito de propriedade sobre as coisas entregues[669], desta posição se aproximando a identificação de uma obrigação com faculdade alternativa com fonte contratual[670]. Enquadramento distinto consiste já em associar a atribuição do risco à faculdade de disposição da coisa[671], ou à satisfação de um interesse primário do *accipiens*[672], sendo ainda propostos critérios mistos[673].

A consideração das diversas possibilidades dogmáticas de configuração deste contrato assume particular relevância em ordenamentos jurídicos como o português, em que a figura não é objecto de tipificação legal.

---

61 e 70, configura esta espécie contratual como um tipo especial de venda que, ao exigir a entrega da coisa, não permite a sua incidência sobre coisa genérica, verificando-se um desvalor em relação à situação anterior ao momento da entrega que permite a configuração real *quoad constitutionem* do contrato.

[669] Cfr. Balbi, *ob. cit.*, p. 21-22, 26, 30, 34-35, e 87, que, considerando absurda a separação do conteúdo integral do direito subjectivo da sua titularidade (nomeadamente quando ponderada a inexistência de uma possibilidade de reivindicação da coisa pelo *tradens*), defende a existência de um direito subjectivo de propriedade sobre a coisa, que é transmitido do *tradens* para o *accipiens* no momento em que o contrato estimatório se completa, sendo a coisa entregue. A atribuição do risco é justificada por pertencerem ao *accipiens* as faculdades características da propriedade (constituindo esta, por seu turno, um indício das faculdades reais presentes, provando a inexistência de um simples deyer de custódia). No mesmo sentido, cfr. ainda Criscuoli, *ob. cit.*, p. 29.

[670] Cfr. Trabucchi, *ob. cit.*, p. 785.

[671] Cfr. Betti, *Obbligazioni*, p. 163; Giannattasio, *La permuta. Il contratto estimatorio. La somministrazione*, p. 153, referindo-se ao vasto poder de disposição do *accipiens* sobre a coisa; Alpa, *Rischio vigente*, p. 1145; e Calvo, *La proprietà del mandatario*, p. 195-196, entendendo como lógica a escolha normativa de distribuição do risco, aproximando a solução do mandato.

[672] Cfr. Rescio, *ob. cit.*, p. 77, identificando um fundamento que, a exemplo do verificado a respeito da cláusula de reserva de propriedade, justifica a compressão do sinalagma.

[673] Cfr. Luminoso, *I contratti*, p. 216, 222 e 224, que, concebendo como investidura *ex lege* o poder de disposição concedido pelo *tradens* (proprietário) ao *accipiens*, sufraga, sob pena do art. 1557.º assumir teor supérfluo, que a propriedade apenas se transmite quando a coisa é alienada a terceiro ou quando o *accipiens* paga o preço ao *tradens*. O fundamento da passagem do risco residiria, assim, na circunstância da entrega da coisa privar o *tradens* do poder de controlo (entrando aquela na disponibilidade jurídica e material de outrem), bem como na satisfação de um interesse do *accipiens*.

Algumas experiências de direito estrangeiro e de direito internacional   233

IX. A distribuição do risco relativamente à obrigação de entrada, assim como o seu enquadramento e articulação com o regime geral do contrato de sociedade, são também objecto de regulação no CCit, sendo sensíveis as vantagens da unificação formal do Direito civil com o Direito comercial.

Destarte, a respeito da *"società semplice"*, o art. 2254.°, I, declara que as regras de passagem do risco do contrato de compra e venda são aplicáveis às coisas objecto de entrada *"in proprietà"*[674]. O art. 2254.°, II, estabelece, por seu turno, correr por conta do sócio o risco das coisas *"conferite in godimento"*. Constituindo estas referências uma base normativa comum a todos os tipos societários[675], a primeira norma articula-se com a transmissão *solo consenso* da propriedade da coisa objecto da entrada social[676], transmissão que, nas sociedades anónimas, será necessariamente realizada no momento da subscrição[677]. Na sequência da limitação referida em relação à assunção do risco no âmbito de direitos reais de gozo temporalizados, a segunda regra é considerada aplicável à constituição de direitos reais de gozo menores, nomeadamente do direito de usufruto[678].

As normas do art. 2254.° articulam-se com o disposto no art. 2286.° do CCit a respeito da exclusão do sócio na sociedade simples, estabelecendo-se a possibilidade de exclusão do sócio que assumiu a obrigação de transmissão da propriedade de uma coisa, *"se questa è perita prima che la proprietà sia acquistata dalla società"*. Admitindo a configuração de uma obrigação de *dare*[679], a norma é interpretada no sentido de que a trans-

---

[674] A norma é contudo elíptica, em virtude da inexistência de um regime jurídico de risco específico do contrato de compra e venda (cfr. FERRI, *ob. cit.*, p. 248, sustentando que, em rigor, encontram aplicação as disposições relativas aos contratos translativos).

[675] Cfr. a remissão do art. 2342.°, II, a respeito das *"società per azioni"* para as entradas *"di beni in natura"*; a dupla remissão operada pelo art. 2476.°, I, a respeito das *"società a responsabilità limitata"* (coincidentes *lato sensu* com as sociedades por quotas); a subsidiariedade normativa estabelecida pelo art. 2293.°, em relação às *"società in nome collettivo"*; a dupla subsidiariedade do art. 2315.°, a propósito das *"società in accomandita semplice"*; e a subsidiariedade do art. 2464.°, relativo às *"società in accomandita per azioni"*.

[676] Cfr. PORTALE, *Principio consensualistico e conferimento di beni in proprietà*, p. 932.

[677] Cfr. SABATO, *Società*[6], p. 160, sublinhando, com base no disposto no art. 2342.°, II e III, do CCit, a necessidade de realização das entradas no momento da subscrição do capital social. O mesmo se verifica nos equivalentes normativos das sociedades por quotas e das sociedades em comandita por acções.

[678] Cfr. CAMPOBASSO, *Diritto Commerciale 2 – Diritto dele società*[4], p. 74, n. 2.

[679] CHIANALE, *ob. cit.*, p. 241, em relação ao art. 2286.°, III.

234 O Risco nos Contratos de Alienação

ferência do risco se encontra relacionada com o efeito real e não com a entrega da coisa, pelo que a transmissão da propriedade impossibilita a faculdade de exclusão do sócio[680]. Aparentemente assente no dogma da propriedade, o art. 2286.°, II, estabelece, em paralelo, a possibilidade de exclusão do sócio cuja entrada consista no gozo de uma coisa pelo *"perimento della cosa dovuto a causa non imputabile agli amministratori"*, completando esta norma um critério normativo unitário coincidente com a transmissão dominial da coisa objecto da entrada social.

X. Um outro apontamento é devido ao *"appalto"*, figura contratual paralela à empreitada no Direito português, de cuja regulamentação se destaca a distinção entre a impossibilidade de execução da obra e o perecimento ou deterioração da coisa[681].

Seguindo um critério menos abrangente que o constante do art. 1227.° do CCiv, o art. 1672.° do CCit determina que, em caso de impos-

---

[680] Cfr., neste sentido, Mosco, *ob. cit.*, p. 437, referindo a concordância dos arts. 1465.° e 2286.° do CCit; Ferri, *ob. cit.*, p. 300, fundamentando a possibilidade de exclusão na impossibilidade de participação na sociedade sem entrada; e Campobasso, *Commerciale 2*, p. 74, justificando o aditamento ao princípio *res perit domino* pela "peculiaridade do contrato de sociedade". Portale, *ob. cit.*, p. 929, n. 43, admite, porém, que o art. 2286.°, III, também se aplique na situação da propriedade se transmitir findo um termo, em que o risco de perecimento da coisa se encontrará a cargo da sociedade (cfr. o art. 1465.°, II), ainda que tal seja devido ao desvio existente em sede de distribuição do risco (não sendo a sociedade ainda proprietária da coisa). Por outro lado, Sabato, *ob. cit.*, p. 164, refere, relativamente às sociedades anónimas, a possibilidade de aplicação analógica do art. 2344.° e consequente possibilidade de declarar *"decaduto il socio"* nas hipóteses em que se verifique o incumprimento da obrigação de entrega da coisa, ou naquelas em que o risco desta não se encontre a cargo da sociedade.

[681] Integrando uma obrigação de resultado, o contrato de *"appalto"* distingue-se do contrato *"d'opera"*, regulado no art. 2222.° do CCit, em que o elemento trabalho se assume preponderante, sendo empregue, nomeadamente, nas actividades de profissionais como barbeiros, carpinteiros ou mecânicos de automóveis (cfr. Galgano, *Civile e commerciale, II*, p. 59 e 66, que concebe este como o *"contratto del piccolo imprenditore, e in particolare, dell'artigiano"*, reservando o *"appalto"* para o médio e grande empresário – sobre a qualidade de empresário do empreiteiro cfr., por sua vez, Ferri, *ob. cit.*, p. 869; e Campobasso, *Commerciale 3*, p. 38). O contrato de *"appalto"* afasta-se ainda do contrato (substitutivo) de compra e venda, em que a matéria seja fornecida pelo prestador de serviços, a que alude o art. 2223.° do CCit. No contrato *"d'opera"* o art. 2228.° atribui, nos casos de impossibilidade de execução da obra não imputável a nenhuma das partes, uma compensação ao prestador de serviços *"per il lavoro prestato in relazione alll'utilità della parte dell'opera compiuta"*, aproximando-se, assim, do regime jurídico do contrato de *"appalto"* (cfr. Galgano, *Civile e commerciale, II*, p. 68).

Algumas experiências de direito estrangeiro e de direito internacional 235

sibilidade de execução da obra por causa não imputável a nenhuma das partes, o comitente ou dono da obra tem a obrigação de "*pagare la parte dell'opera già compiuta, nei limiti in cui è per lui utile, in proporzione del prezzo pattuito per l'opera intera*". A lei pressupõe, assim, uma distinção entre o risco de impossibilidade de execução da obra e o risco de impossibilidade da prestação devida. Enquanto que o primeiro recai sobre o dono da obra enquanto credor[682], o segundo onera, ainda que mitigadamente, o empreiteiro em termos de contraprestação ou de remuneração[683].

O perecimento ou deterioração da coisa objecto da empreitada ("*l'opera*") é objecto dos dois parágrafos do art. 1673.º do CCit, cujas soluções diferem consoante a parte contratualmente responsável pelo fornecimento dos materiais. Nestes moldes, a perda da obra é imputada ao *appaltatore* se, havendo este fornecido os materiais, a obra não tiver ainda sido aceite pelo seu dono, não se encontrando este em mora quanto à sua verificação[684]. Havendo os materiais sido, no todo ou em parte, fornecidos pelo dono da obra, a perda da obra é considerada a seu cargo "*per quanto riguarda la materia da lui fornita, e per il resto è a carico dell'appaltatore*". Considerando a doutrina que a distribuição do risco "*d'opera*" no contrato de "*appalto*" se encontra plasmada no art. 1673.º[685], não é con-

---

[682] Cfr. GIANNATTASIO, *L'appalto*, p. 277, aludindo a uma aplicação do princípio geral do caso fortuito; e GALGANO, *Civile e commerciale, II*, p. 61, que refere a liberação do empreiteiro, em linha, todavia, com o art. 1463.º do CCit. COSTANZA, *ob. cit.*, p. 66, sublinha, porém, que a prestação do empreiteiro em relação a obra só se extingue com a impossibilidade absoluta da sua prestação.

[683] GIANNATTASIO, *L'appalto*, p. 279; e GALGANO, *Civile e commerciale, II*, p. 59. Visando alcançar um todo coerente com o art. 1673.º do CCit, BETTI, *Obbligazioni*, p. 182, propõe a articulação do art. 1672.º com o regime jurídico da impossibilidade parcial previsto no art. 1464.º do CCit. Já RESCIO, *ob. cit.*, p. 80, considera, em sentido contrário, que a excepção ao sinalagma apenas se justifica se o interesse do comitente for subjectivamente valorado *ex post*, ponderando a (eventual) indivisibilidade do objecto do *appalto* e a desconexão do interesse do credor com fracções individuais.

[684] Segundo CAMARDI, *ob. cit.*, p. 81-83, a aceitação conclui um procedimento estabelecido a favor do comitente a fim de verificar o cumprimento pelo empreiteiro das suas obrigações, abrangendo actos materiais, uma declaração de ciência e a aceitação verdadeira ou própria, sendo configurada – com alguma analogia com a contratação preliminar – enquanto declaração de vontade e acto devido (cfr., nomeadamente, o art. 1665.º, III, do CCit, relativamente à aceitação presumida). Nestes termos, a entrega da coisa apenas se assume como uma "*obbligazione accessoria dell'appaltatore, como lo è del venditore nel contratto di compravendita, inidonea a produrre l'effetto reale in assenza dell'accettazione, e ininfluente sulla produzione di questo se non è contestuale*".

[685] Cfr. GIANNATTASIO, *L'appalto*, p. 281; CONSERVA, *L'appalto*, p. 337; FERRI, *ob.*

236   *O Risco nos Contratos de Alienação*

tudo uniforme o seu fundamento dogmático[686]. Para além da individualização de uma situação de responsabilidade objectiva[687], e de uma excepção ao brocardo *res perit domino* fundada nas regras da acessão[688], é de igual modo referido que a lei se ocupa da perda do valor patrimonial da coisa independentemente da possibilidade de execução da obra, configurando-se o risco, assim, como simples eventualidade de perda patrimonial[689].

Os afastamentos que se verificam ao nível do momento da transmissão da propriedade da obra, impedem, todavia, uma aproximação sistemática ao ordenamento jurídico português.

XI. A conclusão da análise do sistema jurídico-dominial e de distribuição de risco italiano não ficaria completa sem a alusão ao Decreto

---

cit., p. 877; e CAMPOBASSO, *Commerciale 3*, p. 46. Já quanto ao risco de perecimento ou deterioração dos materiais, o princípio *res perit domino* encontra plena aplicação (cfr. RESCIO, *ob. cit.*, p. 83).

[686] A divergência pressupõe o aquilatar da eficácia real do *appalto*, domínio em que, na omissão da lei, as regras da acessão se mostram aplicáveis. Considerando, por exemplo, a empreitada de construção no solo do comitente com materiais do empreiteiro, o instituto da acessão determina a aquisição automática e progressiva da obra, a título originário, pelo primeiro (cfr. GIANNATTASIO, *L'appalto*, p. 264; e CAMARDI, *ob. cit.*, p. 77, com base nos 934.º e 936.º do CCit). Em articulação com o art. 1673.º, I, do CCit possibilita-se, assim, que o risco de perecimento da coisa – o qual se transmite com a aceitação da obra pelo comitente – corra por conta de um sujeito que não é o seu proprietário: o empreiteiro. A questão adquire ainda maior complexidade na empreitada realizada no solo do *appaltatore* (questão solucionada por LUMINOSO, *I contratti*, p. 7, integrando a alienação de um edifício a construir enquanto modalidade de compra e venda). Equiparando o terreno ao fornecimento dos materiais, CAMARDI, *ob. cit.*, p. 81-85, entende ficar o empreiteiro proprietário da obra, suportando o risco até ao momento da aceitação, sendo esta que ocasiona a verificação do efeito translativo (*sic "il differimento dell'effetto translativo ad un momento sucessivo al contratto che lo prevede risponde anche in questo caso ad un interesse economico coerente con la logica di mercato e giustifica il retardo del processo circolatorio, una volta soddisfatto tale interesse esso non si giustifica più e le esigenze della circolazione tornano ad essere primarie. Di qui il mecanismo dell'accetazione presunta e il transferimento del bene"*).

[687] Cfr. COSTANZA, *ob. cit.*, p. 67.

[688] Cfr. DELFINI, *ob. cit.*, p. 143; e LOMBARDI, *ob. cit.*, p. 252: "*la proprietà del bene si trasferisce in capo al commitente a titolo originario in corso di edificazione ma lo stesso assume il rischio di perimento del bene per causa non imputabile soltanto al momento dell'accettazione dell'opus*". Paralelamente, CONSERVA, *ob. cit.*, p. 337, observa que o art. 1673.º, II, do CCit constitui uma aplicação (excepcional) do mesmo princípio.

[689] Cfr. ORLANDO, *ob. cit.*, p. 181, 210 e 219, efectuando um paralelismo com a CVVIM.

Legislativo n.° 24, de 2 de Fevereiro de 2002, que alterou o *Codice Civile* através da introdução dos arts. 1519.°-*bis* a 1519.°-*nonies*. Com efeito, ao contrário dos legisladores francês e espanhol, o legislador italiano seguiu a orientação germânica de inserção de disposições concretizadoras da DVBC no normativo civil. O seu art. 1519.°-*quater*, I, passou assim a prescrever que *"il venditore è responsabile nei confronti del consumatore per qualsiasi difetto di conformità esistente al momento della consegna del bene"*.

Sendo desdobrada em sub-problemas temporais[690], a possível alteração das regras de risco pela DVBC foi objecto de oportuno alerta doutrinal[691], sem que porém haja sido olvidada a possibilidade de uma referência não técnica a *consegna* no normativo comunitário[692].

---

[690] Cfr. BOCCHINI, *ob. cit.*, p. 163, enunciando três questões distintas a respeito da transmissão do risco: *(i)* a entrega, no lugar do destino, de mercadorias não conformes ao contrato e a garantia do comprador relativamente a todas as hipóteses de falta de conformidade; *(ii)* a falta de conformidade que ocorra durante o transporte; e *(iii)* a falta de conformidade adveniente de eventos fortuitos durante as operações de transporte.

Paralelamente, pronunciando-se antes da transposição da DVBC, CRISTOFARO, *Difetto di conformità al contratto e diritti del consumatore*, p. 146, refere três interpretações possíveis para o n.° 1 do art. 3.° da DVBC: *(i)* a não atribuição à entrega de um sentido rigoroso e técnico, em consonância com o seu considerando n.° 14, o que não é aceite em virtude da desrazoabilidade da prevalência de um considerando, da aproximação da DVBC ao art. 36.° da CVVIM, e da eliminação de divergências entre os diversos sistemas jurídicos nacionais; *(ii)* uma leitura de derrogação às regras de risco, mesmo na hipótese da sua antecipação, quando exista um contrato de transporte; e *(iii)* uma interpretação *"a metà strada fra le due descritte"*, que remeta o cumprimento da obrigação de entrega para as regras jurídicas nacionais, sendo a solução inovadora nos ordenamentos que adoptaram o princípio consensualístico, mas não bulindo com as normas que antecipam o risco em caso de transporte da mercadoria vendida (nomeadamente no Direito alemão e na entrega ao transportador prevista no art. 1510.°, II, do CCit)

[691] Cfr., nomeadamente, BIANCA, *La nuova disciplina della compravendita: osservazioni generali*, p. 185, referindo uma modificação das regras de risco pela DVBC; AMADIO, *Difetto di conformità e tutele sinallagmatiche*, p. 309, sublinhando o possível desfasamento temporal entre o limite último da responsabilidade do vendedor e a suportação do risco pelo adquirente; BARBA, *L'obbligo di consegnare beni conformi al contratto*, p. 36, n. 18, e 39, n. 26; CHIARNI, *Commentario breve agli art. 1519-quater c.c.*, p. 51; FERRERI, *L'intervento dell'Unione Europea a tutela dei consumatori e le possibili reazioni di sustrato negli Stati membri*, p. 651; PAGANELLI, *Commentario breve agli art. 1519-ter c.c.*, p. 27; PAOLA, *Vendita di beni di consumo: si rafforzano le garanzie per l'acquirente*, p. 318, n. 38; e ZACCARIA/CRISTOFARO, *ob. cit.*, p. 63.

[692] Cfr. CIAN, *Presentazione del convegno*, p. 14, sufragando todavia que, na ausência de uma precisão na DVBC, o conceito de *"consegna"* se identifica com o *"consegui-*

238   *O Risco nos Contratos de Alienação*

Em termos genéricos, não se encontra porém consenso na doutrina italiana quanto ao verdadeiro significado da norma introduzida no CCit. Com efeito, se existe quem advogue a derrogação do princípio geral *res perit domino* em favor da transmissão do risco apenas com a entrega da coisa ao adquirente[693], surgem também tomadas de posição fiéis à manutenção das regras de distribuição do risco da versão original do CCit. Estas fundam-se, nomeadamente, na disciplina estabelecida pelo art. 1510.°, II, do CCit na "*vendita tra piazze diverse*", e, em especial, na consideração de que, para efeitos de denúncia dos vícios da coisa, o termo relevante coincidia já com a efectiva apreensão material da coisa, sem que tal circunstância fosse empregue para fundamentar uma excepção à regra *res perit domino*[694]. Por outra via, ainda que se haja verificado uma alteração das

---

mento del possesso (directo) del bene" e não com a actividade desenvolvida nesse sentido pelo vendedor, segunda a lógica proveniente do art. 1510.°, II, do CCit; e Omodei-Salè, *ob. cit.*, p. 149, n. 15, considerando a entrega da coisa como entrega material e não como a entrga realizada ao transportador.

[693] Cristofaro, *Difetto di conformità*, p. 160, que, pronunciando-se ainda perante a DVBC, refere "*sembrerebbe infatti assurdo che il rischio di evventi che determinino il perimento del bene (rendendo impossibile l'adempimento dell'obbligo di consegna) cessi di gravare sul professionista in un momento (trasferimento del diritto; accettazione) diverso da quello (adempimento dell'obbligo di consegna) in cui inizia ad essere sopportato dal consumatore il rischio di eventi che determinino il danneggiamento o il deterioramento del bene (inficiando così l'esatto adempimento dell'obbligo di "consegnare beni conformi al contratto")*", propugnando a subtracção dos bens objecto de transporte do regime do art. 1510.°, II, do CCit, sob pena de contradição entre o momento de cumprimento da obrigação de entrega e o momento de entrega de bens conformes ao contrato. No mesmo sentido depõem Scotton, *Directive 99/44/CE on certain aspects of the sale of consumer goods and associated guarantees*, p. 302; Mastrorilli, *ob. cit.*, p. 63 e 109, em articulação com a orientação vigente na CVVIM; Alessi, *L'attuazione della direttiva sulla vendita dei beni di consumo nel diritto italiano*, p. 766, em coerência com a responsabilidade do vendedor; Mazzamuto, *Equivoci e concettualismi nel diritto europeo dei contratti: il dibattito sulla vendita dei beni di* consumo, p. 1058, 1074 e 1076; Omodei-Salè, *ob. cit.*, p. 150, e n. 17, concluindo, *a fortiori*, a partir da atribuição do risco de deterioração ao comprador, que idêntica regra vigorará para o risco de perecimento da coisa (embora a alteração acabe por não ser tão substancial dada a sua vocação para a alienação de coisas genéricas); e Corrias, *ob. cit.*, p. 181, n. 16, e 239, n. 52.

[694] Cfr. Iurilli, *Autonomia contrattuale e garanzie nella vendita di beni di consumo*, p. 136 e 150, que, aderindo, com base no art. 1511.°, a um prisma apenas relativo à responsabilidade do vendedor quanto à obrigação de entrega, refere que "*il nuovo contenuto qualificante attribuito all'obbligazione di consegna, che attribuisce alla stessa (e dal momento in cui essa interviene) una posizione di centralità nella fattispecie della vendita di beni di consumo, in ordine alla valutazione dell'existenza o meno di un eventuale "non*

Algumas experiências de direito estrangeiro e de direito internacional   239

regras de risco, é sublinhado o seu menor impacto nos contratos de *"appalto"* e *"d'opera"*[695], não havendo o legislador italiano introduzido ainda quaisquer modificações no regime jurídico da resolução do contrato[696].

XII. Sendo falaciosa a pretensão de um paralelismo absoluto entre o sistema italiano e o regime jurídico internamente vigente, é inequívoco que as normas compulsadas constituem o mais consistente apoio dogmático externo do CCiv. Semelhante apoio revela-se não apenas na sistematização e formatação do CCit, mas também na articulação entre a transmissão *solo consenso* do direito real sobre a coisa e a assunção do risco contratualmente determinado, apesar das matizações existentes ao paradigma legalmente projectado. De facto, a não confluência sob um fundamento unitário das regras de distribuição de risco deste sistema é sublinhada pela própria doutrina italiana, encontrando-se por sua vez, no ordenamento jurídico português, alguns elementos estranhos àquele sistema. Por outro lado, a similitude preliminar das normas jurídicas internas com algumas soluções vigentes no ordenamento jurídico italiano – como as relativas à venda de coisas em viagem, ao contrato de sociedade ou ao contrato de *appalto* – não dispensam uma análise subsequente das referidas figuras, sendo certo que as soluções de distribuição do risco numa alienação a termo, na aposição de uma cláusula de reserva de propriedade ao

---

conformità" contrattuale, non può e non deve interdersi come introduzione di una eccezione al principio dell'immediatezza dell'efeto traslativo, accolto dal nostro ordinamento". Em sentido próximo, cfr. também Corso, *La tutela del consumatore dopo il decreto legislativo di attuazione della direttiva 99/44/CE*, p. 1333, que, admitindo o desfasamento legal, continua a distinguir entre o defeito que seja precedente ou subsequente ao momento translativo, em relação ao qual exige a verificação de um requisito subjectivo de culpa; e Corapi, *La direttiva 99/44/CE e la convenzione di Vienna sulla vendita internazionale: verso un nuovo diritto comune della vendita*, p. 141 e 661, fundando-se no considerando n.º 14 da DVBC.

[695] Cfr. Cristofaro, *Difetto di conformità*, p. 157, embora a entrega não coincida com a aceitação; e Zaccaria/Cristofaro, *ob. cit.*, p. 64, mencionando todavia a inaplicabilidade do art. 1673.º do CCit.

[696] Cfr. Chiarni, *ob. cit.*, p. 62, referindo a aplicabilidade do art. 1493.º do CCit. Em sentido algo distinto porém, Omodei-Salè, *ob. cit.*, p. 149 e 162, sufraga, *ab initio*, a aplicação do art. 1492.º, III, do CCit (dado que a disposição não corporiza uma norma excepcional, nem contém um padrão de protecção do consumidor inferior ao mínimo exigível), embora conclua depois pela sua inaplicabilidade, independentemente da alteração das regras do risco.

240   *O Risco nos Contratos de Alienação*

contrato de compra e venda ou no âmbito do contrato estimatório, não encontram paralelo directo no nosso Direito.

Os desenvolvimentos doutrinais associados à transposição da DVBC no ordenamento italiano assumem-se, finalmente, como vectores de inegável valor interpretativo no momento de apontar a solução internamente vigente. As referidas ponderações serão, assim, retomadas.

3.2.5. *Direito inglês*

I. Embora o Direito inglês se integre numa família jurídica distinta dos demais ordenamentos jurídicos compulsados, possuindo afastamentos insofismáveis em relação ao ordenamento jurídico interno nos mais distintos padrões comparativos, uma breve referência a este é justificada pelas funções crítico-cognitivas subjacentes à presente investigação, e, em especial, pela sua conexão com o emprego socialmente típico dos INCO-TERMS.

Resumindo a nossa análise ao contrato de compra e venda, as suas regras escritas assumem uma inesperada proximidade com alguns elementos do Direito pátrio, embora seja ficcional qualquer síntese entre os dois ordenamentos jurídicos.

II. O contrato de compra e venda é definido na *section* 1 do *Sale of Goods Act* de 1979 (alterado pelo *Sale of Goods Amendment Act* de 1995), como contrato pelo qual o vendedor transmite ou promete transmitir a propriedade dos bens a um comprador por uma quantia em dinheiro designada preço[697], possibilitando uma distinção entre a eficácia da transmissão da propriedade entre as partes e perante terceiros[698].

Fundando os seus alicerces na distinção entre a alienação de coisa específica e de coisa genérica[699], a prt. III do SGA regula a transmissão da propriedade (*"transfer of ownership"*) no contrato de compra e venda,

---

[697] Cfr. BEALE/HARTKAMP/KÖTZ/TALLON, *Cases, Materials and Text on Contract Law*, p. 20.

[698] Cfr. ASSUNÇÃO CRISTAS/FRANÇA GOUVEIA, *ob. cit.*, p. 87 e 93-117.

[699] Cfr. GUEST, *Anson's Law of Contract*[26], p. 465; e WHINCUP, *Contract Law and Practice*[4], p. 224. Os *"specific goods"* são definidos na *section* 61 do SGA como *"goods identified and agreed on at the time a contract of sale is made"*, não podendo a propriedade dos *"unascertained goods"* ser transmitida até que estes se revelem *"ascertained"* (cfr. a *section* 16 do SGA).

Algumas experiências de direito estrangeiro e de direito internacional   241

estabelecendo-se na sua *section* 17, como regra supletiva, que no contrato relativo a *"specific or ascertained goods the property in them is transferred to the buyer at such time as the parties to the contract intend it to be transferred"*. Esclarece-se ainda que *"for the purpose of ascertaining the intention of the parties regard shall be had to the terms of the contract, the conduct of the parties and the circumstances of the case"*[700]. Paralelamente, de acordo com a *rule* 5 da *section* 18 do SGA, a propriedade transmite-se através de *"unconditional appropriation"*na venda de coisa genérica[701]. A norma não encontra contudo aplicação quando, segundo a *rule* 5.3 da *section* 18 e o disposto na *section* 20A do SGA, para protecção do comprador em face da insolvência do vendedor, o *"bulk"* de mercadorias haja sido identificado e o preço total ou parcialmente solvido, tornando-se o comprador comproprietário (*"owner in common"*) da mercadoria[702].

Nestes termos, apesar da última especificidade anotada redundar numa evasão consciente à solução normal de distribuição do risco contratual, pode admitir-se a vigência de um esquema jurídico-dominial próximo do que vigora em termos internos, ainda que a mesma interpretação não se apresente unívoca[703].

---

[700] Cfr. WHINCUP, *ob. cit.*, p. 225; e ASSUNÇÃO CRISTAS/FRANÇA GOUVEIA, *ob. cit.*, p. 28, considerando que a transmissão ocorre mediatamente ao contrato, com a entrega da coisa. Atenta porém a *rule* 1 da *section* 18 (a respeito de um *"unconditional contract for the sale of specific goods in a deliverable state"*), assemelha-se que a regra do Direito inglês será antes coincidente com a transmissão da propriedade *solo consenso*.

[701] Cfr. WHINCUP, *ob. cit.*, p. 228 e 230, que, exigindo a verificação de *"conclusive or irretrievable appropriation"*, reconhece uma relevância particular à hipótese de entrega da coisa a terceiro, em que a transmissão da propriedade ocorre com a sua entrega (cfr. a *rule* 5.2 da *section* 18 da SGA).

[702] Esta regra foi introduzida pela reforma de 1995 do SGA, sendo *"bulk"* definido na *section* 61 como *"mass or collection of goods of the same kind which is contained in a defined space or area; and is such that any goods in the bulk are interchangeable with any other goods therin of the same number or quantity"* (cfr. WHINCUP, *ob. cit.*, p. 224; DEBATTISTA, *Transfer of Ownership in International Trade – England*, p. 135; e ASSUNÇÃO CRISTAS/FRANÇA GOUVEIA, *ob. cit.*, p. 88-93, realizando uma interpretação todavia distinta).

[703] Com efeito, perante a dificuldade de dedução de um princípio geral, ASSUNÇÃO CRISTAS/FRANÇA GOUVEIA, *ob. cit.*, p. 118, 120 e 130, concluem pela injuntividade da transmissão da propriedade enquanto direito real, em regra, apenas quando acompanhada da posse da coisa, funcionando a transmissão consensual somente em relação a um direito não oponível a terceiros. Em sentido contrário à prevalência da solução da transmissão da propriedade com a entrega da coisa pronuncia-se, contudo, ANA PRATA, *Os contratos*, p. 360, n. 8, afigurando-se ser esta a solução do Direito estatutário britânico.

III. Realizando-se a atribuição do risco contratual em estrita conexão com a qualidade de proprietário da coisa alienada[704], a questão apenas se colocará quando ainda não tenha ocorrido a execução integral do programa obrigacional[705].

Sendo a *"loss and damage caused by accident and ordinary risks of deterioration, and without negligence on one side or the other"* objecto de regulamentação legal expressa, a *section* 20 do SGA estabelece que, salvo estipulação em contrário, *"the goods remain at the seller's risk until the property in them is transferred to the buyer, but when the property in them is transferred to the buyer the goods are at the buyer's risk whether delivery has been made or not"*[706]. A generalidade desta estatuição é apenas questionada pelo facto da transmissão do risco ser também admitida na situação do contrato incorporar uma cláusula de reserva de propriedade[707]. As mercadorias *"in bulk"* são, por sua vez, objecto de equiparação ao paradigma *res perit domino* pela *section* 20A do SGA.

Vigorando regras distintas no contrato de empreitada[708], as regras jurídicas aplicáveis encontram-se ainda dependentes da manifestação de vontade das partes, a qual assume um papel mais relevante e omnipresente do que em qualquer outro ordenamento jurídico compulsado.

---

[704] Cfr. TREITEL, *The Law of Contract*[4], p. 783 e 808, aplicando a regra da transmissão do risco com o contrato para o *"sale of land"* quando nesta existam já edifícios; WHINCUP, *ob. cit.*, p. 223, 227 e 236, referindo mesmo que *"(the) consumers are probably not aware of this extraordinary rule"*, máxima que *"the judges themselves are reluctanct to apply"*; GUEST, *ob. cit.*, p. 458 e 465, aplicando a doutrina da *frustration* à *"sale of land"*, mas não recusando a vigência do brocardo *res perit domino* no SGA; e RAINER, *ob. cit.*, p. 392.

[705] Cfr. ATIYAH, *The Law of Contract*[3] p. 202, referindo a aplicação da regra *res perit domino*.

[706] A regra determina a inaplicabilidade da doutrina da *frustration*, através da qual ambas as partes se encontrariam exoneradas das suas obrigações, ainda que a mesma possa encontrar aplicação, pelo menos em termos de *ratio decidendi*, no caso do perecimento dos bens ser anterior ao momento da transmissão do risco (cfr. ATIYAH, *ob. cit.*, p. 203; GUEST, *ob. cit.*, p. 465, sufragando no entanto a aplicação da *section* 7 da SGA; e TREITEL, *ob. cit.*, p. 783 e 830, referindo a aplicação do *Law Reform (Frustrated Contracts) Act* de 1943 a respeito das hipóteses de ilegalidade do contrato ou de requisição de bens).

[707] Cfr. WHINCUP, *ob. cit.*, p. 225 e 230.

[708] TREITEL, *ob. cit.*, p. 783, distingue, em relação aos *"building contracts"*, entre a atribuição de todo o risco ao construtor até à conclusão da obra na empreitada inicial, e a divisão entre o risco da coisa e o risco da obra (nomeadamente da maquinaria a ser instalada) na empreitada sobre edifício anteriormente existente.

Algumas experiências de direito estrangeiro e de direito internacional   243

IV. O SGA foi objecto de uma segunda alteração através do *"Sale and Supply of Goods to Consumers Regulations"* de Dezembro de 2002, que efectuou a transposição para o Direito britânico da DVBC. Através deste normativo foi introduzido um aditamento na *section* 18 da SGA, cuja *rule* 4 dispõe agora, a respeito dos contratos celebrados com consumidores, que as subsecções anteriores *"must be ignored and the goods remain at the seller's risk until they are delivered to the consumer"*[709]. Por sua vez, a *rule* 4 da *section* 32 do SGA foi alterada no sentido de a entrega da mercadoria ao transportador não se identificar com a sua entrega ao comprador.

O resultado final traduz-se, assim, num distanciamento das normas de distribuição do risco relativas aos contratos celebrados por consumidores, das regras dos demais contratos, numa demonstração cabal da virtualidade unificadora da DVBC[710]. A sua consideração no momento de equacionar quais as alterações introduzidas a este respeito no ordenamento jurídico nacional não se afigura, pois, despicienda.

3.3. Direito internacional e modelos regulatórios

3.3.1. *A Convenção de Viena sobre a Compra e Venda Internacional de Mercadorias*

I. A distribuição do risco contratual assume especial ênfase no comércio internacional de mercadorias, no qual o Direito convencional internacional se assume como instrumento indispensável de garantia da segurança nas transacções, eliminando a incerteza da determinação da lei

---

[709] Cfr. HOWELLS/TWIGG-FLESNER, *"Much ado about nothing" – The implementation of Directive 99/44/EC into english law*, p. 837, sublinhando a manutenção da regra de transmissão contratual da propriedade para maximização da protecção do consumidor em caso de insolvência do vendedor, e a não imposição da modificação legislativa pela DVBC. Em sentido contrário, ainda perante a DVBC, WATTERSON, *Consumer sales directive 1999/44/EC – The impact on English law*, p. 203, considerou que haveria necessidade de proceder a uma adequação das regras de risco no Direito inglês *"if delivery means actual delivery"*.

[710] Cfr. CALVO, *La vittoriosa lotta del legislatore britannico contro il copy-out delle direttive comunitarie*, p. 1218. Não obstante, HOWELLS/TWIGG-FLESNER, *ob. cit.*, p. 839, sublinham que *"many of the changes to English law will have a relatively limited impact on everyday practice. That is why it may rightly be suggested that the implementation has been "much ado about nothing""*.

244   *O Risco nos Contratos de Alienação*

aplicável pelas normas de conflitos, bem como o desconhecimento do seu teor substantivo pelas partes.

Sendo fruto do labor da Comissão das Nações Unidas para o Direito do Comércio Internacional (UNCITRAL), a Convenção de Viena sobre a Compra e Venda Internacional de Mercadorias (CVVIM), aprovada em 11 de Abril de 1980 pela Conferência das Nações Unidas, e entrada em vigor a 1 de Janeiro de 1988, constitui Direito material uniforme que, com visível influência da concepção jurídica anglo-saxónica, traduz o "mínimo denominador comum entre os interesses geralmente conflituantes dos países exportadores e importadores de produtos industriais"[711]. Não obstante, apesar de absorver no seu âmbito de aplicação cerca de dois terços do comércio mundial e de presentemente vigorar em setenta e dois Estados[712], a CVVIM não foi ainda ratificada pelo Estado Português[713].

---

[711] Cfr. MOURA VICENTE, *A convenção de Viena sobre a compra e venda internacional de mercadorias: características gerais e âmbito de aplicação*, p. 287. O favorecimento relativo do comprador resulta, em termos geopolíticos, do compromisso entre os países industrializados e os países em vias de desenvolvimento (cfr. nomeadamente, quanto à *occasio legis* da CVVIM, PHILIPPE, *Vienna convention on international sale of goods*, p. 442).

[712] São partes da CVVIM a Alemanha, Argentina, Austrália, Áustria, Bélgica, Bielorússia, Bósnia-Herzegovina, Bulgária, Burundi, Canadá, Chile, China, Chipre, Colômbia, Croácia, Cuba, Dinamarca, Egipto, El Salvador, Equador, Eslováquia, Eslovénia, Espanha, Estados Unidos da América, Estónia, Federação Russa, Finlândia, França, Gabão, Geórgia, Grécia, Guiné, Holanda, Honduras, Hungria, Iraque, Islândia, Israel, Itália, Japão, Letónia, Lesoto, Líbano, Libéria, Lituânia, Luxemburgo, Macedónia, Mauritânia, México, Mongólia, Moldávia, Montenegro, Nova Zelândia, Noruega, Peru, Polónia, Quirguistão, República Checa, República da Coreia, Roménia, São Vicente e Grenadinas, Sérvia, Singapura, Suécia, Suíça, Síria, Ucrânia, Uganda, Uruguai, Uzbequistão, Venezuela e Zâmbia (cfr. os dados disponíveis em www.uncitral.org).

[713] Não constituindo o português uma língua oficial da CVVIM, esta foi porém traduzida para a língua portuguesa por MOURA RAMOS/BENTO SOARES, *ob. cit.*, p. 443-485 (tradução que se segue na presente dissertação). Apesar de Portugal não ser parte na CVVIM, as suas disposições podem ser aplicadas pelos tribunais portugueses quando as regras de Direito internacional privado remetam para a lei de um Estado contratante que haja ratificado a Convenção (por exemplo, nos termos da al. b) do n.º 1 do art. 1.º da CVVIM *ex vi* o n.º 2 do art. 4.º da CRom, a um contrato de compra e venda em que o comprador seja português e o vendedor espanhol, francês, italiano ou alemão), bem como através de escolha contratual da lei aplicável (cfr. MOURA RAMOS/BENTO SOARES, *ob. cit.*, p. 33, n. 33; LIMA PINHEIRO, *Comercial Internacional*, p. 102 e 265, considerando a impossibilidade de, por força do art. 3.º da CRom, a CVVIM vigorar no ordenamento jurídico nacional por referência directa das partes, embora as suas regras possam ser incorporadas como cláusulas contratuais e a convenção possa ser considerada em sede do Direito de

O normativo internacional possui como antecedentes as duas Convenções de Haia de 1 de Julho de 1964, relativas à Lei uniforme sobre a venda de objectos móveis corpóreos e à Lei uniforme sobre a formação do contrato de venda de objectos móveis corpóreos, ambas fundadas em proposta apresentada pelo juscomparatista alemão ERNST RABEL, sob a égide do Instituto Internacional para a Unificação do Direito Privado[714]. Havendo sido ratificadas por um número reduzido de Estados, estas convenções apenas entrariam em vigor em Agosto de 1972, fracassando a sua inserção política nos países emergentes do processo de descolonização e nos países de inspiração socialista[715]. Os paradigmas de risco então positiva-

---

conflitos empregue na arbitragem voluntária; e MOURA VICENTE, *A convenção de Viena*, p. 281). A CVVIM pode ainda ser empregue como "elemento de interpretação de um contrato internacional de compra e venda de mercadorias" (cfr. o ac. do STJ de 2 de Abril de 1992 in BMJ n.º 416, p. 653).

[714] Estas iniciativas foram objecto de sucessivas versões tornadas públicas. O Projecto de Lei Uniforme sobre a venda internacional de objectos mobiliários corpóreos do Instituto Internacional para a Unificação do Direito Privado, aprovado na sessão de 29 de Maio de 1939, consta nomeadamente do BMJ n.º 25 p. 76-103, com comentários de VAZ SERRA (cfr. VAZ SERRA, *Parecer acerca do projecto de Lei uniforme sobre a venda internacional de objectos mobiliários corpóreos e do anexo I (projecto sobre o pacto de reserva da propriedade)*, p. 13-75, em especial, p. 68, quanto ao risco). De acordo com os seus arts. 99.º e 101.º, o risco incumbia ao comprador a partir do momento da entrega da mercadoria, irrelevando para o efeito a transferência da propriedade ou a existência de uma cláusula de despesas. O art. 103.º atribuía ainda o risco a cada um dos adquirentes, em termos proporcionais, e a partir do aviso pelo vendedor de que o carregamento havia sido efectuado, nas "*marchandises chargées en groupage*".

O texto referido foi revisto e publicado na sessão de 1956, mantendo-se os prismas de abordagem (cfr., nomeadamente, BAGGE, *Génesis e importância del proyecto de una Ley Uniforme sobre la venta internacional de los objetos muebles corporales*, p. 979-983; TUNC, *La transmisión de los riesgos en la ley uniforme*, p. 1063-1070; e ALONSO PÉREZ, *El riesgo*, p. 477-488). O art. 109.º estabelecia, assim, a regra de transmissão do risco com a entrega da coisa "efectuada nas condições legal e contratualmente estabelecidas", bem como que, nos casos de entrega de coisa não conforme ao contrato, os riscos seriam transmitidos "com a dação quando o comprador não haja declarado a resolução do contrato nem pedido a substituição da coisa" (cfr. TUNC, *ob. cit.*, p. 1065 e 1068, que, segundo um critério de aceitação definitiva da coisa, concluía que o comprador suportava os riscos se se decidisse pela sua conservação). Nas mercadorias carregadas em grupo o art. 113.º mantinha a solução da divisão do risco proporcionalmente pelos compradores, desde que o vendedor houvesse expedido ao comprador o conhecimento de embarque ou outro qualquer aviso indicando que a carga havia sido efectuada.

[715] Cfr., nomeadamente, MOURA RAMOS/BENTO SOARES, *ob. cit.*, p. 13, n. 9; LIMA PINHEIRO, *Venda marítima internacional*, p. 185, e em *Comercial Internacional*, p. 259; MOURA VICENTE, *A convenção de Viena*, p. 271; MEINERTZHAGEN-LIMPENS, *La philosophie*

246 *O Risco nos Contratos de Alienação*

dos não coincidem, em rigor, com os estabelecidos pela CVVIM, em especial quanto à polarização daquele em torno do conceito de *"délivrance"*[716], e à transmissão do risco com a entrega ao transportador na compra e venda de mercadorias em viagem[717].

II. Em primeiro lugar, cumpre fixar o âmbito de aplicação da CVVIM.

O normativo internacional aplica-se a duas partes que possuam estabelecimento em distintos Estados Contratantes, bem como quando, salvo reserva dos Estados parte, as regras de Direito internacional privado conduzam à aplicação da lei de um dos Estados Contratantes. Exige-se ainda, numa petição clara de internacionalidade cognoscível pelas partes, a aparência da localização em países diferentes dos estabelecimentos de cada uma das partes contratantes, anteriormente ou até à conclusão do contrato, prevalecendo, por outra via, uma opção estrutural no sentido da irrelevância da nacionalidade e da natureza civil ou comercial das partes e do contrato celebrado[718].

Em termos materiais, o art. 2.º da CVVIM exclui do seu âmbito *(i)* as vendas a consumidores com a aparência da mesma qualidade até ao momento da celebração do contrato, nomeadamente as efectuadas por correspondência ou a turistas, *(ii)* as vendas com especificidades relativa-

---

de la convention de Vienne du 11 Avril 1980, p. 41; LUMINOSO, *I contratti*, p. 182; AUDIT, *Présentation de la convention*, p. 15; FONTAINE, *Introduction: la Convention de Vienne du 11 avril 1980 sur les contrats de vente internationale de marchandises*, p. 251; e TAMAYO CARMONA, *Responsabilidad y riesgo contractual: normas de la convencíon de Viena, sobre venta internacional de mercaderias e Incoterms 2000*, p. 13, n. 1. O art. 99.º da CVVIM rege as suas relações com o texto anterior.

[716] Cfr., por todos, ANGELICI, *Passagio del rischio*, p. 277, sufragando que tal constituía uma "abstracção inadequada à compreensão da realidade operativa".

[717] Cfr. o art. 99.º da LUVI.

[718] Cfr., respectivamente, as als. a) e b) do n.º 1 do art. 1.º, o art. 95.º, e os n.os 2 e 3 do art. 1.º da CVVIM (sobre o âmbito espacial da CVVIM cfr., nomeadamente, NEUMAYER/MING, *ob. cit.*, p. 40-51; AUDIT, *La vente internationale de marchandises*, p. 17, e em *Présentation*, p. 17; FALLON, *Le domaine d'application de la Convention de Vienne*, p. 256; WATTÉ/NUYTS, *Le champ d'application de la Convention de Vienne sur la vente internationale. La théorie à l'epreuve de la pratique*, p. 401; HEUZÉ, *ob. cit.*, p. 96-108; CALVO CARAVACA, *Comentario al artículo 1* in LUÍS DIEZ-PICASSO (ed.) *La compraventa internacional de mercaderias – Comentário de la convencion de Viena*, p. 48; MOURA RAMOS/BENTO SOARES, *ob. cit.*, p. 20; LIMA PINHEIRO, *Comercial Internacional*, p. 262; e MOURA VICENTE, *A convenção de Viena*, p. 276).

Algumas experiências de direito estrangeiro e de direito internacional   247

mente ao processo formativo contratual (leilões e aquisições em processo executivo), bem como *(iii)* as vendas que incidam sobre um determinado tipo de bens (valores mobiliários, títulos de crédito, moeda, navios, barcos, *hovercrafts*, aeronaves e electricidade)[719]. Visa-se assim regular as relações entre empresários, nas quais a necessidade de protecção da parte mais fraca é atenuada, assumindo primazia os interesses específicos do comércio internacional[720]. Com efeito, o equilíbrio de interesses presente num contrato de compra e venda internacional de mercadorias é distinto do presente num contrato interno de compra e venda, distanciando-se, ainda, da venda a consumidores, pelo que é de excluir qualquer transposição acrítica das soluções previstas na CVVIM para esta última.

Por fim, a CVVIM realiza uma ponderação específica da fronteira existente entre os contratos de compra e venda e de empreitada, atribuindo uma prevalência qualificativa à primeira. Esta apenas cessa em razão do fornecimento da mercadoria – na hipótese do contraente que encomendou a mercadoria a fabricar ou a produzir ter de fornecer uma "parte essencial dos elementos materiais necessários ao fabrico ou produção" – ou em razão da preponderância do trabalho – no caso da "parte preponderante da obrigação do contraente que fornece as mercadorias consistir num fornecimento de mão de obra ou de outros serviços"[721].

III. Paralelamente, outros aspectos devem também ser objecto de consideração prévia.

Em consonância com o teor supletivo das suas normas, os usos do comércio internacional são reconhecidos pelo n.º 1 do art. 9.º da CVVIM,

---

[719] MOURA VICENTE, *A convenção de Viena*, p. 274, sintetiza a orientação da CVVIM na referência a bens móveis corpóreos, admitindo, porém, a sua aplicação à venda de programas informáticos estandardizados incorporados em suportes materiais, mesmo quando o seu fornecimento seja efectuado por via electrónica.

[720] LIMA PINHEIRO, *Comercial Internacional*, p. 267.

[721] Cfr. os n.ºs 1 e 2 do art. 3.º da CVVIM. É dominante a orientação que sufraga o teor objectivo, económico-funcional ou de valor destes dois critérios (cfr., nomeadamente, NEUMAYER/MING, *ob. cit.*, p. 62; LIGUORI, *Il diritto uniforme della vendita internazionale: prassi e tendenze applicative della Convenzione di Vienna del 1980*, p. 149; AUDIT, *La vente internationale*, p. 26, e em *Présentation de la convention cit.*, p. 20; WATTÉ/NUYTS, *ob. cit.*, p. 371 e 382, referindo-se a um critério de "destinação dos esforços de concepção" no n.º 2 do art. 3.º da CVVIM; CAFFARENA LAPORTA, *Comentario*, p. 69, aludindo porém a um critério de valor (pecuniário) dos materiais empregues; SAN JUAN CRUCELAEGUI, *ob. cit.*, p. 49; e MOURA RAMOS/BENTO SOARES, *ob. cit.*, p. 29, que consideram a aproximação da teoria da absorção nos contratos mistos de compra e venda e prestação de serviços regulados pelo n.º 2 do art. 3.º da CVVIM).

248   *O Risco nos Contratos de Alienação*

colocando-se num patamar imediatamente inferior à autonomia da vontade e prevalecendo sobre disposições convencionais[722]. Questão de difícil solução é a de saber se os INCOTERMS se encontram abrangidos nesta sede, obtendo uma integração contratual implícita através da aplicação da CVVIM[723]. A diversidade de soluções admitidas no domínio da distribuição do risco contratual pelos INCOTERMS, a sua incompletude, e o facto de não serem sequer as únicas regras comerciais internacionalmente aceites, conduz, todavia, à necessidade de uma ponderação omnipresente da intenção das partes, pelo que a vigência destas cláusulas se encontra ainda dependente de uma expressão de vontade contratual.

Sob outro prisma, a al. b) do art. 4.º da CVVIM exclui, salvo disposição expressa em contrário da convenção, a regulação dos "efeitos que o contrato pode ter sobre a propriedade das mercadorias vendidas", embora, a exemplo do art. 8.º da LUVI, o seu art. 30.º considere obrigação do vendedor a produção do efeito real[724]. Verifica-se assim uma incompletude do sistema instituído pela CVVIM, uma vez que ao remeter a disciplina da transmissão da propriedade para as regras aplicáveis de Direito internacional privado[725], impede a articulação das normas de distribuição de risco com o fenómeno alienatório[726]. Também se abstendo de regular a validade

---

[722] Cfr. MOURA RAMOS/BENTO SOARES, *ob. cit.*, p. 40. Sobre os usos na CVVIM cfr., em geral, FERRARI, *La rilevanza degli usi nella Convenzione di Vienna sulla vendita internazionale di beni mobili*, p. 239-258.

[723] Cfr., em sentido favorável, ASTOLFI, *Incoterms*, p. 319, aludindo à sua aplicabilidade enquanto "regras objectivas consuetudinárias"; LE MASSON/STENAY, *Les incoterms*, p. 39, em termos tendenciais; DERAINS, *Transfert des risques de livraison*, p. 137; e FOUCHARD, *Rapport de synthèse*, p. 166. Em sentido contrário pronuncia-se contudo FERRARI, *La rilevanza degli usi*, p. 246, distinguindo expressamente os usos das cláusulas típicas e dos formulários empregues no comércio internacional. Esta última é também a posição de MENEZES CORDEIRO, *Comercial*, p. 706.

[724] A regra articula-se com o carácter obrigacional assumido pelo contrato de compra e venda nalguns ordenamentos jurídicos, como por exemplo nos ordenamentos jurídicos espanhol e alemão (cfr. MOURA RAMOS/BENTO SOARES, *ob. cit.*, p. 77, n. 99, 184, e 249, n. 492; e LIMA PINHEIRO, *Comercial Internacional*, p. 281).

[725] Cfr. SAN JUAN CRUCELAEGUI, *ob. cit.*, p. 156; AUDIT, *Présentation*, p. 26, n. 32, referindo a não entrada em vigor da Convenção de Haia, de 15 de Abril de 1958, sobre a lei aplicável à transferência da propriedade na venda internacional de móveis corpóreos; HEUZÉ, *ob. cit.*, p. 86; e LIMA PINHEIRO, *Venda marítima*, p. 207, e em *Comercial Internacional*, p. 87 e 316.

[726] Não obstante, LE MASSON/STENAY, *ob. cit.*, p. 43, consideram existir harmonia entre a transferência do risco e a transferência da propriedade no momento da entrega ao transportador internacional ou da "*délivrance*" das mercadorias.

Algumas experiências de direito estrangeiro e de direito internacional   249

ou eficácia da cláusula de reserva de propriedade[727], a CVVIM haverá ponderado a inadequação funcional da lógica dominial relativamente às exigências concretas dos operadores, visando não apenas uma maior aderência à dinâmica da operação económica entabulada pelas partes, mas também que as divergências existentes entre os diversos ordenamentos jurídicos compulsados não inviabilizassem o alcançar de soluções seguras e uniformes no comércio internacional.

Constata-se ainda uma articulação fundamental da noção de falta de conformidade das mercadorias com o contrato – conceito introduzido pelo art. 35.º da CVVIM e subsequentemente reaproveitado em termos comunitários – com o momento de transmissão do risco. Nos termos do n.º 1 do art. 36.º da CVVIM, o vendedor é responsável por "qualquer falta de conformidade que exista no momento da transferência do risco para o comprador, ainda que esta falta apenas apareça ulteriormente", pelo que apenas lhe será imputável uma falta de conformidade subsequente se, de acordo com o n.º 2 da mesma disposição convencional, esta resultar do incumprimento das suas obrigações contratuais[728]. Deste modo, ainda que se suscite uma situação de responsabilidade contratual do vendedor, a entrega de mercadoria defeituosa conduz, na sequência do disposto no n.º 2 do art. 97.º da LUVI, ao cumprimento da obrigação de entrega da coisa para efeitos de atribuição do risco contratual[729].

---

[727] Cfr. LIGUORI, *ob. cit.*, p. 150.

[728] Cfr. GHESTIN, *Les obligations du vendeur*, p. 89-90; PHILIPPE, *ob. cit.*, p. 463; MORALES MORENO, *Comentario al artículo 36*, p. 314; TAMAYO CARMONA, *ob. cit.*, p. 63, 65, n. 174, e 71, sublinhando a compatibilidade entre o suporte do risco pelo comprador e a responsabilidade do vendedor por danos; SAN JUAN CRUCELAEGUI, *ob. cit.*, p. 195; e MOURA RAMOS/BENTO SOARES, *ob. cit.*, p. 93, associando o momento de transferência do risco a um poder de controlo das mercadorias. A orientação harmoniza-se com o disposto na prt. final do art. 66.º da CVVIM, da qual se deduz que a perda ou deterioração das mercadorias devidas a acto ou omissão do devedor não obriga ao pagamento do preço.

[729] Cfr. DERAINS, *ob. cit.*, p. 132, ressalvando somente a hipótese da mercadoria não coincidir em absoluto com o objecto contratual; OLIVA BLÁZQUEZ, *ob. cit.*, p. 115, considerando que a 1.ª prt. do n.º 1 do art. 67.º da CVVIM apenas determina a não aplicação das regras do risco quando o incumprimento seja essencial relativamente ao transporte acordado; e TAMAYO CARMONA, *ob. cit.*, p. 21, 75, 77 e 105, também interpretando a referência da 1.ª prt. do n.º 1 do art. 67.º como uma alusão à conformidade do transporte com o contrato de compra e venda, admitindo mesmo a entrega de um *aliud* pelo vendedor. Com efeito, segundo o n.º 2 do art. 97.º da LUVI a transmissão do risco verificava-se com a entrega da mercadoria, apesar da desconformidade dos bens com o contrato: "*the risk shall pass to the buyer from the moment when the handling over has, apart from the lack*

Em síntese, encontra-se pressuposta nos arts. 66.° e 70.° da CVVIM uma separação entre os hemisférios do risco e do incumprimento contratual[730]. Sendo sufragado que a aplicação das regras de risco é bloqueada em situações de incumprimento não essencial das obrigações do vendedor – enumerando-se neste sentido a letra e o enquadramento histórico do art. 66.° da CVVIM, a conformidade com o sentido tradicionalmente associado ao risco, bem como a exigência de uma protecção mais eficaz do comprador[731] – assemelha-se contudo que os mesmos factores se devem assumir como determinantes do dano ocorrido, em consonância com a admissibilidade de funcionamento das regras de risco na hipótese de entrega de mercadoria defeituosa[732]. No mesmo sentido depõe ainda a al. a) do n.° 1 do art. 49.° da CVVIM, ao exigir a verificação de uma violação essencial do contrato para a sua resolução[733].

IV. A disciplina de atribuição do risco contratual é objecto do cap. IV da CVVIM, assumindo as situações em análise uma complexidade acrescida em virtude da normalidade do recurso ao transporte internacional de mercadorias, evento que potencia o risco de perda ou deterioração das mercadorias.

Cumpre sublinhar desde logo que, de acordo com a orientação dominante inferida do art. 66.° da CVVIM, as suas normas visam solucionar apenas o problema do risco da contraprestação ou do pagamento do preço[734].

---

of conformity, been effected in accordance with the provisions of the contract and of the present law, where the buyer has neither declared the contract avoid nor required goods in replacement" (cfr. LARENZ, *Schuldrechts, II*, p. 190).

[730] Cfr. NEUMAYER/MING, *ob. cit.*, p. 423; ANGELICI, *ob. cit.*, p. 275, no sentido da exclusão recíproca entre os dois fenómenos; e GUARDIOLA SACARRERA, *ob. cit.*, p. 103.

[731] Cfr. HEUZÉ, *ob. cit.*, p. 341, no sentido da unidade do incumprimento contratual no domínio versado; CAFFARENA LAPORTA, *Comentario*, p. 522; SAN JUAN CRUCELAEGUI, *ob. cit.*, p. 167, n. 1; e OLIVA BLÁZQUEZ, *ob. cit.*, p. 65.

[732] Cfr., neste sentido, ANGELICI, *ob. cit.*, p. 286, criticando a possibilidade de todas as violações contratuais poderem determinar a não aplicação das normas de risco; TAMAYO CARMONA, *ob. cit.*, p. 99 e 105, sob pena de ilogicidade; e MOURA RAMOS/BENTO SOARES, *ob. cit.*, p. 125, remetendo para a perda do interesse do credor na prestação.

[733] Cfr., neste âmbito, GHESTIN, *ob. cit.*, p. 107; e AUDIT, *La vente internationale*, p. 92, 93, n. 1, e 131.

[734] Cfr. NEUMAYER/MING, *ob. cit.*, p. 417, em especial n. 1; ANGELICI, *ob. cit.*, p. 275, referindo-se ao "*Preisgefahr*"; VALIOTI, *ob. cit.*, s/p; CAFFARENA LAPORTA, *Comentario*, p. 515, por referência ao *periculum obligationis*; OLIVA BLÁZQUEZ, *ob. cit.*, p. 15; e LIMA PINHEIRO, *Comercial Internacional*, p. 317.

Algumas experiências de direito estrangeiro e de direito internacional 251

O denominado risco da prestação encontra expressão no domínio da exoneração do vendedor das suas obrigações, tal como previsto no n.° 1 do art. 79.° da CVVIM[735]. Os contornos da tradicional contraposição entre prestação e contraprestação podem todavia enublar-se a ser admitida a noção de eventualidade de perda do valor patrimonial do bem[736], a par da inserção de conteúdos funcionais específicos no n.° 1 do art. 79.° da CVVIM[737].

Por outro lado, deve afastar-se a pré-compreensão dominante de que a disciplina do risco na CVVIM se encontra moldada no paradigma da entrega da coisa[738]. A análise subsequente demonstrará que os diversos critérios de distribuição do risco presentes na CVVIM muito dificilmente se reconduzem à unidade, antes postulando uma consideração analítica[739].

---

[735] Cfr. ANGELICI, *ob. cit.*, p. 275; HEUZÉ, *ob. cit.*, p. 338, referindo que a perda ou deterioração das mercadorias não afecta a perenidade do vínculo contratual, *maxime* na venda de coisas genéricas; e ROMEIN, *ob. cit.*, s/p, considerando, em relação ao "*Leistungsgefahr*", que a obrigação de entrega em princípio não se extingue (julgando-se, porém, que o autor toma como paradigma o figurino das obrigações genéricas).

[736] Cfr. ORLANDO, *ob. cit.*, p. 11, 123, 178, 183, 196 e 208, considerando a existência de uma noção de risco própria da CVVIM, em obediência ao entendimento prático dos operadores do comércio. Segundo o autor, esta noção não coincide com o risco da contraprestação ou de impossibilidade – em que se verifica o pressuposto da extinção do direito do comprador – mas antes com o "*risk of loss*", relativo à eventualidade da perda do valor patrimonial do bem. Consequentemente, e em paralelo com o regime jurídico do "*appalto*" no CCit, o risco de perda patrimonial seria atribuído por referência a períodos temporais distintos (*sic* "*si prevede un periodo di tempo durante l'esecuzione del contratto, nel quale il rischio della perdita del valore patrimoniale delle cose è a carico di un contraente; ed un periodo di tempo successivo in cui tale rischio passa all'altro contraente*").

[737] Cfr. ORLANDO, *ob. cit.*, p. 212, interpretando a disposição enquanto manifestação do risco de impossibilidade – conexionado com o denominado risco de embargos ou de proibições à importação – admitindo que o comprador possa resolver o contrato de acordo com o art. 25.° da CVVIM.

[738] Cfr., neste sentido, LUMINOSO, *I contratti*, p. 187; HEUZÉ, *ob. cit.*, p. 326, referindo-se à "*transfert de la possession*"; CHATILLON, *Droit des affaires internationales²*, p. 218; FOUCHARD, *ob. cit.*, p. 167, referindo a compatibilidade dos INCOTERNS com a CVVIM no que respeita ao risco atento o paradigma da "*livraison*"; HUET, *ob. cit.*, p. 644; DUTILLEUL/DELEBECQUE, *ob. cit.*, p. 177 e 179; e TAMAYO CARMONA, *ob. cit.*, p. 16, considerando a obrigação de entrega como a peça chave da CVVIM.

[739] Cfr., expressamente neste sentido, OLIVA BLÁZQUEZ, *ob. cit.*, p. 39, 83 e 262, referindo o controlo e o seguro como as duas coordenadas básicas do "*tipological approach*" proposto; e CAFFARENA LAPORTA, *Comentario*, p. 525, que, todavia, adere ao critério único da perda de controlo das mercadorias pelo vendedor. Em termos próximos se pronunciam ainda ANGELICI, *ob. cit.*, p. 277, mencionando a irrelevância de uma entrega genérica mas

252   O Risco nos Contratos de Alienação

Assim, a divisarem-se algum ou alguns vectores chaves na CVVIM, estes tendem a coincidir, por um lado, com a consideração pragmática de imputação das consequências danosas ao contraente que se encontra melhor posicionado para a prevenção ou minoração das mesmas (critério do controlo), e, por outro lado, com a pontual aproximação a um vector de interesse contratual prevalente ou dominante[740].

Na aplicação das normas de risco a doutrina individualiza ainda, com base no disposto no n.º 2 do art. 67.º e no n.º 3 do art. 69.º da CVVIM, um pressuposto de especificação das mercadorias[741]. Deste modo, apesar da omissão do art. 68.º da CVVIM, as suas normas não serão aplicáveis a hipóteses em que o vínculo do vendedor se corporize, nomeadamente, numa obrigações genérica ou alternativa. Este elemento assume particular relevância dado o seu afastamento do anterior normativo internacional.

V. Perante a diversidade de abordagens possíveis na explanação da distribuição do risco na CVVIM, opta-se pela bipartição entre a venda com e sem transporte da mercadoria alienada, subdistinguindo, no primeiro termo, as hipóteses do transporte constituir um evento subsequente à celebração do contrato e do transporte estar em execução ao tempo da formação daquele. Um enquadramento centralizado na distinção, primária, da modalidade da venda (venda de mercadorias em trânsito ou espacialmente fixas) e, subsequente, na verificação da entrega directa ou indirecta da coisa (sem ou com transporte), é, todavia, igualmente admissível.

Sendo o art. 67.º tomado como uma das excepções à regra geral de distribuição do risco constante do art. 69.º da CVVIM, a verdade é que a tipicidade social do emprego de meios de transporte no domínio da compra e venda internacional de mercadorias contribui para a generalização daquela solução, bastando para o efeito o acordo das partes no sentido da deslocação da mercadoria vendida. A relevância prática desta situação é

---

antes a análise dos seus tipos concretos; e HANOTIAU, *L'exécution du contrat selon la Convention de Vienne*, p. 301, que remete a questão para o *"mode de livraison convenu"*.

[740] Em termos todavia distintos, LURDES PEREIRA, *A obrigação de recepção das mercadorias na Convenção de Viena sobre a compra e venda internacional de mercadorias*, p. 370, n. 77, refere como ideia base o impender do risco sobre a parte que economicamente seja ou possa ser menos prejudicada com o eventual dano.

[741] Cfr. NEUMAYER/MING, *ob. cit.*, p. 437, n. 2; FOUCHARD, *ob. cit.*, p. 168; DERAINS, *ob. cit.*, p. 132; CAFFARENA LAPORTA, *Comentario*, p. 539; OLIVA BLÁZQUEZ, *ob. cit.*, p. 217 e 220; SAN JUAN CRUCELAEGUI, *ob. cit.*, p. 80; ROMEIN, *ob. cit.*, s/p; e VALIOTI, *ob. cit.*, s/p, fundando-se num raciocínio analógico.

Algumas experiências de direito estrangeiro e de direito internacional   253

ainda maximizada pela complexidade da indústria transportadora contemporânea, podendo, numa mesma operação económica, intervir diversos transportadores e meios de transporte distintos. A aproximação da solução da 1.ª prt. do n.º 1 do art. 67.º da CVVIM ao art. 797.º do CCiv é também razão para a sua consideração prioritária[742].

Em articulação com o n.º 1 do art. 32.º, o n.º 2 do art. 67.º da CVVIM estabelece que o vendedor possui a obrigação acessória de efectuar uma identificação unívoca das mercadorias, nomeadamente através da "aposição de um sinal distintivo nas mercadorias", mediante os "documentos de transporte" ou por intermédio de um aviso de expedição destinado ao comprador que proceda à mesma individualização[743]. A inobservância deste dever acessório por parte do vendedor determina a manutenção do risco na sua esfera jurídica, ultrapassando o fundamento desta regra o simples respeito pelo brocardo *genus nunquam perit*. Com efeito, a norma articula-se com o transporte de mercadorias adquiridas por distintos compradores a granel ou dentro do mesmo contentor. Ocorrendo uma perda parcial de mercadorias, a transmissão do risco para o comprador colocá-lo-ia à mercê de um vendedor sem escrúpulos que, em conluio com outro ou outros dos compradores, lhe imputasse toda a perda patrimonial ocorrida[744]. A solução não afasta, contudo, a possibilidade de uma *"societas periculi"* entre os compradores, através da qual o risco de perecimento ou de deterioração das mercadorias seja suportado proporcionalmente por todos[745].

---

[742] Cfr. Moura Ramos/Bento Soares, *ob. cit.*, p. 172; e Lima Pinheiro, *Comercial Internacional*, p. 290 e 318, aludindo a uma venda com expedição simples.

[743] Cfr. Moura Ramos/Bento Soares, *ob. cit.*, p. 85; e Oliva Blázquez, *ob. cit.*, p. 147.

[744] Cfr. Neumayer/Ming, *ob. cit.*, p. 435; Audit, *La vente internationale*, p. 88; e Heuzé, *ob. cit.*, p. 329.

[745] Cfr. Neumayer/Ming, *ob. cit.*, p. 436, n. 42, referindo a possibilidade de uma repartição proporcional de danos; e Caffarena Laporta, *Comentario*, p. 536. Oliva Blázquez, *ob. cit.*, p. 149, 153, 217 e 220, propõe uma construção ainda mais ousada, distinguindo a situação de perda total das mercadorias, em que, verificando-se uma alienação de género limitado, o preço é devido por todos os compradores (com fundamento em que, ao se encontrarem os bens identificados, não existe qualquer possibilidade de fraude pelo vendedor), da situação de perda parcial, na qual seria equacionável uma suportação proporcional do dano pelos compradores quando o envio colectivo haja sido assumido em cada um dos contratos que estes celebraram com o vendedor, ou seja conforme aos usos (numa *"bulk sale"* sob a égide do art. 69.º o autor considera que a regra será a atribuição do risco ao vendedor, embora uma *societas periculi* seja também admissível). Em sentido

A última prt. do n.° 1 do art. 67.° da CVVIM esclarece por seu turno que "o facto de o vendedor estar autorizado a conservar os documentos representativos das mercadorias não afecta a transferência do risco", sendo o mesmo aspecto frequentemente associado a uma finalidade de garantia de pagamento do preço das mercadorias exigida pelo vendedor, nomeadamente, através da não transmissão da sua propriedade. A solução demonstra o distanciamento das soluções de distribuição de risco da CVVIM do paradigma dominial, fixando-se antes no controlo ou na entrega física da coisa[746].

Segundo o disposto na 1.ª prt. do n.° 1 do art. 67.° da CVVIM, não se encontrando o vendedor obrigado à remessa das mercadorias para um lugar determinado, "o risco transfere-se para o comprador a partir da remessa das mercadorias ao primeiro dos transportadores". A entrega ao primeiro transportador identifica-se, de acordo com a al. a) do art. 31.° da CVVIM, com o momento de cumprimento da obrigação do vendedor, podendo ser tomada como uma manifestação de entrega indirecta da mercadoria vendida. É deste modo irrelevante a existência de contratos de transporte distintos até que a mercadoria chegue ao poder do comprador, não bastando, por seu turno, que as mercadorias sejam colocadas à disposição do transportador (por exemplo através de depósito num armazém geral), exigindo-se, antes, uma apreensão material e efectiva por parte daquele[747].

Constituindo entendimento comum – contrariamente à solução avançada por alguns sectores da doutrina alemã a respeito do § 447 do BGB – que o transportador deve ser um terceiro independente da organização empresarial do vendedor[748], são todavia duvidosas as soluções a adoptar a

---

próximo, VALIOTI, *ob. cit.*, s/p, refere uma solução intermédia para a questão de transporte colectivo de bens fungíveis, admitindo que os compradores assumam o risco através de um "*implied agreement*".

[746] Cfr. ANGELICI, *ob. cit.*, p. 279, aludindo a uma solução funcional; e HEUZÉ, *ob. cit.*, p. 328.

[747] Cfr., nomeadamente, NEUMAYER/MING, *ob. cit.*, p. 427, sublinhando o carácter fundamental do desapossamento ou da transmissão da posse corpórea (ao contrário do art. 69.° da CVVIM); e TAMAYO CARMONA, *ob. cit.*, p. 18, 19, n. 18, 22, n. 32, e 49, n. 125, recusando a transmissão do risco através da cessão pelo vendedor ao transportador do crédito sobre o armazenista das mercadorias, *maxime* pela entrega de recibo ou de aviso a este (com formulação de uma regra distinta da al. c) do art. 31.°). As especificidades do transporte multimodal e do transporte de mercadorias em contentores não são porém objecto de disciplina jurídica própria na CVVIM.

[748] Cfr. NEUMAYER/MING, *ob. cit.*, p. 430; ANGELICI, *ob. cit.*, p. 278, n. 7; AUDIT, *La vente internationale*, p. 88; CAFFARENA LAPORTA, *Comentario*, p. 529; OLIVA BLÁZQUEZ, *ob. cit.*, p. 86, 103 e 105, ainda que admitindo a aplicação do art. 67.° da CVVIM ao trans-

Algumas experiências de direito estrangeiro e de direito internacional   255

respeito da entrega da mercadoria a um comissário[749], ou a um transportador local[750], encontrando-se estas relacionadas com o fundamento subjacente à regra em análise.

Sendo conforme com soluções normativas anteriores e com a prática comercial internacional corrente (INCOTERMS), a solução da 1.ª prt. do n.º 1 do art. 67.º da CVVIM é usualmente justificada pela perda de controlo material do vendedor sobre os bens, em especial tendo presente que, sendo o comprador que recebe e examina as mercadorias expedidas, é este o contraente que se encontra em melhores condições para efectuar uma reclamação indemnizatória perante a entidade transportadora ou seguradora, ou mesmo para realizar a alienação ou reparação dos bens nas situações em que a demora possa ocasionar o seu perecimento. Por outra via, para além da possibilidade de existir uma actividade especulativa do comprador das mercadorias na pendência do contrato de transporte, visa-se prevenir os problemas probatórios resultantes da determinação do momento concreto do dano (aspecto exponenciado nas situações de transporte multimodal, em que o fraccionamento do risco se revelaria uma operação de índole extremamente complexa)[751].

---

porte realizado por uma filial do devedor com personalidade jurídica; TAMAYO CARMONA, *ob. cit.*, p. 19 e 75; SAN JUAN CRUCELAEGUI, *ob. cit.*, p. 197; GUARDIOLA SACARRERA, *ob. cit.*, p. 104; ROMEIN, *ob. cit.*, s/p; e ANILDO CRUZ, *A transferência do risco na Convenção de Viena sobre a venda internacional de mercadorias*, p. 26.

[749] Cfr. NEUMAYER/MING, *ob. cit.*, p. 429, remetendo, em relação ao expedidor ou "*commissionnaire de transport*", para a lei nacional aplicável ao contrato de comissão ou ao seu estatuto jurídico segundo o acordo das partes; CAFFARENA LAPORTA, *Comentario*, p. 530, depondo em sentido afirmativo atenta a *ratio legis* do preceito em análise; OLIVA BLÁZQUEZ, *ob. cit.*, p. 109, admitindo o fenómeno atendendo a que, também nesta situação, o vendedor perde o controlo das mercadorias; e TAMAYO CARMONA, *ob. cit.*, p. 19, que argumenta, porém, em sentido contrário.

[750] Cfr. NEUMAYER/MING, *ob. cit.*, p. 433, entendendo que o risco apenas se transfere com o transporte "interlocal", aceitando o emprego pelo vendedor dos seus próprios veículos apenas quanto ao transporte local que preceda a entrega no lugar de expedição. No sentido da aplicação da 1.ª prt. do n.º 1 do art. 67.º da CVVIM cfr., porém, HEUZÉ, *ob. cit.*, p. 327; e OLIVA BLÁZQUEZ, *ob. cit.*, p. 107, considerando que a exigência de um transportador internacional apenas é subsumível na 2.ª prt. do n.º 1 do art. 67.º da CVVIM.

[751] Cfr., nomeadamente, ROTH, *Risk*, p. 296; PHILIPPE, *ob. cit.*, p. 471; OLIVA BLÁZQUEZ, *ob. cit.*, p. 90; TAMAYO CARMONA, *ob. cit.*, p. 73; e LURDES PEREIRA, *A obrigação de recepção das mercadorias*, p. 370. A solução enunciada pode revelar-se todavia dissonante da possibilidade do vendedor dar instruções ao transportador, suscitando também dificuldades nas situações de transporte com emprego de contentores (em que a determinação do momento de perecimento da coisa – prévio ou não à entrega ao transportador – se assume

256   *O Risco nos Contratos de Alienação*

A 2.ª prt. do n.º 1 do art. 67.º da CVVIM disciplina, por seu turno, a distribuição do risco no caso do vendedor se encontrar obrigado a "remeter as mercadorias a um transportador para local determinado", transferindo-se este com a remessa ao transportador para tal local[752]. O transporte até ao local determinado poderá realizar-se, em princípio, quer através dos meios do vendedor, quer mediante os serviços de qualquer outro transportador, ainda que a risco daquele[753].

O art. 67.º da CVVIM não regula a venda com expedição qualificada ("*destination sale*" ou "*vente à destination*"), na qual o vendedor deve apresentar as mercadorias ao comprador no local de destino contratualmente designado[754]. Nesta situação jurídica, encontra aplicação o n.º 2 do art. 69.º da CVVIM, transmitindo-se o risco, na ausência de outra estipulação das partes, no porto de chegada das mercadorias[755].

VI. Em termos dissonantes da solução do art. 99.º da LUVI, segundo o qual o risco se transmitia para o comprador no momento em que as mercadorias houvessem sido entregues ao transportador, o art. 68.º da CVVIM estabelece uma solução de compromisso entre países desenvolvidos e países em vias de desenvolvimento no que respeita à venda de mercadorias em trânsito.

A CVVIM introduz, assim, como regra geral, a transmissão do risco no momento da celebração do contrato de compra e venda, momento posterior, portanto, à celebração do contrato de transporte e à entrega das mer-

---

de difícil concretização), ou de transporte de determinado tipo de mercadorias, *maxime* bens de alta tecnologia (em que os conhecimentos e os meios colocados ao dispor do adquirente podem ser insuficientes para justificar a atribuição a este do risco de perecimento da coisa).

[752] Será o exemplo do industrial do interior que se obriga a colocar mercadorias em determinado porto, assumindo o risco do seu transporte terrestre.

[753] Cfr. Caffarena Laporta, *Comentario*, p. 533; Oliva Blázquez, *ob. cit.*, p. 118; Tamayo Carmona, *ob. cit.*, p. 80; e Romein, *ob. cit.*, s/p. Subsistem todavia problemas probatórios paralelos aos mencionados *supra*, nomeadamente no que respeita à utilização de contentores na operação de transporte.

[754] Quanto àquela esta noção cfr., nomeadamente, Moura Ramos/Bento Soares, *ob. cit.*, p. 80; Lima Pinheiro, *Comercial Internacional*, p. 321; e Lurdes Pereira, *A obrigação de recepção das mercadorias*, p. 347.

[755] Cfr. Roth, *Risk*, p. 300 e 306; Neumayer/Ming, *ob. cit.*, p. 433; Hanotiau, *ob. cit.*, p. 301; Caffarena Laporta, *Comentario*, p. 527; Moura Ramos/Bento Soares, *ob. cit.*, p. 170, n. 313; Lima Pinheiro, *Venda marítima*, p. 217, e em *Comercial Internacional*, p. 318; bem como o ac. do STJ de 2 de Abril de 1992 *cit.*, p. 653.

Algumas experiências de direito estrangeiro e de direito internacional 257

cadorias pelo vendedor ao transportador. Complementarmente estabelece-
-se porém que, "se as circunstâncias assim o implicarem", o risco ficará "a
cargo do comprador a partir do momento em que as mercadorias foram
remetidas ao transportador que emitiu os documentos que constatam o
contrato de transporte".

Encontrando aplicação paradigmática nas tendencialmente especula-
tivas vendas em cadeia (as denominadas *"daisy chain sales"*), de que é
exemplo a alienação de produtos petrolíferos em alto mar, a questão fundamental reside em saber quais as circunstâncias determinantes para a
aplicação da segunda regra enunciada. Não existindo em ambas as situações controlo das mercadorias por qualquer uma das partes, não será todavia, segundo se julga, a simples dificuldade de determinação do momento
exacto da perda patrimonial ocorrida durante o transporte (*"splitting tran-
sit risk"*) que subjaz à aplicação retroactiva do risco[756]. Constituindo
exemplo típico da última situação jurídica a celebração de um contrato de
seguro das mercadorias pelo vendedor (cuja apólice é depois remetida ao
comprador)[757], o risco assumido pelo segurador pode todavia mostrar-se
apenas conexo com o momento temporal da celebração do contrato, pelo
que a atribuição do risco ao comprador pressuporá sempre a análise do
tipo contratual em questão, norteada segundo dados fundamentalmente
objectivos[758].

A questão deslocar-se-á da assunção do risco para a punição da má fé
do vendedor se, de acordo com a última prt. do art. 68.º da CVVIM, no
momento da conclusão do contrato "o vendedor sabia ou deveria saber que
as mercadorias tinham perecido ou se tinham deteriorado e disso não
informou o comprador"[759]. Não sendo a hipótese de múltiplas vendas das

---

[756] Cfr. NEUMAYER/MING, *ob. cit.*, p. 439, exemplificando com a infiltração lenta e
progressiva de água no navio (que ocasiona a deterioração das mercadorias transportadas
no porão); e HEUZÉ, *ob. cit.*, p. 331, aludindo à aplicabilidade da excepção quando o evento
danoso não possa ser determinado com base numa referência em termos temporais, *maxime*
em relação ao momento da conclusão do contrato. Em termos práticos, VALIOTI, *ob. cit.*,
s/p, considera que a excepção é a regra geral aplicável no comércio internacional.

[757] OLIVA BLÁZQUEZ, *ob. cit.*, p. 166, confere à solução um triplo fundamento: os
usos do comércio europeu e ocidental, a existência de seguro das mercadorias a favor do
comprador e a eliminação de problemas probatórios.

[758] Cfr. ANGELICI, *ob. cit.*, p. 282. MOURA RAMOS/BENTO SOARES, *ob. cit.*, p. 177,
n. 327, remetem, por sua vez, para todo e qualquer documento que certifique o transporte,
e não apenas para os documentos representativos de mercadorias.

[759] Cfr. MOURA RAMOS/BENTO SOARES, *ob. cit.*, p. 179, n. 329; LIMA PINHEIRO, *Comercial Internacional*, p. 320, referindo que o efeito retroactivo da atribuição do risco

258   *O Risco nos Contratos de Alienação*

mesmas mercadorias durante o transporte objecto de expressa previsão convencional, o campo de aplicação da norma não deixa, porém, de se encontrar envolto em severas hesitações[760].

VII. Em termos residuais, o art. 69.° da CVVIM disciplina a transmissão do risco na venda internacional de mercadorias que não se encontre associada à celebração de um contrato de transporte ou em que se verifique uma venda com expedição qualificada daquelas. A norma institui um regime jurídico algo labiríntico, que cumpre decompor.

Nos termos do n.° 1 do art. 69.°, o risco transfere-se para o comprador quando este "tomar conta das mercadorias ou, se não o fizer na altura devida, a partir do momento em que as mercadorias são postas à sua disposição e em que ele comete uma violação do contrato não aceitando a entrega". Enuncia-se, deste modo, a regra de transmissão do risco com a entrega directa da mercadoria ao comprador, em princípio no estabelecimento do vendedor, segundo o disposto, também em termos residuais, na al. c) do art. 31.° da CVVIM[761].

---

apenas opera para o vendedor de boa fé; OLIVA BLÁZQUEZ, *ob. cit.*, p. 172; SAN JUAN CRUCELAEGUI, *ob. cit.*, p. 199; e GUARDIOLA SACARRERA, *ob. cit.*, p. 106.

[760] Em primeiro lugar, é duvidoso se se visa excepcionar apenas a atribuição retroactiva do risco ao comprador, ou também a 1.ª prt. do art. 68.° da CVVIM. No primeiro sentido cfr. AUDIT, *La vente internationale*, p. 92, em termos tendenciais; OLIVA BLÁZQUEZ, *ob. cit.*, p. 173; e ANILDO CRUZ, *ob. cit.*, p. 30, argumentando-se com os antecedentes do preceito e com a relação do risco com a falta de conformidade da mercadoria. Em sentido contrário cfr. TAMAYO CARMONA, *ob. cit.*, p. 87 e 89, sublinhando que a abrangência dos danos ocorridos antes e depois da celebração do contrato se baseará, desde logo, na relação do risco contratual *stricto senso* com os danos posteriores à celebração do contrato que não sejam consequência, nem directa nem indirecta, das depreciações originais. É elucidativo o exemplo de ROTH, *Risk*, p. 298, de uma venda de açúcar em trânsito em que o vendedor conhecia a inutilização de um décimo da mercadoria, quando já um quinto desta se encontrava danificado, vindo a perecer todo o açúcar, embora a questão não se coloque, depois, perante o art. 938.°, n.° 2, do CCiv.

Por outra via, ainda que apenas atinente à atribuição retroactiva do risco, não se verifica consenso quanto a saber quais os danos abrangidos nesta sede (no sentido de abrangência apenas dos danos que o vendedor conhecia ou deveria conhecer e não de todos os riscos posteriores cfr. CAFFARENA LAPORTA, *Comentario*, p. 543; e OLIVA BLÁZQUEZ, *ob. cit.*, p. 177; para uma versão "punitiva" da norma, integrando todos os danos e não somente aqueles que o vendedor conhecia ou devia conhecer, cfr. AUDIT, *La vente internationale*, p. 92; e ANILDO CRUZ, *ob. cit.*, p. 29).

[761] Cfr. ROTH, *Risk*, p. 307; OLIVA BLÁZQUEZ, *ob. cit.*, p. 192, n. 420; TAMAYO CARMONA, *ob. cit.*, p. 91 e 106, referindo a distinção entre a responsabilidade contratual, que

O fundamento da norma relaciona-se com a assunção do controlo físico das mercadorias por parte do comprador, permitindo a ultrapassagem da questão probatória relativa à negligência do vendedor na conservação das mercadorias vendidas, bem como das dificuldades que o comprador enfrentaria na contratação de seguros de mercadorias de que desconhece, em regra, os riscos específicos[762]. A solução redunda no favorecimento do comprador, uma vez que, não se encontrando a transferência do risco dependente da simples colocação à disposição, mas antes da efectiva entrega das mercadorias, assumem expressão consolidada os vectores de risco-controlo e de risco-acessibilidade.

Por sua vez, a ressalva da prt. final do n.º 1 do art. 69.º da CVVIM consiste numa situação de *mora credendi* do comprador em relação à obrigação de entrega das mercadorias – cujo momento de cumprimento é estabelecido no art. 33.º – tornando desnecessária qualquer comunicação do vendedor ao comprador[763]. Sem prejuízo da obrigação de custódia das mercadorias consagrada no art. 85.º da CVVIM, a referência à violação do contrato abrange não apenas a recusa das mercadorias pelo comprador, mas qualquer outra conduta deste que impeça o vendedor de transmitir o risco, mesmo no âmbito de um contrato de transporte (cujo enquadramento todavia se aproxima do n.º 2 do art. 69.º). Em causa estão as situações típicas de não obtenção da licença de importação das mercadorias, de não comunicação das instruções necessárias ao seu transporte, de não indicação do primeiro transportador, de omissão de entrega do contentor destinado ao acondicionamento das mercadorias ou mesmo de não pagamento do preço numa obrigação com vencimento antecipado (cujo incumpri-

---

cessa com a colocação das mercadorias à disposição do comprador, e a transmissão do risco, que ocorre num momento posterior, com a apreensão física e material daquelas; e MOURA RAMOS/BENTO SOARES, *ob. cit.*, p. 181.

[762] Cfr. CAFFARENA LAPORTA, *Comentario*, p. 544; TAMAYO CARMONA, *ob. cit.*, p. 91; MOURA RAMOS/BENTO SOARES, *ob. cit.*, p. 182; e LURDES PEREIRA, *A obrigação de recepção das mercadorias*, p. 369. Perante o projecto normativo de 1964, ELLWOOD, *The Hague uniform laws governing the international sale of goods*, p. 55, sublinhava já, em termos liminares, que "o vendedor corre o risco até ao momento em que este tem o dever de preservar a coisa e não é exigível ao comprador a sua liberação dessa obrigação".

[763] Cfr. OLIVA BLÁZQUEZ, *ob. cit.*, p. 187; TAMAYO CARMONA, *ob. cit.*, p. 92 e 107, n. 284, individualizando as hipóteses de prazo certo para a recolha da mercadoria, de prazo durante o qual o comprador as pode recolher (findo o qual o risco se transfere), e de não estabelecimento de qualquer prazo, sendo exigível um lapso razoável de tempo para que o comprador possa retirar as mercadorias a partir da comunicação do vendedor; e VALIOTI, *ob. cit.*, s/p, n. 164, sufragando uma interpretação lata do *"breach of contract"*.

260 *O Risco nos Contratos de Alienação*

mento justifique a não entrega das mercadorias pelo vendedor)[764]. A transmissão do risco ocorrerá ainda independentemente da imputabilidade do facto ao credor, elemento que apenas assume relevância em sede de responsabilidade contratual[765]. Distintas são ainda as hipóteses em que a omissão do comportamento do comprador assume relevância no domínio do fabrico da mercadoria encomendada, as quais podem, todavia, enquadrar-se na esfera de risco do credor[766].

Nos termos do n.º 2 do art. 69.º da CVVIM, o risco transfere-se "quando a entrega se tiver de efectuar", se o comprador se encontrar obrigado a tomar conta das mercadorias noutro lugar que não o estabelecimento do vendedor (nomeadamente no seu próprio estabelecimento ou no estabelecimento de terceiro), sabendo aquele que as mercadorias estão colocadas à sua disposição nesse mesmo lugar.

Para além da situação paradigmática de venda com expedição qualificada em que o transporte é efectuado por um terceiro, o preceito abrange as hipóteses do transporte ser realizado pelo próprio vendedor, da obrigação de entrega da mercadoria a determinado transportador, bem como da entrega da mercadoria em estabelecimento ou propriedade de terceiro (nomeadamente em navios, vagões de comboio ou na fronteira terrestre)[767]. Se a mercadoria se encontrar na posse de terceiro é relevante a

---

[764] Cfr. OLIVA BLÁZQUEZ, *ob. cit.*, p. 199; TAMAYO CARMONA, *ob. cit.*, p. 95; e LURDES PEREIRA, *A obrigação de recepção das mercadorias*, p. 372, 376, 389 e 395, que, deduzindo um princípio geral do n.º 1 do art. 69.º da CVVIM, conclui que o momento de passagem do risco não coincide com a data de violação da obrigação de recepção, mas antes com o momento em que o risco se transferiria segundo o normal desenvolvimento do contrato.

[765] Cfr. TAMAYO CARMONA, *ob. cit.*, p. 94-95, n. 254, exemplificando com o encerramento de fronteiras; e LURDES PEREIRA, *A obrigação de recepção das mercadorias*, p. 378, em relação aos casos em que o comprador beneficie de uma causa de exoneração, factor indiferente em relação à transmissão do risco contratual.

[766] Cfr. LURDES PEREIRA, *A obrigação de recepção das mercadorias*, p. 367 e 380, quanto à hipótese de o comprador dever fornecer as instruções necessárias ao fabrico da mercadoria encomendada.

[767] Cfr. OLIVA BLÁZQUEZ, *ob. cit.*, p. 204 e 209; e LIMA PINHEIRO, *Comercial Internacional*, p. 321. O preceito pode articular-se com a al. b) do art. 31.º da CVVIM, relativamente às coisas determinadas ou de género limitado, a fabricar ou a produzir, que se encontrem ou sejam produzidas em certo lugar (cfr. TAMAYO CARMONA, *ob. cit.*, p. 23, 24, n. 36, mencionando porém um dever de notificação ao comprador por parte do vendedor; MOURA RAMOS/BENTO SOARES, *ob. cit.*, p. 79; LIMA PINHEIRO, *Comercial Internacional*, p. 290; e LURDES PEREIRA, *A obrigação de recepção das mercadorias*, p. 362, n. 60).

Algumas experiências de direito estrangeiro e de direito internacional 261

entrega ao comprador de um documento que lhe permita tomar posse das mercadorias, ou, em alternativa, obter do terceiro o reconhecimento de que possui em nome de outrem (o adquirente)[768].

Ao exigir apenas a cognição da disponibilidade das mercadorias, a norma sumariada distancia-se da sua efectiva apreensão física pelo comprador, postulada no n.º 1 do art. 69.º. Em simultâneo, não existe um necessário poder de controlo do vendedor sobre as mercadorias vendidas previamente à entrega, nomeadamente nas hipóteses de estas serem colocadas em estabelecimento de terceiro ou em caso de expedição efectuada por transportador independente[769]. A antecipação da atribuição do risco ao comprador é ainda possível nas hipóteses de entrega antecipada das mercadorias pelo vendedor, a que se refere o n.º 1 do art. 52.º da CVVIM[770]. A solução não se alterará, nos termos da al. b) do n.º 1 do art. 49.º, no caso da concessão de um prazo moratório para a entrega da coisa pelo comprador ao vendedor[771].

VIII. Havendo sido referida a exclusão recíproca entre a responsabilidade contratual e as normas de distribuição do risco, cumpre realizar finalmente uma alusão aos efeitos da resolução do contrato de compra e venda.

Se o n.º 1 do art. 82.º da CVVIM impede o comprador de declarar a resolução do contrato se lhe for "impossível restituir as mercadorias num estado sensivelmente idêntico àquele em que as recebeu", a al. a) do seu n.º 2 obsta à aplicação daquela solução "se a impossibilidade de restituir

---

[768] Cfr. NEUMAYER/MING, *ob. cit.*, p. 450; e OLIVA BLÁZQUEZ, *ob. cit.*, p. 212. Distintas são as situações de *traditio brevi manu* ou de constituto possessório (com detenção do alienante), em que o risco passa para a esfera jurídica do adquirente desde o momento da conclusão do contrato ou do consentimento por aquele da manutenção da detenção da coisa por parte do alienante (cfr. NEUMAYER/MING, *ob. cit.*, p. 449, em especial n. 29).

[769] Cfr. OLIVA BLÁZQUEZ, *ob. cit.*, p. 202 e 215; TAMAYO CARMONA, *ob. cit.*, p. 97; MOURA RAMOS/BENTO SOARES, *ob. cit.*, p. 182; e LURDES PEREIRA, *A obrigação de recepção das mercadorias*, p. 369. Os danos ocorridos nas operações de descarga serão também suportados pelo vendedor (cfr. TAMAYO CARMONA, *ob. cit.*, p. 97).

[770] Cfr. ROTH, *Risk*, p. 306; AUDIT, *La vente internationale*, p. 90, n. 3; CAFFARENA LAPORTA, *Comentario*, p. 533; OLIVA BLÁZQUEZ, *ob. cit.*, p. 211; e TAMAYO CARMONA, *ob. cit.*, p. 97, n. 261. Segundo MOURA RAMOS/BENTO SOARES, *ob. cit.*, p. 136, n. 231, a recusa do comprador deve-se fundar num motivo razoável de ordem comercial.

[771] Cfr. TAMAYO CARMONA, *ob. cit.*, p. 57, 78 e 103, distinguindo, todavia, as hipóteses de concessão presuntiva de moratória pelo comprador e de ausência desta.

262   *O Risco nos Contratos de Alienação*

as mercadorias, ou de as restituir num estado sensivelmente idêntico àquele em que o comprador as recebeu, não se ficar a dever a um acto ou omissão seus".

A excepção pode, assim, ser tomada como regra na hipótese de impossibilidade não imputável de restituição[772], afastando-se da solução consagrada no n.º 2 do art. 432.º do CCiv[773], e possibilitando a distinção entre uma transmissão definitiva e provisória do risco contratual, consoante o comprador se encontre impedido ou não de resolver o contrato[774]. A possibilidade de redução do preço é ainda salvaguardada pelo art. 83.º da CVVIM[775].

IX. Inexplicavelmente, a CVVIM não foi ainda ratificada pelo Estado português. Todavia, constituindo o paradigma normativo do comércio internacional, a aproximação das soluções dos seus arts. 67.º e 68.º ao disposto nos arts. 797.º e 938.º do CCiv revela-se proveitosa. O mesmo se pode dizer quanto à articulação do risco com o incumprimento contratual, e à sua equação no momento da resolução do contrato.

Não obstante, o contributo da fonte internacional não se pode considerar decisivo em termos sistemáticos e axiológicos. Regulando apenas o

---

[772] Cfr. OMODEI-SALÈ, *ob. cit.*, p. 122, questionando a efectividade aplicativa do n.º 1 do art. 82.º da CVVIM. Sobre a solução adoptada pela CVVIM cfr. NEUMAYER/ MING, *ob. cit.*, p. 453, sublinhando também a prevalência do art. 70.º sobre o n.º 1 do art. 82.º; ANGELICI, *ob. cit.*, p. 285, referindo uma maior tutela do comprador que detém a faculdade de escolha; AUDIT, *La vente internationale*, p. 93; HEUZÉ, *ob. cit.*, p. 339; GHESTIN, *ob. cit.*, p. 110; HUET, *ob. cit.*, p. 645, sufragando a concorrência do jogo normal das prestações com a distribuição do risco ("*affirmer le jeu normal du contrat concurremment avec la théorie des risques*"); LETE DEL RIO/LETE ACHIRICA, *ob. cit., II*, p. 89; CAFFARENA LAPORTA, *Comentario*, p. 555, sublinhando a coincidência entre os arts. 82.º, n.º 2, al. a), e 70.º; e OLIVA BLÁZQUEZ, *ob. cit.*, p. 226, aludindo contudo a uma desvinculação da questão do risco do incumprimento contratual pela inadequação da atribuição punitiva do risco, pela sistemática adoptada pela CVVIM e pelos vectores de controlo e de seguro do risco.

[773] Cfr. MOURA RAMOS/BENTO SOARES, *ob. cit.*, p. 185 e 233-235, mencionando não ser a resolução do contrato prejudicada pelas regras de risco (apenas tolhendo comportamentos do comprador não reconduzíveis a actuações típicas da sua actividade), assegurando-se, assim, um melhor equilíbrio contratual; e LIMA PINHEIRO, *Comercial Internacional*, p. 292, revelando igualmente preferência pela solução convencional.

[774] TAMAYO CARMONA, *ob. cit.*, p. 98, n. 265.

[775] Cfr. AUDIT, *La vente internationale*, p. 183; e CAFFARENA LAPORTA, *Comentario*, p. 557.

tipo contratual paradigmático do tráfego internacional, a CVVIM não fornece um paradigma unitário de risco que seja dogmaticamente aceite, sendo ainda notório o unilateralismo da sua valoração, por estritamente comercial. A CVVIM assume assim, apenas, uma função crítico-cognitiva das soluções a equacionar internamente, sendo ficcional qualquer outra.

3.3.2. *O Acto Uniforme da OHADA relativo ao Direito Comercial Geral*

I. Assumindo um figurino próximo da CVVIM, as disposição do Acto Uniforme OHADA relativo ao Direito Comercial Geral (AUDCG), de 17 de Abril de 1997, entrado em vigor a 1 de Janeiro de 1998, merecem ser objecto de um breve apontamento, atenta a síntese efectuada entre a não atribuição de efeitos reais ao contrato de compra e venda e a distribuição do risco fundada no paradigma da entrega da coisa ao comprador[776-777].

---

[776] A OHADA (*Organization pour l'Harmonization du Droit des Affaires en Afrique*) constitui uma organização internacional criada em Port-Louis a 17 de Outubro de 1993 entre Estados africanos de influência jurídica maioritariamente francesa, na qual se encontra inserida a Guiné-Bissau, país de língua oficial portuguesa. A mesma organização corporiza um projecto de uniformização normativa regional de contornos muito abrangentes, dela fazendo parte dezasseis Estados: Benin, Burkina Faso, Camarões, Chade, Comores, Congo, Costa do Marfim, Gabão, Guiné-Bissau, Guiné-Conakry, Guiné-Equatorial, Mali, Níger, República Centro Africana, Senegal e Togo (cfr., em geral, SANTOS/TOÉ, *OHADA – Droit commercial général*, p. 1-6; MARTOR/PILKINGTON/SELLERS/THOUVENOT, *Business Law in Africa – OHADA and the Harmonization Process*, p. 4-7; e a informação disponível em www.ohada.org).

[777] Sobre a possível abertura ou colisão entre o regime estabelecido pelo AUDCG e a CVVIM cfr. SCHLECHTRIEM, *The sale of goods: do regions matter?*, p. 174, quanto à polémica em torno da imperatividade das regras do AUDCG; e FERRARI, *Universal and Regional Sales Law: Can They Coexist?*, p. 178 e 185, com a possível remissão do primeiro ordenamento para o conceito de uso relevante pressuposto pelo n.° 2 do art. 9.° da CVVIM.

A orientação adoptada pelo AUDCG é ainda discutida de *iure condendo*, quer na sua relação com a CCVIM, quer na sua articulação com as especificidades jurídicas internas de cada Estado membro. De facto, se HEUZÉ, *ob. cit.*, p. 74, n. 6, sufraga que, atenta a falta de coerência do seu texto, teria sido preferível a cópia integral das disposições da CVVIM; OLIVEIRA ASCENSÃO, *O acto uniforme da OHADA sobre Direito Comercial Geral e a ordem jurídica da Guiné-Bissau*, p. 93, considera, em relação ao ordenamento jurídico guineense, que "em vez de uma cópia servil de precedentes exteriores, ha(veria) que verificar o que permite tornar compatíveis as realidades guineenses com as preocupações dos acordos", colidindo a pretensão de uniformidade com o reconhecimento e a subsistência dos ordenamentos jurídicos autóctones.

264 *O Risco nos Contratos de Alienação*

Apesar do art. 3.º do AUDCG efectuar uma enumeração de actos objectivamente comerciais, o seu art. 202.º restringe aos comerciantes a aplicação do regime da compra e venda de mercadorias, sendo excluídas, nomeadamente, as vendas a consumidores. O critério estritamente subjectivo de delimitação normativa, no qual a finalidade da operação económica assume expressa relevância[778], é por sua vez completado, a exemplo da CVVIM, pela exclusão de alguns objectos e formas contratuais[779]. O âmbito de aplicação destas regras no contrato de empreitada é demarcado segundo um critério de preponderância económica de mão-de-obra ou serviços, de acordo com o art. 204.º do AUDCG[780].

II. Consagrando o art. 208.º, I, do AUDCG a liberdade de forma do contrato de compra e venda, o seu art. 283.º vem supletivamente dispor que *"le transfert de propriété s'opere dès la prise de livraison par l'acheteur de la marchandise vendue"*[781]. Abandona-se, assim, o paradigma da transmissão *solo consenso* da propriedade vigente na maioria dos ordenamentos jurídicos em presença, solução atribuída à (dúbia) satisfação das necessidades de rapidez e segurança nas transacções comerciais[782].

Ultrapassando-se a neutralidade dominial mantida pela CVVIM, faz-se por seu turno depender a transferência do risco da transmissão da propriedade da coisa. Nestes termos, o art. 285.º, I, do AUDCG estabelece como regra geral que *"le transfert de propriété entraîne le transfert des risques"*, possuindo o significado de relacionar a transferência do risco com a entrega ou posse material das mercadorias[783]. Em sintonia com a

---

[778] Cfr. SANTOS/TOÉ, *ob. cit.*, p. 10 e 341, sublinhando o insólito sistemático da regulação da compra e venda comercial no AUDCG.

[779] São porém abrangidos os bens móveis sujeitos a registo, o gás e a electricidade (cfr. SANTOS/TOÉ, *ob. cit.*, p. 344 e 349).

[780] Cfr. MENEZES LEITÃO, *O regime da compra e venda comercial no Acto Uniforme da OHADA relativo ao Direito Comercial Geral*, p. 256, por referência à teoria da absorção.

[781] O art. 284.º do AUDCG admite, por sua vez, a transferência da propriedade *"au jour du paiement complet du prix"*, sendo a reserva de propriedade acantonada à obrigação principal do comprador.

[782] Cfr. SANTOS/TOÉ, *ob. cit.*, p. 433 e 441, entendendo o abandono como justificado e pragmático; e MENEZES LEITÃO, *O regime da compra e venda comercial*, p. 264.

[783] Cfr. MENEZES LEITÃO, *O regime da compra e venda comercial*, p. 265; e SANTOS/TOÉ, *ob. cit.*, p. 437 e 440, sufragando que a partir da mora (*"l'acheteur tarde à prendre livraison"*) o vendedor tornar-se-á possuidor por conta do comprador, transmitindo-se o risco no momento de disponibilidade das mercadorias. Atenta a referência a *"remise"*

Algumas experiências de direito estrangeiro e de direito internacional 265

CVVIM, o art. 286.º, I, prescreve como momento para a transmissão do risco das mercadorias objecto de transporte a *"remise des marchandises au premier transporteur"*[784], com esta coincidindo o lugar de cumprimento da obrigação de entrega da coisa, segundo a al. a) do art. 220.º do AUDCG.

Noutro quadrante, no que respeita às mercadorias em transporte, o art. 287.º, I, do AUDCG abandona a solução dualista do art. 68.º da CVVIM, estabelecendo, sem excepção nem surpresa, a transferência do risco a partir do momento em que o contrato é concluído. A solução adoptada é compreensível se se atentar ao leque de países que integram a OHADA, assumindo ainda relevância a consagração, na mesma disposição legal, de que a situação de conhecimento ou desconhecimento culposo por parte do vendedor do perecimento ou deterioração das mercadorias, não havendo este informado o comprador, ocasiona o suporte do risco pelo vendedor. Longe da polémica existente no domínio da CVVIM, a doutrina referida encontra aplicação independentemente da atribuição retroactiva do risco ao comprador.

Eliminando outras das hesitações suscitadas pela CVVIM, o art. 288.º, II, do AUDCG determina a não transmissão do risco anteriormente à especificação das mercadorias negociadas. Por sua vez, afigura-se que a funcionalização da regra no caso de colocação das mercadorias à disposição do adquirente deverá ser excluída, uma vez que este critério nunca assume relevância, em si mesmo, na transmissão do risco contratual. A norma possuirá assim, como único desígnio, a consagração do requisito da especificação do objecto da alienação[785].

III. Constituindo elemento decisivo para a aferição da responsabilidade do vendedor pela falta de conformidade das mercadorias com o contrato[786], o momento de transmissão do risco no AUDCG assume um sig-

---

pelo art. 286.º, I, do AUDCG, é admissível a atribuição de um significado desmaterializado a *"livraison"*, ainda que tal contrarie inequivocamente o entendimento comum da expressão.

[784] SANTOS/TOÉ, *ob. cit.*, p. 435, sublinham o carácter fundamental da detenção das mercadorias por parte do transportador, não bastando a remessa feita pelo vendedor a este.

[785] Cfr., sobre as regras referidas, MENEZES LEITÃO, *O regime da compra e venda comercial*, p. 265; SANTOS/TOÉ, *ob. cit.*, p. 440; e MARTOR/PILKINGTON/SELLERS/THOUVENOT, *ob. cit.*, p. 58.

[786] Nos termos do art. 225.º do AUDCG, releva o vício *"qui existe au moment du transfert des risques a l'acheteur"* (cfr. MENEZES LEITÃO, *O regime da compra e venda comercial*, p. 260, sufragando a consagração de um regime de responsabilidade objectiva

266 *O Risco nos Contratos de Alienação*

nificado dogmático inesperado, ao realizar uma inversão dos paradigmas ontológicos tradicionais.

Nestes termos, se a solução consagrada não é inovadora – sendo *lato senso* aproximável do regime jurídico da CVVIM – opera-se na sua fundamentação uma alteração profunda da compreensão jurídico-dominial. Com efeito, se na origem da solução consensualista aparentemente se encontra a adequação dos efeitos do contrato de compra e venda à atribuição do risco de perecimento ou deterioração da coisa desde o momento da celebração do contrato ao comprador, a atribuição da perda patrimonial a partir da entrega da coisa é justificada no AUDCG através da atribuição da propriedade ao comprador (apenas) com a verificação daquele evento.

No limite, verificar-se-á mesmo uma separação entre a solução apresentada e o fundamento que lhe é atribuído, no sentido de que a primeira remonta ao paradigma internacionalmente vigente no contrato de compra e venda, quando o seu fundamento técnico se traduz na necessidade de coincidência entre a assunção do risco e a titularidade do domínio, a exemplo da solução (inversa) do *Code Napoleon*. Tal conclusão não é infirmada pela aproximação do AUDCG ao sistema jurídico alemão, uma vez que, apesar do relevo atribuído à tradição da coisa vendida, o "*Abstraktionprinzip*" não vigora neste domínio. O AUDCG realiza, assim, relevando algumas das suas insuficiências técnicas, uma inversão circunscrita do paradigma vigente, a qual se situa ainda no âmbito da atribuição do risco contratual ao sujeito que é titular da situação real subjacente.

3.3.3. *Os INCOTERMS*

I. Apesar da sua análise pertencer, em termos sistemáticos, ao âmbito de regulamentação convencional do risco, a estrita conexão que se verifica entre os INCOTERMS e a CVVIM, no âmbito da qual podem, como anteriormente referido, configurar-se como usos juridicamente relevantes ou "*soft law*", justifica a sua abordagem imediata[787].

---

do vendedor). O art. 271.º do AUDCG contém, por seu turno, regras idênticas às do n.º 1 e da al. a) do n.º 2 do art. 82.º da CVVIM.

[787] Sobre os INCOTERMS cfr., nomeadamente, RAMBERG, *ICC Guide to Incoterms 2000*; WESTERMANN, *Kommentar*[3], p. 123, e em *Kommentar*[4], p. 300; ROMEIN, *ob. cit.*, s/p; ASTOLFI, *ob. cit.*, p. 315-320; BORGIA, *Gli incoterms della Camera di Commercio Internazionale nella nuova edizione 1990*, p. 71-80; ORLANDO, *ob. cit.*, p. 174-178; CHATILLON, *ob. cit.*, p. 52; HUET, *ob. cit.*, p. 576-582; HEUZÉ, *ob. cit.*, p. 225-246, 301-310 e 334-337; LE

Algumas experiências de direito estrangeiro e de direito internacional   267

Resultando o seu *nomen iuris* da abreviatura de *"international commercial terms"*, os INCOTERMS consistem numa colectânea de cláusulas empregues nos contratos internacionais, traduzindo-se em modelos ou termos normalizados ou prefixados de regulamentação, que todavia não se identificam necessariamente com CCG[788]. Possuindo como substrato os usos e práticas comerciais preexistentes – factor que influencia a sua difusão generalizada – os INCOTERMS representam uma superação de barreiras linguísticas e jurídico-cognitivas no comércio internacional efectuada sob a égide da Câmara de Comércio Internacional, surgindo em 1928, no Congresso Constitutivo de Paris, a primeira publicação de termos comerciais uniformizados[789]. Esta publicação foi substituída em 1936 por um código de onze termos comerciais, que foram por sua vez revistos, ampliados e alterados em 1953, 1967, 1976, 1980, 1990 e 2000, segundo uma assimilação progressiva das mutações do comércio internacional, de que são exemplo, a utilização de novos documentos comerciais electrónicos e a proliferação do transporte multimodal de mercadorias.

MASSON/STENAY, *ob. cit.*, p. 35-54; FONTAINE, *Conclusions*, p. 337-342; VALIOTI, *ob. cit.*, s/p; ALONSO PÉREZ, *El riesgo*, p. 469-471; BADENES GASSET, *ob. cit. (I)*, p. 28-39; GUARDIOLA SACARRERA, *ob. cit.*, p. 109; MENEZES CORDEIRO, *Comercial*, p. 704; LIMA PINHEIRO, *Comercial Internacional*, p. 325-339, e em *Incoterms – introdução e traços fundamentais*, p. 387-406; e a informação disponível em www.iccwbo.org/incoterms.

[788] Cfr. MOURA VICENTE, *Da arbitragem comercial internacional*, p. 141 e 170, integrando-os na denominada *lex mercatoria*, embora recusando a sua vigência enquanto costume dada a falta de sentido de obrigatoriedade que os caracteriza; LIMA PINHEIRO, *Venda marítima*, p. 189, em *Comercial Internacional*, p. 326, n. 762, e em *Incoterms*, p. 390, referindo a impossibilidade de uma resposta genérica quanto a saber se estes constituem costume ou uso do comércio internacional; e SUSANA MALTEZ, *ob. cit.*, p. 18, n. 18, sublinhando que a aplicação do regime jurídico das cláusulas contratuais gerais pode todavia ser possibilitado pela "apropriação" dos INCOTERMS por uma empresa. Por outra via, é possível que os INCOTERMS adquiram vigência através da recepção, fundada na natureza das coisas, dos "usos e costumes contratuais típicos do modelo regulativo do tipo social", sendo estes tomados como *entia moralia* (cfr. PAIS DE VASCONCELOS, *A natureza das coisas*, p. 741 e 758).

[789] A primeira tentativa empreendida data, contudo, de 1923, na sequência da fundação da Câmara de Comércio Internacional no Congresso de Viena de 1920 (cfr. BORGIA, *ob. cit.*, p. 72; e ASTOLFI, *ob. cit.*, p. 315). Os INCOTERMS não se confundem com as *"Revised American Foreign Trade Definitions"* de 1941, revistas em 1974, objecto de uma primeira codificação em 1919, e largamente difundidos nos Estados Unidos da América e no extremo Oriente (cfr. BORGIA, *ob. cit.*, p. 72; e GUARDIOLA SACARRERA, *ob. cit.*, p. 110 e 127).

Visando dar inicialmente resposta a duas questões fundamentais do comércio internacional: *(i)* a determinação da parte encarregue do transporte das mercadorias vendidas e *(ii)* a determinação da parte que suportaria o risco do seu perecimento ou deterioração, o âmbito normativo dos INCOTERMS também abarca presentemente regras de repartição das despesas com as mercadorias e regras relativas ao suporte das formalidades documentais da sua importação e exportação. Os termos internacionais continuam porém omissos em relação à transferência da propriedade das mercadorias e à responsabilidade civil emergente da violação do contrato de compra e venda[790]. Não prevalecendo sobre estipulações contratuais de sentido contrário, nem todos os INCOTERMS são susceptíveis de aplicação aos diversos meios de transporte escolhidos pelas partes, encontrando-se algumas das fórmulas exclusivamente reservadas ao transporte marítimo ou fluvial de mercadorias[791]. Finalmente, encontrando-se os INCOTERMS estruturados de acordo com um crescendo de obrigações contratuais que impendem sobre o vendedor, a sua contraposição em termos de risco é efectuada de acordo com a divisão entre os grupos E, F, C e D, relevando sobretudo a distinção entre os contratos de compra e venda com expedição simples (*"ventes au départ"* ou *"shipment contracts"*) e os contratos de compra e venda com expedição qualificada (*"ventes à l'arrivée"* ou *"arrival contracts"*).

II. Previamente à consideração individualizada de cada um dos treze INCOTERMS, cumpre sublinhar que, segundo a orientação corrente, o cerne destas estruturas no que respeita à distribuição do risco contratual identifica-se com a definição do "ponto crítico" no qual o risco (*"price risk"*) é endossado pelo vendedor ao comprador, coincidindo com a entrega das mercadorias, e sendo independente das regras aplicáveis à transmissão da sua propriedade[792].

---

[790] Surpreendentemente, o ac. do STJ de 23 de Abril de 1992 in BMJ n.° 416, p. 660, considerou porém que a cláusula FOB "nada tem a ver" com o suporte do risco.

[791] Cfr. os INCOTERMS FAS, FOB, CFR, CIF, DES e DEQ. Atentas as diversas versões temporais dos formulários, será inclusivamente aconselhável que as partes esclareçam a que versão dos INCOTERMS se referem na contratação. Por outra via, não se verificam obstáculos a que, com base na autonomia privada, os termos se apliquem a contratos internos de compra e venda (cfr. TAMAYO CARMONA, *ob. cit.*, p. 28, n. 52).

[792] Cfr. RAMBERG, *ob. cit.*, p. 71; ZUNARELLI/TELLARINI, *ob. cit.*, p. 180; BORGIA, *ob. cit.*, p. 73; HEUZÉ, *ob. cit.*, p. 334, por referência à *"livraison"*; LE MASSON/STENAY, *ob. cit.*,

Algumas experiências de direito estrangeiro e de direito internacional   269

Esta aproximação não pode todavia ignorar o desdobramento da própria noção de entrega, que, sendo directa ou indirecta (efectuada ao transportador), suscita a distinção entre os diversos momentos de passagem do risco[793]. A análise a efectuar centrar-se-á deste modo nas cláusulas A5 e B5 de cada um dos INCOTERMS, ressalvando-se as hipóteses de não recepção injustificada das mercadorias pelo comprador ou de omissão por este das instruções necessárias ao cumprimento da obrigação pelo vendedor encontrando-se a mercadoria individualizada, situações que, sendo reconduzíveis ao figurino da *mora credendi*, são objecto das cláusulas B7.

Encontrando-se redigidos em articulação com a CVVIM, deve contudo sublinhar-se que se parecem divisar dois afastamentos iniciais em relação ao normativo internacional. Deste modo, a transferência do risco tenderá a efectuar-se independentemente da determinação das mercadorias vendidas, aplicando-se indiscriminadamente a coisas determinadas ou genéricas[794]. Em simultâneo, como parece resultar das cláusulas A1 e A9, relativas à realização de operações de verificação, prova e conformidade das mercadorias, a não conformidade destas com o contrato obstará à transferência do risco[795].

III. A primeira categoria dos INCOTERMS possui uma espécie única, designada abreviadamente por EXW (*"Ex works"*).

De acordo com esta fórmula, o vendedor cumpre a sua obrigação de entrega quando, na data usual ou acordada entre as partes, houver colo-

---

p. 39; e LIMA PINHEIRO, *Venda marítima*, p. 221, n. 55, em *Comercial Internacional*, p. 329, e em *Incoterms*, p. 393, n. 15.

[793] Como refere VALIOTI, *ob. cit.*, s/p, *"the time of delivery is different in the various types of INCOTERMS and that means that the time of passing the risk varies as well"*.

[794] Cfr. RAMBERG, *ob. cit.*, p. 61; BORGIA, *ob. cit.*, p. 74, sublinhando porém que, quando a obrigação de entrega não possa ser cumprida por culpa do comprador, a transferência do risco implica a especificação das mercadorias pelo vendedor; e SUSANA MALTEZ, *ob. cit.*, p. 32, 44, 54 e 56, em relação a uma compra e venda FOB ou FCA em que o transporte foi contratado pelo vendedor, num transporte simultâneo de mercadorias a favor de diversos compradores, bem como numa venda da categoria C. Não obstante, ZUNARELLI/TELLARINI, *ob. cit.*, p. 185, referem que na compra e venda FOB a especificação se fará, em regra, com o carregamento da mercadoria a bordo do navio. LIMA PINHEIRO, *Venda marítima*, p. 220, menciona, por seu turno, que na venda de coisa indeterminada da categoria C, a propriedade apenas se transfere com o conhecimento do comprador, *maxime* com o aviso do vendedor que a mercadoria foi entregue a bordo

[795] Cfr. TAMAYO CARMONA *ob. cit.*, p. 108. Tal pode ser interpretado, porém, como uma distinção entre atribuição temporária e definitiva do risco.

cado a mercadoria à disposição do comprador nas suas instalações ("*at the seller's own premises*") e sem carregamento em qualquer meio de transporte. Este constitui o momento de transmissão do risco de perecimento das mercadorias, suportando o comprador todos os danos verificados supervenientemente, *maxime* durante o carregamento e transporte das mercadorias a partir do estabelecimento do vendedor. A transferência do risco pode todavia ser antecipada desde que as mercadorias sejam identificadas para o efeito pelo vendedor, nas hipóteses de mora do comprador no levantamento das mercadorias ou de não determinação do tempo e lugar da sua entrega, incumbindo-lhe a si esta faculdade (*mora credendi*)[796].

Coincidindo no essencial com o disposto no n.º 1 do art. 69.º da CVVIM, o EXW traduz-se na observância pelo vendedor de um padrão obrigacional mínimo, sendo independente do meio empregue pelo comprador para o transporte das mercadorias. O modelo pode todavia ser modificado, implicando a adopção pelas partes de um termo EXW carregado em veículo a sair ("*loaded upon departing vehicle*") a transmissão do risco apenas após a conclusão das operações de carregamento das mercadorias[797].

IV. A categoria F dos INCOTERMS desdobra-se em três espécies (FCA, FAS e FOB), sendo essencialmente conexa com a compra e venda de entrega indirecta ou com expedição simples, tal como disciplinada pela 1.ª prt. do n.º 1 do art. 67.º da CVVIM. Nesta o vendedor é responsável pelo transporte das mercadorias até ao local onde estas devem ser entregue a um transportador, em princípio escolhido pelo comprador, que assume a realização do transporte principal[798]. Se o FAS ("*Free alongside ship*") e o FOB ("*Free on board*") são apenas destinados ao transporte marítimo de mercadorias, o FCA ("*Free carrier*") encontra aplicação em todos os tipos de transporte.

Sendo encarregue da obtenção da licença de exportação das mercadorias, no contrato FAS o vendedor deve entregar a mercadoria ao longo

---

[796] Cfr. RAMBERG, *ob. cit.*, p. 74. Sendo o vendedor a não determinar a data ou o local de cumprimento, parece evidente a não transmissão do risco contratual, bem como a eventual aplicação das regras de *mora debitori*.

[797] Cfr. RAMBERG, *ob. cit.*, p. 70; LIMA PINHEIRO, *Comercial Internacional*, p. 329, e em *Incoterms*, p. 393; e SUSANA MALTEZ, *ob. cit.*, p. 69.

[798] Cfr. LIMA PINHEIRO, *Comercial Internacional*, p. 332, referindo que o "pré-transporte" da mercadoria corre por conta do vendedor.

do navio, na zona de carga do cais ou do porto de embarque, sendo este o momento em que se verifica a transferência do risco[799]. Este momento pode todavia ser antecipado, não apenas nas hipóteses já referidas a respeito do EXW, mas igualmente nos casos de atraso na chegada do navio indicado.º pelo comprador, da sua incapacidade para realizar a operação de transporte – por exemplo em virtude da falta de espaço disponível no navio – ou na hipótese de as operações de carregamento serem finalizadas anteriormente ao momento indicado pelo comprador ao vendedor. O requisito da identificação das mercadorias é repetido, nestas hipóteses, pela cláusula B5[800].

De acordo com a cláusula FOB, o risco transmite-se quando a mercadoria transpõe a amurada do navio, pelo que o ponto crítico coincide com o *"ship's rail"*, sendo a entrega das mercadorias efectuada de acordo com os costumes do porto[801]. Possuindo exactamente as mesmas causas de antecipação da transferência do risco que o termo FAS[802], a sua transferência verifica-se porém num momento subsequente ao designado por

---

[799] O ac. da RL de 25 de Outubro de 1990 in CJ 1990-IV, p. 160, efectuou um aplicação desta cláusula.

[800] Quando o navio atraque num fundeadouro, tem sido entendido que o momento de passagem do risco coincide com a entrega da mercadoria em barcaças (cfr. Susana Maltez, *ob. cit.*, p. 49, n. 75, considerando todavia ser o comprador liberado do pagamento do preço da mercadoria perdida na hipótese da embarcação naufragar). Afigura-se todavia que a solução se encontrará dependente da modelação introduzida pelas partes ao termo FAS, sendo que, na sua pureza, a mesma equação não resulta daquele.

[801] Cfr. Zunarelli/Tellarini, *ob. cit.*, p. 165, 168 e 184, referindo que o momento de passagem do risco coincide com o momento de cumprimento da obrigação por parte do vendedor; Lima Pinheiro, *Venda marítima*, p. 208 e 210-211, em *Comercial Internacional*, p. 332-333, e em *Incoterms*, p. 397, aproximando o regime estabelecido do art. 796.º do CCiv e da segunda prt. do n.º 1 do art. 67.º da CVVIM, embora considerando mais adequado que o risco fosse transmitido apenas com o depósito em segurança a bordo do navio; e Susana Maltez, *ob. cit.*, p. 46, n. 71. A orientação referida significa então que, para que o risco seja atribuído ao comprador, bastará que a grua existente no porto de embarque ice a mercadoria e a faça transpor a amurada do navio, independentemente da mercadoria se encontrar segura a bordo ou mesmo da grua girar de volta para terra, fazendo a mercadoria despenhar-se no solo. Por outra via, apesar da entrega das mercadorias ao transportador não ser efectuada no cumprimento de uma obrigação contratual de transporte assumida pelo vendedor, afigura-se mais ajustada a aproximação da regra ao disposto no art. 797.º do CCiv, não sendo seguro que a transferência da propriedade coincida com o momento de cumprimento da obrigação de entrega. Ainda que não necessária, a sua conexão com a 1.ª prt. do n.º 1 do art. 67.º da CVVIM parece também idónea.

[802] Cfr. Zunarelli/Tellarini, *ob. cit.*, p. 172; e Tamayo Carmona, *ob. cit.*, p. 110.

aquele[803], existindo ainda distintas formulações adoptadas pelo contrato FOB[804]. Com expressa relevância para a questão da transmissão do risco surge o contrato FOB "*stowed and trimmed, free in*", no qual é acordado que a estima e o carregamento ou nivelamento por grua das mercadorias se encontram a cargo do vendedor, ocorrendo a transferência do risco apenas após a conclusão destas operações[805].

Finalmente, o contrato FCA determina a entrega das mercadorias num terminal de carga ou de contentores, em momento possivelmente anterior à chegada do navio ou do veículo enviado para o transporte pelo comprador – o qual pode também deslocar-se ao estabelecimento do vendedor – transferindo-se o risco nesse preciso momento[806]. Ainda que objecto de maior concretização[807], a entrega da mercadoria vendida –

---

[803] Cfr. Tamayo Carmona, *ob. cit.*, p. 110, sublinhando que o risco de perecimento ou de deterioração das mercadorias durante o tempo de uma eventual inspecção das mercadorias corre por conta do vendedor.

[804] Cfr. Zunarelli/Tellarini, *ob. cit.*, p. 3 e 6-9, que, caracterizando o FOB como um contrato de "*vendita all'imbarco*" particularmente adequado ao transporte de mercadorias sem auxílio de um contentor, enunciam diversos tipos de contratos FOB: *(i)* o clássico, em que o comprador é parte do contrato de transporte ao receber o conhecimento de carga; *(ii)* a variante em que o vendedor actua enquanto como mandatário do comprador, assumindo a obrigação de contratar o transporte e de eventualmente assegurar a mercadoria, ficando em seu nome o conhecimento de carga; e ainda *(iii)* a variante do vendedor receber do comprador um "*mate's receipt*" com base na qual o comprador obterá um carregamento de carga em seu próprio nome. O denominado FOB "*porto de arrivo*" consiste apenas na adopção de uma nomenclatura espúria em relação ao regime jurídico cuja aplicação é pretendida pelas partes.

[805] Cfr. Zunarelli/Tellarini, *ob. cit.*, p. 169 e 192; e Lima Pinheiro, *Comercial Internacional*, p. 331, e em *Incoterms*, p. 395, n. 18. O ac. do STJ de 18 de Fevereiro de 1982 in BMJ n.º 314, p. 292, entendeu porém, ao encarregar-se da "determinação do direito consuetudinário internacional", e baseando-se num parecer de Mota Pinto, ser do "consenso internacional" que "o vendedor/expedidor apenas se obriga a pagar as despesas inerentes à estiva, sem nada ter a ver com a execução material das operações que a esta respeitam", pelo que não atribuiu ao vendedor o risco no decurso das operações (em sentido dúbio cfr. ainda Ramberg, *ob. cit.*, p. 32 e 99, admitindo uma formulação "*stowed but at buyer's risk after the goods have passed the ship's rail*"; e Susana Maltez, *ob. cit.*, 69-70, n. 110).

[806] Cfr. Ramberg, *ob. cit.*, p. 59; Astolfi, *ob. cit.*, p. 317; Tamayo Carmona, *ob. cit.*, p. 109; e Susana Maltez, *ob. cit.*, p. 51, referindo o seu surgimento como resposta às novas técnicas de manuseamento da carga.

[807] Verificar-se-á uma antecipação da transferência do risco em caso de não indicação do transportador pelo comprador, de não levantamento das mercadorias por parte daquele, e de não comunicação da identidade do transportador, do modo de transporte ou do lugar da entrega.

Algumas experiências de direito estrangeiro e de direito internacional   273

detonadora da transferência do risco – ocorre, se o lugar do cumprimento for o estabelecimento do vendedor, quando as mercadorias forem carregadas no meio de transporte respectivo, numa solução oposta à vigente nos termos FAS e FOB[808]. Sendo outro o lugar de cumprimento da obrigação de entrega a cargo do vendedor, o risco transmite-se, desde logo, com a colocação das mercadorias à disposição do transportador, não se exigindo o descarregamento do veículo que as houver transportado até esse local (*"not unloaded"*).

V. A categoria C dos INCOTERMS não introduz propriamente uma mutação no padrão de distribuição do risco da categoria F, mas antes alterações essencialmente relacionadas com a suportação do custo de transporte e de seguro das mercadorias.

Nestes termos, é o vendedor – e não o comprador – que se encontra obrigado a contratar o transporte das mercadorias, embora o contrato não se chegue a configurar como uma compra e venda de chegada[809]. Divisam-se quatro espécies de INCOTERMS nesta categoria: CFR (*"Cost and Freight"*), CIF (*"Cost, Insurance and Freight"*), CPT (*"Carriage paid to"*) e CIP (*"Carriage and Insurance paid to"*), sendo os dois primeiros apenas aplicáveis ao transporte marítimo e fluvial.

Num contrato CFR o vendedor suporta o custo de transporte das mercadorias, sendo o risco transmitido, a exemplo dos contratos FOB, quando as mercadorias passarem o *"ship's rail"*[810]. Esta solução não é porém integralmente harmónica com o momento de entrega das mercadorias, que a cláusula A4 faz coincidir com a entrega a bordo do navio no porto de envio, e não com a passagem do *"ship's rail"*. A atribuição de prevalência a tal previsão conduz, inelutavelmente, à conclusão de que o momento da entrega material será, contrariamente ao contrato FOB, o momento deci-

---

[808] Cfr. RAMBERG, *ob. cit.*, p. 23, 79 e 85.

[809] Nesta categoria a entrega assume uma natureza bifásica, dado que o vendedor entrega a mercadoria ao transportador, mas a sua posse é transmitida pela entrega do conhecimento de embarque (cfr. LIMA PINHEIRO, *Venda marítima*, p. 214, n. 71, e em *Incoterms*, p. 402, n. 40, referindo dois lugares de cumprimento, coincidindo o segundo normalmente com o local onde se situa o estabelecimento bancário no qual os documentos relativos à carga devem ser apresentados).

[810] A antecipação deste momento ocorrerá quando, sendo especificadas as mercadorias pelo vendedor, o comprador se coloque em mora quanto à determinação do tempo de cumprimento ou do porto de destino das mercadorias, incumbindo-lhe tais concretizações.

274   *O Risco nos Contratos de Alienação*

sivo para a atribuição do risco de perecimento ou deterioração das mercadorias, embora tal interpretação não se revele unívoca[811].

As mesmas soluções são aplicáveis ao contrato CIF, no qual o vendedor cumula a obrigação de contratação do transporte com a obtenção do seguro da mercadoria transportada[812]. Já nos termos CPT e CIP – equivalentes, respectivamente, dos termos CFR e CIF, no transporte aéreo, rodoviário e ferroviário – a transmissão do risco de perecimento ou de deterioração da coisa verifica-se com a entrega efectiva da coisa ao transportador, coincidindo, assim, com o cumprimento da obrigação do vendedor, e eliminando as dificuldades *supra* mencionadas.

Paralelamente à categoria de INCOTERMS anteriormente referenciada, pode configurar-se um paralelo da categoria C com o disposto na 2.ª prt. do n.º 1 do art. 67.º da CVVIM, bem como com o previsto no art. 797.º do CCiv[813].

VI. Conclusivamente, a categoria D dos INCOTERMS desdobra-se em cinco espécies distintas: DES (*"Delivered ex ship"*), DEQ (*"Delivered ex quay"*), DAF (*"Delivered at frontier"*), DDU (*"Delivered duty unpaid"*) e DDP (*"Delivered duty paid"*), sendo os dois primeiros termos somente aplicáveis ao transporte marítimo e fluvial. Sob a sua égide estabelecem-se contratos de chegada ou de expedição qualificada, em que risco de perecimento ou de deterioração das mercadorias apenas se transmite com a sua colocação à disposição do comprador, assumindo o vendedor os custos associados ao transporte e outros. As distinções entre

---

[811] Cfr. ASTOLFI, *ob. cit.*, p. 317, considerando que o risco se transfere com a entrega ao primeiro transportador e não com a transposição da amurada do navio; e VALIOTI, *ob. cit.*, s/p, criticando o *"ship's rail criterion"*. No sentido tradicional, entendendo que o vendedor não assume os riscos no carregamento, exonerando-se com a colocação à disposição das mercadorias, cfr. TAMAYO CARMONA, *ob. cit.*, p. 110; e LIMA PINHEIRO, *Comercial Internacional*, p. 336. Na entrega de mercadorias conduzidas através de *"pipe line"* assumirá relevância, por sua vez, a passagem pela válvula que separa o equipamento do porto do equipamento do navio.

[812] Sobre a compra e venda CIF cfr., nomeadamente, CALVÃO DA SILVA, *Anotação ao ac. do Tribunal da Relação de Lisboa de 12 de Outubro de 2000*, p. 205.

[813] Cfr. LIMA PINHEIRO, *Venda marítima*, p. 215, em *Comercial Internacional*, p. 336, e em *Incoterms*, p. 402. Não sendo a compra e venda de mercadorias em trânsito objecto dos INCOTERMS, os contratos CFR e CIF *"afloat"* deixam porém algumas hesitações (cfr. RAMBERG, *ob. cit.*, p. 23; e LIMA PINHEIRO, *Incoterms*, p. 403, aproximando-se da atribuição retroactiva do risco da 2.ª prt. do art. 68.º da CVVIM).

Algumas experiências de direito estrangeiro e de direito internacional   275

as diferentes espécies elencadas encontram-se fundamentalmente conexas com este último domínio.

No figurino de uma venda DES, a mercadoria é entregue no porto de destino a bordo do navio transportador contratado pelo vendedor, sem que a mesma seja descarregada ou desalfandegada, constituindo este o momento da transmissão do risco. Salvas são as hipóteses de, incumbindo ao comprador a sua determinação, existir mora deste na determinação do tempo ou do lugar da entrega da mercadoria, que se deve todavia encontrar devidamente identificada pelo vendedor como a mercadoria objecto do acordo negocial. As mesmas excepções são apostas à regra vigente no contrato subordinado ao termo DEQ, em que a mercadoria deve ser entregue no cais ou no embarcadouro do porto de destino, sem que todavia o vendedor seja responsável pelo transporte subsequente da mercadoria ou pelo seu desalfandegamento, transmitindo-se o risco no momento da colocação das mercadorias à disposição do comprador.

Por seu turno, num contrato celebrado sob a égide do termo DAF – que assume alguma tipicidade social no transporte ferroviário de mercadorias – verifica-se a entrega das mercadorias na fronteira, em princípio terrestre, nomeadamente antes do posto aduaneiro do país adjacente, sem que todavia se exija o carregamento destas no meio de transporte que as aguarde, sendo aquele o momento de transferência do risco[814]. São formuladas regras idênticas em relação aos INCOTERMS DDU e DDP, integrando o pagamento dos direitos alfandegários neste último a própria obrigação de entrega, numa formulação maximizada das obrigações do vendedor. Já no contrato DDU, a não obtenção pelo comprador de licenças de importação ou de outras autorizações oficiais necessárias ocasiona uma possível antecipação do momento de transmissão do risco, nomeadamente na hipótese das mercadorias ficarem retidas num posto aduaneiro.

É inequívoca a aproximação da categoria F dos INCOTERMS ao disposto no n.º 2 do art. 69.º da CVVIM[815].

---

[814] Pode não se verificar sequer uma descarga das mercadorias transportadas quando, por exemplo, o transporte ferroviário haja de prosseguir até determinado destino, transferindo-se o risco mesmo que a obrigação de entrega das mercadorias permaneça genérica (cfr. TAMAYO CARMONA, *ob. cit.*, p. 111; e SUSANA MALTEZ, *ob. cit.*, p. 63). Encontram também vigência as excepções *supra* referidas a respeito da mora do credor.

[815] Cfr. LIMA PINHEIRO, *Venda marítima*, p. 217, em *Comercial Internacional*, p. 339, e em *Incoterms cit.*, p. 405, aproximando também a solução do Direito português, pese embora a exclusão aplicativa dos arts. 796.º e 797.º do CCiv.

276   *O Risco nos Contratos de Alienação*

VII. Não traduzindo mais do que um conjunto de soluções diversificadas que as partes têm à sua disposição para a determinação de diversos elementos – entre eles o risco – da estrutura de um concreto contrato de compra e venda, os INCOTERMS permitem realçar o carácter dispositivo das regras de distribuição do risco contratual, bem como a sua padronização.

Nas diversas acepções que assumem, sobressaem porém como vértices fracturantes o alheamento da determinação das mercadorias alienadas – pese embora a sua relevância nas situações de *mora credendi* – bem como a aparente necessidade de conformidade daquelas com o contrato.

As referidas cláusulas podem ainda auxiliar à resolução de diversas questões duvidosas da prática contratual internacional, entre as quais sobressaem, no domínio da transmissão do risco, a oposição entre as hipóteses de carregamento, entrega efectiva e colocação de mercadorias à disposição do comprador.

3.3.4. *O anteprojecto de Código Europeu dos Contratos*

I. Mais de sessenta anos após a tentativa fracassada de promulgação de um Código das Obrigações franco-italiano, foi constituída, em 1992, a Academia de Jusprivatistas Europeus ("*Accademia dei Giusprivatisti Europei*") de Pavia, composta por renomados civilistas contemporâneos[816], a qual publicou na Primavera de 2001 um primeiro livro do anteprojecto de Código Europeu dos Contratos (PCEC). A este seguiu-se, no final de 2006, a publicação de um segundo livro[817].

---

[816] Presidida por GIUSEPPE GANDOLFI, contam-se entre os fundadores da Academia de Jusprivatistas Europeus juristas como FRANZ WIACKER, ALBERTO TRABUCCCHI, ANDRÉ TUNC, JOSÉ LUIS DE LOS MOZOS, ANTÓNIO BRANCACCIO e PETER STEIN, da mesma havendo sido membro o Professor JOÃO DE MATOS ANTUNES VARELA, da Faculdade de Direito da Universidade de Coimbra (cfr. GANDOLFI, *Il projecto « pavese» di un codice europeo dei contratti*, p. 455, n. 2).

[817] GANDOLFI, *Il projecto « pavese»*, p. 473, refere o projecto como uma proposta ao público, bem como a quem possua competência para o seu emprego, nomeadamente os órgãos legislativos estaduais. Para além dos elementos disponíveis em www.accademiagiusprivatistieuropei.it., o primeiro texto pode ser compulsado em *Il progetto Gandolfi di un Codice europeo dei contrati*, p. 275-343, encontrando-se o segundo publicado em *Codice europeo dei contratti, libro secondo, artt. 174-220*, p. 1235-1281 (uma panorâmica geral deste último pode ser obtida em GANDOLFI, *La vendita nel "codice europeo dei contratti"*, p. 1229-1234).

Sendo o primeiro anteprojecto baseado no Livro IV do *Codice Civile* e no projecto de *Contract Code* redigido, a solicitação da *English Law Commission* do Parlamento britânico, por Harvey McGregor, da Universidade de Oxford, o PCEC surge na sequência de duas Comunicações da Comissão Europeia, de uma Resolução do Parlamento Europeu e de uma Resolução do Conselho da União Europeia favoráveis à uniformização do Direito contratual[818], embora a iniciativa sofra a concorrência de outras soluções normativas, como os PCCI e os PECL[819].

---

[818] Referimo-nos à Comunicação da Comissão n.º 398/2001, de 11 de Julho, ao Conselho e ao Parlamento Europeu (in JOCE n.º C 255, de 13 de Setembro de 2001), solicitando, alargando e aprofundando o debate sobre o Direito europeu dos contratos; à Comunicação da Comissão n.º 68/2003, de 12 de Fevereiro, ao Parlamento Europeu e ao Conselho (in JOCE n.º C 063, de 15 de Março de 2003), que estabelece um plano de acção para uma maior coerência do Direito contratual europeu; à Resolução do Parlamento Europeu sobre a aproximação do Direito civil e comercial dos Estados Membros (in JOCE n.º C 140E de 13 de Junho de 2002); e à Resolução do Conselho da União Europeia relativa a uma maior coerência do Direito europeu dos contratos (in JOCE n.º C 246, de 14 de Outubro de 2003). Foram também estas orientações que serviram de substrato aos PECL (cfr. Staudenmayer, *The Commission Communication on European Contract Law: What Europe for European Contract Law?*, p. 249-260; Berger, *ob. cit.*, p. 892, referindo a admissibilidade de uma doutrina europeia de precedentes; Alpa, *L'armonizzazione del diritto contrattuale e il projetto di codice civile europeo*, p. 171; Ruffini Gandolfi, *Il Code Européen des Contrats fra gli scenari delineati dalla Commissione Europea*, p. 219-238; Vacca, *Cultura giuridica e armonizzazione del diritto europeo*, p. 53-68; Valle, *La riforma dei codici in Europa e il progetto di codice civile europeo: recenti sviluppi e prospettive*, p. 723-744, em especial p. 723-730; Moccia, *Du "marché" a la "citoyenneté": a la recherché d'un droit prive européen durable et de sa base juridique*, p. 304; e Hesselink, *The new european private law*, p. 75-147).
O debate em torno da unificação do Direito europeu dos contratos constitui um dos temas com maior actualidade no Direito privado, não existindo porém consenso quanto à sua necessidade, legitimidade, possibilidade e oportunidade (cfr., nomeadamente, Menezes Cordeiro, *Tratado, I-I*, p. 283, e em *Da modernização*, p. 120, n. 353, 139 e 149, pronunciando-se, salvo razões políticas, em sentido negativo; Moura Vicente, *Um Código Civil para a Europa? Algumas reflexões*, p. 49-73, concluindo também pela negativa, e postulando a manutenção e o incremento de uma "unidade na diversidade", servida eficazmente pelos instrumentos de Direito internacional privado e de Direito processual civil internacional; Basedow, *Vers un Code Européen des Contrats*, p. 677, que, referindo o efeito anti-europeísta do ensino do direito, enuncia os objectivos culturais e políticos de criação de uma referência comum para os juristas de todos os países, e de redução da insegurança no comércio exterior, presentes na unificação legal; Alpa, *Diritto privato europeo: fonti normative e programmi di armonizzazione*, p. 379-403; Castronovo, *Savigny, i moderni e la codificazione europea*, p. 694 e 720; Fauvarque-Cosson, *Faut-il un Code civil européen?*, p. 466; Moccia, *ob. cit.*, p. 316; Diez-Picazo/Roca Trias/Morales, *Los*

278   *O Risco nos Contratos de Alienação*

II. Possuindo a regulamentação proposta múltiplos aspectos de interesse, de que são exemplo a adesão a uma definição ampla de contrato e a possível substituição – fundada nos usos ou na vontade das partes – da categoria dos contratos reais *quoad constitutionem* por contratos consensuais atípicos[820], o PCEC assume relevância no domínio visado por conter normas destinadas à regulação do risco e dos efeitos reais do contrato.

Sendo admitido o regime da posse vale título, e estabelecendo-se uma separação entre a responsabilidade contratual e o risco[821], os n.os 1 e 3 do art. 46.° do PCEC dissociam a constituição ou transmissão de direitos reais do fenómeno estritamente contratual, quer no que respeita a bens móveis não sujeitos a registo, quer a propósito de bens imóveis ou de bens móveis sujeitos a registo. Nestes termos, salvo convenção expressa em contrário, o efeito real é associado à entrega da coisa na primeira situação, a qual pode ser realizada a um sujeito especificamente encarregue de a receber ou a um transportador escolhido. A solução da segunda hipótese é reenviada para a lei nacional de cada Estado, consagrando-se contudo a necessidade de observância de uma formalidade de publicidade, *maxime* o registo do contrato[822].

---

princípios del derecho europeo de contratos, p. 95-121; CÁMARA LAPUENTE, *ob. cit.*, p. 347-379; e WILHELMSSON, *Private law in the EU: harmonised or fragmented europeanisation*, p. 91, sublinhando que a alternativa à harmonização sistémica residirá numa mudança de comportamentos: "*to take fragmentation seriously*").

[819] Sobre o PCEC cfr., nomeadamente, ANNIBALETTI, *Il futuro codice europeu delle obbligazioni e dei contratti*, p. 85-90; BATTISTA FERRI, *Il Code Européen des Contrats*, p. 345-358; GATT, *Sistema normativo e soluzioni innovative del "Code Europeen des Contrats"*, p. 359-379; PATTI, *Riflessioni su un progetto di Codice Europeo dei contratti*, p. 489--500; RUFFINI GANDOLFI, *Il Code Européen des Contrats*, p. 219-238, e em *Problèmes d'unification du droit en Europe et le code européen des contrats*, p. 1075-1103; e a referência de ANTUNES VARELA, *Direito do Consumo (Encerramento do Curso)*, p. 162, n. 9.

[820] Cfr., respectivamente o n.° 1 do art. 1.° e o n.° 2 do art. 34.° do PCEC, bem como DE LOS MOZOS, *Anteprojeto de código europeu de contratos da academia de Pavia*, p. 131.

[821] Cfr., respectivamente, o n.° 2 do art. 46.° e o n.° 2 do art. 45.° do PCEC, confirmando o último a extensão da obrigação de custódia (como adopção de todas as medidas necessárias à manutenção e preservação da coisa). No n.° 1 do art. 162.° do PCEC consagra-se, por outra via, um sistema de responsabilidade subjectiva e não de "*strict liability*" (cfr. RUFFINI GANDOLFI, *Il Code Européen des Contrats*, p. 234). Em conformidade, a al. c) do art. 92.° do PCEC exclui o não cumprimento da obrigação de entrega de coisa certa quando esta se perca ou deteriore sem responsabilidade do devedor, afastando também o n.° 2 do seu art. 97.° o incumprimento contratual em caso de impossibilidade superveniente não imputável ao devedor.

[822] O dualismo proposto traduz uma aparente solução de compromisso (cfr. GANDOLFI, *Il projecto «pavese»*, p. 456, n. 5; RUFFINI GANDOLFI, *Il Code Européen des Con-*

Algumas experiências de direito estrangeiro e de direito internacional   279

Regressando-se à regra romana da translação dominial, o n.º 4 do art. 46.º do PCEC estabelece, porém, que *"il rischio del perimento o danneggiamento della cosa si trasferisce in capo all'avente diritto al momento della consegna dela cosa stessa al predetto, alla persona da lui incaricata di riceverla o al vettore che deve pattiziamente provvedere alla consegna"*. Pretendendo realizar, na sequência do AUDCG, uma adaptação da regra *res perit domino*[823], a norma completa um círculo evolutivo de sentido contrário ao fundamento originário daquela regra. De facto, se num primeiro momento o brocardo *res perit domino* foi adoptado para adequar os efeitos da transmissão do risco com o contrato à irracionalidade da manutenção pelo vendedor do direito de propriedade sobre a coisa, a regra é agora associada a uma solução de risco distinta, que coincide com a sua transmissão aquando da entrega – directa ou indirecta – da coisa ao comprador.

III. O segundo livro do PCEC é por sua vez dedicado ao contrato de compra e venda, o qual – seguindo a orientação do n.º 1 do art. 46.º, reiterada, aliás, no art. 175.º – é configurado em termos estritamente obrigacionais, encontrando-se o vendedor obrigado a transmitir a propriedade da coisa[824]. Em linha com o art. 1523.º do CCit, o n.º 1 do art. 211.º do PCEC determina ainda que, na compra e venda com reserva de propriedade, o comprador assume o risco a partir do momento da entrega da coisa, sendo aquele também assumido pelo contraente que recebeu a coisa no contrato estimatório, de acordo com o n.º 2 do art. 214.º do PCEC[825].

---

trats, p. 229, e em *Problèmes d'unification*, p. 193, que imputa a solução alcançada à resistência do grupo alemão à renúncia ao *"Trennungsprinzip"* e ao *"Abstractionsprinzip"*; e GATT, *ob. cit.*, p. 367). ANTUNES VARELA, *Dos efeitos e da execução do contrato no anteprojeto do código europeu dos contratos*, p. 90, equaciona, por seu turno, as figuras da cláusula de reserva de propriedade e da alienação fiduciária em garantia como excepções à "solução natural da transferência do direito real com a entrega da coisa" (uma análise dos contributos obtidos para a elaboração do art. 46.º do PCEC pode ser compulsada em GANDOLFI, *Sulla sorte del contratto con effetti reali (nella prospettiva di una codificazione europea)*, p. 1015-1025).

[823] Cfr. SORTAIS, *Anteprojeto de código europeu dos contratos (relatório sobre a terceira parte)*, p. 115. LINACERO DE LA FUENTE, *ob. cit.*, p. 65, limita-se porém a considerar o acolhimento do critério da entrega no âmbito da transmissão do risco.

[824] Cfr., respectivamente, os arts. 174.º, n.º 1, 187.º, al. c), e 194.º, n.º 1, 2.ª prt., do PCEC.

[825] O estimatório é configurado como um contrato de compra e venda no qual o comprador tem a faculdade de restituir todos ou alguns bens, bem como, mediante acordo dos contraentes, partes representativas daqueles.

280   *O Risco nos Contratos de Alienação*

Ora, se em termos gerais o PCEC já postula uma concretização plural de distribuição do risco, dificilmente permitirá a solução consagrada a respeito da reserva de propriedade a estruturação de um paradigma explicativo unitário. Não obstante, e contrariamente ao art. 283.º do AUDCG, a solução geral proposta é harmónica com os arts. 67.º e 69.º da CVVIM[826].

3.3.5. *Os Princípios Unidroit relativos aos Contratos Comerciais Internacionais*

I. Remontando a elaboração de regras gerais disciplinadoras dos contratos comerciais internacionais a 1971, os Princípios relativos aos Contratos Comerciais Internacionais (PCCI) elaborados pelo Instituto Internacional para a Unificação do Direito Privado, sob a coordenação do Professor BONNEL, foram publicados em Maio de 1994, traduzindo-se num esforço notório de enquadramento e sistematização da denominada nova *"lex mercatoria"*[827], o qual pretende alcançar um âmbito planetário de aplicação através do teor persuasivo das regras propostas[828]. Uma segunda versão dos PCCI foi adoptada em 2004[829].

---

[826] A desarticulação do art. 283.º do AUDCG com o art. 67.º da CVVIM deriva da regra de transmissão da propriedade com a *"prise de livraison"*.

[827] Cfr. CALVO CARAVACA/CARRASCOSA GONZÁLEZ, *Contrato internacional, nueva lex mercatoria y princípios unidroit sobre los contratos comerciales internacionales*, p. 1549. Uma versão em língua portuguesa dos PCCI foi publicada pelo Ministério da Justiça em 2000.

[828] Cfr., nomeadamente, HINESTROSA, *Des principes généraux du droit aux principes généraux des contracts*, p. 513; BUSSANI, *Diritto privato,* p. 126; e MARRELLA, *Nouvi sviluppi dei Prinzipi Unidroit sui contratti commerciali internazionali nell'arbitrato CCI*, p. 40-53, relativamente à sua implantação no âmbito da jurisprudência arbitral da Câmara de Comércio Internacional. Segundo o preâmbulo dos PCCI, os princípios são aplicáveis por escolha directa das partes, quando estas convencionem submeter o contrato aos princípios gerais de direito, à *"lex mercatoria"* ou a outra fórmula equivalente, bem como quando seja impossível determinar qual a regra pertinente da lei aplicável. Os PCCI podem ser ainda empregues na interpretação e integração de instrumentos de Direito internacional uniforme, servindo também de modelo aos legisladores nacionais (a sua utilidade enquanto lei modelo para a recodificação a empreender pelo legislador interno foi aliás reconhecida por FAUVARQUE-COSSON, *ob. cit.*, p. 476).

[829] Cfr. BONNEL, *Un "Codice" Internazionale del Diritto dei Contratti*, p. 39 e 383, sublinhando que a nova edição teve como objectivo não a revisão, mas o alargamento dos PCCI, constituindo estes um *"ongoing project"* no qual se perspectivam os temas da trans-

Algumas experiências de direito estrangeiro e de direito internacional 281

Fundando-se as suas soluções em alguns dos complexos normativos já existentes, nomeadamente na CVVIM e no *Uniform Commercial Code* norte-americano[830], os PCCI constituem, a exemplo do PCEC, uma obra resultante do labor simultâneo de um conjunto de destacados jusprivatistas, cujo elemento unificador haverá residido na intuição do Direito dos contratos como "intelectualmente fascinante e comercialmente essencial"[831].

II. Embora as normas desenhadas não se ocupem *ex professo* da questão da distribuição do risco contratual, afigura-se cognitivamente profícua a consideração de algumas das soluções adoptadas, em particular nos domínios estruturalmente próximos da impossibilidade e da excessiva onerosidade da prestação. As mesmas encontram-se alinhadas com desenvolvimentos normativos subsequentes (em particular a reforma do BGB de 2002) e auxiliam à modelação de algumas das soluções internamente vigentes.

Destarte, antecipando a solução adoptada pela reforma da lei civil alemã, o n.º 1 do art. 3.3. dos PCCI estabelece que a impossibilidade originária da prestação no momento da conclusão do contrato não afecta a sua validade, possibilitando a equiparação entre impossibilidade originária e impossibilidade superveniente[832]. Em simultâneo, a respeito do incumprimento do contrato, o n.º 1 do art. 7.1.7. dos PCCI prevê que o impedimento que escape ao controlo do devedor e cuja previsão, eliminação ou superação, em si mesmo, ou das suas consequências, não lhe podia razoavelmente ser exigida no momento da conclusão do contrato, exonera aquele de responsabilidade por verificação de caso de força maior[833].

---

missão consensual de direitos reais, da reserva de propriedade e da individualização de tipos contratuais (em particular o contrato de compra e venda).

[830] Cfr., sobre esta conexão, FARNSWORTH, *The American provenance of the Unidroit Principles*, p. 404, concluindo porém pelo risco de especulações neste domínio.

[831] FURMSTON, *An English view of the Unidroit Principles of international commercial contracts*, p. 419.

[832] BONNEL, *ob. cit.*, p. 120.

[833] A adopção deste critério foi proposto em sede de uniformização normativa (cfr. GIAMPIERI, *Rischio contrattuale in diritto comparato*, p. 42; e CORAPI, *L'equilibrio delle posizioni contrattuali nei principi Unidroit*, p. 37), não sendo todavia unívoca a sua aproximação a algumas das construções vigentes (cfr. FURMSTON, *ob. cit.*, p. 424, distinguindo-a da *"frustration"* anglo-saxónica; BÉRAUDO, *Les principes d'Unidroit relatifs au droit du commerce international*, p. 191, sublinhando a sua coincidência com a teoria da impre-

Por fim, sendo sublinhada a sua excepcionalidade perante o princípio da força vinculativa dos contratos, o art. 6.2.2. dos PCCI regula o *"hardship"* ou a excessiva onerosidade contratual[834]. Possuindo como possíveis efeitos, nos termos do art. 6.2.3. dos PCCI, a modificação ou resolução do contrato, a norma encerra a especificidade de abranger no seu âmbito de aplicação circunstâncias anteriores à celebração do contrato, fundando o juízo normativo nos conceitos de controlo e de razoabilidade. De outro prisma, a sua aplicação encontrar-se-á vedada quando o risco resulte da própria natureza do contrato, orientação não inteiramente coincidente com o disposto no n.º 1 do art. 437.º do CCiv[835].

---

visão do Direito administrativo francês; e SANTOS JÚNIOR, *Sobre o conceito de contrato internacional*, p. 168, n. 20, que interpreta esta como um "obstáculo imprevisível à realização da prestação").

[834] O fenómeno é equacionado perante a verificação de "acontecimentos que alteram fundamentalmente o equilíbrio das prestações, quer por aumento do custo do cumprimento das obrigações, quer por diminuição do valor da contraprestação". Estes eventos devem, cumulativamente: *(i)* haver-se verificado ou chegado ao conhecimento da parte lesada após a conclusão do contrato, *(ii)* não poder "razoavelmente ser tomados em consideração pela parte lesada" naquele momento, *(iii)* escapar "ao controlo da parte lesada", e *(iv)* não ver o seu risco assumido pela parte lesada (cfr. BONNEL, *ob. cit.*, p. 123; GIAMPIERI, *Rischio comparato*, p. 41; CORAPI, *L'equilibrio*, p. 36; MACARIO, *Rischio contrattuale e rapporti di durata nel nuovo diritto dei contratti: dalla presupposizione all'obligo di rinegoziare*, p. 79, n. 49, e 87, sufragando uma ponte entre o art. 6.2.2. dos PCCI e o art. 6.1.1.1. dos PECL em sede de incompletude contratual; LIMA PINHEIRO, *Cláusulas típicas*, p. 881 e 885, distinguindo da cláusula de *"hardship"* (excessiva onerosidade económica) a *ICC Force Majeure Clause* (respeitante a factos que, escapando do controlo ou da previsibilidade das partes, tornam o contrato impossível); VIEIRA GOMES, *Cláusulas de hardship*, p. 191, n. 72, apoiando-se no art. 6.2.2. dos PCCI para afirmar o carácter substancial da dificuldade nas cláusulas de *"hardship"*, de acordo com o equilíbrio das prestações contratuais; e SANTOS JÚNIOR, *ob. cit.*, p. 168, n. 20, associando a cláusula *"hardship"* aos 6.2.1. a 6.2.3. dos PCCI a respeito da alteração ou desconhecimento das circunstâncias).

[835] Em termos comparativos, os PCCI possuem ainda interesse dogmático na consagração, quanto à anulação e à resolução do contrato, respectivamente dos seus arts. 3.1.7. e 7.3.6., da dependência da restituição da realização da mesma operação pela parte que a requer, restituição que pode ser suprida, em caso de impossibilidade de restituição em espécie, pela restituição do valor correspondente. A restituição em valor pode ainda verificar-se quando a restituição em espécie não se revele "adequada", segundo um critério de razoabilidade (cfr BONNEL, *ob. cit.*, p. 328).

Algumas experiências de direito estrangeiro e de direito internacional   283

3.3.6. *Os Principles of European Contract Law*

I. Concluindo o percurso por algumas das propostas regulativas existentes no domínio contratual, cumpre ainda referenciar, apesar da inexistência de uma solução específica de distribuição do risco contratual nos contratos de alienação, os *Principles of European Contract Law* (PECL).

Havendo sido redigidos pela *Commission on European Contract Law* presidida pelo Professor OLE LANDO[836], os PECL assumem-se, paralelamente ao PCEC, como uma tentativa de subsídio para uma futura construção normativa europeia no domínio contratual, embora não deva ser negligenciada a sua aplicação enquanto norma escolhida pelas partes, bem como o seu contributo, em termos mais amplos, para o emergir de uma nova *"lex mercatoria"*[837]. Inspirando-se nos PCCI[838], na CVVIM, nos *Restatements of Contracts* e no *Uniform Commerce Code* norte-americanos, os PECL surgem na sequência da *supra* mencionada abertura dos órgãos comunitários a uma harmonização ou uniformização normativa, afirmando-se como um instrumento que não apenas analisa as diversas soluções jurídicas preexistentes, mas que introduz dados inovadores em termos dogmáticos[839].

---

[836] Os trabalhos foram iniciados em Dezembro de 1980 por uma comissão composta pelos Professores LANDO, HAUSCHILD e EHLERMANN, sendo o grupo actualmente presidido pelo Professor VON BÄR. O contributo nacional para estes foi assegurado através da presença da Professora ISABEL MARIA DE MAGALHÃES COLLAÇO, da Faculdade de Direito da Universidade de Lisboa, enquanto membro das duas primeiras comissões, integrando o Professor CARLOS FERREIRA DE ALMEIDA, da Faculdade de Direito da Universidade Nova de Lisboa, a terceira comissão dos PECL (sobre a origem dos PECL cfr., nomeadamente, LANDO/BEALE, *Principles of European Contract Law Parts I e II*, p. xxi-xxvii; e DIEZ-PICAZO/ROCA TRIAS/ MORALES, *ob. cit.*, p. 75-78). Os dois volumes de trabalho existentes no ano 2000 podem ser confrontados, em língua inglesa e francesa, em LANDO/BEALE, *ob. cit.*, p. 1-93.

[837] Cfr. LANDO/BEALE, *ob. cit.*, p. 97, mencionando a sua possível aplicação a contratos celebrados por entidades públicas; DIEZ-PICAZO/ROCA TRIAS/MORALES, *ob. cit.*, p. 76, sublinhando ainda os objectivos de facilitação do comércio transfronteiriço dentro da Europa Comunitária, de reforço do mercado único, de criação de uma infra-estrutura técnica de Direito Comunitário em matéria de contratos e de ligação entre o sistema de Direito civil e o *common law*; e HESSELINK, *ob. cit.*, p. 81, referindo-se aos PECL como uma tentativa de *"european restatement of contracts"*.

[838] Cfr. LANDO, *ob. cit.*, p. 124, sufragando mesmo que os dois instrumentos formam "uma simbiose legal em proveito recíproco"; BONNEL, *ob. cit.*, p. 357; e MEYER, *The Unidroit Principles and their impact on European private law*, p. 1126, que minimiza as hipóteses de conflito normativo.

[839] Cfr. BUSSANI, *Diritto privato*, p. 126 e 141, na alusão a uma actividade de "planificação urbanística e não de mero reconhecimento cartográfico"; e CASTRONOVO, *ob. cit.*,

284 *O Risco nos Contratos de Alienação*

II. Compulsando as soluções que adquirem relevância, ainda que marginal, no domínio versado, constata-se que o art. 4.102 dos PECL estabelece, em conformidade com os PCCI e com a orientação depois adoptada na reforma do BGB, não dever a invalidade do contrato ser inferida da impossibilidade de cumprimento obrigacional ou do facto de uma das partes não possuir a faculdade de disposição dos bens objecto do contrato no momento da sua conclusão. A questão é assim deslocada para a assunção do risco de incumprimento contratual[840].

Já a aproximação à solução do art. 8.108, I, dos PECL – aliás paralelo ao n.º 1 do art. 79.º da CVVIM e ao n.º 2 do art. 7.1.7. dos PCCI – apresenta-se duvidosa. Ao dispor que o "incumprimento de uma das partes será desculpável se este se tiver devido a um impedimento fora do seu controlo e que não poderia ser razoavelmente previsto no momento de conclusão do contrato, nem que se houvesse evitado ou superado o impedimento ou as suas consequências", a norma pressupõe a adesão a um sistema de responsabilidade contratual de índole fundamentalmente objectiva, obstáculo aparentemente intransponível para o aproveitamento interno da mesma disposição[841].

Ainda na senda dos PCCI, e com assumida influência do art. 1467.º do CCit[842], o art. 6.111 dos PECL regula a figura da excessiva onerosidade

---

p. 701, referindo o objectivo de servir de base a um futuro Código Europeu dos Contratos mediante normas não reconduzíveis a nenhum dos ordenamentos existentes. É também pólo de interesse a análise das conclusões e da resenha bibliográfica de VON BAR/ LANDO/SWANN, *Communication on European Contract Law: Joint Response of the Commission on European Contract Law and the Study Group on a European Civil Code*, p. 183-248.

[840] Cfr. LANDO/BEALE, *ob. cit.*, p. 228; e DIEZ-PICAZO/ROCA TRIAS/MORALES, *ob. cit.*, p. 223-224 e 340, que admitem, todavia, o funcionamento do instituto do erro, bem como a exoneração do devedor da obrigação de indemnizar, sublinhando ainda que a aplicação da segunda regra a contratos dispositivos ou translativos afasta o desvalor da ineficácia.

[841] A referência surge relativamente a "*impediment beyond its control and that it could not reasonably have been expected to take the impediment into account at the time of the conclusion of the contract, or to have avoided or overcome the impediment or its consequences*", norma que se pretende aplicável a obrigações pecuniárias, nomeadamente na hipótese de se verificar um obstáculo governamental à transferência de determinada soma monetária (cfr. LANDO/BEALE, *ob. cit.*, p. 379; e BEALE/HARTKAMP/KÖTZ/TALLON, *ob. cit.*, p. 592, em relação à articulação do art. 8.108 dos PECL com as normas do CCfr, do CCit, do BGB e do ordenamento jurídico anglo-saxónico).

[842] Cfr. LANDO/BEALE, *ob. cit.*, p. 324; HESSELINK, *ob. cit.*, p. 134; e MAZZAMUTO, *I Prinzipi di diritto europeo dei contratti nel cânone di Carlo CastroNovo*, p. 866, que se refere, todavia, a uma ampliação do âmbito operativo do art. 1467.º do CCit.

Algumas experiências de direito estrangeiro e de direito internacional   285

da prestação[843]. Assume relevância nesta a limitação da sua operatividade pelo risco assumido por cada uma das partes de acordo com o contrato, com relevância para as cláusulas contratuais implícitas, derivadas da intenção das partes, da natureza e finalidade do contrato, ou da boa fé e lealdade contratual[844-845].

III. Apesar de apresentarem algum distanciamento do domínio objecto de investigação, as soluções normativas propostas nos PECL, na sequência aliás dos PCCI, confirmam algumas soluções que, tendendo a ser afirmadas com generalidade, inculcam uma (re)formação progressiva do *ius commune* europeu.

---

[843] Segundo esta disposição *"if performance of the contract becomes excessively onerous because of a change of circumstances, the parties are bound to enter into negotiations with a view to adapting the contract or ending it, provided that: the change os circumstances occurred after the time of conclusion of the contract, the possibility of a change of circumstances was not one which could reasonably have been taken into account at the time of conclusion of the contract, and the risk of the change of circumstances is not one which, according to the contract, the party affected shold be required to bear"*. A introdução pioneira do dever de renegociação (cfr. HESSELINK, *ob. cit.*, p. 121) é tomada como uma opção contrária à protecção da parte cujo cumprimento se haja tornado excessivamente oneroso, presente nos PCCI, em que é aquela a decidir o destino da situação jurídica (cfr. SAN MIGUEL PRADERA, *ob. cit.*, p. 1126). Curiosamente porém, apesar do seu fundamento voluntarista, um dos exemplos apresentados para a ilustração da regra é ainda a hipótese tradicional de agravamento dos custos suportados pelo transportador que, perante o fecho do canal do Suez, é forçado a navegar através do cabo da Boa Esperança (cfr. LANDO/BEALE, *ob. cit.*, p. 325).

[844] Cfr. LANDO/BEALE, *ob. cit.*, p. 326, por referência aos contratos aleatórios; e DIEZ-PICAZO/ROCA TRIAS/MORALES, *ob. cit.*, p. 295, aludindo à existência de um "marco especulativo".

[845] É também devida uma referência, a exemplo dos PCCI, à recuperação de prestações de restituição impossível em caso de resolução do contrato, regulada pelo art. 9.309 dos PECL. Assim, a parte que houver efectuado a sua prestação e que não haja recebido o pagamento ou qualquer outra contraprestação por sua conta, pode recuperar uma importância razoável do valor que a contraprestação teve para a outra parte, prescindindo-se da restituição em espécie. No art. 9.306 dos PECL estabelece-se, por seu turno, que a parte que resolve o contrato pode devolver um bem previamente entregue pela outra parte, se o valor deste se houver reduzido essencialmente como consequência do incumprimento da outra parte, o que significa a atribuição do risco de desvalorização, deterioração ou perda parcial da coisa ao contraente inadimplente, em particular perante vícios originários da coisa (cfr. DIEZ-PICAZO/ROCA TRIAS/MORALES, *ob. cit.*, p. 366, sublinhando a não retroactividade do fenómeno resolutório).

A ultrapassagem da máxima de Celso no que respeita à impossibilidade originária de prestação, o alargamento do conceito de impossibilidade de prestação, a maior operatividade e maleabilidade reconhecida à alteração de circunstâncias ou excessiva onerosidade da prestação, bem como a tendencial confluência de soluções no domínio da restituição prestacional são vectores suficientes para o seu enquadramento. O contributo desta orientação para uma interpretação normativo-evolutiva do ordenamento jurídico pátrio potencia a abertura a soluções literal e formalmente débeis, mas substancial e comparativamente apoiadas.

4. O REGIME JURÍDICO DO RISCO NOS CONTRATOS DE ALIENAÇÃO

4.1. Risco real e risco obrigacional

I. Os contratos de alienação possuem um regime jurídico específico no que respeita à transmissão do risco contratual, o qual se identifica fenomenologicamente, segundo o n.º 1 do art. 796.º do CCiv, com o "perecimento ou deterioração da coisa por causa não imputável ao alienante".

Apesar de ser pacífico que a doutrina contida no art. 796.º exclui a aplicação do art. 795.º[846] – bloqueando, assim, o funcionamento do sinalagma existente entre a obrigação de entrega da coisa e a sua eventual contraprestação, coincidente, no contrato de compra e venda, com o pagamento do preço pelo adquirente – a referida norma é também integrada enquanto manifestação específica do sinalagma contratual. De facto, ainda perante o CCse, PAULO CUNHA justificava a estatuição dos arts. 715.º e 717.º pela circunstância da entrega da coisa representar um efeito secundário ou complementar nos contratos translativos, sendo a transmissão da

---

[846] Cfr. VAZ SERRA, *Impossibilidade superveniente*, p. 113, n. 202, e 115, de acordo com o n.º 3 do art. 14.º e o art. 15.º do seu anteprojecto; PIRES DE LIMA/ANTUNES VARELA, *CCAnotado, II*, p. 50, afastando o art. 796.º do risco obrigacional coberto pelo art. 795.º; ANTUNES VARELA, *Das Obrigações, II*, p. 84, n. 1, e 86; PESSOA JORGE, *Obrigações*, p. 632; MENEZES CORDEIRO, *Da boa fé*, p. 1093, referindo a derrogação das normas da impossibilidade pelas normas do risco; ROMANO MARTINEZ, *Cumprimento defeituoso*, p. 325, e em *Obrigações – Apontamentos*, p. 243, distinguindo entre o risco da prestação e o risco da coisa, no qual o jogo do sinalagma é afastado pela regra *res perit domino*; MENEZES LEITÃO, *Obrigações, II*, p. 124; CALVÃO DA SILVA, *Compra e venda*, p. 23, e em *Não cumprimento das obrigações*, p. 486; BRANDÃO PROENÇA, *A resolução*, p. 127; JOSÉ JOÃO ABRANTES, *A excepção de não cumprimento do contrato no Direito civil português*, p. 49, n. 20; LURDES PEREIRA, *Conceito da prestação*, p. 182; e GRAVATO MORAIS, *União de contratos*, p. 127, n. 137.

288   *O Risco nos Contratos de Alienação*

propriedade o seu efeito principal[847]. Segundo um prisma económico-funcional, o sinalagma contratual estabelecer-se-ia, então, entre a transferência da propriedade e a respectiva contraprestação (em particular, o preço a pagar pelo comprador no contrato de compra e venda), pelo que o art. 796.º consistiria somente numa transposição do n.º 1 do art. 795.º ditada pela eficácia jurídico-real do contrato[848].

Embora atraente no domínio do contrato de compra e venda, em que a noção do art. 874.º omite a referência à entrega da coisa, e esta surge, na al. b) do art. 879.º, enquanto simples efeito – e não como elemento essencial – do contrato, afigura-se que, salvo o devido respeito, tal orientação

---

[847] Cfr. PAULO CUNHA, *Obrigações*, p. 338. No mesmo sentido, ainda no domínio do CCse, cfr. MANUEL DE ANDRADE, *Obrigações*, p. 428; GALVÃO TELLES, *Manual de Obrigações*, p. 255, mencionando que, apesar de apenas a entrega da coisa ser verdadeiramente a execução de uma obrigação, a transferência da propriedade constitui um "benefício económico-jurídico, susceptível de justificar a contraprestação", cumprindo o alienante "em sentido económico" (orientação mantida pelo autor perante o CCiv em *Direito das Obrigações cit.*, p. 468 e 471, entendendo que "o risco do adquirente passou a ser contrapartida da propriedade em que ele se encontra investido"); e VAZ SERRA, *Impossibilidade superveniente*, p. 85, n. 150, e 86, n. 152, considerando a realização pelo alienante da prestação principal e a acessoriedade da entrega da coisa. A mesma orientação não era contudo partilhada por JAIME DE GOUVEIA, *Da responsabilidade,* p. 270, que aludia antes à existência de uma íntima ligação entre "o risco do contrato e o risco da cousa".

[848] Cfr., neste sentido, LOBO XAVIER, *ob. cit.*, p. 21, n. 32; ANA PRATA, *Os contratos*, p. 358, na alusão à troca do direito real pelo preço; e PAULO MOTA PINTO, *Declaração tácita*, p. 594, n. 396, e em *Conformidade e garantias na venda de bens de consumo*, p. 249, n. 123, referindo a concepção de MANUEL DE ANDRADE. Esta orientação encontra também defensores nos ordenamentos jurídicos francês e italiano (cfr. DUTILLEUL/DELEBECQUE, *ob. cit.*, p. 177, "*le déséquilibre apparent disparaît si l'on met en regard de l'obligation de payer le prix, non pas l'obligation de délivrance, mais l'obligation de transférer la propriété*"; TERRÉ/SIMLER/LEQUETTE, *ob. cit.*, p. 660, "*la prétendue dérogation à la règle générale res perit domino n'existe pas en la matière: la perte intervient après que le contrat a produit son principal effet: le transfert de propriété*"; MILLET, *ob. cit.*, p. 57, entendendo a propriedade como execução de uma obrigação contratual; RUBINO, *ob. cit.*, p. 452, com base na atribuição patrimonial de uma das partes à outra; TRABUCCHI, *ob. cit.*, p. 723; MAGAZZÙ, *ob. cit.*, p. 61, fundando-se na "eficiência funcional do sinalagma"; RESCIO, *ob. cit.*, p. 41, considerando mesmo que o problema do risco não se coloca por a prestação haver sido já realizada; ORLANDO, *ob. cit.*, p. 109, referindo a lógica obrigacional subjacente ao art. 1465.º do CCit; e MOSCO, *ob. cit.*, p. 437-438, que chega a equacionar a aplicabilidade do art. 1465.º do CCit à hipoteca após o respectivo registo). Não se deixa todavia de sublinhar a inadmissibilidade do contrato pelo qual apenas se transfira a propriedade da coisa, atenta a sua contradição com a noção jurídica de causa (cfr. GALVÃO TELLES, *Contratos em Geral*, p. 295).

não pode ser sufragada. Com efeito, mesmo relevando a natureza meramente indicativa das definições legais e a questionável aglutinação da abordagem jurídica pela configuração sócio-económica do contrato, tal doutrina deixa por explicar o n.° 2 e a 1.ª parte do n.° 3 do art. 796.°, em que a entrega da coisa é decisiva para a assunção do risco pelo adquirente após a celebração do contrato de alienação. Em simultâneo, sendo seguramente excepcional a configuração de uma obrigação de *"dare"* em sentido técnico no nosso ordenamento jurídico, cumpre não olvidar a articulação das obrigações de entrega da coisa e de pagamento do preço em sede de excepção de não cumprimento do contrato, óbvia manifestação do sinalagma existente entre ambas as obrigações[849].

Por outra via, o enquadramento sistemático do art. 796.° numa subsecção relativa à impossibilidade (obrigacional) de cumprimento também depõe contra a descaracterização do sinalagma, sendo ainda contrária à presunção de racionalidade e utilidade da intervenção normativa a conclusão de que, afinal, o art. 796.° se limita a repetir a estatuição do art. 795.°[850]. O unilateralismo de análise desta orientação é, por fim, insofismável, dado que, se relativamente, por exemplo, ao contrato de escambo, se pode pretender uma contraposição entre dois efeitos reais de sentido contrário, não se divisa porque razão não pode o art. 796.° encontrar aplicação no contrato de doação, negócio jurídico com cuja configuração típica o art. 795.° não é seguramente coadunável.

Em síntese, afigura-se que o n.° 1 do art. 796.° se traduz num afastamento do disposto no n.° 1 do art. 795.°[851], devendo a sua previsão ser ainda objecto de delimitação perante o risco-estático inerente à titularidade de um direito real[852].

---

[849] Constituindo uma das manifestações típicas do sinalagma obrigacional, a *exceptio non adimpleti contractus* encontra também aplicação no contrato de compra e venda de coisa certa e determinada, embora o comprador seja já titular de um direito real sobre a coisa desde o momento de celebração do contrato. Neste sentido depõem o n.° 1 do art. 885.°, o art. 886.° (em interpretação *a contrario sensu* relativamente à possibilidade de resolução) e o n.° 2 do art. 1311.°, numa orientação que resultava já do disposto no art. 1574.° do CCse (cfr. ALMEIDA COSTA, *Obrigações*, p. 363, n. 1; RIBEIRO DE FARIA, *Obrigações, I*, p. 231; e CALVÃO DA SILVA, *Cumprimento*, p. 336, n. 610, e em *Compra e venda*, p. 19).

[850] Cfr. o art. 9.°, n.° 3, do CCiv.

[851] Cfr. neste sentido BÉNABENT, *ob. cit.*, p. 37, considerando os contratos translativos como excepção ao brocardo *"res perit debitori"*; e DELFINI, *ob. cit.*, p. 51, na dissociação entre os arts. 1465.° e 1463.° do CCit.

[852] Segundo SOUCHON, *ob. cit.*, p. 60, nos contratos sinalagmáticos que comportem a obrigação de *"livrer un corps certain"*, *"les risques du contrat prennent un aspect parti-*

II. O afastamento de uma ponderação dogmática unitária nos arts. 795.º e 796.º não conduz porém à admissão genérica de um fenómeno de risco contratual após o cumprimento da obrigação de entrega da coisa, no qual, em termos estritamente lógicos, as situações do seu perecimento ou deterioração se afastam do paradigma da impossibilidade de prestação[853].

De facto, pese embora a eventual aplicação do art. 796.º fora do binómio prestação-contraprestação[854], é inequívoco que soluções gizadas no âmbito da suspensão da produção de efeitos reais não afastam a situação-tipo da produção do efeito real sem que a obrigação de entrega da coisa haja sido cumprida. A realização da prestação contratual devida ocasionará aliás, como regra, que o brocardo *res perit domino* intervenha a título de suporte estático da situação jurídica desfavorável conexa com a titularidade de um direito real. Não obstante, a ponderação daquelas situações jurídicas na distribuição do risco contratual deixa já antever que, cumulativamente com a vigência de um critério de pertinência dominial da coisa, pode ainda intervir uma máxima relativa ao interesse subjacente ou temporalmente pressuposto à sua alienação.

Paralelamente, não é realizada qualquer aproximação neste âmbito ao "risco" de perda do valor-utilidade da coisa para o credor. A sua esfera é alheia à disposição do art. 796.º, relacionando-se antes com modelações específicas de execução do vínculo obrigacional[855].

---

culier car ils sont aussi les risques de la chose qui fait l'object du contract". Contudo, como se constará *infra,* a atribuição do risco contratual adquire uma formulação ímpar no Direito português, em virtude da ponderação de prestações e cláusulas acessórias nos contratos de alienação.

[853] Cfr. Lurdes Pereira, *Conceito da prestação,* p. 181, n. 495, exemplificando com a entrega da coisa na pendência de condição suspensiva e com a eventual inexistência de uma obrigação de entrega, ainda que, a p. 205, n. 555, considere que com o cumprimento da obrigação "deixa evidentemente de se colocar a questão do destino da contraprestação".

[854] Pense-se nas situações de alienação sob condição suspensiva, com termo suspensivo ou com reserva de propriedade em que a coisa tenha sido entregue ao adquirente. Uma modelação também aqui enquadrável reside na obrigação de restituição assumida pelo mutuário ou pelo depositário (num contrato de depósito irregular).

[855] Cfr. Baptista Machado, *Risco contratual,* p. 337 distinguindo esta situação jurídica dos "riscos fortuitos" a que se referem os arts. 796.º, n.º 1, e 807.º. Assemelha-se todavia que, como se procurará demonstrar adiante, também esta última norma se revela alheia da problemática em análise.

O regime jurídico do risco nos contratos de alienação   291

4.2. Risco real

4.2.1. *A conexão com o momento de constituição ou de transferência de direitos reais*

4.2.1.1. *O regime geral de alienação de coisa presente e determinada*

I. Na sequência do disposto pelos arts. 717.º do CCse e 1465.º, I, do CCit – em tendencial consonância com a orientação sufragada por VAZ SERRA e GALVÃO TELLES nos anteprojectos relativos à parte geral da impossibilidade obrigacional e ao contrato de compra e venda[856] – o n.º 1 do art. 796.º do CCiv estabelece que nos contratos que importem a transferência do domínio sobre certa coisa ou que constituam ou transfiram um direito real sobre ela, "o perecimento ou deterioração da coisa por causa não imputável ao alienante corre por conta do adquirente".

A lei elege como marco fundamental a transmissão do direito real sobre a coisa, transmitindo-se o risco – o qual, como depõem elementos históricos e comparados, se encontra fundamentalmente conexo com a contraprestação – independentemente da entrega da coisa e do pagamento do preço no âmbito paradigmático do contrato de compra e venda. Com efeito, retendo o vendedor a coisa vendida por motivo conexo com a esfera de actuação do comprador, o seu perecimento ou deterioração não exoneram este da realização da respectiva contraprestação, que se traduz no pagamento do preço. Factualidade idêntica ocorre no contrato de escambo,

---

[856] Cfr., respectivamente, o n.º 1 do art. 13.º do anteprojecto de VAZ SERRA, segundo o qual "no caso de contrato, que transfere a propriedade de coisas determinadas, ou constitui ou transfere direitos reais sobre elas, se a coisa se deteriorar ou perecer por causa não imputável ao alienante, correrá o risco por conta do adquirente, salvo se a coisa ficou em poder do alienante em virtude de um termo, em seu favor para a entrega, hipótese em que o risco só com o vencimento do termo ou com a entrega ou colocação da coisa à disposição do adquirente se transfere para este", esclarecendo o n.º 5 da mesma disposição que "correndo o risco por conta do adquirente, deve este fazer a contraprestação, ainda que a coisa tenha perecido ou se tenha deteriorado"; e o § 1 do art. 21.º do anteprojecto de GALVÃO TELLES, nos termos do qual, "o risco da perda ou deterioração casual da coisa é suportado pelo comprador a partir do momento em que adquire a propriedade da mesma coisa ou o direito que a tem por objecto", dispondo o § 2, sem paralelo directo na lei vigente, que "se, todavia, a aquisição não for efeito imediato do contrato e o vendedor entregar a coisa ao comprador antes dela, o risco passa ao comprador no momento da entrega" (cfr. VAZ SERRA, *Impossibilidade superveniente*, p. 130; e GALVÃO TELLES *Dos contratos em especial*, p. 182).

292   *O Risco nos Contratos de Alienação*

em relação a uma contraprestação não pecuniária, bem como na dação em cumprimento, se se admitir a sua formulação consensual (e não real *quoad constitutionem*).

Não obstante, considera-se deslocada a configuração do alienante que conserve a coisa em seu poder como simples depositário, que, não retirando qualquer benefício da situação de detenção da coisa, seria alheio a uma perda patrimonial atinente a esta[857]. De facto, não apenas o contrato de depósito pode assumir uma estrutura onerosa e do mesmo resultar proveito económico para o depositário, como, na hipótese da detenção da coisa se dever a facto relativo à esfera jurídica do alienante, a qualificação deste como comodatário colide directameente com o disposto no n.º 2 do art. 796.º. Por outra via, o n.º 1 do art. 796.º encontra aplicação directa às situações jurídicas em que não se verifica qualquer contacto material do alienante com a coisa, encontrando-se esta em poder do adquirente ou de terceiro[858].

II. Apesar de não se verificar uma exacta coincidência terminológica entre a previsão do n.º 1 do art. 796.º e a norma-fundamento do n.º 1 do art. 408.º, as duas disposições devem ser objecto de uma adequada interpenetração.

Nestes termos, a menção a coisa certa da primeira norma citada é coincidente com a referência a coisa determinada constante do n.º 1 do art. 796.º, devendo a distinção entre a "transferência do domínio" e a constituição ou transferência de um direito real ser interpretada como uma demarcação entre a alienação da propriedade – que, em termos contratuais, operará necessariamente em sede derivada translativa – e a alienação dos demais direitos reais de gozo, os quais podem ser objecto de aquisições derivadas translativas ou constitutivas[859]. Embora não se refira expressa-

---

[857] Cfr. Vaz Serra, *Impossibilidade superveniente*, p. 91; e Brandão Proença, *Do dever de guarda do depositário e de outros deveres precários: âmbito e função, critério de apreciação da culpa e impossibilidade de restituição*, p. 48, n. 10. Tal equiparação é porém afastada por Múrias/Lurdes Pereira, *Prestações*, p. 15, invocando que o ponto de partida do art. 796.º, n.º 1, é uma prestação principal de coisa.

[858] Pense-se nas hipóteses de aquisição da coisa pelo seu comodatário, locatário, parceiro pensador ou depositário (típicas modalidades de *traditio brevi manu* possessória), de aquisição da coisa pelo titular de um direito real menor de usufruto ou superfície, ou da aquisição de imóvel que se encontre arrendado a um terceiro (situação subsumível na espécie de constituto possessório consagrada no n.º 2 do art. 1264.º).

[859] Cfr. Pires de Lima/Antunes Varela, *CCAnotado, II*, p. 50, em relação à abrangência pelo n.º 1 do art. 796.º de direitos reais de gozo menores.

O regime jurídico do risco nos contratos de alienação

mente à transmissão da propriedade mas antes do "domínio", a solução legal acaba por efectuar um enquadramento técnico do fenómeno transmissivo do primeiro dos direitos reais de gozo, delimitação que, curiosamente, não se encontra pressuposta no n.º 1 do art. 408.º.

As especificidades de conteúdo e da estrutura constitutiva dos direitos reais de garantia e de aquisição não permitem a sua consideração enquanto objecto da previsão do n.º 1 do art. 796.º. A conclusão é ainda amparada nas matizações introduzidas pelo seu n.º 2 e pelo art. 797.º, em tudo alheias às mesmas acepções jurídico-situacionais. Encontra assim confirmação, em sede de risco-situação jurídica contratual, o que já havia sido anunciado em sede de risco-estático, não se afigurando de igual modo admissível que, por princípio, a regra geral do risco seja enunciada perante situações jurídicas não reais[860].

III. Concluindo a análise da regra de imputação do risco de perecimento ou deterioração da coisa ao adquirente, não se afigura admissível, salvo o devido respeito, que a expressão "domínio" possa ser objecto de uma aproximação interpretativa factual[861]. O seu enquadramento histórico-sistemático e a raiz romana da expressão depõem decisivamente no sentido da sinonímia com o direito de propriedade sobre a coisa, constituindo seguramente este o entendimento que corresponde à *mens legis*[862]. Para mais, a regra do art. 796.º, n.º 1, encontra uma aplicação segura nas situações de pura titularidade jurídica da coisa.

---

[860] Em sentido contrário, MENEZES CORDEIRO, *Da boa fé*, p. 1093, aventa a possibilidade da extensão do n.º 1 do art. 796.º à transmissão de direitos não reais.

[861] Cfr. ROMANO MARTINEZ, *Obrigações – Contratos*, p. 41, admitindo que o domínio "possa estar associado à relação material com a coisa e não só à titularidade do direito real".

[862] Apesar da expressão "domínio" poder encontrar-se relacionada com o conceito de "âmbito" (cfr. os arts. 1.º, n.º 2; 28.º, n.º 2; 41.º, n.º 2; 299.º, n.º 2; e 1735.º), com a assunção de contrapolo do extinto direito de enfiteuse (cfr. os arts. 688.º, n.º 1, al. b); e 1491.º-1523.º), ou ainda com as situações específicas de "domínio público" (cfr. os arts. 202.º, n.º 2; 688.º, n.º 1, al. d); 1304.º; 1361.º; 1397.º; e 1556.º), a sua identificação com o direito real máximo é normativamente prevalente. Neste sentido podem enumerar-se os arts. 1309.º (requisição); 1344.º (limites materiais na propriedade de imóveis); 1386.º, n.º 1, al. d) (águas particulares); 1527.º (domínio privado do Estado e de outras pessoas colectivas públicas); 1549.º (relação de domínio); 1569.º, n.º 1, al. a) (extinção da servidão por confusão); 1735.º (separação de bens); e 2050.º (aceitação da herança).

4.2.1.2. A alienação de coisa futura

I. A estrita conexão existente entre a transferência do direito real sobre a coisa e a assunção do risco do seu perecimento ou deterioração é demonstrada na situação de alienação de coisa futura, noção cuja delimitação cumpre efectuar em termos prévios. Sendo as coisas futuras definidas no art. 211.º como "as que não estão em poder do disponente ou a que este não tem direito, ao tempo da declaração negocial", a sua prestação é objecto de admissibilidade genérica nos termos do art. 399.º, encontrando-se uma previsão específica no art. 880.º a respeito do contrato de compra e venda. A admissibilidade de alienação de coisas futuras é todavia excluída pelo n.º 1 do art. 942.º a respeito do contrato de doação[863], sendo idêntica orientação inferida da 1.ª prt. do n.º 2 do art. 408.º, a propósito do contrato de empreitada.

Aderindo ao redimensionamento do conceito legal proposto por GALVÃO TELLES, poder-se-ão individualizar quatro modalidades típicas de coisas futuras[864]. Nestes termos, para além *(i)* dos bens alheios que sejam considerados como futuros (coisas subjectivamente futuras), são ainda abrangidos na sua noção *(ii)* os bens que não existam em termos físicos, *(iii)* os bens que, possuindo existência autónoma, não pertençam ao sujeito (*res nullius*), bem como *(iv)* os bens que, tendo começo de existência, se encontrem integrados noutro objecto, representando coisas não autonomi-

---

[863] Cfr. MENEZES LEITÃO, *Obrigações, III*, p. 176, justificando a solução legal por razões de tutela do doador e pelo respeito do próprio conceito de doação.

[864] Cfr. GALVÃO TELLES, *Obrigações*, p. 41, n. 2. Em sentido próximo cfr. PESSOA JORGE, *Obrigações*, p. 66, embora sublinhando que a coisa alheia só deverá ser considerada como futura em relação a determinada pessoa quando esta possua um direito ou uma expectativa jurídica relativa à sua aquisição; RAÚL VENTURA, *Contrato de compra e venda no Código Civil (proibições de compra e de venda – venda de bens futuros – venda de bens de existência ou de titularidade incerta – venda de coisas sujeitas a contagem, pesagem ou medida)*, p. 280 e 282, referindo uma "certa intenção das partes" relativamente à venda de coisa futura; MENEZES LEITÃO, *Obrigações, I*, p. 134, n. 288, e em *Obrigações, III*, p. 46, n. 77, justificando a conceptualização aparentemente distinta do n.º 1 do art. 880.º com base no n.º 2 do art. 408.º; e DIOGO BÁRTOLO, *Venda de bens alheios*, p. 429, formulando também um requisito psicológico em relação às coisas subjectivamente futuras. FERREIRA DE ALMEIDA, *Transmissão contratual da propriedade*, p. 7, n. 9, sublinha, por seu turno, que o art. 211.º tem de abranger as "mais óbvias coisas futuras", que haverão de ser fabricadas ou produzidas por meios biológicos, sendo esta categoria o único sentido técnico de coisa futura segundo OLIVEIRA ASCENSÃO, *Teoria Geral, I*, p. 369.

O regime jurídico do risco nos contratos de alienação 295

zadas[865]. De facto, possuindo um regime jurídico transmissivo paralelo ao das demais coisas futuras, não se afigura existir fundamento bastante para que as últimas constituam uma categoria autónoma.

II. Seguindo a doutrina do anteprojecto de GALVÃO TELLES relativo à compra e venda[866], o n.º 2 do art. 408.º determina que o direito real sobre a coisa futura se transmite para o adquirente quando a mesma for adquirida pelo alienante. Paralelamente, a norma refere que na alienação de frutos naturais, partes componentes ou integrantes, o efeito real é produzido pela colheita ou separação da coisa, viabilizando uma unificação do regime jurídico aplicável às diversas modalidades de coisas futuras[867]. Destarte, o momento da transmissão das coisas ditas não autonomizadas verifica-se com a sua autonomização, elemento simétrico à aquisição pelo alienante nas outras modalidades de coisas futuras, pelo que, em rigor, a doutrina da prt. final do n.º 1 do art. 408.º se encontrará já vertida no seu trecho inicial[868].

---

[865] As coisas não autonomizadas podem consubstanciar frutos naturais ou partes componentes ou integrantes (cfr., respectivamente, a al. c) do n.º 1 do art. 204.º e o n.º 2 do art. 212.º; bem como a al. e) do n.º 1 e o n.º 3 do art. 204.º), sendo ambas as categorias referenciadas, por contraposição às coisas futuras, no n.º 1 do art. 880.º.

[866] Segundo o seu art. 8.º, § 1, "Na venda de bens futuros, estes transmitem-se para o comprador logo que o vendedor os adquire ou, tratando-se de produtos ou partes de uma coisa, assim que se dá a sua separação" (cfr. GALVÃO TELLES, *Dos contratos em especial*, p. 178). No mesmo sentido perante o CCit, GALGANO, *Civile e commerciale, II*, p. 23, refere-se à transmissão da coisa futura quando esta exista, independentemente de ulterior declaração de qualquer uma das partes.

[867] Cfr. o ac. da RC de 26 de Janeiro de 1993 in CJ 1993-I, p. 25, que, configurando a venda de pinheiros como venda de coisa futura, entendeu que a transferência da propriedade apenas ocorreria com o corte das árvores. Em sentido próximo se pronunciaram, ainda no domínio do CCse, o ac. do STJ de 21 de Abril de 1948 in BMJ n.º 9, p. 250; e o ac. do STJ de 9 de Janeiro de 1970 in BMJ n.º 193, p. 340-344, considerando como prestação física e legalmente possível a compra e venda de bens futuros que as partes designaram como "contrato de concessão de exploração de cortiça" por dez anos garantindo uma produção mínima de cinquenta mil arrobas, com a cláusula de que o vendedor se obrigava a entregar ao comprador uma quantidade fixa de cortiça, ainda que a produção dos sobreirais não atingisse tal quantidade (admitiu-se todavia, em termos desconformes à lei vigente, que a cortiça existente ao momento nas árvores, mas ainda não separada, corporizaria um bem presente). A aplicação do n.º 2 do art. 408.º à parte integrante de um imóvel (um painel de azulejos) foi realizada, por sua vez, pelo ac. do STJ de 23 de Novembro de 1976 in BMJ n.º 261, p. 169.

[868] Cfr. PIRES DE LIMA/ANTUNES VARELA, *CCAnotado, I*, p. 197-198, que empreendem a defesa da prt. final do n.º 2 do art. 408.º por esta ser a que melhor tutela os interes-

Em conformidade, não se vislumbra fundamento para a aplicação analógica do n.º 1 do art. 1212.º às coisas futuras – solução que determinaria a transmissão do direito real com a aceitação da coisa[869] – embora a supletividade das normas transmissivo-dominiais admita o equacionar da mesma situação[870].

---

ses do terceiro que, entre a data de conclusão do negócio e a data da separação, venha a adquirir sobre o prédio um direito real incompatível com o do adquirente, embora pareçam reconhecer, incidentalmente, a coincidência das solução normativas referidas; e RAÚL VENTURA, *Compra e venda – Proibições*..., p. 281 e 290, que, em termos dúbios, entende justificada a dualidade constante no n.º 2 do art. 408.º, não deixando todavia de referir a identidade normativa.

[869] Cfr. FERREIRA DE ALMEIDA, *Transmissão contratual da propriedade*, p. 7, n. 9.

[870] A alienação de coisa futura tem vindo a ser associada a alguns fenómenos contratuais cuja tipicidade social se intensificou. É disso exemplo o ac. do STJ de 19 de Março de 2002 in CJ (STJ) 2002-I, p. 139-142, no qual se discutiu uma permuta de imóveis como bens futuros, havendo os donos de um terreno cedido o mesmo a uma empresa em troca de seis fracções autónomas no prédio a edificar, considerando-se que a transferência da propriedade das fracções ocorreria "quando construídas e entregues, sem necessidade de novo acto de transmissão", e sendo tal momento coincidente com a data de constituição da propriedade horizontal sobre o edifício (cfr. de igual modo o ac. do TCA de 25 de Maio de 1999 in BMJ n.º 487, p. 383 (sumário), qualificando como troca de bens imóveis futuros o comutar de doze lotes de terreno para construção urbana por três moradias unifamiliares a construir em três desses lotes). Podendo a alienação de imóveis a construir convocar diversas figuras jurídicas, como a empreitada, a pré-constituição de condomínio ou contratos mistos de venda e de empreitada (por exemplo, CAMARDI, *ob. cit.*, p. 100, considera estas hipóteses como contratos mistos de venda e empreitada, com reflexos ao nível do risco: o prédio a construir não se encontraria a risco do contraente que cedeu o terreno a partir do momento em que se encontrar construído, mas antes a partir do momento da aceitação da obra), assemelha-se que a adopção do referido figurino é independente da aceitação das coisas alienadas. De facto, se, nos termos do n.º 1 do art. 1417.º, a coisa futura permutada adquire existência autónoma pelo negócio jurídico de constituição da propriedade horizontal, a sua propriedade transmitir-se-á nesse preciso momento. A construção jurisprudencial acima referida não recolhe porém unanimidade, havendo-se considerado, no ac. da RP de 23 de Fevereiro de 1989 in CJ 1989-I, p. 198, que o negócio pelo qual o adquirente de um terreno se obrigava, não recebendo o alienante o preço, a atribuir-lhe o rés-do-chão do edifício a construir, constituiria uma simples promessa unilateral de venda. O critério basilar de decisão será assim, segundo se julga, a interpretação da vontade das partes.

Noutro quadrante, a aquisição imediata do terreno pelo permutante construtor onera a sua contraparte com o risco de insolvência daquele, possibilitando ainda a constituição *medio tempore* de direitos a favor de terceiros, *maxime* hipotecas. Nestes termos, para além do recurso à cláusula de reserva de propriedade até ao cumprimento das obrigações do permutante construtor, a contraparte poderá constituir uma reserva a seu favor do direito de superfície sobre o prédio, bem como proceder à alienação de apenas parte do terreno sobre o qual o prédio deve ser construído, iniciando-se a "empreitada" pela parte do prédio não alienada.

III. Podendo a solução da distribuição do risco contratual no domínio da alienação de coisa futura fundar-se na simples constatação de ausência de transmissão de um direito real para o adquirente até ao momento da aquisição, colheita ou separação da coisa, a ponderação da natureza jurídica da figura permite contudo um juízo mais abrangente.

Sendo comum a configuração da alienação de coisa futura enquanto condição suspensiva do contrato[871], tal poderia desencadear a aplicação da 2.ª prt. do n.º 3 do art. 796.º[872]. Não obstante, a configuração do objecto como elemento essencial e requisito da validade do contrato obstará à sua degradação em mero vector de (in)eficácia do vínculo, sendo de igual modo duvidosa a recondução da situação ao paradigma da venda obrigatória – em que se verificaria uma actividade instrumental positiva do alienante necessária à atribuição translativa – atentas as hesitações tipologicamente existentes em seu torno[873]. Por outra via, não se apresenta consensual a configuração da alienação de coisa futura como um negócio (provisoriamente) incompleto ou em via(s) de formação (cujo objecto surgiria posteriormente à troca do consentimento das partes)[874], dado que a lei parece pressupor a hipótese exactamente contrária, encontrando-se o consenso das partes subjacente à figura em análise.

---

[871] Cfr., nomeadamente, GALVÃO TELLES, *Contratos Civis*, p. 154; FERRI, *ob. cit.*, p. 832, referindo uma venda condicionada em que o *facere* seria reflexo da obrigação de *dare* a cargo do vendedor; FLOUR/AUBERT/SAVAUX, *ob. cit.*, p. 175; e BADENES GASSET, *ob. cit. (I)*, p. 145. Em termos distintos, BIANCA, *La vendita*, p. 335, alude à condição legal de existência da coisa alienada.

[872] Cfr. ROMANO MARTINEZ, *Obrigações – Contratos*, p. 60 e 63, n. 1, referindo uma *conditio iuris* que ocasiona a ineficácia do contrato se a coisa futura não se transformar em coisa presente. Expressamente neste sentido, cfr. o ac. do STJ de 23 de Abril de 1998 in CJ (STJ) 1998-II, p. 48, que, num contrato de extracção de resina celebrado por uma Junta de Freguesia em relação aos pinheiros existentes nos baldios de que a mesma era administradora, considerou que a propriedade se transmitia apenas com a colheita ou separação, concluindo que "estando o contrato dependente da verificação de condição suspensiva (recolha da resina), sempre o risco correria por conta do alienante (...) de acordo com o disposto na prt. final do n.º 3 do art. 796.º".

[873] Este constitui o paradigma explicativo corrente no ordenamento jurídico italiano. Em sentido próximo, ANTUNES VARELA, *Ensaio sobre o conceito de modo*, p. 62, n. 2, referiu, ainda no domínio do CCse, que, tal como nas coisas genéricas e alternativas, "a mera eficácia obrigacional da venda é imputada à natureza especial da coisa vendida". Idêntica orientação é sufragada por MENEZES LEITÃO, *Obrigações, III*, p. 48-49, ressalvando todavia a aproximação ao Direito alemão, uma vez que não é necessária uma (segunda) atribuição patrimonial do vendedor.

[874] Cfr. RAÚL VENTURA, *Compra e venda – Proibições...*, p. 287.

298   *O Risco nos Contratos de Alienação*

Na sequência, em virtude da dúbia configuração da situação jurídica em análise, assemelha-se que a solução de distribuição do risco contratual deverá ser buscada com um tendencial alheamento daquela, que apenas desempenhará, assim, uma função de enquadramento.

IV. A alienação de coisa futura não suscita em rigor uma questão de risco contratual em sentido próprio, mas antes de simples impossibilidade do cumprimento em caso de inexistência (coisas objectivamente futuras) ou de não aquisição da coisa não imputável ao alienante (coisas subjectivamente futuras)[875]. A questão pode encontrar solução, quando aplicáveis, nas regras contidas nos arts. 790.º e 795.º[876] ou mesmo na verificação da nulidade do negócio jurídico[877], sem que o disposto no art. 796.º seja cha-

---

[875] Cfr., neste sentido, RUBINO, *ob. cit.*, p. 462; e DELFINI, *ob. cit.*, p. 131, n. 12. Em termos próximos, BIANCHI, *ob. cit.*, p. 606, sufraga que na venda de coisa futura o risco se transmite apenas com a existência da coisa; considerando LOMBARDI, *ob. cit.*, p. 231, que a situação é *"più propriamente espressione di derroga al principio consensualistico che eccezione al canone res perit domino"*.

[876] Cfr. PIRES DE LIMA/ANTUNES VARELA, *CCAnotado, I*, p. 349, aplicando o art. 793.º se a coisa futura vier a existir em quantidade inferior à acordada; e MENEZES LEITÃO, *Obrigações, III*, p. 48. Fazendo a aplicação do art. 795.º, cfr. o ac. do STJ de 27 de Outubro de 1992 in BMJ n.º 420, p. 542, relativamente a um contrato de venda de frutos futuros pelo qual, após a inspecção dos pomares do outro contraente, alguém comprou toda a produção de maçã da colheita de certo ano; e o ac. da RE de 23 de Fevereiro de 1989 in CJ 1989-I, p. 256-258, no qual foi considerada a existência de uma união de contratos de compra e venda de bens autonomizados e de frutos pendentes na alienação de duzentas e cinquenta toneladas de aveia (e não de uma hipótese do art. 887.º). Solução distinta e criticável foi todavia adoptada pelo ac. do STJ de 20 de Janeiro de 1994 in CJ (STJ) 1994-I, p. 53-55, na sequência do ac. da RE de 18 de Março de 1993 in CJ 1993-II, p. 265, que, em relação a uma venda de laranjas na árvore, considerou que "embora a sua propriedade somente se transferisse para a compradora no momento da colheita, o certo é que entretanto o risco pelo perecimento – no caso derivado da poluição de uma fábrica – corria por conta do recorrente (comprador)", entendendo depois, com base no enriquecimento sem causa, que, não sendo devida a restituição do preço da venda, os montantes indemnizatórios recebidos pelos vendedores em virtude da poluição atmosférica deveriam ser atribuídos aos compradores. De facto, mesmo que a factualidade do contrato celebrado pudesse induzir, em derrogação às regras gerais aplicáveis, a aplicação do n.º 2 do art. 880.º, o fundamento do ressarcimento do comprador encontrar-se-ia no art. 794.º (em modelação da própria álea contratual assumida), norma jurídica ignorada por ambas as instâncias (cfr. MENEZES LEITÃO, *O enriquecimento*, p. 512, n. 56; e VIEIRA GOMES, *O conceito de enriquecimento*, p. 74, n. 111, que critica o acórdão, por sua vez, pela aproximação entre equidade e enriquecimento sem causa).

[877] Em termos radicais, RAÚL VENTURA, *Compra e venda – Proibições...*, p. 289, entende que se a coisa não chega a existir sendo realizadas as diligências prescritas pelo

mado a realizar qualquer intervenção. Com efeito, a não produção do efeito real pela ausência, por exemplo, da configuração da coisa com autonomia numa alienação de frutos na árvore determina que o substrato aplicativo do n.º 1 do art. 796.º se não verifique[878].

De outro prisma, embora se reconheça que tal configuração dogmática possui algo de ficcional, a atribuição do risco ao alienante pode entroncar na manutenção na sua esfera jurídica do risco-estático de perecimento ou deterioração de uma coisa de existência potenciada, dado o contrato não haver chegado a desempenhar um efectivo efeito transmissivo.

Sendo os efeitos de imputação da perda patrimonial ao alienante paralelos quer se sufrague a existência de uma condição suspensiva, o funcionamento de uma regra de risco meramente contraprestacional, ou a simples inexistência de um efeito alienatório que desencadeie a aplicação da norma do art. 796.º, afigura-se porém inequívoca a impossibilidade de inversão aplicativa do seu n.º 2, mesmo numa interpretação extensiva da *ratio legis* subjacente à norma. De facto, ainda na hipótese do corte das árvores ou da apanha dos frutos não ser efectuada por facto imputável, ou relativo à esfera de interesse do adquirente (por exemplo, se, estando obrigado a tal, este não realizar tais operações), a ausência de individualização do objecto contratual inviabiliza tal consideração. A hipótese poderá encontrar sede adequada no âmbito do n.º 1 do art. 815.º, *maxime* a aceitar-se como idónea a ampliação da sua esfera de aplicação a situações relativas à esfera de risco do credor, sendo ainda hipotetizável a aplicação do art. 795.º, n.º 2.

4.2.1.3. *A alienação de coisa indeterminada*

4.2.1.3.1. *Em geral*

Encontrando-se pressuposta pelo n.º 2 do art. 408.º, a noção de coisa indeterminada tende a ser preenchida através da referência à não concretização prestacional no momento da constituição da obrigação, género de

---

n.º 1 do art. 880.º o contrato é nulo "por falta definitiva de um elemento essencial", não se suscitando sequer uma questão de risco. Também o art. 182.º do PCEC considera ineficaz a venda.

[878] Em sentido contrário, cfr. o ac. do STJ de 10 de Abril de 1997 in BMJ n.º 466, p. 477-484, em que, num contrato de compra e venda de eucaliptos, se entendeu, por via do disposto nos arts. 408.º, n.º 2, e 796.º, n.º 1, que havendo ocorrido um incêndio antes do corte o risco corria por conta do vendedor.

300 *O Risco nos Contratos de Alienação*

que as obrigações genéricas e alternativas constituem as categorias mais salientes[879].

Não obstante, a lei dispõe em termos gerais que na alienação de coisas indeterminadas o efeito real apenas se produz quando a coisa for determinada com o conhecimento de ambas as partes, assumindo a declaração de determinação da prestação uma natureza negocial que não se encontra sujeita a qualquer forma especial, nos termos do disposto no n.º 2 do art. 221.º[880]. Aparentemente mais completo do que a solução do art. 716.º do CCse, o n.º 2 do art. 408.º excepciona contudo o regime jurídico das obrigações genéricas, obstando assim à uniformidade do momento translativo neste âmbito. A sua determinação assume-se decisiva para que, em momento subsequente, a assunção do risco possa ser aferida[881].

4.2.1.3.2. *Obrigações alternativas*

I. Possuindo como objecto a composição de interesses futuros que se mostram de certo modo incertos no momento da constituição da obrigação, as obrigações alternativas ou disjuntivas constituem uma modalidade de prestação indeterminada distinta de diversas figuras afins[882]. Definidas no n.º 1 do art. 543.º, as obrigações alternativas caracterizam-se pela existência de várias (duas ou mais) prestações, tendo estas por subjacente um

---

[879] Cfr. ANTUNES VARELA, *Das Obrigações, I*, p. 830, n. 1; MENEZES LEITÃO, *Obrigações, I*, p. 142-144, mencionando as razões possíveis da indeterminação; e ROMANO MARTINEZ, *Obrigações – Contratos*, p. 130. Todavia, a noção de "coisa genérica" encontra-se pressuposta na lei (cfr. os arts. 773.º, n.º 2, e 2253.º), embora não se identifique, necessariamente, com toda a categoria (cfr. MORAIS CARVALHO, *Transmissão da propriedade e transferência do risco na compra e venda de coisas genéricas*, p. 26, na aproximação do n.º 2 do art. 773.º às obrigações genéricas de género limitado).

[880] Cfr. MENEZES LEITÃO, *Obrigações, I*, p. 144.

[881] Cfr. MENEZES CORDEIRO, *Obrigações, II*, p. 181, justificando a regulamentação do risco por regras pertencentes ao Direito das obrigações.

[882] Com as obrigações alternativas não se confundem *(i)* os negócios condicionais, em que não existe necessariamente uma escolha e em que a indeterminação se reporta à eficácia do próprio vínculo jurídico; *(ii)* as obrigações com faculdade alternativa, em que a prestação se encontra determinada desde o momento da sua constituição mas o devedor, no exercício de um direito potestativo modificativo, tem a faculdade de substituir o objecto da prestação por outro objecto; e *(iii)* os negócios jurídicos com vontade alternativa, admitindo a invalidade do primeiro negócio (cfr. GALVÃO TELLES, *Contratos em Geral*, p. 375; ANTUNES VARELA, *Das Obrigações, II*, p. 177; ALMEIDA COSTA, *Obrigações*, p. 729; e MENEZES LEITÃO, *Obrigações, I*, p. 150).

único direito de crédito. Embora a figura se possa compaginar com simples prestações de facto (consoante admitia em termos expressos o art. 733.º do CCse[883]), a sua abordagem encontra-se obviamente circunscrita às prestações de coisa afecta ao credor em termos reais.

Admitindo a autonomia privada que as partes conjuguem obrigações alternativas com a contratação de obrigações genéricas – como era aliás referido no anteprojecto de Vaz Serra – a qualificação de algumas situações como obrigações alternativas ou genéricas, *maxime* quando as últimas constituam um género limitado, constitui um delicado problema de interpretação da vontade contratual, a solucionar previamente à imputação do risco[884].

II. Consoante é sufragado pela maioria da doutrina portuguesa, a propriedade da coisa alienada em alternativa transmite-se, nos termos do n.º 2 do art. 408.º, quando a coisa for determinada com o conhecimento de ambas as partes[885]. Havendo que proceder a um acto de selecção prestacional, e incumbindo este, nos termos do n.º 2 do art. 543.º, supletiva-

---

[883] Cfr. Vaz Serra, *Obrigações alternativas*, p. 66; Pires de Lima/Antunes Varela, *CCAnotado, I*, p. 553; Antunes Varela, *Das Obrigações, I*, p. 832; e Almeida Costa, *Obrigações*, p. 728.

[884] Cfr., nomeadamente, Paulo Cunha, *Obrigações*, p. 63; Vaz Serra, *Obrigações alternativas*, p. 65, n. 6, e 140, referindo-se ao "espírito do contrato", e estabelecendo, no n.º 3 do art. 1.º do seu anteprojecto, que a dúvida da estipulação das partes deveria receber o contributo da "designação individual ou não, ao maior ou menor número, à maior ou menor diversidade dos possíveis objectos da prestação, (e) à maior ou menor possibilidade de ter ao mesmo tempo presentes todas as prestações", sendo a obrigação alternativa "quando as diferentes prestações são consideradas pelas partes com as suas qualidades particulares", e genérica "quando as partes têm em conta o facto de a prestação a fazer pertencer a um conjunto designado"; Rui de Alarcão, *Direito das obrigações*, p. 140, pontificando a forma como o objecto é encarado pelas partes: na sua individualidade ou enquanto massa indeterminada; e Lacruz Berdejo, *Elementos, II-I*, p. 63, exemplificando com a escolha de um de cinco automóveis.

[885] Cfr. Antunes Varela, *Das Obrigações, I*, p. 834, embora aparentemente limite este raciocínio às situações em que a escolha compete ao credor ou a terceiro; Raúl Ventura, *Contrato de compra e venda no Código Civil (efeitos essenciais: a transmissão da propriedade da coisa ou da titularidade do direito; a obrigação de entregar a coisa)*, p. 601; Romano Martinez, *Obrigações – Contratos*, p. 35, e em *Obrigações – Apontamentos*, p. 157; Menezes Leitão, *Obrigações, I*, p. 151 e 199; e Morais Carvalho *Transmissão*, p. 23. Em sentido contrário, Menezes Cordeiro, *Obrigações, I*, p. 347, considera porém a remissão para o momento do cumprimento induzida pelo disposto no art. 545.º, bem como a aplicação analógica do art. 541.º às obrigações alternativas.

302 *O Risco nos Contratos de Alienação*

mente, ao devedor, a transmissão da propriedade ocorrerá em regra com a comunicação pelo devedor ao credor da escolha efectuada. Porém, como o mesmo acto pode, de acordo com o art. 549.°, ser endossado ao credor ou a um terceiro, é também admissível que o efeito real se produza com a comunicação da escolha ao devedor, no primeiro caso, e com a comunicação da escolha a ambas as partes, na segunda situação jurídica.

Anteriormente à prática do acto de selecção, ou mesmo após a sua efectivação antes que a mesma seja conhecida de ambas as partes, o art. 545.°, em linha com a orientação presente no Direito romano, no CCse e nos ordenamentos jurídicos próximos, determina que, em caso de impossibilidade de uma prestação por causa não imputável às partes (logo, impossibilidade casual), a obrigação assumida se limita às prestações possíveis. Nestes termos, não se verificando a exoneração do devedor nos termos do art. 790.°, ou, se assim se entender, sendo a mesma norma apenas aplicável à prestação que se impossibilitou – mantendo-se eficaz a obrigação do devedor perante o substrato prestacional remanescente – afigura-se idónea a consideração da solução como uma manifestação do risco-estático inerente à titularidade de um direito real. De facto, embora se possa pretender o funcionamento do art. 790.° quanto à prestação que se impossibilitou, a verdade é que a sua consideração não afasta a manutenção do vínculo obrigacional do devedor, encontrando a perda patrimonial por este sofrida – traduzida no perecimento ou na deterioração de uma das coisas objecto da obrigação – enquadramento adequado enquanto sacrifício patrimonial determinado pela titularidade dominial[886].

Não nos encontrando perante uma concretização específica de impossibilidade parcial – uma vez que esta é aferida perante a prestação e não perante a obrigação complexivamente considerada – e sendo por outra via evidente que o n.° 2 do art. 793.° se distancia da situação em análise, a doutrina constante do art. 545.° não encontra obviamente aplicação após a concentração da obrigação numa das diversas prestações possíveis, situação em que não existirá já uma obrigação alternativa, mas antes uma obrigação específica. Por outro lado, se o evento não imputável a qualquer das partes que ocasionou o perecimento ou a deterioração de uma das coisas objecto da obrigação alternativa suscitar a eliminação de todo o substrato obrigacional, a esfera de colocação da perda patrimonial será ainda a

---

[886] Será o clássico exemplo de perecimento de um dos três automóveis com que o vendedor (devedor da entrega da coisa), se dispunha a cumprir a sua obrigação contratual.

O *regime jurídico do risco nos contratos de alienação* 303

esfera jurídica do devedor, embora nesta situação o art. 790.º encontre plena aplicação – no sentido de exonerar aquele do vínculo jurídico assumido perante o credor – e se viabilize a aplicação no n.º 1 do art. 795.º quanto à contraprestação[887].

III. A hipótese de concentração automática da prestação alternativa suscita todavia dificuldades particulares, não sendo dispicienda a sua aproximação, em termos circunscritos, à extinção parcial do género, a que se refere o art. 541.º, em sede de obrigações genéricas[888].

Se o perecimento de uma das coisas objecto de obrigação alternativa cujo âmbito prestacional compreenda mais de duas coisas suscita a aplicação do art. 545.º – possibilitando a aplicação do art. 790.º em caso de extinção de todo o objecto prestacional – a situação de perecimento de uma das duas coisas, ou de duas das três coisas, objecto da obrigação alternativa ocasionará a sua concentração automática, sem que se equacione a aplicação do disposto no n.º 2 do art. 408.º. Nestes termos, se o perecimento simultâneo das coisas alienadas em alternativa determina o suporte pelo devedor alienante da perda patrimonial em que o perecimento se traduz, o perecimento faseado das mesmas duas coisas encontra uma solução possivelmente distinta[889]. Com efeito, se o sacrifício patrimonial conexo com o primeiro perecimento onera ainda o devedor enquanto proprietário da coisa, o segundo perecimento, que ocorre num

---

[887] Configure-se, na sequência do exemplo anterior, o perecimento de todos os três automóveis com que o vendedor se dispunha a cumprir.

[888] Sobre a concentração automática da obrigação cfr., nomeadamente, ANTUNES VARELA, *Das Obrigações, I*, p. 839-840; e MENEZES LEITÃO, *Obrigações, I*, p. 152. O fenómeno é objecto de admissão genérica nos ordenamentos jurídicos italiano e espanhol (cfr. LOMBARDI, *ob. cit.*, p. 234, "*concentrazione ope iuris*"; LACRUZ BERDEJO, *Elementos, II-I*, p. 74; ALBALADEJO, *Obligaciones*, p. 43; LETE DEL RÍO/LETE ACHIRICA, *ob. cit.*, p. 103; e SOTO NIETO, *ob. cit.*, p. 188), determinando por seu turno o n.º 5 do art. 87.º do PCEC, que a impossibilidade não imputável de uma das prestações alternativas ocasiona a existência de uma obrigação simples. Os aspectos duvidosos radicam, no essencial, no desconhecimento pelo credor do evento que determina a concentração automática da obrigação, bem como na possível fraude do devedor a seu respeito.

[889] Exemplificando, são diferentes as situações de perecimento simultâneo de dois automóveis alienados em alternativa, ou de perecimento em lapsos temporais distintos (o primeiro automóvel no dia 1, e o segundo automóvel no dia 2). Tal potencia obviamente a fraude do devedor-alienante, no sentido de, sendo a situação desconhecida do credor-adquirente, alegar que os bens pereceram em momentos distintos, para que as consequências danosas do segundo evento sejam suportadas pelo adquirente.

momento em que a obrigação já se transformou em obrigação específica – com a produção do efeito jurídico-transmissivo respectivo – admite a aplicação do disposto no n.º 1 do art. 796.º relativamente ao novo proprietário da coisa[890].

Admite-se deste modo, na hipótese figurada, que o normal risco-estático suportado pelo devedor enquanto titular dominial da coisa prestada se transfigure, quanto à coisa remanescente objecto da prestação, numa atribuição de risco ao credor adquirente. A solução pode ser alterada através da recondução do efeito real a respeito da coisa remanescente aos cânones do n.º 2 do art. 408.º, embora não exista, em rigor, substrato para a sua aplicação a uma coisa que deixou de ser indeterminada. Mas a aplicação do n.º 2 do art. 796.º pode conduzir à manutenção do risco na esfera do devedor. Na verdade, incumbindo a escolha nas obrigações alternativas, em regra, ao alienante, será no seu interesse que, em princípio, a entrega é direccionada para momento posterior à celebração do contrato, pelo que será ainda a este que incumbirá a perda patrimonial[891].

A situação jurídica descrita não deve, por seu turno, ser confundida com a alienação com faculdade alternativa, a qual, tendo por objecto coisa determinada, suscita a aplicabilidade directa do regime da imediatividade translativa[892].

---

[890] Cfr., quanto à aplicação do art. 796.º nas hipótese de especificação da obrigação, ANTUNES VARELA, *Das Obrigações, II*, p. 87; e MENEZES CORDEIRO, *Obrigações, I*, p. 349.

[891] A solução não será exacta quando a escolha da prestação incumba ao credor ou a terceiro, embora também nestas situações se deva equacionar em benefício de que contraente se não verificou a entrega da coisa. Por outra via, pode a escolha incumbir ao devedor-alienante mas a entrega da coisa não se verificar pela satisfação de um interesse do credor-adquirente (por exemplo, a aquisição imediatamente acordada de um de dois automóveis de um estabelecimento comercial sito numa localidade para onde o adquirente se deva deslocar, iguais mas com cores diferentes – aspecto indiferente para o comprador – que o adquirente apenas passará a buscar quando chegar à localidade, no dia 3, perecendo o primeiro automóvel no dia 1, e o segundo automóvel no dia 2).

[892] Cfr. PAULO CUNHA, *Obrigações*, p. 52, 127 e 129; MANUEL DE ANDRADE, *Obrigações*, p. 214; VAZ SERRA, *Obrigações alternativas*, p. 129, referindo a exoneração completa do devedor; e MENEZES CORDEIRO, *Obrigações, I*, p. 350, sufragando a aplicabilidade do regime das prestações determinadas. Também neste domínio encontra o n.º 2 do art. 796.º aplicação privilegiada (se ao alienante incumbir a faculdade alternativa). Para mais, não se afigura convocável o regime jurídico da alienação com condição resolutiva (cfr., nomeadamente, LOMBARDI, *ob. cit.*, p. 235), uma vez que a alienação é plenamente eficaz.

4.2.1.3.3. *Obrigações genéricas*

I. Constituindo um paradigma inultrapassável da estrutura jurídico-
-alienatória contemporânea, o regime jurídico-transmissivo das obrigações
genéricas é objecto de expressa ressalva pelo n.º 2 do art. 408.º.

Apesar das referências legais a "coisa genérica", a noção de obrigação genérica é apenas pressuposta no art. 539.º, sendo comummente
entendida como uma obrigação cujo objecto se encontra apenas determinado quanto ao género, qualidade, quantidade, peso ou medida, e não individual ou concretamente estabelecido. Corporizando uma abstracção normativamente reconhecida, a amplitude da obrigação genérica não pode
todavia assumir um âmbito que questione a própria determinabilidade da
prestação, embora não deva ser tão restrita que se reconduza a um simples
agrupamento de espécies. As obrigações genéricas configuram assim um
tipo abstracto aglutinador de notas essenciais e distintivas, cuja extensão
se encontra em razão inversamente proporcional da sua compreensão,
constituindo o paradigma no comércio por grosso[893].

Delimitando o seu objecto real[894], cumpre em primeiro lugar sublinhar que, se em regra o mesmo se traduz em coisas fungíveis, definidas
em termos de equivalência económico-social ou de tendencial substi-
tuibilidade pelo art. 207.º, nenhum obstáculo se levanta à admissibilidade de obrigações genéricas cujo objecto coincida com coisas infungíveis, desde que não individualmente determinadas[895]. Por outra via,

---

[893] Cfr., nomeadamente, MANUEL DE ANDRADE, *Obrigações*, p. 187; VAZ SERRA,
Obrigações genéricas, p. 5; GALVÃO TELLES, *Obrigações*, p. 44; PIRES DE LIMA/ANTUNES
VARELA, *CCAnotado, I*, p. 549; ANTUNES VARELA, *Das Obrigações, I*, p. 819; ALMEIDA
COSTA, *Obrigações*, p. 720; RUI DE ALARCÃO, *ob. cit.*, p. 137; MENEZES CORDEIRO, *Obrigações, I*, p. 341; RIBEIRO DE FARIA, *Obrigações, II*, p. 196; e MENEZES LEITÃO, *Obrigações, I*, p. 144. Em síntese, COSSIO, *La transmisión*, p. 611, sublinha que o seu objecto se
determina não por designação directa, mas por definição lógica.

[894] Apesar do art. 540.º pressupor a sua aplicação apenas às obrigações de coisa, não
existe impedimento a que o carácter genérico da obrigação se reporte a uma obrigação
de *facere*, por exemplo em relação a prestações de serviços (nomeadamente concertos ou
exposições) ou a cessões de uso (cfr. VAZ SERRA, *Obrigações genéricas*, p. 5, n. 2, e em
Obrigações alternativas, p. 63, n. 6; LETE DEL RÍO/LETE ACHIRICA, *ob. cit.*, p. 95; e
LASARTE, *Principios, II*, p. 78).

[895] Cfr. PINTO COELHO, *Noções fundamentais 1.ª Parte*, p. 557; MANUEL DE
ANDRADE, *Teoria Geral, I*, p. 252, n. 5; CABRAL DE MONCADA, *Direito Civil*, p. 422; VAZ
SERRA, *Obrigações genéricas*, p. 5; RAÚL VENTURA, *Compra e venda – Efeitos essenciais*,
p. 600; RIBEIRO DE FARIA, *Obrigações, II*, p. 197, n. 1; e MENEZES LEITÃO, *Obrigações, I*,
p. 145.

306 · O Risco nos Contratos de Alienação

incidindo em termos típicos sobre coisas móveis, assemelha-se que a alienação de um imóvel pode-se também traduzir numa obrigação genérica, em particular se o seu objecto incidir sobre coisa fungível[896]. A categoria compreende ainda uma distinção entre obrigações genéricas de género limitado e ilimitado, existindo nas primeiras dados que circunscrevem ou delimitam o objecto da obrigação, com consequências em sede do regime jurídico da impossibilidade da prestação[897]. A distinção entre estas duas modalidades pode todavia assumir sérias dificuldades práticas, as quais devem encontrar solução na interpretação da vontade das partes, com recurso a todas as circunstâncias jurídicas relevantes que se encontrem subjacentes ao contrato.

II. Previamente à consideração do regime jurídico aplicável, a categoria das obrigações genéricas deve ser afastada de outras situações jurídicas, operação fundamental na prevenção de soluções iníquas no que respeita à distribuição do risco contratual. Nestes termos, não constituem obrigações genéricas as obrigações que, sendo ainda determinadas, se

---

[896] Cfr. MENEZES CORDEIRO, *Tratado, I-II*, p. 153, admitindo a fungibilidade de imóveis; SANTO JUSTO, *Reais*, p. 133; JOÃO REDINHA, *Contrato de mútuo*, p. 190, n. 7, referindo a fungibilidade de imóveis em relação ao contrato de mútuo; LUMINOSO, *I contratti*, p. 55, sufragando a sua alienação *genus limitatum,* embora em *La compravendita: dal codice ai nuovi assetti normativi*, p. 1129, considere discutível o exemplo da venda genérica de parte de terreno a destacar-se de outro mais amplo; CIAN/TRABUCCHI, *ob. cit.*, p. 1458, configurando uma venda de imóveis de género limitado em relação a uma parte de terreno que se deva destacar de um outro de maiores dimensões; e LOMBARDI, *ob. cit.*, p. 237. Em sentido diverso cfr., todavia, CUNHA GONÇALVES, *Tratado, III*, p. 44; PIRES DE LIMA/ANTUNES VARELA, *CCAnotado, II*, p. 860, referindo a impossibilidade do depósito irregular de coisas imóveis; ROMANO MARTINEZ, *Obrigações – Contratos*, p. 70, n. 1; e MENEZES LEITÃO, *Obrigações, III*, p. 395, excluindo o mútuo de imóveis. A alienação de um dos diversos prédios que o vendedor possua, nomeadamente se as áreas respectivas e as características dos imóveis forem coincidentes, poderá consistir assim, em nosso juízo, e se essa for a intenção das partes, um exemplo de venda de coisa genérica.

[897] Desta última categoria é exemplo, nomeadamente, a alienação de determinada quantidade de cereal existente em certo celeiro (constituindo a alienação de todo o cereal presente naquele uma obrigação específica) ou a alienação de um livro da estante do devedor (cfr. JOSÉ TAVARES, *Princípios, I*, p. 370; PAULO CUNHA, *Obrigações*, p. 59, referindo que a máxima *genus nunquam perit* não encontra aplicação nas obrigações genéricas delimitadas ou de género limitado; VAZ SERRA, *Obrigações genéricas*, p. 6 e 8, e em *Impossibilidade superveniente*, p. 32, 55 e 128; e PIRES DE LIMA/ANTUNES VARELA, *CCAnotado, I*, p. 549).

O regime jurídico do risco nos contratos de alienação

enunciem em termos genéricos (por exemplo a alienação de uma garrafa da garrafeira de que sobre apenas sobre esta), nem as obrigações que, constituindo parte alíquota de certo género, pressuponham a sua determinação[898]. Paralelamente, não constituem obrigações genéricas as obrigações que abranjam todo o género prestacional, encontrando-se apenas sujeitas a um acto de contagem, pesagem ou de medição (como por exemplo todo o cereal contido num celeiro, todas as peças de uma oficina ou todos os móveis existentes em determinado depósito ou habitação)[899].

As vendas "*en bloc*" ou "*di una massa di cose*" consagradas, respectivamente, nos arts. 1586.º do CCfr e 1377.º do CCit, e cuja normativização foi proposta por VAZ SERRA[900], identificam-se com a última categoria referida, embora as mesmas possam incidir sobre um objecto prestacional não coincidente com a totalidade do género. Fundando-se na alienação *per aversionem* do Direito romano, o seu regime postula a transmissão imediata da propriedade do objecto alienado, com reflexos ao nível da distribuição do risco contratual[901]. Uma concretização específica desta modalidade contratual surge nos arts. 887.º e 888.º, a respeito de coisas sujeitas a contagem, pesagem ou medição[902], bem como na venda a "esmo ou por partida inteira", a que se refere o pr. e o § 1 do art. 472.º do CCom[903],

---

[898] Cfr. VAZ SERRA, *Obrigações genéricas*, p. 49, ainda que o exemplo que emprega – "metade da colheita do ano *x*" – nos suscite óbvias reservas se a colheita não houver sido ainda efectuada. Já não, por exemplo, a alienação da primeira metade dos vinte volumes de uma enciclopédia.

[899] Cfr. GUILHERME MOREIRA, *Instituições, II*, p. 71; VAZ SERRA, *Obrigações genéricas*, p. 49; PIRES DE LIMA/ANTUNES VARELA, *CCAnotado, I*, p. 549; ANTUNES VARELA, *Das Obrigações, I*, p. 821; ALMEIDA COSTA, *Obrigações*, p. 722; RIBEIRO DE FARIA, *Obrigações, II*, p. 198; e MENEZES LEITÃO, *Obrigações, I*, p. 145, n. 311.

[900] VAZ SERRA, *Efeitos dos contratos*, p. 355, art. 5.º, n.º 3.

[901] Cfr. RAÚL VENTURA, *Compra e venda – Efeitos essenciais*, p. 597, referindo a aplicação do n.º 1 do art. 408.º, enquanto venda de coisas determinadas.

[902] Cfr. RAÚL VENTURA, *Compra e venda – Proibições...*, p. 314, sufragando ser todavia duvidoso que a venda em massa se possa subsumir ao disposto nos arts. 887.º e 888.º; ROMANO MARTINEZ, *Obrigações – Contratos*, p. 34, n. 2, e 71, referindo que, sendo a obrigação específica, as operações de pesagem e medição em nada alteram as regras da distribuição do risco; MENEZES LEITÃO, *Obrigações, III*, p. 74 e 76; e MORAIS CARVALHO, *Transmissão*, p. 20.

[903] Cfr. ANTERO, *Comentario ao Codigo Commercial Portuguez v. III²*, p. 36 e 40, concluindo pelo enquadramento nas vendas em bloco ou a esmo, em que a propriedade se transfere com o contrato, a risco do comprador; RAÚL VENTURA, *Compra e venda – Proibições...*, p. 315, considerando a figura como uma venda em massa ou em bloco, em que o objecto é determinado; e CASSIANO DOS SANTOS, *Direito Comercial Português v. I*, p. 374-375.

308   *O Risco nos Contratos de Alienação*

sendo a categoria objecto de reconhecimento jurisprudencial[904]. Por seu turno, a categoria da venda a esmo não deve ser confundida com a classificação doutrinal que distingue entre as obrigações genéricas de escolha ou de qualidade, e as obrigações genéricas de quantidade, nas quais a determinação do objecto da prestação apenas depende de um simples acto de pesagem, contagem ou medição (mera especificação), sendo as coisas perfeitamente fungíveis[905]. Sendo duvidoso que a última subcategoria possua um regime jurídico específico[906], a hesitação radica no emprego da mesma

---

[904] Cfr. o ac. do STJ de 27 de Fevereiro de 1986 *cit.*, p. 248, relativamente à venda de cortiça de uma herdade sendo o preço fixado por arroba e determinado após pesagem, considerando tratar-se de uma venda de coisa específica (compra e venda a esmo nos termos do art. 472.º do CCom); o ac. da RE de 30 de Março de 1995 in CJ 1995-I, p. 259, que considerou também a "venda em bloco, a esmo, ou por partida inteira – *per aversionem* – de uma pilha de cortiça vendida pelo preço de 3200$00 a arroba, sendo que o elemento preço se destina(va) apenas a determinar a quantia exacta do preço final", associando à solução o art. 472.º do CCom; e o ac. do STJ de 10 de Abril de 1997 *cit.*, p. 481, em relação a um contrato de compra e venda de "determinada quantidade de madeira existente na referida propriedade", sendo acordado o preço à razão de 2500$00 por estere "sem casca" e 2000$00 por estere "com casca". Havendo ocorrido, na última situação, um incêndio antes do corte da madeira, foi entendido que o regime da venda a esmo teria implícita a exigência de um objecto já existente no momento da contratação, o que não se verificava no caso, dado que o volume dos eucaliptos objecto do contrato fora estimado em função do seu normal crescimento decorridos alguns anos. Na sequência, foi justamente considerada a aplicação do art. 472.º do CCom, na parte relativa à venda por conta, peso ou medida, bem como o regime jurídico da compra e venda de coisa futura.

[905] Cfr. PAULO CUNHA, *Obrigações*, p. 58 e 134, que, a respeito do art. 1551.º do CCse referia que apenas com o acto de contagem ou de medição se dava a concentração; ALMEIDA COSTA, *Obrigações*, p. 721; RIBEIRO DE FARIA, *Obrigações, II*, p. 200; e MORAIS CARVALHO, *Transmissão*, p. 27. Em sentido algo distinto, cfr. ainda MANUEL DE ANDRADE, *Obrigações*, p. 188, sufragando o carácter equívoco e a duvidosa utilidade prática da distinção; bem como VAZ SERRA, *Obrigações genéricas*, p. 7 e 48, n. 99, referindo que "uma obrigação não deixa de ser genérica pelo facto de faltar apenas a pesagem, contagem ou medição para se determinar concretamente o objecto da prestação".

[906] Apesar do n.º 2 do art. 930.º do CPCiv aludir a "coisas móveis a determinar por conta, peso ou medida", o requisito da certeza da obrigação é enunciado no seu art. 802.º em sentido distinto (cfr. PEREIRA COELHO, *Obrigações*, p. 115, reconhecendo o interesse no âmbito do art. 930.º do CPCiv; CALVÃO DA SILVA, *Cumprimento*, p. 359, entendendo a referência legal como uma alusão a coisa certa; e LEBRE DE FREITAS, *A acção executiva*, p. 84, referindo a existência de uma obrigação genérica com objecto qualitativamente determinado, exemplificando com 200 toneladas de mármore de certa qualidade, que apenas envolve um acto de individualização das unidades prestadas). Os arts. 887.º e 888.º do CCiv e o art. 472.º, § 1, do CCom encontram-se, por sua vez, excluídos do domínio versado.

terminologia pelo pr. e § 2 do art. 472.° do CCom[907], e, por outra via, pelos arts. 887.° e 888.° do CCiv, os últimos em relação a situações em que seguramente se equacionam obrigações específicas[908].

Perante a dúvida qualificativa de determinada situação jurídica como alienação de coisa determinada sujeita a contagem, pesagem e medição, ou enquanto alienação de coisa objecto de uma obrigação genérica de quantidade, serão aproveitáveis alguns indícios subjacentes ao vínculo acordado, como os relativos ao bem transaccionado (sua obtenção ou fabrico), ao modo ou ao momento de realização da contraprestação, e aos usos que especificamente vigorem na contratação. A determinação da vontade das partes constituirá, uma vez mais, o critério fundamental de decisão.

III. A ressalva do regime das obrigações genéricas pelo n.° 2 do art. 408.°, no que diz respeito ao momento de transmissão dominial, obriga o intérprete a equacionar um paradigma transmissivo distinto da escolha da coisa devida com conhecimento de ambas as partes. De facto, ao menos quando a escolha incumba ao devedor – o que constitui regra supletiva nos termos do art. 539.° – a solução deve obter-se, perante a diversidade de orientações possíveis[909], através do disposto nos arts. 541.° e 540.°.

Ora, deduz-se da prt. inicial do art. 541.° que, em regra, a concentração das obrigações genéricas ocorre com o cumprimento, fenómeno que,

---

[907] Cfr. ROMANO MARTINEZ, *Obrigações – Contratos*, p. 67, concluindo pela equivalência da excepção contida no prt. final do pr. do art. 472.° do CCom à situação de mora do credor; MENEZES LEITÃO, *Obrigações, III*, p. 75 e 90, n. 203, entendendo o art. 472.° do CCom como uma concretização da venda genérica; e CASSIANO DOS SANTOS, *ob. cit.*, p. 376, concluindo que, salvo quanto à ficção de entrega, o regime civil consome o regime mercantil. CUNHA GONÇALVES, *Tratado, VIII*, p. 430, equacionava, por sua vez, a venda por conta, peso e medida como uma venda condicional suspensiva, em que a propriedade se transferiria apenas após a conclusão das mesmas operações.

[908] Cfr. RAÚL VENTURA, *Compra e venda – Proibições...*, p. 318, mencionando uma "real diferenciação de hipóteses entre os artigos dos dois códigos". Cfr., ainda neste domínio, o ac. do STJ de 14 de Março de 1972 in RLJ ano 106.°, n.° 3494, p. 77, que aplicou o disposto no art. 887.° a um contrato de fornecimento de electricidade, com anotação discordante de VAZ SERRA, *Anotação ao ac. do STJ de 14 de Março de 1972*, p. 85 e 87, referindo ser o fornecimento de água, energia ou gás um contrato unitário duradouro e não um contrato criador de uma relação obrigacional periódica ou reiterada (constituindo uma subespécie da compra e venda de coisa genérica), não havendo venda de coisas determinadas quando a determinação se encontre dependente do consumo efectivo pelo consumidor.

[909] Cfr., por todos, MENEZES CORDEIRO, *Obrigações, I*, p. 343; e MENEZES LEITÃO, *Obrigações, I*, p. 146, na alusão às teorias da separação, envio e entrega da coisa.

num contrato de alienação, coincidirá com a entrega da coisa pelo devedor ao credor[910]. Por outro lado, a manutenção do dever prestacional estabelecida pelo art. 540.º, ainda que pereçam as coisas com que o devedor se dispunha a cumprir, induz, de igual modo, a irrelevância genérica de outra conduta do devedor que não a efectiva entrega da coisa[911]. A regra do art. 540.º extravasa porém a solução da simples titularidade dominial da coisa objecto de alienação, pretendendo regular, em conformidade com a orientação proveniente do Direito romano e afirmada unanimemente nos diversos ordenamentos jurídicos compulsados, a questão da distribuição do risco contratual[912].

Afirmado como contrapartida da atribuição da escolha do objecto da prestação ao devedor[913], o art. 540.º obsta ao funcionamento do art. 790.º, inviabilizando a existência fenoménica de impossibilidade de prestação por parte do devedor[914]. Em conformidade, o perecimento da coisa antes

---

[910] Exactamente no mesmo sentido, cfr. MORAIS CARVALHO, *Transmissão*, p. 24, n. 13.

[911] Cfr. MENEZES LEITÃO, *Obrigações, I*, p. 147. Em termos algo dúbios cfr. ainda ANTUNES VARELA, *Das Obrigações, I*, p. 823 e 826, bem como em *Das Obrigações, II*, p. 87; e ALMEIDA COSTA, *Obrigações*, p. 724 e 726.

[912] Terá sido AZÃO o primeiro jurista a empregar o brocardo "*genus nunquam perit*", ainda que querendo designar não a (não) impossibilidade da prestação – risco da prestação, mas que o comprador não seria obrigado a pagar o preço acordado, podendo exigir a restituição do que houvesse pago se o pagamento já tivesse sido efectuado – risco da contraprestação (cfr. CAFFARENA LAPORTA, *Genus*, p. 301). Paralelamente, também o n.º 6 do art. 13.º do anteprojecto de VAZ SERRA relativo à impossibilidade da prestação estabelecia que o "risco corre por conta do adquirente depois de se fazer a concentração" (cfr. VAZ SERRA, *Impossibilidade superveniente*, p. 131, em consonância com o sufragado pelo autor no n.º 1 do art. 8.º do seu anteprojecto relativo às obrigações genéricas), sendo o aforismo clássico pressuposto, nomeadamente, na al. d) do art. 93.º do PCEC, considerando-se não haver incumprimento quando o credor aceitar, em caso de perecimento ou deterioração não imputável ao devedor das coisas (genéricas) devidas ou de parte destas, a entrega de coisas distintas (situação de dação em cumprimento).

[913] Cfr. VAZ SERRA, *Obrigações genéricas*, p. 9. Note-se, porém, que esta regra é meramente supletiva.

[914] No sentido do não funcionamento da impossibilidade prestacional e da correspondente não exoneração do devedor nas obrigações genéricas cfr. GALGANO, *Privato*, p. 207; CRISCUOLI, *ob. cit.*, p. 491; SOTO NIETO, *ob. cit.*, p. 115; MOREU BALLONGA, *ob. cit.*, p. 2646, referindo a impossibilidade legal como a única causa que verdadeiramente produz a impossibilidade nas obrigações genéricas; e OLMO GUARIDO, *ob. cit.*, p. 277, admitindo contudo que o caso fortuito possa afectar a obrigação genérica, nomeadamente, em caso de proibição administrativa de comercialização de certo género ou em actos beligerantes.

O *regime jurídico do risco nos contratos de alienação* 311

da sua entrega ao credor (adquirente) onera o devedor (alienante), sem que esta solução encontre fundamento no nexo obrigacional sinalagmático que se deduz da articulação entre os arts. 790.º e 795.º. Com efeito, se a aplicação do art. 796.º é inviabilizada pela não produção do efeito real em momento anterior à entrega da coisa ao adquirente, o binómio formado entre o risco da prestação e o risco da contraprestação é afastado pois, ao não se verificar uma situação de impossibilidade da prestação, falha o substrato aplicativo de ambas as disposições normativas.

Nestes termos, a ser afirmado o risco do devedor (alienante), o mesmo coincide com o risco-estático inerente à titularidade do direito real sobre a coisa (não) alienada. Se o alienante suporta o risco de perecimento ou deterioração da coisa, o mesmo sucede, não na sua qualidade de devedor da prestação de entrega da coisa, ou de credor da contraprestação respectiva, mas antes com base no facto de, permanecendo imodificada a relação obrigacional, o alienante dever arcar com um sacrifício patrimonial que se encontra inscrito na sua esfera jurídica[915].

IV. A associação do art. 540.º ao paradigma do risco-estático inerente à titularidade de um direito real sobre a coisa não encontra aplicação em todo o leque de obrigações genéricas, em particular nas obrigações genéricas de género limitado.

---

[915] Neste sentido cfr. LACRUZ BERDEJO, *Elementos, II-I*, p. 65; ALBALADEJO, *Obligaciones*, p. 51, referindo ser com a especificação que se criam os riscos, pelo que o risco antes da concentração é suportado pelo devedor, não enquanto risco de impossibilidade, mas enquanto risco de propriedade; e LETE DEL RÍO/LETE ACHIRICA, *ob. cit.*, p. 98 e 343, sufragando a distinção do fenómeno em análise do risco sinalagmático. Em termos próximos, CAFFARENA LAPORTA, *Genus*, p. 344, refere não ser adequado falar de risco do vendedor nas obrigações genéricas "uma vez que não sobrevindo a impossibilidade este não existe, muito menos um seu titular". O prisma do risco da prestação (e da remissão para as regras gerais do risco da contraprestação) é todavia adoptado, perante o § 243, II, do BGB, por ENNECCERUS/LEHMANN, *Obligaciones, I*, p. 34; EISSER, *ob. cit.*, p. 522; FIKENTSCHER, *ob. cit.*, p. 235 e 413; e MEDICUS, *Schuldrecht, I*, p. 79 e 162. A mesma perspectiva postula porém uma bipolarização do conceito de risco da prestação, que, salvo melhor opinião, é conflituante com a noção de impossibilidade prestacional.

Noutro quadrante, não se extinguindo a obrigação de entrega de coisa genérica, o proprietário-devedor assume o risco, não apenas das coisas perdidas, mas também da diferença de preço de aquisição que haja de suportar em relação às coisas com que deva cumprir em substituição das primeiras (o que constitui um dos desdobramentos do "risco da prestação" – cfr. BAPTISTA MACHADO, *Risco contratual*, p. 195).

312 *O Risco nos Contratos de Alienação*

De facto, a exemplo das obrigações alternativas, na hipótese de pere-cimento integral do género limitado é inequívoca a exoneração do deve-dor[916], não sendo legítima a afirmação de que o art. 540.º constitui, neste domínio, um bloqueio aplicativo do art. 790.º. A aplicação do art. 790.º envolverá, por seu turno, dada a não verificação de um efeito real pelo contrato, a vigência do n.º 1 do art. 795.º, encontrando-se vedado ao alie-nante a exigência da realização da contraprestação[917].

V. Descrito o paradigma transmissivo e de risco típico das obriga-ções genéricas, o mesmo não deve olvidar a existência de outras soluções a respeito da concentração da obrigação no art. 541.º, ainda que esta ocorra tendo por subjacente a escolha da coisa devida pelo devedor. Não corporizando o acordo das partes mais do que uma modificação da estru-tura obrigacional fundada na autonomia privada, a remissão para o dis-posto no art. 797.º será objecto de análise subsequente, sendo admissível que esta situação se traduza num cumprimento autorizado pelo credor a terceiro, nos termos da al. a) do art. 770.º, no local de envio ou de remessa da mercadoria[918].

A hipótese de extinção do género "a ponto de restar apenas uma das coisas nele compreendidas" apresenta porém especificidades em relação à ocorrência da concentração com a entrega da coisa, uma vez que o fenó-meno ocorre por intermédio de um simples facto natural, sendo admissí-vel o paralelo com a disciplina jurídica das obrigações alternativas. Afi-gura-se todavia que, na ausência de apoio legal nesse sentido[919], não se

---

[916] Cfr. PAULO CUNHA, *Obrigações*, p. 142, aludindo à recondução a uma obrigação simples; MANUEL DE ANDRADE, *Obrigações*, p. 190, 413, n. 3, e 426, entendendo que no perecimento de todo o género, ocorre a liberação do devedor sem que este possa este recla-mar uma contraprestação, por analogia com o 709.º § ún., n.º 2, do CCse, e através do prin-cípio *res suo domino perit*; e PIRES DE LIMA/ANTUNES VARELA, *CCAnotado, I*, p. 550. MORAIS CARVALHO, *Transmissão*, p. 29, configura mesmo o art. 540.º como uma declara-ção de "probabilidade de extinção do género".

[917] Cfr. VAZ SERRA, *Obrigações genéricas*, p. 6 e 8, que, a p. 9, n. 11, e 51, admite ainda, a título excepcional, a liberação do devedor por impossibilidade nas obrigações de género ilimitado, sufragando a mesma orientação em *Impossibilidade superveniente*, p. 32, 55 e 128 (com possível aplicação do *commodum* de representação); e PEREIRA COELHO, *Obrigações*, p. 122.

[918] Cfr. MENEZES LEITÃO, *Obrigações, I*, p. 149.

[919] Cfr. ANTUNES VARELA, *Das Obrigações, I*, p. 824, embora reconhecendo que a comunicação pelo devedor ao credor da ocorrência verificada pode constituir uma exigên-cia ditada pela boa fé.

O regime jurídico do risco nos contratos de alienação 313

pode concluir que a concentração da obrigação se verifica apenas quando o credor conheça o evento danoso[920].

Finalmente, a concentração da obrigação pode ocorrer antes da entrega da coisa pelo devedor na hipótese de mora do credor, traduzindo-se o regime jurídico fixado, a exemplo do disposto no § 300, II, do BGB, numa ficção legal destinada a possibilitar a transferência do risco para o credor[921]. Não postulando o art. 815.º do CCiv a extinção do género na sua totalidade[922], reconhece-se todavia que razões de tutela do credor podem aconselhar, a exemplo da solução vigente nos INCOTERMS, que as mercadorias recusadas sejam em tal caso identificadas[923], embora esta

---

[920] Esta solução encontrava-se consagrada no n.º 3 do art. 8.º do anteprojecto de VAZ SERRA ("se a concentração se produzir por extinção do género a ponto de restar somente um objecto, a transferência do risco para o adquirente depende de conhecimento desse facto por este e de se não verificar algum obstáculo dos que, nos termos gerais, obstam à passagem do risco para o adquirente"), sendo sufragada por ALMEIDA COSTA, *Obrigações*, p. 726, uma vez que apenas assim se possibilita ao credor a contratação de seguro em relação ao objecto restante; e por MORAIS CARVALHO, *Transmissão*, p. 34, distinguindo a concentração da obrigação (que ocorre imediatamente) do momento da transferência do risco. Todavia, a exclusão do regime das obrigações genéricas pelo n.º 2 art. 408.º afigura-se intransponível, sendo que a mesma solução deve, como anteriormente foi referido, ter-se por aplicável ao perecimento do objecto das obrigações alternativas, quanto reste apenas um dos objectos reconduzíveis ao substrato obrigacional visado.

[921] Cfr. BAPTISTA MACHADO, *Risco contratual*, p. 336, exemplificando com o veículo que transporta 3000 litros de óleo fuel para diversos clientes, concluindo pela aplicação do art. 815.º, ainda que fora do cenário da impossibilidade da prestação; MENEZES LEITÃO, *Obrigações, I*, p. 148, entendendo que a obrigação permanece genérica dado poder o devedor consignar em depósito com coisas diferentes das que o credor recusou, bem como entregar ao credor outras coisas do mesmo género que não as inicialmente oferecidas se este abandonar a mora; e MORAIS CARVALHO, *Transmissão*, p. 42, n. 50. Perante o Direito alemão, FIKENTSCHER, *ob. cit.*, p. 155, e BROX/WALKER, *Schuldrecht, I*, p. 283, consideram que a norma se destina a regular o risco da prestação, sendo o risco do preço na mora de aceitação pelo credor objecto do disposto no § 326 do BGB.

[922] Cfr., nesse sentido, MORAIS CARVALHO, *Transmissão*, p. 45, aplicando o art. 815.º "na medida em que o brocardo *genus nunquam perit* falhe".

[923] Neste sentido, cfr. ENNECCERUS/LEHMANN, *Obligaciones, I*, p. 298, referindo que na mora do credor a transmissão do risco exige que as coisas se encontrem determinadas. Também MORAIS CARVALHO, *Transmissão*, p. 48, exige a prova da separação. Em causa está naturalmente a eventual fraude do devedor, em benefício próprio, ou em benefício de terceiro (configurem-se as hipóteses dos bens não recepcionados pelo comprador retornarem ao armazém do vendedor onde se confundem com outros bens daquele, ocorrendo depois um perecimento não integral dos bens; ou da verificação deste evento durante o transporte de mercadorias para vários compradores, não recebendo alguns destes as mercadorias que lhes eram destinadas).

314 *O Risco nos Contratos de Alienação*

solução esteja longe de consolidada[924]. Existe contudo uma restrição inequívoca ao instituto da *mora credendi*: se o credor se recusar a escolher a
prestação devida, a consequência será a devolução da escolha ao devedor,
e não a transmissão do risco[925].

VI. O regime jurídico exposto até ao momento radica, fundamentalmente, na hipótese da escolha da coisa objecto da prestação incumbir ao
devedor. Pertencendo a escolha ao credor ou a terceiro, a lei adopta uma
solução distinta quanto à concentração da obrigação, confluente, curiosamente, com o disposto no n.º 2 do art. 408.º. Assim, do disposto no n.º 1
do art. 542.º deduz-se que a concentração se verifica com a escolha e sua
comunicação ao devedor ou a ambas as partes, constituindo este o
momento de transmissão do direito real sobre a coisa alienada[926].

Se nas situações em que a escolha pertence ao devedor, o paradigma
da entrega da coisa para a verificação do efeito real apenas suscita a possibilidade de aplicação do n.º 2 do art. 796.º na hipótese de perecimento
parcial do género, o mesmo não se verifica quando a escolha pertença a
credor ou a terceiro. Com efeito, após a concentração da obrigação, o alienante pode reter a coisa não sendo já seu proprietário, assumindo o sacrifício patrimonial do seu perecimento ou deterioração se a mesma situação
for motivada pela satisfação de um interesse próprio. Todavia, a verdade é
que, em ambas as situações, a obrigação é já uma obrigação específica.

VII. Em síntese, o regime jurídico das obrigações genéricas fornece
um quadro complexo de distribuição de risco, o qual é essencialmente
tributário das especificidades relativas ao momento de concentração da

---

[924] Cfr. MEDICUS, *Schuldrecht, I*, p. 162, sufragando a aplicação analógica do § 243,
II, do BGB em relação às dívidas pecuniárias, nomeadamente se o devedor, após haver
tentado realizar o pagamento na casa do credor, for alvo de furto ou roubo. A aplicação
do § 300, II, do BGB às dívidas pecuniárias é igualmente sustentada por ENNECCERUS/
/LEHMANN, *Obligaciones, I*, p. 33; FIKENTSCHER, *ob. cit.*, p. 157; e BROX/WALKER,
Schuldrecht, I, p. 284. Não se afasta, porém, que tais soluções sejam ditadas pela especificidade que as obrigações pecuniárias assumem se e quando enquadradas no seio das obrigações genéricas.

[925] Cfr. o art. 542.º, n.º 2, também aplicável às obrigações alternativas, nos termos
do art. 549.º.

[926] Cfr. VAZ SERRA, *Obrigações genéricas*, p. 45; ALMEIDA COSTA, *Obrigações*,
p. 724; MENEZES LEITÃO, *Obrigações, I*, p. 150; e CALVÃO DA SILVA, *Cumprimento*, p. 361,
n. 649.

obrigação e à transmissão do direito real sobre a coisa. Se o efeito real é produzido pela entrega da coisa ao credor, haverá então que reconhecer a eliminação da situação típica de distribuição de risco contratual, uma vez que o momento translativo coincide com o momento do cumprimento da obrigação de entrega. Todavia, a solução será distinta quando a escolha da prestação devida não incumba ao devedor, que porém pode manter contacto material com a coisa em momento subsequente à concentração da obrigação. Em simultâneo, ainda quando a escolha da prestação pertença ao devedor, os fenómenos do perecimento parcial do género (apenas restando um substrato coincidente com o objecto da prestação) e da mora do credor, suscitam uma ponderação de distribuição do risco contratual alheia ao momento de cumprimento da obrigação.

Contudo, o aspecto que assume maior relevância reside na subtracção do perecimento ou deterioração das coisas com que o devedor perspectivasse cumprir do âmbito de distribuição do risco. De facto, se o perecimento do género limitado pode encontrar ainda explicação no binómio formado pelos arts. 790.º e 795.º, a solução do art. 540.º, aplicável ao género ilimitado enquanto paradigma das obrigações genéricas, não encontrará nestes sustentação. O seu enquadramento dogmático coincide com a suportação da perda patrimonial ocorrida pelo alienante, em sede de risco-estático inerente à titularidade de um direito real.

4.2.1.4. *A alienação de direitos reais de gozo menores*

I. Ultrapassando a referência à transmissão da propriedade constante do CCse e do CCfr, o n.º 1 do art. 796.º seguiu a orientação do CCit na abordagem da distribuição do risco contratual nas situações de constituição e transmissão de outros direitos reais de gozo.

A norma encontra aplicação à categoria dos direitos reais de gozo menores ou limitados, segundo fenómenos de aquisição derivada constitutiva ou translativa[927], encontrando-se em equação, nomeadamente, situações jurídicas como as relativas ao perecimento ou deterioração da coisa objecto de um direito de usufruto ou de um direito de superfície constituído pelo seu proprietário, de trespasse desses mesmos direitos, bem como hipóteses, seguramente marginais, de perecimento do prédio one-

---

[927] Cfr., nomeadamente, GALVÃO TELLES, *Contratos em Geral*, p. 47; PIRES DE LIMA/ANTUNES VARELA, *CCAnotado, III*, p. 472; e MOTA PINTO, *Teoria Geral*, p. 363.

rado com uma servidão. A exemplo do anteriormente sufragado, e apesar de se eliminar a determinação típica do risco da contraprestação, afigura--se que não será necessário que os mesmos contratos assumam um carácter oneroso para a sua subsunção no domínio versado[928], sendo ainda que, como também já foi referido, a aleatoriedade que possa encontrar-se subjacente a algumas destas espécies contratuais não colide com a determinação do risco contratualmente pressuposta.

II. A primeira dificuldade relativa à atribuição do risco contratual no domínio da alienação de direitos reais de gozo menores relaciona-se com a temporalização de certos direitos e das eventuais prestações que aos mesmos se encontrem associadas. A este respeito podem configurar-se situações como a constituição onerosa de um direito de usufruto sobre um edifício com um termo de dez anos, sendo o preço acordado fraccionado em dez prestações anuais, a constituição de um direito de superfície em que o superficiário suporte idêntica prestação anual, ou a constituição, nos mesmos moldes, de uma servidão predial.

Ora, encontrando-se pressupostas as regras de risco-estático pertinentes a cada um destes direitos, cumpre reconhecer que, nos termos do n.º 1 do art. 796.º, perecendo a coisa objecto do respectivo direito, as contraprestações correspondentes serão em princípio devidas ao titular do direito real maior. Contudo, apesar de não se encontrar no ordenamento jurídico português uma norma análoga ao art. 963.º, II, do CCit, a consideração *propter rem*, nomeadamente, do cânon superficiário, constitui um dado que altera radicalmente os dados da equação. Não formulando uma regra de não suporte das prestações que se vençam *in futurum* pelos titulares de direitos reais menores – solução que se aproximaria do sinalagma locatício, e, em particular, do binómio formado pelos arts. 790.º e 795.º – a aplicação do revogado, mas ainda operante, art. 1509.º proporciona uma solução específica no que respeita às obrigações *propter rem*[929].

Ao reconhecer a lei, na sequência do art. 1688.º do CCse e do anteprojecto de PIRES DE LIMA, que, em caso de deterioração ou inutilização

---

[928] Pense-se, por exemplo, na doação de um usufruto em que o donatário se encontre obrigado a prestar determinados serviços ao doador ou a terceiro (modo).

[929] Atenta a remissão contida no art. 1531.º, n.º 1, considera-se que aquela norma é ainda aplicável ao cânon superficiário (uma vez que, apesar da ausência de designação expressa, é óbvia a manutenção da dogmática da enfiteuse na estruturação do direito de superfície), sendo admitida a aplicação do mesmo regime jurídico a outras obrigações *propter rem*.

O regime jurídico do risco nos contratos de alienação 317

por caso fortuito do prédio eufitêutico, ficando o seu valor inferior ao valor do prédio aquando da celebração do contrato, o foreiro pode exigir "que o senhorio lhe reduza o foro, ou encampar o prazo quando este se oponha à redução"[930], acaba-se por admitir, afinal, uma solução próxima do paradigma obrigacional, a qual entronca na dogmática própria das relações jurídico-reais. Deste modo, admite-se que o cânon superficiário deixe de ser devido em virtude do perecimento da coisa, solução que se revela extensível a todas as obrigações *propter rem* que surjam a respeito de contratos de alienação, sendo particularmente premente, desde logo, numa convenção de superfície e cânon superficiário perpétuos[931].

A exclusão aplicativa do 796.° não se verificará porém quando do contrato de alienação resultar um mero fraccionamento da contraprestação estabelecida *ab initio*. Nestas situações, correspondentes aos exemplos dados anteriormente a respeito dos direitos de usufruto e de servidão, o risco será suportado pelos titulares destes direitos. Por sua vez, haverá ainda que discernir, no direito de superfície e noutros direitos em que se admita a criação negocial de obrigações *propter rem*, qual a vontade real das partes: permite-se o não pagamento do cânon superficiário em caso de perecimento da coisa, mas não o não pagamento da parte do preço acordada pelas partes, em termos fraccionados, para a constituição ou transmissão do direito de superfície.

III. As especificidades estruturais dos direitos reais de gozo versados encontram ainda tradução na eventual exclusão aplicativa do disposto no n.° 2 do art. 796.°. Assim, é evanescente a sua aplicação a fenómenos como a constituição de uma servidão predial de passagem, onde a obrigação de entrega da coisa cede o seu lugar à tolerância do alienante em face do adquirente. A sua aplicação à constituição ou à transmissão do direito de superfície – cujo objecto coincide necessariamente com coisas imóveis – afigura-se também circunscrita à modalidade específica que a entrega da coisa possa assumir no mesmo domínio.

Sintetizando, o n.° 2 do art. 796.° será em princípio alheio a tipos alienatórios que corporizem fenómenos de sobreposição de direitos reais

---

[930] Cfr. PIRES DE LIMA, *Enfiteuse (anteprojecto de um título do futuro Código Civil)*, p. 30; e PIRES DE LIMA/ANTUNES VARELA, *CCAnotado, III*, p. 722.

[931] As únicas alternativas ao efectivo suporte do risco pelo superficiário residiriam na extensão aplicativa do abandono liberatório, ou na consideração da existência e não depreciação da coisa como substrato inerente às obrigações *propter rem*.

318 O Risco nos Contratos de Alienação

sobre a mesma coisa, embora a exclusão não seja liminar. As hipóteses de aquisição derivada constitutiva ou translativa do direito de usufruto em que o alienante retenha a coisa para a satisfação do seu interesse integraram a previsão normativa referida, inviabilizando uma delimitação sectorial fechada do seu campo de aplicação.

IV. Fonte de hesitações é ainda a articulação do art. 796.º com as regras de risco-estático relativas a alguns direitos reais de gozo menores. Deste modo, o eventual suporte do risco da contraprestação pelo usufrutuário será acompanhado da vicissitude da *rei mutatio* prevista no n.º 1 do art. 1479.º. Em simultâneo, mesmo desconsiderando a situação de existência de um seguro da coisa usufruída, o usufrutuário pode beneficiar da indemnização atribuída ao proprietário nos termos do n.º 1 do art. 1480.º. O fenómeno sub-rogacional pode, deste modo, minorar ou mesmo eliminar o sacrifício patrimonial sofrido pelo usufrutuário na sua esfera jurídica.

Não obstante, será falaciosa a consumpção da atribuição de risco contratual no mesmo domínio, não encontrando tais normas aplicação a aquisições derivadas translativas do direito real menor, de que é exemplo o "trespasse" de usufruto admitido pelo art. 1444.º. Por outra via, o art. 1480.º tem a sua aplicação limitada às situações em que a perda patrimonial é eliminada em si mesma da esfera do titular do direito real subjacente, o que não constituiu obviamente a regra nas hipóteses de concretização do risco contratual.

Considerações análogas se tecem, na ausência de normas jurídicas destinadas à regulação das situações em epígrafe, em relação a outros direitos reais de gozo objecto de transmissão constitutiva ou translativa.

4.2.2. *A conexão com o tempo e o lugar do cumprimento das obrigações contratuais*

4.2.2.1. *Em geral*

I. A obtenção de soluções relativas à distribuição do risco contratual pressupõe necessariamente a consideração da integralidade do vínculo contratual assumido pelas partes, no qual pontificam as regras relativas ao tempo e ao lugar de cumprimento das obrigações contratuais, *maxime* da obrigação de entrega da coisa alienada.

O regime jurídico do risco nos contratos de alienação　　　319

Encontrando o fenómeno expressão nas situações em que os momentos de produção do efeito real e de entrega da coisa não são coincidentes, cumpre desde logo inquirir o fundamento da sua dissociação, sendo fundamental determinar o momento e o lugar em que a coisa alienada deve ser entregue pelo alienante ao adquirente. De facto, a inobservância das referidas regras ocasionará, em regra, situações de mora do devedor ou de mora do credor, as quais, inserindo-se no domínio do incumprimento contratual, prejudicam a aplicação das regras do risco contratual. O momento espácio-temporal de realização da prestação de entrega da coisa alienada assume, assim, uma relevância fundamental enquanto vértice de exclusão de algumas situações jurídicas.

II. Assumindo um teor supletivo genérico, as regras relativas ao lugar de cumprimento da obrigação de entrega da coisa – que constitui a prestação característica nos contratos de alienação mais representativos – são estabelecidas pelos arts. 772.º e 773.º.

Segundo dispõe o n.º 1 do art. 773.º, possuindo a obrigação por objecto a entrega de coisa móvel determinada, a mesma deve ser cumprida no "lugar onde a coisa se encontrava ao tempo da conclusão do negócio", pelo que, salvo convenção em contrário, incumbe ao credor-adquirente, na alienação de coisa móvel determinada, ir buscá-la aonde a mesma se encontre, pressupondo-se que o devedor-alienante mantém ou assegura a entrega da coisa alienada no referido lugar ao tempo do cumprimento da obrigação. Destarte, se a coisa perecer por não se deslocar o adquirente ao local determinado para o cumprimento da obrigação, o sacrifício patrimonial associado ao seu perecimento ou deterioração será por este suportado, em virtude do instituto da *mora credendi*[932]. A regra contida no n.º 1 do art. 773.º aplica-se ainda, nos termos do seu n.º 2, a obrigações genéricas de género limitado[933],

---

[932] É equívoca a orientação do ac. da RL de 3 de Novembro de 1987 *cit.*, p. 90, que, em relação a um contrato de compra e venda de automóvel cujo objecto havia sido reparado por defeito pelo vendedor, aplicou o art. 772.º à obrigação de entrega da coisa, concluindo que o mesmo automóvel se encontrava a risco do adquirente por aplicação do disposto no art. 796.º. De facto, se a aplicação do art. 772.º se pode aceitar em virtude da obrigação ser, em rigor, uma obrigação de reparação e não de (simples) entrega da coisa (caso em que, na omissão das partes, seria aplicável o art. 773.º), já o risco a atribuir ao comprador deveria ter sido fundado na aplicação dos arts. 814.º e 815.º.

[933] Cfr. Galvão Telles, *Obrigações*, p. 274, n. 1, exemplificando com a venda de *x* toneladas de madeira armazenadas em certo local; e Menezes Leitão, *Obrigações, III*, p. 410, n. 823, referindo a sua inaplicabilidade ao contrato de mútuo.

320   *O Risco nos Contratos de Alienação*

bem como, apesar de alguma perplexidade doutrinal, à prestação de coisa futura[934].

Não existindo qualquer previsão normativa específica quanto à entrega de coisa imóvel, encontra vigência neste domínio a regra geral do art. 772.°, devendo a prestação ser realizada no domicílio do devedor. Não obstante, a mesma regra encontra-se limitada pela natureza das coisas[935], uma vez que a solução somente pode permitir, por razões óbvias, que se proceda a uma entrega simbólica da coisa no domicílio do devedor, *maxime* na situação de entrega das chaves de um prédio. Apenas nestes termos poderá sustentar-se a existência de uma obrigação de colocação que, a não ser observada, determina a mora do credor (no caso, do adquirente)[936].

Possuindo uma relevância específica na estrutura do contrato de alienação, deve sublinhar-se que a obrigação de entrega da coisa pode ser alheia a este em determinadas situações, bem como assumir uma conformação não coincidente com a factualidade que normalmente se lhe encontra subjacente. De facto, se a entrega da coisa alienada em alguns casos de constituição ou de transmissão de direitos reais menores surge desconexa do seu factualismo típico, a sua ficção ocorre nas situações de *traditio brevi manu*, sendo por sua vez excluída em tipos contratuais como o mútuo, o depósito irregular e, em princípio, a dação em cumprimento. A admissibilidade de constituto possessório, segundo o disposto na al. c) do art. 1263.° e no art. 1264.°, confirma as mesmas premissas.

III. As regras de distribuição do risco contratual são também modeladas pelas normas relativas ao tempo de cumprimento das obrigações.

---

[934] Cfr. GALVÃO TELLES, *Obrigações*, p. 274, n. 1, considerando a norma incompreensível; e RIBEIRO DE FARIA, *Obrigações, II*, p. 300, entendendo que, sendo impossível entregar uma coisa inexistente no lugar onde se encontrava ao tempo da conclusão do negócio, a regra remete para o local onde a coisa venha a ser produzida. ANTUNES VARELA, *Das Obrigações, II*, p. 37, n. 1, exemplifica com o azeite de um lagar ou com moios de trigo da colheita de certa herdade.

[935] Quanto à influência da natureza da prestação na conformação da obrigação de entrega e à possibilidade de acordo tácito das partes relativamente esta cfr. GALVÃO TELLES, *Obrigações*, p. 276; ANTUNES VARELA, *Das Obrigações, II*, p. 36, n. 1; ALMEIDA COSTA, *Obrigações*, p. 1004, n. 1; RIBEIRO DE FARIA, *Obrigações, II*, p. 296; e MENEZES LEITÃO, *Obrigações, II*, p. 167, n. 335, e em *Obrigações, III*, p. 33.

[936] Contrariamente à solução compulsada no Direito espanhol, não existem elementos no ordenamento jurídico português que permitam sustentar, com generalidade, a tradição simbólica da coisa no momento da celebração de um acto formal de alienação.

O regime jurídico do risco nos contratos de alienação

321

Com efeito, sendo a obrigação de entrega da coisa, por regra, uma obrigação pura, cujo cumprimento, nos termos do n.º 1 do art. 777.º, pode ser exigido a todo o tempo pelo adquirente, a existência de um termo para o seu cumprimento assume uma particular relevância neste domínio, atenta a previsão do n.º 2 do art. 796.º. Mesmo no domínio das obrigações puras, as regras de distribuição do risco podem ser afastadas pela simples interpelação do credor (adquirente) ou pelo oferecimento da prestação por parte do devedor-alienante, comportamentos que podem suscitar, respectivamente, situações de mora do devedor ou de mora do credor[937].

Verificando-se a aposição de um termo, certo ou incerto, para o cumprimento da obrigação de entrega da coisa, cumpre averiguar a favor de que contraente é o mesmo estipulado. Sendo estabelecido a favor do credor (adquirente), o risco de perecimento ou deterioração da coisa deverá onerar ainda este, uma vez que, não apenas o mesmo não obsta à produção do efeito real a que a estatuição do n.º 1 do art. 796.º se associa, como é no interesse do adquirente que a coisa não lhe é entregue. Por outra via, sendo o termo estabelecido a favor do devedor da entrega da coisa – situação que constitui a regra geral constante do art. 779.º – o n.º 2 do art. 796.º encontra plena aplicação[938].

Constituindo, de acordo com o n.º 2 do art. 350.º, uma presunção elidível mediante prova em contrário[939], a referida regra assume uma rele-

---

[937] Cfr. ANTUNES VARELA, *Das Obrigações, II*, p. 42; ALMEIDA COSTA, *Obrigações*, p. 1008 e 1080; e MENEZES LEITÃO, *Obrigações, II*, p. 157.

[938] Assemelha-se que nas hipóteses em que a determinação do prazo de entrega da coisa alienada se enquadre na esfera jurídica do devedor, em particular nas situações "*cum potuerit*" e "*cum voluerit*" a que se referem os n.ºs 1 e 2 do art. 778.º, o risco de perecimento ou deterioração da coisa haverá também de situar-se na sua esfera jurídica, por aplicação directa, ou maioria de razão, do n.º 2 do art. 796.º. De facto, se a primeira situação pode ser configurada como uma condição suspensiva cujo ónus da prova incumbe ao credor (cfr. GALVÃO TELLES, *Obrigações*, p. 246; e RIBEIRO DE FARIA, *Obrigações, II*, p. 317), que, tendo por objecto a obrigação – e não o contrato de alienação – não se encontra sujeita ao regime do n.º 3 do art. 796.º, a última situação constituirá um termo incerto coincidente com a vida do devedor (cfr. GALVÃO TELLES, *Obrigações*, p. 245; e MENEZES LEITÃO, *Obrigações, II*, p. 159), pelo que se integrará sem hesitações no âmbito referido (por exemplo, "entrega quando quiseres").

[939] Cfr. GALVÃO TELLES, *Obrigações*, p. 249. Um dos exemplos típicos de elisão da mesma presunção consistirá na prova de que a entrega das mercadorias apenas não foi efectuada pelo facto do adquirente não possuir capacidade suficiente de armazenamento para estas (cfr., nomeadamente, o ac. da RE de 23 de Fevereiro de 1989 *cit.*, p. 257). Outros exemplos serão o da retenção da mercadoria pelo vendedor enquanto o comprador vai levantar numerário em ATM para o seu pagamento, ou a verificação daquela quando,

322 O Risco nos Contratos de Alienação

vância inesperada no momento da atribuição do risco contratual, em termos porventura alheios ao próprio legislador. Num vulgar contrato de compra e venda em que a entrega da coisa não seja contemporânea da celebração do contrato em virtude do estabelecimento de um termo para a sua entrega, não se provando a favor de que contraente foi o mesmo estabelecido, resulta do disposto do art. 779.º que o mesmo termo beneficia o devedor. Tal benefício, que se traduz na não exigibilidade da coisa vendida pelo comprador durante o período de tempo fixado, ocasiona porém a aplicação directa do n.º 2 do art. 796.º, pelo que o risco de perecimento ou deterioração da coisa, pese embora a verificação do efeito real no momento da celebração do contrato, permanece ainda na esfera jurídica do vendedor.

Associando a atribuição do risco contratual à distribuição do ónus da prova – relativamente à parte a favor de quem o termo para a entrega da coisa foi estabelecido – a lei possibilita a vigência, em termos presuntivos, de uma solução alheia ao paradigma *res perit domino*[940]. A orientação pode ainda ser maximizada, como será desenvolvido adiante, se a referência a "termo" do n.º 2 art. 796.º não for entendida em termos técnicos. Por esta via, será nomeadamente equacionável se as situações de termo a favor de ambos os contraentes – admitidas pelo art. 779.º – viabilizam ou não uma distribuição do risco contratual conexa com a esfera jurídica do alienante[941].

4.2.2.2. O termo para a entrega da coisa constituído a favor do alienante

I. Pese embora se sustente que as regras dos n.ºs 2 e 3 do art. 796.º estão em consonância com o princípio geral estabelecido no seu n.º 1[942], assemelha-se que o n.º 2 do art. 796.º vem introduzir uma importante

---

pretendendo o adquirente realizar várias compras num mesmo espaço (por exemplo, num centro comercial), este recolha os bens adquiridos apenas no momento em que pretenda ausentar-se daquele, ou seja, após concluir todas as suas compras. Nestas situações, é manifesta a ausência de interesse do alienante na detenção da coisa.

[940] ANA PRATA, *O regime*, p. 11, pronuncia-se no mesmo sentido.

[941] Em rigor, o n.º 2 do art. 796.º refere-se contudo a "termo constituído a seu favor", e não a "termo constituído *também* a seu favor".

[942] Cfr., nomeadamente, RIBEIRO DE FARIA, *Obrigações, II*, p. 381; e MENEZES LEITÃO, *Obrigações, II*, p. 126.

O regime jurídico do risco nos contratos de alienação

modelação no que respeita à doutrina geral de distribuição do risco contratual.

Referindo-se à existência de um termo para a entrega da coisa alienada, o qual não se deve confundir com termo para os efeitos do acto alienatório[943], o n.º 2 do art. 796.º estabelece, em estrita conexão com o seu n.º 1, que havendo continuado a coisa alienada "em poder do alienante em consequência de termo constituído a seu favor, o risco só se transfere com o vencimento do termo ou a entrega da coisa, sem prejuízo do disposto no art. 807.º". Não bastando que a coisa alienada seja colocada à disposição do adquirente[944], a entrega da coisa assume-se como veículo para a transmissão do risco contratual, o qual continua a onerar o alienante – que já não é titular de um direito real sobre aquela – até esse mesmo momento[945]. É por seu turno falaciosa a aproximação da situação jurídica

---

[943] Cfr. Paulo Mota Pinto, *Declaração tácita*, p. 591, n. 394.

[944] Cfr. Pires de Lima/Antunes Varela, *CCAnotado, II*, p. 50.

[945] Apesar da alusão legal ao vencimento do termo, em alternativa à entrega da coisa alienada, Galvão Telles, *Obrigações*, p. 470, n. 1, entende que tal referência é desnecessária, uma vez que "se o prazo expira sem a alienante ter entregue a coisa, o risco, *dentro do espírito do preceito em referência*, continua manifestamente a cargo do alienante, devedor da entrega, salvo o caso de mora do adquirente, credor da mesma entrega". De facto, não há fundamento para que o alienante corra o risco na pendência do termo, e, após o seu vencimento – encontrando-se em mora quanto ao cumprimento da obrigação de entrega da coisa – beneficie da relevância negativa da causa virtual (cfr. o n.º 2 do art. 807.º). Em termos convergentes, Ana Prata, *Cláusulas de exclusão e limitação da responsabilidade contratual*, p. 501, n. 955, justifica a referência ao termo pela tendencial coincidência entre o vencimento e o cumprimento da obrigação, considerando ainda, a p. 503, que provada a causa virtual, ainda que o devedor (o alienante) não se encontre obrigado a indemnizar, "persiste nele o encargo do risco de acordo com o n.º 1 do art. 796.º". Já Lurdes Pereira, *Conceito*, p. 183, n. 497, propugna uma explicação das duas alternativas do n.º 2 do art. 796.º de acordo com o lugar de cumprimento da obrigação de entrega da coisa contratualmente estabelecido. Assim, "quando o alienante seja incumbido de transportar a coisa até ao local de cumprimento (suportando os inerentes riscos) e de oferecê-la aí ao credor-adquirente, parece que se deve entender que o risco não se transfere senão com a entrega", ocasionando a recusa do credor-adquirente a aplicação do disposto no n.º 2 do art. 815.º; "quando seja o adquirente que se deva dirigir às instalações do alienante para levantar a coisa adquirida (...) a solução mais ajustada parece ser a do risco de transferir com o vencimento do termo". Todavia, não se afigura que, salvo o devido respeito, a solução proposta possa ser equacionada quando *(i)* a lei é – salvo quando às obrigações pecuniárias – em absoluto alheia a hipóteses de entrega qualificada; *(ii)* ao contrário do art. 797.º, o n.º 2 do art. 796.º ignora a estipulação das partes em relação ao lugar do cumprimento da obrigação de entrega; *(iii)* a solução não conduz a uma justa composição de interesses, dado que a coisa foi retida por interesse do alienante; *(iv)* quando a

324 O Risco nos Contratos de Alienação

do alienante à situação jurídica do comodatário, uma vez que, contrariamente ao alienante, este não assume o sacrifício patrimonial relativo ao
perecimento ou à deterioração da coisa.

Afastando-se da solução vigente nos ordenamentos jurídicos francês
e italiano – expoentes mais próximos do nosso sistema de distribuição de
risco – a orientação gizada por VAZ SERRA possibilita a configuração do
ordenamento jurídico português de distribuição do risco contratual como
um sistema em que a atribuição patrimonial não se apresenta sempre decisiva, a exemplo, aliás, do verificado a respeito de outros institutos jurídicos, como a excepção de não cumprimento do contrato.

II. O substrato ontológico da solução contida no n.º 2 do art. 796.º
não se apresenta evidente, embora alguns paralelos sejam possíveis. Destarte, assemelha-se que assim como a obrigação de custódia que recaía
sobre o vendedor constituía um contrapeso ao brocardo *periculum est
emptoris* no Direito romano, o n.º 2 do art. 796.º constitui um freio dog-
mático-interpretativo ao seu n.º 1, aproveitando-se de igual modo o critério do interesse na iniciativa contratual estabelecido por aquele ordenamento jurídico a respeito do contrato estimatório. A orientação legal
aproxima-se ainda da doutrina de PUFENDORF, no alvor da doutrina jusnaturalista, bem como da orientação gizada por COSSIO, perante os dados
normativos adversos do CCes, projectando uma solução que, sendo mais
ousada que a colocação da *"perda ou deterioração fortuita da cousa (...)
por conta de ambas as partes"* recusada pela comissão revisora do CCse,
mitiga a excessiva oneração do adquirente ditada pelo sistema do título[946].

---

obrigação seja de colocação e o credor o desconsidere haverá sempre *mora credendi*, aplicando-se o respectivo regime jurídico. Deste modo, haverá antes que reconhecer o estabelecimento, através do n.º 2 do art. 796.º, de uma modelação das próprias regras do lugar
do cumprimento da obrigação de entrega da coisa.

Por outro lado, não se encontra obviamente afastada a possibilidade do alienante,
renunciando ao termo estipulado a seu favor, entregar a coisa antes do seu vencimento (cfr.
RAÚL VENTURA, *Compra e venda – Efeitos essenciais*, p. 640), tendo razão ANA PRATA,
O regime, p. 14, quando refere que a *ratio legis* de manutenção do risco no alienante desaparece na situação de cumprimento antecipado.

[946] Cfr. *supra* p. 162, n. 424. O favorecimento excessivo do vendedor da solução
de transmissão do risco com a conclusão do contrato foi aliás sublinhada por VAZ SERRA,
Fontes das obrigações, p. 162, n. 55-n, referindo que o comprador não só não tinha possibilidade de gozo da coisa, como a mesma não se encontrava em seu poder, sendo a posse
o momento pelo qual a propriedade, como facto social, se revelaria de modo mais signi-
ficativo.

O regime jurídico do risco nos contratos de alienação   325

Circunscrevendo a orientação normativa adoptada, a manutenção do risco na esfera jurídica do alienante não se verificará quando, cumulativamente com o contrato de compra e venda, se verifique a celebração de um contrato de depósito ou de locação[947], bem como quando exista uma reserva de usufruto da coisa a favor ao alienante ou de terceiro, ou seja autonomamente convencionado pelas partes um contrato de comodato. Não obstante, não se afigura idónea a sua exclusão apriorística nas situações de constituto possessório reguladas pelo n.º 1 do art. 1264.º[948], uma vez que a causa a que esta norma se refere não corporiza necessariamente um vínculo contratual distinto da alienação, podendo materializar-se na detenção da coisa pelo alienante em seu interesse sem que aquela subsunção opere[949].

---

[947] Cfr. Vaz Serra, *Impossibilidade superveniente*, p. 92, n. 163, entendendo que se a coisa ficou em poder do alienante em virtude da celebração de um contrato de locação, depósito ou outro através do qual aquele se constitui possuidor em nome do adquirente, a passagem do risco não é excluída, pois tais contratos poderiam ser também celebrados pelo adquirente com um terceiro.

[948] Cfr. Vaz Serra, *Obrigações genéricas*, p. 46, n. 93, exemplificando com o aluguer ou com o arrendamento da coisa pelo comprador ao vendedor.

[949] Pense-se na venda de um manual por um estudante a outro, ocorrendo a sua entrega após a prestação de provas a que o primeiro se encontra adstrito, ou na troca de duas antiguidades entre coleccionadores, devendo uma destas ser entregue após a sua exibição numa exposição, ou na feira em que foi adquirida, sem que, em qualquer dos exemplos, a vontade das partes permita a configuração de um contrato autónomo de comodato (cfr., aparentemente neste sentido, Carvalho Fernandes, *Reais*, p. 299; e Pinto Duarte, *Reais*, p. 286; bem como Coelho Vieira, *Reais*, p. 601, considerando que a causa pode ser uma "mera convenção negocial do contrato de transmissão"). A questão encontra-se, assim, fundamentalmente conexa com a ficção de autonomização de um novo vínculo jurídico, quando da vontade contratual não se retira a criação de uma (nova) forma de vinculação cumulativa com a alienação, mas antes a modelação da obrigação de entrega da coisa alienada.

O ac. do STJ de 06 de Julho de 2006 in CJ (STJ) 2006-I, p. 138, aplicou o disposto no n.º 2 do art. 796.º a respeito da venda de uma fracção autónoma cuja entrega foi retardada em virtude da necessidade dos alienantes acabarem as obras a que se haviam comprometido, ocorrendo entretanto um assalto seguido de incêndio, que causou danos não apenas na fracção, mas também nos bens móveis que os adquirentes haviam deixado numa das suas dependências. Abordando-se apenas a solução da última situação jurídica, foi considerado que os alienantes não assumiam a posição de depositários quanto àqueles bens, encontrando-se por seu turno afastado o nexo causal entre o dano e a mora dos alienantes na entrega da fracção. Adquirindo relevância no âmbito versado, o espécime jurisprudencial não se dedica porém às duas questões por si pressupostas: a articulação da mora com o n.º 2 do art. 796.º (a respeito evidentemente da fracção autónoma),

A norma em questão obriga ainda o intérprete, na hipótese típica em que a coisa é alienada ficando em poder do alienante, à abordagem da questão prévia de saber a favor de que contraente foi o termo estipulado, depondo o art. 779.º, como anteriormente foi referido, no sentido da sua estipulação a favor do alienante (devedor da entrega da coisa). A referência legal ao termo é de igual modo alheia à configuração técnica deste enquanto cláusula acessória do negócio jurídico, que, aliás, quando aposto a obrigações, é preferencialmente denominado como "prazo"[950]. A mesma orientação possibilita, nomeadamente, que encontrem sede naquela previsão normativa hipóteses como a alienação executiva em que a coisa permaneça com o executado ou à ordem do tribunal, ou de alienação de coisa genérica em que, encontrando-se a escolha cometida ao credor ou a terceiro, a mesma seja efectuada e comunicada ao devedor – sem que com tal se verifique uma interpelação em sentido técnico – continuando este – enquanto alienante – a reter a coisa no seu próprio interesse. Funda-se, então, uma directriz de interesse ou de proveito afecto ao alienante aquando da equação de distribuição do risco contratual.

III. A confirmação da não pressuposição por parte da 1.ª prt. do n.º 2 do art. 796.º de outro tipo contratual conexo ao contrato de alienação surge com o regime da mora do devedor a que refere a sua prt. final.

Em consonância com a orientação adoptada por GALVÃO TELLES, encontra-se subjacente ao preceito que será mediante a entrega da coisa – e não do vencimento do termo – que o risco é transmitido ao adquirente. De outro modo, chegar-se-ia à inaceitável conclusão de que o alienante que, segundo o contrato, conserva a coisa em seu poder e no seu próprio interesse, receberia um tratamento jurídico diminuído perante aquele que, encontrando-se em mora relativamente à entrega da coisa, se pode eximir à suportação do dano através do mecanismo da relevância negativa da causa virtual[951]. Nestes termos, afigura-se que a remissão da prt. final do

---

bem como a desnecessidade do termo constituído a favor do alienante se destinar ao uso da coisa por parte deste.

[950] Cfr., nomeadamente, os arts. 777.º, 779.º e 805.º, n.º 2, al. a). Em sentido contrário, com apoio literal no art. 217.º, n.º 1, cfr., porém, ANA PRATA, O regime, p. 11.

[951] Figure-se a venda de um bem cuja entrega deva ocorrer até ao final do mês em curso, em Lisboa, local onde possuem domicílio comprador e vendedor e onde a coisa se encontra. Se um terramoto ocorrer até ao final do mês, o risco pertence ao alienante, mas se o mesmo ocorrer depois, encontrando-se o alienante em mora quanto à entrega da coisa,

n.° 2 do art. 796.° para o art. 807.° deverá ter por objecto situações jurídicas distintas da referida, nomeadamente se se verificar uma situação jurídica de efectivo comodato da coisa alienada pelo adquirente ao alienante, em rigor não abrangida pela 1.ª prt. da norma, ou, genericamente, de mora do alienante não sendo estipulado termo para a entrega da coisa[952].

O n.° 2 do art. 796.° afirma-se, em conclusão, como um segundo e alternativo esteio estrutural do sistema jurídico português de distribuição do risco contratual, o qual não pode ser obnubilado no momento da sua ponderação analítica.

4.2.2.3. Coisa a ser transportada para lugar distinto do lugar do cumprimento

I. Sob a epígrafe "promessa de envio", o art. 797.° estabelece, na sequência da orientação adoptada nos anteprojectos de VAZ SERRA e de GALVÃO TELLES[953], que "tratando-se de coisa que, por força de convenção, o alienante deva enviar para local diferente do lugar de cumprimento, a transferência do risco opera-se com a entrega ao transportador ou expedidor da coisa ou à pessoa indicada para a execução do envio". A norma encontra paralelo no n.° 1 do art. 67.° da CVVIM e no § 447

---

já lhe seria possível a invocação da relevância negativa da causa virtual. Em vez do "castigo" da mora, o ordenamento legitimaria a sua subvenção.

[952] Cfr. PIRES DE LIMA/ANTUNES VARELA, *CCAnotado, II*, p. 755, em relação ao art. 807.°. Noutro quadrante, a não devolução da coisa por parte do locatário, do comodatário, do depositário ou do mandatário pode ocasionar, se acompanhada de declaração nesse sentido, a inversão do título da posse (nos termos da al. d) do art. 1263.° e do art. 1265.°), e a eventual aplicação do art. 1269.° (cfr. ORLANDO DE CARVALHO, *ob. cit.*, p. 263).

[953] O n.° 4 do art. 13.° do anteprojecto de VAZ SERRA prescrevia que "Se a coisa alienada dever ser expedida pelo alienante para outro lugar, a transferência do risco para o adquirente não se dá antes da expedição" (paralelamente, o n.° 2 do art. 5.° do anteprojecto de VAZ SERRA relativo às obrigações genéricas dispunha que "Tratando-se de coisa que o devedor, a pedido do credor, tomou a seu cargo enviar para lugar diferente do cumprimento da obrigação, a concentração (...) dá-se com a entrega ao transportador ou expedidor ou à pessoa ou entidade indicados para execução do envio e com o facto de o devedor remeter ao credor notícia da entrega" – cfr., respectivamente, VAZ SERRA, *Impossibilidade superveniente*, p. 130, e em *Obrigações genéricas*, p. 54). Por seu turno, o art. 11.° do anteprojecto de GALVÃO TELLES relativo à compra e venda dispunha que "Quando o comprador peça ao vendedor que remeta a coisa para lugar diverso daquele onde tem de cumprir, a entrega da coisa ao comprador é substituída pela sua entrega ao expedidor ou transportador" (cfr. GALVÃO TELLES, *Dos contratos em especial*, p. 179).

do BGB[954], consagrando-se idêntica doutrina no art. 1510.°, II, do CCit, numa secção relativa à compra e venda de coisas móveis, em articulação com o regime das obrigações genéricas.

Sendo este regime jurídico aplicável apenas à alienação de coisas móveis, cumpre delimitar previamente a sua esfera de actuação, uma vez que, podendo a alienação de coisa móvel ser efectuada com ou sem transporte – encontrando aplicação, no último caso, o n.° 1 do art. 773.° – a alienação da coisa acompanhada de transporte pode assumir uma tríplice configuração. Destarte, o transporte pode consistir *(i)* numa simples prestação acessória do contrato, que nenhuma influência detém no regime jurídico do risco, embora com esta situação se não deva confundir a denominada entrega de cortesia[955]. De facto, esta pode corporizar uma modalidade de *(ii)* alienação com entrega no domicílio do adquirente, género comummente designado por dívida de envio ou com expedição qualificada. Com este figurino, no qual o alienante assume convencionalmente o risco de perecimento ou deterioração da coisa até à sua entrega ao adquirente[956], não se identifica, ainda, *(iii)* a alienação com expedição simples, objecto de regulação no art. 797.°[957].

II. O âmbito da previsão do art. 797.° não gera consenso.

Transpondo para o Direito português a solução do § 447 do BGB, o art. 797.° determina um efeito jurídico inverso ao daquela norma, e oposto ainda ao que resulta do art. 67.° da CVVIM, por contraposição ao seu art. 69.°. De facto, se o § 447 e o art. 67.° da CVVIM antecipam o momento de transmissão do risco para o acto da entrega da coisa ao transportador (pois ambos pressupõem, como regra geral, a passagem do risco com a entrega da coisa ao adquirente), uma aplicação indiscriminada do

---

[954] Cfr. PIRES DE LIMA/ANTUNES VARELA, *CCAnotado, II*, p. 52; PAULO MOTA PINTO, *Declaração tácita*, p. 596, n. 397, considerando o § 447 do BGB "irmão gémeo" do art. 797.°; e SUSANA MALTEZ, *ob. cit.*, p. 10, n. 3, e 75.

[955] RIBEIRO DE FARIA, *Obrigações, II*, p. 385, n. 2, alude a uma entrega "excepcional" de cortesia.

[956] Cfr. PIRES DE LIMA/ANTUNES VARELA, *CCAnotado, II*, p. 52; e CARNEIRO DA FRADA, *Responsabilidade*, p. 99, a respeito da liquidação do dano de terceiro quando o transporte seja contratado pelo comprador.

[957] A alienação com expedição simples parece ser também o tipo contratual pressuposto no n.° 2 do art. 890.° e no art. 922.° (cfr. RAÚL VENTURA, *Compra e venda – Proibições...*, p. 307, considerando porém que a primeira norma adopta uma solução contrária ao disposto no art. 797.°).

art. 797.º suscita, pelo contrário, a transmissão do risco num momento ulterior à verificação do efeito real. Com base nesta constatação, sufraga-se então que o âmbito de aplicação o art. 797.º se encontra limitado à alienação de coisa indeterminada[958], em que a transmissão do direito real e do risco não hajam ainda ocorrido, *maxime* às hipóteses em que a entrega da coisa se traduza no cumprimento/concentração de uma obrigação genérica[959] ou alternativa[960].

Salvo o devido respeito, afigura-se porém que a referida orientação não encontra correspondência na letra e no enquadramento sistemático do art. 797.º, não depondo de igual modo o elemento teleológico de interpretação no sentido da circunscrição da norma às hipóteses referidas. Com efeito, tal entendimento radica uma compreensão unitária do fenómeno de distribuição do risco contratual assente no paradigma *res perit domino*, quando, em rigor, a este são alheios o n.ºs 2 e 3 do art. 796.º. Nestes termos, entende-se que o art. 797.º não corporizará mais do que uma hipótese, entre outras, de transmissão do risco contratual com independência da titularidade dominial[961], traduzindo, em linha com o n.º 2 do art.

---

[958] Cfr. MOURA RAMOS/BENTO SOARES, *ob. cit.*, p. 173, que, visando eliminar o ilogismo do sistema, sufragam a aplicação do art. 797.º às hipóteses que não se enquadrem no art. 796.º.

[959] Cfr. RIBEIRO DE FARIA, *Obrigações, II*, p. 384, n. 1; MENEZES LEITÃO, *Obrigações, II*, p. 127; e PAULO MOTA PINTO, *Declaração tácita*, p. 595, n. 396, em *Anteprojecto de diploma de transposição para o Direito português. Exposição de motivos e articulado*, p. 208, n. 59, e em *Reflexões sobre a transposição da Directiva 1999/44/CE para o Direito português*, p. 214, n. 46, entendendo que, por redução teleológica, o art. 797.º será apenas relativo às obrigações genéricas. Em sentido próximo, LURDES PEREIRA, *Conceito da prestação*, p. 205, n. 556, sufraga que o art. 797.º "apenas se aplica às dívidas de envio ou de remessa cujo regime do risco, de acordo com a disposição primariamente competente, dependeria da entrega da coisa ao adquirente", entendendo assim a norma aplicável não apenas à situação das obrigações genéricas, mas também às obrigações cobertas pelo n.º 2 do art. 796.º, cujo momento de transmissão de risco seria também objecto de antecipação. RUBINO, *ob. cit.*, p. 533, n. 24, pronuncia-se em sentido análogo perante o art. 1510.º, II, do CCit.

[960] Cfr. MORAIS CARVALHO, *Transmissão*, p. 57-58, entendendo que o art. 797.º é desnecessário em relação às obrigações genéricas, em que o risco se transmite ainda com o cumprimento da obrigação.

[961] Também no sentido da não circunscrição art. 797.º à alienação de coisas indeterminadas, cfr. VAZ SERRA, *Impossibilidade superveniente*, p. 98, referindo como fundamento da norma o facto de ser o vendedor que se "continua a ocupar da coisa até ao momento em que a expede", e em *Obrigações genéricas*, p. 55, n. 108; e LIMA PINHEIRO, *Comercial Internacional*, p. 319, entendendo que o art. 797.º tanto pode protelar o mo-

796.º, uma concretização do risco contratual de acordo com um critério final de satisfação do interesse do adquirente (no momento da entrega da coisa a terceiro)[962], no caso associado à perda de controlo fáctico das mercadorias pelo alienante[963].

A aplicação do art. 797.º postula apenas que o local de cumprimento da obrigação de entrega da coisa não coincida com o domicílio do credor da sua entrega após a realização do transporte, uma vez que a alienação à distância ou com remessa qualificada se mostra alheia à sua previsão[964]. Regulando a alienação com remessa simples ou com dívida de

---

mento da passagem do risco (quando articulado com os arts. 796.º e 408.º), como antecipá-lo (no caso das obrigações indeterminadas).

[962] Não existe uma completa unidade valorativa entre as soluções do n.º 2 do art. 796.º e do art. 797.º. De facto, se no n.º 2 do art. 796.º o risco é suportado pelo alienante em virtude do interesse na detenção da coisa posteriormente à transmissão do direito real sobre ela, o suporte pelo alienante do risco contratual até à entrega ao transportador já pressupõe a preponderância do interesse do adquirente, a satisfazer com a entrega da coisa ao transportador, e não com a produção do efeito real pelo contrato. A solução não deve suscitar porém perplexidade, a qual já se justificaria se, em virtude da identidade valorativa entre as duas disposições, a norma do art. 797.º não pudesse ser objecto de outro juízo que não o de redundância sistemática.

[963] Esta aproxima-se, por sua vez, do critério do *"cheapest cost avoider"*: o sujeito capaz de evitar o dano com custos mais reduzidos (cfr., nomeadamente, Sousa Ribeiro, *O problema*, p. 359, n. 263).

[964] Cfr., nomeadamente, Vaz Serra, *Obrigações genéricas*, p. 37, em especial n. 72, sublinhando que a escolha entre as obrigações de remessa simples e qualificada constitui matéria de interpretação negocial; Galvão Telles, *Obrigações*, p. 277; Antunes Varela, *Das Obrigações, II*, p. 38 e 88; Almeida Costa, *Obrigações*, p. 1006; Ribeiro de Faria, *Obrigações, II*, p. 302 e 385, n. 1; Menezes Cordeiro, *Obrigações, II*, p. 195, n. 58, entendendo o local da expedição como o local do cumprimento; Menezes Leitão, *Obrigações, II*, p. 167, sublinhando a distinção entre o lugar da prestação (local do envio) e o lugar do efeito ou do resultado da prestação; Moura Ramos/Bento Soares, *ob. cit.*, p. 81, entendendo que nas hipóteses em que o contrato de compra e venda implique um transporte de mercadorias, o lugar de cumprimento, na omissão das partes, é o lugar de envio, interpretando em termos hábeis o disposto no art. 772.º por referência ao local onde aquele se inicia; Lima Pinheiro, *A venda com reserva de propriedade*, p. 13; Calvão da Silva, *Não cumprimento*, p. 487; Lurdes Pereira, *Conceito da prestação*, p. 205, que distinguindo entre a acção de prestar (a prática de actos de entrega) e o resultado da prestação, considera que a obrigação não ficará cumprida com a simples entrega ao expedidor, mas antes "quando e na medida em que a coisa seja recebida pelo credor"; e Múrias/Lurdes Pereira, *Prestações*, p. 10, n. 30, considerando que a prestação se realiza com a entrega ao transportador. O ac. do STJ de 2 de Abril de 1992 *cit.*, p. 652, considerou, num contrato de compra e venda de calçado entre uma sociedade sediada em Portugal e outra sediada em França, no qual se acordou que o pagamento seria efectuado no momento e no lugar da

envio, o art. 797.º parece pressupor que o lugar de cumprimento se identifica com o lugar de expedição das mercadorias, em paralelo a al. a) do art. 31.º da CVIM, com as categorias C e F dos INCOTERMS, e com os n.ºs 1 e 4 do art. 46.º do PCEC[965].

III. O art. 797.º deixa bastantes questões por resolver, emanando a sua solução do fundamento último da disposição normativa, o qual reside na não coincidência entre a colocação do sacrifício patrimonial e a titularidade de um direito real sobre a coisa, bem como na eleição de um critério transmissivo do risco relativo ao controlo material da coisa pelo alienante, que, no limite, pode ser ainda reconduzido à satisfação de um interesse jurídico-económico do adquirente a partir desse momento.

Transferindo-se o risco com a entrega, e não com a mera colocação da coisa à disposição do transportador, assemelha-se que, contrariamente ao sufragado por parte da doutrina alemã, mas em conformidade com a orientação dominante na CVVIM, a entrega deverá ser efectuada a um transportador independente do vendedor, nesse sentido depondo a letra, a história e o espírito – na vertente controlo – da lei[966]. Não se encontrando indícios seguros quanto à admissibilidade de actuação de um comissário do alienante, afigura-se porém que a actuação por sua conta pode não obstar, em termos teleológicos, à transferência do risco. Por outro lado, em novo paralelo com a solução da CVVIM, e em nome da certeza na determinação do momento de transferência do risco, julga-se que no transporte

---

entrega (Paris), que, possuindo o contrato a natureza de contrato internacional de venda de mercadorias com cláusula de entrega à chegada, o risco correria pelo vendedor até à chegada das mercadorias a esse lugar (não foi contudo admitida, por inépcia processual dos réus, a existência de uma cláusula *free on truck* (FOT), cujo alcance seria, precisamente, o de atribuir o risco ao comprador a partir da entrega das mercadorias ao transportador).

[965] Cfr. Calvão da Silva, *Compra e venda*, p. 24; Lima Pinheiro, *Venda marítima*, p. 215; e Susana Maltez, *ob. cit.*, p. 74 e 76, pronunciando-se contra o mesmo enquadramento. A existência de um contrato de compra e venda CIF ou FOB exclui porém a aplicação do art. 797.º, sendo o regime de distribuição do risco determinado de acordo com os mesmos termos comerciais.

[966] O n.º 3 do art. 5.º do anteprojecto de Vaz Serra relativo às obrigações genéricas dispunha que "Se o transporte (...) é feito pelo devedor, a concentração não se verifica com o início do transporte, excepto consentindo o credor que ela nesse momento se produza ou devendo a convenção de envio ser assim interpretada" (cfr. Vaz Serra, *Obrigações genéricas*, p. 54). No mesmo sentido se pronuncia Morais Carvalho, *Transmissão*, p. 53, ressalvando todavia a hipótese de acordo contrário das partes.

332 *O Risco nos Contratos de Alienação*

plúrimo ou multimodal o risco transmitir-se-á com a entrega da coisa ao primeiro dos transportadores.

Encontrando o art. 807.º aplicação na situação de entrega das mercadorias com atraso ao transportador, o envio das mercadorias de outro lugar que não o lugar do cumprimento ocasionará também uma situação de incumprimento obrigacional, a qual, a exemplo das hipóteses de embalagem indevida, de selecção culposa da empresa responsável pelo transporte, de fornecimento de instruções erróneas ao transportador ou de violação de deveres de protecção no âmbito do contrato de transporte não suscita, em rigor, um problema de distribuição do risco contratual, mas antes de responsabilidade civil obrigacional[967].

Um último apontamento é devido ao transporte ou expedição colectiva de mercadorias, que, salvo convenção em contrário, corporiza uma obrigação genérica até ao momento da entrega da coisa respectiva a cada um dos seus adquirentes. Havendo a figura sido considerada em sede dos trabalhos preparatórios do CCiv, a solução mencionada é a única coadunável com a incerteza quanto ao objecto da prestação[968]. Uma *societas periculi* só será admissível mediante o acordo de todos os interessados nesse sentido, verificando-se, na mesma hipótese, uma concretização de risco por intervenção da autonomia privada que não recolhe sustentação em qualquer elemento ou vector estruturante do sistema jurídico vigente. O mesmo é válido para a transmissão do risco no momento do aviso de carga pelo vendedor ao comprador[969].

---

[967] O art. 800.º será, todavia, por regra inaproveitável para a responsabilização do alienante pela actividade do transportador das mercadorias (cfr. RIBEIRO DE FARIA, *Obrigações, II*, p. 205, n. 1).

[968] No n.º 13 do art. 13.º do anteprojecto de VAZ SERRA estabelecia-se que "Se as mercadorias são carregadas em grupo, sem distinção da parte de cada adquirente, o risco passa para cada um destes em proporção da sua parte, logo que o alienante lhes expeça o conhecimento ou outro aviso de que o carregamento está feito", orientação análoga ao n.º 5 do art. 5.º do anteprojecto de VAZ SERRA relativo às obrigações genéricas, em que, sendo as coisas "enviadas em massa a vários credores, sem distinção da parte de cada um, e os credores autorizaram o envio em massa ou este está de acordo com os usos, a concentração produz-se, em relação a cada um deles, em proporção da sua parte, logo que o devedor lhe expeça o conhecimento ou outro aviso de que o carregamento está feito" (cfr. VAZ SERRA, *Impossibilidade superveniente*, p. 132, e em *Obrigações genéricas*, p. 54). MORAIS CARVALHO, *Transmissão*, p. 55, veio de igual modo sufragar a possibilidade de perecimento da mercadoria em partes iguais, transmitindo-se o risco de forma imediata se houver acordo quanto ao modo de cumprimento e autorização do credor nesse sentido.

[969] Para além dos subsídios que se extraem da CCVIM e do ordenamento jurídico alemão (apesar de neste ser maioritária a solução de transmissão proporcional do risco), de

O regime jurídico do risco nos contratos de alienação 333

4.2.3. *O risco na transmissão não imediata ou precária da propriedade*

4.2.3.1. *A alienação subordinada a condição suspensiva*

I. A condição encontra o seu regime jurídico definido pelos arts. 270.º a 277.º, consistindo numa cláusula acessória ou elemento acidental do negócio jurídico pelo qual as partes fazem depender, total ou parcialmente, a sua vigência da verificação ou não verificação de um facto futuro e objectivamente incerto[970].

Constituindo uma manifestação da autonomia da vontade baseada num estado de incerteza, as condições classificam-se, segundo um critério atinente à sua causa, em potestativas, casuais ou mistas, podendo ainda as primeiras ser ou não arbitrárias, embora se postule a sua relação com um facto de certa gravidade ou seriedade[971]. Por outro lado, as condições divi-

---

que sobressai a possibilidade de conluio do vendedor com um ou mais compradores no sentido de prejudicar os outros compradores, um argumento adicional poderá ainda retirar-se do art. 275.º do CCom, que obriga o comissário a não ter "mercadorias de uma mesma espécie, pertencentes a diversos donos, debaixo de uma mesma marca, sem distingui-las por uma contra-marca que designe a propriedade respectiva". Não visando obviamente a solução da questão em análise, a norma postula, contudo, a necessidade de separação de mercadorias mesmo que a sua titularidade já se encontre determinada.

[970] Sobre a condição cfr., nomeadamente, MANUEL DE ANDRADE, *Teoria Geral, II*, p. 355; CABRAL DE MONCADA, *Direito Civil*, p. 675; CASTRO MENDES, *Da condição*, p. 43; GALVÃO TELLES, *Contratos em Geral*, p. 258, 268 e 274; MOTA PINTO, *Teoria Geral*, p. 555; EWALD HÖRSTER, *A Parte Geral*, p. 491; OLIVEIRA ASCENSÃO, *Teoria Geral, II*, p. 345; MENEZES CORDEIRO, *Tratado, I-I*, p. 713; e PAIS DE VASCONCELOS, *Teoria Geral*, p. 606. Apesar da expressão assumir diversas acepções semânticas, CASTRO MENDES, *Condição*, p. 40, sublinha o seu emprego, em termos técnicos, nos n.ºs 2 e 3 do art. 796.º, bem como nos n.ºs 1 e 3 do art. 925.º. A condição *stricto sensu* não deve ser confundida com as denominadas condições impróprias, que não reúnem todas as suas qualidades, nomeadamente as cláusulas contratuais que se articulam *(i)* com um facto passado ou presente, *(ii)* com um evento futuro mas certo ou necessário, *(iii)* cláusulas impossíveis, ou *(iv)* que se encontrem dependentes da lei – "*conditio iuris*" (cfr., nomeadamente, GALVÃO TELLES, *Contratos em Geral*, p. 261; MOTA PINTO, *Teoria Geral*, p. 556; OLIVEIRA ASCENSÃO, *Teoria Geral, II*, p. 346; MENEZES CORDEIRO, *Tratado, I-I*, p. 716; e CARVALHO FERNANDES, *Teoria Geral, II*, p. 380).

[971] Cfr., nomeadamente, MOTA PINTO, *Teoria Geral*, p. 560; OLIVEIRA ASCENSÃO, *Teoria Geral, II*, p. 347; e PAIS DE VASCONCELOS, *Teoria Geral*, p. 606. Em consonância com a orientação do Direito romano, CASTRO MENDES, *Condição*, p. 52, aplica analogicamente o n.º 2 do art. 398.º à condição frívola ou caprichosa, depondo também CABRAL DE MONCADA, *Direito Civil*, p. 676, n. 1, e 682, contra as condições potestativas puras. Em termos próximos, ROMANO MARTINEZ/VASCONCELOS, *ob. cit.*, p. 181, consideram a inadmis-

334 O Risco nos Contratos de Alienação

dem-se em suspensivas e resolutivas, consoante a cláusula determine a não produção ou a produção precária de efeitos do negócio jurídico. O seu afastamento dos tipos contratuais aleatórios foi oportunamente referido[972].

Fixados sinteticamente os seus contornos, cumpre sublinhar que o emprego de uma condição pode estar conexo com a protecção de qualquer uma das partes. Tal verifica-se, por exemplo, na condição suspensiva relativa à autorização de edificação por parte das autoridades administrativas competentes (protecção do adquirente), ou relativa à obtenção de financiamento adequado para o negócio (protecção do alienante). É com base neste substrato prévio que cumpre analisar a solução de distribuição do risco contratual consagrado na 2.ª prt. do n.º 3 do art. 796.º para a condição suspensiva[973].

II. Possuindo por objecto o contrato enquanto vínculo obrigacional unitário e complexo, consoante se deduz da letra do n.º 3 do art. 796.º – *maxime* por contraposição à entrega da coisa alienada – bem como do enquadramento sistemático fornecido pelo n.º 1 do art. 796.º, a aposição de uma condição suspensiva ao contrato implica que o risco corra, na sua pendência, por conta do alienante.

A orientação adoptada pela 2.ª prt. do n.º 3 do art. 796.º está em consonância com a solução do Direito romano, bem como com o disposto nos arts. 1182.º do CCfr, e 1465.º, IV, do CCit, traduzindo ainda a orientação constante do anteprojecto de VAZ SERRA[974]. Não obstante, esta solução não é a única admissível, havendo-se o legislador afastado do paradigma das O.F. Filipinas e do art. 1122.º, I e III, do CCes, de distinção entre a perda patrimonial ocasionada pelo perecimento e a perda patrimonial as-

---

sibilidade da condição meramente arbitrária no nosso ordenamento jurídico, pese embora a inexistência de uma proibição normativa expressa, como a presente nos arts. 1174.º do CCfr, 1115.º do CCes e 1355.º do CCit. Esta consta do n.º 1 do art. 54.º do PCEC, relativamente à condição meramente potestativa.

[972] Cfr. *supra* p. 68.

[973] Apesar do n.º 2 do art. 274.º remeter para o art. 1269.º independentemente da existência ou não de posse sobre a coisa alienada (cfr. PIRES DE LIMA/ANTUNES VARELA, *CCAnotado, I*, p. 253), a sua referência ao possuidor de boa fé exclui a situação de responsabilidade civil objectiva do possuidor de má fé.

[974] Nos termos do n.º 8 do art. 13.º do seu anteprojecto, "corre por conta do alienante o risco, durante a pendência da condição, mesmo que a coisa tenha sido entregue ou posta à disposição do adquirente" (cfr. VAZ SERRA, *Impossibilidade superveniente*, p. 98 e 103, que se pronunciava ainda contra a possibilidade de dissociação entre o risco de perda e o risco de deterioração da coisa).

O regime jurídico do risco nos contratos de alienação

sociada à deterioração da coisa (sendo a última suportada pelo adquirente). Por outra via, ultrapassam-se as dificuldades interpretativas causadas pela redacção do CCse, normativo perante o qual a doutrina maioritária, atendendo ao princípio da retroactividade da condição, atribuía o risco de perecimento ou deterioração da coisa ao adquirente[975]. É sufragado, por outro lado, que o princípio consagrado "é no sentido de atribuir o risco a quem tiver a posse do bem"[976], embora não se vislumbrem quaisquer elementos legais que possam induzir tal solução.

Sendo equacionada como uma solução que se encontra "de acordo com a ordem natural das coisas"[977], a atribuição do risco de perecimento ou deterioração da coisa na pendência da condição constitui uma derrogação ao princípio da retroactividade da condição consagrado supletivamente pelo art. 276.°, dado que, se uma vez verificada a condição o adquirente é proprietário da coisa com efeitos à data da celebração do contrato, o risco deveria então ser atribuído ao mesmo sujeito, e não ao alienante. Entende-se, porém, que a mesma conclusão não se mostra em rigor necessária, uma vez que, com o perecimento da coisa, a alienação tornar-se-ia nula por ausência de objecto, tendo este que "subsistir ao tempo do preenchimento da condição"[978].

---

[975] Cfr. GUILHERME MOREIRA, *Instituições, I*, p. 484, considerando que o objecto "deve perecer por conta do adquirente, pois que, verificada a condição, como seu se considera desde o momento em que o contrato se realizou", argumentando, respectivamente, com o disposto no art. 678.° CCse, a não reprodução da doutrina do art. 1182.° do CCfr e a equiparação da situação ao contrato a termo, em que o risco corre por conta do adquirente; CABRAL DE MONCADA, *Direito Civil*, p. 690, n. 1, considerando o adquirente já proprietário, embora "não possa antes da condição entrar na efectivação do seu direito", e carreando ainda um argumento implícito, conexo com a retroactividade da condição; e MANUEL DE ANDRADE, *Teoria Geral, II*, p. 381 e 383, que, referindo a orientação da aplicação do princípio da retroactividade se a coisa perecer no momento da pendência, alude de igual modo à solução de suporte do risco *medio tempore* pelo devedor alienante (MOTA PINTO, *Teoria Geral*, p. 570, alinha-o, todavia, no sentido da prevalência do princípio da retroactividade da condição). Em sentido contrário se pronunciava, porém, CUNHA GONÇALVES, *Tratado, IV*, p. 571, e em *Tratado, VIII*, p. 406, considerando que a transmissão só se efectua quando a condição se realizar, correndo o risco por conta do vendedor na sua pendência.

[976] Cfr. NUNO GONÇALVES, *Do negócio sob condição*, p. 90.

[977] MENEZES CORDEIRO, *Tratado, I-I*, p. 722. ANA PRATA, *O regime*, p. 16, considera porém desnecessário o art. 796.°, n.° 3, 2.ª prt..

[978] Cfr. GALVÃO TELLES, *Manual de Obrigações*, p. 260, e em *Contratos em Geral*, p. 365, com base na perfeição do contrato. Por outro lado, a solução apresenta-se coerente com o disposto no n.° 2 do art. 790.°, que trata como impossibilidade superveniente a impossibilidade da prestação após a conclusão do negócio sob condição.

Procurando efectuar uma decomposição da solução legal, constata-se, desde logo, que a questão apenas se coloca na pendência da condição suspensiva, uma vez que, se o perecimento da coisa ocorrer após a verificação da condição, encontram aplicação as regras dos n.º 1 e 2 do art. 796.º e do art. 797.º. Por outra via, sendo a que possui maior lastro histórico-cultural, a norma acolhida pela lei traduz, segundo se julga, a orientação mais equilibrada de distribuição do risco.

Se seria impensável atribuir sem mais o risco de perecimento da coisa ao adquirente – uma vez que, sendo a alienação subordinada a condição suspensiva, esta última pode nunca se verificar (com a consequência de não produção de efeitos reais pelo contrato) – a ligação do sacrifício patrimonial ao efeito retroactivo da condição conduziria a que a distribuição do risco flutuasse de acordo com a sua verificação ou não verificação, gerando, no limite, uma definitiva incerteza sobre o contraente que suportaria a perda ou deterioração da coisa. Por outro lado, a conexão do risco com a retroactividade da condição conduziria à tentação do seu impedimento por parte do adquirente[979], e ao móbil da sua provocação por parte do alienante, fenómenos que, apesar de receberem tratamento normativo no n.º 2 do art. 275.º, se revelam genericamente indesejáveis.

Ora, ao atribuir a perda patrimonial a um dos contraentes, a 2.ª prt. do n.º 3 do art. 796.º ultrapassa a questão da verificação ou não da condição, bem como a da sua relevância em relação ao momento da pendência. Com efeito, se é verdade que a condição suspensiva que não se verifica determina a ineficácia do contrato – pelo que a situação de risco não se chegaria a colocar – a virtualidade da solução legal reside, precisamente, em prescindir desse fenómeno, cujo prolongamento temporal de incerteza entorpeceria o normal tráfego negocial. Ao mesmo tempo, é aparente a majestade salomónica da solução que distingue, para efeito de distribuição do risco, entre a perda e a deterioração da coisa, não constituindo esta seguramente a melhor solução em termos dogmáticos. O adquirente sob condição suspensiva não foi, não é, nem necessariamente será, o titular da coisa, pelo que o simples e eventual contacto material com esta não justifica que seja o mesmo sujeito atingido pelo sacrifício patrimonial do seu perecimento ou deterioração. A referência, aparentemente assimétrica, à

---

[979] No exemplo dado anteriormente, ao não solicitar ou recusar o crédito bancário necessário à conclusão do negócio.

O *regime jurídico do risco nos contratos de alienação* 337

entrega da coisa alienada no caso de alienação subordinada a condição resolutiva possui também aquele fundamento[980].

4.2.3.2. *A alienação subordinada a condição resolutiva*

I. Não se encontra em nenhum dos ordenamentos jurídicos compulsados uma solução legal unívoca no que respeita à suportação do risco no contrato de alienação subordinado a condição resolutiva[981]. As mesmas hesitações surgiram também no domínio do CCse[982], dispondo-se na 1.ª prt. do n.º 3 do art. 796.º que "o risco do perecimento durante a pendência da condição corre por conta do adquirente, se a coisa lhe tiver sido entregue". A solução é, uma vez mais, tributária do esforço jurídico-dog-

---

[980] Em termos distintos, VAZ SERRA, *Impossibilidade superveniente*, p. 102 e 104, considera duvidoso que, quando a condição se verifica, e a coisa foi entregue antes do seu perecimento ou deterioração, o risco deva ser suportado pelo alienante, chegando a concluir que este deveria ser suportado pelo adquirente que ficou com a coisa em seu poder, seus frutos e administração. O autor recua, depois, para a posição contrária, em nome da normal "intenção das partes".

[981] Um exemplo desta espécie contratual foi recentemente analisado pelo ac. do STJ de 19 de Outubro de 2004 in CJ (STJ) 2004-III, p. 71, que admitiu a validade da compra e venda de terreno sob condição resolutiva de o mesmo ser afecto à realização de feiras, ainda que tal utilização não constasse do PDM (Plano Director Municipal). Outro exemplo de alienação sob condição resolutiva (embora potestativa) consistirá, se o fenómeno assumir relevância contratual autónoma, na alienação de contentores ou de bilhas de gás (cfr. BIANCA, *La vendita*, p. 222, perspectivando o reembolso da soma pecuniária solvida, embora configure de igual modo uma obrigação acidental de restituição garantida por um penhor irregular e uma prestação acessória integrativa). A aposição ao negócio de uma condição resolutiva de cumprimento da dívida do alienante para com o credor-adquirente suscita um juízo de distribuição do risco análogo ao efectuado *infra* em sede de alienação fiduciária em garantia (quanto à configuração do pacto comissório como alienação sujeita à condição suspensiva de não pagamento do devedor cfr. COSTA GOMES, *Assunção fidejussória*, p. 91; e ENZO ROPPO, *Note sopra il divieto del patto comissorio*, p. 265). Duvidosa é de igual modo a configuração da aquisição por um grémio desportivo "enquanto este exista" como um exemplo de propriedade sob condição resolutiva, direito real *in fieri* (cfr. OLIVEIRA ASCENSÃO, *Usucapião de propriedade resolúvel*, p. 513).

[982] Cfr., em sentidos opostos, GUILHERME MOREIRA, *Instituições, I*, p. 488, que, com base no art. 680.º do CCse, atribuía o risco à pessoa a quem, "em virtude da dissolução do negócio, os bens deviam pertencer" (vendedor); e CUNHA GONÇALVES, *Tratado, VIII*, p. 407, sufragando a transferência do risco com a celebração do contrato.

338 *O Risco nos Contratos de Alienação*

mático empreendido por VAZ SERRA, como claramente resulta do compulsar dos respectivos trabalhos preparatórios[983].

Distinguindo a doutrina consoante a condição resolutiva venha ou não a verificar-se[984], não se afigura porém que a mesma operação produza resultados de relevo, havendo antes que reconhecer que a não verificação da condição resolutiva se traduz numa solução jurídica simétrica ao não preenchimento da condição suspensiva: não se verificando a condição resolutiva, o risco pertencerá, em princípio, ao adquirente[985], tal como a não verificação da condição suspensiva determina o suporte do risco pelo alienante, ainda que enquanto risco inerente a um direito real sobre a coisa, cuja titularidade permaneceu imodificada em virtude da ineficácia do contrato.

Mas assemelha-se ainda, pese embora o requisito de entrega da coisa ao adquirente para a transferência do risco no contrato subordinado a condição resolutiva, que as soluções encontram um paralelismo também no momento da pendência da condição. De facto, se o adquirente sob condição suspensiva pode nunca vir a ser titular de um direito real sobre a coisa alienada, o adquirente sob condição resolutiva terá sempre inscrito na sua esfera jurídica, ainda que por um breve lapso temporal, a titularidade dominial sobre a coisa[986]. Por outras palavras, se o art. 276.º deter-

---

[983] Cfr. VAZ SERRA, *Impossibilidade superveniente*, p. 101, alegando que a condição resolutiva não deve prejudicar o alienante quando, em regra, é estipulada em seu benefício, bem como que o facto da coisa se encontrar em poder do comprador assume expressa relevância neste domínio. Destarte, em termos próximos dos que vieram a constar do texto da lei, o n.º 7 do art. 13.º do anteprojecto do autor dispunha que "corre por conta do adquirente o risco durante a pendência da condição, se a coisa lhe tinha sido entregue ou estava à sua disposição".

[984] Em termos sintéticos, sustenta-se que o risco se transfere com a entrega da coisa se a condição resolutiva se não verificar, sendo que se a mesma vier a ocorrer, e a coisa já tiver sido entregue, o risco pertence ao adquirente, embora o alienante mantenha a titularidade do direito real por força da eficácia *ex tunc* da condição (cfr. PAULO MOTA PINTO, *Declaração tácita*, p. 592, n. 394, concluindo que o respeito do princípio *res perit domino* apenas ocorre relativamente à alienação subordinada a condição resolutiva verificada, em que a coisa não haja sido entregue). Cabe porém distinguir, segundo se julga, os momentos em que ocorra o perecimento ou a deterioração da coisa.

[985] Em princípio, porque não se exclui que, não se verificando a condição, e não havendo a coisa alienada sido entregue ao adquirente na sua pendência, o n.º 2 do art. 796.º se aplique em caso do alienante reter a coisa em satisfação de um interesse próprio.

[986] Distintamente, ANA PRATA, *O regime*, p. 21, considera o adquirente não proprietário, e o alienante proprietário da coisa.

O *regime jurídico do risco nos contratos de alienação*   339

mina a eficácia *ex tunc* da condição, a qual destrói a alienação com efeitos retroactivos, é contudo assente que a propriedade resolúvel é admitida enquanto tal no n.º 1 do art. 1307.º, com a mesma disposição se articulando a 1.ª prt. do n.º 3 do art. 796.º[987].

Nestes termos, se é verdade que o adquirente sob condição resolutiva pode deixar de ser proprietário ou titular de outro direito real de gozo em virtude dos efeitos jurídicos precários associados ao próprio negócio, a assunção por aquele desta qualidade, ainda que durante um curto lapso de tempo, corporiza um substrato a que o adquirente sob condição suspensiva se mostra em absoluto alheio. Encontrando fundamento para a parificação normativa efectuada, afastamo-nos da consideração – circular e inócua – do adquirente sob condição resolutiva assumir-se sempre como devedor da entrega da coisa sob condição suspensiva (configurando-se a condição resolutiva como uma condição suspensiva invertida quanto àquela obrigação). Dir-se-á, assim, que na situação de alienação sob condição resolutiva se encontra verificado um substrato real, ainda que ténue, sendo a exigência da entrega da coisa alienada um requisito adicional de transmissão do risco contratual que encontra justificação, precisamente, na frágil estrutura jurídico-real subjacente.

A 1.ª prt. do n.º 3 do art. 796.º constitui, em síntese, uma (nova) derrogação ao princípio *res perit domino*, em termos não coincidentes, nem com o efeito retroactivo da condição, nem com o simples controlo material da coisa. A lei associa antes a precariedade de um efeito real – cuja transmissão no entanto se verifica – à entrega da coisa como complexo fáctico-normativo suficiente para a transmissão do risco ao adquirente[988].

---

[987] Embora Menezes Cordeiro, *Tratado, I-I*, p. 729, n. 1967, refira que a condição a que alude o art. 1307.º assume um funcionamento automático e retroactivo, considerando que a condição não retroactiva constitui uma manifestação de propriedade temporária que viola o princípio da tipicidade dos direitos reais, tal orientação não impede o enquadramento efectuado. De facto, se a retroactividade dos efeitos do preenchimento da condição deve ser reconhecido em termos de delimitação típica dos direitos em presença, a mesma não elimina os efeitos fácticos da entrega e da transferência (temporária) da propriedade da coisa, sendo indefensável que a abstracção da retroactividade da condição funcione em relação à distribuição do risco na condição suspensiva, mas não na condição resolutiva. Neste sentido depõe também a doutrina do sinalagma de facto, aplicada às obrigações restitutórias emergentes da invalidade do contrato.

[988] Em sentido algo distinto, o Parecer n.º 85/75 da PGR in BMJ n.º 259, p. 115, justificou a assunção do risco pelo adquirente sob condição resolutiva pelo facto de ser este que pode gozar, fruir ou dispor da coisa. Apesar de, em rigor, também o alienante sob condição resolutiva poder dispor da coisa (sob condição suspensiva) – o que retira exactidão

340   O Risco nos Contratos de Alienação

II. Atenta a solução normativa de distribuição de risco pressuposta para a figura, assemelha-se que, ultrapassando as hesitações dogmáticas constatadas no seio do Direito romano, o denominado pacto *in diem addictio* (pacto de melhor comprador), segundo o qual o contrato de compra e venda só se tornará definitivo se, dentro de um determinado lapso temporal, nenhum sujeito efectuar uma oferta de melhor preço[989], deve em princípio ser integrado como um contrato de alienação subordinado a condição resolutiva[990]. Sendo possível a sua aproximção à resolução convencional do contrato[991], a solução de distribuição do risco pressuposta no n.º 2 do art. 432.º não incide, em rigor, sobre o perecimento ou deterioração da coisa alienada, antes disciplinando a restituição da prestação pecuniária recebida pelo vendedor, pelo que, nesse enquadramento, seriam aplicáveis as regras dos n.ºs 1 e 2 do art. 796.º.

4.2.3.3. A alienação subordinada a termo suspensivo

I. A exemplo da condição, o termo constitui uma cláusula acessória ou elemento acidental do negócio jurídico, regulada nos arts. 278.º e 279.º por referência a um acontecimento futuro mas certo[992]. Não obstante, atento o disposto no n.º 2 do art. 1307.º, apenas a alienação sobre a qual recaia um termo suspensivo é passível de análise homogénea[993]. De facto,

---

ao fundamento invocado – não deixa de ser verdade que, em sede tributária, o imposto municipal sobre imóveis é devido pelo sujeito que detenha o uso e fruição da coisa (cfr. o art. 8.º, n.º 3, do CIMI). Mas naturalmente que (também) este argumento não se apresenta decisivo.

[989] Cfr. CUNHA GONÇALVES, *Dos contratos*, p. 268, e em *Tratado, VIII*, p. 355 e 393.

[990] Neste sentido cfr. BADENES GASSET, *ob. cit. (II)*, p. 923. A solução não coincide porém com a regra jurídica romana *supra* compulsada, uma vez que, segundo esta, o risco poder-se-ia transmitir logo aquando da celebração do contrato (cfr. *supra* p. 123).

[991] Cfr. ROMANO MARTINEZ, *Da cessação*, p. 81; e BIANCA, *La vendita*, p. 607, cruzando-o com o *patto di riscatto*.

[992] Cfr. sobre o termo, nomeadamente, GALVÃO TELLES, *Contratos em Geral*, p. 274; MOTA PINTO, *Teoria Geral*, p. 573 e 575; OLIVEIRA ASCENSÃO, *Teoria Geral, II,* p. 356; MENEZES CORDEIRO, *Tratado, I-I*, p. 727; e PAIS DE VASCONCELOS, *Teoria Geral*, p. 616. A figura pode assumir natureza suspensiva ou resolutiva, bem como ser qualificado como certo ou incerto, consoante o momento da sua verificação.

[993] Pense-se por exemplo numa situação de compra e venda cujo termo coincida com a morte do vendedor, que vem a entregar os bens ao comprador apenas uma semana antes do seu decesso (sem que porém seja acordada uma obrigação *cum voluerit* de entrega da coisa).

se o termo suspensivo aposto ao efeito transmissivo da propriedade é genericamente admitido através da prt. final do n.º 1 do art. 409.º, a propriedade a termo resolutivo é objecto de concretizações singulares quando isoladamente considerada, a partir das quais não se admite qualquer extensão analógica[994]. As mesmas limitações encontram-se porém acantonadas ao direito real máximo, uma vez que os outros direitos reais de gozo são em regra delimitados por um termo legal ou convencional.

A análise do risco nas situações de termo suspensivo encontra-se ainda circunscrita à sua aposição ao contrato de alienação, e não, como no n.º 2 do art. 796.º, à obrigação de entrega da coisa que daquele emerge. Não constituindo uma obrigação cuja fonte seja o contrato mas antes o seu efeito fundamental, a subordinação a termo, apenas, da transmissão dominial, aproxima-se, de forma indelével, da aposição da mesma cláusula ao vínculo jurídico unitariamente considerado, pelo que as duas soluções serão objecto de ponderação unitária.

II. Se a aposição de um termo ao contrato de alienação não é considerada nem pela lei nem pela doutrina, a hipótese da mesma cláusula incidir sobre o efeito real do contrato é objecto de abordagens distintas. Com efeito, a seguirem-se os ensinamentos da doutrina francesa, a não produção do efeito real conduz a que o risco se mantenha na esfera jurídica do alienante, viabilizando a aplicação do binómio constituído pelos arts. 790.º e 795.º do CCiv, bem como do *commodum* de representação relativamente à prestação que substitutivamente surja na esfera jurídica do alie-

---

[994] Cfr. OLIVEIRA ASCENSÃO, *Reais*, p. 328 e 459, que exemplifica com a propriedade fiduciária (existente no âmbito da substituição fideicomissária) e com a propriedade superficiária, excluindo a cláusula pela qual a propriedade se transmita com ressalva da sua extinção dentro de um determinado número de anos.

Contudo, apesar da propriedade a termo resolutivo ser excluída desde o Direito romano justinianeu (cfr. SANTO JUSTO, *Romano, I*, p. 198, e em *Romano, III*, p. 108), uma vez que a aquisição dominial subordinada a termo suspensivo traduz, para o alienante, uma situação de domínio sujeito a termo final, a verdade é que o n.º 1 do art. 409.º acaba por introduzir uma abertura inesperada em face da proibição do n.º 2 do art. 1307.º (cfr. OLIVEIRA ASCENSÃO, *Reais*, p. 460; o ac. do STJ de 1 de Fevereiro de 1995 in BMJ n.º 444, p. 614, a respeito, porém, da configuração condicional da cláusula de reserva de propriedade; e, no Direito italiano, SCACCHI, *ob. cit.*, p. 99). Suscitando reservas (cfr. COELHO VIEIRA, *Reais*, p. 673), a situação não se confunde, todavia, com a existência de um termo final na alienação que determine, em termos próximos da alienação fiduciária em garantia, uma dupla transferência de direitos reais (cfr., na sua admissibilidade perante o Direito francês, DUTILLEUL/DELEBECQUE, *ob. cit.*, p. 170).

342   *O Risco nos Contratos de Alienação*

nante. Uma solução diversa consta porém do art. 1465.°, II, do CCit *supra* compulsado, que, em nome da certeza de produção do efeito real, imputa o risco de perecimento da coisa ao adquirente.

Não sendo dogmaticamente aproveitável a remissão do art. 278.° para os arts. 272.° e 273.°, nem sendo decisiva a querela em torno da eventual eficácia retroactiva do termo[995], uma orientação próxima à do CCit foi admitida por VAZ SERRA aquando dos trabalhos preparatórios do Código Civil, sufragando a atribuição do risco ao adquirente na situação da coisa haver sido entregue ou colocada à sua disposição[996]. Ora, tendo presente a justificação avançada para a distribuição do risco contratual na alienação sujeita a condição resolutiva, bem como a previsão normativa do n.° 2 do art. 796.°, cumpre reconhecer que a solução de atribuição do risco ao adquirente sob termo suspensivo, após a entrega da coisa, será provavelmente a mais idónea. Com efeito, se a orientação contrária resultaria da geométrica (não) aplicação do n.° 1 do art. 796.°, em virtude da ausência de um efeito real associado ao contrato, a associação de um substrato fáctico a uma situação para-dominial não poderá deixar de ocasionar a transmissão do sacrifício patrimonial de perecimento ou deterioração da coisa, assumindo a solução particular premência de acordo com um imperativo de coerência normativa intra-sistemática.

Nestes termos, se, por um lado, o n.° 2 do art. 796.° autoriza a manutenção do risco na esfera jurídica de um sujeito que (já) não é titular de um direito real devido à sua posição jurídica de interesse prevalente no âmbito de um contrato de alienação, e se, por outro lado, e decisivamente, a prt. inicial do n.° 3 da mesma disposição legal atribui a referida perda patrimonial a quem pode, com efeitos retroactivos, deixar de ser titular do objecto do referido contrato, a aquisição real a termo acompanhada da entrega da coisa não poderá deixar de produzir efeitos paralelos. A solução traduz-se numa aplicação concreta da compreensão pluriforme das

---

[995] Cfr., respectivamente, MENEZES CORDEIRO, *Tratado, I-I*, p. 730, entendendo que a retroactividade pode operar, consoante a vontade das partes e as circunstâncias; e CARVALHO FERNANDES, *Teoria Geral, II*, p. 399, pronunciando-se em sentido contrário, não obstante ressalvar que a não remissão para o art. 274.° não impede que o adquirente a termo suspensivo ou o alienante a termo final não pratiquem actos dispositivos sobre a coisa.

[996] Cfr. VAZ SERRA, *Impossibilidade superveniente*, p. 106 e 132, n. 240, numa solução que depois extrapola para a reserva de propriedade, prescrevendo o n.° 9 do art. 13.° do seu anteprojecto que se a transferência ou a constituição do direito só se verificam quando se vencer um termo, "o risco, antes deste vencimento, corre por conta do adquirente, desde que a coisa lhe tenha sido entregue ou tenha sido posta à sua disposição".

O regime jurídico do risco nos contratos de alienação, ultrapassando-se a sistematicamente vendada absolutização do brocardo *res perit domino*.

4.2.3.4. *A cláusula de reserva de propriedade*

I. Atribuindo uma estrutura específica ao contrato de alienação, o n.º 1 do art. 409.º admite uma derrogação à regra da consensualidade real consagrada no n.º 1 do art. 408.º, ao possibilitar que o alienante reserve para si a "propriedade da coisa até ao cumprimento total ou parcial das obrigações da outra parte ou até à verificação de qualquer outro evento". O regime jurídico da cláusula de reserva de propriedade é completado pelo n.º 3 do art. 304.º, no qual a figura é perspectivada em relação à obrigação de pagamento do preço por parte do comprador, bem como pelo art. 934.º, em relação à venda a prestações com entrega da coisa vendida[997].

A adopção desta figura, que adquiriu tipicidade social no domínio do contrato de compra e venda, *maxime* do contrato de compra e venda a prestações, encontra-se associada a dois vectores fundamentais. Em primeiro lugar, o alienante mantém a titularidade da coisa, o que, não se encontrando conexo com a manutenção do gozo da mesma, possibilita a sua salvaguarda relativamente ao denominado risco de crédito (dado que, em relação à obrigação de pagamento do preço no contrato de compra e venda, aquele seria perspectivado, regra geral, como simples credor comum)[998]. Por outra via, relativamente ao contrato de compra e venda

---

[997] Cfr. ainda o disposto na al. a) do art. 94.º do CRPre, e no n.º 1 do art. 104.º do CIRE, que, na sequência do disposto no n.º 4 do art. 155.º do anterior normativo vigente, prescreve que o comprador pode exigir o cumprimento do contrato, havendo ocorrido a entrega da coisa, ainda que o devedor se encontre insolvente. O CCiv não manteve porém os privilégios mobiliários especiais a favor do alienante pelo "preço de quaesquer moveis ou machinas" ou pelo "preço de materias primas" que constavam, respectivamente, dos art. 882.º, n.º 3, e § 3, e do art. 883.º, n.º 1, e § 1, do CCse (cfr., sobre estes, GUILHERME MOREIRA, *Instituições, II*, p. 364; e CUNHA GONÇALVES, *Tratado, V*, p. 314, relacionando-os com o sinalagma).

[998] Cfr. COSTA GOMES, *Assunção fidejussória*, p. 37, sublinhando a "desconfiança" relativamente à tutela tradicional assente na responsabilidade patrimonial (geral) do devedor, que se encontra igualmente presente na venda a retro e na venda em garantia; CALVÃO DA SILVA, *Cumprimento*, p. 241, referindo um meio de constrangimento indirecto do adquirente; e MENEZES CORDEIRO, *Anotação ao acórdão do pleno do STJ de 31 de Janeiro de 1996*, p. 320, entendendo todavia que a reivindicação da coisa só é admissível após a reso-

344   *O Risco nos Contratos de Alienação*

com entrega da coisa, a cláusula de reserva de propriedade obsta à aplicação do art. 886.º, possibilitando, nos termos gerais do n.º 2 do art. 801.º, mas sem prejuízo do disposto no art. 934.º, a resolução do contrato de compra e venda pelo vendedor em caso de não pagamento do preço pelo comprador[999]. O referido enquadramento não impede porém que a aplicação da figura seja equacionada em relação a outros tipos contratuais que não a compra e venda.

II. Apesar do desenho socialmente típico da cláusula de reserva de propriedade se encontrar associado a hipóteses de compra e venda com espera de preço e de venda a prestações – em que o efeito real ocorre com o pagamento da última daquelas – o n.º 1 do art. 409.º atribui uma latitude considerável à figura.

Pressupondo-se a perenidade do objecto contratual[1000], a referência a contratos de alienação compreende as diversas espécies que compõem a

---

lução do contrato, orientação que se encontra hoje consagrada no § 449, II, do BGB. Em simultâneo, a manutenção da titularidade do bem pelo alienante impede a sua agressão patrimonial por parte dos credores do adquirente.

[999] Remontando esta orientação ao art. 1585.º do CCse (senão mesmo ao Alvará de 4 de Setembro de 1810 – cfr. *supra* p. 144, n. 351), e encontrando correspondência na versão original do § 454 do BGB, a solução supletiva de exclusão da resolução do contrato em caso de transferência da propriedade e da entrega da coisa é dissonante dos arts. 1654.º do CCfr, 1517.º, I, do CCit, e 1504.º do CCes. Sendo justificada quer pela insegurança jurídica que resultaria para terceiros da possibilidade de resolução contratual (cfr. BRANDÃO PROENÇA, *A resolução*, p. 85), quer pela manutenção de interesse na prestação por parte do vendedor (cfr. o ac. da RC de 24 de Janeiro de 1989 in CJ 1989-I, p. 45, não considerando o preceito aplicável à permuta), a solução acarreta, porém, um desequilíbrio injustificado da posição de cada uma das partes no contrato de compra e venda (cfr. JAIME DE GOUVEIA, *Da responsabilidade*, p. 395, criticando a solução do art. 1585.º do CCse por não descortinar "as imperiosas razões que determinaram o legislador a proibir, com desprezo dos principios, a rescisão do contrato"; e MOURA RAMOS/BENTO SOARES, *ob. cit.*, p. 160, ns. 293-294, referindo uma valoração distinta das duas prestações que não leva até ao fim o reconhecimento da onerosidade do contrato). A regra não é ainda coincidente com o disposto na 2.ª prt. do pr. do art. 474.º do CCom (cfr. MENEZES CORDEIRO, *Comercial*, p. 837, no sentido da resolução do contrato), nem encontra paralelo em sede, nomeadamente, do contrato de empreitada (cfr. ROMANO MARTINEZ, *Obrigações – Contratos*, p. 373).

[1000] Cfr. RAÚL VENTURA, *Compra e venda – Efeitos essenciais*, p. 606, sufragando a impossibilidade da reserva de propriedade relativamente a vendas de coisas destinadas ao consumo; e MENEZES LEITÃO, *Obrigações, III*, p. 54, n. 99. Nada obsta, porém, a que a cláusula de reserva de propriedade seja conjugada com uma obrigação genérica, produzindo efeitos após o momento da sua concentração (cfr. ROMANO MARTINEZ, *Obrigações – Contratos*, p. 37, n. 2, e em *Da cessação*, p. 255, n. 502).

O regime jurídico do risco nos contratos de alienação 345

mesma categoria, nomeadamente, os contratos de troca, de doação[1001] ou mesmo de empreitada[1002]. É também defensável a extensão do art. 409.º a outros direitos reais de gozo que não a propriedade, no mesmo sentido depondo a articulação funcional da norma com o disposto no n.º 1 do art. 408.º[1003].

A cláusula de reserva de propriedade obtém ainda uma notável abrangência através da prt. final do n.º 1 do art. 409.º[1004]. Se o paradigma radica na sua articulação com a obrigação de pagamento do preço pelo comprador, nada obsta, por princípio, que o efeito real se associe a outras obrigações do comprador, bem como, por exemplo, ao cumprimento do modo pelo donatário. Por outro lado, a referência à "verificação de qualquer outro evento" possibilita a aposição ao efeito real de um termo suspensivo certo ou incerto[1005], bem como a existência de uma condição suspensiva. Também será admissível a cláusula de reserva de propriedade até ao

---

[1001] Cfr. CAPELO DE SOUSA, *Lições de Direito das Sucessões v. I*⁴, p. 31, referindo a hipótese da propriedade se transmitir apenas com a morte do doador; e ANA ROCHA, *A cláusula de reserva de propriedade na Directiva 2000/35/CE do Parlamento Europeu e do Conselho sobre as medidas de luta contra os atrasos de pagamento*, p. 24. O raciocínio pressupõe naturalmente que estas doações não se encontrem sob a alçada do art. 946.º, n.º 1 (cfr., contra a admissibilidade destas doações, GALVÃO TELLES, *Direito das Sucessões – Noções fundamentais*, p. 116; e CARVALHO FERNANDES, *Lições de Direito das Sucessões*², p. 517).

[1002] Cfr. ROMANO MARTINEZ, *Obrigações – Contratos*, p. 444, relativamente à empreitada de construção de coisa móvel com materiais fornecidos, no todo ou na sua maior parte, pelo empreiteiro, nos termos da 1.ª prt. do n.º 1 do art. 1212.º. A aposição de uma cláusula de reserva de propriedade a um contrato de empreitada é também admitida noutras latitudes (cfr. LARENZ, *Schuldrechts, II*, p. 377; HUET, *ob. cit.*, p. 1342, relativamente ao "*contrat d'entreprise*"; MAINGUY, *ob. cit.*, p. 406; e CAMARDI, *ob. cit.*, p. 86, enunciando a problemática da sua aplicação ao "*appalto*").

[1003] Cfr., neste sentido, MENEZES CORDEIRO, *Reais – 1979*, p. 523. A questão é deixada em aberto por RAÚL VENTURA, *Compra e venda – Efeitos essenciais*, p. 607.

[1004] Cfr. RAÚL VENTURA, *Compra e venda – Efeitos essenciais*, p. 597, na menção à "generosa porta" indirectamente aberta pela lei; OLIVEIRA ASCENSÃO, *Teoria Geral, II*, p. 358, e em *Reais*, p. 460; e *supra* p. 341, n. 994.

[1005] Cfr. CAPELO DE SOUSA, *Sucessões, I*, p. 29, referindo a hipótese de venda com reserva de propriedade até à morte do vendedor; ANA PERALTA, *A posição jurídica do comprador na compra e venda com reserva de propriedade*, p. 122, n. 350, aludindo também à morte como termo suspensivo; e FIGUEIREDO DIAS, *Reserva de propriedade*, p. 423, considerando, porém, que a venda a crédito constitui a única aplicação socialmente típica da figura. O pacto que reserve a propriedade ao vendedor sem limite de tempo deve porém ser considerado nulo (cfr. VAZ SERRA, *Efeitos dos contratos*, p. 356, n. 50).

346   *O Risco nos Contratos de Alienação*

momento da entrega da coisa, embora esta não se deva aproximar de uma condição suspensiva potestativa arbitrária, e a questão do risco fique naturalmente obscurecida[1006].

Contrariamente ao disposto no § 449 do BGB e no art. 1523.º do CCit, a cláusula de reserva de propriedade encontra substrato num conceito cuja abrangência extravasa largamente o contrato de compra e venda com diferimento da obrigação de pagamento do preço a cargo do comprador, pelo que a fragmentaridade do seu regime jurídico encontra motivação óbvia.

III. Não se encontrando na lei uma orientação firme no que respeita à distribuição do risco nos contratos que contenham uma cláusula de reserva de propriedade, a sua solução tem sido essencialmente tributária das distintas concepções adoptadas pela doutrina a respeito da natureza jurídica da figura[1007]. A ausência de uma norma análoga ao art. 1523.º do CCit[1008], tem, contrariamente ao entendimento firme da doutrina alemã sob a égide do § 446 do BGB, ocasionado severo dissenso quanto à solução a adoptar em sede de distribuição do risco contratual. Mas existem ainda dificuldades prévias a esta abordagem.

Devendo ser aposta – contrariamente ao Direito alemão, e salvo a hipótese de vigência de um contrato de alienação de coisas genéricas – no momento da celebração do contrato, uma vez que, de outro modo, a pro-

---

[1006] A hipótese foi configurada por PESSOA JORGE, *Obrigações*, p. 209; FERREIRA DE ALMEIDA, *Transmissão contratual da propriedade*, p. 8, mencionando ainda a reserva de propriedade até ao registo do título; e ANA PRATA, *Os contratos*, p. 365, referindo o caso de ser de recear que o bem vendido não revista as qualidades devidas. ANA ROCHA, *ob. cit.*, p. 25, refere, por seu turno, que a reserva de propriedade pode articular-se com outras obrigações do vendedor, relacionadas ou não com o contrato.

[1007] Cfr., por todos, LUMINOSO, *I contratti*, p. 102; e MENEZES LEITÃO, *Obrigações, III*, p. 58, enumerando as teses da condição suspensiva, da venda obrigatória, da translatividade imediata acompanhada de uma garantia de recuperação do bem, da propriedade resolúvel, da dupla propriedade e da venda com efeito translativo da propriedade reenviado. A relevância da discussão em torno da natureza jurídica da reserva de propriedade foi sublinhada recentemente, a respeito do cancelamento da inscrição registal em caso de penhora do bem pelo titular da reserva de propriedade, por MENÉRES CAMPOS, *Anotação ao ac. do STJ de 02 de Fevereiro de 2006*, p. 56.

[1008] O art. 524.º do novo Código Civil brasileiro atribuiu, em paralelo com o CCit, o risco ao comprador com a entrega da coisa (cfr. RAMOS PERISSINOTTO, *Compra e venda com reserva de domínio/propriedade – comparação dos Direitos brasileiro e português*, p. 103).

O *regime jurídico do risco nos contratos de alienação* 347

priedade já se haveria transmitido[1009], a cláusula de reserva de propriedade obedece às regras gerais de formação e de interpretação daquele, pelo que a sua existência não deve ser deduzida, por exemplo, da celebração de um contrato de seguro a favor do alienante[1010].

Por outro lado, as hesitações em torno da situação jurídica possessória do adquirente com reserva de propriedade assumem também especial pertinência, embora neste enquadramento não se identifique, em rigor, uma regra de distribuição do risco contratual. Apesar de alguma relutância por parte da jurisprudência nacional[1011], a doutrina tem vindo pronunciar-se no sentido da admissibilidade de posse pelo adquirente[1012], ainda que seja duvidoso qual o direito nos termos do qual esta é exercida. Não obstante, ainda que a posse em questão admitisse a aplicação de todo o seu regime jurídico, a não verificação, em termos típicos, de má fé do

---

[1009] Cfr. ROMANO MARTINEZ, *Obrigações – Contratos*, p. 37, n. 4, e em *Da cessação*, p. 255, n. 504; PEDRO DE ALBUQUERQUE, *Contrato de compra e venda – Introdução, efeitos essenciais e modalidades*, p. 37, n. 3; e PINTO OLIVEIRA, *Contrato de compra e venda*, p. 52.

[1010] Cfr. o ac. do STJ de 1 de Março de 1979 in RLJ ano CXII, n.º 3648, p. 235-240, em que, com anotação concordante de VAZ SERRA, se concluiu que o seguro a favor do vendedor até à liquidação do preço e registo na venda de um avião CESSNA usado não implicava, nos termos do art. 236.º, a existência de uma cláusula de reserva de propriedade, cobrindo o seguro apenas os riscos de utilização da coisa. Por outro lado, considerou-se que o facto do registo apenas ocorrer com o pagamento integral do preço também não deporia no sentido da existência da cláusula, uma vez que aquele não é facto constitutivo do direito (cfr. VAZ SERRA, *Anotação ao ac. do STJ de 1 de Março de 1979*, p. 235-240). Não obstante, o figurino da cláusula de reserva de propriedade pode encontrar-se legalmente pressuposto (cfr. o ac. do STJ de 29 de Fevereiro de 1996 in CJ (STJ) 1996-I, p. 110, que decidiu ser a venda de cortiça pelo Estado, regulada pelo Decreto-Lei n.º 99/80, de 5 de Maio, um contrato de alienação celebrado com reserva de propriedade).

[1011] Cfr., nomeadamente, o ac. da RP de 19 de Maio de 1981 in CJ 1981-III, p. 128; o ac. da RP de 25 de Outubro de 1984 in CJ 1984-IV, p. 237; e o ac. da RL de 16 de Abril de 1985 in CJ 1985-II, p. 129, no sentido da não concessão de posse ao adquirente com reserva de propriedade. O ac. da RP de 6 de Outubro de 1983 in CJ 1983-IV, p. 253, admitiu, por seu turno, a restituição possessória a favor do proprietário da coisa.

[1012] Cfr. RAÚL VENTURA, *Compra e venda – Efeitos essenciais*, p. 610, referindo uma posse de boa fé do comprador; MENEZES CORDEIRO, *A posse*, p. 79 e 83, que aproxima a situação da locação ou do comodato; ROMANO MARTINEZ, *Obrigações – Contratos*, p. 40, n. 2; MENEZES LEITÃO, *Garantias das obrigações*, p. 263; COELHO VIEIRA, *Reais*, p. 560; e ANA PERALTA, *ob. cit.*, p. 77, sufragando que o gozo da coisa durante o tempo que medeia entre a celebração do contrato e o pagamento completo do preço, elemento típico essencial da compra e venda com reserva de propriedade acompanhada da tradição da coisa, deriva da posse, em nome próprio, resultante da entrega do bem.

348   *O Risco nos Contratos de Alienação*

possuidor, exclui a aplicação do art. 1269.° em relação à perda ou deterioração não culposa da coisa.

IV. O entendimento doutrinal maioritário configura a cláusula de reserva de propriedade como uma condição suspensiva, imputando o risco ao alienante, nos termos da prt. final do n.° 3 do art. 796.°, mesmo que a coisa já houvesse sido por este entregue ao adquirente[1013]. Encontrando apoio na jurisprudência[1014], o pagamento do preço é entendido como facto

---

[1013] Cfr. VAZ SERRA, *Anotação ao ac. do STJ de 27 de Maio de 1969*, p. 383, ainda que em termos dubitativos; PIRES DE LIMA/ANTUNES VARELA, *CCAnotado, I*, p. 376, embora em *CCAnotado, II*, p. 51, refiram, citando GALVÃO TELLES, que "a solução mais conforme aos princípios é a do risco correr por conta do adquirente, desde o momento em que a coisa lhe é entregue"; GALVÃO TELLES, *Obrigações*, p. 473-474, embora criticando *de iure condendo* a solução legal para o detentor não proprietário (em *Manual de Obrigações*, p. 259, o autor sufragou, porém, na vigência do CCse, que o risco se deslocava para o adquirente com a entrega da coisa); ANTUNES VARELA, *Das Obrigações, I*, p. 305; ALMEIDA COSTA, *Obrigações*, p. 297; RIBEIRO DE FARIA, *Obrigações, I*, p. 222, ainda que também criticando, de *iure condendo*, a solução legal; BRANDÃO PROENÇA, *A resolução*, p. 168, n. 491, considerando uma evidência que, na ausência de um seguro da coisa vendida a prestações, "a cláusula de reserva de propriedade não transfere o risco de perda fortuita da coisa entregue ao comprador"; e CALVÃO DA SILVA, *Compra e venda*, p. 24, e em *Não cumprimento*, p. 486. Na ausência de uma solução legal expressa no CCfr, a doutrina francesa maioritária orienta-se também no sentido da existência de uma condição suspensiva, com atribuição do risco ao alienante (cfr. DUTILLEUL/DELEBECQUE, *ob. cit.*, p. 171; TERRÉ/SIMLER/LEQUETTE, *ob. cit.*, p. 661; BLOCH, *ob. cit.*, p. 700, n. 130, referindo a orientação jurisprudencial de atribuição do risco ao vendedor; e MILLET, *ob. cit.*, p. 32), apesar da mesma solução não recolher unanimidade (cfr. BREITENSTEIN, *Le clause de réserve de propriété et le risque d'une perte fortuite de la chose vendue*, p. 47, que, recusando que a assunção do risco seja tomada como uma contrapartida da garantia adicional para o vendedor em que se traduz a cláusula de reserva de propriedade, atribui este ao comprador em nome da interpretação corrente da vontade das partes e da excepção que o princípio *res perit domino* constitui em relação ao princípio *res perit debitori*, havendo o devedor cumprido a sua obrigação com a entrega).

[1014] Cfr. o ac. do STJ de 24 de Junho de 1982 in BMJ n.° 318, p. 397, ainda que com um voto de vencido no sentido da propriedade resolúvel; o ac. do STJ de 22 de Fevereiro de 1983 in BMJ n.° 324, p. 582; o ac. do STJ de 8 de Janeiro de 1991 in BMJ n.° 403, p. 329; o ac. do STJ de 6 de Julho de 1993 in CJ (STJ) 1993-II, p. 183; o ac. de 11 de Janeiro de 2007 in CJ (STJ) 2007-I, p. 26; o ac. do STJ de 08 de Março de 2007 in CJ (STJ) 2007-I, p. 98; o ac. da RL de 12 de Dezembro de 1985 in CJ 1985-V, p. 104; o ac. da RL de 13 de Março de 2003 in CJ 2003-II, p. 75; o ac. da RL de 30 de Maio de 2006 in CJ 2006-III, p. 105; o ac. da RP de 19 de Maio de 1981 *cit.*, p. 128; e o ac. da RP de 12 de Janeiro de 1993 in CJ 1993-II, p. 177. Não obstante, a cláusula de reserva de propriedade foi configurada pelo ac. da RP de 4 de Fevereiro de 1971 in BMJ n.° 204, p. 196, como

O regime jurídico do risco nos contratos de alienação 349

futuro e incerto na hipótese paradigmática de compra e venda com reserva de propriedade, justificando assim a distribuição de risco proposta[1015]. A posição referida não encontra porém fundamento legal bastante. Em primeiro lugar, a mesma assenta numa compreensão unilateral do fenómeno da cláusula de reserva de propriedade, que obnubila, nomeadamente, a sua possível associação a um termo suspensivo[1016]. Por outra via, ainda que se admita a natureza condicional da situação paradigmática de reserva de propriedade na venda com espera ou pagamento fraccionado do preço, esta cláusula seria relativa a uma obrigação ou efeito contratual, e não ao vínculo jurídico contratual em si mesmo considerado[1017], pelo que é obviamente questionável a aplicação de um regime jurídico que pressupõe a aposição de uma condição ao contrato, e não a uma obrigação contratual. Decisivamente, é disfuncional a identificação do pagamento do preço – que, nos termos do art. 874.° e da al. c) do art. 879.°, constitui uma obrigação e efeito essencial do contrato de compra e venda – com uma cláusula acessória do negócio jurídico[1018].

---

uma cláusula atípica, que "funcionando como garantia do alienante, se destina a regular os efeitos do contrato, limitando-os quantitativamente". A semelhança da cláusula de reserva de propriedade com um direito real de garantia foi sublinhada, recentemente, no ac. do STJ de 02 de Fevereiro de 2006 in CDP n.° 15, 2006, p. 54.

[1015] O art. 68.° do anteprojecto de GALVÃO TELLES relativo à compra e venda chegava mesmo a referir a existência de uma "condição suspensiva do pagamento do preço" (cfr. GALVÃO TELLES, *Dos contratos em especial*, p. 197), ainda que o § 2 do art. 21.° do mesmo anteprojecto imputasse ao adquirente a perda patrimonial em caso de tradição da coisa (cfr. a sua referência por VAZ SERRA, *Efeitos dos contratos*, p. 362, e em *Impossibilidade superveniente*, p. 93).

[1016] Cfr. RAÚL VENTURA, *Compra e venda – Efeitos essenciais*, p. 616, considerando que a amplitude do art. 409.° afasta a existência de uma condição suspensiva quando o evento for certo, como um simples prazo; e PEDRO DE ALBUQUERQUE, *ob. cit.*, p. 38, sublinhando a compatibilidade do *pactum reservati domini* com o pagamento integral do preço.

[1017] Cfr. FERREIRA DE ALMEIDA, *Transmissão contratual da propriedade*, p. 8, n. 13, referindo como situações de condição e termo impróprios as que apenas se refiram a parte dos efeitos contratuais; e ASSUNÇÃO CRISTAS/FRANÇA GOUVEIA, *ob. cit.*, p. 59, aludindo a uma condição parcial, que recai somente sobre o efeito translativo do contrato, a que o regime jurídico da condição seria aplicável por analogia. PINTO OLIVEIRA, *Compra e venda*, p. 52, refere, por seu turno, a existência de uma condição suspensiva do direito real.

[1018] Em sentido diverso, GALVÃO TELLES, *Contratos Civis*, p. 170, considerava que, sendo a condição suspensiva restrita a um único efeito contratual, o elemento essencial se traduzia na estipulação da dívida, constituindo o pagamento, em si mesmo, um elemento simplesmente acidental.

350   *O Risco nos Contratos de Alienação*

Uma construção que se deve também afastar consiste na recondução da cláusula de reserva de propriedade a uma condição resolutiva, o que, verificando-se a tradição da coisa vendida, proporcionaria, nos termos da 1.ª prt. do n.° 3 do art. 796.°, a atribuição do risco ao comprador[1019]. Esta solução é contraditória não apenas com a estrutura típica da figura – que pressupõe a não aplicação do n.° 1 do art. 408.° – mas também com o afastamento do regime jurídico do n.° 1 do art. 275.° pelo n.° 3 do art. 304.°.

Por fim, tem sido sustentada, com distintos fundamentos, a atribuição do risco ao adquirente que beneficie da entrega da coisa, constituindo também esta a solução maioritariamente acolhida pela doutrina espanhola na omissão do CCes[1020]. Encontrando-se posições que abstraem do regime jurídico da transmissão da propriedade[1021], a reserva de propriedade é

[1019] Cfr., no domínio do CCse, CUNHA GONÇALVES, *Dos contratos*, p. 259, e em *Tratado, v. VIII*, p. 349, fundando-se na admissão do (não) pagamento do preço como cláusula rescisória legal nas Ordenações Filipinas, e rejeitando, salvo convenção em contrário, a admissibilidade de "uma venda pura e simples em que a propriedade da cousa vendida continua a pertencer ao vendedor". Em sentido aparentemente próximo, PIRES DE LIMA/ANTUNES VARELA, *CCAnotado, II*, p. 229, referem, a respeito do art. 934.°, a atribuição do risco ao adquirente por ser a compra e venda a prestações um contrato sujeito a resolução.

[1020] Cfr. COSSIO, *Los riesgos*, p. 377, em especial n. 49, sustentando a aplicação do art. 1452.° do CCes com atribuição do risco ao comprador, ressalvando apenas a construção da figura como condição suspensiva (em que os riscos seriam atribuídos ao vendedor); ALONSO PÉREZ, *El riesgo*, p. 373, atribuindo o risco ao comprador; SOTO NIETO, *ob. cit.*, p. 197, sustentando a prevalência do *res perit emptori* sobre o *res perit domino* (pelo que o risco corre pelo comprador com a celebração do contrato e entrega da coisa); e ASSUNÇÃO CRISTAS/FRANÇA GOUVEIA, *ob. cit.*, p. 84. Em termos similares aos anteriormente referidos, LETE DEL RÍO/LETE ACHIRICA, *ob. cit.*, p. 145, referem, por seu turno, que um elemento essencial do contrato não pode ser estabelecido como condição, exemplificando com a compra e venda condicionada ao acordo das partes quanto ao preço. Quanto à teorização dogmática da reserva de propriedade no Direito espanhol cfr., por todos, CARASCO PERERA/CORDERO LOBATO/MARÍN LOPEZ, *Tratado de los Derechos de Garantia*, p. 967-1019.

[1021] Cfr. RAÚL VENTURA, *Compra e venda – Efeitos essenciais*, p. 610, sufragando a passagem do risco com a entrega da coisa em nome da disponibilidade das regras do art. 796.°; ARMANDO BRAGA, *Contrato de compra e venda*, p. 70, acompanhando a configuração da reserva de propriedade como condição suspensiva, mas considerando que a transmissão do risco se opera com a tradição da coisa, não pressupondo necessariamente a transferência da propriedade; e RAMOS PERISSINOTTO, *ob. cit.*, p. 106, atribuindo o risco com a entrega da coisa ao comprador com base na "própria lógica do instituto". Esta orientação encontrou eco na jurisprudência, referindo-se no ac. do STJ de 5 de Março de 1996 *cit.*, p. 121, numa situação em que as partes haviam previsto uma cláusula de distribuição de risco, que o risco se transmitiria com a entrega da coisa, sendo o seu suporte pelo detentor da coisa a "solução mais conforme aos princípios".

O *regime jurídico do risco nos contratos de alienação*		351

aproximada, em termos substantivos, de uma garantia real[1022], de uma expectativa real de aquisição[1023], ou mesmo de uma situação de propriedade temporária[1024], com consequências no que respeita à distribuição do risco[1025]. A conexão da reserva de propriedade com o domínio das garan-

---

[1022] Cfr. ANA PRATA, *Os contratos*, p. 364, referindo que o vendedor conserva um direito real que tem como função a garantia do preço; e ROMANO MARTINEZ, *Cumprimento defeituoso*, p. 325, n. 3, em *Obrigações – Contratos*, p. 41, e em *Obrigações – Apontamentos*, p. 161, referindo ainda, em termos adicionais, para além de razões de ordem prática e de considerações de Direito comparado, a possível interpretação da "transferência do domínio" a que alude o n.º 1 do art. 796.º como uma relação material, a previsão da hipótese de entrega da coisa na 1.ª prt. do n.º 3 do art. 796.º, bem como a configuração da cláusula de reserva de propriedade enquanto condição resolutiva para permitir a não aplicação do art. 886.º. Afigurando-se ponderoso o argumento funcional avançado, assemelham-se todavia questionáveis os demais fundamentos expostos. De facto, para além da necessária coincidência – sob pena de colapso de todo o sistema normativo de distribuição do risco – da noção de domínio com a noção de propriedade, a ser admitida a existência de uma condição resolutiva, esta associar-se-á à obrigação de pagamento do preço, condição imprópria que, como tal, não é detonadora do funcionamento da 1.ª prt. do n.º 3 do art. 796.º. Por outra via, a configuração da cláusula de reserva de propriedade enquanto condição resolutiva "acantonada" não se identifica com a faculdade de resolução do contrato que a mesma pode suscitar.

[1023] Cfr. MENEZES LEITÃO, *Obrigações, I*, p. 202, em *Obrigações, II*, p. 127, n. 243, e em *Obrigações, III*, p. 57, 59 e 63, sufragando a existência de uma alteração da ordem da produção dos efeitos negociais para garantia do pagamento do preço, que corporizará uma expectativa real de aquisição oponível a terceiros, distribuindo-se o risco em função do proveito ou do benefício do direito, sendo o mesmo atribuído ao comprador enquanto contraente que beneficiou da entrega da coisa. Em sentido próximo, cfr. LIMA PINHEIRO, *A cláusula de reserva de propriedade*, p. 30, n. 57, 34 e 57, sugestionado pela solução do art. 1523.º do CCit, e em *A venda com reserva de propriedade*, p. 16 e 115; e ANA PERALTA, *ob. cit.*, p. 154, 162 e 165, sustentando ser o comprador titular de uma expectativa jurídica real, que se traduz num direito real de aquisição cujo conteúdo é integrado pela posse do bem.

[1024] Cfr. OLIVEIRA ASCENSÃO, *Reais*, p. 312, referindo um direito real temporário; MOTA PINTO, *Reais*, p. 236, ainda que não se pronunciando sobre a questão da distribuição do risco; e COELHO VIEIRA, *O contrato de concessão comercial*, p. 66. Aparentemente tributária do mesmo entendimento é a posição assumida por RIBEIRO LUÍS, *O problema do risco nos contratos de compra e venda com reserva de propriedade*, p. 16 e 18, considerando o contrato de compra e venda com reserva de propriedade como um contrato "específico", ocasionando a transferência do domínio embora diferida em relação ao momento de celebração do contrato, o que bastará para que, em aplicação do n.º 1 do art. 796.º, o risco corra por conta do adquirente que recebeu a coisa.

[1025] PINTO OLIVEIRA, *Compra e venda*, p. 65, veio propor uma redução teleológica do n.º 3 do art. 796.º nas situações em que se verifique a entrega da coisa ao comprador,

O Risco nos Contratos de Alienação

tias reais poderá mesmo suscitar o equacionar das regras de perecimento e deterioração da coisa a estas pertinentes, nomeadamente do art. 701.°. Destarte, o alienante com reserva de propriedade que haja entregue a coisa ao adquirente apenas suportaria o risco inerente ao direito real de garantia em que se fundaria a sua situação jurídica, sendo alheio ao sacrifício patrimonial relativo ao perecimento ou deterioração da coisa[1026].

Tomando posição na querela doutrinal, cumpre desde logo sublinhar que as construções enunciadas se encontram tendencialmente funcionalizadas à modalidade socialmente típica de cláusula de reserva de propriedade, a qual coincide com a sua aposição num contrato de compra e venda cuja obrigação de pagamento do preço determine a produção do efeito real ressalvado pelas partes. A figura presta-se, porém, a numerosas outras aplicações e à inserção em diversos outros tipos contratuais, pelo que se entende, em rigor, dificilmente equacionável uma solução unitária a respeito de todas estas situações.

No que respeita à hipótese paradigmática da cláusula de reserva de propriedade inserida num contrato de compra e venda com espera de preço ou com o faseamento deste em prestações, sendo a coisa entregue ao comprador, afigura-se que a solução pode ainda ser deduzida, enunciativamente, do n.° 2 do art. 796.°. De facto, a não produção do efeito real com o contrato mas antes com o cumprimento da obrigação de entrega da coisa é exactamente inversa à situação pressuposta na referida norma, na qual o efeito real se produz, mas a entrega da coisa não é efectuada por um motivo atinente à esfera jurídica do vendedor. Afastando o argumento *a contrario sensu* a partir do disposto no n.° 1 do art. 796.° – que não corporiza uma norma excepcional – sufraga-se que, se o seu n.° 2 faz permanecer o risco na esfera jurídica no alienante, da mesma norma resulta, ainda, que, não se produzindo o efeito real, mas ocorrendo a entrega em

---

considerando verificar-se neste caso uma lacuna oculta. Já MÚRIAS/LURDES PEREIRA, *Sobre o conceito e a extensão do sinalagma*, p. 385, afastam a aplicação do art. 796.°, n.° 3, com base no alargamento do conceito de sinalagma, e em nome da sua "função de salvaguarda".

[1026] Esta parece constituir a orientação subjacente ao pensamento de MENEZES LEITÃO, *Obrigações, III*, p. 65, e em *Garantias das obrigações*, p. 258, 263 e 267, configurando a reserva de propriedade como uma garantia típica do contrato de compra e venda relativamente à obrigação de pagamento do preço pelo comprador; e ROMANO MARTINEZ, *Obrigações – Contratos*, p. 41, ainda que a aproximação normativa não seja expressamente referida.

O *regime jurídico do risco nos contratos de alienação* 353

satisfação do interesse do adquirente, o risco da perecimento ou deterioração da coisa deve ser suportado por este[1027].

Sendo coincidente quanto ao resultado final com a configuração da reserva de propriedade como garantia real, a solução apresentada versa apenas uma espécie no vasto âmbito de hipóteses abrangido pela cláusula de reserva de propriedade. Em particular, apesar da solução poder ser análoga, esta não se revela integralmente coincidente com a *ratio legis* que preside à reserva de propriedade com base em termo suspensivo aposto ao efeito real do contrato (nomeadamente a morte do alienante), sendo a entrega da coisa ao adquirente anterior à verificação do termo. Nesta situação, devem ponderar-se o enquadramento e a solução subjacentes ao termo suspensivo aposto ao contrato de alienação, que foram anteriormente enunciados. Por seu turno, se a cláusula de reserva de propriedade coincidir com uma condição aposta ao efeito real do contrato (em sentido técnico), a solução do problema de distribuição do risco não encontra uma resposta apriorística: será chamado a depor o interesse contratual prevalente associado ao emprego da figura.

V. A distribuição do risco contratual quando exista uma cláusula de reserva de propriedade é ainda dificultada por algumas aplicações atípicas desta. Em virtude da difusão dos negócios jurídicos de consumo, tem vindo a ser contratualizada a reserva de propriedade da coisa a favor do financiador/mutuante, embora se suscitem as mais sérias hesitações quanto à sua admissibilidade[1028]. As mesmas hesitações surgem ainda

---

[1027] Atribui-se, por esta via, um substrato normativo à orientação sufragada por MOURA RAMOS/BENTO SOARES, *ob. cit.*, p. 175, n. 323, de que o risco corre por conta do adquirente a partir do momento em que a coisa lhe é entregue, em nome da ligação entre o poder de controlo sobre a coisa e a assunção dos riscos pelo seu proprietário. Por outro lado, a posição sufragada não se confunde com a assumida por ANA PERALTA, *ob. cit.*, p. 138, n. 392, que distingue hipóteses com base na aplicação directa do n.º 2 do art. 796.º. De facto, encontrando-se articulado com o n.º 1 do mesmo art., o n.º 2 do art. 796.º pressupõe a transmissão de um direito real de gozo, podendo outra conclusão ser formulada apenas através da dedução de um princípio geral por seu intermédio.

[1028] Cumpre distinguir da reserva de propriedade a favor do financiador a reserva de propriedade clausulada a favor do vendedor, até que o comprador solva ao financiador (um terceiro) a quantia que lhe foi mutuada por este para a aquisição do bem: esta situação é denominada reserva de grupo, a qual constitui uma subespécie da reserva de propriedade alargada.

Quanto à reserva de propriedade a favor do financiador propriamente dita, MENÉRES CAMPOS, *Algumas reflexões em torno da cláusula de reserva de propriedade a favor do*

354 O Risco nos Contratos de Alienação

a respeito da reserva de propriedade prolongada e alargada, situações cuja validade se encontra também dependente da amplitude a atribuir à prt. final do n.º 1 do art. 409.º[1029].

---

financiador, p. 632, n. 3, e 641, pronuncia-se no sentido da sua admissibilidade, recorrendo, em termos sistemáticos, quer à configuração de dois negócios translativos *ex vi* o art. 405.º (primeiro, entre o vendedor e o financiador, depois, entre o financiador e o comprador), quer à sub-rogação por parte do credor (o vendedor), transmitindo-se a reserva de propriedade, nos termos do n.º 1 do art. 582.º, enquanto acessório do crédito (supostamente transmitido pelo vendedor ao financiador). A esta ultima solução adere PINTO OLIVEIRA, *Compra e venda*, p. 56, considerando ainda a satisfação do interesse de impedir a alienação da coisa por parte do comprador que a cláusula possibilita. Tal hipótese é porém afastada, com argumentos ponderosos, por GRAVATO MORAIS, *União de contratos*, p. 307, n. 572, e em *Reserva de propriedade a favor do financiador – anotação ao acórdão do Tribunal da Relação de Lisboa de 21 de Fevereiro de 2002*, p. 51, referindo a violação da proibição de alienação fiduciária em garantia (que se deduz do art. 294.º), o possível emprego alternativo da hipoteca como direito real de garantia, e não constituir o mútuo um contrato de alienação. Com efeito, a hipótese encontra-se evidentemente deslocada em termos típico-situacionais do figurino do art. 409.º, embora a situação já tenha sido admitida pela jurisprudência (cfr. o ac. da RL de 4 de Dezembro de 2003 in CJ 2003-V, p. 115; o ac. da RL de 29 de Abril de 2004 in CJ 2004-II, p. 120, em nome da "conexão entre o contrato de mútuo a prestações e o contrato de compra e venda, por virtude do objecto mediato daquele constituir o elemento preço do último"; o ac. da RL de 30 de Maio de 2006 *cit.*, p. 107, admitindo o recurso pelo financiador à providência cautelar de apreensão de viatura automóvel; e o ac. da RL de 08 de Março de 2007 in CJ 2007-II, p. 77), ainda que sem unanimidade (cfr. o ac. da RL de 15 de Janeiro de 2007 in CJ 2007-I, p. 163, no sentido da sua nulidade). Todavia, e embora não fixe jurisprudência sobre a questão, a verdade é que o ac. do STJ n.º 10/2008, de 09 de Outubro de 2008 (acordão de uniformização de jurisprudência), p. 7976, não deixa de declarar, com base num argumento ontológico, a nulidade da reserva de propriedade a favor do financiador (*sic* "*nunca tendo tido a propriedade do bem em causa, não se veria como (o financiador) pudesse reservá-la*").

[1029] Em causa estão, na primeira, aplicações posteriores da coisa (como a sua especificação ou subsequente alienação), e, na segunda, a garantia de outros créditos do alienante que não o crédito do preço da coisa, ou mesmo a garantia do crédito de outros credores do adquirente que não o alienante (reserva de grupo), como o crédito do financiador da aquisição da coisa (cfr. LARENZ, *Schuldrechts, II*, p. 104; MENEZES LEITÃO, *Obrigações, III*, p. 52, n. 91, e em *Garantias das obrigações*, p. 259; LIMA PINHEIRO, *A cláusula de reserva de propriedade*, p. 53, aludindo, respectivamente, a um "prolongamento vertical" e a um "alargamento horizontal"; GRAVATO MORAIS, *Reserva de propriedade*, p. 49, n. 1; e ANA ROCHA, *ob. cit.*, p. 29).

A primeira modalidade foi já objecto de aferição jurisprudencial a respeito do fornecimento e instalação de elevadores em edifícios, embora a jurisprudência se tenha mostrado algo oscilante no seu enquadramento (cfr., nomeadamente, no sentido da admissibilidade da cláusula, o ac. da RL de 18 de Janeiro de 1990 in CJ 1990-I, p. 147; o ac. da RL de 20 de Maio de 1993 in CJ 1993-III, p. 111, considerando todavia que, após a sua insta-

O regime jurídico do risco nos contratos de alienação   355

Encontrando-se estas questões distantes do objecto em análise, considera-se porém que a extensão da reserva de propriedade a tais domínios pode redundar num desmembramento acrítico da figura. Por outra via, a admissão das mesmas concretizações encontra em regra expressão na satisfação de um interesse creditício alargado do alienante ou de terceiro, elemento que se não pode confundir com o interesse contratual prevalente num contrato de alienação. O último vector relaciona-se com o controlo e o domínio material da coisa alienada, sendo alheio à protecção do denominado risco de crédito. Assim, julga-se não existir nenhum desvio essencial à distribuição de risco na situação socialmente típica de reserva de propriedade, sendo a aproximação da figura a uma garantia real definitivamente assumida.

4.3. Contratos de alienação paradigmáticos

4.3.1. *A compra e venda*

4.3.1.1. *Em geral*

I. O contrato de compra e venda constitui, como denunciado pelo substrato romanista compulsado e pela estrutura sistemática adoptada pelo CCfr, pelo CCes e pelo BGB, o vínculo contratual a que a transmissão do risco se encontra paradigmaticamente associada. Sendo o negócio jurídico que assume maior relevância no tráfego jurídico e económico de

---

lação, a cláusula de reserva de propriedade assume meros efeitos obrigacionais; e o ac. do STJ (Tribunal Pleno) de 31 de Janeiro de 1996 in BMJ n.º 443, p. 53 e 57, considerando que a cláusula se torna ineficaz logo que se concretize a respectiva instalação; em sentido contrário, cfr., porém, o ac. do STJ de 6 de Julho de 1993 *cit.*, p. 183, considerando a cláusula nula por "física ou legalmente impossível", nos termos do n.º 1 do art. 280.º; e ac. do STJ de 6 de Abril de 1995 in CJ (STJ) 1995-II, p. 36).

Quanto à reserva de grupo, considerada nula pelo § 449, III, do BGB (introduzido pela reforma de 2002), esta é porém admitida por PINTO OLIVEIRA, *Compra e venda*, p. 57, bem como no ac. da RL de 23 de Novembro de 2000 in CJ 2000-V, p. 100 (chegando mesmo a considerar-se que o incumprimento se reportará ainda ao contrato de compra e venda); no ac. da RL de 13 de Março de 2003 *cit.*, p. 75; e no ac. do STJ de 12 de Maio de 2005 in CJ (STJ) 2005-II, p. 97 (embora em concreto se haja decidido não reconhecer legitimidade ao financiador no âmbito do procedimento cautelar de apreensão de veículo automóvel).

356   *O Risco nos Contratos de Alienação*

todos os tempos e lugares, a compra e venda representa, em termos típicos, a permuta de uma coisa por uma prestação pecuniária[1030], embora não se reconduza necessariamente a um contrato de alienação, podendo ter como objecto simples direitos de crédito.

Nos termos do disposto nos arts. 874.° e 879.°, o contrato de compra e venda é configurado como um contrato consensual, real *quoad effectum*, sinalagmático, oneroso e de execução instantânea[1031], embora não seja unívoca a assunção de um teor necessariamente translativo, atenta a abertura da lei ao designado contrato de compra e venda simplesmente obrigatório. Com efeito, apesar de ser maioritária a orientação que, afastando o fenómeno das situações de alienação diferida, considera, com base no n.° 1 do art. 408.°, a sua não admissibilidade no ordenamento jurídico português[1032], é também sufragado que a relação do efeito real com a entrega

---

[1030] Cfr., nomeadamente, ROMANO MARTINEZ, *Obrigações – Contratos*, p. 19; MENEZES LEITÃO, *Obrigações, III*, p. 12; e LUMINOSO, *I contratti*, p. 6, 9 e 75, recusando a necessidade de uma equivalência objectiva entre as duas prestações.

[1031] Cfr., por todos, ROMANO MARTINEZ, *Obrigações – Contratos*, p. 23; MENEZES LEITÃO, *Obrigações, III*, p. 14-17; e PINTO OLIVEIRA, *Compra e venda*, p. 14-24.

Sobre o contrato de fornecimento, a que alude o art. 1559.° do CCit ("*somministrazione*"), cfr., nomeadamente, GALVÃO TELLES, *Aspectos comuns*, p. 301; PIRES DE LIMA/ ANTUNES VARELA, *CCAnotado, II*, p. 162, segundo o paradigma da compra e venda de coisas futuras; MENEZES CORDEIRO, *Tratado, I-II*, p. 154, aludindo a uma modalidade de empreitada que versa sobre coisa fungíveis; ROMANO MARTINEZ, *Obrigações – Contratos*, p. 62 e 69, n. 1, também enquanto subtipo do contrato de compra e venda de coisa futura; MENEZES LEITÃO, *Obrigações, III*, p. 17, configurando-o, em razão da sua natureza de execução continuada, como um contrato atípico afim do contrato de compra e venda; HELENA BRITO, *O contrato de concessão comercial*, p. 134; FERREIRA DE ALMEIDA, *Contratos, II*, p. 143; GALGANO, *Civile e commerciale, II*, p. 31, remetendo para o esquema da compra e venda obrigatória; LUMINOSO, *I contratti*, p. 229, 235 e 240, sublinhando, por um lado, a aproximação do fornecimento de gozo da coisa ao contrato de locação, e, por outro, que a natureza indeterminada da sua duração ocasiona o carácter genérico das coisas fornecidas (com consequente aplicação das regras de impossibilidade obrigacional do art. 1463.° do CCit); IURILLI, *ob. cit.*, p. 70 n. 65, 83, n. 108, distinguindo a figura da "*vendita a consegne repartite*", de que são exemplo os livros vendidos em fascículos; LACRUZ BERDEJO, *Elementos, II-II*, p. 64; BADENES GASSET, *ob. cit. (II)*, p. 94, referindo a crucialidade da qualificação do contrato perante a aplicabilidade, em sede de risco, das disposições da compra e venda ou das disposições da empreitada; bem como a S. do 15.° Juízo Cível de Lisboa de 6 de Março de 1981 in CJ 81-II, p. 283.

[1032] Cfr., nomeadamente, CUNHA GONÇALVES, *Tratado, VIII*, p. 349, e em *Dos contratos*, p. 259, mesmo perante a redacção da prt. final do art. 715.° CCse (que consagrava um solução de supletividade da transmissão da propriedade reconhecida, inclusivamente, pelo ac. do STJ de 26 de Março de 1957 in BMJ n.° 65, p. 465); GALVÃO TELLES, *Contra-*

O regime jurídico do risco nos contratos de alienação 357

da coisa ou com o registo da aquisição suscitariam, através da porta aberta pela prt. final do n.º 1 do art. 409.º, a equação daquela construção[1033]. O dissídio possui contudo uma feição mais aparente do que real. De facto, sendo admissível uma manifestação de vontade das partes no sentido da configuração do contrato como um negócio jurídico real *quoad constitutionem* – o qual exigiria a entrega da coisa ou o pagamento do preço na sua conformação estrutural – é também indesmentível que, nas situações a que referem o n.º 2 do art. 408.º e o n.º 1 do art. 409.º, o efeito

---

tos Civis, p. 148, sublinhando que a aquisição pode ser diferida (no exemplo da alienação de coisa genérica, alternativa ou de bens futuros), mas "ainda lança as suas raízes no contrato de compra e venda sem necessidade da interferência de um subsequente acto alienatório"; Raúl Ventura, *Compra e venda – Efeitos essenciais*, p. 593 e 595, sublinhando que o substantivo "mero", constante do n.º 1 do art. 408.º, se destina a vincar que a regra é "a constituição ou transmissão do direito unicamente por efeito do contrato"; Romano Martinez, *Obrigações – Contratos*, p. 36, em especial n. 3, referindo a transferência do direito real como directa, ainda que não necessariamente imediata, pois pode ser completada por outro facto; Menezes Leitão, *Obrigações, III*, p. 14, 25 e 27, admitindo, contudo, que o contrato de compra e venda possa ser configurado enquanto contrato real *quoad constitutionem* (subordinado à entrega da coisa ou ao pagamento do preço), em nome da analogia com o art. 223.º; Pedro de Albuquerque, *ob. cit.*, p. 25 e 27, entendendo que a referência legal a "mero efeito do contrato" constitui uma "forma de indicar que a constituição ou transferência de direitos decorre, não apenas do contrato, mas unicamente do contrato", e fazendo notar a possível não intervenção subsequente do vendedor na compra e venda de coisa futura, indeterminada, alheia e com reserva de propriedade; Ana Peralta, *ob. cit.*, p. 151; Anselmo Vaz, *Alguns aspectos do contrato de compra e venda a prestações e contratos análogos*, p. 49; Diogo Bártolo, *ob. cit.*, p. 395; Pinheiro Torres, *ob. cit.*, p. 61, n. 58; e Figueiredo Dias, *ob. cit.*, p. 431, concluindo pela "natureza injuntiva do princípio *consensus parit proprietatem*".

[1033] Cfr. Assunção Cristas/França Gouveia, *ob. cit.*, p. 61 e 129, concluindo que, em virtude da supletividade do n.º 1 do art. 408.º, e dado não constituir a entrega da coisa "mero" elemento exterior, será o evento que produz a transmissão do direito e não o contrato; Ferreira de Almeida, *Transmissão contratual da propriedade*, p. 8, 11-12 e 16, considerando a transmissão do direito real como "efeito de um facto complexo de formação sucessiva" (equacionando a compra e venda meramente obrigacional por acordo das partes nesse sentido, relativamente a títulos de crédito em papel e a valores mobiliários, e na venda de coisa alheia), e concluindo que "o princípio da transmissão *solo consenso* é quase um mito"; e Vera Eiró, *ob. cit.*, p. 157. Ana Prata, *O contrato-promessa e o seu regime civil*, p. 425, admite, por seu turno, que o objecto do contrato-promessa se traduza numa venda obrigacional. A notícia da problemática surge, de igual modo, em Vieira Cura, *O fundamento romanístico*, p. 45, n. 29, havendo Antunes Varela, *Ensaio sobre o conceito de modo*, p. 62, n. 2, suscitado dúvidas, ainda no domínio do CCse, quanto à validade da venda obrigacional quando tenha ocorrido a entrega prévia da coisa.

real de transmissão da coisa não constitui um fenómeno contemporâneo do momento da celebração do contrato. Mais ainda, não se efectuando uma interpretação restritiva da prt. final do n.º 1 do art. 409.º, esta norma viabiliza que a produção do efeito real se verifique – pressupondo um contrato anteriormente celebrado – com a entrega da coisa alienada ou com o registo, integrando também a última formalidade na estrutura do vínculo acordado pelas partes.

Neste sentido, poder-se-á então aludir – a exemplo da doutrina italiana e da configuração realizada por parte da doutrina francesa relativamente à *obligation de donner* – ao contrato de compra e venda como um contrato obrigatório, cujos efeitos reais se encontram dependentes de um fenómeno ulterior à manifestação do consentimento das partes, coincidente – ou não – com um acto a praticar pelo devedor alienante. Contudo, será falaciosa a aproximação, quer ao paradigma romano de transmissão do *habere licere* da coisa pelo contrato de compra e venda, quer à solução germânica de alheamento do contrato em relação à produção do efeito real designado. É insufragável que a conjugação da entrega da coisa vendida com a invalidade do contrato de compra e venda possa ocasionar, se acompanhada de um acordo real, a produção de efeitos transmissivos, sendo exactamente no sentido de afastamento apriorístico do sistema puro do modo que se deve considerar a inexistência de uma obrigação de *dare*, em sentido técnico, no contrato de compra e venda[1034].

Mesmo reconhecendo que alguns elementos normativos depõem no sentido da ultrapassagem de um sistema puro do título, tais indícios tendem a confundir-se com situações em que apenas se verifica um diferimento da produção do efeito real emergente do contrato, sendo como tal reconduzíveis ao vínculo jurídico acordado. Por outra via, se a conjugação da entrega da coisa com a produção do efeito real permite uma aproximação ao sistema do título e do modo, apenas a sua configuração hodierna – tal como consta do CCes – é equacionável. Aliás, esta não se revela sequer unívoca, uma vez que, mesmo abstraindo das condicionantes histórico--culturais subjacentes ao nosso sistema jurídico, o elemento que é adicionado ao vínculo para a produção do efeito real não encontra repercussão no regime jurídico aplicável, permanecendo, assim, como corpo estranho ao sistema.

[1034] Cfr. MENEZES LEITÃO, *Obrigações, III*, p. 20.

II. A aplicação das regras gerais de distribuição do risco não é prejudicada pelo disposto no n.º 1 art. 882.º, que, a exemplo do n.º 1 do art. 955.º a respeito do contrato de doação, estabelece que a coisa alienada "deve ser entregue no estado em que se encontrava ao tempo da venda"[1035]. Embora em termos literais se induza a deslocação da transmissão do risco para o momento de entrega da coisa ao comprador, a disposição refere-se apenas à obrigação de custódia a cargo do vendedor, devendo beneficiar de um enquadramento sistemático adequado. O acto incolor de entrega da coisa não alcança, assim, relevância distinta da que lhe seja reconhecida por intermédio da aplicação dos arts. 796.º e 797.º.

III. Configurando-se em termos típicos como um contrato comutativo, a assunção de carácter aleatório pelo contrato de compra e venda é admitida no n.º 2 do art. 880.º, a respeito da compra e venda de coisa futura, bem como no art. 881.º, relativamente a bens de existência ou titularidade incerta[1036]. Com efeito, embora, nos termos do art. 237.º, a primeira situação jurídica não seja compaginável com a dúvida sobre a conformação real da vontade das partes[1037], o preço será devido pelo com-

---

[1035] Cfr. RAÚL VENTURA, *Compra e venda – Efeitos essenciais*, p. 629 e 639; CALVÃO DA SILVA, *Responsabilidade do produtor*, p. 229, n. 1, entendendo que o vendedor tem a obrigação de entregar a coisa isenta de vícios, quer a entrega ocorra no momento da venda, quer em momento posterior; ROMANO MARTINEZ, *Obrigações – Contratos*, p. 46; MENEZES LEITÃO, *Obrigações, III*, p. 30; e SUSANA MALTEZ, *ob. cit.*, p. 77, n. 127. Recorde-se, porém, que outra é a solução equacionada por parte da doutrina espanhola perante o art. 1468.º, I, do CCes (cfr. *supra* p. 191).

É ainda irrelevante a consideração de que a entrega da coisa apenas se consubstancia com a entrega dos respectivos documentos, obrigação acessória cujo incumprimento é equiparado ao incumprimento da obrigação principal (cfr. o ac. da RG de 15 de Fevereiro de 2007 in CJ 2007-I, p. 283; e o ac. da RP de 16 de Abril de 2007 in CJ 2007-II, p. 184, a respeito dos documentos de uma viatura automóvel).

[1036] Cfr., nomeadamente, MELLO FREIRE, *Instituições*, Livro IV, Título III, §§ XXVI, p. 78, referindo a compra de esperança e de coisas futuras como contratos aleatórios; CUNHA GONÇALVES, *Dos contratos*, p. 257, perante o CCse; PIRES DE LIMA/ANTUNES VARELA, *CCAnotado, I*, p. 375; MOTA PINTO, *Teoria Geral*, p. 405; MENEZES LEITÃO, *Obrigações, III*, p. 16 e 48; PINTO OLIVEIRA, *Compra e venda*, p. 20-21; CARAVELLI, *ob. cit.*, p. 314-316; NICOLÒ, *Alea*, p. 1029, na alusão à álea como "essencial e conatural ao sinalagma"; e BIANCA, *La vendita*, p. 351. RAÚL VENTURA, *Compra e venda – Proibições...*, p. 293 e 298, entende contudo que a assunção do risco de inexecução definitiva da obrigação de entrega da coisa "excede a causa do contrato de compra e venda", pelo que a situação assume uma natureza distinta daquele tipo contratual.

[1037] No mesmo sentido, perante o art. 1472.º, II, do CCit, cfr. BIANCA, *La vendita*,

prador ainda que a transmissão da propriedade se não chegue a verificar (*emptio spei*), ou mesmo que os bens não existam ou não pertençam ao vendedor.

Como referido aquando da análise da *emptio spei* no ordenamento jurídico romano[1038], a configuração destas modalidades de compra e venda encontra-se distante do paradigma de risco associado ao *periculum rei*. De facto, não se produzindo um efeito real com o contrato de compra e venda, as figuras referidas traduzem o delinear de um risco obrigacional contratualmente fundado, bloqueando a aplicação do n.° 1 do art. 795.° quando a prestação do vendedor não seja executada[1039]. Tal constatação, derivada do teor aleatório assumido por estas espécies contratuais, é suficiente para o seu afastamento de qualquer paradigma de atribuição do risco nos contratos de alienação.

IV. Não possuindo o regime jurídico da compra e venda especificidades que obstem à aplicação das regras gerais consagradas nos arts. 796.° e 797.°, a consideração do momento em que os vícios da coisa vendida deixam de onerar o vendedor para se encontrarem inscritos na esfera jurídica do comprador assume contudo relevância na equação genérica do risco contratual.

Permitindo uma articulação do regime da compra e venda de coisa defeituosa com as regras de distribuição do risco, a 2.ª prt. do art. 918.° remete a venda de coisa futura e de coisa indeterminada de certo género para o regime do não cumprimento das obrigações, o mesmo determinando a sua 1.ª prt. em relação à coisa determinada "depois de vendida e antes de entregue"[1040]. O primeiro elemento que se retira da referida pre-

---

p. 347; e LUMINOSO, *I contratti*, p. 50. Por seu turno, no art. 881.° do CCiv exige-se a "menção dessa incerteza".

[1038] Cfr. *supra* p. 124.

[1039] Cfr., expressamente neste sentido, BIANCA, *La vendita*, p. 347, aludindo à assunção do risco de impossibilidade superveniente; CORRIAS, *ob. cit.*, p. 263, n. 34, configurando a *emptio spei* como um pacto de inversão do risco contratual; e ALONSO PÉREZ, *El riesgo*, p. 356. Em paralelo, MENEZES LEITÃO, *Obrigações, III*, p. 49, considera a atribuição ao comprador do risco de não se verificar a transmissão da propriedade da coisa.

[1040] Cfr., nomeadamente, CALVÃO DA SILVA, *Venda de consumo*, p. 74, sublinhando que o regime da garantia edilícia se aplica apenas nos vícios (genéticos) da coisa específica existentes no momento da conclusão da venda; CARNEIRO DA FRADA, *Perturbações típicas do contrato de compra e venda*, p. 82, considerando que o interesse da disposição "é sobretudo o de salvaguardar, quanto aos vícios redibitórios, a distribuição legal do risco

O regime jurídico do risco nos contratos de alienação   361

visão normativa reside na distinção entre a venda de coisa específica e a venda de coisa genérica, na qual a manutenção do risco na esfera jurídica do vendedor prescinde da verificação de um vício na coisa escolhida para o cumprimento, em virtude daquele se assumir como proprietário e devedor da mesma espécie até ao momento da concentração da obrigação[1041]. Por outra via, a aplicabilidade do regime geral do incumprimento das obrigações significa que, em regra, após a alienação e antes da entrega da coisa específica, o vendedor apenas será responsável pelo seu perecimento com base num juízo de culpa que sobre si impenda, não respondendo pelos vícios posteriores ao momento de transmissão do risco[1042].

---

da perda ou deterioração da coisa, disseminada por diversos locais do Código"; e GOMES DA ROCHA, *A problemática do regime aplicável no âmbito do contrato de compra e venda de coisa defeituosa*, p. 42.

[1041] Cfr., relativamente ao enquadramento da venda genérica em sede de venda de coisa defeituosa, nomeadamente, BAPTISTA MACHADO, *Acordo negocial e erro na venda de coisas defeituosas*, p. 68, n. 103, aplicando o regime do não cumprimento das obrigações, *ex vi* art. 918.º, também à venda sob amostra, que enquadra enquanto venda de coisa genérica; RAÚL VENTURA, *Compra e venda – Efeitos essenciais*, p. 604; PINTO MONTEIRO/MOTA PINTO, *La protection de l'acheteur de choses défectueuses en droit portugais*, p. 263, sufragando que o regime do art. 913.º apenas se aplica à venda de coisa determinada; PINTO MONTEIRO/CARDOSO GUEDES, *Venda de animal defeituoso*, p. 7; TEIXEIRA DE SOUSA, *O cumprimento defeituoso e a venda de coisas defeituosas*, p. 567; ROMANO MARTINEZ, *Obrigações – Contratos*, p. 135, entendendo contudo que o regime jurídico dos arts. 913.º e ss. se destina também a regular os casos de venda de coisa indeterminada após a transferência da propriedade ou do risco; MENEZES LEITÃO, *Caveat venditor? A directiva 1999/44/CE do Conselho e do Parlamento Europeu sobre a venda de bens de consumo e garantias associadas e suas implicações no regime jurídico da compra e venda*, p. 266, considerando "muito mais benéfico para o comprador o (...) regime das coisas genéricas", pois para a lei "os defeitos da coisa representam uma violação dos deveres do vendedor na realização de uma escolha em conformidade com o interesse do comprador"; e CARNEIRO DA FRADA, *Erro e incumprimento na não conformidade da coisa com o interesse do comprador*, p. 478.

A necessidade de construção de um regime jurídico uniforme, aplicável indistintamente à alienação de coisa específica ou de coisa genérica, é sufragado porém pela doutrina (cfr. CALVÃO DA SILVA, *Compra e venda*, p. 87; e LIMA PINHEIRO, *Comercial Internacional*, p. 285 e 288, entendendo a doutrina estabelecida nos arts. 914.º e 916.º aplicável nos casos previstos no art. 918.º).

[1042] Este coincidirá, segundo o n.º 1 do art. 796.º, com o momento da celebração do contrato de compra e venda (cfr. PIRES DE LIMA/ANTUNES VARELA, *CCAnotado, II*, p. 172 e 214; CALVÃO DA SILVA, *Responsabilidade do produtor*, p. 232, n. 1, e 240, referindo que, se o vendedor demonstrar que o vício anterior à entrega da coisa não procede de culpa sua, resta ao comprador a nem sempre fácil prova de que o defeito é anterior ou contemporâneo da celebração do contrato, excluindo-se assim vícios supervenientes; ROMANO MARTINEZ,

362   *O Risco nos Contratos de Alienação*

A regra vigente no sistema jurídico português encontra-se, assim, em paralelo com a orientação comum aos diversos ordenamentos jurídicos compulsados, não sendo alterada pela relevância específica atribuída à entrega da coisa, nos termos do n.º 2 do art. 916.º e do art. 922.º, para efeitos de denúncia do defeito existente no objecto alienado[1043]. Com efeito, a exemplo do art. 1511.º do CCit, a contagem dos prazos de caducidade para o exercício dos direitos atribuídos ao comprador de coisa defeituosa não interfere com a atribuição da perda patrimonial resultante da deterioração da coisa alienada.

V. O contrato de compra e venda assume ainda preponderância em sede da determinação negocial das regras de risco aplicáveis, sendo-lhe a CVVIM e os INCOTERMS dedicados em termos praticamente exclusivos.

O desdobramento dogmático do contrato de compra e venda é por seu turno potenciado pelos diversos subtipos que o mesmo contrato assume, viabilizando ponderações distintas de distribuição do risco em cada situação.

4.3.1.2. *A compra e venda a contento e sujeita a prova*

I. A distribuição do risco em algumas das modalidades paradigmáticas do contrato de compra e venda surge associada à natureza jurídica assumida por cada um destes contratos, não se verificando, em regra, concretizações específicas daquela.

Cumprimento defeituoso, p. 190, 202, 211, 325, n. 4, e 446, e em *Obrigações – Contratos*, p. 133, salvo quando o defeito seja imputável ao vendedor, em que relevará a data do cumprimento e não o momento da transferência do risco (o autor propõe mesmo um novo art. 905.º-A, segundo o qual "o vendedor só é responsável por defeitos de direito ocultos à data da transferência da propriedade"); e CARNEIRO DA FRADA, *Perturbações típicas*, p. 83, n. 48.

As considerações efectuadas não devem porém excluir a aplicabilidade do n.º 2 do art. 796.º e do art. 797.º a defeitos ou simples deteriorações da coisa alienada, não suscitando a conexão preferencial do art. 918.º com o n.º 1 do art. 796.º um impedimento à vigência daqueles preceitos em toda a esfera do risco-evento por eles coberta.

[1043] Cfr. PIRES DE LIMA/ANTUNES VARELA, *CCAnotado, II*, p. 212 e 217, exigindo uma entrega efectiva e não uma simples entrega formal ou simbólica, "pois só em contacto com a coisa o comprador poderá notar os seus defeitos"; e ROMANO MARTINEZ, *Cumprimento defeituoso*, p. 378.

O *regime jurídico do risco nos contratos de alienação* 363

Encontrando raízes no ordenamento jurídico romano[1044], retomadas subsequentemente pelas O.F. e pelo CCse[1045], a venda a contento encontra-se desdobrada em três espécies contratuais distintas nos arts. 923.º a 925.º.

II. Sendo a configuração eleita pelo art. 926.º em caso de dúvida quanto à modalidade de venda escolhida pelas partes[1046], o n.º 1 do art. 923.º estabelece que a compra e venda efectuada "sob reserva de a coisa agradar ao comprador vale como proposta de venda". Podendo o seu objecto incidir sobre coisas móveis ou imóveis, verifica-se, assim, na primeira modalidade de venda a contento, a desnecessidade de motivação comportamental do adquirente.

Sendo equacionada a sua configuração enquanto condição suspensiva potestativa pura ou arbitrária a favor do comprador[1047], a letra da lei inculca porém a existência de um pacto de opção – e não, em rigor, de um

---

[1044] A sua origem radicará no *pactum si res placuerit*, e, na sua sequência, no *pactum displicentiae*.

[1045] Exemplificando com a negociação de vinho, azeite, escravo ou besta, o n.º 2 do Título I do Livro IV das Ordenações Filipinas referia-se à venda a "*aprazimento do comprador*", em que não valeria o contrato sem o seu contentamento. Estas alienações eram consideradas "*sempre feitas debaixo de condição suspensiva*" pelo art. 1551.º do CCse, com atribuição ao vendedor do risco de perecimento da coisa (cfr. GUILHERME MOREIRA, *Instituições, II*, p. 71; DIAS FERREIRA, *CCAnnotado, III*, p. 158; CUNHA GONÇALVES, *Tratado, VIII*, p. 414, e em *Dos contratos*, p. 271, admitindo a convenção de uma condição resolutiva; PINTO COELHO, *Obrigações*, p. 178, considerando que o preceito deveria ser limitado à imputação do risco ao vendedor, sendo o negócio puro e simples e não condicional; CABRAL DE MONCADA, *Direito Civil*, p. 678, n. 1; e MANUEL DE ANDRADE, *Teoria Geral, II*, p. 369, n. 1, referindo uma condição potestativa relativa a um estado puramente subjectivo do comprador).

[1046] Cfr. GALVÃO TELLES, *Contratos em Geral*, p. 130, n. 149, remetendo para o silêncio enquanto modo de formação da vontade; PIRES DE LIMA/ANTUNES VARELA, *CCAnotado, II*, p. 219; MOTA PINTO, *Teoria Geral*, p. 429, configurando uma declaração negocial presumida; e ROMANO MARTINEZ, *Obrigações – Contratos*, p. 82, mencionando, todavia, que, a haver-se celebrado um verdadeiro contrato, encontrará aplicação o disposto no art. 924.º.

[1047] Cfr. ROMANO MARTINEZ, *Obrigações – Contratos*, p. 75-77, e em *Da cessação*, p. 271-272, embora concluindo no sentido da inexistência de uma verdadeira venda; e PAIS DE VASCONCELOS, *Teoria Geral*, p. 611, que, referindo primeiro uma condição potestativa arbitrária suspensiva, acaba por confluir quanto ao enquadramento da figura como pacto de opção ou simples proposta contratual.

contrato de compra e venda – uma vez que a proposta contratual carece de ser aceite pelo comprador[1048].

Haverá assim que equacionar a hipótese de perecimento ou deterioração da coisa entre o momento em que esta é entregue ao futuro comprador, e o momento em que o contrato se considera celebrado, nos termos do n.º 2 do art. 923.º. Neste âmbito, a doutrina é convergente na constatação de que, não se verificando um efeito real pelo contrato, o risco de perecimento da coisa pertencerá ainda ao vendedor[1049], embora a mesma solução possa eventualmente colidir, em termos valorativos, com a atribuição do risco ao adquirente com reserva de propriedade que obteve a entrega da coisa, bem como com a eventual atribuição do risco ao promitente-comprador que também haja beneficiado daquela. Não obstante, a existirem, tais hesitações dissipam-se em virtude do interesse prevalente subjacente

---

[1048] Cfr. GALVÃO TELLES, *Contratos Civis*, p. 164; PIRES DE LIMA/ANTUNES VARELA, *CCAnotado, II*, p. 219; MENEZES LEITÃO, *Obrigações, III*, p. 84-85; e MOURA RAMOS/BENTO SOARES, *ob. cit.*, p. 101, n. 149. ANA PRATA, *Os contratos*, p. 379, n. 35, considera, todavia, que não se tratará verdadeiramente de um pacto de opção, uma vez que esta qualificação não resulta da vontade das partes, existindo antes uma remissão para o regime jurídico da proposta irrevogável. O enquadramento da venda *"con riserva di gradimento"* do art. 1520.º do CCit como uma hipótese de pacto de opção é também a construção avançada pela doutrina italiana (cfr. GALGANO, *Civile e commerciale, II*, p. 18; FERRI, *ob. cit.*, p. 828; e CAMPOBASSO, *Commerciale 3*, p. 15, n. 1). Sobre o contrato de opção enquanto contrato preliminar cfr., nomeadamente, PIRES DE LIMA/ANTUNES VARELA, *CCAnotado, I*, p. 379; FERREIRA DE ALMEIDA, *Contratos, I*, p. 163; CALVÃO DA SILVA, *Sinal e contrato-promessa[11]*, p. 26; e SOARES DA FONSECA, *Do contrato de opção*, p. 21.

[1049] Cfr. MOTA PINTO, *Teoria Geral*, p. 429; MENEZES LEITÃO, *Obrigações, III*, p. 85, referindo que a transmissão da propriedade e a atribuição do risco ao comprador só se verificarão com o decurso do prazo estabelecido; e SOARES DA FONSECA, *ob. cit.*, p. 69, considerando, por aplicação da prt. final do n.º 3 do art. 796.º, que "o risco de perecimento ou deterioração da coisa objecto do contrato principal, havendo sido transmitida a sua posse, correrá, até ao momento do exercício da opção, por conta do concedente" (adoptando um esquema dogmático conexo com a condição suspensiva que se entende inadequado). A mesma solução é sufragada por BIANCA, *La vendita*, p. 315, considerando ser a comunicação que ocasiona a transferência do risco ao comprador no art. 1520.º do CCit. Perante o Direito espanhol, SOTO NIETO, *ob. cit.*, p. 216, considera também que a opção de compra, sendo um simples contrato preliminar, não ocasiona a transmissão do risco, embora seja prevalente o enquadramento da venda *ad gustum* como condição suspensiva, tal como referido no art. 1453.º do CCes (cfr. ALBALADEJO, *Obligaciones*, p. 548; BADENES GASSET, *ob. cit. (I)*, p. 308, justificando a solução do art. 1453.º do CCes com o facto do comprador não querer assumir os riscos; ALONSO PÉREZ, *El riesgo*, p. 332; e CALVO ANTÓN, *La venta a prueba*, p. 72 e 90).

à operação contratual se encontrar ancorado na esfera jurídica do vendedor, postulando apenas uma adequada densificação desta noção. Nestes termos, se o controlo fáctico da coisa pertence inequivocamente ao adquirente a contento, o fundamento da mesma detenção surge associado, em princípio, a um interesse (económico ou comercial) do alienante, o qual não se identifica com a simples tutela do denominado "risco de crédito". Por outro lado, se se raciocinar nos quadros da condição, a ausência de um substrato dominial ou para-dominial na situação compulsada – uma vez que não verifica necessariamente, nem no presente nem no futuro, um efeito real determinado pelo contrato – não permite, de igual modo, o equacionar da atribuição do risco ao adquirente a contento.

III. Na segunda modalidade de venda a contento, prevista no art. 924.º, estabelece-se um direito de resolução do contrato por parte do comprador.

Sendo a situação configurada como uma modalidade especial de condição resolutiva[1050], a mesma suscita a aplicação da 1.ª prt. do n.º 3 do art. 796.º, transferindo-se o risco com a entrega da coisa ao comprador proprietário[1051]. Porém, a entender-se o contrato como perfeito – operando a transmissão da propriedade sem prejuízo da inclusão de uma cláusula resolutiva[1052] – a transmissão do risco pode verificar-se logo no momento da celebração do contrato, independentemente da entrega da coisa.

A diversidade das soluções anunciadas dilui-se – sem prejuízo do afastamento do fenómeno restitutório da doutrina geral do risco – através do disposto no n.º 2 do art. 432.º, que, ao afastar a resolução pelo con-

---

[1050] Cfr. BAPTISTA MACHADO, *Pressupostos da resolução por incumprimento*, p. 404; MOTA PINTO, *Teoria Geral*, p. 560, referindo-se a uma condição resolutiva potestativa não arbitrária *a parte creditoris*; PAIS DE VASCONCELOS, *Teoria Geral*, p. 611, considerando todavia que esta condição potestativa arbitrária resolutiva melhor se enquadrará como cláusula de resolução ou de denúncia; ANTUNES VARELA, *Das Obrigações, II*, p. 278; e COSTA GOMES, *Em tema de revogação do mandato civil*, p. 70. Em sentido próximo, BRANDÃO PROENÇA, *A resolução*, p. 75, n. 197, e 91, alude a um quadro de pendência em que as partes limitam a eficácia definitiva do contrato a uma manifestação de vontade objectivada.

[1051] Cfr. ROMANO MARTINEZ, *Obrigações – Contratos*, p. 79, sustentando que se o comprador resolve o contrato havendo a coisa perecido no período de tempo que medeia entre a celebração e a resolução do vínculo, o risco correrá por sua conta se a coisa lhe houver sido entregue.

[1052] Cfr. GALVÃO TELLES, *Contratos Civis*, p. 165, aludindo a uma venda revogável; e MENEZES LEITÃO, *Obrigações, II*, p. 103, n. 210, e em *Obrigações, III*, p. 85.

366   *O Risco nos Contratos de Alienação*

traente que não esteja em condições de restituir o que houver recebido (*rectius*, o comprador), parece pressupor a sua admissibilidade apenas antes do momento de entrega da coisa pelo vendedor[1053].

Admitindo o distrate do contrato a respeito das compras de "cousas que não se tenham à vista, nem possam determinar-se por uma qualidade conhecida em comércio", a aproximação do disposto no art. 470.º do CCom à disciplina jurídica do art. 924.º[1054] determina que a mesma solução de distribuição do risco contratual se lhe aplique.

IV. A venda sujeita a prova pode assumir uma configuração jurídica biforme de acordo com o art. 925.º[1055], distinguindo-se da venda a contento em virtude da existência de uma apreciação objectiva, e não subjectiva, do bem alienado[1056].

[1053] Paralelamente, BIANCA, *La vendita*, p. 317, entende que na compra e venda com "*riserva di non gradimento*", em que o comprador pode comunicar ao vendedor que a coisa não o satisfaz, o risco passa imediatamente ao comprador, sendo a resolução do contrato subordinada à necessidade de restituição da coisa. Configurando a situação jurídica como resolução legal quanto aos efeitos, embora fundada em convenção das partes, ROMANO MARTINEZ, *Da cessação*, p. 79 e 275, sufraga, porém, uma solução distinta, pela qual o comprador suportaria o risco de destruição total da coisa entregue, uma vez que não pode resolver o contrato celebrado, mas em que a deterioração da coisa seria suportada pelo vendedor, atento o disposto no art. 1269.º.

[1054] Cfr. MENEZES CORDEIRO, *Comercial*, p. 836; ROMANO MARTINEZ, *Obrigações – Contratos*, p. 76 e 78, e em *Da cessação*, p. 272 e 274, exemplificando com a venda por catálogo; MENEZES LEITÃO, *Obrigações, III*, p. 90; MOURA RAMOS/BENTO SOARES, *ob. cit.*, p. 101, n. 149; e, na jurisprudência, o ac. da RC de 25 de Setembro de 2007 in CJ 2007-IV, p. 21, em relação à compra por encomenda efectuada por catálogo de uma máquina de projectar reboco. ANTERO, *ob. cit.*, p. 32 e 38, refere, todavia, que o CCom não trata das vendas a contento a que se referia o art. 1551.º do CCse, antes se referindo às vendas sobre exame.

[1055] Cfr. PIRES DE LIMA/ANTUNES VARELA, *CCAnotado, II*, p. 221, referindo o interesse que a escolha pelas partes da modalidade suspensiva ou resolutiva da venda tem para o regime do risco. MENEZES LEITÃO, *Obrigações, III*, p. 87, considera tratar-se porém de uma categoria específica de venda, cujos efeitos finais ficam dependentes da verificação positiva de uma qualidade da coisa que a torna adequada à sua utilização pelo alienante. Em termos próximos da configuração subjacente ao art. 925.º entendeu-se no ac. do STJ de 13 de Janeiro de 2005 in CJ (STJ) 2005-I, p. 40, relativamente a um acordo de configuração de uma "solução informática" que implicava o fornecimento e instalação de *hardware* e de *software* num restaurante e respectivos serviços de funcionamento e assistência técnica, que o vínculo consistia num contrato misto de compra e venda e de prestação de serviços, encontrando-se a sua eficácia condicionada à idoneidade objectiva da coisa prestada.

[1056] Cfr. PIRES DE LIMA/ANTUNES VARELA, *CCAnotado, II*, p. 220; ROMANO MARTINEZ, *Obrigações – Contratos*, p. 80, e em *Da cessação*, p. 276; e MENEZES LEITÃO, *Obri-*

Ocorrendo a entrega da coisa, nos termos do n.° 4 do art. 925.°, para efeito da realização da prova, a configuração supletiva da figura como alienação sujeita a condição suspensiva conduzirá, de acordo com a prt. final do n.° 3 do art. 796.°, à atribuição do risco ao vendedor durante aquele período[1057], solução que, todavia, será diversa se da vontade das partes resultar a sujeição do contrato a condição resolutiva[1058]. Constata--se, assim, uma aproximação das respectivas soluções, respectivamente, à primeira e à segunda modalidades de venda a contento, ainda que, atendendo a que a estrutura da figura da venda a prova possivelmente não obedece, em termos típicos, a um interesse contratual prevalente do vendedor após a entrega da coisa, a diarquia de soluções possa ser questionada. Por outro lado, a adopção de comportamentos disfuncionais pelo comprador, como por exemplo a utilização em interesse próprio da coisa em prejuízo da sua prova, devem resultar na atribuição da perda contratual a este contraente[1059].

---

gações, *III*, p. 84. LARENZ, *Schuldrechts*, *II*, p. 144, afasta por sua vez a *"Erprobungskauf"* – na qual se postula um juízo objectivo de adequação da coisa (com possível aplicação do revogado § 350 do BGB) – da *"Kauf mit Umtauschberechtigung"* – em que se possibilita a troca do objecto adquirido por outro objecto equivalente, havendo todavia o anterior de ser devolvido sem defeitos e sem sinais de uso (em que encontrariam aplicação as regras gerais).

[1057] Cfr. ROMANO MARTINEZ, *Obrigações – Contratos*, p. 80, 82, n. 1, e em *Da cessação*, p. 276; BAPTISTA LOPES, *Do contrato de compra e venda no direito civil, comercial e fiscal*, p. 200; e CALVO ANTÓN, *ob. cit.*, p. 56, analisando expressamente o ordenamento jurídico português. No mesmo sentido, perante o disposto no art. 1521.° do CCit, cfr. BIANCA, *La vendita*, p. 299, afastando a existência de uma condição imprópria, por relativa a um facto presente; e RUBINO, *ob. cit.*, p. 418, 423, n. 114, e 464. O risco é igualmente atribuído ao vendedor na *"venta a prueba"* do Direito espanhol (cfr. COSSIO, *Los riesgos*, p. 376, por aplicação das regras da condição suspensiva; ALONSO PÉREZ, *El riesgo*, p. 332, determinando a aquiescência ou a aprovação automaticamente o *periculum emptoris*; e CALVO ANTÓN, *ob. cit.*, p. 154 e 161, ressalvando porém a oneração do comprador com a deterioração parcial da coisa se a condição for cumprida), embora a solução contrária seja admitida se a figura corporizar uma condição resolutiva (cfr. SOTO NIETO, *ob. cit.*, p. 200).

[1058] Cfr. ROMANO MARTINEZ, *Da cessação*, p. 276, distinguindo porém, a exemplo da segunda modalidade de venda a contento, entre o risco de perecimento total a cargo do comprador, e o risco de deterioração ocasional, suportado pelo alienante.

[1059] Cfr., perante o Direito espanhol, CALVO ANTÓN, *ob. cit.*, p. 156. A hipótese da não realização da prova no momento temporal convencionado é regulada pelo n.° 3 do art. 925.°, sendo ainda convocável a *ratio legis* do n.° 2 do art. 275.°. Estas disposições possuem a virtualidade de excluir a aplicação das normas relativas ao risco na mora obrigacional.

368   *O Risco nos Contratos de Alienação*

Atento o disposto no art. 469.º do CCom, o regime jurídico em análise é ainda de ponderar a respeito da venda sobre "amostra de fazenda"[1060], embora esta situação jurídica encontre maior proximidade do disposto no art. 919.º, como aliás parece depor a referência da prt. final da al. a) do n.º 2 do art. 2.º da LVBC[1061].

4.3.1.3. *A compra e venda a retro*

Com antecedentes no Direito romano[1062], a venda a retro, regulada nos arts. 927.º e ss., é indicada como um exemplo de propriedade resolúvel[1063], assumindo em termos típicos uma função creditícia relativamente ao vendedor e de garantia em face do adquirente[1064].

[1060] Cfr. MENEZES CORDEIRO, *Comercial*, p. 836; e ROMANO MARTINEZ, *Da cessação*, p. 275. Não obstante, o art. 469.º do CCom é enquadrado por ANTERO, *ob. cit.*, p. 29, como condição, em princípio suspensiva; sendo acompanhado por CASSIANO DOS SANTOS, *ob. cit.*, p. 149, que considera a condição "do adquirente não reclamar invocando desconformidade entre o bem entregue e a amostra apresentada ou a qualidade descrita aquando da celebração do contrato" (a qual é igualmente configurada pelo autor em relação ao art. 470.º do CCom).

[1061] Cfr. PIRES DE LIMA/ANTUNES VARELA, *CCAnotado, II*, p. 214, referindo que a venda sobre amostra se considera perfeita desde logo, sem subordinação a nenhum requisito posterior de eficácia; e MENEZES LEITÃO, *Obrigações, III*, p. 90.

[1062] Cfr. SANTO JUSTO, *Romano, II*, p. 63; VERA-CRUZ PINTO, *ob. cit.*, p. 341; e LUCÍA HERNÁNDEZ-TEJERO, *ob. cit.*, p. 568, referindo-se ao *pactum de retrovendendo* (em que o vendedor se reservava o direito de recuperar a coisa mediante a devolução do preço) e ao *pactum de retroemendo* (em que o comprador possuía a faculdade de reaver o preço devolvendo a coisa comprada).

Embora a sua origem seja possivelmente comum, a venda a retro não se confunde com o pacto de revenda, que se traduz num contrato-promessa de alienação de sentido contrário ao contrato de compra e venda celebrado (cfr. CUNHA GONÇALVES, *Tratado, v. VIII*, p. 392, sublinhando que até ao momento da revenda todos os riscos são a cargo do proprietário revendedor (primitivo adquirente); ROMANO MARTINEZ, *Da cessação*, p. 277, n. 555; ANDRADE DE MATOS, *O pacto comissório – Contributo para o estudo do âmbito da sua proibição*, p. 165; BIANCA, *La vendita*, p. 604, mencionando os seus efeitos meramente obrigacionais; e CRISCUOLI, *ob. cit.*, p. 285, referindo a existência de uma união de contratos). Em simultâneo, a situação não se identifica com a reserva de arrependimento, em relação à qual ANA PRATA, *Os contratos*, p. 361, considera não fazer sentido que um proprietário condicional (e porventura temporário) se possa ver onerado com o encargo do valor do bem.

[1063] Cfr. MOTA PINTO, *Reais*, p. 236; e CALVÃO DA SILVA, *Cumprimento*, p. 73, n. 144. MENEZES LEITÃO, *Obrigações, III*, p. 79, refere, por seu turno, uma transmissão não definitiva da propriedade. De acordo com outro prisma, MENEZES CORDEIRO, *Reais – 1979*,

O regime jurídico do risco nos contratos de alienação 369

Na definição da sua natureza jurídica, pontificam, com repercussões ao nível da distribuição do risco contratual, as teses da existência de uma condição resolutiva potestativa[1065] e da configuração de um direito de resolução do contrato consagrado *ad nutum* a favor do vendedor[1066]. Consequentemente, será equacionável, no primeiro caso, a aplicação da 1.ª prt. do n.º 3 do art. 796.º, segundo o qual o risco de perecimento ou deterioração da coisa se encontraria inscrito na esfera jurídica do adquirente a partir do momento da sua entrega[1067]. Distintamente, a aplicação do n.º 2 do art. 432.º a estas situações apenas se destinaria a garantir que a resolução ocorresse estando o vendedor em condições de restituir o preço pago[1068], pelo que seria então admissível a sujeição da venda a retro às regras gerais dos n.ºs 1 e 2 do art. 796.º[1069].

---

p. 179, admite, com base no art. 932.º, a existência de um direito real de aquisição constituído a favor do vendedor.

[1064] Cfr. Ribeiro de Faria, *Obrigações, I*, p. 287; Romano Martinez, *Obrigações – Contratos*, p. 83; Menezes Leitão, *Obrigações, III*, p. 79; Romano Martinez/Fuzeta da Ponte, *ob. cit.*, p. 237 e 244; e Marques Cebola, *Da função de garantia da venda a retro*, p. 167.

[1065] Cfr., nomeadamente, Cabral de Moncada, *Direito Civil*, p. 683, n. 2; Romano Martinez, *Obrigações – Contratos*, p. 85, considerando a aplicação do n.º 3 do art. 796.º no sentido da atribuição do risco ao comprador, embora, em *Da cessação*, p. 79 e 279, refira a existência de uma cláusula resolutiva potestativa; Brandão Proença, *A resolução*, p. 91, aludindo a uma venda concluída sob condição resolutiva de carácter misto, dependente de um facto voluntário objectivado; Costa Gomes, *Revogação do mandato civil*, p. 69, configurando, após a referência a uma cláusula resolutiva, uma venda sujeita a uma condição resolutiva potestativa ou quase potestativa; Leite de Campos, *A alienação em garantia*, p. 15, referindo a propriedade plena sujeita a condição resolutiva; Dutilleul/Delebecque, *ob. cit.*, p. 172; e Criscuoli, *ob. cit.*, p. 285.

[1066] Cfr. Baptista Machado, *Pressupostos da resolução*, p. 404; Pais de Vasconcelos, *Teoria Geral*, p. 611, sufragando a existência de uma cláusula de resolução ou de denúncia, após considerar a existência de um condição resolutiva potestativa de parte do vendedor; Menezes Leitão, *Obrigações, III*, p. 83; e Pedro de Albuquerque, *ob. cit.*, p. 39, referindo a aplicação dos arts. 432.º e ss. em tudo o não for afastado pelo seu regime específico.

[1067] Marques Cebola, *ob. cit.*, p. 165, pronuncia-se expressamente neste sentido.

[1068] Cfr. Pires de Lima/Antunes Varela, *CCAnotado, II*, p. 223; e, aparentemente, Andrade de Matos, *ob. cit.*, p. 173. O art. 931.º exclui aliás a resolução do contrato se o vendedor não oferecer o preço pago.

[1069] Noutra latitude, Vivas Tesón, *La compraventa con pacto de retro en el Código Civil*, p. 443, entende, por aplicação do art. 1122.º, III, do CCes, que a deterioração ou perda parcial da coisa correm por conta do retraente, não sendo este autorizado a exigir uma redução proporcional no preço a entregar ao comprador. A autora pronuncia-se

370   *O Risco nos Contratos de Alienação*

As soluções enunciadas abstraem contudo da proximidade funcional da figura com a alienação fiduciária em garantia[1070]. Quando aquela finalisticamente se convole no mesmo tipo contratual, as soluções jurídicas aplicáveis serão necessariamente as mesmas. Assim, sendo admitida uma titularidade dominial meramente formal por parte do comprador, esta não constitui substrato bastante para o funcionamento da regra de atribuição de risco do n.º 1 do art. 796.º. Tal orientação encontra sufrágio não apenas na hipótese do vendedor a retro reter materialmente a coisa – em que a aplicação do n.º 2 do art. 796.º seria *lato senso* equacionável – mas também na situação em que o seu controlo fáctico haja sido transferido ao comprador, dado que o interesse contratual desde adquirente se resume à tutela do seu crédito.

A questão será retomada aquando da análise da alienação fiduciária em garantia.

4.3.1.4. *A compra e venda de coisa em viagem*

I. A venda de coisa em viagem regulada no art. 938.º pressupõe uma distribuição do risco contratual que se presta a alguns equívocos.

Situando-se nos antípodas da compra e venda de coisa futura, a figura pode ser configurada como uma excepção legal às regras da impossibilidade originária da prestação[1071], sendo de igual modo admissível a sua recondução à *emptio spei*[1072].

---

somente, porém, quanto à perda parcial da coisa, fazendo aplicação de uma regra jurídica que não encontra paralelo no ordenamento jurídico português.

[1070] Cfr., nomeadamente, Galvão Telles, *Contratos em Geral*, p. 302, referindo a existência de fraude à lei quando a venda seja acompanhada de promessa de venda feita pelo comprador ao vendedor; Menezes Leitão, *Obrigações, III*, p. 80, tendo dificuldades na sua admissão quando não haja qualquer intenção de transferir a propriedade contra o pagamento de um preço mas apenas de constituição de uma garantia; e Romano Martinez/Fuzeta da Ponte, *ob. cit.*, p. 245.

[1071] Cfr. Pires de Lima/Antunes Varela, *CCAnotado, II*, p. 235; Antunes Varela, *Das Obrigações, I*, p. 803; Pessoa Jorge, *Obrigações*, p. 92; e Romano Martinez, *Da cessação*, p. 30, mencionando a validade do contrato apesar da impossibilidade originária do seu objecto. Uma referência à venda de coisa em viagem constava já do art. 74.º do anteprojecto de Galvão Telles relativo à compra e venda (cfr. Galvão Telles, *Dos contratos em especial*, p. 178).

[1072] A orientação referida a respeito do Direito italiano (cfr. *supra* p. 231, n. 667) é retomada, nomeadamente, por Mainguy, *ob. cit.*, p. 101. Com efeito, a sua proximidade do art. 881.º é indesmentível.

O regime jurídico do risco nos contratos de alienação 371

Certo é que a lei postula a inexistência de uma obrigação do vendedor de entrega das mercadorias no lugar do destino, sendo este regime jurídico afastado nas dívidas de envio ou com expedição qualificada[1073]. Exige-se porém, em paralelo com o art. 1529.º do CCit, e contrariamente ao art. 68.º da CVVIM, a contratação de um seguro contra os riscos de transporte, o qual deve figurar entre os documentos entregues pelo vendedor ao comprador. De facto, o art. 937.º determina que a entrega da coisa seja "substituída pela entrega do seu título representativo", assumindo a alienação, com a desmaterialização daquela obrigação, um figurino distinto do tradicional[1074].

II. As als. a) e c) do n.º 1 do art. 938.º estabelecem um regime de distribuição do risco aparentemente conflituante.

De facto, se segundo a primeira al. "o preço deve ser pago, ainda que a coisa já não existisse quando o contrato foi celebrado, por se haver perdido casualmente depois de ter sido entregue ao transportador" – postulando-se, assim, uma atribuição retroactiva do risco ao comprador a partir da entrega das mercadorias pelo alienante ao transportador (em momento anterior, portanto, à celebração do contrato de compra e venda) – a estatuição da al. c) do n.º 1 do art. 938.º, de que "o risco fica a cargo do comprador desde a data da compra", conduz à sua assunção pelo comprador aquando da transmissão dominial, paralelamente ao disposto no n.º 1 do art. 796.º.

A antinomia normativa identificada conduziu a distintas aproximações sistemáticas pela doutrina. Se a prevalência da al. a) se estriba na sua consonância com a al. b) da mesma disposição legal[1075], a primazia da al.

[1073] Cfr. LIMA PINHEIRO, *Comercial Internacional*, p. 320. PIRES DE LIMA/ANTUNES VARELA, *CCAnotado, II*, p. 235, referem, por seu turno, a aplicação do art. 797.º caso a coisa não haja sido ainda entregue ao transportador, situação que, todavia, não é subsumível à venda de coisa em viagem.

[1074] Cfr. ROMANO MARTINEZ, *Obrigações – Contratos*, p. 97; MENEZES LEITÃO, *Obrigações, III*, p. 87-88, considerando o direito incorporado no título; e CALVÃO DA SILVA, *Anotação ao ac. do Tribunal da Relação de Lisboa de 12 de Outubro de 2000*, p. 212, aludindo mesmo a uma manifestação do regime jurídico da posse vale título. FERREIRA DE ALMEIDA, *Texto e enunciado*, p. 926, entende, por outra via, que o enunciado negocial "revela aptidão para uma inserção múltipla ou geral".

[1075] Cfr. MENEZES LEITÃO, *Obrigações, III*, p. 88, entendendo que a transmissão do seguro garante a posição jurídica do comprador; LIMA PINHEIRO, *Comercial Internacional*, p. 321 e 337, e em *Incoterms*, p. 403, entendendo que a al. c) do n.º 1 do art. 938.º só adquire sentido útil quando articulada com o seu n.º 2, *maxime* quando o vendedor estiver

372   *O Risco nos Contratos de Alienação*

c) do n.º 1 do art. 938.º permite um paralelismo com a regra geral constante da 1.ª prt. do art. 68.º da CVVIM[1076]. Porém, assemelha-se que a solução legal não poderá ser outra que a da atribuição retroactiva do risco da contraprestação (preço) ao comprador, consoante depõem os lugares paralelos dos arts. 1529.º, I, do CCit, 99.º da LUVI, e 68.º, 2.ª prt. da CVVIM. Aliás, sem prejuízo da articulação da al. c) do n.º 1 do art. 938.º com o seu n.º 2, por intermédio da qual o risco apenas se transmitiria no momento da celebração do contrato se o vendedor ocultasse dolosamente o perecimento ou deterioração da coisa ao comprador de boa fé, é possível ainda outro enquadramento dogmático. Referindo-se a al. a) do n.º 1 do art. 938.º ao risco da contraprestação, será eventualmente de ponderar a alusão ao risco prestacional na al. c). Reconhecidamente adulterada, a consagração localizada deste fenómeno pode justificar-se pelo facto de, sendo a entrega da coisa substituída pela entrega dos documentos, a sua configuração típica ser excluída do art. 790.º.

4.3.1.5. *A locação-venda*

Encoberta pela 1.ª prt. do n.º 2 do art. 936.º e pelo n.º 2 do art. 104.º do CIRE, a locação-venda consiste no negócio jurídico que agrega à locação de uma coisa uma cláusula segundo a qual esta se tornará pro-

---

de má fé; ANILDO CRUZ, *ob. cit.*, p. 16; e MÚRIAS/LURDES PEREIRA, *Prestações*, p. 8, n. 24. O dolo a que se refere o n.º 2 do art. 938.º identifica-se com a conhecida má fé (cfr. MENEZES CORDEIRO, *Da boa fé*, p. 505)

[1076] Cfr. MOURA RAMOS/BENTO SOARES, *ob. cit.*, p. 179, sublinhando o teor dificilmente compreensível, se não mesmo incoerente da solução legal, acabando contudo por concluir pelo carácter espúrio da al. c) do n.º 1 do art. 938.º, salvo se a mesma norma for articulada preferencialmente com o disposto no seu n.º 3, abrangendo o risco não coberto pelo seguro em situações de cobertura parcial.

Outra interpretação possível reside na separação das als. do n.º 1 do art. 938.º consoante se trate de uma venda de coisa genérica ou de coisa específica (aparentemente neste sentido, cfr. LIMA PINHEIRO, *Venda marítima*, p. 212, 216 e 220, sufragando uma atribuição do risco com a celebração do contrato tratando-se de coisa determinada). Não obstante, apesar de se reconhecer a tipicidade social da venda de coisas genéricas em viagem (por exemplo, a venda de algumas toneladas de trigo que se encontrem no porão de determinado navio), assemelha-se que o art. 938.º tem como paradigma a alienação de coisas específicas. Nesse sentido depõe não apenas a letra da lei, mas também a deficiente articulação do n.º 2 do art. 938.º com as als. a) e b) se estas fossem afectas à regulação da alienação de coisa genérica.

O *regime jurídico do risco nos contratos de alienação* 373

priedade do locatário após a satisfação de todas as rendas ou alugueres acordados[1077].

Sendo próxima, em termos económico-funcionais, da aposição de uma cláusula de reserva de propriedade numa venda a prestações, a sua recondução a uma união alternativa de contratos de locação e de compra e venda[1078] não deverá determinar, em princípio, uma ponderação da distribuição do risco na pendência da vertente locatícia do vínculo de acordo com as regras jurídicas do contrato de locação. A aproximação da locação-venda à reserva de propriedade – tal como pressuposto no art. 1526.°, III, do CCit[1079] – ou a configuração do mesmo contrato como uma modalidade específica de venda[1080], conduzirão a soluções mais ajustadas de repartição do risco contratual, nomeadamente com a possibilidade da sua atribuição ao locatário-comprador que se encontre no gozo da coisa.

Assim, mesmo sem se realizar uma aproximação ao contrato de locação financeira[1081], afigura-se que a consideração funcional da modalidade contratual compulsada pode conduzir à atribuição do risco de perecimento e deterioração da coisa ao locatário-comprador, solução que não seria viabilizada pela aplicação prevalente das normas do contrato de locação.

[1077] Cfr., nomeadamente na sua distinção do contrato de locação conversível em venda, MENEZES LEITÃO, *Obrigações, III*, p. 73; ANSELMO VAZ, *ob. cit.*, p. 77; e GONZÁLEZ, *Locação/venda*, p. 208. ANA PRATA, *Os contratos*, p. 378, sublinha, por seu turno, a fungibilidade da figura com o contrato-promessa se o bem a vender se encontrar finalizado.

[1078] Cfr. PEREIRA COELHO, *Arrendamento*, p. 23, sendo o pagamento da última prestação uma condição resolutiva da locação e suspensiva da compra e venda; e ROMANO MARTINEZ, *Obrigações – Contratos*, p. 96.

[1079] Cfr. ANSELMO VAZ, *ob. cit.*, p. 73 e 75, concluindo pela existência de uma compra e venda a prestações com reserva de propriedade; BIANCA, *La vendita*, p. 48; e LUMINOSO, *I contratti*, p. 8. Apesar de configurar este contrato como um contrato misto de tipo múltiplo, GONZÁLEZ, *Locação/venda*, p. 219 e 223, não deixa de sufragar, com base no disposto no art. 939.° e na analogia funcional com a compra e venda com reserva de propriedade, que o risco de perecimento da coisa correrá por conta do locatário/comprador.

[1080] Cfr. MENEZES LEITÃO, *Obrigações, III*, p. 73. Em sentido próximo, DUTILLEUL/ /DELEBECQUE, *ob. cit.*, p. 303, aludem a um contrato de venda em que se verifica um diferimento da transferência da propriedade. A proximidade do paradigma da compra e venda é confirmada, nomeadamente, pela possibilidade deste contrato ser objecto do disposto na LVBC (cfr. CALVÃO DA SILVA, *Venda de consumo*, p. 54).

[1081] Cfr. PIRES DE LIMA/ANTUNES VARELA, *CCAnotado, II*, p. 233.

374　　O Risco nos Contratos de Alienação

4.3.1.6. A compra e venda de bens de consumo

I. O regime jurídico da compra e venda foi objecto de um influxo normativo comunitário através da DVBC. Apesar de corporizar uma intervenção meramente sectorial no âmbito do contrato de compra e venda, a DVBC constitui um marco relevante na construção de um futuro Direito europeu dos contratos[1082], questionando em simultâneo a autonomia do Direito do consumo perante o Direito civil[1083].

[1082] Cfr., nomeadamente, FERREIRA DE ALMEIDA, *Consumo*, p. 165 e 205; STAUDEN-MAYER, *Die EG-Richtlinie über den Verbrauchgüterkauf*, p. 2397, aludindo ao caminho nesse sentido (*"Weg zu einem Europäischen Privatrecht"*); e MICKLITZ, *An Expanded and Systematized Community Consumer Law as Alternative or Complement?*, p. 598, considerando provável que o Direito do consumidor actue como predecessor do desenvolvimento de um futuro Código Civil Europeu.

[1083] A estruturação dogmática do corpo transversal de normas em que se traduz o denominado Direito do consumo ou Direito do consumidor não se apresenta unívoca. Possuindo uma justificação material inversa à do Direito comercial, a recondução de parte do seu acervo ao âmago do Direito civil tem sido equacionada como a melhor solução, embora sem unanimidade doutrinal no mesmo âmbito, como se constata através da discussão pública do Código do Consumidor (cfr. nomeadamente, sobre o Direito do consumo, ANTUNES VARELA, *Direito do Consumo*, p. 162-165; MENEZES CORDEIRO, *Da natureza civil do Direito do consumo*, p. 711, considerando-o como Direito civil; PINTO MONTEIRO, *O Direito do consumidor em Portugal*, p. 135, na justificação de um Código de Consumo em termos internos; CALVÃO DA SILVA, *Responsabilidade do produtor*, p. 56, em *Compra e venda*, p. 119 e 140, enunciando uma concepção finalista ou funcional de Direito do consumo como Direito de protecção social dos consumidores-pessoas fracas perante os profissionais ou empresas, e em *Venda de consumo,* p. 33 e 45, referindo o Direito privado do consumo como consciência crítica e moral do Direito civil; FERREIRA DE ALMEIDA, *Consumo*, p. 200, reconduzindo-o a uma parte do Direito civil, e em *Negócio jurídico de consumo*, p. 34, em que, afirmando o negócio jurídico de consumo como uma categoria autónoma, entendeu ser "mero futurismo considerar que um Direito do consumo venha a adquirir foros de autonomia e especialidade face ao Direito civil"; MENEZES LEITÃO, *Direito do consumo: autonomização e configuração dogmática*, p. 25, propondo a sua autonomização atentas as regulações próprias resultantes de uma ponderação da vertente específica de protecção da parte mais fraca; PAULO DUARTE, *O conceito jurídico de consumidor, segundo o art. 2.º/1 da Lei de defesa do consumidor*, p. 696, realçando a inexistência de um "código axiológico próprio"; GRUNDMANN, *Consumer law, commercial law, private law: how can the sales directive and the sales convention be so similar?*, p. 256, entendendo a integração das relações comerciais e de consumo no Direito privado como um poderoso processo de descoberta; e DOHRMANN, *La integración del derecho de consumo contractual en el Código Civil: una simple entelequia o algo más?*, p. 137-152, sufragando a integração do Direito do consumidor no Código Civil espanhol como uma revitalização e um aumento da sua amplitude aplicativa).

O regime jurídico do risco nos contratos de alienação 375

Visando uma maximização da protecção do consumidor nos diversos Estados membros da União Europeia, a DVBC elegeu a noção omnicompreensiva de conformidade com o contrato como conceito chave, eliminando as dificuldades da distinção entre as figuras do vício, defeito, falta de qualidade e diversidade da coisa vendida[1084]. Sufragando-se que a conformidade com o contrato se traduz numa questão de índole essencialmente terminológica[1085], a sua aferição no momento da entrega da coisa[1086] levanta a questão de saber se através da mesma regra se terá ou não verificado uma alteração das regras de distribuição do risco contratual.

Sendo a dificuldade enfrentada pelo considerando n.º 14 da DVBC, que, em respeito da incompetência comunitária na determinação do regime de propriedade dos Estados membros – constante do art. 295.º do

---

[1084] Cfr., nomeadamente, FERREIRA DE ALMEIDA, *Orientações de política legislativa adoptadas pela Directiva 1999/44/CE sobre venda de bens de consumo. Comparação com o Direito português vigente*, p. 113; MENEZES LEITÃO, *Obrigações, III*, p. 131 e 138, e em *Caveat venditor?*, p. 276, equiparando à desconformidade o *aliud pro alio*; GRAVATO MORAIS, *União de contratos*, p. 114, entendendo de igual modo que o *aliud pro alio* se insere no conceito de desconformidade; GOMES DA ROCHA, *ob. cit.*, p. 36 e 39, efectuando o paralelo da adopção da teoria do cumprimento ou do dever de prestação com a orientação da CVVIM; COSTA GOMES, *Ser ou não conforme, eis a questão. Em tema de garantia legal de conformidade na venda de bens de consumo*, p. 10; STAUDENMAYER, *Die EG-Richtlinie*, p. 2394, referindo a conformidade (*"Vertragmässigkeit"*) como um conceito central e denominador comum às diferentes ordens jurídicas; REICH, *Die Umsetzung der Richtlinie 1999/44/EG in das deutsche Recht*, p. 2399; IURILLI, *ob. cit.*, p. 25; AMADIO, *ob. cit.*, p. 301, considerando a conformidade como um conceito valorativo sintético; e NIETO ALONSO, *La responsabilidad por vícios o defectos ocultos en las ventas. La superación de la rígida normativa del Código Civil como médio de defensa de los consumidores y usuários*, p. 2696.
A falta de conformidade consiste num dado analítico amplo e uniforme que engloba as diversas espécies de incumprimento da obrigação de entrega da coisa pelo comprador e a garantia por este dos vícios da coisa. A mesma noção conduz, através da integração de todas as espécies no domínio do acordo contratual, ao ocaso da distinção entre os vícios da coisa, a falta de qualidade e o *aliud pro alio* (cfr., nomeadamente, CALVÃO DA SILVA, *Compra e venda*, p. 107, e em *Responsabilidade do produtor*, p. 272; e MOURA VICENTE, *A convenção de Viena*, p. 285). Quanto à distinção anterior entre as figuras do *aliud pro alio* e do cumprimento defeituoso, aferida segundo um prisma de não satisfação, ainda que parcial, do interesse do credor, cfr. CALVÃO DA SILVA, *Responsabilidade do produtor*, p. 243, n. 1; e MENEZES LEITÃO, *O enriquecimento*, p. 490, n. 22.

[1085] Cfr. ROMANO MARTINEZ, *Obrigações – Apontamentos*, p. 265 e 271, efectuando a sua correspondência com o cumprimento defeituoso. CALVÃO DA SILVA, *Compra e venda*, p. 146, e em *Venda de consumo*, p. 22 e 57, relaciona-a, por seu turno, com o princípio da pontualidade ou da conformidade do cumprimento.

[1086] Cfr. o n.º 1 do art. 3.º da DVBC.

Tratado da União Europeia – esclareceu a desnecessidade de modificação das normas de transferência do risco vigentes em cada Estado membro aquando da transposição da Directiva[1087], a verdade é que uma solução distinta pode resultar do texto do normativo comunitário, em particular quando o mesmo é transposto para cada ordenamento jurídico nacional. De facto, havendo sido sublinhado por diversos sectores da doutrina germânica, italiana e anglo-saxónica que a solução da alteração das regras internas de distribuição do risco não é imposta pela DVBC, a modificação das regras de risco vigentes verificou-se de forma legislativa expressa nos ordenamentos jurídicos alemão e inglês, sendo que, no primeiro sistema, as alterações legislativas se traduziram mesmo na eliminação das excepções a uma regra jurídica que se encontrava já em vigor: a transmissão do risco com a entrega da coisa ao comprador. Por outro lado, não resultou da transposição da DVBC para o Direito português qualquer distinção paralela à separação entre *"délivrance"* e *"livraison"* no Direito francês, ou à oposição entre *"Lieferung"* e *"Tatsächlichen Übergage"* no sistema jurídico germânico[1088], possuindo o termo entrega um sentido material que apenas pode ser modelado através da sua realização a um transportador, que subsequentemente atribuirá a coisa alienada ao comprador[1089].

Foi com base neste substrato aparentemente antagónico que o Decreto-Lei n.º 67/2003, de 8 de Abril (LVBC), efectuou a transposição da DVBC para o ordenamento jurídico nacional, sendo aliás admitido pelo n.º 2 do seu art. 8.º a criação pela lei interna de um regime jurídico mais favorável ao comprador.

[1087] Cfr. WEATHERIL, *The Commission's Options for Developing EC Consumer Protection and Contract Law: Assessing the Constitutional Basis*, p. 500, referindo mesmo *"a generous reading of the scope of harmonisation"* em relação à actividade normativa da União Europeia em matéria de protecção ao consumidor e do Direito dos contratos.

[1088] Sublinhando a distinção entre *"Lieferung"* e *"Tatsächlichen Übergage"*, STAUDENMAYER, *Die EG-Richtlinie*, p. 2395, e em *The Directive on the Sale of Consumer Goods and Associated Guarantees – a Milestone in the European Consumer and Private Law Guarantees*, p. 554, conclui que o legislador comunitário escolheu intencionalmente a primeira para possibilitar a manutenção das regras nacionais de distribuição do risco, em consonância com a orientação do memorando explicativo da Comissão Europeia e com a subsidiariedade da ordem jurídica comunitária.

[1089] Cfr. FERRERI, *ob. cit.*, p. 639, n. 29, na alusão às dúvidas resultantes da não definição de entrega, *maxime* em relação a aquisições à distância e à intervenção do transportador.

O regime jurídico do risco nos contratos de alienação 377

II. Antes de aquilatar o seu impacto no âmbito em análise, cumpre delimitar o âmbito de aplicação da LVBC[1090].

Recusando a valia dogmática do conceito empírico de consumidor, o n.º 1 do art. 1.º da LVBC remetia a sua concretização para o n.º 1 do art. 2.º da LDC, definindo-se consumidor como "todo aquele a quem sejam fornecidos bens, prestados serviços ou transmitidos quaisquer direitos, destinados a uso não profissional, por pessoa que exerça com carácter profissional uma actividade económica que vise a obtenção de benefícios"[1091]. Esta redacção foi mantida pelo novo art. 1.º-B, al. a), da LVBC.

Sendo desnecessária a feição empresarial da sua contraparte[1092], a lei possibilita uma compreensão lata do conceito de consumidor, o qual, contrariamente ao disposto na al. a) do n.º 2 do art. 1.º da DVBC, no art. 1519.º-*bis* e no § 13 do BGB, se pode identificar com uma pessoa colectiva[1093].

[1090] A LVBC foi entretanto alterada pelo Decreto-Lei n.º 84/2008, de 21 de Maio.

[1091] O art. 2.º da anterior Lei de Defesa do Consumidor – a Lei n.º 29/81, de 22 de Agosto – considerava consumidor "todo aquele a quem sejam fornecidos bens ou serviços destinados ao seu uso privado por pessoa singular ou colectiva que exerça, com carácter profissional uma actividade económica", sublinhando FERREIRA DE ALMEIDA, *Os direitos dos consumidores*, p. 221, a confluência de um elemento subjectivo, objectivo, teleológico e relacional. Em termos comparativos, o n.º 1 do art. 2.º da LDC acrescentou a referência à transmissão de quaisquer direitos, substituiu o uso privado por uso não profissional, suprimiu a referência à pessoa singular ou colectiva do fornecedor, e acrescentou a obtenção de benefícios na actividade económica desenvolvida por este. Sendo distinto deste o conceito de consumidor proposto no art. 10.º do ACC (restrito em princípio a pessoas singulares e com a possibilidade de sua exclusão quando a transacção se insira na sua "competência específica"), o mesmo não deve porém ser confundido com a noção de utente de um serviço público essencial (cfr. TERESA ALMEIDA, *Lei de defesa do consumidor anotada*, p. 11; e o n.º 3 do art. 313.º do ACC).

[1092] Cfr. CALVÃO DA SILVA, *Responsabilidade do produtor*, p. 60, n. 3; e PAULO DUARTE, *Consumidor*, p. 669. É mesmo admitido que este contraente seja um organismo da administração pública (cfr. PAULO DUARTE, *Consumidor*, p. 668; e TERESA ALMEIDA, *ob. cit.*, p. 12-15 e 29-30), sendo também esta a orientação do art. 10.º, n.º 2, do ACC.

[1093] Cfr. MENEZES CORDEIRO, *Da natureza civil do Direito do consumo*, p. 710, e em *Tratado, I-I*, p. 214, atento o paralelismo com a LCCG, e sob pena de retrocesso conceptual no "ressuscitar do princípio da especialidade"; PAULO DUARTE, *Consumidor*, p. 664, sublinhando que as pessoas colectivas podem não desempenhar qualquer actividade económica; e SARA LARCHER, *Contratos celebrados através da internet: garantias dos consumidores contra vícios na compra e venda de bens de consumo*, p. 155. Em sentido contrário cfr., todavia, CALVÃO DA SILVA, *Compra e venda*, p. 118, e em *Venda de consumo*, p. 44, embora não haja adoptado uma orientação tão concludente em *Responsabilidade do produtor*, p. 60, n. 2; e TERESA ALMEIDA, *ob. cit.*, p. 11 e 27. O art. 11.º do AAC admite

378   *O Risco nos Contratos de Alienação*

Assentando num elemento relacional indesmentível[1094], a noção de consumidor encontra-se imbricada no negócio jurídico de consumo, o qual, por sua vez, corporizará em regra um negócio unilateralmente comercial[1095]. A aproximação ao Direito comercial – em particular à finalidade a que se refere a 2.ª prt. do art. 2.° do CCom – surge ainda na determinação dos actos que devem em concreto ser considerados como actos de consumo. Com efeito, se o uso não profissional dos bens se traduz no seu emprego privado – também denominado uso pessoal, familiar ou doméstico – é entendido que o conceito relacional de consumidor abrange os actos de um profissional fora do seu âmbito de actuação ou actividade produtiva[1096], sendo porém duvidosa a extensão relativamente à aquisição de bem destinado à profissão, mas estranho à especialidade ou competência específica do profissional[1097]. Fonte de hesitações é ainda o deno-

---

uma extensão do regime às pessoas colectivas, embora o condicione à equidade e à prova de que aquelas não possuem competência específica para a transacção.

[1094] Cfr. FERREIRA DE ALMEIDA, *Negócio jurídico de consumo*, p. 12, e em *Consumo*, p. 29; SOUSA RIBEIRO, *O problema*, p. 478, n. 566; MENEZES LEITÃO, *Direito do consumo*, p. 21; e PAULO DUARTE, *Consumidor*, p. 666.

[1095] Cfr. o art. 99.° do CCom, bem como CALVÃO DA SILVA, *Responsabilidade do produtor*, p. 68; e FERREIRA DE ALMEIDA, *Consumo*, p. 200, considerando que "os preceitos que regulam os actos de comércio, incluindo os actos de comércio mistos, devem ser sujeitos a redução teleológica".

[1096] Cfr. MENEZES CORDEIRO, *Tratado, I-I*, p. 213; CALVÃO DA SILVA, *Responsabilidade do produtor*, p. 62; PAULO DUARTE, *Consumidor*, p. 675; e SARA LARCHER, *ob. cit.*, p. 157. Será o exemplo de um advogado adquirir um imóvel para habitação.

Em paralelo, o carácter profissional que deve assumir a actividade do vendedor pode não existir quando um profissional actue fora do âmbito da sua actividade produtiva normal (cfr. MENEZES LEITÃO, *Obrigações, III*, p. 136, n. 302, e em *Caveat venditor?*, p. 273, excluindo da aplicação do regime o advogado que vende o seu computador pessoal).

[1097] Pense-se na aquisição pelo advogado de um imóvel destinado à instalação do seu escritório. No sentido da sua exclusão, com remissão para o Direito comum, cfr. CALVÃO DA SILVA, *Responsabilidade do produtor*, p. 63, n. 2, e em *Compra e venda*, p. 121; e MOURA VICENTE, *Desconformidade e garantias na venda de bens de consumo: a Directiva 1999/44/CE e a Convenção de Viena de 1980*, p. 129. Em sentido contrário, sufragando uma extensão normativa teleológica ao profissional profano, cfr. SOUSA RIBEIRO, *O problema*, p. 479, n. 566, com base nos arts. 21.° e 23.° da LCCG; e PAULO DUARTE, *Consumidor*, p. 683. Não obstante, a aquisição de bens de produção deverá ser sempre tomada como um acto de capitalização, e não enquanto acto de consumo (cfr. CALVÃO DA SILVA, *Responsabilidade do produtor*, p. 59, n. 2).

Simetricamente, a aplicação da LVBC deve ser excluída a respeito do consumidor dotado de competência técnico-profissional (cfr. CALVÃO DA SILVA, *Responsabilidade do*

minado uso promíscuo do bem, em que a coisa seja adquirida simultaneamente para fins de uso profissional e de uso pessoal[1098], sendo porém segura a inaplicabilidade da LVBC *(i)* às relações jurídicas entre dois consumidores, *(ii)* aos contratos celebrados entre dois profissionais[1099], e *(iii)* às situações de venda de bens de consumo invertida, em que é o consumidor a alienar um bem ao profissional[1100].

III. Dirigindo-se à compra e venda de bens de consumo[1101], o n.° 2 do art. 1.° da LVBC estendia a sua aplicação à locação de bens de consumo, com relevância para o contrato de locação financeira e, em especial, para o eventual afastamento do regime jurídico previsto no art. 15.° do

---

produtor, p. 63, exemplificando com o negociante de automóveis que compra um automóvel para uso privado, em *Compra e venda*, p. 120, e em *Venda de consumo*, p. 45, invocando a fuga a um conceito abusivo de consumidor; e SARA LARCHER, *ob. cit.*, p. 166). Esta orientação, subjacente ao art. 12.°, n.° 2, do ACC, desmente que a definição de consumidor seja "*più uno status formale che una situazione sostanziale di debolezza e assimmetria informativa*" (cfr. MASTRORILLI, *ob. cit.*, p. 37).

[1098] Insistindo num exemplo anterior, será o caso do advogado adquirir um imóvel simultaneamente para fins de habitação e de instalação do seu escritório. No sentido da exclusão destas situações da órbita do negócio jurídico de consumo cfr. MENEZES LEITÃO, *Obrigações, III*, p. 136, e em *Caveat venditor?*, p. 273, que sufraga que qualquer aplicação profissional do bem, mesmo que não exclusiva, excluirá a aplicação do regime da LVBC. Em sentido contrário, cfr. MOURA VICENTE, *Desconformidade e garantias*, p. 128, exemplificando com a compra de um automóvel por um advogado; e SARA LARCHER, *ob. cit.*, p. 160. Uma *media via* consiste na adopção do critério do uso preponderante da coisa (cfr. CALVÃO DA SILVA, *Responsabilidade do produtor*, p. 62, n. 2, e em *Compra e venda*, p. 120, embora venha a concluir pela sua exclusão; FERREIRA DE ALMEIDA, *Consumo*, p. 35; e PAULO DUARTE, *Consumidor*, p. 679).

[1099] São assim excluídos os actos de consumo intermédios, como a aquisição de lubrificantes pelo proprietário da oficina de reparação automóvel, bem como a compra de materiais de construção civil pelo construtor de imóveis.

[1100] Cfr. MENEZES LEITÃO, *Obrigações, III*, p. 135, e em *Caveat venditor?*, p. 273, de que constituem exemplos típicos a troca ou retoma de veículos automóveis e electrodomésticos.

[1101] O regime jurídico da LVBC assume clara preponderância sobre o regime jurídico do CCiv em termos estatísticos. Efectuando uma análise comparativa entre a DVBC e a CVVIM, GRUNDMANN, *Consumer law*, p. 239, conclui que a primeira abarcará quase 100% das compras e vendas celebradas na União Europeia, enquanto a segunda se ficará pelos 5 a 10%. Por outro lado, a equiparação do contrato de permuta ao contrato de compra e venda conduz a que também este possa ser abrangido pelo regime jurídico da LVBC (cfr. CALVÃO DA SILVA, *Venda de consumo*, p. 48, com base no art. 939.°; e IURILLI, *ob. cit.*, p. 76-81, perante a orientação expressa do art. 1519.°-*bis* do CCit).

380   *O Risco nos Contratos de Alienação*

RLF[1102]. Por outro lado, não sendo a referência a "fornecimento" empregue em sentido técnico[1103], a lei possibilita ainda a abrangência do contrato de empreitada[1104], sendo a relevância atribuída ao momento da entrega da coisa próxima – mas dissonante – da referência à aceitação da obra contida na 1.ª prt. do n.° 1 do art. 1212.°[1105].

Quanto ao objecto mediato dos contratos abrangidos pela LVBC, não se estabelecem quaisquer limitações relativamente a bens objecto de venda forçada, energia eléctrica, água e gás quando não alienados em volume e quantidade determinada, contrariamente à exclusão constante da al. b) do n.° 2 do art. 1.° da DVBC[1106]. Através do n.° 2 do art. 5.° da LVBC pode ainda constatar-se que o legislador nacional abdicou da ressalva prevista

---

[1102] Pese embora a sua exclusão pela DVBC, CALVÃO DA SILVA, *Venda de consumo*, p. 54, e em *Compra e venda*, p. 144, considera a locação financeira abrangida pela LVBC. No mesmo sentido se pronuncia a doutrina italiana (cfr. IURILLI, *ob. cit.*, p. 96; CORSO, *ob. cit.*, p. 1322, equiparando à compra e venda, quer o contrato de *leasing*, quer o contrato estimatório; e FOLLIERI, *"Contratti di vendita" e garanzie legale*, p. 196, n. 120, perante a sua proximidade tipológica com a compra e venda), embora esta orientação não encontre paralelo necessário noutros ordenamentos jurídicos (cfr. LUNA SERRANO, *ob. cit.*, p. 2347, em relação ao Direito espanhol). A abrangência da locação de bens de consumo resulta agora do art. 1.°-A, n.° 2, da LVBC.

[1103] Cfr. SARA LARCHER, *ob. cit.*, p. 171, n. 102, entendendo o fornecimento como uma "transacção económica objectivada na entrega de coisas corpóreas"; PAULO DUARTE, *Consumidor*, p. 652, n. 5, perante o n.° 2 do art. 4.° da LDC; e o ac. do STJ de 11 de Março de 2003 in CJ (STJ) 2003-I, p. 123, considerando o fornecimento a que se refere o n.° 1 do art. 2.° da LDC como um contrato de empreitada.

[1104] Cfr. CALVÃO DA SILVA, *Venda de consumo*, p. 52, e em *Compra e venda*, p. 143, excluindo porém os contratos de simples reparação, conservação ou manutenção de bens que o consumidor já possua; MENEZES LEITÃO, *Obrigações, III*, p. 135, n. 297, e 556; FERREIRA DE ALMEIDA, *Orientações de política legislativa*, p. 115; PAULO MOTA PINTO, *Cumprimento defeituoso do contrato de compra e venda – Anteprojecto de diploma de transposição da Directiva 1999/44 para o Direito português*, p. 44; e COSTA GOMES, *Ser ou não conforme*, p. 6. A orientação era também suportada pela prt. final do n.° 3 do art. 2.° da LVBC, sendo inequívoca perante o novo art. 1.°-A, n.° 2, e a revogação do anterior art. 1.°, n.° 2 (sobre a empreitada de consumo anteriormente à transposição da Directiva cfr., por sua vez, ROMANO MARTINEZ, *Empreitada de consumo*, p. 155-171). De uma forma bastante ampla, também o art. 255.° do ACC manda aplicar as normas da compra e venda de consumo a "outros contratos onerosos pelos quais um profissional transmita ou constitua direitos reais ou direitos pessoais de gozo a favor de um consumidor".

[1105] Cfr. MENEZES LEITÃO, *Obrigações, III*, p. 557. A proximidade assumida com o art. 1397.° do CCse afigura-se contudo evidente.

[1106] Cfr. CALVÃO DA SILVA *Venda de consumo*, p. 46, 47 e 50; e MENEZES LEITÃO, *Obrigações, III*, p. 136.

O regime jurídico do risco nos contratos de alienação 381

no n.º 3 do art. 1.º da DVBC relativamente a bens em segunda mão ou alienados em leilão. Um alargamento do âmbito da DVBC resulta ainda da referência aos bens imóveis, sendo a aplicação das suas disposições de igual modo equacionável, apesar da ausência de materialidade do bem e da sua normal recondução a um contrato de locação, à alienação de *software*[1107].

IV. Na sequência do n.º 1 do art. 3.º da DVBC, o n.º 1 do art. 3.º da LVBC estabelece que "o vendedor responde perante o consumidor por qualquer falta de conformidade que exista no momento em que o bem lhe é entregue", conduzindo, todavia, a interpretações distintas[1108]. De facto, se CALVÃO DA SILVA, não obstante reconhecer que a regra se distancia dos arts. 882.º e 918.º do CCiv, entende não existir qualquer alteração às regras de distribuição do risco contratual[1109], já PAULO MOTA PINTO (autor material dos anteprojectos de transposição da DVBC)[1110], MENEZES LEI-

---

[1107] Cfr. SARA LARCHER, *ob. cit.*, p. 170; ZACCARIA/CRISTOFARO, *ob. cit.*, p. 20; IURILLI, *ob. cit.*, p. 107; CORSO, *ob. cit.*, p. 1324; e LETE DEL RIO/LETE ACHIRICA, *ob. cit.*, *II*, p. 118, considerando que o software ocupa espaço físico na memória ou no disco do computador. LUNA SERRANO, *ob. cit.*, p. 2343, manifesta, porém, hesitações em relação à solução no Direito espanhol; sendo LIMA PINHEIRO, *Direito aplicável*, p. 150, contrário à mesma.

[1108] Também o n.º 1 do art. 256.º do ACC estabelece que a obrigação de conformidade dos bens se considera cumprida "no momento em que o consumidor os recebe".

[1109] Cfr. CALVÃO DA SILVA, *Compra e venda*, p. 159, e em *Venda de consumo*, p. 75, considerando uma responsabilidade do vendedor por qualquer falta de conformidade existente no momento da entrega da coisa, anterior, concomitante, ou posterior à celebração da compra e venda, e que se manifeste dentro de dois ou cinco anos a contar dessa data. No mesmo sentido parecem pronunciar-se GRAVATO MORAIS, *União de contratos*, p. 115, referindo-se a um risco de desconformidade até ao momento da entrega da coisa; e GOMES DA ROCHA, *ob. cit.*, p. 39, n. 19, que remete para as regras gerais do risco em comentário à DVBC.

[1110] Cfr. PAULO MOTA PINTO, *Conformidade e garantias*, p. 249 e 252, n. 129, referindo uma alteração das regras do risco segundo a intenção do legislador comunitário, e "em coerência com as finalidades de protecção do consumidor", colocando sérias dúvidas a que tal efeito já resultasse do n.º 1 do art. 12.º da LDC, em *Anteprojecto de diploma de transposição*, p. 208, n. 60, sublinhando que a solução apenas deverá ser outra se "as partes previram que o transporte ficasse a cargo do comprador", em *Reflexões sobre a transposição*, p. 213 e 214, n. 47, e em *Cumprimento defeituoso*, p. 9 e 37, n. 60, e 45, justificando-se com a "ausência, antes da entrega do bem, da possibilidade de controlar a verificação do risco de perecimento ou deterioração da coisa". Em termos similares, SARA LARCHER, *ob. cit.*, p. 196, alude a uma alteração das regras do risco como "forma de proteger os consumidores".

TÃO[1111], PINTO OLIVEIRA[1112] e COSTA GOMES[1113] sufragam orientação contrária.

Tomando posição na querela enunciada, começar-se-á por constatar que, se a atribuição de um papel detonador na transmissão do risco à entrega da coisa ao comprador traduz uma alteração dos paradigmas normativos do n.º 1 do art. 796.º e do art. 797.º do CCiv, a mesma solução não implica qualquer modificação ao modelo pressuposto na alienação de coisa genérica, em que, por regra, a entrega da coisa ocasiona a transmissão da sua propriedade e o funcionamento do brocardo *res perit domino* enquanto regra de risco-estático[1114].

Com tal pressuposto, cumpre de seguida esclarecer que, ao estabelecer a desnecessidade de revisão das regras de distribuição do risco internamente vigentes, em momento algum afasta o considerando n.º 14 da DVBC a possibilidade de introdução, pela própria DVBC, e, posteriormente, pelas leis nacionais que a transponham, de uma distribuição de risco sectorialmente distinta da internamente vigente, que, podendo coexistir com a última, não reclama a sua revogação[1115]. De facto, se não se

---

[1111] Cfr. MENEZES LEITÃO, *Obrigações, III*, p. 149, e em *Caveat venditor?*, p. 285, sublinhando, na justificação na derrogação dos regimes jurídicos dos arts. 796.º, 797.º e 814.º, a diferença do n.º 1 do art. 3.º da LVBC relativamente ao que dispõe o art. 36.º da CVVIM, a alteração introduzida pelo § 474, II, do BGB no ordenamento jurídico alemão, e a prevalência do n.º 1 do art. 3.º da LVBC sobre o considerando n.º 14 da DVBC.

[1112] PINTO OLIVEIRA, *Compra e venda*, p. 323.

[1113] COSTA GOMES, *Ser ou não conforme*, p. 15, sublinhando a ausência de controlo pelo consumidor do risco de perecimento ou deterioração entre o momento da aquisição e o da recepção da coisa.

[1114] Já existirá uma alteração no regime das obrigações genéricas, porém, se a sua concentração se verificar nos termos do art. 797.º.

[1115] Em sentido próximo, TENREIRO/GÓMEZ, *La directive 1999/44/CE sur certains aspects de la vente et des garanties des biens de consommation*, p. 17, consideram que o considerando n.º 14 da DVBC apenas postula a desnecessidade de modificação do regime geral do Direito civil, ou seja, dos contratos de compra e venda não abrangidos pela Directiva.

Por outra via, apesar de se reiterar, na Comunicação da Comissão ao Conselho e ao Parlamento Europeu, de 24 de Abril de 2007, p. 7, que "a Directiva não estabelece uma definição de entrega *nem aborda a questão da transferência dos riscos*", a verdade é que a recentíssima Proposta da Comissão de Directiva relativa aos direitos dos consumidores, de 08 de Outubro de 2008, vem associar regras de distribuição do risco ao paradigma da conformidade com contrato. Assim, o art. 23.º, n.º 1, da PDDC determina que "*o risco de perda ou dano* dos bens deve ser transferido para o consumidor quando este ou um terceiro por ele indicado, com excepção do transportador, adquiram a *posse material* dos bens",

O *regime jurídico do risco nos contratos de alienação* 383

obrigam os Estados membros a alterar as regras vigentes de distribuição de risco, não se veda que, pelo menos no domínio da transposição da DVBC, este fenómeno possa ocorrer. Reconhece-se, porém, a inexistência de qualquer argumento decisivo que, na sequência, possa ser retirado do Direito comparado, uma vez que, se a transposição da DVBC foi acompanhada de modificações legislativas no domínio da transmissão do risco contratual na Alemanha e em Inglaterra, o mesmo não se verificou na alteração do *Code de la Consommation* francês, nem nos ordenamentos jurídicos espanhol e italiano.

Ora, atenta a referência à entrega da coisa ao consumidor, bem como a ausência das possibilidades linguístico-semânticas presentes nos ordenamentos jurídicos francês e alemão[1116], é inquestionável que a solução normativa não pode coincidir com a simples colocação dos bens à disposição do comprador, em particular com a "entrega" da coisa efectuada ao transportador da mercadoria: exige-se uma entrega efectiva da coisa ao consumidor[1117].

Mas se a entrega da coisa ao comprador deve ser efectiva, é possível configurar, em abstracto, distintos vectores de risco, e a autonomização de um "risco de conformidade", a que se reportaria o n.º 1 do art. 3.º da LVBC. Não existe uma inevitável aporia lógica entre sustentar que o risco corre nominalmente pelo comprador a partir do momento da celebração do contrato de compra e venda, apesar do vendedor permanecer responsável por qualquer desconformidade superveniente entre este momento e o momento da entrega da coisa. É possível, em termos técnicos, um distanciamento entre o risco de perecimento ou deterioração das mercadorias associado à falta de conformidade das mercadorias com o contrato[1118], e a perda ou deterioração destas por situação ou evento causalmente distintos.

---

estabelecendo o seu art. 25.º que "o comerciante responde perante o consumidor por qualquer *falta de conformidade que exista no momento em que o risco é transferido para consumidor*". O termo *a quo* para a aferição da responsabilidade contratual do vendedor deixa de coincidir com a entrega da coisa, e passa, simplesmente, a identificar-se com o momento de transmissão do risco (orientação também subjacente ao art. 28.º, n.ºs 1 e 5, da PDDC).

[1116] Reportamo-nos à oposição entre "*délivrance*" e "*livraison*", e entre "*Lieferung*" e "*Tatsächlichen Übergage*" (cfr. *supra*, p. 376).

[1117] A solução é expressa no art. 22.º, n.º 1, da PDDC: salvo acordo em contrário, "o comerciante deve entregar os bens mediante a transferência da sua posse material ao consumidor ou a terceiro por ele indicado, com excepção do transportador".

[1118] Pense-se, por exemplo, no automóvel que é furtado antes da entrega ao comprador (seja no estabelecimento comercial do vendedor, à porta do domicílio do comprador ou

Mais ainda, não sendo o direito real sobre a coisa que se transmite com a sua entrega ao comprador, a coincidência desta com o termo *a quo* para o exercício dos direitos daquele contraente não corporiza um elemento interpretativo relevante para a presente análise. Aquela regra resulta do n.º 1 do art. 5.º da LVBC e está em linha com o disposto no n.º 2 do art. 916.º e no art. 922.º do CCiv, sendo que nunca com base nestas disposições foram questionados os paradigmas de distribuição do risco[1119].

Não obstante, afigura-se que não pode deixar de se haver verificado uma mutação de paradigma normativo em termos substanciais e valorativos[1120].

Visando a DVBC, e, na sua transposição, a LVBC, uma tutela reforçada do consumidor, não existe nenhum fundamento material para distinguir entre as situações em que o perecimento ou deterioração da coisa se verifiquem em consequência da falta de conformidade da coisa, ou em que estes fenómenos sejam ocasionados por qualquer outro evento. Terá aliás sido este o fundamento para que, no ordenamento jurídico alemão – em que por regra a transmissão do risco se verificava com a entrega da coisa ao comprador – fossem eliminadas quaisquer excepções no âmbito dos contratos celebrados com consumidores. No limite, a mesma orientação consiste numa manifestação sectorial – no domínio da compra e venda de bens de consumo – de que o interesse contratual prevalente se encontra ainda na esfera jurídica do alienante, sendo confirmada, em termos sistemáticos, pela prt. final da al. c) do n.º 2 do art. 6.º da LVBC[1121].

Estas considerações são também aplicáveis aos contratos de empreitada e de locação financeira, na medida em que a orientação que se julga implícita ao n.º 1 do art. 3.º da LVBC derrogue os respectivos regimes jurídicos.

---

nas instalações do transportador encarregue da entrega) em virtude do não funcionamento do seu sistema de alarme ou de bloqueio da direcção do veículo, apesar de anteriormente haverem sido realizados à viatura todos os testes e revisões que se encontravam programados e se mostravam exigíveis; bem como no electrodoméstico que, nas mesmas condições, se incendeia por curto-circuito antes da sua entrega ao comprador. Estes exemplos demonstram, contudo, que, a aceitar-se o "risco de conformidade", não há fundamento para a sua circunscrição às hipóteses de simples deterioração da coisa.

[1119] O mesmo se diga a respeito do novo n.º 6 art. 4.º da LVBC, introduzido pelo Decreto-Lei n.º 84/2008, que estabelece ser a entrega o termo *a quo* para a contagem do prazo de garantia do bem sucedâneo.

[1120] Que terá sido reconhecido, segundo se julga, nos arts. 22.º, 23.º e 25.º da PDDC.

[1121] Extravasando obviamente o domínio contratual.

4.3.2. A troca

Apesar da omissão regulativa da lei civil, a troca, escambo ou permuta assume-se como o contrato mais antigo da história da humanidade, traduzindo-se num vínculo que, quando incidir sobre duas coisas, determina uma dupla e recíproca transmissão de direitos reais, prescindindo da existência de uma contraprestação monetária[1122]. Havendo a tendencialmente uniforme monetarização dos fenómenos jurídicos limitado o seu campo de aplicação, o mesmo contrato encontra ainda expressão social quando associada ao contrato de compra e venda, nomeadamente nas situações típicas de venda de um automóvel ou de um electrodoméstico novo cuja contraprestação consiste em dinheiro e na entrega do veículo ou do aparelho antigo usado e objecto de uma valoração individual (retoma), bem como nas hipóteses em que o dono de um terreno negoceia a sua propriedade contra a entrega de um determinado número de fracções do empreendimento a construir (permuta de coisa presente por coisa futura)[1123]. Resultando do art. 939.º – a exemplo do art. 480.º do CCom e do art. 1594.º do CCse – uma remissão para o regime jurídico da compra e venda, as regras de transmissão da propriedade da(s) coisa(s) e do risco coincidirão, necessariamente, com o disposto nos arts. 408.º, 409.º, 796.º e 797.º, identificando-se o sacrifício patrimonial da contraprestação com a entrega da coisa devida em troca.

A propriedade das coisas permutadas, sendo estas certas e determinadas, transmitir-se-á então no momento da celebração do contrato de permuta, suscitando a aplicação do disposto no n.º 1 do art. 796.º, com a atri-

---

[1122] Cfr. CUNHA GONÇALVES, *Tratado, VIII*, p. 627, e em *Dos contratos*, p. 293, criticando a definição constante do art. 1592.º do CCse; ROMANO MARTINEZ, *Obrigações – Contratos*, p. 20, n. 1; MENEZES LEITÃO, *Obrigações, III*, p. 165, configurando-o como contrato nominado e atípico; CALVÃO DA SILVA, *Compra e venda*, p. 11; FERREIRA DE ALMEIDA, *Contratos, II*, p. 132; BIANCA, *La vendita*, p. 1017, referindo, perante o disposto no art. 1552.º do CCit, uma substituição recíproca de bens nos patrimónios dos contraentes; LUMINOSO, *I contratti*, p. 191; DUTILLEUL/DELEBECQUE, *ob. cit.*, p. 472; MAINGUY, *ob. cit.*, p. 193; e o ac. do STJ de 08 de Maio de 1991 in BMJ n.º 407, p. 526. Em sentido distinto, perante o CCse, o ac. do STJ de 27 de Maio de 1949 in BMJ n.º 13, p. 250, configurou ainda como compra e venda o contrato através do qual o adquirente se obrigou a liquidar o passivo do alienante e a conferir-lhe "amparo familiar".

[1123] Cfr. MENEZES LEITÃO, *Obrigações, III*, p. 168; LUMINOSO, *I contratti*, p. 193, considerando porém que o primeiro exemplo consiste ainda num contrato de compra e venda; e *supra* p. 296, n. 870.

386 O Risco nos Contratos de Alienação

buição do risco relativamente a cada uma das coisas alienadas ao seu novo titular[1124]. O contrato de permuta desencadeia deste modo uma dupla transmissão do sacrifício patrimonial associado ao perecimento da coisa, assumindo, em simultâneo, a especificidade da perda contraprestacional se traduzir numa prestação em espécie. Por outra via, o n.° 2 do art. 796.° encontra aplicação na hipótese de uma ou de ambas as coisas alienadas não serem entregues aos respectivos contraentes por motivos relacionados com a esfera jurídica de cada um dos permutantes alienantes[1125], viabilizando-se, de igual modo, uma dupla aplicação do art. 797.° relativamente a cada um dos objectos permutados.

[1124] Cfr. CUNHA GONÇALVES, *Tratado, VIII*, p. 330 e 630, que, embora comece por considerar, em termos dúbios, que a perda de uma das coisas que não fora ainda entregue extinguiria o contrato (tendo que ser devolvida a coisa que já fora entregue ao outro contratante), sufraga depois a aplicação dos arts. 715.° e 716.° *ex vi* 1550.° do CCse; e BADENES GASSET, *ob. cit. (I)*, p. 233, defendendo a aplicabilidade das regras de risco da compra e venda no Direito espanhol.

[1125] Configure-se por exemplo a permuta de duas obras de arte que os permutantes apenas entregarão quando findas as exposições públicas daquelas, a que previamente se vincularam.

A situação descrita aproxima-se, sem porém se confundir, do interessante exemplo de HECK (referido por VAZ SERRA, *Impossibilidade superveniente*, p. 72, n. 134) relativo a uma troca com efeitos meramente obrigacionais de dois cavalos entre A e B, havendo A destruído o cavalo devido por B e perecendo depois, por caso fortuito, o cavalo que deveria entregar. De um prisma puramente obrigacional, por aplicação do n.° 1 do art. 790.° e do n.° 1 do art. 795.°, o perecimento fortuito de um dos cavalos (o cavalo de A) excluiria o dever de entrega do outro (o cavalo de B), pelo que, dada a impossibilidade da sua restituição em espécie, deveria ser restituída por equivalente a prestação que seria efectuada por B, num fenómeno que, aliás, corporiza uma situação de responsabilidade civil. Com efeito, assemelha-se inaproveitável uma articulação fundada no n.° 2 do art. 795.° (segundo a qual A continuaria obrigado a entregar o outro cavalo, mas exonerar-se-ia através do n.° 1 do art. 790.°), uma vez que a mesma radica no pressuposto de transformação da relação jurídica existente entre as partes numa obrigação desligada do sinalagma contratual. Os resultados obtidos serão todavia distintos por aplicação do n.° 1 do art. 796.°, uma vez que na troca real A fará perecer uma coisa sua, sendo o outro cavalo propriedade – e risco – da contraparte. Não obstante, a ser a continuação do cavalo alienado por A em seu poder fundada na satisfação de um interesse próprio, o risco de perecimento do mesmo não se haveria ainda transferido, pelo que o sacrifício patrimonial ocorrido seria ainda suportado pelo mesmo sujeito, nos termos do n.° 2 do art. 796.°. A inutilização da prestação que lhe havia sido contratualmente atribuída apenas determinará a sua satisfação por equivalente pecuniário.

O regime jurídico do risco nos contratos de alienação 387

4.3.3. A doação

I. Espécie paradigmática dos contratos gratuitos e não sinalagmáticos, a doação é definida pelo art. 940.º, constituindo um contrato de alienação quanto tenha por objecto uma coisa certa e determinada. Nestes termos, a al. a) do art. 954.º determina a transmissão da propriedade da coisa como efeito essencial do contrato, assumindo o doador a obrigação de entrega daquela, de acordo com a al. b) da referida norma. Sendo vedada a doação de coisas futuras, a doação pode todavia recair sobre coisa indeterminada, *maxime*, coisa genérica, situação em que, não se verificando a transmissão da propriedade da coisa para o donatário, o doador suporta o risco-estático do seu perecimento ou deterioração[1126].

Encontrando-se o art. 796.º essencialmente relacionado com o denominado risco da contraprestação, o carácter não sinalagmático do contrato de doação obstará, num primeiro momento, à sua aplicação. Com efeito, a única questão que se suscita no caso de perecimento da coisa doada dirá respeito à manutenção da obrigação de entrega da coisa por parte do devedor, a qual encontra solução no n.º 1 do art. 790.º. Não haverá assim que confundir o risco de prestação com o âmbito de aplicação do art. 796.º, não se justificando prestação de coisa diversa por parte do doador nos casos de este haver retido em seu poder a coisa doada (após a sua transmissão dominial[1127]), do contrato de doação se encontrar sujeito a condição ou ainda se existir uma obrigação de envio da coisa doada para lugar distinto do lugar do cumprimento[1128].

Não se verifica, porém, uma absoluta exclusão aplicativa das normas relativas aos contratos de alienação. Adquirindo o momento de transmis-

---

[1126] Cfr. ABRANCHES FERRÃO, *Das doações segundo o Código Civil português*, p. 335, entendendo que, por aplicação do art. 719.º do CCes o risco corre pelo doador até à determinação da coisa; e CAFFARENA LAPORTA, *Genus*, p. 334, referindo que o devedor (doador) suporta o *periculum obligationis*, não sendo liberado pelo perecimento fortuito da coisa.

[1127] Por exemplo, na doação de coisas imóveis ou na doação de coisas móveis formalizada por escrito.

[1128] A inaplicabilidade dos arts. 796.º e 797.º pressupõe a ausência de uma contraprestação a cargo do donatário, referindo porém MENEZES LEITÃO, *Obrigações, III*, p. 192, segundo um prisma de incumprimento obrigacional, a existência de um dever específico de custódia do doador subsequente à aceitação da doação. A aposição de uma condição a este contrato é, por seu turno, pressuposta pelo art. 967.º (cfr. MOTA PINTO, *Teoria Geral*, p. 565; e MENEZES LEITÃO, *Obrigações, III*, p. 198).

388   *O Risco nos Contratos de Alienação*

são do risco relevância quando o doador, nos termos do n.º 1 do art. 957.º, deva responder por vícios do direito ou da coisa doada[1129], a equação de algumas modelações específicas do tipo contratual em análise bastará para afastar tal pré-compreensão.

II. Não é unívoca a distribuição da perda patrimonial quanto seja aposta ao contrato de doação uma cláusula modal.

Sendo reconhecido pelo Direito romano, o modo ou encargo constitui um elemento acidental do negócio jurídico que introduz uma restrição ou limite económico à liberalidade[1130]. Ao obrigar o donatário sem que se verifique uma suspensão ou resolução dos efeitos contratuais, a cláusula modal não se confunde com a condição, sendo apenas atribuída à contraparte a faculdade de resolução do contrato no caso do seu incumprimento[1131]. Aliás, se o cumprimento do encargo se tornar impossível não

---

[1129] Cfr. BAPTISTA LOPES, *Das doações*, p. 93.

[1130] Cfr. SANTO JUSTO, *Romano, I*, p. 199; ABRANCHES FERRÃO, *ob. cit.*, p. 37, 250 e 252; ANTUNES VARELA, *Ensaio sobre o conceito de modo*, p. 233 e 307, por referência à doação onerosa no CCse, podendo o modo consubstanciar-se numa prestação não atributiva (simples ónus), numa atribuição meramente consumptiva ou numa prestação *a latere* da prestação principal; PIRES DE LIMA/ANTUNES VARELA, *CCAnotado, II*, p. 269; GALVÃO TELLES, *Contratos em Geral*, p. 282 e 484; OLIVEIRA ASCENSÃO, *Teoria Geral, II*, p. 359; MOTA PINTO, *Teoria Geral*, p. 579; EWALD HÖRSTER, *A Parte Geral*, p. 497; MENEZES CORDEIRO, *Tratado, I-I*, p. 733, e em *Obrigações, I*, p. 424; PESSOA JORGE, *Obrigações*, p. 172; RIBEIRO DE FARIA, *Obrigações, I*, p. 241 e 247; MENEZES LEITÃO, *Obrigações, III*, p. 175, 200-203 e 413, sublinhando que a cláusula de escopo inserida no contrato de mútuo não pode ser entendida como modo (pois consiste num limite funcional da atribuição do mutuante e não possui carácter acessório); e PALMA RAMALHO, *Sobre a doação modal*, p. 689, 726 e 731. Os termos amplos do seu conceito foram reconhecidos pelo ac. do STJ n.º 7/97 (acórdão de uniformização de jurisprudência) in DR de 9 de Abril de 1997, segundo o qual "a cláusula modal abrange todos os casos em que é imposto ao donatário o dever de efectuar uma prestação, quer seja suportada pelas forças do bem doado, quer o seja pelos restantes bens do seu património". A figura é objecto da al. d) do n.º 2 do art. 956.º, e dos arts. 963.º a 966.º, dos quais sobressaem a exigência de não ultrapassagem do valor da coisa pelo encargo, e a possibilidade de resolução do contrato fundada no incumprimento de uma obrigação não sinalagmática (afastando-se o disposto no n.º 2 do art. 801.º).

[1131] Os casos duvidosos são remetidos para a interpretação da vontade das partes, embora, na dúvida, se considere a prevalência da aposição do modo sobre a condição (cfr. GUILHERME MOREIRA, *Instituições, I*, p. 496, atenta a "efficacia normal do negócio jurídico"; ABRANCHES FERRÃO, *ob. cit.*, p. 250; MANUEL DE ANDRADE, *Teoria Geral, II*, p. 393, aludindo à máxima *"magis ut valeant quam ut pereant"*; CABRAL DE MONCADA, *Direito Civil*, p. 700; LUÍS PINTO COELHO, *ob. cit.*, p. 396; GALVÃO TELLES, *Contratos em Geral*,

O regime jurídico do risco nos contratos de alienação

haverá lugar à restituição da coisa doada, uma vez que a situação se encontra excluída do âmbito de aplicação do n.º 1 do art. 795.º[1132].

A questão da manutenção da prestação modal no caso de perecimento ou deterioração da coisa doada foi abordada sem consenso pela doutrina que se debruçou sobre o CCse. Com efeito, se ABRANCHES FERRÃO sufragava que "o donatário, enquanto proprietário *ex contratu*, assume o risco", não podendo repetir o que foi prestado e continuando sujeito de futuro ao cumprimento do ónus[1133], ANTUNES VARELA entendia que tal solução não seria a "mais harmónica com a intenção do doador e, por consequência, aquela que, na dúvida, deve considerar-se aceite pelo sistema"[1134]. Ora, na ausência de outro dado normativo, o único subsídio interpretativo de relevo no CCiv consta hoje do n.º 2 do art. 2276.º, a respeito dos encargos impostos ao legatário.

Nestes termos, ainda que sem prejuízo a indagação da vontade hipotética das partes, assemelha-se que a solução deve encontrar guarida no disposto no art. 796.º. Manifestando a sua incompleta simbiose com a previsão do n.º 1 do art. 795.º, a atribuição do risco ao donatário – com a manutenção do dever de cumprimento do encargo por este – é a regra que resulta da aplicação directa do n.º 1 do art. 796.º, possibilitando o seu

---

p. 284; MOTA PINTO, *Teoria Geral*, p. 580-581; OLIVEIRA ASCENSÃO, *Teoria Geral, II*, p. 363; CARVALHO FERNANDES, *Teoria Geral, II*, p. 404, com base no art. 237.º, em virtude do "negócio condicionado ter menor consistência que o modal"; PALMA RAMALHO, *Doação modal*, p. 736; e NUNO GONÇALVES, *ob. cit.*, p. 93-96).

[1132] Cfr. PIRES DE LIMA/ANTUNES VARELA, *CCAnotado, II*, p. 270; MOTA PINTO, *Teoria Geral*, p. 583, n. 1, remetendo para a aplicação dos arts. 790.º e 792.º; e PALMA RAMALHO, *Doação modal*, p. 698, n. 69, excluindo as normas relativas a contratos bilaterais e onerosos por colidirem com a natureza do contrato de doação. PIMENTA COELHO, *ob. cit.*, p. 532, n. 17, admite, não obstante, a possibilidade de correspectividade entre a liberalidade e o encargo, sendo uma solução paralela à vigente no domínio dos contratos sinalagmáticos sufragada, no Direito francês, por TERRÉ/LEQUETTE, *Droit Civil – Les successions – Les libéralités*[3], p. 414. Por seu turno, PAIS DE VASCONCELOS, *Contratos Atípicos*, p. 141, 143 e 223, considera o modo como exemplo de contraprestação que não representa um correspectivo ou contrapartida, situando, numa série polar, a doação modal numa posição intermédia entre a doação pura e a compra e venda (a aplicação do regime dos defeitos da compra e venda à doação modal – *ex vi* o art. 939.º – é equacionada também por ROMANO MARTINEZ, *Cumprimento defeituoso*, p. 157).

[1133] Cfr. ABRANCHES FERRÃO, *ob. cit.*, p. 377.

[1134] Cfr. ANTUNES VARELA, *Ensaio sobre o conceito de modo*, p. 236, n. 1, embora aceitasse esta solução quando o donatário se encontrasse em mora quanto ao cumprimento do encargo, e o objecto ainda não tivesse perecido no momento em que aquele deveria ser cumprido.

390 O Risco nos Contratos de Alienação

n.º 2, se a coisa doada houver permanecido em poder do doador após a celebração do contrato para a satisfação de um interesse relativo à esfera jurídica deste contraente, que o risco de cumprimento do encargo seja diferido até ao momento de entrega do bem. Um argumento coadjuvante da interpretação proposta retira-se ainda da 1.ª prt. do n.º 2 do art. 2276.º, uma vez que, se se admite a redução proporcional do encargo "se o legatário com encargo não receber todo o legado", a solução oposta vigorará após a entrega ao legatário da coisa objecto da doação[1135]. Obstando a acusações de conceptualismo, esta constitui também a solução que melhor se harmoniza com a manutenção da propriedade da coisa pelo donatário em caso de impossibilidade de cumprimento do encargo, bem como com a interpretação menos gravosa para o disponente que preside aos negócios jurídicos gratuitos[1136].

Em síntese, o art. 796.º viabiliza uma solução que a conexão contra-prestacional que se encontra subjacente ao art. 795.º não permite, atribuindo o risco de cumprimento do modo ou encargo ao adquirente se a coisa objecto da doação já houver sido entregue a este pelo doador, ou se a manutenção da sua detenção por este se fundar na satisfação de um interesse do donatário.

III. O perecimento ou deterioração da coisa no contrato de doação encerra ainda especificidades a respeito da obrigação restitutória existente nas situações de revogação da doação, de sujeição da doação à colação e da sua redução enquanto liberalidade. Apesar destes fenómenos se reportarem, em rigor, à teoria da restituição – e não da distribuição do risco contratual – a sua abordagem sumária permite concluir pela não homogeneidade de soluções no mesmo âmbito, provando-se, assim, duplamente equívoca a sua extrapolação para o domínio do risco.

Admitindo o art. 970.º a revogação da doação por ingratidão do donatário, o n.º 2 do art. 978.º prescreve que os bens deverão ser restituí-

---

[1135] Cfr. PIRES DE LIMA/ANTUNES VARELA, CCAnotado, VI, p. 434, que baseiam a regra em "considerações de equidade" (eliminando-se a incorrecção do art. 1851.º do CCse). Evidentemente que este argumento se articula, apenas, com o art. 796.º, n.º 2, pois, por aplicação do 796.º, n.º 1, pode o donatário ser forçado a cumprir o modo ainda que a coisa não lhe seja entregue.

[1136] Cfr. MENEZES LEITÃO, Obrigações, I, p. 208, na sequência do disposto no art. 237.º. Idêntica aproximação é sufragada pela doutrina francesa, perante o art. 1138.º do CCfr (cfr. CARBONNIER, ob. cit., p. 2241; TERRÉ/SIMLER/LEQUETTE, ob. cit., p. 659, n. 2; e, aparentemente, MILLET, ob. cit., p. 31, n. 2).

O regime jurídico do risco nos contratos de alienação 391

dos "no estado em que se encontrarem", doutrina que é corroborada pelo n.º 3 na hipótese da restituição em espécie ser impossível "por (outra) causa imputável ao donatário". Consequentemente, numa orientação contrária ao disposto no § 2 do art. 1484.º do CCse[1137], o risco de perecimento ou deterioração dos bens em caso de revogação da doação é atribuído ao doador, sendo a solução aparentemente conforme com a antiga máxima *"qui suo iure utitur neminem ledit"* e com o art. 807.º, I, do CCit[1138].

Afastando-se da estrutura bilateral que paradigmaticamente se encontra associada à revogação contratual, a figura em análise é enquadrada como uma situação de resolução do contrato[1139], embora a solução encontrada se alheie da regra desta segundo a qual a impossibilidade de restitui-

---

[1137] O § 2 do art. 1484.º do CCse estabelecia, a respeito da revogação da doação por superveniência de filhos legítimos, que sendo o doador casado ao tempo da doação, *"quando os bens não poderem ser restituidos em especie, o valor exigivel será o que os ditos bens tinham ao tempo da doação"*, sendo a mesma norma aplicável à revogação da doação por ingratidão, através da remissão do art. 1489.º do CCse. O quadro legal não era todavia inteiramente unívoco, uma vez que, ditando o § ún. do art. 1497.º uma regra contrária para a redução de doações por inoficiosidade, o art. 1501.º do CCse não deixava de efectuar uma remissão para o art. 1484.º.

[1138] Cfr. PIRES DE LIMA/ANTUNES VARELA, *CCAnotado, II*, p. 283; BAPTISTA LOPES, *Das doações*, p. 154; e PINTO DE OLIVEIRA, *Revogação das Doações*, p. 172 e 180, embora não considere a solução inteiramente satisfatória, equacionando a *actio de in rem verso* como possibilidade para o afastamento da vantagem patrimonial indevida do donatário. No Direito francês, a respeito da situação de revogação da doação por incumprimento do modo, TERRÉ/LEQUETTE, *ob. cit.*, p. 417, referem o conflito entre o brocardo *res perit domino* (risco pelo doador em virtude da resolução) e a máxima *res perit debitori* (risco pelo donatário), fazendo porém notar que o donatário é o contraente que se encontra em melhor posição para segurar a coisa doada. Também no Direito italiano o donatário não é obrigado à restituição dos bens que hajam perecido por caso fortuito (cfr. AZZARITI, *Le successioni e le donazioni*, p. 877, n. 4; e CONTURSI-LISI, *Delle donazioni*, p. 532).

Uma situação análoga surge a respeito do património do ausente que regressar ou do qual houver notícias, o qual, sem prejuízo da sub-rogação noutros bens eventualmente existentes, lhe é restituído "no estado em que se encontrar" (cfr. PIRES DE LIMA/ANTUNES VARELA, *CCAnotado, III*, p. 104; e o Parecer n.º 85/75 da PGR *cit.*, p. 113, n. 1, configurando do n.º 1 do art. 119.º como uma situação de propriedade resolúvel).

[1139] Cfr. GALVÃO TELLES, *Introdução ao Estudo do Direito v. I*[11], p. 105, n. 1; MENEZES CORDEIRO, *Obrigações, II*, p. 163, n. 2, considerando uma supressão do contrato de tipo misto, "algo intermédia entre a revogação e a resolução"; e MENEZES LEITÃO, *Obrigações, II*, p. 102, n. 205. Em sentido distinto, considerando que, ao assumir uma estrutura unilateral, a revogação se afasta da resolução do contrato pela sua eficácia *ex nunc*, cfr., porém, ANTUNES VARELA, *Das Obrigações, II*, p. 279; e ALMEIDA COSTA, *Obrigações*, p. 321.

ção por parte do contraente que a suporta não impede o seu funcionamento através de uma restituição em valor. Em simultâneo, a configuração de uma hipótese de ruptura contratual com efeitos *ex nunc* – ou, como refere o n.° 1 do art. 978.°, com efeitos retrotraídos "à data da propositura da acção" – não se afigura também satisfatória, uma vez que, por esta via, o risco deveria pertencer ao donatário até esse preciso momento. Com efeito, a solução de retroactividade integral pressuposta pelos n.ºs 2 e 3 do art. 978.° – assumindo o doador o perecimento ou deterioração da coisa como se nunca houvesse deixado de ser seu proprietário – não encontra sustentação em nenhuma das configurações tradicionais de extinção do vínculo contratual por supressão da fonte.

É contudo falacioso pretender a extensão da solução ao domínio da normalidade do vínculo contratual de doação, em que o perecimento ou deterioração da coisa, enquanto risco-estático, oneram o donatário em virtude da sua titularidade dominial. Segundo se julga, a regra jurídica em questão é explicada pela pretensão de definitividade da atribuição patrimonial realizada pelo doador, sendo em absoluto alheia aos paradigmas de distribuição do risco contratual.

IV. A sujeição à colação da doação efectuada a descendentes também se abstrai, no seu funcionamento, dos bens doados que houverem perecido sem culpa do donatário[1140]. Nos termos do art. 2112.°, e contrariamente à solução ditada pelo n.° 2 do art. 2109.° em caso de perecimento culposo do bem, "não é objecto de colação a coisa doada que tiver perecido em vida do autor da sucessão por facto não imputável ao donatário", determinando ainda o n.° 2 do art. 2162.° a exclusão do valor destes bens para o cálculo da legítima[1141]. O mesmo raciocínio de não suportação de qualquer sacrifício patrimonial pelo donatário parece ainda resultar, *a contrario sensu*, do art. 2116.°, quando estabelece a responsabilidade do donatário por deteriorações culposas na coisa[1142].

[1140] Na configuração da colação como uma sequela *post mortem*, modal e *ex lege* da liberalidade em vida cfr., nomeadamente, CAPELO DE SOUSA, *Sucessões,II*[3], p. 224. Sobre a natureza jurídica da colação cfr., por todos, PAMPLONA CORTE-REAL, *Da imputação de liberalidades na sucessão legitimária*, p. 988.

[1141] Cfr. GALVÃO TELLES, *Sucessão legítima e sucessão legitimária*, p. 52, n. 20. CAPELO DE SOUSA, *Sucessões, II*, p. 192, n. 492, considera todavia errónea a redacção do n.° 2 do art. 2162.°, uma vez que uma doação a um descendente cujo objecto pereceu pode não ser objecto de colação, mas ser alvo de redução por inoficiosidade.

[1142] Cfr. CARVALHO FERNANDES, *Sucessões*, p. 398, na articulação dos arts. 2112.° e 2116.°.

A exemplo da orientação sufragada por ALMEIDA E SOUSA (LOBÃO) perante o texto das O.F.[1143], e igualmente presente na 2.ª prt. do § ún. do art. 2107.º do CCse e no art. 744.º do CCit, a solução legislativa adoptada corresponde à não atribuição de qualquer sacrifício patrimonial ao donatário, procedendo-se como se "a coisa perecida não tivesse saído do património do doador"[1144]. Não obstante, constitui entendimento doutrinal maioritário que a obrigação de sujeição à colação já existirá se o perecimento da coisa ocorrer em momento posterior à abertura da sucessão e anterior à partilha[1145], pelo que o donatário poderá vir ainda a suportar um sacrifício patrimonial na sua esfera jurídica.

Aparentemente próxima da isenção de sacrifício patrimonial do donatário em caso de revogação da doação, a sujeição à colação da mesma atribuição patrimonial não poderá todavia ser reconduzida ao mesmo radical axiológico. De facto, o objectivo de garantir a igualdade dos sucessores a partir do momento de abertura da sucessão – perseguido pelo instituto da colação – é em absoluto estranho à cessação de um vínculo contratual. Por outro lado, não se verifica na revogação da doação a atribuição do sacrifício patrimonial de perecimento da coisa ao donatário

---

[1143] Cfr. O. F. 4, 97, § 13, que, em relação aos bens "danificados" no âmbito da colação, se referia ao *"preço que valiam (os bens) ao tempo que foram doados"*; e ALMEIDA E SOUSA (LOBÃO), *Tractado das obrigações recíprocas, que produzem acções civis*, p. 413, sustentando que os filhos não seriam obrigados à colação quando perecesse aquilo que haviam recebido em vida dos pais (*sic "seria iniqua a Lei imputando ao filho damnificações inculpáveis, ou deteriorações consequentes ao uso da cousa concedido com a cousa mesma"*).

[1144] Cfr. PIRES DE LIMA/ANTUNES VARELA, *CCAnotado, VI*, p. 183 e 186, sublinhando o carácter equitativo da solução de não aplicação do n.º 1 do art. 796.º; e GALVÃO TELLES, *Sucessões – Parte geral*, p. 125 e 127, entendendo que solução distinta seria "não só extremamente injusta como adversa ao espírito da colação".

[1145] Cfr. PIRES DE LIMA/ANTUNES VARELA, *CCAnotado, VI*, p. 187, sufragando uma interpretação *a contrário sensu* do art. 2112.º fundada no deliberado afastamento da solução do art. 744.º do CCit e na harmonia com o princípio do *casus sentit dominus*; OLIVEIRA ASCENSÃO, *Direito Civil – Sucessões⁵*, p. 536; CAPELO DE SOUSA, *Sucessões, II*, p. 191, n. 490, em nome da insusceptibilidade de aplicação analógica de uma norma excepcional, constituindo a orientação contrária o "abrir portas para a insegurança, a indefinição e a aleatoriedade nas relações jurídicas", *maxime* no que respeita ao protelamento das partilhas para prevenção de riscos próprios; e MENEZES LEITÃO, *Obrigações, III*, p. 232, n. 483. Em sentido contrário cfr., todavia, CUNHA GONÇALVES, *Tratado, X*, p. 748, ainda no domínio do CCse; GALVÃO TELLES, *Sucessões – Parte geral*, p. 127, em especial n. 83, apoiando-se na solução do CCit; e BAPTISTA LOPES, *Das doações*, p. 214, mediante uma consideração lata do art. 2109.º.

394   *O Risco nos Contratos de Alienação*

após a ocorrência do facto extintivo, sendo a susceptibilidade de aplicação nessa situação do art. 807.° – a verificarem-se os pressupostos da mora do donatário na restituição da coisa – a confirmação da ausência, naquela sede, da específica ponderação jus-sucessória presente no instituto colacional.

V. Suscitando algumas dificuldades de enquadramento conceptual[1146], a redução das doações por inoficiosidade inverte os postulados restitutórios da sujeição da doação à colação.

Assim, contrariamente à orientação do § ún. do art. 1497.° e do § 3 do 1790.° do CCse[1147], o art. 2175.° do CCiv determina que o perecimento por qualquer causa dos bens doados importa a responsabilidade do donatário ou dos seus sucessores "pelo preenchimento da legítima em dinheiro, até ao valor desses bens", sendo a sua antinomia perante o art. 2112.° justificada pelo interesse jurídico de protecção das quotas legitimárias existentes[1148].

[1146] Cfr. OLIVEIRA ASCENSÃO, *Sucessões*, p. 387; CARVALHO FERNANDES, *Sucessões*, p. 411, por referência a um direito potestativo; e PAMPLONA CORTE-REAL, *ob. cit.*, p. 1037.

[1147] Estas disposições estabeleciam, respectivamente, que "*não será imputada ao donatario a perda ou deterioração dos objectos mobiliarios, se tiverem desapparecido ou estiverem deteriorados por causa fortuita ou força maior*" (orientação estendida pelo § 1 do art. 1498.° do CCse aos objectos imobiliários), e que "*se a coisa doada houver perecido, sem que o donatario para isso concorresse directamente, não será comprehendida na massa da herança para o calculo das legitimas*". O último princípio era considerado como "teoricamente pouco defensável" por ABRANCHES FERRÃO, *ob. cit.*, p. 426, uma vez que o risco da coisa doada devia correr por conta do donatário, enquanto seu proprietário.

[1148] Cfr. PIRES DE LIMA/ANTUNES VARELA, *CCAnotado, VI*, p. 283, aludindo a eventuais conluios entre doador e donatário; e CAPELO DE SOUSA, *Sucessões, II*, p. 128, n. 367, e 192, n. 492. MENEZES LEITÃO, *Obrigações, III*, p. 236, n. 490, refere, por seu turno, uma situação de responsabilidade objectiva. Esta posição afasta a extensão do disposto no art. 2177.° proposta por MENEZES CORDEIRO, *Da boa fé*, p. 456, à hipótese de perda e deterioração da coisa, dado que o possuidor de boa fé não seria onerado com aquelas através do art. 1269.°.

Não obstante, GALVÃO TELLES, *Sucessão legítima e sucessão legitimária*, p. 68, considera injustificada a doutrina do art. 2175.°, não havendo a lei dado sequência, a este respeito, ao seu anteprojecto legislativo. Procurando atribuir substrato material à norma, SOARES DO NASCIMENTO, *Redução por inoficiosidade e expurgação de hipoteca: reflexões sobre os arts. 722.° e 2175.° do Código Civil*, p. 758, propõe, por sua vez, uma interpretação restritiva do preceito, excluindo o valor dos bens perecidos por facto fortuito antes da abertura da sucessão.

O regime jurídico do risco nos contratos de alienação   395

Verifica-se assim a ponderação de um interesse especificamente sucessório[1149], que, sendo episodicamente coincidente com o brocardo *res perit domino*, não permite olvidar o seu teor restitutório, a discrepância com as demais situações jurídicas compulsadas, e o distanciamento em relação ao expoente habitual de concretização do risco contratual: a contraprestação.

4.3.4. *O mútuo e o depósito irregular*

I. O contrato de mútuo ou de empréstimo de coisas fungíveis encontra previsão normativa nos arts. 1142.º e ss., remontando a mesma modalidade contratual a um dos contratos *re* identificados pelo Direito romano. Possuindo por objecto uma ou mais coisas objectivamente fungíveis[1150], a sua estrutura típica pressupõe a entrega da coisa pelo mutuante ao mutuário, constituindo este contrato, ao contrário do "*Darlehensvertrag*" normativizado pela reforma de 2002 do BGB, um contrato real *quoad constitutionem*[1151]. Não obstante, a mesma exigência formal não adquire necessariamente significado fáctico, sendo admitidas como concretizações da entrega da coisa ao mutuante, nomeadamente,

---

[1149] Cfr. HENRIQUE MESQUITA, *Obrigações reais*, p. 461, n. 111, na referência a uma obrigação sucessória, sublinhando porém OLIVEIRA ASCENSÃO, *Sucessões*, p. 387, que o fenómeno se traduz numa simples responsabilidade pessoal do donatário.

[1150] Contrariamente ao disposto no art. 1892.º do CCfr ("*prêt de consommation*"), as coisas objecto do contrato de mútuo não terão de ser necessariamente consumíveis, embora possuam, em regra, a mesma qualidade (cfr. MENEZES LEITÃO, *Obrigações, III*, p. 394). A intersecção da categoria com o usufruto de coisa consumível postula, evidentemente, essa coincidência.

[1151] Apesar dos equívocos suscitados pelo termo "empresta" constante do art. 1142.º, a orientação referida é, sem prejuízo da discussão em torno do contrato real *quoad constitutionem* enquanto categoria, aceite genericamente pela doutrina (cfr., nomeadamente, ALMEIDA COSTA, *Obrigações*, p. 285; PESSOA JORGE, *Obrigações*, p. 169, n. 1; CARVALHO FERNANDES, *Teoria Geral, II*, p. 68, n. 4, perante a não previsão da obrigação do mutuante de entregar a coisa; e LACERDA BARATA, *Depósito bancário*, p. 35, n. 98). Nesse sentido, o ac. do STJ de 13 de Fevereiro de 2007 in CJ (STJ) 2007-I, p. 72, considerou nulo por falta de objecto o contrato de mútuo celebrado entre as partes sem que se haja verificado a *datio rei*. Ao não exigir a sua verificação, o contrato de abertura de crédito apresenta-se estruturalmente distinto do contrato de mútuo, configurando um vínculo jurídico estritamente consensual (cfr., nomeadamente, PIRES DE LIMA/ANTUNES VARELA, *CCAnotado, II*, p. 763).

396   *O Risco nos Contratos de Alienação*

situações de *traditio brevi manu* ou de mera disponibilidade das coisas mutuadas[1152].

A ausência de uma obrigação de entrega da coisa a cargo do mutuante depõe no sentido do carácter não sinalagmático do contrato de mútuo, cuja prestação principal consiste na restituição pelo mutuário do *tantundem* ou do *eiusdem generis*, e não do *idem corpus*[1153].

Por outra via, em consonância com a etimologia da palavra que designa o contrato[1154], o art. 1144.º determina a transmissão da propriedade das coisas mutuadas com a sua entrega ao mutuário, formalidade que, sendo conatural ao negócio jurídico, possibilita a sua qualificação como um contrato real *quoad effectum*[1155]. O efeito translativo contratual é considerado instrumental à finalidade do vínculo jurídico assumido, sendo

---

[1152] Constituem exemplo destas hipóteses a passagem do depositário a mutuário e o crédito da soma emprestada na conta corrente que o mutuário possua noutra instituição bancária (cfr. ROMANO MARTINEZ, *Contratos comerciais*, p. 55, em relação ao mútuo comercial; MENEZES LEITÃO, *Obrigações, III*, p. 390, 398, ns. 781 e 783, manifestando dúvidas quanto à hipótese da entidade bancária depositar a quantia mutuada na própria instituição, que continuará titular das espécies mutuadas; SIMÕES PATRÍCIO, *Direito do crédito – Introdução*, p. 30, referindo que, na normalidade, o dinheiro não é entregue ao cliente, sendo antes creditado numa conta previamente aberta; GALGANO, *Civile e commerciale, II*, p. 120, admitindo a colocação da coisa na disponibilidade do mutuário em conta bancária como *traditio longa manu*, na qual, todavia, a propriedade não se transmite, adquirindo o mutuário um simples direito de crédito; e LUMINOSO, *I contratti*, p. 712, considerando, por seu turno, o efeito translativo como não essencial no contrato de mútuo). Verificando-se o acordo das partes nesse sentido, assemelha-se igualmente admissível a entrega da coisa mutuada a terceiro, a exemplo do disposto no n.º 1 do art. 669.º, em relação ao contrato de penhor (a questão é colocada por RASCIO, *Consegna del denaro e transferimento della proprietà nel mutuo*, p. 270, nomeadamente em relação a um terceiro credor do mutuário, suscitando ainda a questão de saber se bastará para o mútuo a entrega da coisa mutuada, ou se é também necessária a demonstração do seu título).

[1153] Cfr. ROMANO MARTINEZ, *Da cessação*, p. 369, entendendo a obrigação de restituir como uma consequência da cessação do vínculo; MENEZES LEITÃO, *Obrigações, III*, p. 395 e 407; e LACERDA BARATA, *Depósito bancário*, p. 37.

[1154] "Fazer do meu teu" (cfr. CUNHA GONÇALVES *Tratado, VIII*, p. 262).

[1155] Cfr. ANTUNES VARELA, *Anotação ao ac. do STJ de 10 de Dezembro de 1985*, p. 254, n. 1, considerando que a expressão "empresta" possui a virtualidade de destacar que o mútuo, diferentemente do comodato, transmite a propriedade da coisa; MENEZES LEITÃO, *Obrigações, III*, p. 406, sublinhando a sua verificação independentemente do consumo ou da confusão da coisa no património do mutuário, ocasionando uma (específica) ausência de sentido útil do n.º 1 do art. 408.º; e JOÃO REDINHA, *ob. cit.*, p. 222, sublinhando ser com a entrega que se transfere o risco. A mesma solução consta, paralelamente, do art. 1893.º do CCfr, do art. 1753.º do CCes e do art. 1814.º do CCit.

justificado em nome do exercício da sua função creditícia (coincidente com o consumo ou com a alienação da coisa mutuada)[1156], bem como pela tendencial perda de autonomia dos bens objecto de mútuo[1157]. De facto, mesmo que se admita a figura do mútuo consensual, é sublinhado que a propriedade das coisas mutuadas apenas se transmite pela sua entrega[1158], embora se constate que os fundamentos para atribuição do direito real máximo ao mutuário se verificam também no usufruto de coisas consumíveis, elemento que pode constituir um argumento desconstrutivo do tipo negocial em análise[1159].

Sendo comummente enquadrado enquanto contrato de crédito[1160], a natureza alienatória do contrato de mútuo foi já recusada pela doutrina[1161], embora a produção de efeitos reais e obrigacionais pelo mesmo

---

[1156] Cfr. PIRES DE LIMA/ANTUNES VARELA, *CCAnotado, II*, p. 762 e 766, mencionando a sua indispensabilidade para obter o gozo da coisa; ANTUNES VARELA, *Anotação ao ac. do STJ de 10 de Dezembro de 1985*, p. 271, com base na faculdade de disposição do mutuário; DIAS MARQUES, *Noções elementares*, p. 258; MENEZES LEITÃO, *Obrigações, III*, p. 407 e 495, por contraposição ao depósito irregular; LUMINOSO, *I contratti*, p. 672, sublinhando a necessidade e instrumentalidade simultâneas do efeito translativo; e MAINGUY, *ob. cit.*, p. 335.

[1157] Cfr. PIRES DE LIMA/ANTUNES VARELA, *CCAnotado, II*, p. 766, por referência à impossibilidade ou à dificuldade de, ao contrário do comodato, concretizar no património do mutuário aquilo que representa a coisa entregue e aquilo que deve ser restituído; JOÃO REDINHA, *ob. cit.*, p. 189 e 221; LACERDA BARATA, *Depósito bancário*, p. 37 e 39, sufragando que a fungibilidade da coisa determina a perda da sua individualidade no património do mutuário, a que se associa a possibilidade de desfrutar da mesma; e TEDESCHI, *Mutuo (contratto di)*, p. 542, referindo a confusão da coisa no património do mutuário. VIEIRA GOMES, *O conceito de enriquecimento*, p. 619, n. 977, alerta, porém, para que se não confunda a fungibilidade – que pressupõe um juízo de comparação – com a ausência de caracteres distintivos de uma coisa – que implica a impossibilidade de demonstração da sua identidade.

[1158] Cfr. JOÃO REDINHA, *ob. cit.*, p. 212 e 222. No mesmo sentido, TERRÉ/SIMLER/LEQUETTE, *ob. cit.*, p. 160, n. 3, citam jurisprudência francesa que exclui a atribuição do risco ao mutuário em caso de não entrega do bem mutuado.

[1159] Cfr. *supra* p. 41.

[1160] Cfr., nomeadamente, MENEZES LEITÃO, *Obrigações, III*, p. 383; FERREIRA DE ALMEIDA, *Contratos, II*, p. 37; LUMINOSO, *I contratti*, p. 669; e HUET, *ob. cit.*, p. 27, n. 114, e 40.

[1161] Cfr. GRAVATO MORAIS, *Reserva de propriedade*, p. 51. JOÃO REDINHA, *ob. cit.*, p. 188, sublinha, por seu turno, que o contrato de mútuo não opera uma translação de riqueza ou uma atribuição patrimonial definitiva, ocasionando antes uma cessão temporária de uso dos bens.

negócio jurídico seja inequívoca[1162]. Com efeito, a produção do efeito real de transmissão da propriedade da coisa é associado a uma obrigação de restituição a cargo do mutuário, vínculo jurídico cuja realização corporiza, aliás, uma (segunda) atribuição translativa. Assim, será mesmo possível considerar o mútuo como um contrato duplamente translativo da propriedade, no qual se verificará, apenas, um diferimento temporal entre as duas transmissões, embora o mesmo se verifique, em abono da verdade, quanto à prestação pecuniária no contrato de compra e venda.

II. Traduzindo uma evolução da solução vigente no Direito romano – já patente aliás na 2.ª prt. do art. 1893.º do CCfr – o art. 1523.º do CCse prescrevia a atribuição de "*todo o risco*" ao mutuário desde o momento em que a coisa mutuada lhe fosse entregue, constituindo a articulação hodierna do art. 1144.º com o n.º 1 do art. 796.º um entendimento igualmente pacífico[1163]. Não obstante, o objecto e a estrutura não sinalagmática do contrato de mútuo, bem como a conexão tendencial do n.º 1 do art. 796.º com o risco de contraprestação, justificam uma ponderação específica da situação jurídica em epígrafe.

De facto, não havendo lugar à realização de uma prestação em sentido técnico por parte do mutuante – uma vez que a atribuição patrimonial a seu cargo se condensa no momento da formação do contrato – o núcleo fundamental do vínculo consiste numa obrigação de restituição do mutuário, não surgindo esta como correspectivo de qualquer obrigação assumida pelo mutuante. Nestes termos, pressupondo que a restituição se pode

---

[1162] Cfr. PIRES DE LIMA/ANTUNES VARELA, *CCAnotado, II*, p. 777, aludindo a um contrato oneroso de alienação, que recebe as normas da compra e venda *ex vi* art. 939.º; e MENEZES LEITÃO, *Obrigações, III*, p. 390.

[1163] Cfr. PIRES DE LIMA/ANTUNES VARELA, *CCAnotado, II*, p. 767, que, ressalvando os n.os 2 e 3 do art. 796.º pela *datio rei* implícita ao mútuo, equacionam a aplicação da prt. final do n.º 3 (risco para o alienante na condição suspensiva) nas hipóteses em que, sendo a coisa depositada ou doada sob condição, o vínculo jurídico assumido se convole em mútuo verificado certo evento; MENEZES CORDEIRO, *Da alteração de circunstâncias*, p. 330, referindo ser esta uma das utilidades do art. 1144.º; e MENEZES LEITÃO, *Obrigações, III*, p. 407. Abordagem semelhante é também efectuada nos ordenamentos jurídicos francês e italiano (cfr. DUTILLEUL/DELEBECQUE, *ob. cit.*, p. 741; HUET, *ob. cit.*, p. 947 e 955, referindo uma contrapartida pela faculdade de disposição da coisa; MAINGUY, *ob. cit.*, p. 338; e LUMINOSO, *I contratti*, p. 711, mencionando que a inaplicabilidade dos arts. 1376.º e 1377.º do CCit não prejudica a vigência do art. 1465.º no que respeita ao risco, encontrando-se o mutuário sempre obrigado à restituição).

O *regime jurídico do risco nos contratos de alienação*

399

enquadrar enquanto prestação contratual (e não como simples consequência da extinção do vínculo ou do título jurídico que existe a favor do mutuário[1164]), e mesmo reconhecendo que aquela não consiste numa obrigação de restituição típica[1165], o fenómeno em análise não traduzirá mais do que uma hipótese de risco da prestação, dogmaticamente reconduzível ao n.º 1 do art. 790.º.

Nestes termos, quando o mútuo tenha por objecto dinheiro ou outra coisa ultrafungível, em que seja inviável uma situação de impossibilidade da prestação restitutória[1166], impossível será também a imputação de risco ao mutuante (credor da obrigação de restituição). Por outras palavras, não se verificando, tal como nas obrigações genéricas puras, uma hipótese de impossibilidade de prestação em sentido estrito, o risco pertence ao mutuário (devedor da obrigação de restituição), assimilando como substrato a sua qualidade de proprietário das coisas mutuadas. O risco assumido pelo mutuário identifica-se, deste modo, com o risco inerente à titularidade das coisas alienadas, fenómeno cuja especificidade reside apenas na associação a uma obrigação de restituição – e não de entrega – da coisa, cujo consumo pode ocorrer por parte do alienante ou de terceiro.

A perda patrimonial ocorrida não será, por seu turno, necessariamente relativa à própria coisa alienada, mas ao seu equivalente jurídico-económico, o que constitui um desdobramento funcional da categoria enunciada[1167].

[1164] Cfr., neste sentido, ROMANO MARTINEZ, *Da cessação*, p. 369; e TEDESCHI, *ob. cit.*, p. 553.

[1165] Cfr., nomeadamente, ANTUNES VARELA, *Anotação ao ac. do STJ de 10 de Dezembro de 1985*, p. 271, por considerar que não se verifica uma obrigação de restituição propriamente dita na obrigação de entrega de uma coisa equivalente à recebida.

[1166] Cfr. MENEZES LEITÃO, *Obrigações, III*, p. 424.

[1167] Em sentido próximo, BETTI, *Obbligazioni*, p. 162 e 168, refere que o problema não é, em rigor, de risco contratual, mas de exoneração do devedor atenta a inexistência de impossibilidade restitutória. A ultrapassagem da questão do risco contratual é também sublinhada, em relação ao depósito bancário, por SIMÕES PATRÍCIO, *A operação bancária de depósito*, p. 53, referindo que "não terá sentido útil aludir ao risco de perda de algo que deixou de ter individualidade própria (coisa específica) para se (con)fundir na massa patrimonial do *accipiens*, fazendo nascer uma obrigação de restituir tão só *in genere* e, assim, impossibilitando de raiz a própria questão do risco". De facto, afigura-se indesmentível que a equação do risco no contrato de mútuo se separa das consequências jurídicas associadas ao perecimento ou deterioração da coisa mutuada. Contudo, se o risco-estático abrange a perda da coisa em si mesma considerada, a mesma figura também poderá abarcar uma perda patrimonial específica, coincidente com a (manutenção) da obrigação restitutória do *eiusdem generis*.

III. A solução referida assume uma complexidade acrescida através do disposto no art. 1149.º, que, reproduzindo as soluções dos arts 1903.º, I, do CCfr, e 1818.º do CCit, dispõe, relativamente ao mútuo cujo objecto não coincida com dinheiro, que a impossibilidade ou extrema dificuldade da sua restituição por causa não imputável ao mutuário obriga-o ao pagamento do "valor que a coisa tiver no momento e no lugar do vencimento da obrigação".

Abstraindo-nos da equiparação da impossibilidade à excessiva onerosidade da prestação[1168], é evidente que a norma excepciona o disposto pelo n.º 1 do art. 790.º em termos gerais, uma vez que, ocasionando uma modificação objectiva da relação contratual[1169], a impossibilidade de prestação não exonera o devedor do sacrifício patrimonial a si associado[1170].

Nos termos descritos, o art. 1149.º isola a solução de suporte do sacrifício patrimonial pelo mutuário das regras da impossibilidade, cuja aplicação, como anteriormente foi referido, poderia ser considerada a respeito das obrigações genéricas de género limitado[1171]. Consequentemente, assemelha-se que o risco suportado pelo mutuário constitui expressão de uma titularidade real prévia do objecto alienado, mantendo-se por esse mesmo facto a obrigação de restituição do *eiusdem generis*. A obrigação enunciada radicará ainda no disposto pelo art. 1144.º, sendo a aplicação do

---

[1168] Segundo a doutrina, o art. 1149.º não consagra a teoria da excessiva onerosidade, o que é demonstrado, desde logo, pela não exoneração do mutuário (cfr. PIRES DE LIMA/ANTUNES VARELA, *CCAnotado, II*, p. 775, exemplificando com a existência de limitações de comercialização das coisas devidas; GIAMPICCOLO, *Mutuo – Diritto privato*, p. 462, n. 91; e TEDESCHI, *ob. cit.*, p. 553-554, que, referindo a discussão sobre a questão, não deixa de reconhecer o favorecimento do mutuário por parte do art. 1818.º do CCit).

[1169] Cfr. GIAMPICCOLO, *ob. cit.*, p. 461.

[1170] Cfr. LUMINOSO, *I contratti*, p. 719 e 722, concluindo também que o art. 1818.º derroga o regime geral do art. 1256.º do CCit; GIAMPICCOLO, *ob. cit.*, p. 444, n. 2, referindo o carácter restitutório da obrigação como base explicativa da derrogação pelo 1818.º do CCit da regra geral do art. 1256.º; e HUET, *ob. cit.*, p. 956, n. 51. De acordo com perspectiva diversa, MENEZES LEITÃO, *Obrigações, III*, p. 424, efectua uma aproximação do art. 1149.º à obrigação de restituição no enriquecimento sem causa. Neste sentido também se posiciona CAFFARENA LAPORTA, *Genus*, p. 320 e 324, sufragando a atribuição do risco com a *ratio* de evitar um enriquecimento injustificado do mutuário, e reconhecendo, por outra via, a debilidade do argumento de que a fungibilidade das coisas presumiria que as partes apenas se encontravam interessadas no valor representado por estas, imputando-se a perda de acordo com a sua vontade presumida.

[1171] Cfr. *supra* p. 311.

O regime jurídico do risco nos contratos de alienação

n.º 1 do art. 796.º apenas equacionável se, desligada do prisma contraprestacional, a norma for intuída como uma previsão autorizativa de excepção à doutrina geral do n.º 1 do art. 790.º.

IV. A proximidade estrutural do contrato de depósito com o contrato de mútuo surge na hipótese do seu objecto coincidir com a entrega de coisas fungíveis, estabelecendo o art. 1206.º a aplicação ao depósito irregular, na medida do possível, das "normas relativas ao contrato de mútuo".

Não obstante, os dois contratos não devem ser confundidos em termos finalísticos e funcionais, uma vez que, se no mútuo se visa a satisfação primordial de um interesse (creditício) do *accipiens*, que será, regra geral, remunerado ao *tradens*, no depósito irregular verificar-se-á, por princípio, uma primazia do interesse do *tradens*, nomeadamente quanto à segurança das coisas depositadas[1172]. A mesma *ratio legis* encontra-se também subjacente, ainda que em termos parciais, ao contrato de depósito bancário[1173].

[1172] Cfr. PIRES DE LIMA/ANTUNES VARELA, *CCAnotado, II*, p. 860, referindo o quase desaparecimento da obrigação de custódia e a conversão da obrigação de restituição numa obrigação genérica; MENEZES LEITÃO, *Obrigações, III*, p. 495, entendendo a transmissão dominial como instrumento para subtrair ao depositante o risco de perecimento das coisas depositadas; SIMÕES PATRÍCIO, *Depósito*, p. 13; LACERDA BARATA, *Depósito bancário*, p. 42, 44-45, n. 126, e 47, n. 133, aludindo à necessidade de compatibilidade entre a transferência da propriedade e a obrigação de custódia; e GALGANO, *Privato*, p. 577, sublinhando todavia o desempenho pelo depósito irregular de uma função de crédito cumulativamente com a de custódia. A possibilidade de consagração do depósito que tenha por objecto coisas fungíveis como modalidade comum de depósito foi suscitada no Relatório preliminar da Faculdade de Direito da Universidade de Lisboa in AA.VV., *Reforma do Direito Civil*, p. 45.

[1173] Sobre a natureza jurídica do contrato de depósito bancário, disciplinado pelo art. 1834.º do CCit, cfr., nomeadamente, MENEZES CORDEIRO, *Bancário*, p. 482, entendendo-o como uma figura unitária, típica, autónoma e próxima, em termos históricos, do depósito irregular; SIMÕES PATRÍCIO, *Depósito*, p. 48; LACERDA BARATA, *Depósito bancário*, p. 25--29, ns. 60-67, e 49-52; PONCES CAMANHO, *Do contrato de depósito bancário*, p. 20 e 248; e GALGANO, *Privato*, p. 599, e em *Civile e commerciale, II*, p. 140.

O contrato de cofre-forte, a que se refere igualmente o art. 1839.º do CCit, assume--se, por seu turno, como uma figura contratual distinta do contrato de depósito bancário, sendo que a típica infungibilidade da coisa determinará, regra geral, a exclusão da imputação do seu perecimento ou deterioração ao depositário (sobre esta figura cfr., nomeadamente, PEREIRA COELHO, *Arrendamento*, p. 32, configurando-o enquanto contrato de locação; PINTO FURTADO, *Manual de Arrendamento Urbano v. I*[4], p. 15, no mesmo sentido; BRANDÃO PROENÇA, *Do dever de guarda*, p. 69; SIMÕES PATRÍCIO, *Depósito*, p. 12, n. 1;

402 O Risco nos Contratos de Alienação

Em conformidade com o art. 1206.°, o art. 1144.° encontra aplicação ao depósito irregular, transmitindo-se a propriedade da coisa depositada pela sua entrega ao depositário. A solução assume evidentes repercussões em sede de distribuição do risco[1174].

FERREIRA DE ALMEIDA, *Contratos, II*, p. 190 e 213; LACERDA BARATA, *Depósito bancário*, p. 11, n. 13, aludindo a um contrato misto complementar de locação, depósito e prestação de serviços *tout court*; PONCES CAMANHO, *ob. cit.*, p. 73-86, *maxime* p. 84, ns. 201-204, referindo-se a um contrato de locação com elementos de custódia; e DUTILLEUL/DELEBECQUE, *ob. cit.*, p. 693).

Outra espécie contratual que não se deve confundir com o contrato de depósito bancário é o denominado depósito *"in escrow"* ou com função de garantia, negócio jurídico que assume múltiplas configurações, com base numa estrutura triangular formada pelo depositante, pelo depositário e por um terceiro a favor de quem o depósito é efectuado (sobre o *"escrow agreement"*, aproximável do disposto no art. 1193.° do CCiv, cfr., nomeadamente, PAIS DE VASCONCELOS, *Contratos Atípicos*, p. 295; COSTA GOMES, *Assunção fidejussória*, p. 99; ROMANO MARTINEZ/FUZETA DA PONTE, *ob. cit.*, p. 65; e MORAIS ANTUNES, *Do contrato de depósito escrow*, p. 161, 173 e 272). É célebre a este respeito o caso CAVALLINI VS. GALASSI, decidido pela *Corte di Cassazione italiana* em 15 de Janeiro de 1937, em que se colocava a questão do risco de incumprimento da obrigação de restituição por parte do depositário, havendo o tribunal considerado que o depositante assumiria junto do terceiro beneficiário o risco do desaparecimento das quantias depositadas (risco de infidelidade do depositário), não sendo aquele obrigado à transferência da propriedade do imóvel contrapartida da venda celebrada com o depositante (cfr. MORAIS ANTUNES, *ob. cit.*, p. 43). Podendo também suscitar-se na situação de insolvência do depositário, a questão pode recolher subsídios no art. 1183.° (embora se julgue forçoso considerar o depositante como mandatário do terceiro beneficiário, uma vez que este é parte do contrato de depósito e possui um interesse próprio de atribuição de garantia àquele), constituindo a analogia com o art. 797.° (envio da prestação devida, não para local, mas para sujeito diferente, exonerando-se o depositante com a entrega da coisa ao depositário) uma via que se encontrará em princípio afastada, atenta a mera eventualidade do dever de prestar a cargo do depositário (cfr., uma vez mais, MORAIS ANTUNES, *ob. cit.*, p. 233-239). Não obstante, sublinhe-se que a questão se centra, no essencial, no âmbito do denominado risco de crédito (e sua possível assunção pelo alienante/beneficiário do depósito – cfr. MORAIS ANTUNES, *ob. cit.*, p. 234 e 293, atribuindo o risco ao beneficiário do depósito ou ao depositante consoante o depósito haja ou não sido efectuado em cumprimento de uma obrigação preexistente), sendo alheia ao risco de perecimento ou deterioração da coisa objecto da nossa análise (expressamente neste sentido, cfr. MORAIS ANTUNES, *ob. cit.*, p. 237, n. 816).

[1174] Cfr. PIRES DE LIMA/ANTUNES VARELA, *CCAnotado, II*, p. 841, 862-863; MENEZES CORDEIRO, *Bancário*, p. 476, n. 1178, e 481, mencionando as hipóteses de cheques falsificados e de extravio de depósitos efectuados; MENEZES LEITÃO, *Obrigações, III*, p. 493 e 497, referindo a aplicação também do art. 1149.°; LACERDA BARATA, *Depósito bancário*, p. 21, 30, n. 72, e 48; e PONCES CAMANHO, *ob. cit.*, p. 117, n. 338, e 154, n. 447. A mesma orientação vigora noutros quadrantes normativos, segundo se constata através do art. 1932.°, II, do CCfr, do § 700, I, do BGB e do art. 1782.° do CCit (cfr. DUTILLEUL/

O *regime jurídico do risco nos contratos de alienação* 403

Concretizando esta orientação, é socialmente típica a situação de apresentação a pagamento perante entidades bancárias de cheques falsos ou com assinaturas falsificadas, sobre a mesma questão se havendo debruçado numerosas vezes a jurisprudência portuguesa[1175]. Podendo a solução

---

DELEBECQUE, *ob. cit.*, p. 699; HUET, *ob. cit.*, p. 1606; BIANCHI, *ob. cit.*, p. 599; e LACRUZ BERDEJO, *Elementos, II-II*, p. 255, relativamente ao ordenamento jurídico espanhol).

[1175] Ainda no domínio do CCse, cfr. o ac. da RL de 24 de Julho de 1968 in BMJ n.º 179, p. 205-228, com um voto de vencido; e, na sua sequência, o ac. do STJ de 16 de Maio de 1969 in BMJ n.º 187, p. 145-156, com um voto de vencido; o Parecer do Ministério Público no processo n.º 62900 do STJ – Tribunal Pleno in BMJ n.º 205, p. 99, em que se sufraga a solução do problema de acordo com os "princípios gerais da responsabilidade civil", pelo que "as consequências da liquidação de cheque falsificado serão suportadas por aquele (sacador ou sacado) que tenha tido culpa na emissão e pagamento do cheque"; e o ac. do STJ (Tribunal Pleno) de 2 de Março de 1971 in BMJ n.º 205, p. 193, aderindo às conclusões do Ministério Público.

A imputação do risco com base no domínio jurídico e material assumido pela entidade bancária constitui, não obstante, uma orientação firme da jurisprudência sob a égide do Código Civil de 1966 (cfr., nomeadamente, a S. da 6.ª Vara Cível de Lisboa de 24 de Janeiro de 1978 in CJ 78-II, p. 707, aludindo quer às regras do mútuo, quer a uma "perspectiva do "risco" próprio do negócio bancário"; o ac. da RL de 2 de Fevereiro de 1979 in CJ 1979-I, p. 131, entendendo que "podendo o depositário dispor das quantias depositadas impõe-se que fique a seu cargo o risco pelo destino do depósito quando não devido a causa imputável ao depositante"; o ac. da RL de 22 de Abril de 1980 in CJ 1980-II, p. 230; o ac. da RL de 17 de Março de 1983 in CJ 1983-II, p. 116, referindo um "risco do domínio" associado ao contrato translativo de depósito bancário; e o ac. do STJ de 21 de Maio de 1996 in BMJ n.º 457, p. 347, que, aderindo a um "sentir predominante da jurisprudência", refere que a solução da perda ser suportada pelo banco deriva da transmissão da propriedade sobre a coisa depositada, assumindo aquele todos os riscos dela). Contudo, também a abordagem imputacional fundada na culpa, nomeadamente na negligência dos funcionários bancários aquando da conferência das assinaturas, encontra acentuada sedimentação (cfr. o ac. da RL de 12 de Junho de 1974 in BMJ n.º 238, p. 272, embora referindo também os arts. 1144.º e 796.º; o ac. da RL de 9 de Janeiro de 1981 in CJ 1981-I, p. 201; o ac. da RC de 14 de Junho de 2005 in CJ 2005-III, p. 31; o ac. do STJ de 25 de Outubro de 1979 in BMJ n.º 290, p. 430; o ac. do STJ de 22 de Maio de 1980 in BMJ n.º 297, p. 374; e o ac. do STJ de 16 de Junho de 1981 in BMJ n.º 308, p. 259).

Uma hipótese particular foi ainda abordada pelo ac. da RC de 21 de Maio de 1996 in CJ 1996-III, p. 19, em relação a um contrato de cofre nocturno cujo objecto se extraviou entre o momento da sua colocação no cofre e o momento da sua abertura, considerando o tribunal que, havendo entrega da coisa a partir do momento em que a bolsa foi introduzida no cofre, o risco deveria ser imputado ao banco por aplicação do n.º 1 do art. 796.º. A situação não deve ser confundida com o contrato de cofre-forte, constituindo antes um exemplo jurisprudencial inequívoco da maleabilização da entrega material da coisa enquanto requisito funcional dos contratos de mútuo e de depósito irregular.

404 *O Risco nos Contratos de Alienação*

de atribuição do sacrifício patrimonial ocorrido fundar-se, desde logo, na não extinção da obrigação do depositário para com o depositante em virtude do carácter genericamente não exoneratório da prestação feita a terceiro, nos termos do art. 769.°[1176], a ponderação da mesma situação em sede de risco contratual não deve olvidar, por um lado, que, a exemplo do contrato de mútuo, não se encontra subjacente ao depósito irregular um fenómeno contraprestacional, bem como que, por outro lado, a obrigação de restituição a que o depositário se encontra adstrito não se extingue por impossibilidade, sendo inclusivamente o substrato prestacional do mesmo vínculo distinto da atribuição patrimonial realizada originariamente pelo depositante.

Destarte, a referência ao risco deverá, também neste domínio, ser associada a um desdobramento específico do risco-estático. Em alternativa, a solução justificar-se-á através da admissibilidade da prestação restitutória fundada numa estrutura não sinalagmática, senão mesmo alheia a uma qualquer prestação. Por outra via, salvo quanto à inobservância de deveres acessórios de conduta por parte do depositante, a culpa que a este possa ser imputada enquadra-se no âmbito da responsabilidade civil extraobrigacional, por violação do direito de propriedade do depositário relativamente às quantias depositadas.

4.3.5. *A dação em cumprimento*

Sendo regulada enquanto causa de extinção das obrigações, a dação em cumprimento pode, quando incida sobre um coisa em termos de afectação real, traduzir-se num contrato translativo[1177]. Não obstante, assemelha-se que a figura pressuporá a necessidade de realização definitiva da prestação, *maxime* da entrega da coisa, não sendo suficiente, apesar do disposto no n.° 1 do art. 408.°, a simples celebração de um acordo transmis-

---

[1176] Cfr. OLIVEIRA ASCENSÃO, *Comercial, III*, p. 255, uma vez que, no pagamento indevido de cheque falsificado, o banco "pagou mal"

[1177] Cfr., nomeadamente, CAMARDI, *ob. cit.*, p. 121; e MAINGUY, *ob. cit.*, p. 30. Sobre o regime jurídico da dação em cumprimento cfr., em geral, ANTUNES VARELA, *Das Obrigações, II*, p. 170; ALMEIDA COSTA, *Obrigações*, p. 1092; PESSOA JORGE, *Obrigações*, p. 429; MENEZES CORDEIRO, *Obrigações, II*, p. 181; ROMANO MARTINEZ, *Obrigações – Apontamentos*, p. 207; MENEZES LEITÃO, *Obrigações, II*, p. 181; e CUNHA DE SÁ, *Modos de extinção das obrigações*, p. 175.

O *regime jurídico do risco nos contratos de alienação*

sivo do direito que sobre aquela incida[1178]. Nestes termos, atenta a inexistência de qualquer obrigação principal a cargo de qualquer uma das partes, o contrato em epígrafe deverá ser configurado como vínculo meramente transmissivo, e não, em rigor, enquanto contrato de alienação.

Em consequência da estrutura típica do contrato de dação em cumprimento, não se verificam especificidades em relação à perda ou deterioração da coisa, as quais correrão sempre por conta do *accipiens*, enquanto proprietário que não chegou a ser credor da entrega da coisa alienada. De facto, mesmo que se pretenda que a recondução do fenómeno ao risco real--estático olvidaria a sua fonte eminentemente contratual – pelo que o n.º 1 do art. 796.º deveria encontrar ainda aplicação – as regras dos seus n.ºs 2 e 3 e do art. 797.º encontram-se seguramente excluídas. Ressalvando apenas a eventual admissibilidade de aposição de uma condição suspensiva ao contrato de dação em cumprimento, assemelha-se que uma consideração unitária do bloco normativo enformador da distribuição do risco contratual apenas será possível se for atribuída à figura uma configuração estrutural distinta da que se encontra legalmente pressuposta.

4.3.6. *A alienação fiduciária em garantia*

I. Concretizando-se a fidúcia em tipos contratuais como o mandato sem representação ou a cessão de bens aos credores, a alienação fiduciária em garantia assume-se como uma das suas manifestações típicas, embora a sua admissibilidade no ordenamento jurídico português seja severamente contestada.

Com raízes no Direito romano, a alienação fiduciária em garantia (*fiducia cum creditore*) consiste no contrato pelo qual um sujeito (o devedor-fiduciante) aliena a outro (o credor-fiduciário) um direito, com obrigação do seu exercício por este tendo apenas em vista um determinado fim, ou perspectivado certo limite, nomeadamente a satisfação de um crédito[1179]. Em conformidade, o contrato corporizará um negócio indi-

---

[1178] Cfr. MENEZES LEITÃO, *Obrigações, II*, p. 183, n. 366. Já CUNHA DE SÁ, *Modos de extinção*, p. 198, apesar de não se pronunciar expressamente nesse sentido, parece admitir uma entrega subsequente da coisa, por aplicação do n.º 1 do art. 408.º.

[1179] Cfr. GALVÃO TELLES, *Contratos em Geral*, p. 189; ALMEIDA COSTA, *Alienação fiduciária em garantia*, p. 44; MENEZES LEITÃO, *Garantias das obrigações*, p. 268; COSTA GOMES, *Assunção fidejussória*, p. 86, referindo o emprego de um tipo contratual de alie-

406   *O Risco nos Contratos de Alienação*

recto[1180], uma vez que a função que este desempenha entre as partes é diversa daquela que lhe é legalmente atribuída, sendo a alienação fiduciária em garantia ainda caracterizada pela desproporção existente entre o meio e o fim, actuando substitutivamente em relação a garantias reais como o penhor ou a hipoteca.

Reconhecida noutras latitudes[1181], a recusa da sua vigência apoia-se em diversos argumentos sistemáticos, dos quais se destacam a ausência ou contraditoriedade da sua causa, a simulação, a fraude à lei, a violação do princípio da tipicidade real e a proibição do pacto comissório[1182]. Não obstante, a figura foi já admitida ou tolerada por alguns sectores da doutrina pátria[1183], sem prejuízo, porém, do efectuar de distinções qualificativas no seu seio[1184]. A alienação fiduciária em garantia foi aliás consagrada

---

nação como tipo de referência para um fim indirecto de garantia, com vinculação a uma retransmissão do bem uma vez satisfeito o crédito; e ANDRADE DE MATOS, *ob. cit.*, p. 177.

[1180] Cfr., nomeadamente, OLIVEIRA ASCENSÃO, *Teoria Geral, II*, p. 308, e em *Direito Teoria Geral, III*, p. 308; e PAIS DE VASCONCELOS, *Teoria Geral*, p. 636 e 640, aludindo a um negócio misto de tipo modificado.

[1181] A alienação fiduciária em garantia é admitida, nomeadamente, no Direito alemão e no Direito brasileiro (cfr., respectivamente, LEITE DE CAMPOS, *A locação financeira (estudo preparatório de uma reforma legislativa)*, p. 32-38; ALMEIDA COSTA, *Alienação fiduciária em garantia*, p. 44; MENEZES LEITÃO, *Garantias das obrigações*, p. 269; MORAES CAMPOS, *Alienação fiduciária em garantia*, p. 567; e ATHAYDE MATTA, *Da garantia fiduciária no âmbito do sistema financeiro*, p. 547).

[1182] Cfr., nomeadamente, MANUEL DE ANDRADE, *Teoria Geral, II*, p. 177; PESSOA JORGE, *O mandato*, p. 329, referindo ainda a proibição de venda a retro no CCse; GALVÃO TELLES, *Contratos em Geral*, p. 194; MENEZES LEITÃO, *Obrigações, III*, p. 80, embora em *Garantias das obrigações*, p. 274, não realize uma exclusão apriorística; ROMANO MARTINEZ/FUZETA DA PONTE, *ob. cit.*, p. 64; PINTO DUARTE, *Reais*, p. 164, e em *Direito Comunitário e Direitos Reais*, p. 463; GRAVATO MORAIS, *União de contratos*, p. 48, n. 81, 218, e 307, n. 572; ATHAYDE MATTA, *ob. cit.*, p. 537; ALPA, *I principi generali*, p. 6 e 8; BIANCA, *La vendita*, p. 616; BARBIERA, *Il divieto del patto commissorio*, p. 466; LUMINOSO, *I contratti*, p. 10; ENZO ROPPO, *Patto comissorio*, p. 265, referindo que, pese embora a sua eficácia jurídica imediata, não haverá que falar em venda atenta a "inverdade" do preço; BADOSA COLL, *Examen de tres "esquemas fiduciários" en el derecho español (la venta en garantia, la legitimación dispositiva sobre bienes con titular y la gestión de patrimónios sin titular)*, p. 227; e PARA MARTÍN, *En torno a la fiducia "cum creditore"*, p. 736. No Direito francês, esta é essencialmente relacionada com o contrato de mandato (cfr. MAINGUY, *ob. cit.*, p. 475; e DUTILLEUL/DELEBECQUE, *ob. cit.*, p. 165).

[1183] Cfr. CASTRO MENDES, *Teoria Geral, II*, p. 171; CARVALHO FERNANDES, *A conversão dos negócios jurídicos civis*, p. 752, n. 1, e em *Teoria Geral, II*, p. 317; e PAIS DE VASCONCELOS, *Contratos Atípicos*, p. 254-301, e em *Teoria Geral*, p. 640. Já LEITE DE CAMPOS, *A alienação*, p. 23, pronunciou-se apenas de *iure condendo*. O ac. da RL de 28 de

O regime jurídico do risco nos contratos de alienação

pelo Decreto-Lei n.º 105/2004, de 8 de Maio, embora o seu objecto haja sido restringido a numerário e a instrumentos financeiros[1185].

Março de 2000 in CJ 2000-II, p. 120, admitiu, por seu turno, a validade do contrato-promessa celebrado enquanto negócio fiduciário.

[1184] Cfr. OLIVEIRA ASCENSÃO, *Teoria Geral, II*, p. 308, e em *Teoria Geral, III*, p. 308, que sufraga a sua não condenação genérica, embora efectue uma ponderação restritiva na retrovenda dado o seu emprego para a frustração de regras injuntivas; e COSTA GOMES, *Assunção fidejussória*, p. 51, 91 e 96, que considerando o pacto comissório como o "Adamastor" a ultrapassar, conclui que só será comissória a venda em que "a função de garantia se traduza numa vantagem injustificada para o credor, sendo decisiva a "congruidade" entre o montante do débito e o valor do bem ou a possibilidade de controlar a eventual diferença entre o valor do bem alienado e o *quantum* do débito" (sobre a *ratio legis* subjacente à proibição de pacto comissório cfr., nomeadamente, SOUSA RIBEIRO, *O problema*, p. 261, por referência ao princípio da equivalência de prestações; COSTA GOMES, *Assunção fidejussória*, p. 94, cumulando os diversos fundamentos numa "*ratio* plúrima e complexa" que assimila a protecção do devedor face a eventuais extorsões do credor, o controlo do não cumprimento das obrigações como atribuição exclusiva do Estado, a efectivação do princípio *par conditio creditorum*, e o evitar de um prejuízo social; ANDRADE DE CAMPOS, *ob. cit.*, 56 e 213, aderindo a um fundamento composto, de tutela do devedor perante abusos do credor e de interesse social no evitar da disseminação da figura; e ENZO ROPPO, *Patto comissorio*, p. 262, concluindo pelo simples interesse social da norma).

Uma situação de aparente alienação fiduciária em garantia foi admitida pelo ac. do STJ de 16 de Maio de 2000 in RLJ a. CXXXIII, n.º 3911, p. 66-81, em relação a uma união de contratos celebrados por um trabalhador (director financeiro) com o seu empregador. Sendo devido ao trabalhador um prémio de fidelidade de 25.000.000$00 ao fim de cinco anos de contrato, foi acordado entre as partes um empréstimo de 10.000.000$00 e a compra de dois imóveis por 25.000.000$00, feita por um preço global de 35.000.000$00 (englobando, portanto, o valor do empréstimo, pelo que a garantia existia em relação ao excesso do valor de compra, ou seja, em relação a 10.000.000$00), negócio através do qual o trabalhador obteve liquidez pecuniária imediata, sem abdicar, todavia, do gozo dos imóveis vendidos, que permaneceram em seu poder a título de arrendamento. Em simultâneo, foi celebrado pelas partes um contrato-promessa de retransmissão dos bens ao trabalhador, por preço igual, devendo o mesmo ser parcialmente pago (no montante de 25.000.000$00) através da imputação do prémio de fidelidade devido ao trabalhador naquele momento. Nestes termos, a retransmissão da propriedade operaria contra a restituição do capital mutuado, pelo que a propriedade garantiria o mútuo celebrado (ao mesmo tempo que foi alcançado o objectivo de adiantamento da liquidez do prémio de fidelidade ao trabalhador, constituindo a renda dos imóveis suportada por este um sucedâneo do juro cobrado pelo empregador pela mesma antecipação). Reconhecendo a existência de alienação fiduciária em garantia, CALVÃO DA SILVA, *Anotação ao ac. do Supremo Tribunal de Justiça de 16 de Maio de 2000*, p. 88, defendeu contudo a sua validade, dado que "o interesse do devedor foi *in casu* salvaguardado através da promessa *de revendendo*, pela qual o comprador se obrigou a revender ao alienante os bens adquiridos".

[1185] O Decreto-Lei n.º 105/2004 transpôs a Directiva n.º 2002/47/CE, do Parlamento Europeu e do Conselho, de 6 de Junho, consagrando no n.º 2 do seu art. 2.º, a alienação

408 O Risco nos Contratos de Alienação

II. Tal como no Direito romano[1186], não se encontra uma orientação consolidada no que respeita à questão da perda ou deterioração da coisa objecto de alienação fiduciária em garantia. Se a inadmissibilidade da figura conduz a uma solução derivada da teoria restitutória subjacente à nulidade do contrato – senão mesmo a uma aplicação do instituto da posse[1187] – será funcionalmente inadmissível que, a aceitar-se a sua vigência no ordenamento jurídico português, o risco de perecimento ou deterioração da coisa deva, por aplicação do n.º 1 do art. 796.º, onerar o proprietário-fiduciário (credor)[1188]. De facto, se a manutenção da detenção da coisa pelo alienante, sem prejuízo do eventual funcionamento do constituto possessório, poderia, através da aplicação do n.º 2 do art. 796.º, viabilizar o suporte pelo fiduciante da perda patrimonial ocorrida, afigura-se contudo insufragável que – embora a aproximação da figura à alienação sob condição resolutiva conduza a uma conclusão distinta – o perecimento ou deterioração da coisa sejam suportados pelo credor-fiduciário na hipótese da entrega da coisa efectivamente ocorrer.

A consideração funcional da alienação fiduciária em garantia obsta a uma solução desarticulada com a configuração típica assumida pela figura.

---

fiduciária em garantia enquanto contrato de garantia financeira, ao lado do penhor financeiro. Traduzindo-se a intervenção normativa, tal como reconhecido no preâmbulo do diploma, num alargamento do *numerus clausus* de direitos reais pressuposto pelo art. 1306.º do CCiv, a limitação do seu objecto, nos termos do art. 5.º, não permite o estabelecimento de subsídios relevantes para o domínio em análise. Por outra via, nos termos do seu art. 6.º, a efectivação da alienação fiduciária em garantia pressupõe que o objecto seja efectivamente prestado – mediante entrega, transferência, registo ou outro modo de posse, nomeadamente o controlo conjunto com o proprietário – pelo que a situação típica de distribuição do risco contratual no contrato de compra e venda se encontra à partida excluída (cfr. a análise do Decreto-Lei n.º 105/2004 em MENEZES LEITÃO, *Garantias das obrigações*, p. 275; ROMANO MARTINEZ/FUZETA DA PONTE, *ob. cit.*, p. 246; SANTO JUSTO, *Reais*, p. 487; CALVÃO DA SILVA, *Banca,* p. 221 e 230; ATHAYDE MATTA, *ob. cit.*, p. 553; ANDRADE DE CAMPOS, *ob. cit.*, p. 187; e PESTANA DE VASCONCELOS, *Os contratos de garantia financeira. O dealbar do Direito europeu das garantias*, p. 1294). Assim, permanece actual a proposta de regulamentação legal (genérica) da figura (cfr. o Relatório preliminar da Faculdade de Direito da Universidade Católica in AA.VV., *Reforma do Direito Civil*, p. 70).

[1186] Cfr. *supra* p. 128.

[1187] Saída seguramente disfuncional se se considerar o adquirente como possuidor que, estando de má fé (por, segundo o art. 1260.º, n.º 1, prejudicar os demais credores do alienante), é obrigado a responder nos termos do art. 1269.º.

[1188] É que, acompanhando GALVÃO TELLES, *Contratos em Geral*, p. 189, constata-se que o contrato fiduciário não oferece especialidades no plano translativo.

O regime jurídico do risco nos contratos de alienação　　409

Destarte, se o contrato em questão envolve um fenómeno essencialmente análogo à constituição um direito real de garantia sobre a coisa, o enquadramento do risco não pode ser distinto do equacionado a respeito dos direitos reais de hipoteca ou de penhor. Esvaziada a situação de um substrato que a aproxime da previsão do n.° 1 do art. 796.°, o único risco a atribuir ao adquirente na alienação fiduciária em garantia será o denominado risco de crédito, e não o sacrifício patrimonial associado à perda ou deterioração da coisa[1189].

Sinteticamente, afasta-se uma aplicação cega do brocardo *res perit domino*, cujos efeitos nefastos seriam ainda exponenciados pela inexistência, em rigor, de uma contraprestação que o credor-adquirente haja solvido ao alienante. Por outro lado, não se divisa na hipótese uma excepção ao paradigma do interesse prevalente na distribuição do risco contratual, uma vez que a situação é eminentemente creditícia, e não jurídico-real. Para mais, ainda nessa formulação, o critério do interesse-função pode intervir.

4.4. Contratos eventual ou acessoriamente alienatórios

4.4.1. *A sociedade e a obrigação de entrada do sócio*

I. Sendo o contrato de sociedade consensual quanto à sua constituição[1190], o mesmo poderá todavia produzir efeitos reais quando as entradas dos sócios impliquem a constituição ou a transmissão destes direitos[1191].

[1189] A orientação é ainda confortada pela aproximação da alienação fiduciária em garantia à caução, bem como pela adopção da teoria da absorção como solução idónea à resolução de questões suscitadas em contratos mistos de tipo modificado (cfr. PAIS DE VASCONCELOS, *Contratos Atípicos*, p. 328 e 381, e em *Teoria Geral*, p. 311, 453 e 538, referindo o papel determinante da boa fé).

[1190] Cfr. MENEZES LEITÃO, *Obrigações, III*, p. 249 e 259; PINTO FURTADO, *Curso de direito das sociedades*[5], p. 176; e PINHEIRO TORRES, *ob. cit.*, p. 54, em relação às sociedades anónimas.

[1191] Cfr. MENEZES CORDEIRO, *Sociedades, II*, p. 59, admitindo porém que possa existir uma mera promessa de transferência dominial; MENEZES LEITÃO, *Obrigações, III*, p. 264, e em *Contrato de sociedade civil*, p. 131, que, configurando o contrato de sociedade como um contrato primordialmente obrigacional, ressalva a sua possível natureza real *quoad effectum*, não sendo o mesmo fenómeno prejudicado pelo facto dos bens serem transmitidos através de um acto posterior do sócio; COUTINHO DE ABREU, *Curso de Direito*

Traduzindo um vínculo plurilateral de comunhão de escopo, o tipo contratual em epígrafe introduz algumas modelações na estrutura sinalagmática do contrato com base nos princípios da conservação e da estabilidade do vínculo contratual. Encontra-se assim excluída a aplicabilidade do art. 428.º ao incumprimento da obrigação de entrada por parte de um ou mais sócios, ao mesmo tempo que o art. 801.º assume uma concretização particular na exigência de incumprimento essencial das obrigações contratuais e através do instituto da exclusão do sócio.

Por sua vez, a obrigação de entrada do sócio assume relevância específica no domínio versado, sendo o risco do seu perecimento ou deterioração que se encontra fundamentalmente em equação. Constituindo um acto de atribuição patrimonial[1192], a obrigação de entrada pode suscitar em si mesma uma qualificação contratual[1193], traduzindo-se a situação jurídica em análise no abdicar por parte do sócio de uma fracção do seu património pessoal, tendo em vista o exercício de uma actividade comum e a assunção do risco de empresa, nomeadamente no que diz respeito ao não percebimento de uma remuneração correspectiva da prestação efectuada em caso de não obtenção de lucros distribuíveis ou de acumulação de perdas sociais. Nestes termos, podendo o contrato de sociedade ocasionar uma alienação múltipla e recíproca de diversos bens objecto da obrigação de entrada de cada um dos sócios, a mesma obrigação beneficia de uma contrapartida meramente eventual, nisso se traduzindo o teor aleatório assumido pelo vínculo societário[1194].

II. Com manifesta influência do art. 2254.º do CCit[1195], o art. 984.º disciplina o risco da coisa objecto de entrada social de acordo com um cri-

---

Comercial v. II Das Sociedades[2], p. 278; PINTO FURTADO, Sociedades, p. 176; e PINHEIRO TORRES, ob. cit., p. 65, referindo, por seu turno, a transmissão do direito com o contrato, ainda que o sócio coloque o bem à disposição da sociedade em momento anterior. Em sentido distinto, PIRES DE LIMA/ANTUNES VARELA, CCAnotado, II, p. 289, sufragam porém a estruturação do contrato de sociedade enquanto contrato preliminar de transferência de direitos reais, com base na abertura aparentemente demonstrada pelo n.º 1 do art. 981.º.

[1192] Cfr. PAIS DE VASCONCELOS, A participação social nas sociedades comerciais[2], p. 268.

[1193] Cfr., nomeadamente, DUTILLEUL/DELEBECQUE, ob. cit., p. 125; e MAINGUY, ob. cit., p. 30 e 261, na referência ao "apport en societé" como contrato cuja remuneração reside nos direitos sociais (embora a transferência da propriedade da coisa seja retardada até ao momento de atribuição de personalidade jurídica ao ente societário).

[1194] Cfr., nomeadamente, MENEZES LEITÃO, Obrigações, III, p. 263, e em Contrato de sociedade, p. 129.

[1195] Factor sublinhado, nomeadamente, por MENEZES CORDEIRO, Sociedades, I, p. 277, n. 752, e em Sociedades, II, p. 60, n. 78.

O *regime jurídico do risco nos contratos de alienação*   411

tério relativo ao objecto transmitido. Assim, com aparente alheamento da entrada de bens fungíveis a que se referia o CCse[1196], distinguem-se as situações da entrada do sócio consistir, respectivamente, na transferência ou na constituição de um direito real, na atribuição do uso ou fruição de uma coisa, ou na transferência de um crédito ou de uma posição contratual. Em conformidade, são declaradas aplicáveis as normas jurídicas relativas ao contrato de compra e venda, ao contrato de locação, e à cessão de créditos e cessão da posição contratual.

Constituindo também o paradigma nas sociedades comerciais[1197], o art. 984.º é um espelho da combinação de regimes jurídicos distintos[1198], cuja harmonia, mesmo abstraindo das deficiências de previsão normativa[1199], não haverá sido inteiramente alcançada.

Uma vez que não existem no ordenamento jurídico português normas gerais de risco no contrato de compra e venda, a remissão efectuada pela al. a) do art. 984.º deve ser devidamente reinterpretada, tendo-se por aplicáveis os arts. 796.º e 797.º. Em consonância, será inexacta uma afirmação apriorística da vigência do brocardo *res perit domino*, uma vez que, como referido anteriormente, são-lhe alheias a maioria das normas contidas naquelas disposições[1200]. Por outra via, na ausência de tratamento nor-

---

[1196] Cfr. *supra* p. 164.

[1197] A conclusão é amparada pelo art. 2.º do CSC, uma vez ultrapassado o duplo teste teleológico postulado pela mesma norma (cfr. Raúl Ventura, *Sociedades por quotas v. I²*, p. 144, ainda que não se pronuncie em termos expressos; Oliveira Ascensão, *Comercial, IV*, p. 305; e Pais de Vasconcelos, *A participação social*, p. 269, referindo uma aplicação não directa, mas transtípica analógica da al. a) do art. 984.º às sociedades comerciais).

[1198] Cfr. Pais de Vasconcelos, *Contratos Atípicos*, p. 354, n. 701, citando Höeniger; e Menezes Leitão, *Obrigações, III*, p. 269. Em sentido contrário, Pires de Lima/ /Antunes Varela, *CCAnotado, II*, p. 293, entendem que a doutrina do art. 984.º confirma o disposto no art. 939.º.

[1199] Cfr., por todos, Menezes Leitão, *Obrigações, III*, p. 267, e em *Contrato de sociedade*, p. 137, sublinhando, nomeadamente, a não abrangência do dinheiro e da contribuição de indústria, a restrição da noção ampla de compra e venda presente no art. 874.º, a qualificação normativa da locação como direito pessoal e o círculo devolutivo em que se traduz a al. c) do art. 984.º. O autor chega mesmo a sufragar uma interpretação correctiva da lei, sendo a sua função "tão só a de sujeitar as entradas dos sócios ao regime de outros contratos em que estas se apresentem como efeito típico", o que se justifica em virtude da sociedade civil "apesar de se apresentar como um contrato típico, possui(r) um elemento atípico: a obrigação de entrada".

[1200] A base regulativa do n.º 1 do art. 796.º possibilita contudo um padrão de enquadramento primário da situação jurídica do risco, com desdobramentos aplicativos concre-

mativo da entrada em dinheiro (ainda que em termos contraprestacionais), podem possivelmente encontrar aplicação as regras das obrigações genéricas, assumindo-se a entrega da coisa como elemento fundamental da equação[1201].

Outra dificuldade interpretativa surge a respeito da al. b) do art. 984.º, disposição que pretende fazer aplicar o disposto no art. 1044.º, com a consequente não assunção pela sociedade do risco de perecimento da coisa[1202]. A norma exclui da sua previsão o direito de usufruto sobre a coisa objecto de entrada, fenómeno que se encontra ainda a coberto da al. a). Todavia, podem surgir hesitações quanto à configuração concreta da atribuição do gozo de uma coisa à sociedade, introduzindo-se, assim, alguma equivocidade quanto ao regime jurídico aplicável.

III. Se a remissão da al. a) do art. 984.º para os arts. 796.º e 797.º permite concluir no sentido da não exacta coincidência entre o risco de perecimento e de deterioração da coisa e a qualidade de seu proprietário[1203], a articulação daquela al. com o instituto da exclusão de sócio suscita as mais fundadas hesitações.

Nos termos da al. d) do art. 1003.º, a exclusão do sócio é admitida quando "por causa não imputável aos administradores, se verifique o pere-

---

tos. Partindo, ao que se julga, desse mesmo prisma, PAIS DE VASCONCELOS, *A participação social*, p. 268, refere que uma perda de valor das entradas posterior ao seu tempo de realização (que não signifique um valor – inicial – menor do bem) corre, enquanto risco de desvalorização subsequente, por conta da sociedade. Por outra via, AVELÃS NUNES, *O direito de exclusão do sócio nas sociedades comerciais*, p. 198, n. 11, sustenta, relativamente ao direito de usufruto, que se o risco da coisa corre por conta do proprietário, "o risco do gozo corre por conta da sociedade, titular do direito real de usufruto". Ambas as situações são contudo, como oportunamente demos conta, manifestações de risco-estático.

[1201] Acompanha-se, assim, a orientação do CCse e do CCes a respeito das coisas fungíveis objecto de entrada social. Por seu turno, TARSO DOMINGUES, *O regime das entradas no Código das Sociedades Comerciais*, p. 710, n. 141, admitindo a entrada com o mero gozo de dinheiro ou coisas fungíveis, considera que esta "opera necessariamente a transferência da propriedade da coisa para a sociedade", excluindo, neste domínio, a figura do usufruto de coisa consumível.

[1202] O art. 1017.º disciplina, por seu turno, a restituição dos bens atribuídos à sociedade em uso e fruição pelo sócio, partindo do pressuposto do suporte por este do risco estático: os bens são-lhe restituídos "no estado em que se encontrarem".

[1203] Para tal basta configurar as hipóteses do sócio reter em seu interesse o imóvel que alienou à sociedade, ou de, por acordo das partes, as mercadorias com que o sócio contribuiu para a sociedade deverem ser encaminhadas do lugar aonde se encontravam no momento da celebração do contrato para a sede ou para o lugar de laboração da sociedade.

O regime jurídico do risco nos contratos de alienação   413

cimento da coisa ou direito que constituía a entrada do sócio", *maxime*, segundo o art. 1004.°, nas situações em que – sendo o perecimento relativo a uma coisa e consistindo a entrada do sócio na transferência ou constituição de um direito real sobre esta – a coisa perecer antes da entrega, ou – havendo o sócio entrado apenas com o uso e fruição daquela – o perecimento se verificar[1204].

Constituindo a exclusão de sócio uma forma específica de resolução do contrato por incumprimento das obrigações do devedor[1205], fundamentada na "perda autónoma do interesse da sociedade", e não na culpa do devedor[1206], a solução da al. b) do art. 1004.°, paralela aliás ao art. 2286.°, II, do CCit, não suscita hesitações de maior. De facto, encontrando-se o risco de perecimento da coisa inscrito na esfera jurídica do sócio – cuja entrada para a sociedade se traduziu numa poupança periódica por esta da prestação a que estaria obrigada se o gozo dos mesmos bens fosse obtido através de terceiro – o perecimento da coisa impede esse mesmo gozo, pelo que ocasionaria, no domínio do contrato de locação, a exoneração da obrigação de pagamento das rendas ou alugueres convencionados. Nestes termos, a lei limita-se a adequar ao fenómeno societário a aplicação das regras locatícias, nomeadamente ao estabelecer a não caducidade automática do vínculo societário, mas antes a possibilidade da sua extinção[1207].

[1204] A lei limita o fenómeno às hipóteses de perecimento do bem, não constituindo a sua simples deterioração fundamento suficiente para a exclusão do sócio. Por outra via, a exclusão do sócio fundada no perecimento da coisa é considerada inaplicável às sociedades em nome colectivo, em virtude da não transposição da al. d) do art. 1003.° pelo n.° 1 do art. 186.° do CSC (cfr. RAÚL VENTURA, *Novos estudos sobre sociedades anónimas e sociedades em nome colectivo*, p. 300), e às sociedades por quotas, atento o teor do n.° 1 do art. 241.° do CSC e a inexistência de qualquer lacuna que justifique o estabelecimento de analogia ou integração decorrente do carácter subsidiário da lei civil *ex vi* o art. 2.° do CSC (cfr. RAÚL VENTURA, *Sociedades por quotas, II*, p. 50).

[1205] Cfr. MENEZES CORDEIRO, *Sociedades, I*, p. 298, e em *Sociedades, II*, p. 85; e MENEZES LEITÃO, *Obrigações, III*, p. 286, sublinhando, porém, de acordo com a conformação especial do sinalagma no contrato de sociedade, que o incumprimento será meramente sintomático, pois o que determina a exclusão do sócio será "a avaliação dos seus efeitos na relação jurídica societária".

[1206] Cfr. MENEZES LEITÃO, *Obrigações, III*, p. 286, e em *Contrato de sociedade*, p. 169.

[1207] As mesmas considerações são extensíveis à liquidação do quota do mesmo sócio, pelo que este apenas poderá perceber uma remuneração coincidente com os eventuais lucros da sociedade ao tempo do perecimento do bem, que funcionarão como contrapartida hipotética do gozo e fruição da coisa proporcionados à sociedade até esse momento

A simetria entre o instituto da exclusão de sócio e as regras de distribuição do risco contratual é todavia impedida pela a) do art. 1004.°, contrária inclusivamente ao art. 2286.°, III, do CCit[1208]. A faculdade de exclusão do sócio por parte da sociedade é admitida se o perecimento da coisa ocorrer, não antes do momento da aquisição da titularidade da coisa pela sociedade, mas sim em momento anterior à sua entrega, solução que, assumindo proximidade com o art. 1701.°, I, do CCes, poderia fazer ponderar a eleição do momento do cumprimento da obrigação de entrega da coisa como regra de transmissão do risco. De facto, se de acordo com o n.° 1 do art. 796.° – aplicável *ex vi* a al. a) do art. 984.° – o risco de perecimento da coisa pertenceria em regra à sociedade com a celebração do contrato (momento no qual se transmitem e constituem direitos reais), a al. a) do art. 1004.° autoriza a exclusão do sócio se a entrega da coisa ainda não houver sido efectuada, ou seja, num momento ulterior àquele.

Consciente da antinomia normativa[1209], AVELÃS NUNES sufragou a articulação da al. a) do art. 1004.° com o regime da mora do devedor, uma vez que, se não houve entrega da coisa no momento da celebração do contrato constitutivo da sociedade, o sócio deveria assumir as consequências estabelecidas pelo n.° 1 do art. 807.°[1210]. Todavia, salvo o devido respeito, não se afigura que a mesma orientação possa ser acolhida, uma vez que a al. a) do art. 1004.° não se articula necessariamente com situações de mora do alienante na entrega da coisa, onde, aliás, se configura uma hipótese de responsabilidade objectiva, e não de risco contratual. Com efeito, se o sócio provar que a coisa haveria perecido ainda que em poder da sociedade, como por exemplo no caso da ocorrência de um terramoto que arra-

---

(cfr. PIRES DE LIMA/ANTUNES VARELA, *CCAnotado, II*, p. 335 e 338; e MENEZES LEITÃO, *Obrigações, III*, p. 293, relativamente à prt. final do art. 1018.°).

[1208] Cfr. *supra* p. 233.

[1209] Desta faz tábua rasa TARSO DOMINGUES, *ob. cit.*, p. 712, que conclui, a este respeito, que "se um sócio transferir a propriedade da coisa para a sociedade, o risco de perecimento corre por conta desta, *pelo que, ainda que desapareça o bem que constituiu a entrada, ele manterá a sua posição jurídica de sócio*". A contradição é todavia detectada por MÚRIAS/LURDES PEREIRA, *Prestações*, p. 9, n. 25.

[1210] Cfr. AVELÃS NUNES, *ob. cit.*, p. 196, n. 110, e 197, concluindo, após uma análise de Direito comparado, que a solução da al. a) do art. 1004.° "em nada contraria o regime legal". Outra solução será, como PIRES DE LIMA/ANTUNES VARELA, *CCAnotado, II*, p. 289, considerar o contrato de sociedade como um contrato preliminar em termos jurídico-reais, para admitir, depois, a aquisição da propriedade das entradas com a sua entrega. Mas tal tese mostra-se frontalmente contrária aos dados do sistema.

O regime jurídico do risco nos contratos de alienação 415

sou o edifício que deveria vir a constituir a sua sede social, é inequívoco que a perda patrimonial não lhe será imputada, embora se mantenha o fundamento para a sua exclusão societária[1211].

A al. a) do art. 1004.º apenas obtém articulação inequívoca com o n.º 2 do art. 796.º, uma vez que, na hipótese de retenção do imóvel com que o sócio entre para a sociedade em virtude da satisfação de um interesse próprio, o risco do seu perecimento passará com a entrega, em consonância com a aferição da eventualidade de exclusão do sócio a esse momento. Não obstante, cabe reconhecer que, embora a averiguação do interesse na retenção da coisa alienada deva ser omnipresente, a solução não encontra uma aplicação universal. No caso de um outro sócio entrar para a sociedade com mercadorias que retém em seu poder em virtude daquela não possuir ainda instalações próprias para o seu armazenamento, não se suscitarão dúvidas que o risco se transmite com a celebração do contrato de sociedade, embora a faculdade de exclusão exista, no caso de perecimento das mercadorias, em momento anterior ao da sua entrega. O mesmo raciocínio será efectuado perante o disposto no art. 797.º, salvo se se entender, numa orientação que se assemelha porém excluída dos desígnios do legislador, que a entrega a que se refere a al. a) do art. 1004.º compreende também a entrega indirecta da coisa efectuada pelo sócio ao transportador.

IV. Não se encontrando quaisquer elementos literais, históricos ou sistemáticos que justifiquem uma interpretação restritiva da al. a) do art. 1004.º à hipótese regulada pelo n.º 2 do art. 796.º[1212], e aplicando-se a norma também à alienação de direitos reais de gozo menores[1213], é ineluctável a possibilidade de exclusão do sócio, ainda que o risco de perecimento da coisa se encontre afecto à sociedade.

Com efeito, se o risco real é atribuído à sociedade, ao menos segundo o n.º 1 do art. 796.º, a al. a) do art. 1004.º admite que uma faculdade suce-

---

[1211] Consequência da relevância negativa da causa virtual no art. 807.º, a que é estranho o risco contratual (cfr. *supra* p. 58).

[1212] Cfr. PIRES DE LIMA/ANTUNES VARELA, *CCAnotado, II*, p. 320, não distinguindo sequer entre os casos em que o acto de transferência tem eficácia real – por incidir sobre coisa determinada – e aqueles em que este – possuindo mera eficácia obrigacional – confere importância decisiva ao momento de entrega da coisa.

[1213] Cfr. AVELÃS NUNES, *ob. cit.*, p. 193, em relação ao usufruto, entendendo o uso a que se refere a al. b) do art. 984.º como o "uso económico" e não como uma referência ao direito de uso; e TARSO DOMINGUES, *ob. cit.*, p. 711, n. 143. A questão pode suscitar todavia hesitações, como referido a propósito do ordenamento jurídico italiano (cfr. *supra* p. 233).

416 *O Risco nos Contratos de Alienação*

dânea do instituto da resolução contratual seja exercida contra o sócio pelos seus consócios, privando-o de direitos sociais *in futurum*[1214]. O sócio pode ser excluído da participação em lucros futuros, ou no valor de liquidação da sociedade, apesar da perda patrimonial relativa ao perecimento da coisa ser suportada pela sociedade, que satisfará àquele o valor de liquidação da sua quota[1215].

[1214] Pense-se por exemplo numa sociedade em que todos os sócios entram com numerário, à excepção de um sócio cuja entrada consiste em mercadorias ou mobiliário não entregue à sociedade em virtude das suas instalações não se encontrarem ainda disponíveis: o risco corre por conta da sociedade, mas a exclusão do sócio pode ocorrer no caso de perecimento da(s) coisa(s). Em sentido análogo, também MANUEL PITA, *ob. cit.*, p. 350, conclui que do art. 1004.º, al. a), "resulta que o sócio corre o risco de perecimento da coisa".

[1215] A liquidação da quota realiza-se nos termos do art. 1021.º (cfr. MENEZES CORDEIRO, *Sociedades, II*, p. 90, 216, 331 e 389, considerando que o antigo sócio deve receber "o valor justo que lhe compete"; e VIDEIRA HENRIQUES, *A desvinculação unilateral ad nutum nos contratos civis de sociedade e de mandato*, p. 85, aludindo ao património social efectivo, e não ao contabilístico), sendo a disposição aplicável à liquidação de quotas nas sociedades por quotas, e de partes sociais nas sociedades em nome colectivo (cfr., respectivamente, os arts. 235.º, n.º 1, al. a), 186.º, n.º 4, e 105.º, n.º 2, do CSC; bem como COUTINHO DE ABREU, *ob. cit.*, p. 410, por referência ao "valor real da quota no momento da deliberação").

O valor da liquidação não coincide necessariamente, porém, com o valor em que a entrada do sócio foi estimada aquando da constituição da sociedade (cfr. o art. 1018.º, n.º 3), uma vez que, entre esta e o momento de eficácia da exclusão do sócio (trinta dias após a sua comunicação ao sócio excluído, nos termos do art. 1005.º, n.º 1, para onde remete o art. 1021.º, n.º 1), que aliás será posterior ao momento de perecimento da coisa objecto de entrada, podem gerar-se lucros ou prejuízos sociais (sendo certo que o sócio excluído é responsável pelas obrigações sociais contraídas perante terceiros até esse momento, segundo o art. 1006.º, n.º 1). Assim, pode o sócio excluído receber uma quantia (cfr. o art. 1021.º, n.º 3) maior ou menor do que o valor do bem objecto de entrada, situação facilmente explicável enquanto manifestação típica da empresa societária a que o sócio excluído escolheu aderir.

Para uma melhor compreensão da situação, deve considerar-se que a exclusão da sociedade pode ou não ocorrer (dependendo do voto maioritário dos outros sócios – cfr. o art. 1005.º, n.º 1), e verificar-se não apenas na situação anómala do risco da coisa correr por conta da sociedade, mas também quando o risco não haja sido transmitido a esta (nomeadamente por aplicação do art. 796.º, n.º 2). Onerando o risco ainda o sócio, a vicissitude da sua exclusão pode ou não verificar-se, sendo certo que, em nosso juízo, se tal não acontecer, o n.º 1 do art. 1018.º excluirá o reembolso da entrada daquele no momento da partilha do património social (*sic* "extintas as dívidas sociais, o activo restante é destinado em primeiro lugar ao reembolso das entradas *efectivamente realizadas*"): restará ao sócio a participação em eventuais lucros, se os houver após a extinção das dívidas sociais e o reembolso das entradas dos demais sócios. Se, na sequência do perecimento da coisa,

O regime jurídico do risco nos contratos de alienação 417

Cumulativamente com a aplicação do art. 796.°, o intérprete é assim confrontado com a vigência de um regime jurídico que, não coincidindo com o binómio formado pelos arts. 790.° e 795.°, se aproxima do mesmo em termos funcionais. Eis o risco enquanto perda patrimonial contratualmente fundada[1216].

---

for deliberada a exclusão do sócio, assemelha-se, por sua vez, que este apenas será titular, em termos proporcionais à divisão dos lucros, do saldo eventualmente existente no momento da produção de efeitos da exclusão. É o que resulta da articulação dos arts. 1021.°, n.os 1 e 2, e 1018.°, n.° 1.

Na situação que primariamente nos ocupa – do sócio que não suporta já o risco de perecimento da coisa em virtude do mesmo se haver transmitido à sociedade – a ausência de exclusão determinará, aquando da partilha, o reembolso da sua entrada de acordo, em princípio, com o valor da mesma entrada à data da contituição da sociedade (pois esta terá de se considerar "efectivamente realizada" em virtude dos elementos literal e sistemático que se deduzem da al. a) do art. 984.°), bem como a participação no saldo da sociedade, se o houver. Claro que a existência de perdas sociais obstará a qualquer reembolso prévio à sua assunção. Já se a exclusão do sócio for promovida, este terá direito ao reembolso da sua entrada, bem como a eventuais lucros existentes aquando da eficácia da exclusão. Todavia, uma vez que o património social pode mostrar-se deficitário já nesse momento, o cômputo das perdas determinará, afinal, que o sócio receba uma prestação inferior ao valor do bem com que entrou para a sociedade.

[1216] Estabelecendo que "se a sociedade for privada, por acto legítimo de terceiro, do bem prestado pelo sócio ou *se tornar impossível a prestação (…) deve o sócio realizar em dinheiro a sua participação*", o n.° 3 do art. 25.° do CSC presta-se igualmente a equívocos (a solução corresponde, no essencial, ao n.° 3 do art. 13.° do anteprojecto relativo às sociedades por quotas apresentado por FERRER CORREIA, LOBO XAVIER, MARIA ÂNGELA COELHO e ALBERTO CAEIRO, referindo a impossibilidade de entrega do objecto que consistisse na prestação do sócio como fundamento para que este fosse obrigado a realizar a sua quota em dinheiro – cfr. FERRER CORREIA/LOBO XAVIER/ÂNGELA COELHO/ALBERTO CAEIRO, *Sociedade por quotas de responsabilidade limitada. Anteprojecto de lei – 2.ª redacção e exposição de motivos*, p. 164 e 146; e TARSO DOMINGUES, *ob. cit.*, p. 710, n. 138, mencionando a ausência de um paralelo no Direito comparado). De facto, se o âmbito de aplicação da norma pode ser reconduzido a uma esfera puramente obrigacional (cfr. COUTINHO DE ABREU, *ob. cit.*, p. 272, n. 152, concretizando-a com certas entradas em espécie, nomeadamente cessões de créditos; e TARSO DOMINGUES, *ob. cit.*, p. 710, aludindo à transmissão do simples gozo do bem, embora a n. 139 suscite a hipótese do sócio realizar uma entrada em propriedade, vindo mais tarde um terceiro a reivindicar com sucesso o mesmo direito), a sua articulação com a transmissão do risco real parece postular a necessidade de entrega da coisa, em claro desfasamento com o regime jurídico do art. 984.° do CCiv (cfr., aparentemente no sentido da consideração de uma atribuição de risco, PINHEIRO TORRES, *ob. cit.*, p. 55; e, subsequentemente, MANUEL PITA, *ob. cit.*, p. 352, considerando que "a hipótese de a coisa perecer antes da entrega configura uma impossibilidade da prestação expressamente contemplada no n.° 3 do art. 25.°, o que afasta liminarmente a existência de uma lacuna"). Não obstante, a solução da questão não conduzirá a resultados anacrónicos na sua

418 O Risco nos Contratos de Alienação

4.4.2. A empreitada

I. O contrato de empreitada é regulado enquanto modalidade do contrato de prestação de serviços, sendo a sua vocação não necessariamente alienatória correntemente sublinhada[1217]. Não obstante, o seu regime jurídico transmissivo é ressalvado pelo n.º 2 do art. 408.º, sendo a propriedade da obra objecto da regulamentação do art. 1212.º. Em simultâneo, a delimitação tipológica do vínculo contratual presta-se a diversos equívocos, cuja ultrapassagem é postulada para a compreensão do respectivo regime jurídico.

As hesitações na demarcação do tipo no contrato de empreitada são logo perceptíveis através das distintas aproximações realizadas nos ordenamentos jurídicos anteriormente compulsados.

Deste modo, elementos como o fornecimento dos materiais empregues por parte do empreiteiro, a natureza fungível ou infungível da obra, a prevalência da organização sobre os materiais e o trabalho, ou mesmo o substrato imóvel no qual a obra é realizada, ditam, noutras latitudes, qualificações jurídicas alheias ao presente fenómeno, de que são exemplos o *"Werklieferungvertrag"*, o contrato *"d'opera"* ou a *"vente d'immeubles à construire"*. Todavia, apesar da utilidade da distinção do contrato de empreitada dos contratos de compra e venda e de prestação de serviços *stricto sensu*, a verdade é que não apenas o n.º 1 do art. 1210.º admite o fornecimento dos materiais pelo empreiteiro, como a noção de obra do art. 1207.º assume uma abrangência considerável[1218].

---

articulação com o regime do CCiv, uma vez que, de acordo com o art. 26.º do CSC, as entradas em espécie têm de ser realizadas no momento da outorga da escritura do acto constituinte ou até esse momento, obstando-se, assim, à sua não imediatividade em relação ao contrato (cfr., nomeadamente, OLIVEIRA ASCENSÃO, *Comercial, IV*, p. 144; MENEZES CORDEIRO, *Sociedades, I*, p. 589; COUTINHO DE ABREU, *ob. cit.*, p. 277; e PINTO FURTADO, *Sociedades*, p. 100).

[1217] Cfr., nomeadamente, o ac. do STJ de 6 de Julho de 1993 *cit.*, p. 183. A configuração obrigacional do contrato de empreitada é, por seu turno, corrente na doutrina portuguesa (cfr., VAZ SERRA, *Empreitada*, (BMJ n.º 145) p. 161, n. 233, e 174, sublinhando o carácter subordinado da alienação; e ROMANO MARTINEZ, *Empreitada de consumo*, p. 157, aludindo a um contrato consensual com efeitos obrigacionais).

[1218] Cfr. PIRES DE LIMA/ANTUNES VARELA, *CCAnotado, II*, p. 864, no sentido da indistinção, no Direito português, entre o contrato de empreitada e o contrato de obra; e SOUSA RIBEIRO, *As fronteiras juslaborais e a (falsa) presunção de laboralidade do art. 12.º do Código do Trabalho*, p. 349, considerando contudo a maior amplitude dos conceitos de *"appalto-opera"* e *"werkvertrag"* em relação à previsão do art. 1207.º. Uma explicação his-

O regime jurídico do risco nos contratos de alienação 419

Coincidindo *lato senso* com a actividade de "criar ou modificar uma coisa"[1219], o contrato de empreitada não se identifica necessariamente com a actividade de construção, sendo socialmente típicas as hipóteses de reparação de veículos[1220], de corte de árvores e arbustos[1221], e também, ainda que com algumas hesitações, de instalação de elevadores[1222]. Não obstante, algumas situações suscitam dúvidas de enquadramento no confronto com o contrato de compra e venda, como sucede quando se negoceiam bens fungíveis, fabricados em série ou em que a actividade não se afirme como elemento preponderante. Distinguindo-se em termos estruturais – uma vez que o contrato de empreitada terá por objecto uma prestação de facto e não de coisa[1223] – afigura-se que, mais do que um critério

---

tórica da restrição do conceito de obra à noção de coisa corpórea, pela dupla influência do fundo tradicional das Ordenações quanto ao objecto, e do CCit quanto ao conteúdo, é efectuada por ROMANO MARTINEZ, *O contrato de empreitada no Direito romano*, p. 32.

[1219] Esta é a noção empregue por VAZ SERRA, *Empreitada*, p. 215. Em sentido próximo, PIRES DE LIMA/ANTUNES VARELA, *CCAnotado, II*, p. 865; e MENEZES LEITÃO, *Obrigações, III*, p. 516, referem também a construção, criação, reparação, modificação ou demolição de uma coisa.

[1220] Cfr. o ac. do STJ de 10 de Abril de 1980 in BMJ n.º 296, p. 274; o ac. do STJ de 24 de Outubro de 1995 in BMJ n.º 450, p. 473; e a S. do 15.º Juízo Cível de Lisboa de 9 de Março de 1981 in CJ 81-II, p. 285, em relação a um incêndio ocorrido numa oficina de automóveis, afastando a qualificação do contrato de depósito-empreitada, e atribuindo o dano ao empreiteiro em sede de responsabilidade obrigacional culposa. O ac. do STJ de 10 de Fevereiro de 1998 in BMJ n.º 474, p. 455, considerou, por seu turno, a reparação de jóias provenientes de clientes de outro joalheiro como um contrato de subempreitada.

[1221] Cfr. o ac. da RL de 25 de Março de 1993 in CJ 1993-II, p. 125, em relação ao corte de eucaliptos contra um preço a pagar por metro cúbico.

[1222] Cfr., nomeadamente, o ac. do STJ de 15 de Março de 1974 in BMJ n.º 235, p. 272, configurando uma situação de subempreitada; o ac. do STJ de 6 de Abril de 1995 *cit.*, p. 36; e o ac. do STJ (Tribunal Pleno) de 31 de Janeiro de 1996 *cit.*, p. 52. O ac. da RP de 12 de Janeiro de 1993 *cit.*, p. 177, considerou, porém, tratar-se este fenómeno de um contrato de compra e venda, e não de um contrato de empreitada ou de um contrato misto Em sentido contrário à orientação jurisprudencial dominante cfr., ainda, JOSÉ MANUEL VILALONGA, *Compra e venda e empreitada – contributo para a distinção entre os dois contratos*, p. 208, sufragando a existência de dois contratos distintos, em nome da função especial do bem, sua utilidade própria e particularidade.

[1223] Cfr. PIRES DE LIMA/ANTUNES VARELA, *CCAnotado, II*, p. 865; RIBEIRO DE FARIA, *Obrigações, II*, p. 380, n. 1, em termos finalísticos; e ROMANO MARTINEZ, *Obrigações – Contratos*, p. 333. Configurando-se como uma obrigação instantânea e de resultado, a prestação principal do empreiteiro é, todavia, paralela à que incumbe ao vendedor no contrato de compra e venda (cfr., quanto ao primeiro termo ANTUNES VARELA, *Das Obrigações, I*, p. 96, referindo ser a empreitada um contrato de execução prolongada em que a prestação

assente no elemento contratual predominante[1224], haverá que averiguar qual o verdadeiro sentido da vontade das partes, sem que se prescinda, todavia, de indícios factuais funcionalizados a esta[1225].

II. A equação do risco contratual no contrato de empreitada entronca num tríplice vértice normativo composto pelos arts. 1212.º, 1227.º e 1228.º, distinguindo-se, com aparente clareza, os prismas do risco da prestação e do risco da contraprestação, e autonomizando-se ainda o risco de perecimento ou deterioração da obra[1226]. Libertando-se da bipartição do

---

não é duradoura; RIBEIRO DE FARIA, *Obrigações, I*, p. 87; MENEZES LEITÃO, *Obrigações, I*, p. 138, n. 293, e em *Obrigações, III*, p. 511, referindo que o tempo não influi no conteúdo ou extensão da obrigação; e ROMANO MARTINEZ, *Obrigações – Apontamentos*, p. 147, e em *Obrigações – Contratos*, p. 363, aludindo a um contrato com prestações de execução prolongada; na qualificação da obrigação do empreiteiro como obrigação de resultado cfr., por exemplo, o ac. da RC de 15 de Maio de 2007 in CJ 2007-III, p. 6). Aliás, o afastamento tipológico não obsta à aplicação à empreitada de algumas das regras do contrato de compra e venda *ex vi* o art. 939.º (cfr. PIRES DE LIMA/ANTUNES VARELA, *CCAnotado, II*, p. 866; e VAZ SERRA, *Anotação ao ac. do STJ de 16 de Março de 1973*, p. 110).

[1224] Aparentemente neste sentido, cfr. VAZ SERRA, *Anotação ao ac. do STJ de 14 de Junho de 1972*, p. 191 e 197, considerando o contrato de fornecimento e instalação de uma caldeira como um "contrato misto (combinado), que se decompõe em dois contratos mistos e os reúne a ambos na mesma operação económica". O tema foi retomado pelo autor em *Anotação ao ac. do STJ de 16 de Março de 1973*, p. 108 e 110, considerando o contrato de fornecimento com obrigação de montagem, tal como aquele em que o prestador fornece a matéria, como um contrato misto, existindo um contrato de compra e venda "se a matéria fornecida pelo prestador da obra prevalecer, na intenção das partes, sobre esta (enquanto obrigação principal)". Em sentido próximo, remetendo para a vontade das partes, mas também para o valor do trabalho e dos materiais cfr., igualmente, o ac. do STJ de 06 de Julho de 1993 *cit.*, p. 182.

[1225] Cfr. PIRES DE LIMA/ANTUNES VARELA, *CCAnotado, II*, p. 866, embora enunciando o critério de saber se o fornecimento de materiais é ou não um simples meio para obter a transformação da matéria; ROMANO MARTINEZ, *Obrigações – Contratos*, p. 337, e em *Empreitada de consumo*, p. 161; MENEZES LEITÃO, *Obrigações, III*, p. 505, referindo-se a uma "avaliação económica da operação"; RITA SOBRINHO, *Contrato de empreitada*, p. 72; e o ac. da RL de 18 de Janeiro de 1990 *cit.*, p. 148. Enumerando exaustivamente os diversos critérios possíveis de distinção, JOSÉ MANUEL VILALONGA, *ob. cit.*, p. 198, 200 e 227, prefere, todavia, assentar a distinção em "grupos de casos".

[1226] Cfr. VAZ SERRA, *Empreitada*, p. 144, que distingue entre o caso fortuito que determina a impossibilidade de execução da obra e aquele que ocasiona o perecimento ou deterioração da coisa; e MENEZES LEITÃO, *Obrigações, III*, p. 564, interpretando o n.º 1 do art. 1228.º com independência do disposto no art. 1227.º, *maxime* quando continuar a ser possível a realização da obra.

O regime jurídico do risco nos contratos de alienação

CCse entre a denominada empreitada de lavor e a empreitada de materiais – distinção que ainda hoje preside ao CCfr e ao CCes – a distribuição do risco no CCiv não resulta, porém, da aplicação daqueles três preceitos em todas as situações, uma vez que o art. 1212.º tem a sua previsão limitada a empreitadas de construção[1227]. Assim, é possível uma coincidência das normas em vigor com algumas das soluções normativas anteriormente vigentes, ainda que esta não se afigure necessária[1228].

Destarte, paralelamente à solução sufragada pela doutrina espanhola e alemã perante os respectivos normativos civis, o risco da prestação é regulado pela 1.ª prt. do art. 1227.º em termos desnecessariamente remissivos, cessando o empreiteiro de estar obrigado à realização da obra, ou à execução de uma nova obra, em caso de impossibilidade prestacional. Este será o caso nas hipóteses de perecimento da coisa infungível na qual a obra vinha sendo realizada, de construção em terreno de terceiro que se mostre indisponível para a sua alienação, de embargo administrativo da obra, de esgotamento dos materiais ou de incapacitação do empreiteiro de perícia ou habilidade insubstituíveis.

A remissão para as regras gerais obsta à aplicação da doutrina sufragada por VAZ SERRA, que apenas considerava o empreiteiro obrigado a nova execução se esta fosse "exigível e possível sem despesas desproporcionadas"[1229]. De facto, pese embora a observância dos limites da boa fé,

---

[1227] Cfr. ROMANO MARTINEZ, *Obrigações – Contratos*, p. 443, referindo que nas empreitadas de reparação e de modificação as questões apenas se colocam relativamente aos materiais a utilizar e a retirar; MENEZES LEITÃO, *Obrigações, III*, p. 513 e 531; e o ac. do STJ de 10 de Fevereiro de 1998 *cit.*, p. 455, que exclui a aplicação dos arts. 1212.º e 1228.º numa hipótese de reparação de jóias. Não obstante, o ac. da RP de 4 de Dezembro de 1980 in CJ 1980-V, p. 143, aplicou o art. 1212.º numa empreitada de impressão, estampagem e acabamentos remunerados ao metro em tela-cambraia, entendendo que o perecimento da tela-cambraia corria por conta do dono da obra – que a fornecera – "quer pela impossibilidade objectiva de cumprimento, quer pelo risco de perecimento da coisa".

[1228] Nestes termos, HENRIQUE MESQUITA, *Anotação ao ac. do STJ de 4 de Outubro de 1994*, p. 160, 188 e 190, distingue as situações em que o empreiteiro se obrigue a fornecer apenas o seu trabalho, daquelas em que aquele se obriga a executar e a fornecer os materiais necessários à execução da obra, considerando que "cada um dos contraentes sofre os prejuízos que o acontecimento imprevisto e irresistível causou na sua esfera jurídica".

[1229] Cfr. VAZ SERRA, *Empreitada*, p. 164, 169 e 239. A mesma orientação é sufragada por ROMANO MARTINEZ, *Cumprimento defeituoso*, p. 326-327, e em *Obrigações – Contratos*, p. 452-453, referindo que, nessa situação (em sede de contraprestação), devem ser pagas ao empreiteiro a remuneração acordada, as despesas e o valor do trabalho incorporado na obra destruída. O novo § 275, II, do BGB, pode, por sua vez, proporcionar uma interpretação evolutiva da lei.

o único sentido útil que se divisa na remissão para o art. 790.º resulta na exigência de uma situação de verdadeira impossibilidade prestacional para a exoneração do empreiteiro (devedor da execução da obra), correndo o risco de não realização da prestação por conta do credor somente nesse circunstancialismo[1230]. Nada impede ainda a verificação de uma situação de impossibilidade parcial da prestação, embora possam existir, em termos de contraprestação, desvios às regras gerais.

III. O risco da contraprestação é objecto da 2.ª prt. do art. 1227.º, traduzindo uma modelação do regime jurídico do n.º 1 do art. 795.º[1231].

Com proximidade da orientação consagrada pelo pr. do art. 1403.º do CCse a respeito do falecimento do empreiteiro[1232], a lei determina a atribuição de uma compensação ao empreiteiro pelo "trabalho executado" e pelas "despesas realizadas", solução não coincidente com a oneração da contraparte em relação ao risco da contraprestação[1233]. Na verdade, não percebendo o empreiteiro a remuneração convencionada, o certo é que este irá beneficiar de uma compensação patrimonial substitutiva, ainda que o dono da obra não retire qualquer proveito dos trabalhos executados ou das despesas realizadas[1234]. A solução constitui, aliás, um bloqueio

---

[1230] Aparentemente neste sentido cfr. PIRES DE LIMA/ANTUNES VARELA, *CCAnotado, II*, p. 906, referindo que a perda ou a deterioração da coisa podem importar a impossibilidade de cumprir mas que normalmente o empreiteiro não fica impossibilitado. Em consonância com a remissão para as regras gerais, o ac. do STJ de 24 de Outubro de 1995 *cit.*, p. 473, considerou, em relação a um automóvel entregue para revisão e objecto de incêndio na oficina reparadora, que atenta a (não elidida) presunção de culpa do empreiteiro resultante da aplicação do art. 799.º, a questão se solucionaria através da responsabilidade contratual (afastando a qualificação do contrato como contrato misto de empreitada e de depósito, e considerando a guarda da coisa uma obrigação acessória do contrato de empreitada).

[1231] Cfr. MENEZES LEITÃO, *Obrigações, III*, p. 559, no sentido de uma derrogação parcial.

[1232] Paralelo denunciado por VAZ SERRA, *Anotação ao ac. do STJ de 16 de Março de 1973*, p. 117. A paridade de soluções é também proporcionada pelo art. 1230.º, n.º 2.

[1233] Cfr. ROMANO MARTINEZ, *Cumprimento defeituoso*, p. 326, em *Obrigações – Contratos*, p. 450-451, e em *Da cessação*, p. 555, que todavia distingue o risco de remuneração, a cargo do empreiteiro, do risco do trabalho e despesas, a cargo do dono da obra, assumindo a situação uma relevância especial nas empreitadas de coisa imóvel, sendo o solo pertença do dono da obra, e nas empreitadas de coisa móvel com materiais fornecidos pelo dono da obra.

[1234] Em sentido próximo, LURDES PEREIRA, *Conceito da prestação*, p. 282, n. 738, entende o disposto no art. 1227.º como uma "contraprestação parcial (ao menos se se

O regime jurídico do risco nos contratos de alienação 423

aplicativo do regime da impossibilidade parcial consagrado no n.º 2 do art. 793.º, uma vez que não se postula a utilidade da prestação para o dono da obra, nem se faculta a este a resolução do contrato[1235].

IV. O terceiro vértice de análise da distribuição do risco no contrato de empreitada exige a consideração do n.º 1 do art. 1228.º, o qual atribui o risco ao proprietário se a coisa "perecer ou se deteriorar".

Em primeiro lugar, cumpre sublinhar que, atento o objecto do contrato de empreitada segundo o art. 1207.º, a epígrafe da secção IV, e a referência constante no art. 1212.º, o perecimento ou deterioração verificados reportar-se-ão, em rigor, à obra em execução, e não aos materiais a empregar nesta[1236]. De facto, mantendo os materiais autonomia em relação à obra[1237], vigorará quanto a estes uma regra de risco inerente à titularidade dominial. A *ratio legis* do n.º 1 do art. 1228.º residirá, antes, na atribuição do risco contratual em termos autónomos, quer do jogo prestacional entabulado pelas partes, quer da aplicação da regra geral de risco-estático que se encontra pressuposta, de forma tendencialmente uniforme, no ordenamento jurídico português.

Em conformidade, a atribuição do risco de perecimento ou deterioração da obra obriga à articulação dos arts. 1228.º e 1212.º, excepcionando o último a aplicação do regime jurídico transmissivo das coisas futuras, bem como a vigência das regras da acessão (dispensando assim a aferição do valor relativo dos bens). Na sequência, a lei realiza uma divisão entre a empreitada de obra móvel e imóvel, subdistinguindo ainda na primeira

---

entender, como parece mais correcto, que o "trabalho executado" e as "despesas realizadas" devem ser compensados em atenção ao valor com que foram computados no preço convencionado)".

[1235] Cfr. PIRES DE LIMA/ANTUNES VARELA, *CCAnotado, II*, p. 905; e MENEZES LEITÃO, *Obrigações, III*, p. 559.

[1236] No sentido de aplicação do art. 1228.º, não apenas em relação à obra realizada, mas também aos materiais que nela se incorporariam, cfr. todavia ROMANO MARTINEZ, *Obrigações – Contratos*, p. 451, e em *Da cessação*, p. 556; e RITA SOBRINHO, *ob. cit.*, p. 78. No sentido referido, HENRIQUE MESQUITA, *Anotação*, p. 186 a 192, sufragou, numa hipótese de empreitada de obras públicas em que ocorreu uma cheia de proporções anormais quando os trabalhos se encontravam na sua fase conclusiva, a aplicação do *res perit domino* aos bens do empreiteiro danificados no espaço da obra. Trata-se, afinal, de separar o risco inerente à dominialidade do risco contratual.

[1237] Cfr. PIRES DE LIMA/ANTUNES VARELA, *CCAnotado, II*, p. 866, na referência à transferência da propriedade dos materiais pela entrega ou com a sua incorporação.

424   *O Risco nos Contratos de Alienação*

hipótese de acordo com um critério atinente ao sujeito responsável pelo fornecimento dos materiais.

Na empreitada de construção de coisa móvel, havendo os materiais sido fornecidos "no todo ou na sua maior parte, pelo empreiteiro", a transferência para o dono da propriedade da obra ocorre, segundo o disposto na 1.ª prt. do n.º 1 do art. 1212.º, com a sua aceitação por aquele[1238]. Se o dono da obra contribuir com uma "menor" parte dos materiais, a sua propriedade extingue-se com a incorporação dos mesmos na obra[1239], sendo o sacrifício patrimonial associado ao seu perecimento em momento anterior ao da incorporação manifestação do risco-estático inerente à titularidade dominial dos bens[1240].

[1238] Cfr. VAZ SERRA, *Empreitada*, p. 225, cujas soluções foram fundamentalmente seguidas pelo n.º 1 do art. 1212.º; PIRES DE LIMA/ANTUNES VARELA, *CCAnotado, II*, p. 878, sublinhando que até ao momento da aceitação quem adquire a coisa é o empreiteiro; CARVALHO FERNANDES, *Da subempreitada*, p. 101, em relação a materiais fornecidos pelo subempreiteiro; ROMANO MARTINEZ, *Obrigações – Contratos*, p. 445, referindo a vigência de um critério simultaneamente qualitativo e quantitativo; e RITA SOBRINHO, *ob. cit.*, p. 79. Na jurisprudência, o ac. da RP de 09 de Outubro de 2006 in CJ 2006-IV, p. 172-173, considerou, num contrato de construção de móveis de madeira com materiais do empreiteiro, a constituição do direito de propriedade originariamente no património do empreiteiro por especificação, o qual depois se transmitiu para o dono da obra aquando da sua aceitação (embora o ac. da RP de 09 de Fevereiro de 2006 in CJ 2006-I, p. 180-182, tenha configurado uma situação paralela como venda de coisa futura).

A falta de verificação da obra ou de comunicação daquela importa, nos termos do n.º 5 do art. 1218.º, a aceitação da obra pelo dono (cfr. PIRES DE LIMA/ANTUNES VARELA, *CCAnotado, II*, p. 892, enquanto sanção ou presunção inelidível; VAZ SERRA, *Anotação ao ac. do STJ de 16 de Março de 1973*, p. 113 e 117, que sublinha que o *res perit domino* pode conduzir a resultados iníquos na empreitada com materiais fornecidos pelo empreiteiro, retomando o exemplo de HECK do alfaiate que deve entregar o fato na residência do cliente ausente e que corre o risco do seu perecimento e deterioração pela inexistência de aceitação; ROMANO MARTINEZ, *Obrigações – Contratos*, p. 435; e MENEZES LEITÃO, *Obrigações, III*, p. 523, por referência a um caso de aceitação ficta).

[1239] Cfr. PIRES DE LIMA/ANTUNES VARELA, *CCAnotado, II*, p. 878, referindo que o dono da obra vai perdendo a propriedade dos materiais conforme se for verificando a sua incorporação; ROMANO MARTINEZ, *Cumprimento defeituoso*, p. 326, e em *Obrigações – Contratos*, p. 445 e 452, enunciando uma situação credora do dono da obra relativamente aos materiais fornecidos e a atribuição do risco ao seu dono antes da incorporação; e MENEZES LEITÃO, *Obrigações, III*, p. 531.

[1240] Ultrapassadas as dúvidas de qualificação contratual, a situação pode exemplificar-se através de um contrato de fornecimento e montagem de uma habitação pré-fabricada com materiais do empreiteiro, em que, curiosamente, o art. 1397.º do CCse possibilitava uma solução similar à presentemente em vigor, embora aferida ao momento da entrega e não ao momento da aceitação da obra (cfr. o ac. do STJ de 16 de Março de 1973 *cit.*,

O *regime jurídico do risco nos contratos de alienação*

Se a obra for uma coisa móvel construída com materiais fornecidos pelo seu dono, a 2.ª prt. do n.º 1 do art. 1212.º determina a transmissão da propriedade da obra *ipso iure* para aquele no momento da conclusão dos trabalhos, irrelevando, assim, qualquer acto de aceitação da sua parte[1241]. Na sua sequência, e salvo em relação aos materiais residualmente forneci-dos pelo empreiteiro e não incorporados na obra[1242], o risco é atribuído ao dono da obra[1243], ainda que em termos não coincidentes com o jogo pres-tacional.

No que respeita à empreitada de construção de imóveis em que o solo ou a superfície seja propriedade do dono da obra, o n.º 2 do art. 1212.º estabelece, com indiferença em relação ao fornecimento dos materiais e ao facto destes – isolada ou conjuntamente com o trabalho do empreiteiro – serem de valor superior ao valor do solo ou da superfície, que a pro-priedade da obra pertence ao dono do solo, o qual assume o risco àquela inerente[1244]. Constituindo propriedade do dono da obra se fornecidos por este, os materiais fornecidos pelo empreiteiro são adquiridos à me-

---

relativo ao fornecimento e montagem de uma casa pré-fabricada na Costa Caparica, havendo o risco de destruição da casa por temporais sido atribuído ao empreiteiro até ao acto de entrega e aceitação). Em sentido contrário à qualificação jurisprudencial do con-trato, entendendo tratar-se de um contrato misto de compra e venda e empreitada, senão mesmo de compra e venda de coisa futura, cfr. VAZ SERRA, *Anotação ao ac. do STJ de 16 de Março de 1973*, p. 112 e 119, concluindo que a coisa não seria adquirida antes de se tornar presente ou de ser criada. Por sua vez, o ac. do STJ de 23 de Janeiro de 2007 in CJ (STJ) 2007-I, p. 40, considerou, sem razão, por aplicação do art. 204.º, n.º 1, al. e), e n.º 3, que este se trataria de empreitada de obra imobiliária, dado que a casa pré-fabricada "não é mais que um conjunto de módulos que, uma vez montados, e ajustados, formarão no seu todo a estrutura de um edifício".

[1241] Cfr. VAZ SERRA, *Empreitada*, p. 177; PIRES DE LIMA/ANTUNES VARELA, *CCAno-tado, II*, p. 879; e MENEZES LEITÃO, *Obrigações, III*, p. 531.

[1242] Cfr. ROMANO MARTINEZ, *Obrigações – Contratos*, p. 445 e 452, sufragando a perda da propriedade destes materiais desde o momento da incorporação, adquirindo o dono da obra por acessão (nos termos do art. 1333.º), momento em que o risco deixará de pertencer ao empreiteiro; e MENEZES LEITÃO, *Obrigações, III*, p. 531.

[1243] Cfr. PIRES DE LIMA/ANTUNES VARELA, *CCAnotado, II*, p. 907; RITA SOBRINHO, *ob. cit.*, p. 79; e o ac. da RP de 26 de Janeiro de 1998 in CJ 1998-I, p. 192.

[1244] Cfr. PIRES DE LIMA/ANTUNES VARELA, *CCAnotado, II*, p. 879 e 907; ANTUNES VARELA, *Das Obrigações, II*, p. 86, n. 2; ROMANO MARTINEZ, *Obrigações – Contratos*, p. 446; CARVALHO FERNANDES, *Da subempreitada*, p. 101, em relação aos materiais forne-cidos pelo subempreiteiro; e JOSÉ MANUEL VILALONGA, *ob. cit.*, p. 195, referindo a consa-gração do princípio *accessorium principale sequitur*. Em sentido contrário, VAZ SERRA, *Empreitada*, p. 177, remetia porém para a aquisição da obra por acessão.

426 *O Risco nos Contratos de Alienação*

dida da sua incorporação na obra, permanecendo a risco deste até esse momento[1245].

Por fim, a hipótese do solo ou da superfície serem propriedade do empreiteiro levanta algumas hesitações em virtude da sua proximidade do figurino da compra e venda de bens futuros, não havendo a situação sido objecto de previsão legal. A não se verificar a celebração de um contrato misto[1246], foi já sufragada a transmissão da propriedade da obra com a sua aceitação[1247], o que viabiliza soluções não inteiramente coincidentes no que respeita à distribuição do risco de perecimento ou deterioração da obra.

V. Mesmo abstraindo da alteração legislativa desencadeada pela LVBC[1248], a articulação entre os três vértices de distribuição do risco contratual referidos não se revela unívoca, não sendo de igual modo evidente o paralelo a efectuar entre o n.º 1 do art. 1228.º e a distribuição geral do risco nos contratos de alienação. De facto, se, a exemplo do disposto no n.º 1 do art. 796.º, o n.º 1 do art. 1228.º imputa o risco ao proprietário, cumpre não olvidar que *(i)* são distintas as regras transmissivas

---

[1245] Cfr. PIRES DE LIMA/ANTUNES VARELA, *CCAnotado, II*, p. 879; ROMANO MARTINEZ, *Cumprimento defeituoso*, p. 327, e em *Obrigações – Contratos*, p. 453; e RITA SOBRINHO, *ob. cit.*, p. 79.

[1246] Cfr. PIRES DE LIMA/ANTUNES VARELA, *CCAnotado, II*, p. 879, referindo a conjugação da empreitada com uma promessa de venda, pertencendo os materiais ao empreiteiro (ainda que fornecidos pelo dono da obra), enquanto não for transferido o domínio do solo; CARVALHO FERNANDES, *Da subempreitada*, p. 101; e MENEZES LEITÃO, *Obrigações, III*, p. 532, equacionando as hipóteses de união de contratos ou de contrato misto. Confluentemente, o ac. do STJ de 1 de Abril de 2000 in CJ (STJ) 2000-II, p. 19, considerou a existência de uma união de contratos entre o contrato-promessa de aquisição e o contrato de empreitada na situação de aquisição perspectivada de habitação em que o promitente-vendedor se obrigou a fazer obras de adaptação no imóvel, sendo a propriedade da obra adquirida no momento da celebração da escritura de compra e venda, e não com a aceitação.

[1247] Cfr. ROMANO MARTINEZ, *Obrigações – Contratos*, p. 444 e 446, que, excluindo a aplicação do n.º 2 do art. 408.º, distingue três possíveis hipóteses: a transmissão da propriedade do solo com a empreitada (em que encontra aplicação o n.º 2 do art. 1212.º), a transmissão da propriedade com a aceitação (formalmente adequada) da obra, e a transmissão da propriedade após a aceitação por força de um negócio autónomo. Também VAZ SERRA, *Empreitada*, p. 162; e RITA SOBRINHO, *ob. cit.*, p. 78, atribuem relevância à aceitação.

[1248] Cfr. *supra* p. 380, em especial n. 1104.

O regime jurídico do risco nos contratos de alienação 427

postuladas por cada uma das normas[1249], não se admitindo ainda *(ii)* a pertinência do risco a uma eventual esfera de interesse ou controlo do devedor alienante, tal como previsto no n.º 2 do art. 796.º e no art. 797.º. Com efeito, ao contrário do disposto no § 644, II, do BGB, não é abordada a situação de entrega da obra a um transportador, não beneficiando o contrato de empreitada do regime jurídico das obrigações de envio ou remessa simples.

Concretizando os critérios legais enunciados, exemplifique-se com a típica empreitada de construção de uma habitação em terreno pertencente ao dono da obra, sendo os materiais de construção fornecidos pelo empreiteiro. Ocorrendo durante a sua execução um terramoto que faça perecer parte da obra já concretizada, a perda patrimonial incumbe ao dono da obra por aplicação do n.º 1 do art. 1228.º e do n.º 2 do art. 1212.º. No entanto, a mesma reportar-se-á, em rigor, não ao risco-estático de perecimento da coisa propriedade do dono – paralelo aliás à situação do empreiteiro relativamente aos materiais que perecerem sem que houvessem sido ainda incorporados na obra – mas a uma perda fundada na aplicação exclusiva do brocardo *res perit domino*.

A atribuição do risco ao dono da obra significará, não apenas que este sofre o sacrifício patrimonial do objecto que constituía já sua propriedade, mas também o suporte do valor patrimonial dos materiais incorporados na obra pelo empreiteiro até ao momento da verificação do referido evento. A atribuição do risco será assim contratualmente fundada, afastando-se quer dos paradigmas do jogo prestacional, quer da simples aplicação das regras de risco inerentes à titularidade dominial. No limite, ultrapassando-se a sua estrita articulação com o disposto no art. 1212.º, poderá ser equacionada a aplicação do n.º 1 do art. 1228.º às situações de empreitada de reparação, remodelação ou modificação de um edifício, *maxime* relativamente aos materiais incorporados no prédio pelo empreiteiro no âmbito daquelas operações, embora se deva reconhecer que mesmo a primeira solução não é seguramente unívoca. Na verdade, esta pressupõe o carácter genérico da obrigação a cargo do empreiteiro, quando, em termos literais, ao se reportar a "certa obra", o art. 1207.º conduz à aplicação da 2.ª prt. do art. 1227.º[1250]. Aliás, a aplicação desta norma é sufragada mesmo

---

[1249] ROMANO MARTINEZ, *Compra e venda e empreitada*, p. 250, refere ser esta a diferença na repartição do risco nos contratos de compra e venda e de empreitada.

[1250] Nesse sentido ROMANO MARTINEZ, *Obrigações – Contratos*, p. 453, com base num paradigma de distribuição do risco contraprestacional, opera a divisão do risco atra-

428   *O Risco nos Contratos de Alienação*

na ausência de verdadeira impossibilidade, por aplicação da doutrina da frustração do fim[1251].

Retomando o raciocínio proposto, este pode ainda ser testado, por exemplo, na construção de um instrumento musical com madeira do dono da obra, que, segundo se dispõe na 2.ª prt. do n.º 1 do art. 1212.º, seria pertença daquele logo que concluído. De facto, a atribuição do risco ao proprietário da obra traduzirá a assunção *ab initio* por este de um sacrifício patrimonial com a mesma relacionado, nomeadamente se esta perecer no decurso do seu fabrico, compreendendo ainda o suporte do valor dos materiais do empreiteiro que houvessem sido residualmente incorporados na construção do instrumento até ao momento do perecimento[1252]. Solução jurídica distinta vigorará, simetricamente, se a madeira para a construção do instrumento for fornecida pelo empreiteiro, situação em que, mesmo em relação aos materiais por este residualmente fornecidos, o risco apenas será assumido pelo dono da obra com a aceitação[1253].

Resultando as soluções apresentadas do afastamento, quer do jogo prestacional presente no art. 1227.º[1254], quer da recondução do n.º 1 do

---

vés da aplicação cumulativa dos arts. 1227.º e 1228.º, sufragando que o empreiteiro corre o risco dos materiais ainda não incorporados por ele fornecidos e da sua remuneração, enquanto o dono suporta o risco da obra em si, das despesas e do trabalho do empreiteiro.

[1251] MENEZES LEITÃO, *Obrigações, II*, p. 123, a respeito da pintura do imóvel que vem a ruir.

[1252] Em sentido próximo, efectuando uma clara demarcação entre o prisma do risco real estático e do jogo prestacional, que se traduz na não aplicação do art. 1227.º, PIRES DE LIMA/ANTUNES VARELA, *CCAnotado, II*, p. 907, sublinham que o risco corre todo por conta do dono da obra em relação à obra e aos materiais, embora o empreiteiro sofra o risco do trabalho e das despesas realizadas (sendo a obra possível, e fornecendo o dono novos materiais, o empreiteiro terá de refazer a actividade que já tivesse despendido na execução da mesma tarefa). Em coerência com a orientação adoptada relativamente às situações do n.º 2 do art. 1212.º, ROMANO MARTINEZ, *Obrigações – Contratos*, p. 452, empreende uma divisão distinta, correndo o empreiteiro o risco da sua remuneração e dos materiais por ele fornecidos ainda não incorporados na obra, enquanto o dono da obra suportaria o risco dos materiais empregues, incorporados ou não, das despesas e do trabalho do empreiteiro.

[1253] Completando o quadro de soluções proposto, assente numa aplicação cumulativa dos arts. 1227.º e 1228.º, ROMANO MARTINEZ, *Obrigações – Contratos*, p. 452, sufraga que o empreiteiro corre o risco dos materiais usados e da remuneração, enquanto o dono da obra suporta o risco das despesas, do trabalho e dos materiais não incorporados.

[1254] O que conduz, no essencial, ao não suporte pelo dono da obra do custo do trabalho do empreiteiro e suas despesas (que uma aplicação conjunta dos arts. 1227.º e 1228.º contempla). Claro que as soluções serão distintas se se considerar que aplicação do art.

art. 1228.° a uma concretização misantropa ou não comunicante do risco-estático, as regras jurídicas de distribuição do risco enunciadas autonomizam um sacrifício patrimonial contratualmente fundado. De facto, funda-se na empreitada uma repartição do risco que se alheia da modelação do sinalagma contratual, não se resumindo também ao mero resultado do perecimento ou deterioração da obra em si mesma considerada.

Conclusivamente, se se identificou um funcionamento simultâneo e ambivalente das regras de distribuição do risco real e obrigacional a respeito do contrato de sociedade, o mesmo fenómeno é igualmente reconhecido no presente domínio. Para mais, a alteração do paradigma de distribuição do risco postulada pela LVBC em relação à empreitada de bens de consumo – em que o marco relevante passa a coincidir com o momento de entrega da obra – cimenta a construção de uma noção de risco contratualmente fundado, introduzindo no sistema um elemento alheio à transmissão dominial.

4.4.3. *O mandato sem representação para aquisição*

I. Constituindo o paradigma dos contratos de prestação de serviços regulados pelo CCiv, o contrato de mandato pode ser relacionado com a assunção do risco contratual quando o mandatário se encontre, em nome próprio, encarregue de adquirir uma coisa corpórea por conta do mandante, perecendo ou deteriorando-se esse objecto num momento temporal que anteceda a transferência da titularidade[1255]. A questão encontra-se

---

1227.° é imposta pela natureza específica da obrigação do empreiteiro ou motivada pela doutrina da frustração do fim.

[1255] Representando também uma estrutura socialmente típica, o mandato sem representação para alienação – de que o mandato para venda é a espécie mais frequente – não é objecto de análise, sendo aliás consideráveis as hesitações quanto à sua estruturação dogmática. De facto, se é equacionada a hipótese de uma transmissão directa da propriedade da coisa da esfera jurídica do mandante para a esfera jurídica do terceiro (cfr. Pires de Lima/Antunes Varela, *CCAnotado, II*, p. 828, considerando que no momento da execução contratual o mandante perde o seu direito de propriedade, "como se o mandatário tivesse poderes de representação"; e Costa Gomes, *Revogação do mandato civil*, p. 123-124, entendendo que, sendo o próprio contrato de mandato que confere legitimidade para alienar, a transferência opera-se no entanto "recta via do mandante para o terceiro"), tal orientação não suscita unanimidade doutrinal (cfr. Vaz Serra, *Anotação ao ac.*

430   *O Risco nos Contratos de Alienação*

necessariamente conexa com o fenómeno da interposição real de pessoas[1256], havendo que delinear, em termos prévios, a estrutura do contrato de mandato, *maxime* quando a figura não seja acompanhada do exercício de poderes representativos por parte do mandatário.

Correspondendo a lei, em termos substanciais, às soluções propostas no anteprojecto de GALVÃO TELLES[1257], o primeiro aspecto a sublinhar respeita ao carácter não sinalagmático do contrato de mandato quando este assuma natureza gratuita, estabelecendo-se diversas obrigações para qualquer das partes sem que entre qualquer destas exista um nexo específico de interdependência obrigacional[1258]. A tese da dupla transferência dominial a cargo do mandatário é, por seu turno, consagrada pelo n.° 1 do art. 1181.°[1259], manifestação, segundo se julga, de uma especial obrigação de

---

do STJ de 19 de Março de 1976, p. 94, sufragando a dupla transmissão em relação ao mandato para venda; MENEZES LEITÃO, *Obrigações, III*, p. 462; e, quanto aos efeitos obrigacionais, VIDEIRA HENRIQUES, *ob. cit.*, p. 155, n. 114). O perecimento da coisa que o mandatário deveria alienar a terceiro configura-se não obstante como uma hipótese de impossibilidade superveniente da prestação do mandatário, a cargo do mandante (cfr. COSTA GOMES, *Revogação do mandato civil*, p. 31, n. 78). De todo o modo, ainda que o mandatário adquira a propriedade da coisa, a al. e) do art. 1161.° fornece pistas de solução em caso de perecimento ou deterioração da coisa.

[1256] Cfr. PESSOA JORGE, *O mandato*, p. 16 e 158, por referência à causa do contrato; e CARVALHO FERNANDES, *Teoria Geral, II*, p. 204 e 315. Com efeito, a existir *contemplatio domini*, todos os efeitos jurídicos do contrato se produzem directamente na esfera jurídica do mandante.

[1257] Cfr. GALVÃO TELLES, *Mandato (anteprojecto de um capítulo do futuro Código Civil português)*, p. 45, nomeadamente na consagração da dupla alienação do bem e da não agressão dos bens adquiridos por parte dos credores do mandatário. A actuação "por conta" do mandante traduz, por sua vez, uma ingerência do mandatário no domínio da autonomia privada do primeiro (cfr. MENEZES CORDEIRO, *Tratado, I-IV²*, p. 63, e em *Comercial*, p. 467; MENEZES LEITÃO, *Obrigações, III*, p. 432; e COSTA GOMES, *Contrato de mandato*, p. 278), configurando-se o vínculo como um contrato de cooperação jurídica (cfr., nomeadamente, o ac. do STJ de 12 de Dezembro de 1995 in BMJ n.° 452, p. 434).

[1258] Cfr. PESSOA JORGE, *O mandato*, p. 409, aludindo a um contrato bilateral imperfeito; MENEZES CORDEIRO, *Tratado, I-IV*, p. 69 e 74; e MENEZES LEITÃO, *Obrigações, III*, p. 435, considerando o contrato sinalagmático ou sinalagmático imperfeito consoante o mesmo assuma um carácter oneroso ou gratuito.

[1259] Em sentido contrário, pronunciando-se perante o CCse, cfr. PESSOA JORGE, *O mandato*, p. 357 e 368, entendendo que o acto de alienação ou de aquisição praticado pelo mandatário *nomine proprio* teria eficácia directa na esfera jurídica do mandante quanto aos seus efeitos reais. A mesma perspectiva é adoptada por MAINGUY, *ob. cit.*, p. 503, em relação ao contrato de comissão no Direito francês, referindo que o comissário nunca adquire a propriedade da coisa. COSTA GOMES, *Revogação do mandato civil*, p. 128,

O regime jurídico do risco nos contratos de alienação 431

dare[1260], corporizando um acto de alienação autónomo[1261]. É assim consensual que o mandante não possui qualquer direito real sobre o bem antes da transferência dominial a efectuar pelo mandatário, o que determina, nomeadamente, a impossibilidade da sua reivindicação no património de terceiros[1262].

Finalmente, não correndo em regra por conta do mandatário o denominado risco de crédito (ou de incumprimento de obrigações por parte de terceiros), o qual é colocado pelo art. 1183.° na esfera jurídica do mandante[1263], o direito de propriedade do mandatário sobre a coisa é integrado numa situação jurídica de separação de patrimónios, prescrevendo o art.

---

n. 386, salienta, por outra via, que a tese da transferência imediata parece ser a que se encontra consagrada no CCom.

[1260] Cfr., neste sentido, CHIANALE, *ob. cit.*, p. 239 e 241, com base no art. 1706.°, II, do CCit, que estende também ao mandato sem representação para alienar; e CALVO, *La proprietà*, p. 118.

[1261] Cfr. GALVÃO TELLES, *Mandato sem representação*, p. 10, aludindo a uma "modalidade alienatória específica"; COSTA GOMES, *Revogação do mandato civil*, p. 126, e em *Mandato*, p. 402, mencionando uma alienação "*solutionis causa*"; MENEZES LEITÃO, *Obrigações, III*, p. 456, n. 911, no sentido da natureza contratual da segunda transferência; MARICONDA *Il pagamento traslativo*, p. 746; e CALVO, *La proprietà*, p. 110 e 113, referindo também um "*autonomo atto di trasferimento*". No mesmo sentido se pronunciou o ac. do STJ de 12 de Dezembro de 1995 *cit.*, p. 435, fundando-se no cumprimento das relações internas entre as partes.

[1262] Cfr. GALVÃO TELLES, *Mandato sem representação*, p. 11; VAZ SERRA, *Anotação ao ac. do STJ de 16 de Fevereiro de 1978*, p. 248, que, em relação à figura de interposição real de pessoas, se pronunciou no sentido do acórdão anotado, configurando como pessoal – e não de reivindicação – a acção proposta pelo mandante contra o mandatário; PIRES DE LIMA/ANTUNES VARELA, *CCAnotado, II*, p. 827; COSTA GOMES, *Revogação do mandato civil*, p. 127; e CONSTANÇA PACHECO, *Da transferência do mandatário para o mandante dos direitos adquiridos em execução do mandato sem representação para adquirir*, p. 32 e 35. A inexistência de um direito de sequela por parte do mandante foi igualmente reconhecida pelo ac. da RP de 20 de Fevereiro de 1997 in CJ 1997-I, p. 241. Não é porém pacífica a admissibilidade do recurso à acção de execução específica por parte do mandante, embora se assemelhe justificada uma interpretação extensiva do n.° 1 do art. 830.° (em sentido afirmativo cfr., nomeadamente, COSTA GOMES, *Revogação do mandato civil*, p. 135; MENEZES LEITÃO, *Obrigações, III*, p. 458; e o ac. da RC de 28 de Maio de 1999 in CJ 1999--III, p. 21; embora o ac. da RP de 20 de Fevereiro de 1997 *cit.*, p. 241, haja seguido orientação contrária, considerando o carácter excepcional do art. 830.°, o mesmo sendo sufragado no ac. do STJ de 22 de Janeiro de 2008 in CJ (STJ) 2008-I, p. 58).

[1263] Cfr. PIRES DE LIMA/ANTUNES VARELA, *CCAnotado, II*, p. 831; MENEZES CORDEIRO, *Tratado, I-IV*, p. 74; COSTA GOMES, *Mandato*, p. 404; e GALGANO, *Civile e commerciale, II*, p. 99, por referência ao risco relativo à execução do mandato.

432   *O Risco nos Contratos de Alienação*

1184.º a impossibilidade de agressão daquela por parte dos credores do mandatário desde que observadas certas formalidades[1264]. Observando-se ainda que o mandatário sem representação é um possuidor em nome próprio da coisa adquirida a terceiro[1265], a questão fundamental que se suscita neste domínio reside em saber se o direito de propriedade, cuja titularidade pertence ao mandatário, justifica a assunção por este do sacrifício patrimonial conexo com a perda ou a deterioração da coisa, ocorrendo esta em momento anterior à transmissão do seu direito para o mandante. Com efeito, a ponderação desta situação e a vigência do princípio *res perit domino* constituíram alguns dos elementos interpretativos avançados por PESSOA JORGE em abono da tese da transferência directa de direitos entre o terceiro e o mandante, embora a referida orientação não haja encontrado guarida na lei civil vigente[1266].

II. A ponderação da situação de risco descrita assume interesse enquanto vértice adicional de ultrapassagem do paradigma *res perit domino*. De facto, se o mandato não constitui um contrato de alienação que postule a aplicação do n.º 1 do art. 796.º[1267], a verdade é que, apesar de diminuído em termos estruturais, o direito de propriedade sobre a coisa adquirida a terceiro se inscreve na esfera jurídica do mandatário. Uma ponderação do risco-estático associado à titularidade da coisa poderia conduzir, assim, à suportação de uma perda patrimonial por aquele.

Sendo a questão especificamente abordada por SALAMONE no ordenamento jurídico italiano, o autor concluiu, todavia, que o princípio *res perit domino* não encontra aplicação no contrato de mandato, sendo o mandante a suportar as consequências patrimoniais do fortuito ocorrido[1268]. Assim, ao obrigar o mandante a *"risarcire i danni che il mandatario ha subiti a causa dell'incarico"*, o art. 1720.º, II, do CCit, enforma-

---

[1264] Cfr. MENEZES LEITÃO, *Obrigações, I*, p. 64, e em *Obrigações, III*, p. 459; e COSTA GOMES, *Revogação do mandato civil*, p. 131, mencionando a tutela da especial destinação do bem adquirido.

[1265] Cfr. MENEZES CORDEIRO, *A posse*, p. 57, n. 101, e 61, e em *Tratado, I-IV*, p. 56, referindo que o art. 1253.º apenas é aplicável ao mandato representativo.

[1266] Cfr. PESSOA JORGE, *O mandato*, p. 340, remetendo para a interpretação das declarações das partes.

[1267] Em sentido contrário cfr., todavia, VAZ TOMÉ, *Sobre o contrato de mandato sem representação e o trust*, p. 1134, embora conclua, na n. 73, que "como o bem se destina ao mandante, é este que em último recurso arca com o risco".

[1268] SALAMONE, *La c. d. proprietà del mandatario*, p. 99-100.

O *regime jurídico do risco nos contratos de alienação* 433

ria um critério de titularidade do interesse gerido, em clara antítese à técnica normativa dominial. Situando o problema em termos internos, constata-se que aquela norma encontra paralelo na al. d) do art. 1167.°, havendo a doutrina nacional fornecido subsídios que legitimam, segundo se julga, uma solução idêntica no ordenamento jurídico português[1269]. Adicionalmente, a orientação pode ainda amparar-se no pr. do art. 236.° do CCom, que estabelece, a respeito do mandato comercial, ser o mandatário apenas responsável "durante a guarda e conservação das mercadorias do mandante, pelo prejuízos não resultantes de decurso de tempo, caso fortuito, força maior ou vício inerente à natureza da cousa", norma que se mostra aplicável ao contrato de comissão por força do art. 267.° do mesmo normativo[1270].

Conclusivamente, o efeito real lateralmente associado ao contrato de mandato sem representação para aquisição não se materializa na atribuição de uma perda patrimonial ao proprietário da coisa, sendo esta suportada pelo mandante com base no interesse jurídico-económico prevalente subjacente à referida operação contratual. De facto, afigura-se que, mesmo que seja configurada como hipótese de responsabilidade contratual objectiva, a situação jurídica não deve admitir, por motivos óbvios, quer a invocação da relevância negativa da causa virtual por parte do mandante, quer a redução da indemnização devida ao mandatário abaixo do valor da perda patrimonial sofrida[1271].

[1269] Cfr. Menezes Cordeiro, *Tratado, I-IV*, p. 70, referindo a assunção dos eventuais riscos pelo mandante; Menezes Leitão, *Obrigações, III*, p. 444, enquanto situação de responsabilidade objectiva (ainda que, ao não dispensar um juízo de causalidade, se exclua o prejuízo causado por terceiro); e Costa Gomes, *Mandato*, p. 405, entendendo que a "titularidade jurídica não corresponde, *summo rigore*, a um acréscimo patrimonial".

[1270] O contrato de mandato sem representação assume a designação de comissão no CCom (cfr., nomeadamente, Oliveira Ascensão, *Comercial, I*, p. 257; e Menezes Cordeiro, *Comercial*, p. 575, e em *Tratado, I-IV*, p. 54), sendo por seu turno idónea a possibilidade de aplicação de normas comerciais no domínio civil (cfr., nomeadamente, Oliveira Ascensão, *Comercial, I*, p. 33, e em *Teoria Geral, I*, p. 247; e Menezes Cordeiro, *Comercial*, p. 136). Não obstante, cumpre reconhecer que, ao se pressupor necessariamente no art. 236.° do CCom a existência de *contemplatio domini*, o paralelo pretendido é limitado.

[1271] Já a situação de não transferência da coisa adquirida, ocasionando, segundo o disposto na al. e) do art. 1161.°, a violação de uma das obrigações do mandatário, possibilita a aplicação do regime jurídico do art. 807.°, constituindo ainda o art. 1269.° – atenta a situação possessória do mandatário – um normativo a não negligenciar.

434   *O Risco nos Contratos de Alienação*

III. Uma última observação destina-se à cessão de bens aos credores, figura cuja natureza jurídica se aproxima inequivocamente do contrato de mandato sem representação[1272]. Não obstante, embora o proprietário--devedor se encontre numa situação de ilegitimidade em relação à administração e disposição dos bens[1273], estes continuam inscritos na sua titularidade, não se justificando um desvio ao brocardo *res perit domino*[1274]. No mesmo sentido depõe a consideração funcional da figura, que, ao aproximar-se do figurino das garantias especiais das obrigações, reclama a distinção entre o suporte do risco de perecimento ou deterioração da coisa, e o encaixe do denominado risco de crédito.

4.4.4. *O contrato estimatório ou de consignação*

I. Apesar de não ser objecto de consagração no ordenamento jurídico português, o contrato estimatório ou de consignação assume inegável tipi-

---

[1272] Cfr. neste sentido, nomeadamente, PIRES DE LIMA/ANTUNES VARELA, *CCAnotado, II*, p. 116; ROMANO MARTINEZ, *Obrigações – Apontamentos*, p. 286; MENEZES LEITÃO, *Garantias das obrigações*, p. 301, em *Obrigações, II*, p. 321 e 324, e em *A cessão de bens aos credores*, p. 62 e 68, reportando-se a um contrato nominado típico, exclusivamente obrigacional, reconduzível a um mandato sem representação de interesse comum (para alienar); e COSTA GOMES, *Revogação do mandato civil*, p. 175, aludindo a um exemplo imperfeito de mandato de interesse comum, dada a perda da disponibilidade dos bens. Esta orientação surge também na doutrina italiana (cfr., nomeadamente, GALGANO, *Civile e commerciale, II*, p. 206; e FERRARIO, *La cessione dei beni ai creditori: un mandato in rem propriam com funzione di garanzia o di liquidazione*, p. 349, 370 e 373), embora outros entendimentos, distintos e complementares, sejam admissíveis (cfr., nomeadamente, GALVÃO TELLES, *Contratos em Geral*, p. 194, aludindo a um contrato fiduciário de garantia; ANTUNES VARELA, *Das Obrigações, II*, p. 156, referindo-se a um contrato obrigacional que evita o recurso às vias judiciais de solução de litígios; ALMEIDA COSTA, *Obrigações*, p. 1087, ns. 1-2, aproximando a figura da dação *pro solvendo*; e MENEZES CORDEIRO, *Obrigações, II*, p. 506, configurando a cessão de bens aos credores enquanto garantia real, com transmissão para os cessionários das faculdades de administração e de disposição dos bens).

[1273] Cfr. MENEZES LEITÃO, *A cessão de bens*, p. 83.

[1274] Cfr. PIRES DE LIMA/ANTUNES VARELA, *CCAnotado, II*, p. 118; ANTUNES VARELA, *Das Obrigações, II*, p. 156; ALMEIDA COSTA, *Obrigações*, p. 1086; e CUNHA DE SÁ, *Modos de extinção*, p. 212, embora considerando que o cedente se encontra "numa posição especial". Não obstante, FERRARIO, *ob. cit.*, p. 342, n. 45, e 371, concebendo um instante lógico em que a propriedade passa pela esfera jurídica do credor-mandatário, admite que, constituindo o art. 1720.º, II, do CCit uma expressão do princípio pelo qual aquele que age por conta de outrem age "*con rischio altrui*", a norma possa ter uma aplicação mais atenuada em relação ao mandato *in rem propriam*.

cidade social, constituindo o paradigma contratual de numerosos sectores de actividade económica, tais como a comercialização de livros, jornais, revistas, artigos de vestuário, joalharia ou obras de arte.

Podendo assumir diversas modalidades, o contrato estimatório traduz-se, no essencial, na entrega de mercadorias determinadas por uma parte a outra, para que esta efectue a sua alienação a terceiro, comprometendo-se ao pagamento do montante acordado ou à devolução das mercadorias não alienadas, e sendo remunerada pelo excedente do preço de venda em relação ao preço estimado[1275].

A figura contratual elimina o denominado risco económico de revenda das mercadorias por parte do contraente que as recebe[1276], não sendo porém unívoca a sua natureza jurídica. De facto, a sua recondução ao contrato de compra e venda é prejudicada pela faculdade de restituição da coisa entregue na hipótese de não alienação a terceiro, embora seja equacionável o seu enquadramento, quer enquanto compra e venda submetida à condição suspensiva de subsequente alienação a terceiro, quer como compra e venda sob condição resolutiva potestativa por parte do *accipiens*[1277]. Por outro lado, para além da figura do depósito *ad venden-*

[1275] Cfr., nomeadamente, CUNHA GONÇALVES, *Tratado, VIII*, p. 343; MANUEL DE ANDRADE, *Obrigações*, p. 198, n. 1, referindo o seu possível enquadramento no âmbito das obrigações alternativas; PESSOA JORGE, *O mandato*, p. 254; MOTA PINTO, *Teoria Geral*, p. 406, qualificando o negócio como um contrato oneroso parciário; FERREIRA DE ALMEIDA, *Contratos, II*, p. 142, fazendo depender a qualificação de cada contrato em concreto; e o ac. da RG de 26 de Setembro de 2005 in CJ 2005-IV, p. 304-305, excluindo a existência de um crime de abuso de confiança por parte do consignatário num caso de consignação de motociclos.

[1276] Cfr. GALGANO, *Privato*, p. 541, e em *Civile e commerciale, II*, p. 30, na referência ao "*rischio dell'invenduto*"; e LUMINOSO, *I contratti*, p. 213.

[1277] Cfr. ROMANO MARTINEZ, *Obrigações – Contratos*, p. 78, e em *Da cessação*, p. 274, aludindo não a uma condição, mas a uma cláusula resolutiva implícita a favor do comprador, que não será, porém, verdadeiramente potestativa. Excluída se afigura a existência de um contrato de compra e venda sob condição resolutiva de pagamento do preço, uma vez que, para além deste constituir um elemento essencial do tipo contratual em questão, o *accipiens* possui a faculdade de restituição da coisa, não se encontrando aliás, por princípio, a transmissão da propriedade da coisa subjacente à vontade das partes. De acordo com uma perspectiva ainda distinta, GALVÃO TELLES, *Aspectos comuns*, p. 299, configurava o contrato de consignação como um contrato que, sendo real *quoad constitutionem*, possuía, ao se atribuir ao adquirente o poder de disposição, a substância económica de uma compra para revenda, embora a propriedade das coisas apenas se transmitisse com o pagamento do preço. Na verdade, é a respeito da compra e venda que este contrato é regulado no PCEC.

436 *O Risco nos Contratos de Alienação*

dum[1278], é sublinhada a sua conexão com o mandato sem representação ou comissão comercial[1279], embora, em rigor, mesmo pressupondo a onerosidade do mandato e a sua coadunação com o direito ao sobre-preço, o *accipiens* não se encontre necessariamente vinculado à realização da alienação a terceiro, nem possua poderes circunscritos apenas à realização de um determinado fim.

Sendo catalogado como um tipo contratual autónomo não produtor de efeitos reais, o contrato estimatório suscita a questão do suporte da perda patrimonial associada ao perecimento ou deterioração das mercadorias consignadas, assemelhando-se que não serão apenas os seus efeitos obrigacionais a ditar o regime jurídico aplicável.

[1278] Cfr., nomeadamente, DUTILLEUL/DELEBECQUE, *ob. cit.*, p. 5, 85, 166 e 688, que inventariam diversas possibilidades de subsunção tipológica, entre as quais o "*dépôt-vente*", concluindo, porém, pela contratação de um mandato acoplado ao depósito, e admitindo, de igual modo, a existência de duas vendas sucessivas (*sic "l'une entre le vendeur initial et le commerçant intermédiaire qui devient ainsi propriétaire et supporte la charge des risques; l'autre entre ce commerçant et ses clients"*). MAINGUY, *ob. cit.*, p. 37, considera, por seu turno, a distribuição de imprensa como uma figura contratual de "*dépôt-mandat*".

[1279] Cfr., nomeadamente, CUNHA GONÇALVES, *Tratado, v. VIII*, p. 343, na equação do contrato de comissão; PESSOA JORGE, *O mandato*, p. 185, n. 50, e 253, nomeadamente se ao mandatário fosse permitido fazer seu o maior preço por que conseguiu vender (acabando porém por considerar o contrato estimatório "a meia distância entre o mandato sem representação e a compra para revenda"); e BADENES GASSET, *ob. cit. (I)*, p. 106. O ac. do STJ de 07 de Fevereiro de 2002 in CJ (STJ) 2002-I, p. 82, a respeito do furto de um automóvel em segunda mão colocado pelo seu proprietário para venda num stand de automóveis por 2.100.000$00, em que o "over-price" da venda seria atribuído ao dono do mesmo stand, considerou existir um contrato misto de depósito e de mandato, atribuindo responsabilidade pelo desaparecimento da viatura ao dono do stand a título culposo, condenando-o ao pagamento de 1.500.000$00. Existe, porém, um voto de vencido que, fundado no paradigma *res perit domino* e no facto dos automóveis poderem desaparecer tanto "à porta do stand, como à porta do dono", postula solução contrária. Situando-se a questão na órbita da responsabilidade contratual, a situação jurídica descrita permite todavia confirmar a não coincidência entre o objecto da imputação pelo risco e o objecto da pretensão indemnizatória, bem como a possível extensão da relevância negativa da causa virtual a tipos contratuais distintos do comodato.

O contrato de concessão comercial já não suscita as hesitações referidas dado que produz a transmissão da propriedade das mercadorias para o concessionário, que fica "sujeito às contingências da procura nos mercados e, também, às vicissitudes da contratação (incumprimento, falência, insolvência, etc.)" (cfr. COELHO VIEIRA, *Concessão comercial*, p. 62). HELENA BRITO, *Concessão*, p. 60, refere, seu turno, a inclusão neste contrato de regras de transmissão de risco para os contratos de compra e venda a celebrar, sendo típica a transmissão do risco para o concessionário a partir da expedição.

O *regime jurídico do risco nos contratos de alienação* 437

II. Havendo sido compulsadas as hesitações relativamente à solução vigente no Direito romano, bem como a oneração do *accipiens* postulada pelo art. 1557.º do CCit[1280], a equiparação do contrato estimatório a um mandato sem representação para alienação equivaleria, certamente, tal como sufragado a respeito do mandato sem representação para aquisição, à inscrição do mesmo sacrifício patrimonial na esfera jurídica do *tradens*. Não obstante, ainda perante a orientação dominial fechada do CCse, PESSOA JORGE sufragou, em sentido contrário, que o risco de perda ou deterioração da coisa deveria ser atribuído ao *accipiens*, enquanto "contrapartida do poder vender a coisa no seu exclusivo interesse"[1281]. A ser idónea a mesma orientação interpretativa – que, sublinhe-se, também resultaria da configuração do contrato estimatório como um contrato de alienação subordinado a condição resolutiva – constata-se, uma vez mais, a atribuição do sacrifício patrimonial relativo ao perecimento ou deterioração da coisa a um sujeito que não é seu titular dominial.

Realizando um paralelo com a situação do mandatário sem representação, enquanto que este, sendo proprietário da coisa, não sofre a perda patrimonial associada ao seu perecimento ou deterioração, o *accipiens* num contrato de consignação, embora não possuindo tal qualidade, encontrar-se onerado com a sua suportação na respectiva esfera jurídica, sendo o distanciamento do brocardo *res perit domino* formulado sem rodeios. Com efeito, serão, segundo se julga, os vectores do interesse e do controlo na detenção da coisa que se encontram subjacentes a ambas as soluções, possibilitando uma configuração pluriforme do sistema de distribuição do risco.

[1280] Cfr. *supra* p. 127 e 231.

[1281] PESSOA JORGE, *O mandato*, p. 255. Neste sentido se pronunciam também, na omissão da lei, a doutrina e a jurisprudência espanholas (cfr. ALEMÁN MONTERREAL, *ob. cit.*, p. 81, referindo contudo diversos fundamentos legais para a atribuição do risco ao *tradens*; RODRÍGUEZ MARTÍNEZ, *Contrato estimatorio y transmisión de la propiedad*, p. 73 e 89, considerando que a questão do risco pode receber uma solução à margem da titularidade da coisa; e LETE DEL RIO/LETE ACHIRICA, *ob. cit.*, *II*, p. 185).

438   *O Risco nos Contratos de Alienação*

4.5. A distribuição do risco em alguns contratos com efeitos meramente obrigacionais

4.5.1. *O comodato*

I. O comodato constitui um tipo contratual estruturado normativamente em termos obrigacionais não sinalagmáticos, reconduzindo-se a uma modalidade do conceito económico-jurídico mais vasto de empréstimo[1282]. Possuindo como objecto coisas móveis ou imóveis determinadas[1283], o art. 1129.º pressupõe a sua configuração gratuita, *intuitu personae* e real *quoad constitutionem*, deste se subdistinguindo o contrato de precário, no qual, de acordo com o n.º 2 do art. 1137.º, assiste ao comodante a faculdade de denúncia *ad nutum*[1284].

[1282] Cfr. GALVÃO TELLES, *Contratos em Geral*, p. 465, parificando-o com o mútuo; MENEZES LEITÃO, *Obrigações, III*, p. 365; e a recente análise de VIEIRA GOMES, *Do contrato de comodato*, p. 11. MENEZES CORDEIRO, *Reais – 1979*, p. 701, chegou, todavia, a sustentar que do mesmo contrato resultaria um direito real de gozo, orientação que, a ser dogmaticamente aceite, poderia desencadear a aplicação do art. 796.º.

[1283] MENEZES LEITÃO, *Obrigações, III*, p. 369, admite a possibilidade do contrato de comodato incidir sobre coisas fungíveis não consumíveis se as partes estabelecerem a restituição da *eadem res* (em sentido contrário cfr., todavia, PIRES DE LIMA/ANTUNES VARELA, *CCAnotado, II*, p. 742). Independentemente da verificação ou não de uma contraposição entre os arts. 1129.º e 1142.º, é todavia consensual que o objecto do comodato exclui coisas consumíveis, como por exemplo o dinheiro, se enquanto tal for tomado (cfr., nomeadamente, CABRAL DE MONCADA, *Direito Civil*, p. 428).

[1284] O precário constitui uma figura contratual histórico-culturalmente ancorada, cuja existência, remontando ainda ao Direito romano, é admitida nos diversos ordenamentos jurídicos compulsados, *maxime* nos arts. 1750.º, I, do CCes e 1810.º do CCit (cfr., nomeadamente, SANTO JUSTO, *Romano, II*, p. 104, e em *A locatio*, p. 18, aludindo à concessão essencialmente revogável de uma *res*; LEVY/CASTALDO, *ob. cit.*, p. 762; MELLO FREIRE, *Instituições*, Livro IV, Título III, § VII, p. 57; COELHO DA ROCHA, *ob. cit. (II)*, p. 436 (§ 771); PIRES DE LIMA/ANTUNES VARELA, *CCAnotado, II*, p. 757; ANDRADE MESQUITA, *ob. cit.*, p. 48; VIEIRA GOMES, *Comodato*, p. 21, mencionando a absorção hodierna da figura pelo contrato de comodato; HUET, *ob. cit.*, p. 916; GALGANO, *Privato*, p. 592, e em *Civile e commerciale, II*, p. 118; LUMINOSO, *I contratti*, p. 643 e 647; DIEZ-PICAZO/GULLÓN, *ob. cit.*, p. 404; e MENA-BERNAL ESCOBAR, *El comodato o el préstamo de uso*, p. 2561). Esta espécie contratual foi especificamente versada pelo ac. do STJ de 29 de Setembro de 1993 in CJ (STJ) 1993-III, p. 48, por sua vez objecto de anotação por OLIVEIRA ASCENSÃO, *Usucapião*, p. 501, 512 e 516, que, infirmando a qualificação realizada pelo STJ, considera ter antes existido uma doação não formalizada, substrato bastante para a aquisição por usucapião da propriedade resolúvel da coisa pelo donatário.

O regime jurídico do risco nos contratos de alienação   439

A estrutura unilateral ou bilateral imperfeita do contrato de comodato não permite, desde logo, a equação do funcionamento do risco de contraprestação associado ao n.º 1 do art. 795.º, uma vez que, em termos técnicos, não existe qualquer contraprestação a cargo do comodatário[1285]. Por outra via, constituindo a entrega da coisa parte da estrutura do contrato – e não uma obrigação do mesmo emergente – a aplicação do art. 790.º apenas respeita à obrigação restitutória, que, sendo impossível por causa não imputável ao devedor (o comodatário), coloca o risco de perda patrimonial na esfera jurídica do credor (o comodante). A solução resultante da aplicação do art. 790.º coincide, assim, com a atribuição do risco-estático de perecimento e deterioração da coisa ao seu proprietário, de acordo com o brocardo *res perit domino*[1286].

II. O quadro delineado pode ser todavia obscurecido pelas normas do art. 1136.º, destinadas precisamente a regular a perda ou deterioração da coisa comodada.

Ao dispor que o comodatário é responsável pelo perecimento ou deterioração casual da coisa, "se estava em seu poder tê-lo evitado, ainda que mediante o sacrifício de coisa própria de valor não superior", o n.º 1 do art. 1136.º estabelece um critério de imputabilidade distinto do previsto no n.º 2 do art. 799.º[1287], embora o mesmo encontre uma justificação

---

[1285] Não se afasta, contudo, a possibilidade de um comodato modal (cfr. PIRES DE LIMA/ANTUNES VARELA, *CCAnotado, II*, p. 742; ANTUNES VARELA, *Ensaio sobre o conceito de modo*, p. 304, em relação a atribuições a título gratuito; MENEZES LEITÃO, *Obrigações, III*, p. 367 e 413, referindo-se também ao contrato de mútuo; PINTO DUARTE, *Tipicidade e Atipicidade dos Contratos*, p. 124, n. 418, admitindo a existência de prestações a cargo do comodatário; VIEIRA GOMES, *Comodato*, p. 14; GALGANO, *Civile e commerciale, II*, p. 116; PINTO FURTADO *Arrendamento*, p. 88; e LUMINOSO, *I contratti*, p. 646), ainda que seja equívoca a aplicação ao modo do art. 795.º.

[1286] Esta solução é expressamente consagrada no art. 1877.º do CCfr (cfr. HUET, *ob. cit.*, p. 946 e 954; e MAINGUY, *ob. cit.*, p. 333, embora sublinhando que se a causa do sinistro for desconhecida a perda onerará o comodatário).

[1287] Cfr. MENEZES LEITÃO, *Obrigações, III*, p. 374; e VIEIRA GOMES, *Comodato*, p. 23, questionando a solução de agravamento da responsabilidade do comodatário nos comodatos de interesse comum. PIRES DE LIMA/ANTUNES VARELA, *CCAnotado, II*, p. 754, sufragam, por seu turno, que não se encontra afastada a possibilidade do comodatário exigir do comodante o reembolso das despesas que tiver feito para evitar a perda ou deterioração da coisa (crê-se que, no limite, a título de interposição gestória). Já MÚRIAS/LURDES PEREIRA, *Prestações*, p. 14, e em especial n. 52, sufragam que os elementos acrescidos na vinculação do comodatário se fundam na gratuitidade do vínculo, aproximando a norma do art. 437.º.

alheia à assunção do risco contratual. De facto, constituindo uma modelação do critério estabelecido no § ún. do art. 1516.º do CCse[1288], a solução encontra ainda fundamento remoto na obrigação de custódia que o Direito romano, e, na sua sequência, as O.F., MELLO FREIRE, CORREIA TELLES e FERREIRA BORGES, atribuíam ao comodatário, constando idêntica orientação, nomeadamente, do art. 1882.º do CCfr e do art. 1805.º, I, do CCit[1289]. O enquadramento da solução em sede de responsabilidade obrigacional do comodatário decorre ainda da terminologia legal ("responsável") e do seu enquadramento sistemático, não corporizando a admissibilidade pelo n.º 2 do art. 1133.º de posse interdital a favor do comodatário argumento em sentido contrário[1290].

[1288] O § ún. do art. 1516.º do CCse estabelecia que "(...) se, ainda no caso de força maior ou de acontecimento fortuito, o commodatário, podendo salvar a coisa emprestada não a salvou ou preferiu salvar as suas, deixando perder a emprestada, toda a perda será por conta dele", sendo o preceito interpretado por CUNHA GONÇALVES, Tratado, VIII, p. 252 e 254, como sanção legal do egoísmo do comodatário, mesmo que a coisa própria fosse de valor superior à coisa comodada. Paralelamente, PIRES DE LIMA/ANTUNES VARELA p. 754, exemplificam a previsão do n.º 1 do art. 1136.º com a perda resultante de naufrágio, de incêndio, de terramoto e de furto (se não forem tomadas providências para evitar o sinistro ou para perseguir o autor do crime). Curioso é o exemplo de POTHIER, que, concretizando a irresponsabilidade por caso fortuito e por força maior com o comodato de um cavalo furtado por ladrões, ressalva a hipótese do devedor optar por um caminho travesso em vez de escolher a "estrada ordinária e mais segura" (cfr. POTHIER, Tratado, p. 108).

[1289] Cfr. LUMINOSO, I contratti, p. 657, interpretando o art. 1805.º, I, do CCit como concretização dos princípios gerais de responsabilidade contratual dos arts. 1176.º, 1218.º e 1256.º do CCit. A sua vigência é também sufragada perante o art. 1746.º do CCse (cfr., nomeadamente, SOTO NIETO, ob. cit., p. 293; e MENA-BERNAL ESCOBAR, ob. cit., p. 2259).

[1290] A concretização jurisprudencial deste regime jurídico surge no ac. da RP de 25 de Fevereiro de 2002 cit., p. 214, sendo configurada como comodato a cedência pelo empregador ao trabalhador de um veículo automóvel que este apenas poderia usar no âmbito das suas funções e que não constituía contrapartida salarial, verificando-se o furto do veículo à porta de casa do trabalhador, sem que este haja elidido a presunção de culpa que sobre ele recaía (foi inclusivamente provado que, havendo o furto ocorrido em momento posterior à denúncia do contrato de trabalho por parte do trabalhador, o veículo estava equipado com um sistema imobilizador electrónico apenas accionável pelas chaves de ignição, havendo o trabalhador, quando estas lhe foram exigidas, informado o empregador que as mesmas lhe tinham sido furtadas, não sabendo o que lhes tinha acontecido).

A situação de emprego pelo trabalhador, em períodos de descanso, de veículo automóvel a que apenas tem acesso para o exercício das suas funções profissionais deverá, por seu turno, ser enquadrada na 1.ª prt. do n.º 2 do art. 1136.º, sendo a responsabilidade obrigacional assumida pelo comodatário cumulativa com a imputação delitual objectiva determinada pela 2.ª pr. do n.º 3 do art. 503.º.

Em termos análogos, não constituem situações de atribuição de risco contratual as hipóteses constantes do n.º 2 do art. 1136.º, representando antes situações de responsabilidade contratual do comodatário associadas a prestações de *non facere*[1291]. Destarte, a responsabilidade pela aplicação da coisa a fim diverso daquele a que a mesma se encontra destinada deve articular-se com o disposto no art. 1131.º e na al. c) do art. 1135.º, solução aliás paralela ao CCse e a outros ordenamentos jurídicos[1292]. Por outra via, a responsabilização do comodatário que consente no uso da coisa por terceiro deve aproximar-se da al. f) do art. 1135.º, traduzindo, de igual modo, uma situação de responsabilidade contratual. A confirmação do prisma legalmente adoptado resulta da referência à relevância negativa da causa virtual pela prt. final do n.º 2 do art. 1136.º, situação que, como anteriormente foi referido, obsta a uma estrita repartição contratual do risco de perda ou deterioração da coisa[1293].

Finalmente, também a presunção de responsabilidade do comodatário na hipótese da coisa haver sido avaliada – nos termos do n.º 3 do art. 1136.º – se mostra alheia ao risco contratual. A solução é tributária da orientação vigente no Direito romano, encontrando apoio doutrinal no domínio do CCse, e amparo normativo expresso nos arts. 1883.º do CCfr ("*chose (...) estimée*"), 1745.º do CCes ("*tasación*") e 1806.º do CCit ("*stima*")[1294]. Apesar de existirem algumas hesitações no enquadramento

---

[1291] Cfr. PIRES DE LIMA/ANTUNES VARELA, *CCAnotado, II*, p. 753-754, com base na culpa indirecta do comodatário e na vigência de uma presunção *iuris tantum* de causalidade; e MENEZES LEITÃO, *Obrigações, III*, p. 371 e 374, sufragando a consagração de uma responsabilidade obrigacional agravada, de teor objectivo, conexa com o brocardo *casus culpa determinatus*.

[1292] Cfr. o pr. do art. 1516.º do CCse, a 1.ª prt. do art. 1881.º do CCfr, a 1.ª prt. do art. 1744.º do CCes e a 1.ª prt. do art. 1805.º, II, do CCit (cfr., sobre estes normativos, GALGANO, *Privato*, p. 211; LUMINOSO, *I contratti*, p. 657; DUTILLEUL/DELEBECQUE, *ob. cit.*, p. 492, aludindo a uma obrigação de garantia; LACRUZ BERDEJO, *Elementos, II-II*, p. 169; ALBALADEJO, *Obligaciones*, p. 801, n. 9, ressalvando a relevância negativa da causa virtual em relação ao uso distinto da coisa; DIEZ-PICAZO/GULLÓN, *ob. cit.*, p. 403; e OLMO GUARIDO, *ob. cit.*, p. 276).

[1293] Cfr. *supra* p. 58. De outro prisma, o comodatário pode ser responsável, nos termos do n.º 1 do art. 807.º, pelo perecimento ou deterioração da coisa em caso de mora na sua restituição, situação que, todavia, não se verifica se existir causa legítima de incumprimento, nomeadamente o exercício do direito de retenção (cfr. a al. e) do n.º 1 do art. 755.º).

[1294] Cfr., a este respeito, BETTI, *Obbligazioni*, p. 167, referindo uma assunção implícita de risco; MESSINEO, *ob. cit.*, p. 79, mencionando uma transferência do risco sem a propriedade da coisa; GALGANO, *Civile e commerciale, II*, p. 117, aludindo a uma obrigação

442   *O Risco nos Contratos de Alienação*

dogmático daquela previsão normativa[1295], entende-se que esta estabelece uma situação de responsabilidade objectiva fundada na interpretação presuntiva da vontade das partes, a qual, redundando numa obrigação de garantia, já não suscita um juízo de imputação da perda patrimonial conexo com a estrutura do contrato de comodato.

III. A análise do regime jurídico do contrato de comodato permite a conclusão de que os paradigmas típicos de distribuição do risco contratual não são entrevistos pelo mesmo contrato. Enquadrando-se as situações dos n.os 1 e 2 do art. 1136.º em sede de responsabilidade obrigacional do comodatário, a regra constante do seu n.º 3 traduz-se numa atribuição presuntiva de responsabilidade, alheia a um sinalagma contratual (aliás inexistente), e fundada numa regra supletiva de imputação de danos. A conexão da prt. final da referida norma com a prt. final do n.º 1 do art. 1136.º induz claramente a existência de um fenómeno de contratualização do risco de perecimento da coisa, cuja raiz se não confunde com o étimo do tipo contratual.

Havendo sido afastada a solução salomónica constante do art. 1517.º do CCse, que imputava metade do prejuízo patrimonial ao comodatário se fosse evidente que o *"caso (fortuito) ou força maior não se teria dado, se a coisa estivesse em poder de seu dono"*, é inequívoco que a eventual perda patrimonial associada ao perecimento ou deterioração da coisa não

---

de garantia; BALBI, *ob. cit.*, p. 35; LUMINOSO, *I contratti*, p. 657; RESCIO, *ob. cit.*, p. 102, n. 43, que considera ser o art. 1806.º do CCit alheio ao risco; CIAN/TRABUCCHI, *ob. cit.*, p. 2108; DUTILLEUL/DELEBECQUE, *ob. cit.*, p. 492, configurando a existência de uma obrigação de garantia; HUET, *ob. cit.*, p. 954, remetendo para a interpretação da vontade provável das partes; ALCÁNTARA SAMPELAYO, *ob. cit.*, p. 491, sufragando, curiosamente, que a *"tasación"* converte o comodatário em proprietário, proporcionando a aplicação do brocardo *res perit domino*; LACRUZ BERDEJO, *Elementos, II-II*, p. 169; DIEZ-PICAZO/GULLÓN, *ob. cit.*, p. 403; LASARTE, *Principios, II*, p. 173 e 379; SOTO NIETO, *ob. cit.*, p. 294; MENA-BERNAL ESCOBAR, *ob. cit.*, p. 2559; e OLMO GUARIDO, *ob. cit.*, p. 276.

[1295] Cfr., respectivamente, PIRES DE LIMA/ANTUNES VARELA, *CCAnotado, II*, p. 755, remetendo para uma presunção *iuris tantum* de culpa ou de responsabilidade; MENEZES LEITÃO, *Obrigações, III*, p. 378, entendendo que a indicação da quantia por que se estima a coisa faz presumir que o comodatário se vincula a pagar esta, configurando-se uma presunção de transferência de risco; e VIEIRA GOMES, *Comodato*, p. 26, n. 76, que considera que o comodatário suporta o perecimento da coisa apesar de não se tornar seu proprietário. Um exemplo socialmente típico (embora tipologicamente dúbio) será a entrega de fardamento pelo empregador ao trabalhador, sendo desde logo comunicado a este último o montante pecuniário que deverá suportar em caso de desaparecimento ou furto da farda.

O regime jurídico do risco nos contratos de alienação 443

é suportada pelo comodatário. Na ausência de um juízo de culpa em relação à sua conduta de guarda e conservação da coisa comodada, e não se verificando uma violação contratual detonadora da assunção do dano de perecimento ou deterioração da coisa, o art. 790.° é a norma aplicável ao mesmo factualismo, sendo o risco da prestação de restituição da coisa suportado pelo comodante (credor). O risco de prestação assume, assim, a sua configuração usual.

A não suportação pelo comodatário da perda patrimonial ocorrida impede por sua vez a aproximação da figura ao disposto no n.° 2 do art. 796.°. Com efeito, é inviável sufragar que o alienante suporta o risco associado ao cómodo da coisa, quando, em rigor, o mesmo nunca se encontra pressuposto na esfera jurídica do comodatário. Justifica-se, assim, uma ponderação valorativa autónoma do n.° 2 do art. 796.°, a qual, simetricamente, obsta à consideração como depositário do alienante que conserve a coisa em seu poder sem satisfazer um interesse próprio.

4.5.2. *O depósito*

I. Sendo estruturado no art. 1185.° como um contrato meramente obrigacional, o depósito constitui uma modalidade específica dos contratos de prestação de serviços, modelada pela obrigação de guarda de uma coisa a cargo de uma das partes[1296]. Encontrando-se integrado na categoria dos contratos bilaterais imperfeitos, este negócio jurídico pode, contrariamente à orientação que resultava do Direito romano, assumir uma natureza onerosa, suscitando o funcionamento, a exemplo da doutrina que se encontra consagrada no art. 1934.° do CCfr, do binómio formado pelo arts. 790.° e 795.°, no sentido do não pagamento da retribuição devida pelo depositante ao depositário em caso de perecimento da coisa objecto de custódia[1297]. Não

---

[1296] Cfr., nomeadamente, PIRES DE LIMA/ANTUNES VARELA, *CCAnotado, II*, p. 832 e 837; MENEZES LEITÃO, *Obrigações, III*, p. 477; e MORAIS ANTUNES, *ob. cit.*, p. 18.

[1297] Cfr. PIRES DE LIMA/ANTUNES VARELA, *CCAnotado, II*, p. 836 e 839, referindo a convenção de retribuição como sujeição do contrato ao regime geral dos contratos sinalagmáticos; e DUTILLEUL/DELEBECQUE, *ob. cit.*, p. 691, configurando a norma do art. 1934.° do CCfr como uma aplicação do brocardo *res perit debitori*. BRANDÃO PROENÇA, *Do dever de guarda*, p. 87, n. 256, afasta, contudo, a aplicação do art. 795.°, n.° 1, em virtude da aplicação do art. 1200.°, n.° 2, enquanto regra especial, no mesmo sentido se pronunciando MÚRIAS/LURDES PEREIRA, *Prestações*, p. 12, por afastarem do sinalagma as obrigações de *reddere*.

444 O Risco nos Contratos de Alienação

obstante, a configuração sinalagmática descrita não constitui o paradigma do tipo contratual, não se verificando em regra um nexo de interdependência entre as obrigações do depositante e as obrigações do depositário.

De outro prisma, paralelamente aos contratos de locação e de comodato, o risco de perecimento ou deterioração da coisa entregue será, sem prejuízo das situações de responsabilidade contratual[1298], totalmente alheio ao depositário, tal como anunciado pelo art. 1929.º do CCfr[1299]. Todavia, a exemplo da solução admitida no Direito romano, é possível que o depositário assuma a responsabilidade pelo perecimento ou deterioração da coisa objecto do contrato[1300], embora esta situação jurídica se traduza, em rigor, na assunção negocial de uma obrigação de garantia.

II. A questão da distribuição do risco contratual também não é em rigor convocada em concretizações específicas do contrato em análise, como nos casos de depósito cerrado e de depósito efectuado no interesse de terceiro, disciplinadas, respectivamente, nos arts. 1191.º[1301] e 1193.º[1302]. Podendo ser objecto de aproximação aos tipos contratuais de cofre-forte e

---

[1298] A doutrina sublinha, porém, que a violação da obrigação de dar conhecimento da privação da coisa ao alienante, prescrita no n.º 1 do art. 1188.º, não acarreta a assunção pelo depositário de responsabilidade civil pelo seu perecimento (cfr. PIRES DE LIMA/ANTUNES VARELA, *CCAnotado, II*, p. 839 e 843, na situação da perda da coisa não poder ser evitada, considerando a mesma solução aplicável à alteração do modo convencionado de guarda da coisa; e MENEZES LEITÃO, *Obrigações, III*, p. 487).

O ac. do STJ de 18 de Abril de 2006 in CJ (STJ) 2006-I, p. 49, considerou, revogando o acórdão do Tribunal da Relação do Porto, que o titular de uma garagem profissional de recolha de automóveis mediante retribuição elidiu a presunção de culpa que sobre ele recaía (enquanto devedor), se provar que os autores do furto de um veículo recolhido na mesma garagem tiveram que arrombar a fechadura da porta de entrada do parque de recolha, da porta do escritório e da secretária onde as chaves da viatura se encontravam guardadas, para além de desactivar o alarme sonoro existente, sendo conhecido do proprietário da viatura o nível de segurança do serviço que aceitou contratar.

[1299] Cfr. DUTILLEUL/DELEBECQUE, *ob. cit.*, p. 699; HUET, *ob. cit.*, p. 1580; MAINGUY, *ob. cit.*, p. 371; bem como LACRUZ BERDEJO, *Elementos, II-II*, p. 246; e SOTO NIETO, *ob. cit.*, p. 295, considerando que nesta sede o brocardo *res perit domino* obtém uma "*profunda y auténtica aplicación*".

[1300] Cfr. *supra* p. 135, n. 324; e MENEZES LEITÃO, *Obrigações, III*, p. 487.

[1301] Cfr. PIRES DE LIMA/ANTUNES VARELA, *CCAnotado, II*, p. 844; MENEZES LEITÃO, *Obrigações, III*, p. 482 e 489; e PONCES CAMANHO, *ob. cit.*, p. 71, n. 149.

[1302] Cfr. PIRES DE LIMA/ANTUNES VARELA, *CCAnotado, II*, p. 847 distinguindo o depósito em favor de terceiro do depósito no interesse de terceiro; MENEZES LEITÃO, *Obrigações, III*, p. 501; e ROMANO MARTINEZ, *Da cessação*, p. 543.

O regime jurídico do risco nos contratos de alienação 445

de depósito *in escrow supra* referidos[1303], a sua intervenção surge acantonada ao domínio da responsabilidade contratual. A confluência não será, aliás, mais do que tendencial, uma vez que em ambas as situações se pressupõe o depósito de coisa certa não fungível.

A distribuição do risco no depósito irregular foi já objecto de análise, reiterando-se a sua recondução ao paradigma jurídico-dominial vigente para o contrato de mútuo.

4.5.3. *A locação*

I. Contrariamente aos contratos de comodato e de depósito, o contrato de locação assume-se como um vínculo contratual necessariamente oneroso e sinalagmático perfeito[1304], cujo módulo obrigacional se centra nas obrigações de proporcionar o gozo da coisa locada e do pagamento da respectiva renda ou aluguer.

Nestes termos, o perecimento da coisa locada determina a aplicação do n.º 1 do art. 790.º no que respeita à obrigação que incumbe ao locador, viabilizando o carácter sinalagmático do vínculo a aplicação do n.º 1 do art. 795.º em relação à obrigação pecuniária que impende sobre o locatário. A solução corresponde à orientação presente no Direito romano e estabelecida no art. 1612.º do CCse, na sequência do art. 1722.º do CCfr[1305], permitindo um desenho do risco apenas associado ao binómio prestação-contraprestação. Em conformidade, MENEZES CORDEIRO sustenta correr o risco, nos termos gerais, por conta dos dois intervenientes[1306], embora

---

[1303] Cfr. *supra* p. 402, n. 1173.

[1304] Cfr., nomeadamente, PEREIRA COELHO, *Arrendamento*, p. 15; e MENEZES LEITÃO, *Obrigações, III*, p. 304-307. LURDES PEREIRA, *Conceito da prestação*, p. 100, n. 244, entende porém ser preferível que este contrato apenas seja tomado como um contrato oneroso, e não como um contrato sinalagmático.

[1305] A sinalagmaticidade das obrigações do locador e do locatário é sublinhada de igual modo no ordenamento jurídico espanhol, apesar da ausência de uma regra geral que o consagre (cfr. LACRUZ BERDEJO, *Elementos, II-II*, p. 123; ALBALADEJO, *Derecho Obligaciones*, p. 653; LASARTE, *Principios, II*, p. 260; COSSIO, *Los riesgos*, p. 368; e ALCÁNTARA SAMPELAYO, *ob. cit.*, p. 495).

[1306] Cfr. MENEZES CORDEIRO, *Da alteração de circunstâncias*, p. 330, em *Reais – 1979*, p. 683, e em *Da natureza do direito do locatário*, p. 143, referindo que, perdendo o locador as rendas e o locatário o gozo da coisa locada, o risco se distribui na exacta proporção dos seus direitos. Em termos próximos, ROMANO MARTINEZ, *Obrigações – Contratos*, p. 204, refere que o arrendatário deixa de pagar a renda, mas corre o risco em relação

446   *O Risco nos Contratos de Alienação*

a situação não se associe ao risco de perecimento ou deterioração da coisa locada.

Se a obrigação de restituição da coisa locada consagrada na al. i) do art. 1038.º se insere no sinalagma contratual[1307], cumpre todavia averiguar em que moldes se estrutura o suporte do sacrifício contratual conexo com a mesma situação jurídica, afastando-nos, por esta via, da simples equação pressuposta nos arts. 790.º e 795.º.

II. A caducidade do vínculo pela perda da coisa locada, declarada pela al. e) do art. 1051.º, possibilita uma aproximação ao n.º 1 do art. 790.º[1308], ocasionando porém uma dupla exclusão dos deveres prestacionais de locador e locatário. De facto, se se impossibilita a obrigação do locador de assegurar o gozo pacífico da coisa (bem como de realizar a sua entrega se a mesma ainda não tiver ocorrido)[1309], impossibilita-se também a obrigação do locatário restituir a coisa locada, o que determina uma extinção automática do vínculo contratual[1310]. O conceito de perda da coisa tem todavia sido funcionalizado pela jurisprudência, a qual adere generalizadamente a um critério finalista[1311].

---

ao gozo do bem (o risco relativo ao seu direito de gozo sobre a coisa). A exoneração do locatário da obrigação de pagamento de renda foi também sublinhada no ac. da RP de 25 de Outubro de 1984 in CJ 1984-IV, p. 236.

[1307] Cfr. José João Abrantes, *ob. cit.*, p. 43.

[1308] Cfr. Pereira Coelho, *Arrendamento*, p. 270.

[1309] No sentido da inadmissibilidade do antigo locatário exigir a reconstrução e a reocupação do locado cfr., nomeadamente, Romano Martinez, *Obrigações – Contratos*, p. 203-204; o ac. da RL de 4 de Novembro de 1970 in RT ano LXXXIX, 1971, p. 317; o ac. da RE de 3 de Julho de 1980 in BMJ n.º 302, p. 327; e o ac. da RP de 25 de Outubro de 1984 *cit.*, p. 235, que menciona a caducidade do arrendamento com a demolição do prédio.

[1310] Cfr. Henrique Mesquita, *Obrigações reais*, p. 180; e Romano Martinez, *Obrigações – Contratos*, p. 228, n. 4, por alusão a uma impossibilidade superveniente quanto ao objecto do contrato. No mesmo sentido se pronunciam, em contextos distintos, Bianchi, *ob. cit.*, p. 547; e Diez-Picazo/Gullón, *ob. cit.*, p. 339.

[1311] Cfr., nomeadamente, o ac. da RP de 16 de Outubro de 1979 in CJ 1979-IV, p. 1290, por referência ao "grau de destruição", visando-se descortinar a possibilidade de uso subsequente para os fins contratados; o ac. da RE de 3 de Julho de 1980 *cit.*, p. 327; o ac. da RP de 5 de Abril de 1983 in CJ 1983-II, p. 252, que entendeu, porventura em termos demasiado amplos, não se operar a caducidade quando "o arrendado possa continuar a ser utilizado, mesmo que para essa utilização o inquilino faça reparações a simples deteriorações" (nomeadamente a reparação do telhado na sequência de um incêndio), apenas se verificando a caducidade quando "só a reconstrução, total ou parcial, (...) pode tornar (a

O regime jurídico do risco nos contratos de alienação 447

Inserido numa subsecção relativa à restituição da coisa, o art. 1044.º estabelece por sua vez que o locatário responde pela perda ou deterioração da coisa "salvo se resultarem de causa que não lhe seja imputável nem a terceiro a quem tenha permitido a utilização dela". Apesar da sua interpretação não reunir consenso doutrinal, assemelha-se que a norma se aproxima, salvo quanto ao ónus da prova, do disposto pelo art. 1269.º a respeito do possuidor de boa fé. Em rigor, consagra-se apenas uma situação de responsabilidade contratual na qual, a exemplo do n.º 1 do art. 799.º, a culpa do locatário se presume[1312]. Na verdade, apesar da remissão do n.º 1 do art. 1046.º para o regime jurídico das benfeitorias realizadas pelo possuidor de má fé, não é idónea uma desconexão sistemática do art. 1044.º com as normas gerais constantes dos arts. 790.º e 798.º. A mesma orientação consta, aliás, dos arts. 1563.º do CCes e 1588.º, I, do CCit[1313].

---

coisa) novamente apta para o fim a que se destina"; o ac. da RL de 9 de Novembro de 1989 in CJ 1989-V, p. 103-104, declarando a caducidade quando o prédio incendiado ficou em risco de desabar segundo um critério coincidente com a impossibilidade de uso da coisa pelo locatário para o fim convencionado; e o ac. da RL de 12 de Julho de 1997 in CJ 1997--II, p. 106, em relação a um incêndio que destruiu um terço do prédio arrendado, perda parcial que não ocasionou a caducidade do arrendamento de acordo com o critério do "fim a que a coisa locada se destina".

[1312] Cfr. PEREIRA COELHO, *Arrendamento*, p. 180-181, referindo que a imputabilidade significa que o arrendatário não responde pelas deteriorações por facto não culposo; MENEZES LEITÃO, *Arrendamento urbano*, p. 57, sublinhando contudo a aplicabilidade do 799.º; PINTO FURTADO, *Arrendamento*, p. 553; ANDRADE MESQUITA, *ob. cit.*, p. 32, n. 16; ROMANO MARTINEZ, *Distribuição do risco no contrato de locação. Interpretação do art. 1044.º do Código Civil*, p. 886, n. 1, e 890; o ac. da RL de 7 de Junho de 1990 in CJ 1990--III, p. 139; e o ac. da RL de 16 de Março de 1989 in CJ 1989-II, p. 116, embora citando os autores do Código Civil Anotado. Em sentido contrário, relacionando a referência a "imputável" com o conceito de causalidade (e não de culpa), e entendendo que a norma estabelece uma situação de responsabilidade objectiva, cfr. PIRES DE LIMA/ANTUNES VARELA, *CCAnotado, II*, p. 381.

[1313] Cfr., respectivamente, LACRUZ BERDEJO *Elementos, II-II*, p. 122; GALGANO, *Privato*, p. 549, e em *Civile e commerciale, II*, p. 40; e LUMINOSO, *I contratti*, p. 516, referindo que, se a lei obriga o locatário à prova da sua diligência, a jurisprudência italiana exige todavia a prova, bem mais rigorosa, do específico evento danoso. Como contraponto, o art. 1588.º, II, do CCit consagra uma responsabilidade objectiva do locatário em relação a pessoas por si admitidas ao gozo da coisa (estabelecendo-se ainda regras específicas nos arts. 1642.º e 1643.º quanto ao *"rischio della perdita del bestiame"*, sendo a perda patrimonial atribuída ao locatário *"dal momento in cui questi lo ha ricevuto se non è stato diversamente pattuito"*). Curiosamente, uma orientação análoga ao regime jurídico previsto no CCit era propugnada no art. 36.º, § 1, 1.ª prt., do anteprojecto de GALVÃO TELLES relativo ao contrato de locação (cfr. GALVÃO TELLES, *Dos contratos em especial*, p. 212), sendo esta

O quadro normativo compulsado é bastante para a conclusão de que o risco de perecimento ou deterioração da coisa corre apenas por conta do locador[1314].

III. A aparente antinomia doutrinal na explanação do regime jurídico do risco no contrato de locação é uma decorrência da plurisignificatividade do seu conceito.

Não ocasionando uma situação jurídica real[1315], a locação não pode traduzir-se, sem mais, salvo na hipótese de contratualização do risco, num contrato a que se associe a transmissão do risco de perecimento ou deterioração da coisa. A sua abordagem possibilita, porém, a divisão de diversos vértices de análise. Assim, se o locador suporta o risco estático relativo à sua titularidade real – o qual se identifica tendencialmente com o risco da impossibilidade de restituição da coisa locada por parte do locatário, segundo o n.º 1 do art. 790.º – este também assume o risco da contraprestação, que se traduz na perda dos alugueres ou rendas acordados, como consequência sinalagmática da impossibilidade de assegurar ao locatário o gozo pacífico da coisa. Por seu turno, o locatário sofre na sua esfera jurídica o risco da impossibilidade desta última prestação, embora se exonere da obrigação de pagamento da contraprestação, sendo-lhe in-

---

talvez a mais consentânea com a prt. final do n.º 2 do art. 1136.º, a respeito do contrato de comodato.

[1314] Cfr. PIRES DE LIMA/ANTUNES VARELA, *CCAnotado, II*, p. 380, por referência ao risco inerente ao direito de propriedade; HENRIQUE MESQUITA, *Obrigações reais*, p. 180, a respeito da al. e) do n.º 1 do art. 1051.º, configurando nesta uma manifestação da proeminência legalmente atribuída à vertente obrigacional do regime da locação, e referindo a atribuição do risco ao locador como a perda por este do direito de propriedade sobre a coisa e do direito à contraprestação da renda (pois não poderá exigir as rendas que se vençam até ao termo do prazo contratual convencionado); e ANDRADE MESQUITA, *ob. cit.*, p. 152, n. 247, e 153, referindo-se à possibilidade de redução da renda, nos termos do art. 1040.º, como um risco que se insere ainda na esfera jurídica do locador (neste sentido, cfr. o ac. da RL de 7 de Junho de 1990 *cit.*, p. 139).

[1315] Sobre a *vaexata quaestio* da natureza obrigacional ou real da locação, *maxime* do direito de arrendamento cfr., nomeadamente, as análises de OLIVEIRA ASCENSÃO, *Reais*, p. 536-538; MENEZES CORDEIRO, *Da natureza do direito do locatário*, p. 138-144; HENRIQUE MESQUITA, *Obrigações reais*, p. 131-186; MENEZES LEITÃO, *Obrigações, III*, p. 305-307; COELHO VIEIRA, *Arrendamento de imóvel dado em garantia*, p. 440-448; e PINTO FURTADO, *Arrendamento*, p. 54, em especial p. 67, quanto à repartição do risco. Não sendo vinculativa para o intérprete, a al. c) do n.º 2 do art. 25.º da RSI pressupõe, curiosamente, a sua natureza jurídica real.

O regime jurídico do risco nos contratos de alienação   449

teiramente alheio o sacrifício patrimonial do perecimento ou deterioração da coisa.

A identificação de três esferas de risco distintas possibilita uma compreensão analítica do fenómeno contratual locatício, embora apenas a primeira nos mereça desenvolvimento. A orientação adoptada confirma então, a exemplo do comodato e do depósito regular, o desfasamento genérico dos contratos com efeitos obrigacionais do sacrifício patrimonial relativo à perda ou deterioração da coisa, ainda que este radical, como de imediato se constatará, não apresente uma configuração necessária.

4.5.4. *A locação financeira*

I. A primeira regulamentação do contrato de locação financeira (*"leasing"*) surgiu através do Decreto-Lei n.° 171/79, de 6 de Junho, embora aquele já houvesse sido definido, pelo n.° 2 do art. 1.° do Decreto-Lei n.° 135/79, de 18 de Maio, como o "contrato pelo qual uma das partes se obriga, contra retribuição, a conceder à outra o gozo temporário de uma coisa, adquirida ou construída por indicação desta e que a mesma pode comprar total ou parcialmente, num prazo convencionado, mediante o pagamento de um preço determinado ou determinável, nos termos do próprio contrato"[1316].

O regime jurídico em vigor resulta agora do Decreto-Lei n.° 149/95, de 24 de Junho (RLF), já alterado pelo Decreto-Lei n.° 265/97, de 2 de Outubro, pelo Decreto-Lei n.° 285/2001, de 3 de Novembro, e pelo Decreto-Lei n.° 30/2008, de 25 de Fevereiro, que, acompanhando no essencial a noção anteriormente referida, admite a possibilidade do contrato versar sobre coisas móveis ou imóveis.

[1316] Sobre a locação financeira cfr., nomeadamente, GALVÃO TELLES, *Contratos em Geral*, p. 499-501; MOTA PINTO, *Uma nova modalidade jurídica de financiamento industrial: o leasing*, p. 109, aproximando o mesmo contrato da venda a contento; LEITE DE CAMPOS, *A locação financeira na óptica do utente*, p. 319-346, e em *A locação financeira*, p. 1; MENEZES CORDEIRO, *Bancário*, p. 555-568; MENEZES LEITÃO, *Garantias das obrigações*, p. 276; PINTO DUARTE, *A locação financeira (Estudo jurídico do leasing financeiro)*; ROMANO MARTINEZ/FUZETA DA PONTE, *ob. cit.*, p. 249; CASSIANO DOS SANTOS, *ob. cit.*, p. 383; GRAVATO MORAIS, *Manual da Locação Financeira*, p. 15; FERREIRA DE ALMEIDA, *Contratos, II*, p. 216; MOITINHO DE ALMEIDA, *A locação financeira (leasing)*, p. 5-26; e ANDRADE MESQUITA, *ob. cit.*, p. 38-46.

450   *O Risco nos Contratos de Alienação*

Sendo enquadrado como um contrato de feição financeira[1317], onde se opera a conjugação de elementos típicos dos contratos de compra e venda e de locação[1318], a sua chamada no âmbito em análise justifica-se pela existência, no seu regime jurídico, de uma norma de distribuição do risco alheia ao paradigma tradicional do contrato de locação[1319].

II. Já segundo o regime jurídico do Decreto-Lei n.º 171/79, sendo o locatário obrigado a contratar o seguro da coisa locada, o mesmo suportaria o risco do seu perecimento ou deterioração na vigência do contrato, o qual produzia efeitos, em regra, a partir da data da sua celebração e independentemente da tradição da coisa[1320]. Uma vez que a vigência do contrato não dependia desta formalidade, o locatário assumia o risco indepen-

---

[1317] Cfr. MENEZES CORDEIRO, *Bancário*, p. 558; ANSELMO VAZ, *ob. cit.*, p. 90, configurando-o como um contrato de concessão de crédito; e GRAVATO MORAIS, *Locação Financeira*, p. 260, aludindo a um contrato de crédito com características específicas (quanto à reserva da celebração por parte de instituições financeiras de crédito e de outras instituições de crédito, de forma habitual, de contratos de locação financeira na qualidade de locador, cfr., por todos, GRAVATO MORAIS, *Locação Financeira*, p. 57).

[1318] Cfr. ROMANO MARTINEZ, *Contratos comerciais*, p. 59; e LEITE DE CAMPOS, *A locação financeira*, p. 141, referindo um contrato nominado misto

[1319] A locação financeira restitutiva (*lease-back*), em que o empresário aliena o seu equipamento ou instalações a uma sociedade de locação financeira que imediatamente lho aluga ou arrenda com opção de compra, assume ainda algumas especificidades, relacionando-se com a venda a retro, a alienação fiduciária em garantia e a proibição de pacto comissório (cfr., nomeadamente, MOITINHO DE ALMEIDA, *A locação financeira*, p. 9, enfatizando os prazos de resolução e o preço a restituir na venda a retro; LEITE DE CAMPOS, *A locação financeira na óptica do utente*, p. 342, e em *A locação financeira*, p. 42 e 58; PINTO DUARTE, *Quinze anos de leis sobre leasing – Balanço e perspectivas*, p. 180; PAIS DE VASCONCELOS, *Contratos Atípicos*, p. 144, referindo o preenchimento da mesma função e utilidade que o financiamento imobiliário hipotecário; LEITE DE CAMPOS, *A alienação*, p. 14 e 23; MENEZES LEITÃO, *Garantias das obrigações*, p. 280; COSTA GOMES, *Assunção fidejussória*, p. 91, n. 361, 92, n. 364, e 96; GRAVATO MORAIS, *Locação Financeira*, p. 37; CASSIANO DOS SANTOS, *ob. cit.*, p. 392; e CAMPOBASSO, *Diritto Commerciale 3*, p. 151, admitindo a figura atenta a inexistência de um crédito anterior a garantir ou de uma desproporção entre a garantia e o crédito que fundamente a proibição do pacto comissório, continuando o bem na disponibilidade do vendedor). Verificando-se uma coincidência tipológica da locação financeira com estas figuras, assemelha-se então que, por exigência material e sistemática, serão aplicáveis as regras de risco oportunamente equacionadas (cfr. *supra* p. 368 e 405).

[1320] Cfr., respectivamente, a al. e) do art. 24.º, o art. 25.º e o n.º 1 do art. 13.º do Decreto-Lei n.º 171/79.

O *regime jurídico do risco nos contratos de alienação* 451

dentemente da entrega da coisa, não sendo porém titular de um direito real sobre a mesma[1321]. Esta disciplina normativa foi mantida pelo RLF, que repetindo a obrigação do locatário segurar o bem locado contra o risco da sua perda ou deterioração, determina que "salvo estipulação em contrário o risco de perda ou deterioração do bem corre por conta do locatário"[1322].

Apesar de haver já sido proposta uma interpretação do art. 15.º do RLF em estrita conexão com a assunção do risco contratual pelo locatário financeiro – pelo que este não se poderia eximir ao pagamento das rendas ou dos alugueres mesmo em caso de perda ou deterioração da coisa que não lhe fosse imputável[1323] – afigura-se que tal solução não encontra aderência legal bastante, uma vez que, ao invés de estabelecer uma excepção ao sinalagma relativo à vertente locatícia do contrato, a lei atribui o sacrifício patrimonial da perda ou deterioração da coisa ao locatário financeiro[1324]. Abstraindo-se daquela qualificação contratual – e da promessa de alienação associada ao vínculo contratual – a lei constrói assim uma solução dogmaticamente autónoma do n.º 1 do art. 796.º do CCiv[1325], que, podendo ser explicada pela configuração peculiar do direito de pro-

---

[1321] PINTO DUARTE, *Reais*, p. 264 e 275, sustenta, todavia, ser admissível, que o locatário financeiro beneficie em algumas situações de um direito real de aquisição. Todavia, como anteriormente referido, o reconhecimento de um direito real de aquisição a favor do locatário não influi na conformação das regras de distribuição do risco.

[1322] Cfr., respectivamente, a al. j) do n.º 1 do art. 10.º, e o art. 15.º do RLF. Admite-se porém que esta solução haja sofrido alteração em sede das relações jurídicas de consumo, consoante anteriormente referido (cfr. *supra* p. 380, n. 1102). Por seu turno, GRAVATO MORAIS, *Locação Financeira*, p. 43, 51, 90, 132, 163 e 166, sustenta que o locatário assume o risco a partir da entrega da coisa.

[1323] Cfr. ANDRADE MESQUITA, *ob. cit.*, p. 45, em excepção ao disposto pelo art. 795.º. No mesmo sentido parece pronunciar-se, também, CASSIANO DOS SANTOS, *ob. cit.*, p. 71 e 399.

[1324] Parece ser também esta a posição adoptada por GRAVATO MORAIS, *Locação Financeira*, p. 164 e 166, ao contrapor o art. 15.º do RLF ao art. 1044.º do CCiv, embora considere que o locatário suporta o risco a partir do momento da entrega da coisa. Já FERREIRA DE ALMEIDA, *Contratos, II*, p. 218, refere uma imediata transmissão do risco para o locatário.

[1325] Em sentido contrário cfr., todavia, ROMANO MARTINEZ, *Contratos comerciais*, p. 63, n. 17, considerando que o locatário tem o domínio da coisa; bem como, em termos próximos, ANA PRATA, *Os contratos*, p. 377, referindo a ultrapassagem do inconveniente do risco da coisa locada ser suportado por quem a não tem em seu poder. Este entendimento é contudo tributário de uma noção fáctica de "domínio" que, salvo o devido respeito, não possui fundamento legal, sendo, por outra via, expressa a assunção do risco pelo locatário financeiro ainda antes do momento de entrega da coisa.

452   *O Risco nos Contratos de Alienação*

priedade do locador[1326], encontra uma âncora no conceito objectivado de interesse, traduzindo uma situação de risco contratualmente fundado[1327].

A orientação legislativa compulsada surge também, mesmo na ausência de base legal expressa, noutros ordenamentos jurídicos[1328], sendo particularmente impressiva a sua construção no ordenamento jurídico italiano. Neste, a atribuição do risco ao locatário financeiro é fundada quer na aproximação da figura à cláusula de reserva de propriedade[1329], quer no seu reconhecimento enquanto elemento contratual típico[1330], surgindo de igual modo a alusão a uma dilucidação funcional do interesse subjacente ao vínculo contratual[1331].

[1326] Cfr. PINTO DUARTE, *A locação financeira*, p. 73, referindo que "do ponto de vista económico o domínio da coisa, tendencialmente por todo o seu período de vida útil, pertence ao locatário", e em *Aspectos contratuais do aluguer, da locação financeira e de outros contratos afins à face da lei portuguesa*, p. 167; LEITE DE CAMPOS, *A locação financeira*, p. 104, 106, 121, 129, 144 e 153, distinguindo entre a propriedade jurídica e a propriedade económica, sendo o locatário o "proprietário económico do bem que paga integralmente durante o período do contrato e cujos riscos assume"; e GRAVATO MORAIS, *Locação financeira e desconformidade da coisa com o contrato*, p. 705, mencionando um risco inerente à qualidade de proprietário, bem como em *Locação Financeira*, p. 116, 163 e 203, em que considera que a propriedade (somente jurídica) do locador possui uma natureza mista, ao garantir o risco económico de incumprimento do locatário e ao assegurar a sua instrumentalidade na realização do financiamento. Todavia, a verdade é que tal não impede a reivindicação pelo locador de terceiro a quem o locatário haja alienado a coisa (cfr. GALVÃO TELLES, *Contratos em Geral*, p. 501).

[1327] Em sentido próximo, MOITINHO DE ALMEIDA, *A locação financeira*, p. 12, justifica a solução legislativa pelo facto da oportunidade da aquisição ser decidida pelo locatário, sendo a empresa uma simples financiadora.

[1328] Cfr., DUTILLEUL/DELEBECQUE, *ob. cit.*, p. 732, n. 2; e LACRUZ BERDEJO, *Elementos, II-II*, p. 388.

[1329] Cfr. GALGANO, *Privato*, p. 556, e em *Civile e commerciale, II*, p. 123 e 126, em nome da causa negocial; e LUMINOSO, *I contratti*, p. 366, 377, 391, 404 e, em especial, 406 e 417, referindo o pacto de inversão do risco prescrito pelo art. 1588.º do CCit, e a analogia com a regra da reserva de propriedade no "*leasing*" do valor capital. Entre nós, o paralelo do art. 15.º do RLF com o disposto no n.º 3 do art. 796.º, a respeito da cláusula de reserva de propriedade, é realizado por GRAVATO MORAIS, *Locação Financeira*, p. 51.

[1330] Cfr. FERRI, *ob. cit.*, p. 865; CAMPOBASSO, *Commerciale 3*, p. 146, mencionando a derrogação contratual ao art. 1588.º do CCit; e CLARIZIA, *La locazione finanziaria*, p. 259. DELFINI, *ob. cit.*, p. 187 e 189, configura, por seu turno, a solução de acordo com o critério da assunção do risco com o contrato.

[1331] Cfr. RESCIO, *ob. cit.*, p. 199, 209 e 249, que, não rejeitando a sujeição do "*leasing*" à regra geral do art. 1465.º do CCit, encontra justificação para as cláusulas típicas de inversão do risco na contraposição do interesse financeiro do concedente ao inte-

O *regime jurídico do risco nos contratos de alienação*   453

III. Não se confundindo com o risco da contraprestação, nem com o omnipresente "risco de obsolência técnica do bem", o sacrifício patrimonial associado ao perecimento ou deterioração da coisa locada assume-se como exemplo acabado da figura do risco contratualmente fundado, cujo funcionamento se revela independente do jogo prestacional. Com efeito, se o perecimento da coisa suscita a aplicação dos arts. 790.º e 795.º no que respeita às obrigações das partes de proporcionar o gozo da coisa e sua respectiva remuneração, o art. 15.º do RLF atribui a perda patrimonial ao locatário em nome de uma consideração global da situação jurídica em análise e do interesse nesta prevalente. Constituindo um vector de ponderação relativo a um contrato que *ab initio* não é gerador de efeitos reais, esta orientação pode ser objecto de consideração alargada, a qual não é prejudicada pelo substrato comercial ou profissional da norma em análise[1332]. Em simultâneo, não será também despiciendo – atenta a caracterização creditícia do contrato de locação financeira – o alheamento definitivo entre o denominado risco de crédito e o risco de perecimento ou deterioração da coisa. Na verdade, o regime jurídico de risco compulsado recebe ainda a influência descaracterizante da figura se traduzir, no essencial, num instrumento financeiro.

4.5.5. *A parceria pecuária*

I. Definido pelo art. 1121.º, o contrato de parceria pecuária constitui um contrato obrigacional, e real *quoad constitutionem*, em que uma das partes entrega à outra um ou mais animais para que os lucros resultantes

---

resse de economia negocial do utilizador; e BIANCA, *La vendita*, p. 55, que entende não suportar o concedente o risco de perecimento ou deterioração do bem atenta a sua destinação ao consumo económico do concessionário.

[1332] Aparentemente no mesmo sentido, ainda que em termos algo dúbios, PAULO DUARTE, *Algumas questões sobre o ALD*, p. 327, refere, em relação ao aluguer de longa duração (ALD), que o locador "age por conta e risco do locatário", sendo o alargamento – aplicação analógica – do art. 15.º do RLF ao contrato de aluguer de longa duração equacionado por GRAVATO MORAIS, *Locação Financeira*, p. 53 e 55 (no ac. da RP de 14 de Fevereiro de 2005 in CJ 2005-I, p. 191, é afirmada a "homogeneidade jurídico-estrutural" existente entre as duas figuras). PINTO DUARTE, *Aspectos contratuais*, p. 168, refere, por seu turno, a tentativa de obtenção contratual, por parte dos locadores, do regime jurídico de risco que se encontra prescrito a respeito do contrato de locação financeira.

454   *O Risco nos Contratos de Alienação*

da sua exploração sejam repartidos entre ambas. Consistindo numa modalidade da categoria dos negócios parciários[1333], o tipo legal afasta-se da locação de animais disciplinada pelo n.º 2 do art. 1046.º, corporizando um sinalagma específico entre a prestação de criação, penso e vigia dos animais, e os lucros expectáveis, mas incertos, dessa exploração[1334].

Em termos estruturais, o parceiro pensador é titular de um direito pessoal de gozo[1335], permanecendo a titularidade dominial ou paradominial dos animais no outro contraente.

Paralelamente ao disposto na al. e) do n.º 1 do art. 1051.º, o art. 1123.º prescreve a caducidade do vínculo contratual pela perda dos animais[1336], o que permite a estruturação da distribuição do risco em termos puramente obrigacionais. Exoneram-se assim ambas as partes das suas obrigações, perdendo o parceiro pensador o direito a qualquer remuneração pela actividade desenvolvida e pelas despesas suportadas com o penso.

II. Possuindo o risco-evento concretizações socialmente típicas[1337], o art. 1126.º aborda a questão do risco de forma expressa, a exemplo do disposto no CCse, e na sequência das ponderações de CORREIA TELLES.

Ampliando o art. 1308.º do CCse na referência ao perecimento jurídico e à deterioração do objecto contratual, o n.º 1 do art. 1126.º estabelece a imputação do risco ao proprietário. O mesmo pressupõe, nos termos

---

[1333] Cfr., nomeadamente, MANUEL DE ANDRADE, *Teoria Geral, II*, p. 58; MOTA PINTO, *Teoria Geral*, p. 406; MENEZES CORDEIRO, *Tratado, I-I*, p. 477; CARVALHO FERNANDES, *Teoria Geral, II*, p. 82; PAIS DE VASCONCELOS, *Teoria geral*, p. 449, sublinhando a partilha pelo partícipe do risco próprio do negócio; e DELFINI, *ob. cit.*, p. 308-318.

[1334] Cfr. MENEZES LEITÃO, *Obrigações, III*, p. 360. Em sentido próximo, MENEZES CORDEIRO, *Reais – 1979*, p. 698, refere um tipo contratual autónomo traduzido num misto de sociedade, prestação de serviços e locação; e ROMANO MARTINEZ, *Da cessação*, p. 355, que alude a um contrato de associação entre quem tem legitimidade para dispor dos animais e o parceiro pensador. Já PINTO FURTADO, *Arrendamento*, p. 74, considera que a sua verdadeira natureza é locatícia, sendo a retribuição uma quota de frutos A análise da natureza jurídica do contrato de parceria pecuária à sombra do CCse foi por sua vez empreendida por LUIZ LOPES, *Do contrato de parceria pecuária*, p. 61-93.

[1335] Cfr. MENEZES LEITÃO, *Obrigações, III*, p. 362; e ANDRADE MESQUITA, *ob. cit.*, p. 73.

[1336] Cfr. ANDRADE MESQUITA, *ob. cit.*, p. 136, aludindo a um princípio geral aplicável a todos os direitos pessoais de gozo.

[1337] Entre outras, as situações patológicas de febre aftosa, de encefalopatia espongiforme bovina (BSE) ou de *"influenza"* (gripe) aviária.

O regime jurídico do risco nos contratos de alienação 455

gerais, a não imputabilidade do facto danoso ao parceiro pensador, contraente ao qual, de acordo com o art. 1124.º, em moldes que não se afastam do n.º 2 do art. 487.º, é exigida uma actuação diligente. Dado que o contrato de parceria pecuária não possui efeitos reais – não se suscitando, em termos técnicos, a aplicação do n.º 1 do art. 796.º – a norma incorpora uma referência acidental ao brocardo *res perit domino* enquanto regra geral de risco-estático, sem lhe introduzir, porém, qualquer modelação[1338].

Em consonância com a orientação dominial estabelecida no n.º 1, o n.º 2 do art. 1126.º estabelece, aperfeiçoando a redacção do art. 1309.º do CCse, que o proveito que ainda possa advir dos animais pertence ao proprietário, com o limite do seu valor no momento da entrega da coisa. Este consiste, nomeadamente, no valor obtido com a sua venda para abate e com os despojos dos animais. Da disposição retira-se então a possibilidade de atribuição ao parceiro pensador de uma parte dos benefícios que se mostrem superiores ao valor dos animais no momento da sua entrega[1339], mitigando assim, ainda que de forma distinta da 2.ª prt. do art. 1227.º a respeito do contrato de empreitada, a perda de tempo e os dispêndios por si suportados. Densifica-se por outra via a distinção entre perda física e perda jurídica da coisa, em termos que não se assemelham, porém, necessariamente coincidentes com uma sub-rogação real.

Finalmente, numa regra cuja sistemática melhor se ajusta à relação do risco com a autonomia privada, o n.º 3 do art. 1126.º estende o âmbito de aplicação do art. 1310.º do CCse ao estabelecer a imperatividade das regras compulsadas. A orientação legal não é porém isenta de reparo, uma vez que não se vislumbram fundamentos para a imposição da solução do n.º 2 do art. 1126.º. Antes seria adequada a admissibilidade de atribuição ao parceiro proprietário de uma parcela nos despojos coincidente com

---

[1338] Cfr. Luiz Lopes, *Os contratos de parceria e o futuro Código Civil*, p. 29, referindo a sua articulação com o disposto no art. 719.º do CCse; Pires de Lima/Antunes Varela, *CCAnotado, II*, p. 737; e Menezes Leitão, *Obrigações, III*, p. 362. Regras análogas constam do art. 2175.º do CCit, a respeito do *"perimento del bestiame"*, e do art. 1810.º, I, do CCfr, em relação ao *"cheptel simple"*, ainda que em II se consagre um regime jurídico distinto para a perda parcial (*"S'il n'en périt qu'une partie, la perte est supportée en commun, d'après le prix de l'estimation originaire et celui de l'estimation à l'expiration du cheptel"*).

[1339] Cfr. Pires de Lima/Antunes Varela, *CCAnotado, II*, p. 737; e Menezes Leitão, *Obrigações, III*, p. 362. A orientação é paralela ao disposto na prt. final do art. 2175.º do CCit e no art. 1809.º do CCfr, que não introduzem, porém, a modelação favorável ao parceiro pensador reconhecida pelo CCiv.

456   *O Risco nos Contratos de Alienação*

a actividade contratual por si desenvolvida, não possuindo como limite o valor dos animais no momento da sua entrega[1340].

III. Situando-se em linha com os paradigmas obrigacionais de distribuição de risco, a parceria pecuária assume uma expressão significativa ao aludir a uma regra de risco real apenas pressuposta pelo Direito romano. Regulando aspectos conexos com o substrato dominial da situação de risco, o regime jurídico da figura introduz uma excepção à estipulação das partes que deverá ser-lhe circunscrita, denunciando, aliás, a sua conexão com um paradigma distinto do risco-situação jurídica contratual: o risco-estático real. Não obstante, o contrato de parceira pecuária permite uma divisão flexível dos diversos paradigmas de risco, conjugando a referência ao risco real-estático com o fenómeno, alheio à análise efectuada, do "risco investimento".

4.5.6. *O contrato-promessa de compra e venda com tradição da coisa prometida alienar*

I. Assumindo uma relevância directamente proporcional ao sistema transmissivo adoptado em cada ordenamento jurídico[1341], o contrato-promessa de compra e venda constitui, nos termos do n.º 1 do art. 410.º, um vínculo contratual preliminar pelo qual ambas as partes, ou apenas uma delas, se obrigam à prestação de um facto positivo jurídico, coincidente com a celebração do contrato definitivo. Assumindo efeitos meramente obrigacionais, embora a observância pelas partes da forma e formalidades do art. 413.º possa ocasionar a criação de um direito real de aquisição,

---

[1340] Cfr., neste sentido, LUIZ LOPES, *Os contratos de parceria*, p. 32, sufragando que, a exemplo do CCse, apenas a regra do n.º 1 do art. 1126.º deveria ser imperativa. CUNHA GONÇALVES, *Tratado, VII*, p. 380, sufragava, aliás, que seria leonina a alteração da norma do 1310.º do CCse (que proibia a estipulação pela qual todas as perdas por caso fortuito ficassem por conta do parceiro pensador). Em sentido contrário – entendendo que ao recaírem sobre o proprietário todos os riscos, devem também pertencer-lhe todos os despojos – pronunciaram-se PIRES DE LIMA/ANTUNES VARELA, *CCAnotado, II*, p. 738. Todavia, o denominado "risco de investimento" encontra um frutuoso campo aplicativo neste domínio, pelo que, em rigor, não se assemelha exacta a afirmação de que todos os riscos se encontram inscritos na esfera jurídica do parceiro-proprietário.

[1341] Cfr. ANA PRATA, *Os contratos*, p. 370, em relação ao princípio consensualista na transmissão dos direitos reais.

O regime jurídico do risco nos contratos de alienação 457

a equação do funcionamento do binómio formado pelos arts. 790.° e 795.°
não se encontra em princípio relacionada com a impossibilidade de prestação contratual em si mesma – a celebração do contrato definitivo – mas
antes com situações relativas ao objecto mediato do contrato, como por
exemplo na hipótese de perecimento da coisa prometida alienar. Não obstante, é virtualmente unânime o pronunciamento doutrinal no sentido da
exclusão das regras de risco do regime aplicável ao contrato-promessa,
atenta, fundamentalmente, a sua estrutura ou "razão de ser"[1342].

[1342] Cfr., nomeadamente, ALMEIDA COSTA, *Contrato-promessa – uma síntese do
regime actual*, p. 41; CALVÃO DA SILVA, *Sinal*, p. 28; ANA PRATA, *O contrato-promessa*,
p. 423, 452, 587, 670 e 741, atribuindo o risco ao proprietário ou ao promitente-vendedor
e considerando a aplicabilidade dos arts. 794.° e 795.°, e em *Os contratos em volta (da
compra e venda)* p. 371 e 374; e TEIXEIRA PEDRO, *Contrato-promessa*, p. 1067. No mesmo
sentido, após a análise da figura no ordenamento jurídico espanhol, cfr. SOTO NIETO,
ob. cit., p. 231, concluindo que em nenhum caso cabe atribuir o *periculum* ao promitente-
-comprador. A ausência de substrato dominial no contrato-promessa é por seu turno sublinhada no ac. da RC de 20 de Abril de 1982 in BMJ n.° 318, p. 487, considerando-se no ac.
da RL de 7 de Junho de 1974 in BMJ n.° 238, p. 273, a aplicação do n.° 1 do art. 795.° à
hipótese de expropriação projectada do prédio prometido alienar. Por seu turno, o ac. da
RE de 28 de Maio de 1986 in CJ 1986-III, p. 254, recusou a aplicação das regras do risco
a um contrato-promessa de permuta (equacionando porém uma situação de alteração das
circunstâncias).
    Não é também unívoca a situação jurídica em que se encontra o promitente-compra-
dor que recebe a tradição da coisa, cabendo recordar que, mesmo que esta desencadeie a
aplicação do instituto possessório, a regra do art. 1269.° não traduz uma imputação de risco
ao possuidor de má fé (cfr. MENEZES CORDEIRO, *A posse*, p. 76 e 82, relacionando a entrega
da coisa com um segundo acordo de natureza atípica e obrigacional, dependendo a natureza da posse da interpretação da vontade das partes; PIRES DE LIMA/ANTUNES VARELA,
CCAnotado, III, p. 6 e 21, que, entendendo que a tradição da coisa coloca o promitente na
situação de mero detentor ou possuidor precário, ressalvam porém as situações de haver
sido paga a totalidade do preço ou de não terem as partes o propósito de realizar o contrato
definitivo; e HENRIQUE MESQUITA, *Obrigações reais*, p. 51, n. 17, sufragando a aplicabilidade, por analogia, das disposições que possibilitam a defesa do gozo da coisa contra
todas as agressões no âmbito de um contrato-promessa em que se verifique a sua entrega;
na jurisprudência, após uma orientação adversa ao reconhecimento do instituto possessório
– cfr., nomeadamente, o ac. do STJ de 29 de Janeiro de 1980 in BMJ n.° 293, p. 344, em
nome da ausência de *animus* possessório; e o ac. da RP de 26 de Novembro de 1981 in CJ
1981-V, p. 263 – a tutela possessória do promitente-comprador veio a ser admitida – cfr.,
nomeadamente, o ac. do STJ de 16 de Maio de 1989 in BMJ n.° 387, p. 582; o ac. do STJ
de 22 de Junho de 1989 in BMJ n.° 388, p. 439; o ac. do STJ de 21 de Fevereiro de 1991
in BMJ n.° 404, p. 470, referindo *corpus* e *animus* de direito de propriedade; o ac. do STJ
de 21 de Fevereiro de 2006 in CJ (STJ) 2006-I, p. 92, considerando a situação de aquisição da posse por inversão do título por parte dos sujeitos que passaram a comportar-se

458   *O Risco nos Contratos de Alienação*

Não se questionando a aplicação da regra de risco-estático ao titular dominial da coisa, afigura-se porém que, em hipóteses contadas, por intervenção de outros vectores de ponderação analítica, a mesma pode ser afastada. De facto, se é inequívoca a não produção de efeitos reais pelo contrato-promessa, os efeitos jurídicos desencadeados pela entrega da coisa não podem ser negligenciados. Abstraindo-nos da discussão em torno dos (outros) requisitos de aplicação das soluções enunciadas, a tradição da coisa no contrato-promessa determina, nos termos do n.º 2 do art. 442.º, a atribuição ao promitente-comprador do direito ao aumento intercalar do valor da coisa – um dos fundamentos tipicamente associados à assunção (pelo proprietário) do sacrifício patrimonial conexo com o seu perecimento – situação jurídica para cuja tutela foi ainda consagrado, na al. f) do n.º 1 do art. 755.º, um direito de retenção. Ora, se o paralelo com o regime jurídico proposto para a situação tipo de alienação com reserva de propriedade pode não surgir – em razão da sua distinta finalidade e estrutura – a virtualidade expansiva do regime jurídico da locação financeira não será despicienda, embora também neste domínio possam ser alegadas motivações financeiras conaturais do tipo, que não são comungadas pelo contrato-promessa[1343]. De todo o modo, a ponderação do interesse contratual subjacente à entrega da coisa prometida alienar pode conduzir a uma conclusão distinta, que, no limite, propicia a atribuição do risco de perecimento ou deterioração da coisa ao promitente-adquirente[1344].

Equaciona-se assim a transmissão do risco nas situações em que, para além da verificação da entrega da coisa prometida alienar, se verifique uma antecipação total do pagamento do preço devido no âmbito do con-

---

como proprietários, "instalando uma estalagem, fazendo ruas e adaptando a adega a restaurante"; o ac. do STJ de 23 de Maio de 2006 in CJ (STJ) 2006-I, p. 99; o ac. do STJ de 17 de Abril de 2007 in CJ (STJ) 2007-II, p. 37-41, embora considere determinante para tal qualificação – que em concreto recusa – o acordo de tradição e as circunstâncias relativas ao elemento subjectivo; o ac. do STJ de 04 de Março de 2008 in CJ (STJ) 2008-I, p. 150; e o ac. da RP de 9 de Março de 1993 in CJ 1993-II, p. 190).

[1343] Não obstante, CASSIANO DOS SANTOS, *ob. cit.*, p. 404, considera que funcionando a locação financeira como "antecâmara do potencial gozo próprio do proprietário do bem", esta assume "flagrante similitude com aquela que surge nos contratos-promessa com tradição da coisa".

[1344] Cfr., em sentido próximo, ANA PRATA, *O contrato-promessa*, p. 832 e 843, concluindo, embora dubitativamente, ao efectuar uma *analogia iuris* com o princípio da coincidência do risco com o poder material sobre o bem (que representa, em regra, uma situação possessória), que o risco não continuará a correr por conta do proprietário.

O regime jurídico do risco nos contratos de alienação

trato definitivo, ou uma coincidência do sinal entregue com aquele. Com efeito, sendo inegável a posse do promitente-adquirente em termos do direito de propriedade, a ultrapassagem do formalismo transmissivo real pode envolver outras consequências de regime, em concreto quando esteja em causa a satisfação de um interesse do promitente-adquirente. Para mais, a equação do regime de risco associado à condição resolutiva aposta ao contrato de alienação depõe, precisamente, no sentido da atribuição do risco ao promitente-adquirente, *maxime* se esta disposição legal for tomada como expressão de um princípio de interesse subjacente a uma alienação com efeitos não (integralmente) consumados, no caso, com efeitos simplesmente perspectivados[1345].

As possibilidades abertas não serão obviamente geradoras de consenso. Não obstante, a sua virtualidade enquanto marco de viragem de uma aplicação acrítica do brocardo *res perit domino* afigura-se-nos, por si só, bastante para a sua ponderação. Estas constituirão, no limite, algumas das virtualidades de um sistema de distribuição do risco contratual com fundamento plúrimo.

II. Constituindo uma cláusula socialmente típica no domínio do contrato-promessa, a análise da atribuição do risco de perecimento ou deterioração da coisa objecto de sinal oferece também interesse dogmático, em especial quando o objecto entregue pelo promitente-comprador se identifique com uma coisa infungível[1346].

Não obstante, e apesar do sentido literal contrário do n.º 2 do art. 442.º, a natureza real *quoad effectum* e *quoad constitutionem* assumida pela figura[1347] não permite, a exemplo da dação em cumprimento, que se

---

[1345] Já será espúria a aproximação à alienação sob condição suspensiva, uma vez que, apesar de também se encontrar perspectivada, esta é meramente eventual, ao contrário da aquisição que surja na sequência da celebração de um contrato-promessa, em que, nos termos gerais e por vezes imperativos, o promitente-fiel beneficia da faculdade de execução específica (cfr. o art. 830.º, n.ºs 1 e 3). Não se pode então considerar, *mutatis mutandis*, que o promitente-adquirente "não foi, não é, nem necessariamente será" o titular dominial da coisa (cfr. *supra* p. 336). Existe um claro afastamento sistemático.

[1346] Cfr., no sentido da admissibilidade desta hipótese, como resulta do teor literal do n.º 1 do art. 442.º, e da possibilidade de determinação abstracta do sinal em dobro, PINTO MONTEIRO, *Cláusula penal e indemnização*, p. 164, n. 355; ANA COIMBRA, *O sinal: conceito e regime no ordenamento jurídico actual*, p. 59; LACERDA BARATA, *Sobre a constituição de sinal por meio de cheque*, p. 37; e PINTO OLIVEIRA, *Ensaio sobre o sinal*, p. 22.

[1347] Cfr., nomeadamente, CARVALHO FERNANDES, *Teoria Geral, II*, p. 70, n. 2, enumerando a tradição como elemento substancial do negócio de constituição de sinal;

460 *O Risco nos Contratos de Alienação*

levantem hesitações sérias quanto à atribuição do sacrifício patrimonial ao *accipiens*, titular de um direito real sobre a coisa. De facto, mesmo a admitir-se a existência de propriedade sujeita a condição resolutiva, a entrega da coisa pelo promitente-adquirente ao promitente-alienante suscitaria a aplicação da 1.ª prt. do n.º 3 do art. 796.º, sendo o risco de perecimento ou deterioração da coisa atribuído a este último.

4.6. Risco e crise contratual

4.6.1. *A mora do devedor*

I. Possuindo um âmbito mais abrangente do que as situações de incumprimento contratual, a mora do devedor encontra-se regulada nos arts. 804.º a 808.º, sendo-lhe também os aplicáveis os princípios gerais constantes dos arts. 798.º a 800.º. Em sentido lato, esta traduz-se numa situação de atraso, demora, dilação, retardamento, incumprimento temporário ou falta temporal no cumprimento, cujos requisitos coincidem com a inexecução da obrigação no seu vencimento imputável ao devedor, sendo possível a sua execução futura, e mantendo-se o interesse do credor na prestação debitória. A situação moratória encontra-se por outro lado relacionada com as regras de cumprimento das obrigações, nomeadamente com as pertinentes ao seu tempo e lugar, assumindo particular interesse no domínio em análise, como anuncia a respectiva epígrafe, o art. 807.º do CCiv.

II. Para além de ocasionar, nos termos do n.º 1 do art. 798.º e do n.º 1 do art. 804.º, a eventual ampliação do vínculo obrigacional mediante uma indemnização moratória, a mora do devedor possui, como efeito típico, "o devedor torna(r)-se responsável pelo prejuízo que o credor tiver em consequência da perda ou deterioração daquilo que deveria entregar, mesmo que estes factos lhe não sejam imputáveis"[1348].

CALVÃO DA SILVA, *Cumprimento*, p. 301; MENEZES LEITÃO, *O enriquecimento*, p. 507, e em *Obrigações, I*, p. 233, referindo um caso típico de *datio rei*; ANA PRATA, *O contrato-promessa*, p. 876 e 943, aludindo à transmissão da propriedade da coisa sob condição; e ANA COIMBRA, *ob. cit.*, p. 39, 41, 50, 60 e 66, configurando o sinal como um contrato autónomo mas acessório, gerador de uma propriedade precária ou resolúvel.

[1348] Esta a redacção do n.º 1 do art. 807.º (cfr., nomeadamente, GALVÃO TELLES, *Obrigações*, p. 306; ANTUNES VARELA, *Das Obrigações, II*, p. 122; ALMEIDA COSTA, *Obri-*

O regime jurídico do risco nos contratos de alienação   461

A solução legislativa não introduz em rigor qualquer inovação, sendo tributária da orientação presente no Direito romano (*"perpetuatio obligationis"*), depois plasmada nas O.F., e sufragada unanimemente por toda a doutrina pátria antecedente e contemporânea do CCse[1349]. Em simultâneo, a previsão surge também em ordenamentos jurídicos próximos, nomeadamente nos arts. 1138.°, II, prt. final, do CCfr[1350], 1096.°, III, do CCes[1351], § 287, II, do BGB[1352] e 1221.°, I, do CCit.

Ao decompor a previsão normativa, constata-se que a mesma encontra aplicação apenas em relação a obrigações de entrega de coisa[1353], as quais podem surgir em contratos com efeitos meramente obrigacionais (como os contratos de comodato, depósito ou locação), logo, com independência da transmissão de um direito real sobre o seu objecto[1354]. Por

---

gações, p. 1052; MENEZES CORDEIRO, *Obrigações, II*, p. 449; ROMANO MARTINEZ, *Obrigações – Apontamentos*, p. 256; e MENEZES LEITÃO, *Obrigações, II*, p. 240).

[1349] No CCse, a solução resultava da generalização dos arts. 1398.° (empreitada de lavor) e 1436.°, n.° 2 (depósito). Na construção de um princípio geral de atribuição do risco ao devedor eram ainda colacionados os arts. 496.° e 1731.°, respeitantes à posse e à gestão de negócios (cfr. JOSÉ TAVARES, *Princípios, I*, p. 565; PAULO CUNHA, *Obrigações*, p. 320, e em *Sumários das aulas teóricas da 2.ª cadeira de Direito Civil*, p. 46; PINTO COELHO, *Obrigações*, p. 283; e MANUEL DE ANDRADE, *Obrigações*, p. 394 e 427, n. 1).

[1350] Cfr. TERRÉ/SIMLER/LEQUETTE, *ob. cit.*, p. 1046; e MAINGUY, *ob. cit.*, p. 124. A mesma regra e a sua associação à relevância negativa da causa virtual haviam sido equacionadas por POTHIER (cfr. POTHIER, *Tratado*, p. 109 e 116).

[1351] A solução é corroborada pelos arts. 1182.° e 1896.°, II, do CCes (cfr. ALBALADEJO, *Compendio*, p. 185, e em *Obligaciones*, p. 195; DIEZ-PICAZO/GULLÓN, *ob. cit.*, p. 191; LASARTE, *Principios, II*, p. 182; e SOTO NIETO, *ob. cit.*, p. 168 e 170).

[1352] A reforma do BGB de 2002 nada alterou em relação ao agravamento da responsabilidade (*"Haftungsverschärfung"*) do devedor moroso constante da sua versão original (cfr. KRAUSE, *Die Leistungsverzögerung im neuen Schuldrecht (Teil I und Teil II)*, p. 302, mencionando uma simples reformulação verbal; KINDLER, *La nuova disciplina della mora del debitore*, p. 73; e DOHRMANN, *La Reforma*, p. 1172), compreendendo o acaso não apenas à impossibilidade mas também a deterioração da coisa objecto da prestação.

[1353] Cfr. GALVÃO TELLES, *Obrigações*, p. 307; ANTUNES VARELA, *Das Obrigações, II*, p. 123 e 165, aludindo, por contraposição, às prestações de facto relevantes na mora do credor; MENEZES LEITÃO, *Obrigações, II*, p. 240; e ROMANO MARTINEZ/VASCONCELOS, *ob. cit.*, p. 259 e 270, referindo danos causados em coisas certas, objecto da prestação. MENEZES CORDEIRO, *Obrigações, II*, p. 449, entende todavia, em sentido contrário, que o art. 807.° é aplicável a toda a prestação susceptível de ser impossibilitada (neste sentido se pronuncia também GALGANO, *Civile e commerciale, I*, p. 75, n. 75, aplicando o art. 1221.° do CCit a obrigações de contratar, transferindo-se assim o risco da coisa prometida vender).

[1354] Cfr. PIRES DE LIMA/ANTUNES VARELA, *CCAnotado, II*, p. 259; e HENRIQUE MESQUITA, *Anotação*, p. 187, em relação ao empreiteiro no contrato de empreitada; e MENEZES

462   *O Risco nos Contratos de Alienação*

outra via, não se destinando apenas à perda total da coisa, a inversão do risco postulada no art. 807.º pressupõe que aquele se encontre previamente a cargo da outra parte[1355], nomeadamente nas situações em que a coisa fique em poder do vendedor no contrato de compra e venda (pois somente em momento ulterior está o comprador em condições de a poder receber), ou em que a mercadoria vendida seja colocada com atraso no meio de transporte acordado pelas partes[1356]. Finalmente, não se efectuando qualquer conexão com o jogo prestação-contraprestação, o prisma adoptado pela disposição em análise é obviamente distinto da simples distribuição de risco, ainda que contratualmente fundada.

O teor sancionatório do n.º 1 do art. 807.º – o "castigo da mora" a que aludia CORREIA TELLES – não pode ser negligenciado pelo intérprete, uma vez que, como aliás se deduz da letra da lei, este constitui a sua justificação última[1357]. Com efeito, o afastamento da situação do devedor moroso da configuração do risco contratual é sufragado nos mais diversos quadrantes, encontrando-se na responsabilidade civil a sua exacta colocação dogmática[1358]. Numa palavra, a atribuição do sacrifício patrimonial ao devedor moroso traduz-se numa situação de responsabilidade civil objectiva, que, ao pressupor a prática de um acto culposo prévio pelo devedor[1359], presume ou prescinde de um juízo de adequação causal[1360].

LEITÃO, *Arrendamento urbano*, p. 61, no caso de mora do arrendatário quanto à restituição. No ac. do STJ de 14 de Novembro de 1984 in BMJ n.º 351, p. 413, o art. 807.º encontrou aplicação, independentemente da qualificação contratual do vínculo jurídico existente, relativamente a um veículo selado e fiscalizado por uma entidade organizadora de provas desportivas de competição automóvel, que foi depois consumido num incêndio.

[1355] Cfr. PESSOA JORGE, *Obrigações*, p. 644; e ROMANO MARTINEZ/VASCONCELOS, *ob. cit.*, p. 258, n. 66, referindo a inexistência da inversão no caso do titular do direito ser o devedor da prestação.

[1356] Cfr. GALVÃO TELLES, *Obrigações*, p. 307; e MENEZES LEITÃO, *Obrigações, II*, p. 241, n. 471.

[1357] Cfr. PEREIRA COELHO, *O problema da causa virtual*, p. 218 e 220; MENEZES CORDEIRO, *Obrigações, II*, p. 393; ANA PRATA, *Cláusulas de exclusão*, p. 504; MILLET, *ob. cit.*, p. 37 ; e SOTO NIETO, *ob. cit.*, p. 119, aludindo a uma "*penalidad civil*".

[1358] Cfr. BETTI, *Obbligazioni*, p. 168, configurando uma situação de impossibilidade de prestação por "*precedente imputabilità del contegno del debitore*"; BIANCA, *La vendita*, p. 80; RUBINO, *ob. cit.*, p. 453; MAGAZZÙ, *ob. cit.*, p. 63, n. 91; OMODEI-SALÈ, *ob. cit.*, p. 32; ORLANDO, *ob. cit.*, p. 83; MILLET, *ob. cit.*, p. 46; e OLIVA BLÁZQUEZ, *ob. cit.*, p. 233. No mesmo sentido se pronunciam ANA PRATA, *O regime*, p. 14; e MÚRIAS/LURDES PEREIRA, *Prestações*, p. 4, n. 5.

[1359] Como referia MELLO FREIRE, *Instituições*, Livro IV, Título III, § V, p. 54, o devedor moroso paga "não tanto o caso fortuito, mas a culpa sua".

O devedor moroso assume então responsabilidade por um evento em relação ao qual a sua mora constitui simples causa mediata ou indirecta, embora a situação jurídica se possa modificar, em termos uma vez mais estranhos ao domínio do risco, através da relevância negativa da causa virtual.

III. Como referido a respeito do possuidor de má fé, a relevância negativa da causa virtual constitui um indício decisivo da pertinência daquela situação jurídica à responsabilidade civil enquanto fonte de obrigações[1360].

Dissipando as dúvidas que a solução suscitava no Direito romano, o n.º 2 do art. 807.º, em consonância com a orientação vigente em diversos dos ordenamentos jurídicos compulsados[1362], ressalva a situação do

---

[1360] Neste sentido cfr. PIRES DE LIMA/ANTUNES VARELA, *CCAnotado, II*, p. 70; ANTUNES VARELA, *Das Obrigações, II*, p. 123; MENEZES CORDEIRO, *Obrigações, II*, p. 392; MENEZES LEITÃO, *Obrigações, II*, p. 241; MEDICUS, *Schuldrecht, I*, p. 153, por alusão a uma *"Garantiehaftung"* fundada numa causalidade meramente temporal e não em sentido técnico; BROX/WALKER, *Schuldrecht, I*, p. 257, referindo a sua possível dissonância com a causalidade adequada; TRABUCCHI, *ob. cit.*, p. 593, por referência a um dano que se considera verificado *propter moram*; e ORLANDO, *ob. cit.*, p. 86, 89 e 97, por referência a uma especificação do princípio da causalidade (presunção *iuris tantum* de causalidade), no domínio do concurso entre a mora e o caso fortuito na produção do evento impeditivo da prestação. Algo distintamente, ENNECCERUS/LEHMANN, *Obligaciones, I*, p. 272, n. 4, aludem a uma presunção de dano, fundada na dificuldade da prova do nexo causal que impenderia sobre o credor. Em termos opostos, e apesar de configurar a situação como *casus mixtus*, PEREIRA COELHO, *O problema da causa virtual*, p. 10 (n. introdutória), 67, n. 18, 212, n. 67, 214, n. 72, e 218, considerava, na omissão do CCse, a necessidade de causalidade adequada para a responsabilização do devedor em mora, ou que, em rigor, o devedor não responde por todos os danos acidentais, mas apenas pelo perecimento fortuito da própria coisa, ocasionado pelo aumento ou pela simples modificação do círculo de riscos a que o objecto da obrigação se encontrava sujeito. É aparentemente de acordo com esta linha de orientação que o ac. do STJ de 06 de Julho de 2006 *cit.*, p. 138, excluiu a responsabilidade do alienante (devedor) moroso na entrega de uma fracção autónoma pelos danos ocorridos em virtude de assalto seguido de incêndio nos bens móveis que os compradores haviam deixado numa das suas dependências.

Um aspecto sensível deste regime jurídico reside na possibilidade de, havendo a coisa sofrido alterações de valor durante o período moratório, o credor ter direito a uma indemnização correspondente ao valor mais alto que esta atingiu, se provar que a teria alienado nessa altura (cfr. PIRES DE LIMA/ANTUNES VARELA, *CCAnotado, II*, p. 70).

[1361] Cfr. *supra* p. 55 e 59.

[1362] Cfr. o art. 1302.º, II, do CCfr, o § 287 do BGB e o 1221.º, I, do CCit. A mesma solução pode também deduzir-se do art. 1896.º, II, do CCes (cfr. LACRUZ BERDEJO, *Ele-*

464 *O Risco nos Contratos de Alienação*

credor haver sofrido os mesmos danos se a obrigação fosse pontualmente cumprida, incumbindo porém a prova ao devedor moroso[1363]. Esta circunscrição do regime de agravamento da responsabilidade do devedor[1364], possibilita a consideração do n.º 1 do art. 807.º como uma presunção do nexo de causalidade, suscitando-se contudo hesitações a respeito da sua aplicação a factos de terceiro[1365].

IV. Um apontamento é ainda devido ao n.º 2 do art. 1228.º, ao estabelecer que, encontrando-se o dono da obra "em mora quanto à verificação ou aceitação da coisa, o risco corre por conta dele". Se a responsabilidade moratória se relaciona em regra com a prestação principal de cada uma das partes[1366], aquela norma possibilita uma concretização moratória específica relativamente a uma prestação secundária ou acessória do dono da obra[1367], que todavia permanece credor relativamente à obrigação da

---

mentos, II-I, p. 176 e 180; ALBALADEJO, *Obligaciones*, p. 196; DIEZ-PICAZO/GULLÓN, *ob. cit.*, p. 191; LETE DEL RÍO/LETE ACHIRICA, *ob. cit.*, p. 226, 239 e 344; e OLMO GUARIDO, *ob. cit.*, p. 271).

[1363] Tal resulta também do n.º 2 do art. 342.º (cfr. PEREIRA COELHO, *Obrigações*, p. 235; e RIBEIRO DE FARIA, *Obrigações, II*, p. 455), sendo doutrina pacífica perante o CCse (cfr. GUILHERME MOREIRA, *Instituições, II*, p. 137; PAULO CUNHA, *Obrigações*, p. 323; MANUEL DE ANDRADE, *Obrigações*, p. 398; e PEREIRA COELHO, *O problema da causa virtual*, p. 221).

[1364] Cfr. CARNEIRO DA FRADA, *Teoria da confiança*, p. 327, mencionando uma excepção à finalidade declarada de prevenção geral.

[1365] Cfr. MENEZES CORDEIRO, *Obrigações, II*, p. 450, admitindo uma responsabilidade solidária do devedor moroso e do terceiro, com direito de regresso do primeiro. Em sentido algo distinto, cfr. GALVÃO TELLES, *Obrigações*, p. 421.

A aplicação deste regime limitar-se-á, por outra via, à prestação de coisa certa (cfr. ROMANO MARTINEZ, *Obrigações – Apontamentos*, p. 117; e ROSSI, *Il ritardo di pagamento imputabile al creditore*, p. 569, sufragando a inadmissibilidade da relevância negativa da causa virtual em relação a mora do devedor de prestação pecuniária).

[1366] Cfr. KRAUSE, *ob. cit.*, p. 302, na referência consagração de responsabilidade objectiva apenas para a prestação principal, e não para os demais deveres acessórios de cautela ou de protecção.

[1367] Cfr. PIRES DE LIMA/ANTUNES VARELA, *CCAnotado, II*, p. 70, 906 e 907; e ALMEIDA COSTA, *Obrigações*, p. 1052, n. 5. Em sentido distinto, cfr. HENRIQUE MESQUITA, *Anotação*, p. 187, justificando o disposto no n.º 2 do art. 1228.º devido à aplicação restrita do art. 807.º à mora do devedor e não à mora do credor; ROMANO MARTINEZ, *Obrigações – Contratos*, p. 375 e 454, e em *Da cessação*, p. 557; MENEZES LEITÃO, *Obrigações, III*, p. 523 e 560, por referência à mora *accipiendi*, encontrando a solução normativa fundamento pela colocação do empreiteiro na dúvida quanto à aceitação da obra; e MÚRIAS/LURDES PEREIRA, *Prestações*, p. 15, n. 55.

O regime jurídico do risco nos contratos de alienação

sua entrega. Admite-se então, em nome da necessidade e racionalidade da intervenção legislativa, um alargamento do campo de previsão do art. 807.º, com consequências jurídicas na aplicação da regra da relevância negativa da causa virtual e na delimitação do dano a ressarcir.

Reconhece-se, não obstante, e em consonância com a orientação legislativa anterior e os subsídios de Direito comparado[1368], que a configuração da mora do dono da obra em receber a obra enquanto mora do credor é a orientação que melhor se articula com a inexistência, em termos gerais, de um direito do devedor ao cumprimento da prestação devida.

V. Constituindo o "risco" a que se encontra sujeito o devedor em mora um fenómeno distinto da repartição contratual do risco nos contratos de alienação, as figuras conjugam-se em termos de recíproca exclusão.

Havendo sido já demonstrado que a articulação entre o n.º 2 do art. 796.º e o n.º 1 do art. 807.º não deve ser admitida – uma vez que o alienante moroso receberia, em virtude da relevância negativa da causa virtual, um tratamento jurídico mais favorável na situação moratória do que na imaculada pendência do vínculo contratual – a mora é todavia equacionada se não existir termo para a entrega da coisa alienada constituído a favor do alienante, ou, pura e simplesmente, inexistindo termo para a entrega da coisa no vínculo jurídico projectado pelas partes.

Contudo, não se verificando propriamente uma desconexão sistemática, o não pagamento do preço pelo comprador ao alienante moroso, mesmo provando este a existência de causa virtual exoneratória, é também admitido por alguma doutrina[1369]. A confirmar-se esta orientação, o afastamento do art. 807.º em situações em que o risco da contraprestação encontre sede normativa específica assumiria foros de plena cidadania, embora se deva reconhecer o escasso apoio legal da mesma construção[1370].

[1368] Cfr. o art. 1788.º do CCfr, o art. 1589.º do CCes, o § 644 do BGB e o art. 1673.º, I, do CCit.

[1369] Cfr. BIANCA, *La vendita*, p. 81, referindo que o alienante moroso não ressarcirá o comprador se provar a causa virtual, mas não poderá pretender o pagamento do preço da coisa. Em sentido próximo, VALCAVI, *Alcuni appunti in materia di rischio, di incidenza della mora e di perpetuatio obligationis*, p. 160, articulando os arts. 1221.º e 1207.º do CCit, entende que o vendedor não terá direito ao pagamento do preço caso a coisa pereça na sua mora, embora reconheça depois que a relevância negativa da causa virtual conduz à manutenção do risco na esfera jurídica do credor (adquirente).

[1370] Pense-se no comprador que solicita ao lojista a guarda da coisa comprada até à hora de encerramento do centro comercial. Todavia, o lojista decide encerrar mais cedo o seu

466   *O Risco nos Contratos de Alienação*

4.6.2. *A mora do credor*

I. Arrancando do prisma da cooperação do credor necessária ao cumprimento da obrigação por parte do devedor e da recepção da prestação devida como simples ónus jurídico, o art. 813.º supriu uma lacuna o CCse ao fixar os contornos da mora do credor em termos analíticos.

São assim enunciados os requisitos da faculdade e possibilidade de cumprimento por parte do devedor, bem como da abstenção de colaboração do sujeito activo da relação obrigacional, sendo contudo duvidosa a interpretação relativa à injustificação comportamental do credor, nomeadamente em relação à necessidade de um juízo de culpa[1371]. Por outro lado, o legislador busca um equilíbrio nos efeitos jurídicos atribuídos à *mora credendi*, postulando a subsistência do vínculo obrigacional e o não agravamento da posição jurídica do devedor[1372]. Não oferece porém dúvi-

---

estabelecimento, perecendo a coisa durante a noite num terramoto que deixou também o domicílio do comprador reduzido a escombros. Sendo o risco *ab initio* assumido pelo comprador, a mora do vendedor ocasionaria a sua assunção por este contraente, que todavia se pode escudar na relevância negativa da causa virtual para manter o preço pago pelo comprador. A relevância negativa da causa virtual apenas não interferirá no destino da contraprestação se for acantonada ao não agravamento da responsabilidade obrigacional do vendedor (devedor da entrega da coisa).

[1371] No sentido da sua desnecessidade cfr., nomeadamente, Pires de Lima/Antunes Varela, *CCAnotado, II*, p. 85; Galvão Telles, *Obrigações*, p. 315; Antunes Varela, *Das Obrigações, II*, p. 162; Almeida Costa, *Obrigações*, p. 1080; Ribeiro de Faria, *Obrigações, II*, p. 478; Romano Martinez, *Obrigações – Apontamentos*, p. 244; Menezes Leitão, *Obrigações, II*, p. 244; Calvão da Silva, *Cumprimento*, p. 118; Cunha de Sá, *Direito ao cumprimento*, p. 218; e Lurdes Pereira, *Conceito da prestação*, p. 303. Em sentido contrário cfr., todavia, Menezes Cordeiro, *Obrigações, II*, p. 455. Constituem situações socialmente típicas de mora do credor, com relevância específica no domínio dos contratos de alienação, a não comparência do credor no local do cumprimento nas obrigações de colocação, a não aceitação da coisa nas obrigações de entrega ou de envio qualificado, a não contratação do transportador designado para efectuar o transporte das mercadorias nas dívidas de remessa simples, ou o não exercício do direito de escolha numa obrigação genérica ou alternativa que tenha por objecto a prestação de coisa (a qual possui porém um regime jurídico específico).

[1372] Cfr., nomeadamente, Antunes Varela, *Das Obrigações, II*, p. 164 e 166, n. 2; Ribeiro de Faria, *Obrigações, II*, p. 484; cfr. Menezes Cordeiro, *Obrigações, II*, p. 452; Romano Martinez, *Obrigações – Apontamentos*, p. 244; e Menezes Leitão, *Obrigações, II*, p. 246, n. 483. Quanto à fronteira da mora do credor com a impossibilidade da prestação cfr., nomeadamente, Baptista Machado, *Risco contratual*, p. 43; Ribeiro de Faria, *Obrigações, II*, p. 478; Menezes Leitão, *Obrigações, II*, p. 244; Calvão da Silva, *Cum-*

O regime jurídico do risco nos contratos de alienação

das a isenção de responsabilidade moratória do devedor (uma vez que a este não é imputável o incumprimento da obrigação), bem como a possibilidade de, nos termos da al. b) do n.º 1 e do n.º 2 do art. 841.º, ser consignada em depósito a coisa devida.

Não sendo unívoca a sua relação com o n.º 1 art. 815.º[1373], o n.º 1 art. 814.º do CCiv estabelece um abrandamento ou menor intensidade da responsabilidade debitória, exigindo, naquilo que é genericamente considerado como a conversão do devedor em depositário forçado do objecto da prestação, um grau inferior de diligência do devedor[1374].

II. Ultrapassando uma lacuna regulativa do CCse[1375], o n.º 1 do art. 815.º determina, em linha expansiva com a redacção do art. 1207.º, I, do CCit[1376], e em termos aparentemente redundantes no que respeita à

---

primento, p. 120, n. 227; CUNHA DE SÁ, Direito ao cumprimento, p. 190, n. 43; e LURDES PEREIRA, Conceito da prestação, p. 218.

[1373] LURDES PEREIRA, Conceito da prestação, p. 181, entende, nomeadamente, que o n.º 1 do art. 815.º "não representa mais do que a importação para o círculo das prestações de facere da regra já existente no domínio das prestações de dare (no art. 814.º, n.º 1)". Uma das suas aplicações consiste na manutenção do encargo de pagamento do salário pelo empregador apesar do trabalhador não desenvolver qualquer actividade produtiva (cfr. MONTEIRO FERNANDES, Direito do Trabalho[13], p. 287).

[1374] Cfr., nomeadamente, GALVÃO TELLES Obrigações, p. 318 e 320, sufragando ainda a equiparação ao dolo da culpa grave (solução constante do § 300, I, do BGB); ANTUNES VARELA, Das Obrigações, II, p. 164; RIBEIRO DE FARIA, Obrigações, II, p. 485; MENEZES CORDEIRO, Obrigações, II, p. 452; e MENEZES LEITÃO, Obrigações, II, p. 247.

[1375] A generalização do art. 1397.º do CCse, relativo à mora do dono da obra em recebê-la, foi contudo proposta pela doutrina (cfr. GUILHERME MOREIRA, Instituições, II, p. 138; JOSÉ TAVARES, Princípios, I, p. 566; e PINTO COELHO, Obrigações, p. 290), embora sem unanimidade (cfr. PAULO CUNHA, Obrigações, e em Sumários de Direito Civil, p. 48; MANUEL DE ANDRADE, Obrigações, p. 427, n. 1, e 434, que, manifestando preferência de iure condendo pela solução da inversão, entendia que à mesma obstava o art. 761.º do CCse; e PESSOA JORGE, Obrigações, p. 366, analisando a questão retrospectivamente).

[1376] O art. 1207.º do CCit apenas atribui ao credor a impossibilidade superveniente não imputável ao devedor (cfr. GALGANO, Privato, p. 215; TRABUCCHI, ob. cit., p. 589; RUBINO, ob. cit., p. 958, referindo-se, em especial, à venda genérica, alternativa e a prova; e ORLANDO, ob. cit., p. 81). Apesar de não ser objecto de previsão genérica no ordenamento jurídico espanhol, regra idêntica está subjacente aos arts. 1185.º, 1589.º e 1590.º do CCes (cfr. LACRUZ BERDEJO, Elementos, II-I, p. 183; ALBALADEJO, Compendio, p. 180, e em Obligaciones, p. 160; DIEZ-PICAZO/GULLÓN, ob. cit., p. 205; LETE DEL RÍO/LETE ACHIRICA, ob. cit., p. 232; e RUBIO GARRIDO, ob. cit., p. 207). O § 300, I, do BGB afirma-se, por seu turno, próximo do n.º 1 do art. 814.º do CCiv (cfr. WESTERMANN, Kommentar[3], p. 115 e 123, e em Kommentar[4], p. 300, na relação daquele com os §§ 379, II, e 447 do BGB).

obrigação de entrega da coisa nos contratos de alienação, que "a mora faz recair sobre o credor o risco da impossibilidade superveniente da prestação, que resulte de facto não imputável a dolo do devedor". Não assumindo relevância nas situações do n.º 1 do art. 796.º, em que a transmissão do risco com o contrato para a esfera jurídica do adquirente (credor da entrega da coisa) obsta a uma inversão do risco, a norma possui uma articulação privilegiada com o seu n.º 2, nomeadamente, num contrato de compra e venda com termo estipulado a favor do alienante, em que, visando este entregar ao adquirente a coisa alienada, o último recusa a prestação[1377].

A solução afasta-se porém, a exemplo da mora do devedor, de uma conexão estrita com o risco contratual nos contratos de alienação. Em primeiro lugar, a orientação legal encontra aplicação quer a respeito de prestações de facto, quer a respeito de prestações de coisa[1378], sendo que a regra fixada já resultaria, em rigor, do n.º 1 do art. 814.º. De outro ângulo, a disposição em análise não se aplica apenas a situações de não imputabilidade ao devedor da perda da coisa devida, uma vez que a sua negligência ocasiona também a imputação sancionatória de um sacrifício patrimonial ao credor[1379]. O n.º 1 do art. 815.º encontra-se, por fim, essen-

---

[1377] Cfr. GALVÃO TELLES, *Obrigações*, p. 320; e CUNHA DE SÁ, *Direito ao cumprimento*, p. 183, referindo que, na grande maioria dos casos, o art. 815.º não terá aplicação, uma vez que o risco já corria por conta do credor antes da mora *accipiendi*. RIBEIRO DE FARIA, *Obrigações, II*, p. 488, considera, por seu turno, a articulação preferencial do n.º 1 do art. 815.º com situações jurídicas em que a propriedade pertença ainda ao devedor, exemplificando com as hipóteses do cliente (dono da obra) que não está em casa para receber o fato do alfaiate (empreiteiro) ou do comprador que não aparece no dia combinado para colher a fruta vendida (alienação de coisa futura). A aplicação do art. 815.º a um contrato de alienação de coisa específica surgiu no ac. do STJ de 13 de Janeiro de 2005 *cit.*, p. 40, sendo o risco atribuído ao vendedor após a resolução de um contrato de fornecimento de uma "solução informática", em que este se recusou a recolher o material fornecido anteriormente (o vendedor era credor da devolução da coisa em termos restitutórios). Duvidosa foi porém a inversão do risco a cargo do "credor vendedor" equacionada pelo ac. do STJ de 27 de Fevereiro de 1986 *cit.*, p. 249 (uma vez que o vendedor apenas é credor do pagamento do preço, sendo devedor da entrega da coisa).

[1378] Cfr. ANTUNES VARELA, *Das Obrigações, II*, p. 165; RIBEIRO DE FARIA, *Obrigações, II*, p. 490; e MÚRIAS/LURDES PEREIRA, *Prestações*, p. 6, n. 11.

[1379] Ultrapassa-se assim o domínio nuclear do risco, em virtude da ligação umbilical deste com o acaso. Em relação à abrangência da negligência do devedor cfr. GALVÃO TELLES, *Obrigações*, p. 320; PESSOA JORGE, *Obrigações*, p. 366; MENEZES CORDEIRO, *Obrigações, II*, p. 453; MENEZES LEITÃO, *Obrigações, II*, p. 247; e LURDES PEREIRA, *Conceito*

O regime jurídico do risco nos contratos de alienação 469

cialmente relacionado com o risco de prestação[1380], esquivando-se do núcleo fundamental do risco, tal como delineado, nomeadamente, no tipo paradigmático do contrato de compra e venda[1381].

III. Desviadas do paradigma de distribuição de risco, as normas jurídicas da mora do credor assumem particular relevância quando articuladas com as obrigações genéricas, nomeadamente quanto à necessidade de determinação da coisa alienada para a transmissão do risco.

Razões de tutela do credor aconselham obviamente à determinação da coisa, pois que obstam à fraude e ao conluio do devedor com outros seus credores no sentido de prejudicar um ou os demais credores. A solução encontra-se ainda pressuposta no regime jurídico da mora do devedor, constando também dos INCOTERMS.

Tal exigência não corresponde, porém, ao étimo da solução romana de inversão de risco na mora do credor, sendo-lhe igualmente adversa a parificação entre o sacrifício patrimonial fortuito e o adveniente de negligência do devedor constante do n.º 1 do art. 815.º. Assumindo uma índole eminentemente probatória[1382], a exigência de determinação da coisa con-

---

de prestação, p. 175, considerando que o n.º 1 do art. 815.º visa fundamentalmente atenuar a responsabilidade do devedor por incumprimento definitivo, limitando-a às hipóteses de inviabilização dolosa da prestação. Também CUNHA DE SÁ, *Direito ao cumprimento*, p. 198, n. 54, alude à mora do credor como "pelo menos, concausa adequada do dano, que assim não pode ser atribuído apenas às circunstâncias excepcionais que se verificaram no caso concreto". VAZ SERRA, *Impossibilidade superveniente*, p. 71, parecia todavia admitir a relevância (negativa) da causa virtual a favor do credor moroso, em relação à contraprestação a que alude o n.º 2 do art. 815.º.

[1380] Cfr. BAPTISTA MACHADO, *Risco contratual*, p. 43, sublinhando a *ratio* de afastar o risco da prestação do devedor a partir do momento em que este teria cumprido se o credor aceitasse a prestação ou colaborasse para a sua realização.

[1381] Não traduzindo em rigor uma solução de distribuição de risco contratual, o n.º 2 do art. 815.º pode encontrar aplicação relativamente à obrigação de entrega da coisa em contratos com eficácia real (cfr. LURDES PEREIRA, *Conceito da prestação*, p. 182-183 e 301, considerando a disposição como a "única norma que, no seio do regime geral da mora do credor, determina a transferência do chamado risco da contraprestação"). Mitigando o sacrifício patrimonial imposto ao credor como consequência de uma factualidade que lhe é imputável ou que se encontra inserida na sua esfera jurídica, a aproximação da norma ao enriquecimento sem causa afigura-se ser, não obstante, o enquadramento dogmático mais adequado (cfr. MENEZES LEITÃO, *Obrigações, I*, p. 55).

[1382] Em sentido aparentemente análogo, MÚRIAS/LURDES PEREIRA, *Prestações*, p. 8, rejeitam a necessidade de individualização dos bens, embora exijam que estes "se encontrem, *sem margem para dúvidas*, entre os perdidos" (itálico nosso).

470 *O Risco nos Contratos de Alienação*

duzirá ainda – atenta a admissibilidade de mora do credor a respeito de obrigações pecuniárias – a soluções jurídicas diferenciadas em sede de obrigações genéricas, as quais apenas são eliminadas através da subtracção definitiva das obrigações pecuniárias do mesmo âmbito.

4.6.3. *A invalidade do contrato*

I. Obrigando o intérprete a mergulhar no âmago da teoria da restituição, assume relevância a orientação vigente em caso de perecimento ou deterioração da coisa alienada nas situações típicas de invalidade do contrato, perfilando-se, em abstracto, pelo menos três vias de solução[1383].

Declarando o n.° 1 do art. 289.° a retroactividade da declaração de nulidade do negócio e da sua anulação[1384], a não produção de efeitos pelo contrato pode desde logo conduzir à atribuição do risco de perecimento ou deterioração da coisa à parte que, em consequência do vício do negócio jurídico, manteve a titularidade do direito sobre a coisa. Esta constitui a solução eleita por parte da doutrina e jurisprudência francesas, que, constatando a não produção do efeito real pelo contrato, atribuem o risco de perecimento da coisa ao (pseudo) alienante[1385]. A orientação traduz-se,

---

[1383] Cfr. DUTILLEUL/DELEBECQUE, *ob. cit.*, p. 178, referindo, em relação à nulidade, que "*l'adage res perit domino autorise donc toutes les solutions selon qu'on se fonde sur la réalité ou sur la fiction de la qualité de propriétaire*". Em termos próximos, o ac. da RL de 2 de Outubro de 1997 in CJ 1997-IV, p. 103, sublinha ser "descabido equacionar, seja em que sentido for, o binómio "prestação e/ou cumprimento"" na nulidade do contrato. A configuração de exemplos como a ruína de um prédio vendido por escrito particular, a compra e venda de medicamentos sujeitos a um controlo administrativo prévio que não haja sido obtido, ou a deterioração de bens de colecção cujo contrato de escambo foi anulado por erro sobre o objecto do negócio, basta para a equação da sua problemática.

[1384] A lei enferma de alguma deficiência, uma vez que, em rigor, o negócio nulo não produz efeitos jurídicos (cfr. a justa crítica à redacção do n.° 1 do art. 289.° de OLIVEIRA ASCENSÃO, *Teoria Geral, II*, p. 381 e 390, n. 590; e PAIS DE VASCONCELOS, *Teoria Geral*, p. 746).

[1385] Cfr. FLOUR/AUBERT/SAVAUX, *ob. cit.*, p. 282, admitindo, como consequência da retroactividade, a possibilidade de anulação mesmo no caso de perda fortuita da coisa, obtendo o adquirente a restituição do preço pago sem nada ter que entregar ao alienante (*res perit domino*); DUTILLEUL/DELEBECQUE, *ob. cit.*, p. 178, referindo a orientação de atribuição do risco ao vendedor por parte da jurisprudência francesa; e CHEVALLIER, *Jurisprudence française – obligations et contrats spéciaux*, p. 709, apoiando a jurisprudência que, num contrato anulado de compra e venda de animais, atribuiu o risco da sua perda ao vendedor, uma vez que, em virtude do efeito retroactivo da anulação, este nunca deixou de ser proprietário daqueles.

O regime jurídico do risco nos contratos de alienação

assim, numa remissão implícita para o risco-estático inerente à titularidade dominial, o qual seria deixado incólume pelo evento contratual inválido[1386].

Outra orientação possível será a de, com base na prt. final do n.º 1 do art. 289.º, e, em termos laterais, na doutrina do seu n.º 2, exigir a restituição do valor correspondente da coisa em caso de impossibilidade de restituição em espécie, *maxime* se o seu perecimento se verificar. A posição é aliás confortada pela pressuposição do regime da excepção de não cumprimento no art. 290.º relativamente às obrigações recíprocas de restituição[1387], paralelamente ao consagrado, por exemplo, no art. 1308.º do CCes[1388]. Expressamente neste sentido se pronuncia MENEZES LEITÃO, que sublinha a inexistência de distribuição de risco entre as partes num contrato inválido em virtude da união sinlagmática das obrigações de restituição[1389].

O quadro normativo enunciado pode contudo ser objecto de uma aproximação fundada no n.º 3 do art. 289.º[1390], nomeadamente a inter-

---

[1386] Afigura-se ser também esta a perspectiva subjacente ao n.º 4 do art. 9.º da LDC, ao estabelecer a irresponsabilidade do consumidor pelo "risco de perecimento ou deterioração da coisa" relativamente ao que "não constitua cumprimento de contrato válido", orientação mantida pelos arts. 110.º, n.º 4, e 186.º do ACC quanto a produtos não solicitados (cfr., a este respeito, TERESA ALMEIDA, *ob. cit.*, p. 67).

[1387] Cfr. GALVÃO TELLES, *Contratos em Geral*, p. 363; e MENEZES CORDEIRO, *Da boa fé*, p. 737, n. 350, referindo manter-se o nexo natural entre as prestações na repetição.

[1388] Cfr. LETE DEL RÍO/LETE ACHIRICA, *ob. cit.*, p. 567, sufragando a sua aplicação à nulidade e à anulabilidade. A orientação do art. 1307.º do CCes é por seu turno paralela à prt. final do n.º 1 do art. 289.º do CCiv (cfr. LACRUZ BERDEJO, *Elementos, II-I*, p. 566, referindo-se porém à perda da coisa nas mãos do demandado de má fé).

[1389] Cfr. MENEZES LEITÃO, *O enriquecimento*, p. 466, n. 18, referindo que "o que entre nós torna desnecessária a aplicação da teoria do saldo em caso de invalidade dos contratos sinalagmáticos, é o facto de o legislador, em sede de invalidade, não consagrar a liberação do devedor em caso de impossibilidade casual de cumprimento, determinando que neste caso ele fica obrigado a restituir o "valor correspondente" (art. 289º), sem qualquer aplicação do limite do enriquecimento". Aparentemente no mesmo sentido se pronunciam PIRES DE LIMA/ANTUNES VARELA, *CCAnotado, I*, p. 265; e DIOGO BÁRTOLO, *ob. cit.*, p. 409. Em termos próximos, VAZ SERRA, *Anotação ao ac. do STJ de 19 de Junho de 1973*, p. 217, em anotação a um acórdão que admitiu, na vigência do CCse, uma acção de enriquecimento sem causa subsequente ao recebimento do bem alienado desvalorizado, considerou que o enriquecimento do adquirente devia ser desde logo contabilizado, dispensando o alienante de intentar nova acção. A mesma orientação parece ser também sufragada no Direito francês por TERRÉ/SIMLER/LEQUETTE, *ob. cit.*, p. 426; e CABRILLAC, *ob. cit.*, p. 73.

[1390] A situação é equacionada por VIEIRA GOMES, *O conceito de enriquecimento*, p. 609, 645 e ss., e 857, que, considerando tratar-se de uma restituição de prestações fun-

472   *O Risco nos Contratos de Alienação*

pretar-se a referência à aplicação do art. 1269.° "directamente ou por analogia" no sentido de independência da verificação de uma situação jurídica possessória[1391]. Assim, o obrigado à restituição da coisa, nomeadamente o comprador num contrato de compra e venda, apenas seria responsável pelo seu perecimento se à sua situação jurídica pudesse ser assacado um desvalor finalístico ("má fé"), e sempre com a possibilidade da exclusão de responsabilidade através da relevância negativa da causa virtual. Havendo esta solução sido já objecto de consagração jurisprudencial, a sua vigência afasta definitivamente as situações em análise das regras típicas de distribuição de risco[1392].

---

dada no enriquecimento sem causa (lendo a referência à boa fé como o acreditar na validade e eficácia do contrato), interpreta, num primeiro momento, a remissão para o art. 1269.° como um meio de defesa do contraente de boa fé perante qualquer restituição que lhe seja exigida, sem que, porém, o mesmo se encontre dispensado de oferecer o reembolso da contraprestação se decidir exigir a restituição da sua prestação. A posição é assim próxima da atribuição do risco em consonância com a decisão patrimonial subjacente ao contrato, que, por sua vez, se mostra tributária do reconhecimento de um sinalagma prestacional de facto. Atendo-se à letra da lei, o autor considera porém, num segundo momento, que, com ressalva das situações de *venire contra factum proprium*, o possuidor de boa fé nunca pode ser responsável pela perda ou deterioração da coisa. Deste modo, adquire relevância a causa da invalidade do contrato, suportando o alienante o risco em caso de coação do adquirente, usura, incapacidade acidental ou mesmo falta de forma legal, mas não nas situações de erro do adquirente (remetem também para o instituto possessório, embora sem a equação da questão da perda ou deterioração casual da coisa, OLIVEIRA ASCENSÃO, *Teoria Geral, II*, p. 390-391; EWALD HÖRSTER, *A Parte Geral*, p. 589 e 591; MENEZES CORDEIRO, *Tratado, I-I*, p. 875; CARVALHO FERNANDES, *Teoria Geral, II*, p. 476; e PAIS DE VASCONCELOS, *Teoria Geral*, p. 746, aplicando o n.° 3 do art. 289.° se sobre a coisa tiver sido constituída posse).

[1391] Cfr. PIRES DE LIMA/ANTUNES VARELA, *CCAnotado, I*, p. 265; e GALVÃO TELLES, *Contratos em Geral*, p. 363.

[1392] Numa hipótese de venda de um veículo automóvel considerada nula por impossibilidade legal ou contrariedade à lei (a viciação do *chassis* impediria a circulação rodoviária do veículo, que havia sido furtado em Itália e transportado subsequentemente para Portugal), o ac. da RE de 22 de Janeiro de 2004 in CJ 2004-I, p. 238-242, entendeu, por aplicação dos n.os 1 e 3 do art. 289.° e do art. 1269.°, que, em virtude da apreensão do veículo, o comprador de boa fé não poderia "ser responsabilizado pela sua restituição ou pelo valor equivalente", considerando assim inaplicável o art. 290.°. Uma abordagem próxima, ainda que aplicando os preceitos relativos ao cumprimento defeituoso, foi realizada pelo ac. da RC de 31 de Maio de 2005 in CJ 2005-III, p. 28, exonerando o comprador de veículo automóvel viciado por falsificação da restituição da coisa dado que a sua apreensão pelas autoridades não decorreu de culpa do adquirente (condenando-se o alienante à restituição do preço pago). A concretização das referidas normas não se afigura todavia

O regime jurídico do risco nos contratos de alienação   473

Conclusivamente, se a regra do art. 1269.° se traduz na consagração de uma situação de responsabilidade objectiva que onera limitadamente o adquirente de má fé, e exime em todas as situações o contraente de boa fé, a admissibilidade de um nexo sinalagmático obrigacional entre as prestações restitutórias de contratos inválidos mostra-se também essencialmente alheia dos paradigmas de distribuição do risco contratual nos contratos de alienação, pelo que serão ilusórios quaisquer paralelos que se pretendam estabelecer entre as duas situações.

II. O n.° 1 do art. 894.° estabelece um regime jurídico específico relativamente à venda de bens alheios, postulando, numa orientação não muito distante dos trabalhos preparatórios de VAZ SERRA em relação à situação de dupla alienação[1393], que o comprador de boa fé tem "direito a exigir a restituição integral do preço, ainda que os bens se hajam perdido, estejam deteriorados ou tenham diminuído de valor por qualquer outra causa"[1394].

---

unívoca, uma vez que a qualificação da situação como venda de bem alheio suscitaria, seguramente, encontrando-se o comprador de boa fé, a aplicação do art. 894.°. Este foi o enquadramento da venda de um automóvel furtado por parte do ac. da RP de 13 de Fevereiro de 2006 in CJ 2006-I, p. 189-191, ao atribuir ao comprador a restituição integral do preço, bem como o restituição da anuidade do prémio de seguro que pagou antes da apreensão do veículo, sem dedução do valor do uso realizado até essa mesma apreensão (recusando-se a aplicação do n.° 2 do art. 894.°, que, sem razão, foi aparentemente reservado para a existência de uma indemnização por dano causado).

[1393] Cfr. VAZ SERRA, *Impossibilidade superveniente*, p. 97, em especial n. 169, considerando ser o risco suportado apenas pelo primeiro adquirente, se este prevalecer e a coisa não for entregue ao outro adquirente, e nunca pelo segundo adquirente. Por outra via, embora o enquadramento se revele distinto, a orientação adoptada encontra alguma similitude com o art. 1479.°, II, do CCit, que, admitindo, em sede de evicção, a resolução do contrato de compra e venda de coisa alheia pelo comprador de boa fé anteriormente à aquisição da coisa pelo vendedor, estabelece que o último contraente "*è tenuto a restituire all'acquirente il prezzo pagato, anche se la cosa è diminuita di valore o è deteriorata*" (cfr. BIANCA, *La vendita*, p. 687, na consideração de que, não sendo seu o risco de perecimento da coisa, a impossibilidade restitutória por causa não imputável ao comprador não preclude a resolução do contrato de compra e venda; e OMODEI-SALÈ, *ob. cit.*, p. 18, considerando existir ainda conformidade com o brocardo *res perit domino*).

[1394] Sendo prevalente neste domínio um entendimento subjectivo psicológico da boa fé (cfr., nomeadamente, CALVÃO DA SILVA, *Compra e venda*, p. 14; e DIOGO BÁRTOLO, *ob. cit.*, p. 400), assemelha-se que tal orientação deve ser contraditada por uma directriz distinta, de natureza substantiva, omnipresente no ordenamento jurídico português (cfr., por todos, MENEZES CORDEIRO, *Tratado, I-I*, p. 406).

Por seu turno, a superveniência de má fé do comprador pode gerar algumas hesitações, embora esta se encontre apenas relacionada com a assunção de responsabilidade por

474 *O Risco nos Contratos de Alienação*

Pressupondo a venda de bens alheios como bens próprios[1395], a solução encontra aplicação independentemente da boa ou da má fé do vendedor, embora o n.º 1 do art. 903.º lhe atribua um carácter meramente supletivo.

Relevando as particularidades associadas à situação jurídica versada[1396], o enquadramento dogmático do n.º 1 do art. 894.º é demonstrativo das flutuações existentes a respeito dos efeitos gerais da nulidade do contrato em sede de restitutória.

Nestes termos, distinguindo, no silêncio da lei, consoante tenha ou não havido tradição da coisa, MENEZES CORDEIRO sufraga que a solução, na primeira hipótese, coincidirá com a aplicação do art. 1269.º, correspondendo o regime jurídico aplicável, no segundo caso, a uma situação em que o comprador nada ter que ver com a coisa, não tendo de suportar os riscos inerentes ao seu domínio. Conclui MENEZES CORDEIRO que a norma especial do n.º 1 do art. 894.º nada acrescenta ao disposto no art.

---

este contraente, não interferindo directamente com o perecimento ou deterioração casual dos bens (cfr. PIRES DE LIMA/ANTUNES VARELA, *CCAnotado, II*, p. 187, mencionando que o conhecimento superveniente da natureza alheia da coisa vendida ocasiona um dever para o comprador de guardar e conservar a coisa como se fosse seu depositário; CARNEIRO DA FRADA, *Perturbações típicas*, p. 55-56, n. 12, entendendo que, sendo o tratamento favorável do comprador justificado até ao momento em que este tenha conhecimento do carácter alheio da coisa, o mesmo contraente haverá depois de guardá-la e conservá-la como se fosse seu depositário, salvo em relação ao vendedor de má fé, perante o qual o comprador apenas responderá se tiver agido com dolo ou culpa grave; e DIOGO BÁRTOLO, *ob. cit.*, p. 411, em especial n. 62, aplicando em relação ao risco o brocardo "*mala fides superveniens non nocet*").

[1395] Consoante resulta dos arts. 893.º e 904.º (cfr. CALVÃO DA SILVA, *Compra e venda*, p. 13; MENEZES LEITÃO, *Obrigações, III*, p. 94, referindo também a exclusão aplicativa do seu regime na venda de coisa genérica e no âmbito do n.º 2 do art. 467.º do CCom; CARNEIRO DA FRADA, *Perturbações típicas*, p. 51, n. 3; e DIOGO BÁRTOLO, *ob. cit.*, p. 384 e 386, excluindo a venda de bens alheios com legitimidade para tal, o que pode encontrar relevância, nomeadamente, em sede de mandato sem representação para alienar).

[1396] A cominação da nulidade do contrato pelo art. 892.º encontra modelações ao nível da legitimidade para a sua arguição, dos efeitos produzidos pelo negócio e da possibilidade de sanação do mesmo vício, sendo o regime essencialmente modelado pela tutela do comprador de boa fé (cfr., nomeadamente, CALVÃO DA SILVA, *Compra e venda*, p. 13; e MENEZES LEITÃO, *Obrigações, III*, p. 96). Assim, nos termos da 2.ª prt. do art. 892.º e do n.º 1 do art. 897.º, o vendedor não lhe pode opor a nulidade do contrato e encontra-se obrigado à sua convalidação (cuja verificação exclui, evidentemente, a aplicação do art. 894.º – cfr. CALVÃO DA SILVA, *Compra e venda*, p. 14), sendo ainda em relação ao comprador de boa fé que o art. 899.º consagra um regime excepcional de responsabilidade objectiva do vendedor.

O regime jurídico do risco nos contratos de alienação 475

1269.°[1397], embora a distinção efectuada pelo autor induza uma diferenciação distante da possibilidade de aplicação daquela norma a situações de invalidade do contrato que se manifestem com independência da posse da coisa alienada.

O carácter supérfluo do n.° 1 do art. 894.° não é todavia acompanhado por quem adira ao paradigma da restituição em valor como regra geral na nulidade do contrato, ainda que mesmo neste domínio surja ainda uma divisão quanto ao fundamento e limites da regra enunciada. Na sequência, considerando a norma em análise como uma excepção às regras gerais, CARNEIRO DA FRADA sustenta, a exemplo de MENEZES CORDEIRO, a sua equiparação à solução vigente para o possuidor de boa fé, cuja doutrina seria assim redireccionada[1398]. Adoptando entendimento diverso, MENEZES LEITÃO advoga o distanciamento entre as soluções do n.° 1 do art. 894.° e do art. 289.°, aproximando a primeira norma – com relevância na aplicação da doutrina do limite do enriquecimento – do instituto do enriquecimento sem causa. Assim, e ao contrário do art. 1269.°, esta disposição eximiria o comprador de boa fé de responsabilidade, ainda que a perda, deterioração ou desvalorização do bem vendido fosse devida uma conduta culposa da sua parte[1399]. Mesmo sem efectuar uma ponderação específica da sua articulação com o art. 1269.°, a oposição entre o comando do n.° 1 do art. 894.° e as regras gerais da nulidade apresenta preponderância na doutrina[1400], possibilitando assim, por contraposição, uma antevisão do enquadramento dogmático daquele regime.

O regime jurídico da venda de bem alheio é completado pelo n.° 2 do art. 894.°, que, paralelamente ao n.° 2 do art. 795.° e ao n.° 2 do art. 815.°, restringe o âmbito de aplicação do seu n.° 1 ao estabelecer o abatimento

---

[1397] Cfr. MENEZES CORDEIRO, *Da boa fé*, p. 501. No mesmo sentido se pronuncia YARA MIRANDA, *Venda de coisa alheia*, p. 132 e 140.

[1398] CARNEIRO DA FRADA, *Perturbações típicas*, p. 55.

[1399] Cfr. MENEZES LEITÃO, *O enriquecimento*, p. 466, n. 19, e 468, ainda que admitindo a aplicação do art. 1270.° *ex vi* n.° 3 do art. 289.°, e em *Obrigações, III*, p. 98-99. Esta parece ser também a orientação de PIRES DE LIMA/ANTUNES VARELA, *CCAnotado, II*, p. 187. Em sentido contrário, PINTO OLIVEIRA, *Compra e venda*, p. 174, considera porém que as conexões com os regimes do enriquecimento sem causa e da posse conduzem a resultados em tudo semelhantes.

[1400] Cfr. ROMANO MARTINEZ, *Obrigações – Contratos*, p. 113-114, sustentando que o risco corre por conta do vendedor, mesmo que de boa fé; OLAVO CUNHA, *Venda de bens alheios*, p. 453, n. 81; e DIOGO BÁRTOLO, *ob. cit.*, p. 409.

476 *O Risco nos Contratos de Alienação*

no montante do preço a restituir e da indemnização a solver, do proveito que o comprador haja retirado da coisa[1401].

Extravasando o domínio da restituição do preço para se imiscuir no cômputo da indemnização devida pelo vendedor ao comprador, o n.° 2 do art. 894.° confirma o alheamento do seu n.° 1 do âmbito da distribuição do risco contratual. Na verdade, ainda que se rejeite o enquadramento daquela situação jurídica como fenómeno de exclusão da responsabilidade objectiva do possuidor de boa fé (o comprador), a sua relação com a minoração do sacrifício patrimonial sofrido por uma das partes (através do proveito obtido pela contraparte), senão mesmo com a indemnização devida ao comprador pelo vendedor de coisa alheia, ocasiona a desnecessidade de procura de outra sede dogmática que não a do enriquecimento sem causa. Todavia, cumpre reconhecer ao regime do art. 894.° uma virtualidade específica: a definitiva autonomização da teoria restitutória de quaisquer aproximações relativas ao risco contratual.

4.6.4. *A resolução do contrato*

I. Representando uma excepção ao princípio da estabilidade contratual consagrado no n.° 1 do art. 406.°, a resolução traduz-se, *lato sensu* na destruição, aniquilamento ou dissolução de uma relação contratual validamente constituída, realizada por uma das partes aquando da sua vigência, com fundamento superveniente à celebração do contrato, e tendo tendencialmente em vista o regresso à situação jurídica anterior à constituição do vínculo[1402]. A resolução configura-se, assim, como um direito potestativo extintivo atribuído a uma das partes, podendo assumir, nos termos do n.° 1 do art. 432.°, forma legal ou convencional. A figura é objecto de expresso reconhecimento normativo[1403], podendo ser também estipu-

---

[1401] Sendo aplicável independentemente de um juízo de culpa do comprador, esta norma constituirá, segundo se julga, mais uma manifestação do princípio da proibição do enriquecimento injustificado (cfr. PIRES DE LIMA/ANTUNES VARELA, *CCAnotado, II*, p. 187; MENEZES LEITÃO, *Obrigações, III*, p. 99; e DIOGO BÁRTOLO, *ob. cit.*, p. 411).

[1402] Cfr., nomeadamente, ANTUNES VARELA, *Das Obrigações, II*, p. 274, n. 4; ALMEIDA COSTA, *Obrigações*, p. 319; OLIVEIRA ASCENSÃO, *Teoria Geral, III*, p. 340; MENEZES CORDEIRO, *Obrigações, II*, p. 164; MENEZES LEITÃO, *Obrigações, II*, p. 102; e ROMANO MARTINEZ, *Obrigações – Apontamentos*, p. 213 e 224.

[1403] Cfr., nomeadamente, os arts. 793.°, n.° 2; 801.°, n.° 2; 802.°; 891.°; 924.°; 927.°; 1047.°; 1050.°; 1140.°; 1150.°; 1222.°; 1235.° e 1242.°.

O regime jurídico do risco nos contratos de alienação 477

lada pelas partes uma cláusula resolutiva aquando ou após a celebração do contrato[1404].

Sobre as especificidades do denominado direito de retractação do contrato ou "*cooling-off period*" previsto, nomeadamente, no n.º 4 do art. 8.º e no n.º 7 do art. 9.º da LDC, bem como no art. 6.º, no n.º 1 do art. 18.º e no n.º 2 do 24.º do Decreto-Lei n.º 143/2001, de 26 de Abril, cfr., nomeadamente, CALVÃO DA SILVA, *Responsabilidade do produtor*, p. 76, n. 3, em relação ao Decreto-Lei n.º 272/87, de 3 de Julho; ROMANO MARTINEZ, *Obrigações – Contratos*, p. 104, e em *Da cessação*, p. 69, 158, 284 e 602, aludindo a uma hipótese de revogação que segue o regime da resolução; CARNEIRO DA FRADA, *Teoria da confiança*, p. 195 e 198, n. 154, entendendo que o direito de desvinculação *ad nutum* tem como subjacente a superação de uma perspectiva meramente formal da liberdade contratual; e SARA LARCHER, *ob. cit.*, p. 217. A sua integração no Código Civil foi questionada na al. b) do ponto 6 do Caderno de Encargos proposto a diversas Faculdades de Direito pelo Gabinete de Planeamento e Política Legislativa (cfr. AA.VV., *Reforma do Direito Civil*, p. 19).

De *iure condendo*, o direito de livre resolução do contrato de compra e venda de consumo, consagrado no n.º 1 do art. 187.º do ACC (em causa encontram-se, nomeadamente, contratos a distância, ao domicílio e vendas especiais esporádicas), e que deve ser exercido, em regra, no prazo de sete dias úteis, é objecto de uma norma específica de distribuição do risco. Assim, o n.º 1 do art. 192.º do ACC prescreve que "até que o consumidor restitua o bem (...) ou até decorrer o prazo para resolver o contrato, o risco de perecimento ou deterioração do bem corre por conta do profissional", dispondo o seu n.º 2 que "à restituição do bem ao profissional aplicam-se, com as devidas adaptações, os critérios de repartição do risco estabelecidos na 2.ª parte do art. 797.º do Código Civil". Ao atribuir o risco ao comprador apenas após o decurso do prazo para resolução do contrato, a proposta normativa aproxima-se da atribuição do risco na condição suspensiva (cfr. o art. 796.º, n.º 3, 2.ª prt.), significando a remissão para o art. 797.º a não suportação do risco pelo consumidor a partir da remessa do bem ao fornecedor. Quanto à imputação do risco ao comprador que, após haver resolvido o contrato, não restitua o bem em sete dias úteis (cfr. o art. 191.º, n.º 1, do ACC), a situação identifica-se com uma hipótese de mora do devedor na obrigação restitutória (não sendo todavia clara a aplicabilidade da relevância negativa da causa virtual). Questão distinta é a saber se o não reembolso atempado pelo fornecedor do montante que lhe haja sido solvido pelo consumidor, ou das despesas de restituição suportadas por este (cfr. o art. 191.º, n.ºs 2 e 3, do ACC), permite, quando o tempo de cumprimento destas obrigações seja coincidente com o tempo de cumprimento da obrigação restitutória, um bloqueio do suporte de risco através da excepção de cumprimento, e consequente afastamento da mora debitória (cfr. GALVÃO TELLES, *Manual dos Contratos em Geral*, p. 363; e ROMANO MARTINEZ, *Direito das Obrigações – Apontamentos*, p. 230, quanto ao funcionamento da *exceptio* nas obrigações de restituição derivadas da resolução contratual).

Com um sentido fundamentalmente análogo ao do n.º 1 do art. 192.º do ACC, o art. 17.º, n.º 2, da PDDC, prescreve que, em caso de resolução do contrato, o consumidor só é responsável pela "depreciação dos bens que decorra de uma manipulação que exceda o necessário para verificar a natureza e o funcionamento dos bens".

[1404] Quanto à necessidade de individualização das obrigações em questão e à assunção de uma função coercitiva pela cláusula cfr., nomeadamente, CALVÃO DA SILVA, *Cum-*

478   *O Risco nos Contratos de Alienação*

Visando uma concretização mínima da figura, constata-se que, se o paradigma do seu funcionamento reside na violação de quaisquer obrigações contratuais, de acordo com um prisma de tipicidade aberta das mesmas[1405], aquele não se encontra porém associado a um juízo de culpa[1406], podendo a resolução operar em termos discricionários ou com independência da invocação de qualquer fundamento[1407]. Por outra via, embora o fundamento invocado se traduza em regra num facto danoso, a mesma situação não se assemelha de verificação necessária[1408], o que contribui também para a cobertura de um grande número de substratos fáctico-normativos por parte do fenómeno resolutório.

Em termos técnicos, o exercício do direito de resolução determina a constituição de uma nova relação jurídica, com obrigações de devolução recíprocas entre as partes[1409], embora, como sublinha BRANDÃO PROENÇA, o princípio restitutório possa ocasionar "uma retroactividade real (ou directa), na medida em que a resolução faz ressurgir automaticamente (tratando-se de propriedade ou de outro direito real) a situação precedente aos efeitos reais causados pelo contrato, funcionando as obrigações legais de

---

primento, p. 322 e 325. A cláusula resolutiva não se confunde com a condição resolutiva a que se refere o art. 270.º, uma vez que pressupõe *(i)* uma declaração do credor no sentido da resolução do contrato e *(ii)* não prejudica os direitos adquiridos por terceiros (cfr., respectivamente, os arts. 436.º e 435.º).

[1405] Cfr., nomeadamente, ROMANO MARTINEZ, *Obrigações – Apontamentos*, p. 227; e MENEZES LEITÃO, *Obrigações, III*, p. 346.

[1406] Atento nomeadamente o disposto no n.º 2 do art. 793.º (cfr., neste sentido, ANTUNES VARELA, *Das Obrigações, II*, p. 90 e 276, n. 2; RIBEIRO DE FARIA, *Obrigações, II*, p. 426, n. 1, e em *A natureza da indemnização no caso de resolução do contrato – Novamente a questão*, p. 19; CALVÃO DA SILVA, *Cumprimento*, p. 293, n. 532, e 328; MENEZES LEITÃO, *Obrigações, III*, p. 349, n. 694; e ROMANO MARTINEZ, *Obrigações – Apontamentos*, p. 228, embora referindo a distinta medida de restituição do art. 795.º).

[1407] É o caso paradigmático do art. 927.º. O fenómeno resolutório é igualmente admitido, em situações de alteração do equilíbrio contratualmente pressuposto, no n.º 1 do art. 437.º.

[1408] Cfr., nomeadamente, a justa causa como fundamento da resolução do contrato consagrada no art. 1140.º (cfr. ANTUNES VARELA, *Das Obrigações, II*, p. 276, MENEZES LEITÃO, *Obrigações, II*, p. 103; e RIBEIRO DE FARIA, *A natureza da indemnização*, p. 19).

[1409] Cfr. ANTUNES VARELA, *Das Obrigações, II*, p. 277, sublinhando a regra da eficácia obrigacional da resolução e a extinção das obrigações contratuais não cumpridas; e ROMANO MARTINEZ, *Obrigações – Apontamentos*, p. 230, referindo a eventual aplicação do instituto da excepção do não cumprimento do contrato. RIBEIRO DE FARIA, *A natureza da indemnização*, p. 24, remete, por seu turno, para uma situação de liquidação obrigacional.

O *regime jurídico do risco nos contratos de alienação* 479

restituição ou de indemnização (...) como actos acessórios ou auxiliares do regresso das partes à posição antecontratual"[1410]. Fundamental quantos aos efeitos restitutórios obrigacional e real da resolução é a norma do n.º 2 do art. 432.º, cuja análise se julga também indispensável do prisma de distribuição do risco contratual.

II. Pressupondo em termos literais a prévia entrega da coisa alienada, o n.º 2 do art. 432.º dispõe que a parte que "por circunstâncias não imputáveis ao outro contraente não estiver em condições de restituir o que houver recebido não tem o direito de resolver o contrato"[1411]. A norma é comummente interpretada no sentido de impedir o enriquecimento do contraente que exerce o direito de resolução[1412], sendo o risco imputado a este

---

[1410] BRANDÃO PROENÇA, *A resolução*, p. 167. Este efeito não deve porém confundir--se com a atribuição de eficácia real à resolução do contrato, a que claramente se opõe o n.º 1 do art. 435.º (cfr. OLIVEIRA ASCENSÃO, *Reais*, p. 330).

[1411] A impossibilidade de restituição da contraparte (contraente que suporta ou provoca a resolução) não impede porém o funcionamento do instituto, através de uma restituição em valor (cfr. BRANDÃO PROENÇA, *A resolução*, p. 168, e 197, n. 587, referindo o exemplo jurisprudencial do arrendatário que não pode restituir o imóvel ocupado por terceiros).

De igual modo, a contraparte de quem resolve o contrato não poderá aproveitar-se (unilateralmente) dos efeitos da resolução (cfr. o ac. do STJ de 24 de Novembro de 1972 in BMJ n.º 221, p. 210, com anotação concordante de VAZ SERRA, *Anotação ao ac. do Supremo Tribunal de Justiça de 24 de Novembro de 1972*, p. 352, referindo-se no acórdão que o comprador que não estiver em condições de restituir o que recebeu – a coisa alienada – por facto que não seja imputável ao vendedor não se pode aproveitar da eficácia da resolução do contrato por iniciativa do vendedor – desde logo como fundamento para o não pagamento do preço; no caso, foi consumada a venda executiva da coisa alienada por dívidas que não eram da responsabilidade do vendedor, havendo este resolvido o contrato de compra e venda – com reserva de propriedade – por falta de pagamento do preço, implicando tal facto, na impossibilidade de restituição em espécie da coisa vendida, a prestação do valor correspondente por parte do comprador). Paralelamente, como refere BRANDÃO PROENÇA, *A resolução*, p. 203-204, existem obstáculos normativos ao exercício do direito de resolução, reconduzíveis, no limite, a uma proibição de exercício abusivo do direito.

[1412] Cfr. MENEZES LEITÃO, *Obrigações, II*, p. 103; e BRANDÃO PROENÇA, *A resolução*, p. 197, referindo a tutela de "uma certa igualdade jurídico-económica no seio da relação de liquidação" através de um limite legal (de sentido preclusivo) ao exercício do direito. O n.º 2 do art. 432.º e o art. 931.º são ainda tomados como manifestações de um princípio de irretroactividade na exclusão da resolução por impossibilidade (cfr. BRANDÃO PROENÇA, *A resolução*, p. 33).

480   *O Risco nos Contratos de Alienação*

contraente num sentido todavia distinto daquele que é pressuposto na prt. final do n.° 1 do art. 289.°[1413].

Não obstante, a compreensão da inserção do risco no instituto da resolução contratual postula a circunscrição do seu âmbito aplicativo, nomeadamente quando este se concretize no seio de um contrato de alienação.

Elegendo-se como paradigma de análise o contrato de compra e venda de coisa determinada, a primeira situação a equacionar reside *(i)* na resolução do contrato por vício genético da coisa, perecendo esta em virtude do mesmo vício em momento anterior ao do exercício da faculdade de resolução por parte do comprador[1414]. Ora, uma vez que o perecimento da coisa ocorre por circunstâncias ainda imputáveis ao outro contraente (o vendedor), a hipótese encontra-se em rigor fora do âmbito de aplicação do n.° 2 do art. 432.°, não sendo assim precludido o direito de resolução do contrato[1415]. A possibilidade de resolução do contrato encontra-se porém circunscrita, a exemplo do art. 1647.° do CCfr, do art. 1487.° do CCes, do § 364, III, 3, do BGB e do art. 1492.°, III, do CCit, ao perecimento da coisa por vícios anteriores à transmissão do risco ou que se encontrassem em gérmen na mesma. De facto, apenas esta orientação permite uma efectiva harmonização entre o n.° 2 do art. 432.° e o art. 918.°.

Hipótese distinta é a do *(ii)* perecimento da coisa viciada em consequência de caso fortuito, nomeadamente na situação do automóvel com

---

[1413] Cfr. MOURA RAMOS/BENTO SOARES, *ob. cit.*, p. 185, 232, n. 445, e 233-235, justificando a existência de uma solução distinta da vigente na CVVIM com base, possivelmente, na não oneração da posição do vendedor; ROMANO MARTINEZ, *Obrigações – Contratos*, p. 125, n. 2, em *Obrigações – Apontamentos*, p. 226 e 231, e em *Da cessação*, p. 123, 184 e 197; ROMANO MARTINEZ/VASCONCELOS, *ob. cit.*, p. 250; e GRAVATO MORAIS, *União de contratos*, p. 182, n. 262, em relação à situação de impossibilidade não imputável.

[1414] Por exemplo, se o electrodoméstico vendido se incendeia devido a um curto circuito causado por uma deficiência originária do seu sistema eléctrico, ou se o prato de barro estala em virtude da sua deficiente cosedura.

[1415] Cfr. ROMANO MARTINEZ, *Cumprimento defeituoso,* p. 300, em *Obrigações – Apontamentos*, p. 226, e em *Da cessação*, p. 123 e 197, chegando a sufragar que, em caso de perda parcial ou de utilização da coisa para além do uso normal, pode haver resolução com compensação da contraparte no montante respectivo; e BRANDÃO PROENÇA, *A resolução*, p. 198, n. 594, exemplificando precisamente com a compra de um automóvel cuja instalação eléctrica se encontrava deteriorada e se vem a incendiar por esse facto, respondendo positivamente ao entender que "estamos perante postulados bastante razoáveis, que devem prevalecer sobre as soluções que seriam conseguidas com uma aplicação rígida das normas sobre o risco".

O *regime jurídico do risco nos contratos de alienação*   481

defeito de fabrico num dos seus componentes vir a ser consumido num incêndio no domicílio do comprador. De acordo com o n.º 2 do art. 432.º – e em sintonia com o entendimento de que a máxima *res perit domino* não é prejudicada pelo defeito existente na coisa – a aplicação do instituto da resolução do contrato encontra-se excluída, paralelamente à orientação vigente nos ordenamentos jurídicos francês, espanhol e italiano[1416]. Todavia, e paralelamente ao art. 1488.º do CCes, o adquirente é admitido a reclamar o preço pago *"con la rebaja del valor que la cosa tenía al tiempo de perderse"*, ou seja, a exclusão da resolução do contrato não impede a redução do preço da coisa defeituosa adquirida pelo comprador[1417].

Diversa é ainda a hipótese da *(iii)* resolução do contrato se fundar numa violação contratual da contraparte não relacionada com um vício da coisa, como por exemplo no caso de alienação de duas máquinas de fun-

---

[1416] Cfr. *supra* p. 181, 195 e 229. Omodei-Salè, *ob. cit.*, p. 20, explica a regra em virtude de não ser seguro que a coisa perecesse em poder do alienante, bem como pelo facto da retroactividade, ao incidir sobre relações jurídicas, não poder modificar as situações de facto. Em sentido distinto, Brandão Proença, *A resolução*, p. 176, n. 522, refere que "o conflito entre uma certa interpretação-extensão do art. 432.º, 2 (permissiva de uma resolução em caso de impossibilidade restitutória acidental por parte do titular e esvaziando, concomitantemente, o sentido útil da *exceptio* por parte da contraparte) e a doutrina dos arts. 795.º, 1 (a "libertação" da contraparte teria por base uma discutível relação sinalagmática de restituição) e 796.º (o adquirente-titular do direito não poderia *v. g.* pedir a restituição do preço ou fugir ao seu pagamento, pois suportaria o risco do perecimento da coisa nos contratos com eficácia translativa), pode ser superado pela aplicação da norma especial do art. 289.º, 1 (o relevo de uma restituição em valor, que o titular só poderia, eventualmente afastar, invocando uma "autêntica ocasionalidade", *ex vi* do art. 433.º, e pela concepção "reequilibradora" da reposição resolutiva (desligada, *hic et nunc*, de certas incidências concretas no objecto a restituir, de modo a não onerar demasiadamente a contraparte))", afigurando-se concluir mesmo, na p. 201, n. 601, pela admissibilidade da resolução. Entende-se, porém, que a remissão para o art. 289.º não pondera as dificuldades de distribuição do risco que a norma postula, uma vez que o "sinalagma restitutório" não constitui a única solução admissível nos casos de nulidade ou de anulação do contrato (cfr. *supra* p. 470). Solução distinta divisa-se contudo no § 364, III, 3, do BGB e na al. a) do n.º 2 do art. 82.º da CVVIM, que permitem a resolução do contrato, excluindo a restituição em valor através do critério *"quam in suis"*: o comprador só possuirá o dever de restituição se não houver observado para com o bem em seu poder a diligência que coloca nos seus próprios assuntos (cfr. *supra* p. 217 e 261).
Admite-se, todavia, que apesar de circunscrita no seu âmbito de aplicação, a inadmissibilidade de resolução contratual nestas situações tenha sido afastada pelo n.º 4 do art. 4.º da LVBC.

[1417] Cfr. Moura Ramos/Bento Soares, *ob. cit.*, p. 237, sendo esta também a solução do art. 83.º da CVVIM.

482 *O Risco nos Contratos de Alienação*

cionamento complementar em que, não sendo a segunda máquina entregue pelo vendedor, a primeira venha a perecer em virtude de um terramoto, ou na situação de não entrega dos documentos do automóvel vendido (violação de obrigações secundárias ou acessórias por parte do vendedor), que depois vem a ser furtado[1418]. Também nestas situações o n.º 2 do art. 432.º atribui a perda patrimonial ocorrida ao comprador, não se introduzindo nenhuma modelação ao princípio *res perit domino*.

Uma solução contrária era porém avançada no anteprojeto de VAZ SERRA relativo à resolução do contrato, onde se sufragava, com aparente influência do § 350 da versão original do BGB, a não exclusão do direito de resolução legalmente atribuído ao contraente fiel nesta situação e na anterior (*ii*)[1419]. A mesma linha de análise foi retomada por BRANDÃO PROENÇA, chegando mesmo a equacionar a sua extensão a situações de resolução convencional "que apontem nitidamente para um incumprimento da contraparte"[1420].

A extensão referida conduz-nos à última situação em que decompomos o fenómeno em análise. Sendo todas as situações anteriores hipóteses de resolução legal, o n.º 2 do art. 432.º encontra aplicação inquestionável, segundo se julga, quando (*iv*) o fundamento resolutivo seja de índole contratual. De facto, se se reconhece uma interpenetração entre as situações de resolução legal e os casos de resolução contratual cujo fun-

---

[1418] Apesar de não ser discutida a questão do perecimento da coisa, a última hipótese foi formulada no ac. do STJ de 25 de Novembro de 1999 in CJ (STJ) 1999-III, p. 124, em que se entendeu que dado que a coisa já havia sido entregue ao comprador, obtendo este a utilidade pessoal e económica que visava com a compra do veículo, a resolução do contrato seria abusiva se operasse a restituição do valor do automóvel com efeitos retroactivos, havendo antes o comprador que suportar a desvalorização derivada do uso daquele. Em sentido contrário porém, fundando-se na retroactividade da resolução e ainda no art. 1269.º, o recente ac. da RP de 16 de Abril de 2007 *cit.*, p. 186, considerou – sob um prisma de responsabilidade civil – que o vendedor não deveria ser ressarcido nem pela desvalorização do veículo, nem pela sua utilização por parte do comprador. Idêntica situação, de incumprimento pelo vendedor de um dever secundário de prestação, é ponderada por BRANDÃO PROENÇA, *A resolução*, p. 201, n. 601, concluindo que, sendo a resolução reclamada pela situação de perturbação contratual, a restituição em valor só é afastada nos casos de "inimputabilidade" pura (excepção que, salvo o devido respeito, não acompanhamos).

[1419] Cfr. VAZ SERRA, *Resolução do contrato*, p. 246 e 286, fundando a diarquia da solução, por contraposição à exclusão da resolução convencional, nos "princípios dos contratos bilaterais", e "salvo de outra coisa se concluir da interpretação da cláusula de resolução". Quanto ao § 350 cfr. *supra* p. 211.

[1420] Cfr. BRANDÃO PROENÇA, *A resolução*, p. 200, n. 597.

O regime jurídico do risco nos contratos de alienação 483

damento coincida com o normativamente previsto, a resolução convencional será o domínio aplicativo preferencialmente eleito pela disposição em análise.

Não obstante, a solução do n.º 2 do art. 432.º não afasta a atribuição da perda patrimonial ao contraente contra quem a resolução é efectuada após a declaração de resolução, sendo a situação jurídica do contraente que exerceu aquele direito potestativo assimilável, se se encontrar na detenção da coisa, à de depositário da coisa alienada[1421].

III. O quadro normativo descrito foi parcialmente modificado pelo disposto no n.º 4 do art. 4.º da LVBC, que determina a possibilidade de resolução do contrato "mesmo quando a coisa tenha perecido ou se tenha deteriorado por motivo não imputável ao comprador"[1422].

Encontrando-se o perecimento da coisa por vício anterior ao momento de transferência do risco, ou que se encontre latente ou em gérmen naquele momento, a coberto do n.º 2 do art. 432.º, a solução normativa da LVBC destina-se aos casos em que a coisa alienada com vícios pereça ou deteriore por caso fortuito, ou seja, à segunda das situações anteriormente referidas.

Assim, não pode colher a interpretação correctiva da disposição proposta por CALVÃO DA SILVA[1423], depondo no mesmo sentido os elementos

---

[1421] Cfr. ROMANO MARTINEZ, *Cumprimento defeituoso,* p. 307, em *Obrigações – Apontamentos,* p. 231, e em *Da cessação,* p. 192 e 198-199, equacionando também a aplicação do disposto no art. 1269.º em virtude da dupla remissão normativa resultante dos arts. 433.º e 289.º; BRANDÃO PROENÇA, *A resolução,* p. 168, n. 490, referindo a razoabilidade de que o sentido da norma do n.º 2 do art. 432.º seja abranger apenas certas situações de impossibilidade resolutiva ocorridas antes da declaração de resolução (mas posteriores ao conhecimento do fundamento legal resolutivo); e *supra* p. 230 quanto ao Direito italiano. A bilateralidade da situação jurídica em análise pode assumir especial relevância num contrato de escambo, em que ambas as partes ficariam reciprocamente depositários das coisas recebidas em troca.

[1422] Cfr. PAULO MOTA PINTO, *Reflexões sobre a transposição,* p. 215, e em *Cumprimento defeituoso,* p. 55, equacionando expressamente a doutrina, ao tempo projectada, do n.º 4 do art. 4.º da LVBC, por contraposição ao n.º 2 do art. 432.º, e ressalvando apenas o desconto do valor de utilização da coisa entretanto efectuada pelo comprador; e GRAVATO MORAIS, *União de contratos,* p. 124, n. 127, e 182, n. 262, assumindo a norma como uma derrogação, "em certa medida", do regime geral do n.º 2 do art. 432.º. A norma não foi objecto de qualquer alteração pelo Decreto-Lei n.º 84/2008, embora seja suprimida no art. 259.º do ACC.

[1423] Cfr. CALVÃO DA SILVA, *Venda de consumo,* p. 86 sufragando a aplicação da norma à hipótese de perecimento de automóvel vendido em consequência de curto-circuito

484   *O Risco nos Contratos de Alienação*

comparados disponíveis. De facto, sendo a norma relativa à resolução do contrato por "falta de conformidade" da coisa, a sua interpretação não pode ser outra que a de proporcionar o alargamento do âmbito aplicativo do n.º 2 do art. 432.º do CCiv, em linha com a al. a) do n.º 1 do art. 82.º da CVVIM e com o § 364, III, 3, do BGB[1424]. Não obstante, apesar da abrangência da noção de não conformidade com o contrato, não se julga haver a faculdade de resolução reconhecida ao comprador passado a ser objecto de admissibilidade genérica perante qualquer fundamento normativo de resolução do contrato, nomeadamente para a violação de obrigações secundárias ou acessórias.

Incorporando uma sanção para o vendedor alheia, em boa verdade, ao domínio em análise, a orientação adoptada em sede de resolução do contrato pela LVBC derroga claramente o n.º 2 do art. 432.º do CCiv, não sendo ousado afirmar que o alargamento da faculdade resolutória do comprador encontra paralelo na alteração do critério decisivo de transferência do risco de perecimento ou deterioração da coisa alienada, formando, com esta solução, um todo coerente.

4.7. Risco e autonomia privada

I. A intervenção da autonomia privada na distribuição do risco contratual constitui um fenómeno permanente no tráfego negocial hodierno, sendo justificada pela supletividade tendencial das normas compulsadas, e comprovada, desde logo, pela difusão interna e internacional dos INCOTERMS[1425].

Na sequência do anteprojecto de VAZ SERRA[1426], a supletividade das

---

originado por defeito grave do sistema eléctrico, entendendo que "porque se limita a (re)afastar o disposto no n.º 2 do art. 432.º (...) no n.º 4, *in fine*, do art. do 4.º onde se lê comprador deve ler-se vendedor".

[1424] Cfr. *supra* p. 217 e 261. A questão do exercício do direito de resolução pelo comprador em caso de perda ou deterioração casual da coisa e o conflito entre a orientação da CVVIM e o art. 1488.º do CCes foi ponderada no Direito espanhol por MORALES MORENO, *La modernización*, p. 117, preferindo o autor, porém, na ausência de norma expressa, a solução do CCes.

[1425] Cfr. *supra* p. 266-276.

[1426] Cfr. o n.º 14 do art. 13.º do seu anteprojecto relativo à impossibilidade superveniente não imputável ao devedor (cfr. VAZ SERRA, *Impossibilidade superveniente,*

regras de distribuição do risco constitui uma orientação consensual[1427], encontrando confirmação, nomeadamente, no art. 15.º do RLF[1428]. É todavia necessário formular categorias dogmáticas estáveis neste âmbito, bem como enunciar quais as excepções ao desenvolvimento da autonomia privada das partes.

Sendo a distribuição negocial do risco uma das técnicas admitidas na abordagem do seu fenómeno[1429], a selecção do tipo contratual adoptado induz, em si mesma, uma escolha, ainda que tácita, do regime de risco aplicável[1430]. Por outra via, apesar do carácter não decisivo da propriedade na assunção do risco contratual, há que reconhecer que a própria não produção de efeitos reais pelo contrato pode encontrar fundamento numa equação de risco pressuposta ou intuída pelas partes[1431]. A mesma possibilidade é aliás maximizada pelo carácter supletivo da transmissividade real, como se deduz, na sequência da prt. final do art. 715.º do CCse, do art. 409.º do CCiv[1432].

---

p. 132). Os arts. 1397.º, 1436.º, 1516.º e 1612.º do CCse pressupunham também, na sequência da orientação romana quanto à compra e venda, a supletividade da distribuição do risco, ainda que este fosse aferido em termos puramente obrigacionais nas três últimas situações.

[1427] Cfr., nomeadamente, PIRES DE LIMA/ANTUNES VARELA, *CCAnotado, I*, p. 375, e em *CCAnotado, II*, p. 51-52; VAZ SERRA, *Anotação ao ac. do STJ de 16 de Março de 1973*, p. 115; PESSOA JORGE, *Obrigações*, p. 645; MENEZES CORDEIRO, *Da alteração de circunstâncias*, p. 338; PEDROSA MACHADO, *ob. cit.*, p. 75 e 79; MOURA RAMOS/BENTO SOARES, *ob. cit.*, p. 183, n. 335; LIMA PINHEIRO, *Comercial Internacional*, p. 322; WESTERMANN, *Kommentar*[3], p. 119; RUBINO, *ob. cit.*, p. 453; LUMINOSO, *I contratti*, p. 77; BIANCHI, *ob. cit.*, p. 596; e HUET, *ob. cit.*, p. 190. Tal é também reconhecido pela jurisprudência (cfr., nomeadamente, o ac. do STJ de 2 de Abril de 1992 *cit.*, p. 648).

[1428] Cfr. PINTO DUARTE, *A locação financeira*, p. 73, n. 1, sublinhando a liberdade de colocação do risco na esfera jurídica do locador com base no n.º 1 do art. 1043.º.

[1429] Cfr. GIAMPIERI, *Rischio*, p. 21. Sobre a atribuição convencional de risco cfr., por todos, DELFINI, *ob. cit.*, p. 396-398; e RESCIO, *ob. cit.*, p. 85-145.

[1430] Cfr. GIAMPIERI, *Rischio comparato*, p. 37; e DELFINI, *ob. cit.*, p. 33.

[1431] Cfr. DELFINI, *ob. cit.*, p. 145 e 148, referindo uma modificação mediata das regras de distribuição do risco.

[1432] Cfr., nomeadamente, PIRES DE LIMA/ANTUNES VARELA, *CCAnotado, II*, p. 879, admitindo também a supletividade do n.º 2 do art. 1212.º quanto à transmissão da propriedade da obra na empreitada; OLIVEIRA ASCENSÃO, *Reais*, p. 312; PINTO DUARTE, *Reais*, p. 58; e LUMINOSO, *La compravendita: dal códice ai nuovi assetti normativi*, p. 1123.

486   *O Risco nos Contratos de Alienação*

II. Seguindo a orientação delineada por RESCIO, existem fundamentalmente três tipos de cláusulas derrogatórias do risco contratual[1433], as quais todavia extravasam o âmbito dos contratos de alienação.

Em primeiro lugar, devem ser equacionadas cláusulas de derrogação do risco contraprestacional pressuposto no art. 795.°, que, como anteriormente referido, recebe uma modelação normativa através do disposto na 2.ª prt. do art. 1227.° a respeito do contrato de empreitada. Assim, são admissíveis cláusulas através das quais o locatário assuma o risco de pagamento da renda em caso de perecimento da coisa locada, tal como previsto, na sequência ainda do Direito romano, pelo art. 1612.° do CCse[1434].

Por outra via, ultrapassando o sinalagma contratual, é de igual modo possível a atribuição ao arrendatário do risco de perecimento da própria coisa locada, constando a mesma orientação dos arts. 1436.° e 1516.° do CCse relativamente aos contratos de depósito e de comodato, e, em certa medida, do n.° 3 do art. 1136.° do CCiv[1435].

A última faculdade resolve-se porém na constituição de uma obrigação de garantia[1436], a qual tem como limite a impossibilidade legal de conclusão de um contrato de seguro entre dois particulares[1437]. Na verdade, consistindo estas cláusulas o polo positivo das cláusulas de exoneração da

---

[1433] Cfr. RESCIO, *ob. cit.*, p. 113.

[1434] Cfr. CUNHA GONÇALVES, *Tratado, IX*, p. 19.

[1435] Poder-se-á assim distinguir, com CORRIAS, *ob. cit.*, p. 290, entre a derrogação do risco da prestação (que no caso é uma prestação restitutória: *clausole di deroga al fortuito*) e o da contraprestação (*clausole di inversione del rischio*). Os seus fundamentos serão aliás distintos, uma vez que, se as *clausole di deroga al fortuito* constituem uma manifestação de autonomia privada não contrária a normas imperativas, com substrato no art. 1806.° CCit (paralelo ao art. 1136.°, n.° 3, do CCiv), e proximidade à promessa de prestação de facto de terceiro e à garantia de solvência do devedor cedido pelo cedente, as *clausole di inversione del rischio* possibilitam a atribuição de aleatoriedade ao contrato.

[1436] A situação traduz em regra um desdobramento prestacional do risco contratual, podendo o mesmo enquadramento ser confluente com o risco associado à titularidade dominial ou paradominial de uma coisa.

[1437] O contrato de seguro é, aliás, tipicamente oneroso, o que reforça a necessidade da obrigação de garantia se associar a um substrato contratual idóneo (cfr. MENEZES CORDEIRO, *Comercial*, p. 732 e 772, considerando que a celebração deste contrato entre dois particulares daria lugar a um contrato aleatório que, "a menos que se inserisse numa qualquer relação mais vasta que o justificasse", possui os limites dos art. 994.° e 1245.°, e da renúncia antecipada dos direitos do segurador; e JOSÉ VASQUES, *Contrato de seguro*, p. 92, 170 e 186, referindo a necessidade, nos termos da lei, de intervenção de uma empresa de seguros no domínio da mesma espécie contratual).

O regime jurídico do risco nos contratos de alienação   487

responsabilidade contratual – as quais se encontram sob a alçada da proibição imposta pelo art. 809.º[1438] – as mesmas postulam a existência de um fundamento material bastante, cuja inexistência determina a sua nulidade nos termos gerais[1439].

Um segundo núcleo de cláusulas derrogadoras do regime geral da distribuição do risco contratual é relativo à sua translação para um evento sucessivo de execução contratual, onde pontificam as cláusulas inseridas nos contratos de alienação através das quais o risco apenas se transfere para o adquirente com a entrega efectiva da coisa alienada, ou com o cumprimento de uma obrigação acessória emergente do contrato[1440]. Visando hipóteses em que, transmitindo-se o risco de perecimento ou deterioração da coisa alienada nos termos do n.º 1 do art. 796.º ou do art. 797.º, a aplicação destas normas seja bloqueada por uma manifestação de vontade no sentido da dilação da transferência do sacrifício patrimonial, esta orientação não deve confundir-se com o disposto no n.º 2 do art. 796.º, bem como

---

[1438] RESCIO, *ob. cit.*, p. 106, considera porém errónea a invocação do art. 1229.º, I, do CCit – paralelo ao art. 809.º do CCiv – no domínio do risco, uma vez que o que a norma *a fortiori* autoriza é a exclusão de responsabilidade sem culpa do devedor, intervindo o risco onde a responsabilidade cessa.

[1439] Considerando válidas as cláusulas de garantia – em que o devedor assume o risco de não verificação do resultado garantido qualquer que seja a causa – bem como as cláusulas de assunção do risco de uma eventual alteração de circunstâncias que dificulte o cumprimento da obrigação ou que altere o equilíbrio contratual pressuposto, PINTO MONTEIRO, *Cláusula penal*, p. 269, em especial ns. 550-552, e 278, sufraga, porém, que, podendo coenvolver uma função penal, a cláusula de garantia representa uma figura híbrida a que o art. 812.º encontra aplicação. Por sua vez, CORRIAS, *ob. cit.*, p. 297, sublinha que, ao contrário da assunção contratual de uma garantia pura, estas estipulações funcionam no interior da dinâmica da relação contratual, afastando-se dos negócios aleatórios ao não cobrirem os riscos existentes *in rerum natura* no momento da estipulação e por poderem funcionar como atribuição contratual de eventuais vantagens. É porém duvidosa a validade do acordo das partes que derrogue a aplicação do art. 437.º enquanto janela do sistema, aplicável mesmo a contratos em que a álea seja directamente assumida pelas partes (cfr. a interrogação de CORRIAS, *ob. cit.*, p. 293, n. 64, em relação às regras da excessiva onerosidade).

[1440] A atribuição retroactiva de risco, legalmente pressuposta nas als. a) e b) do n.º 1 do art. 938.º, traduz, por sua vez, a criação de um tipo contratual aleatório contraditório com o n.º 1 do art. 401.º, mas amparado pelo art. 881.º (pense-se por exemplo na compra e venda de bens que se desconhece se ainda existem, *maxime* em virtude de um possível furto). Nada obsta ainda a que as partes entendam que o momento da transmissão do risco seja o da escolha do devedor de uma obrigação genérica. Este é apenas objecto de antecipação.

com as diversas situações compulsadas em que, não se havendo ainda verificado a produção de um efeito real, o risco seja atribuído com a entrega da coisa a alienar[1441]. Estas representam antes situações de distribuição legal do risco contratual.

Por fim, cumpre referenciar as denominadas cláusulas de restauração das regras gerais ou de uma regra de suportação do risco, de que são exemplo a derrogação, por vontade das partes, do regime do n.º 2 do art. 796.º em função do disposto no seu n.º 1, bem como a desconsideração do art. 797.º – que em si mesmo pressupõe uma manifestação específica da autonomia contratual – perante a regra geral do n.º 1 do art. 796.º. Sendo o efeito translativo diferido, será ainda admissível a translação do risco com a celebração do contrato de alienação, numa solução paralela à regra vigente no Direito espanhol a respeito do contrato de compra e venda[1442]. A hipótese apenas materializa as virtualidades operativas que o art. 405.º coloca à disposição da vontade das partes.

III. A supletividade das regras de distribuição do risco é limitada por algumas situações de distribuição imperativa do risco contratual, entre as quais se verifica uma divisão entre as hipóteses de proibição indiscriminada à autonomia privada das partes, e aquelas em que esta é desconsiderada em virtude da forma da sua manifestação, *maxime* em sede do regime jurídico das CCG e dos contratos pré-formulados.

Na sequência do art. 1310.º do CCse, o n.º 3 do art. 1126.º consagra a imperatividade da distribuição do risco contratual no contrato de parceria pecuária. Sendo aquela norma em rigor alheia ao paradigma dos contratos de alienação, o seu carácter excepcional não permite a extensão da solução a outros direitos pessoais de gozo, nomeadamente a respeito das situações jurídicas do locatário e do comodatário.

Uma situação de absoluta imperatividade na distribuição do risco objecto de investigação pode todavia equacionar-se, segundo o n.º 1 do art. 10.º da LVBC, e na sequência do n.º 1 do art. 7.º da DVBC, nas situações de compra e venda de bens de consumo. Contudo, mesmo ultrapassando as hesitações em torno da consagração pelo mesmo diploma de uma

---

[1441] Em concreto, as situações de reserva de propriedade, de termo na alienação, de contrato estimatório e de alguns contratos-promessa de alienação.

[1442] Cfr. DELFINI, *ob. cit.*, p. 398, sublinhando a supletividade das soluções normativas quer em relação à transmissão do risco com a entrega da coisa, quer em relação a sua transmissão com a celebração do contrato; e LOMBARDI, *ob. cit.*, p. 254.

O *regime jurídico do risco nos contratos de alienação* 489

nova regra de distribuição do risco contratual, a verdade é que o risco é uma situação jurídica e não um direito atribuído ao consumidor. Para mais, e em linha com a orientação sufragada pela doutrina alemã perante a reforma do BGB[1443], incidindo sobre um aspecto de índole puramente patrimonial, afigura-se que a maximização da tutela atribuída ao consumidor não encontra fundamento de ordem pública, pelo que não deve ser subtraída à livre disponibilidade das partes[1444].

No que respeita ao regime jurídico das CCG e dos contratos pré-formulados[1445], a al. f) do art. 21.° da LCCG declara proibidas, nas relações com consumidores finais, as cláusulas que "alterem as regras respeitantes à distribuição do risco"[1446]. Admitindo a letra da lei um conceito amplo de risco[1447], a mesma orientação possibilita a imperatividade de diversas

---

[1443] Cfr. LORENZ, *ob. cit.*, p. 485, sem quaisquer reservas. Já CANARIS, *Contenuti fondamentali*, p. 56, sufraga que a exclusão aplicativa do § 447 aos contratos celebrados entre consumidores – através do § 474, II, do BGB – corporiza uma função de modelo normativo não postergável através de cláusulas contratuais gerais, segundo o disposto no § 307, II, 1., do BGB (admitindo contudo situações em que esteja presente a liberdade de estipulação).

[1444] Ressalvando-se, porém, a situação das cláusulas contratuais gerais (cfr., no sentido de que a nova regra de risco pode adquirir concretização na al. f) do art. 21.° da LCCG, SARA LARCHER, *ob. cit.*, p. 198). Esta parece ser também a orientação de PAULO MOTA PINTO, *Anteprojecto de diploma de transposição*, p. 208, n. 60, sendo todavia duvidosa a solução resultante do art. 23.°, n.° 2, da PDDC, em linha com o seu art. 22.°, n.° 1, e considerando n.° 38.

[1445] Sobre o regime da LCCG, cfr., nomeadamente, GALVÃO TELLES, *Contratos em Geral*, p. 311; OLIVEIRA ASCENSÃO, *Teoria Geral, III*, p. 213; ALMEIDA COSTA/MENEZES CORDEIRO, *Cláusulas contratuais gerais – Anotação ao Decreto-Lei n.° 446/85, de 25 de Outubro*, p. 17; MENEZES CORDEIRO, *Tratado, I-I*, p. 593; PAIS DE VASCONCELOS, *Teoria Geral*, p. 630; FERREIRA DE ALMEIDA, *Contratos, I*, p. 178; e ALMENO DE SÁ, *Cláusulas contratuais gerais e directiva sobre cláusulas abusivas*[2], p. 17. O ac. do STJ de 5 de Março de 1996 *cit.*, p. 122, considerou que uma cláusula de risco inserida numa compra e venda com reserva de propriedade não seria sindicável dado tratar-se de uma "negociação individual e personalizada".

[1446] SOUSA RIBEIRO, *Responsabilidade e garantia em cláusulas contratuais gerais*, p. 109, n. 15, alude a uma limitação indevida das obrigações contratuais do utilizador, embora em *O problema*, p. 233, n. 583, considere que a proibição assume um tom essencialmente "neutral". PEDROSA MACHADO, *ob. cit.*, p. 76 e 80, sublinha, por sua vez, que, em concretização do princípio da boa fé, também os empresários podem ser abrangidos pela mesma solução "sempre que, no caso concreto, seja por esse modo que melhor se tutela a confiança das partes contratantes em vista da consecução do objectivo negocial". A mesma previsão consta da al. f) do art. 222.° do ACC.

[1447] Cfr. PEDROSA MACHADO, *ob. cit.*, p. 73, 74 e 79, referindo a abrangência dos arts. 796.°, 797.°, 1212.°, 1032.° e 1134.°, bem como da alteração de anteriores regulamen-

490 *O Risco nos Contratos de Alienação*

regras enunciadas supletivamente pela lei, conferindo-lhes, assim, um substrato aplicativo sólido[1448]. A proibição de derrogação do regime do risco estabelecido entronca, aliás, no domínio dos contratos de alienação, numa ponderação plúrima das regras jurídicas constantes nos arts. 796.º e 797.º, pecando por unilateral a aproximação ao brocardo *res perit domino*. Na verdade, a al. f) do art. 21.º da LCCG viabiliza, em consequência da plurisignificatividade e desdobramento do conceito de risco, uma associação a conteúdos normativos distintos, sendo inequívoco o seu contributo para a integração das regras de distribuição do risco enquanto dado estrutural da equação jurídico-económica de cada vínculo contratual.

IV. As situações relativas à utilização fraudulenta de cartões bancários de crédito e de débito assumem manifesta tipicidade social no âmbito versado.

Desconsiderando a questão da propriedade do cartão bancário – tipicamente reservada a favor da entidade emitente – e sendo embora atribuído ao utente um ónus probatório relativo à ausência de culpa – quer relativamente à perda ou extravio da cartão, quer no acesso por terceiro ao respectivo código secreto – a jurisprudência portuguesa tem maioritariamente atribuído o risco à entidade bancária com base no disposto no art. 1144.º e no n.º 1 do art. 796.º. Adicionalmente, são ainda avançados os argumentos da imputabilidade de criação do sistema informático à entidade bancária e da possibilidade de seguro por esta, e não pelo utente, do risco criado[1449].

---

tações *inter partes* relativas à distribuição do risco; e MORAIS CARVALHO, *Transmissão*, p. 63, relativamente à venda de coisa genérica cuja transmissão do risco ocorra antes do momento da concentração segundo o art. 541.º. CORRIAS, *ob. cit.*, p. 296, é peremptório, por seu turno, na qualificação das cláusulas de modificação do risco da contraprestação como "*tipico esempio di clausola vessatoria*".

[1448] Cfr., relativamente ao Direito alemão, *maxime* perante o § 307, II, do BGB resultante da reforma, BASEDOW, *I singoli contratti fra concettualimo giuridico*, p. 332, que, perante a incoerência crescente das regras aplicáveis e a progressiva diminuição da sua função regulativa, identifica uma recuperação no âmbito do controlo das condições gerais do contrato; e ZIMMERMANN/BISCHOFF, *ob. cit.*, p. 2509, referindo a dificuldade das modificações convencionais do risco para um momento anterior à entrega da coisa, dada a sua contradição com um princípio fundamental ("*ein wesentlicher Grundgedanke*"). WESTERMANN, *Kommentar*[3], p. 122, e em *Kommentar*[4], p. 298, sufraga, contudo, que uma norma contratual paralela ao disposto no § 447 do BGB não constitui derrogação ao regime jurídico estabelecido.

[1449] Cfr., nomeadamente, o ac. do STJ de 3 de Dezembro de 1998 in CJ (STJ) 1998- -III, p. 140-145, declarando nula uma cláusula segundo a qual "mesmo que o titular prove

O regime jurídico do risco nos contratos de alienação 491

A doutrina pátria especializada sufraga contudo uma orientação distinta, ponderando quer a repartição do risco de utilização fraudulenta do cartão por terceiro entre o seu titular e o banco emissor[1450], quer a existência de um risco próprio associado ao cartão de crédito[1451].

---

não ter culpa nem na utilização do cartão por terceiro, nem na introdução por este do número de identificação pessoal na máquina de pagamentos, ainda assim responderá pelo risco de utilização do cartão por terceiro não tendo o balcão qualquer obrigação de verificar quem usa o cartão nem de impedir a sua utilização por terceiro, o que, no entanto, o banco poderá fazer"; o ac. do STJ de 17 de Junho de 1999 in CJ (STJ) 1999-II, p. 148-150; o ac. do STJ de 23 de Novembro de 1999 in BMJ n.° 491, p. 241-258, que, a respeito de uma cláusula contratual geral relativa a um cartão de débito que dispunha no sentido de que "provando o titular o extravio, furto, roubo ou falsificação do cartão, correm por sua conta os prejuízos sofridos em virtude da utilização abusiva do cartão, no período anterior à comunicação (...) até ao montante de 150 € (...)", entendeu que a questão deveria ser decidida segundo a boa fé, conferindo expressa relevância ao contrato acessório de utilização do cartão (contrato autónomo coligado com o depósito bancário), às recomendações comunitárias existentes e aos avisos e instruções do Banco de Portugal; o ac. do STJ de 12 de Outubro de 2000 in CJ (STJ) 2000-III, p. 67-70; o ac. do STJ de 28 de Junho de 2001 in CJ (STJ) 2001-III, p. 127, em que se efectua uma alusão ao disposto na al. b) do art. 18.° da LCCG; o ac. do STJ de 11 de Outubro de 2001 in CJ (STJ) 2001-III, p. 78-81; e, mais recentemente, o ac. da RL de 24 de Junho de 2004 in CJ 2004-II, p. 125, estabelecendo a nulidade da cláusula que atribui ao titular ou portador do cartão a responsabilidade até à comunicação ao banco do extravio, furto, perda ou roubo por qualquer uso ilegítimo com limite na vertente de débito ao valor disponível na conta de depósito, e na vertente de crédito ao seu valor limite. Numa primeira análise do fenómeno também AMÁVEL RAPOSO, *Alguns aspectos jurídicos dos pagamentos através das caixas automáticas: responsabilidade civil e prova*, p. 19-20 e 28, sufragou a aplicação do princípio *res suo domino perit* e a ilicitude de algumas das cláusulas contratuais existentes, por violação da al. f) do art. 21.° da LCCG: "a partilha de meios de acesso (…) veio criar uma situação nova. Mas não se vê que isso deva envolver a transferência da responsabilidade pelo risco".

[1450] Cfr. MARIA RAQUEL GUIMARÃES, *As transferências electrónicas de fundos e os cartões de débito*, p. 216 e 224, com base numa ideia de "distribuição equitativa dos prejuízos causados", relacionando a questão com o cumprimento do dever de comunicação da perda ou extravio do cartão por parte do seu titular e do cancelamento do cartão por parte do banco.

[1451] Cfr. JOANA DE VASCONCELOS, *Sobre a repartição entre titular e emitente do risco de utilização abusiva do cartão de crédito no direito português*, p. 487 e 490, n. 6. Já em *Emissão de cartões de crédito*, p. 179, a autora sufragou a distribuição do risco de utilização abusiva de cartões de crédito segundo um critério que "atende à posição privilegiada em que um e outro (titular e emitente) se encontram para detectar e promover a exclusão do sistema do cartão perdido, furtado ou ilegalmente reproduzido", havendo mantido a mesma orientação em *Sobre a repartição*, p. 516. Em sentido próximo, LUÍS MIGUEL MONTEIRO, *A operação de levantamento automático de numerário*, p. 159, considera serem da

492   *O Risco nos Contratos de Alienação*

Reconhecendo-se que a questão incide sobre um sacrifício patrimonial não assimilável ao suportado pela entidade bancária em consequência do desaparecimento directo de fundos dos seus cofres, alguns subsídios para a solução constam do n.º 8 do Aviso do Banco de Portugal n.º 11/2001[1452], diploma cuja eficácia normativa regulamentar não prejudica a articulação com a al. f) do art. 21.º da LCCG.

Não obstante, a ser efectuada uma articulação com o art. 796.º, a questão não pode ser polarizada em torno do cartão de plástico em si

---

responsabilidade do utilizador os prejuízos originados por terceiro em resultado da violação pela utilizador das suas obrigações contratuais, nas quais inclui a cedência do cartão, a negligência na sua conservação ou do PIN e a não comunicação da perda ou furto do cartão, reservando a aplicação do art. 796.º apenas para as hipóteses de normal execução do procedimento sem que, no final, o aparelho expulse o numerário, e excluindo ainda as situações de roubo do cartão e extorsão do PIN, ou de roubo da quantia durante a operação, dado "se tratar de risco que nenhuma norma legal atribui ao banco". O autor acaba por concluir no sentido de uma repartição do risco pelas partes intervenientes, embora o risco que reserva para o Banco se reconduza, em rigor, a uma situação de responsabilidade contratual. No que respeita às situações de roubo, falsificação e aprisionamento de dados de cartões de crédito cfr. ainda CASTILHA CUBILLAS, *La tarjeta de crédito*, p. 177 e 197, concluindo que os pressupostos de atribuição de responsabilidade pelo uso não autorizado do cartão não se encontram suficientemente caracterizados no ordenamento jurídico espanhol.

[1452] Este Aviso estabelece uma exoneração do titular do cartão pela notificação ao emitente da perda, furto, roubo ou falsificação, estabelecendo um montante máximo dos prejuízos suportáveis por aquele antes da referida comunicação (cfr. JOANA DE VASCONCELOS, *Sobre a repartição*, p. 492, 497, 499, 501 e 504, e em *O contrato de emissão de cartão de crédito*, p. 741, n. 56, realizando severas críticas ao mesmo Aviso, na medida em que proporciona a manutenção do risco na esfera jurídica do utente por vinte e quatro horas após a comunicação empregando meios mecânicos, consagra um plafond de responsabilidade superior ao patamar comunitário, e se revela inadequado para hipóteses de falsificação e de emprego de cartões bancários em transacções sem a presença física e reconhecimento electrónico do cartão). De *iure condendo*, o pagamento realizado por cartão de débito ou de crédito é abordado pelo art. 196.º do ACC, o qual, com interesse, diferencia três situações. Assim, em caso de pagamentos fraudulentamente realizados por terceiro através de um cartão que não seja fisicamente exibido, o consumidor não assume a responsabilidade por qualquer ordem de pagamento, solução também aplicável no caso de falsificação do cartão. Já nos eventos de roubo, furto ou perda do cartão, apenas não são imputáveis ao consumidor as ordens de pagamento efectuadas por terceiro "depois de aquele haver comunicado à entidade emissora a verificação de qualquer daquelas ocorrências". Antes desta comunicação, dever-se-á ponderar o desrespeito pelo consumidor do dever de cuidado que lhe é exigível, fixando-se como tecto máximo da sua responsabilidade o montante de € 200,00.

mesmo considerado[1453], mas antes do sacrifício patrimonial que o mesmo pode potenciar. De facto, a alienação possui como objecto espécies monetárias e não o seu meio de acesso, pelo que são as primeiras que devem figurar na equação do art. 796.º. Por outro lado, e a exemplo do referido em geral relativamente ao risco no depósito bancário, a verdade é que a sua ponderação neste domínio constituirá ainda um desdobramento específico do risco real-estático, atenta a não conexão da obrigação restitutória com o evento alienatório inicial e a existência de um substrato distinto da prestação[1454].

[1453] Cfr. JOANA DE VASCONCELOS, *Sobre a repartição*, p. 515, referindo a não aplicação do art. 796.º dado "o cartão extraviado não estar deteriorado ou destruído, mas sim apto a funcionar, nas mãos de terceiro, que o pode utilizar irregularmente", bem como que, tendo o titular o cartão em seu poder, a situação poderia ocasionar a aplicação do disposto nos n.os 2 e 3 do art. 796.º.

[1454] Cfr. *supra* p. 404.

5. ESBOÇO DE SÍNTESE DO REGIME JURÍDICO VIGENTE

5.1. A tentativa de formulação de um princípio geral no ordenamento jurídico português: em busca do tempo perdido?

I. Uma vez compulsado o regime jurídico de distribuição do risco nos contratos de alienação e noutros tipos contratuais próximos, cumpre reconhecer que a sua recondução analítica a quadros explicativos fundados num radical axiológico-normativo unitário não constitui, no ordenamento jurídico português, mais do que uma simples "ilusão metafísica"[1455]. Com efeito, mesmo admitindo que, em sede de construção dogmática, as proposições não tenham de valer sem excepção – devendo apenas ser submetidas a um "teste de consistência" perante eventuais contradições e antinomias sistemático-normativas[1456] – uma ponderação global das soluções vigentes não permite a eleição de um princípio básico regulador neste domínio, conclusão que não poderá sequer surpreender o intérprete, atentas as antinomias que a evolução histórica e a análise comparada demonstraram.

Recuperando alguns elementos da investigação, o primeiro obstáculo à tentativa de identificação de um fundamento último do risco contratual nos contratos de alienação surge no *Corpus Iuris Civilis*, com a contradição sistemático-valorativa subjacente à sua distribuição no contrato de

---

[1455] Já a respeito do Direito intermédio BIROCCHI, *ob. cit.*, p. 1133, havia chegado à mesma conclusão, após constatar a impossibilidade de uma explicação axiomática da distribuição do risco contratual (*sic "un mito, questo della ricerca di un unico principio regolatore, che, alimentato dalla previsione di disposizioni generali (...), ha spesso orientato la dottrina verso "illusioni metafisiche""*).

[1456] Cfr. CARNEIRO DA FRADA, *Teoria da confiança*, p. 91, referindo que "o que se torna necessário (mas também suficiente) é que essas excepções sejam devidamente justificadas e que tal justificação se não apresente como inconciliável com as premissas da própria teoria".

496   *O Risco nos Contratos de Alienação*

compra e venda, a qual motivou uma dissensão interpretativa a que somente a eventualidade de se haver verificado uma evolução interna do próprio ordenamento jurídico romano parece dar resposta[1457].

Prossegue-se depois com a concepção, na sequência de um período de gestação atormentado e nebuloso, de três descendentes conflituosos – os paradigmas de distribuição do risco com base no contrato, na propriedade e na entrega da coisa – cuja justificação não se pode porém pretender assente num étimo de lógica ou de justiça intrínseco a cada um dos referidos parâmetros[1458]. Na verdade, está subjacente a qualquer um destes desenvolvimentos normativos uma ponderação histórico-cultural específica, que, enquanto tradução, no limite, de uma fronteira formal e fortuita[1459], deve ser aceite enquanto tal, independentemente da ambivalência da sua origem.

Será também através da individualização desse substrato histórico--cultural que deve ser efectuada a síntese da orientação eleita em sede de distribuição do risco nos contratos de alienação no ordenamento jurídico português. Combinando elementos normativos de distintos tempos e lugares com algumas soluçõess originais, esta materializa, inequivocamente, uma modelação valorativo-sistemática autónoma[1460].

II. Afastada do risco-estático inerente à titularidade de um direito real sobre uma coisa corpórea, a doutrina do n.º 1 do art. 796.º conduz a uma formulação genérica da vigência do brocardo *res perit domino* nos contratos de alienação. A orientação assume-se como sequela normativa do CCse – na sequência, por sua vez, da filiação napoleónica do sistema jurídico-dominial português – sendo enriquecida pelos desenvolvimentos realizados sobre a mesma base estrutural pelo CCit, em particular na gene-

---

[1457] De acordo com MacCormack, *ob. cit.*, p. 573, "*is not just a question of recognising that different rules may have been applied to different categories of sales but of accepting that individual jurists may have treated the same state of affairs differently*". Esta compreensão diacrónica é de igual modo válida, segundo se julga, para as regras de transmissão da propriedade.

[1458] A inexistência de "*un criterio lógicamente necesario, conforme a la naturaleza o más justo, sino que todos son possibles en lo que es una estrita cuestión de Derecho positivo*" é reconhecida por Rubio Garrido, *ob. cit.*, p. 473, n. 25. Também Lombardi, *ob. cit.*, p. 217, por referência ao Direito italiano, considera fictícia a maior equidade substancial da transmissão do risco com a entrega da coisa.

[1459] Romano Martinez, *Da cessação*, p. 31.

[1460] Situação identificada por Galvão Telles, *Obrigações*, p. 473, quando refere a dificuldade de "reconduzir a princípios orientadores perfeitamente seguros" o quadro fragmentário de soluções do art. 796.º.

ralização de um tipo contratual alienatório. Afastam-se assim os critérios de transmissão do risco com independência de uma translação dominial, substrato dominantemente eleito pelo Direito espanhol, bem como da assunção da perda patrimonial com a entrega da coisa, consagrada no § 446 do BGB em aditamento ao sistema do modo.

É porém inexacta a associação uniforme do risco contratual à transmissão de um direito real sobre uma coisa corpórea. Com efeito, mesmo relevando situações em que a questão do risco contratual não se chega a colocar em virtude da aplicação de uma regra de risco-estático (como sucederá, por regra, na alienação de coisa futura e de coisa indeterminada), a que se adicionam ainda fenómenos de cumulação do risco real com o risco obrigacional (nomeadamente nas hipóteses do contrato de empreitada ou do contrato de sociedade com efeitos reais), há que reconhecer que uma ponderação global das regras de risco contidas nos arts. 796.º e 797.º impede a aplicação indiscriminada do axioma sacrifício-titularidade real. E este afastamento verifica-se mesmo sem a desconstrução do paradigma jurídico-transmissivo vigente, dado que a transmissão de direitos reais *solo consenso* é pressuposta na sua concretização.

Para além da identificação de um paradigma de risco fundado no interesse contratualmente prevalente, surgem ponderações específicas emergentes da associação dos efeitos eventualmente precários da alienação a um controlo fáctico da coisa – *maxime* na alienação sujeita a condição resolutiva – ou de negação da atribuição do risco contratual perante alienações perspectivadas mas meramente eventuais – como no caso da sujeição do contrato a uma condição suspensiva. Em acréscimo, ainda que certas regras entronquem na especificidade dos tipos contratuais em análise e no seu eventual alheamento do fenómeno alienatório, a assunção do risco contratual encontra-se em antinomia com a titularidade dominial em algumas situações jurídicas.

Apesar de titulares de um direito real sobre a coisa, o mandatário sem representação para aquisição, o adquirente-fiduciário, e, eventualmente, o adquirente a retro, não suportam a perda patrimonial do perecimento ou deterioração da coisa. Já o locatário financeiro ou o *accipiens* de um contrato estimatório encontram a sua esfera jurídica onerada com aquela, embora não sejam titulares de uma situação jurídica real.

Não constituindo algumas das hipóteses referidas concretizações contratuais alienatórias, o seu chamamento é ditado pela necessidade de ponderação integral do fenómeno jurídico[1461]. E se algumas das soluções

---

[1461] Cfr., por todos, MENEZES CORDEIRO, *Ciência do Direito e metodologia jurídica*

498   *O Risco nos Contratos de Alienação*

inventariadas são explicadas pela separação entre o risco contratual e o risco de crédito, ou mediante a configuração funcional atípica do direito real em equação – nomeadamente no emprego da propriedade enquanto garantia real ou na situação da denominada "propriedade económica" – estes fundamentos não deixam de afastar o paradigma *res perit domino*, obviando à sua uniformidade aplicativa.

O fundamento e a integração sistemática de diversas situações de risco postula, assim, um substrato intelectivo-axiológico adicional.

III. Se o evento da constituição ou da transmissão de um direito real de gozo sobre uma coisa é insuficiente no enquadramento de alguns dos fenómenos de distribuição do risco contratual – pressupondo, aliás, uma devolução permanente da sua solução para regras jurídico-transmissivas – não se assemelha porém idónea a adesão a um critério complementar que coincida com a entrega da coisa.

Diversamente das soluções germânicas e internacionais, a entrega da coisa assume-se como um elemento essencialmente neutro no nosso ordenamento jurídico, não se deduzindo um substrato normativo evidente a partir da sua coloração factual ou naturalística. De facto, para além de se associar a tipos contratuais em que a equação de risco é essencialmente distinta da postulada pelo fenómeno alienatório – de que é exemplo paradigmático o contrato de locação – a entrega do objecto mediato do contrato não adquire uma relevância autónoma na lei, surgindo sempre acoplada, quando pertinente, a um concreto contrato de alienação ou a outro vínculo jurídico a este equiparado.

Minimizando a ponderação dogmática autónoma de vectores sistemáticos marginais, como os relativos à faculdade de disposição da coisa – que apenas no contrato estimatório assumirá foros de cidadania – ou ao favorecimento da posição contratual de uma das partes – cuja generalização é impedida pela fluidez do desenho tipológico de cada espécie contratual – a tendencial incomunicabilidade factual e normativa entre os regimes do risco e da responsabilidade contratual afasta também a conexão do risco com a inexecução do contrato. Idêntica impossibilidade se verifica na estrita articulação do risco com a percepção de frutos por determinado contraente, uma vez que, mesmo desconsiderando a existência de coisas não frutíferas, os frutos percebidos encontram um contrapolo

---

nos finais do século XX, p. 766 (*sic* "perante um problema a resolver, não se aplica, apenas, a norma primacialmente vocacionada para a solução: todo o Direito é chamado a depor").

Esboço de síntese do regime jurídico vigente 499

compensatório nas despesas e encargos com a coisa suportados pelo mesmo sujeito, colidindo ainda tal fundamentação, no limite, com o regime jurídico dos frutos atribuídos ao possuidor de boa fé[1462].

Distante das aproximações referidas, um fundamento idóneo de atribuição do risco contratual coincidirá porém com o controlo ou influência efectiva do devedor sobre a coisa alienada, *maxime* nas situações reguladas pelo art. 797.º[1463]. Assumindo particular premência no domínio do comércio internacional, a mesma acepção arranca da selecção pragmática do contraente que se encontra em melhores condições para salvaguardar a integridade da coisa, sendo também este que, por regra, celebrará um contrato de seguro relativo aquela, e que com maior facilidade poderá obter de terceiros o ressarcimento de danos causados na coisa. O dado axiológico referido encontra-se porém relacionado com o interesse contratual prevalente no vínculo jurídico assumido pelas partes, elemento cujo teor consumptivo não deve ser negligenciado.

IV. Sem postergar a vigência do brocardo *res perit domino*, a distribuição do risco contratual de acordo com a satisfação do interesse contratualmente prevalente constitui um vector insofismável no ordenamento jurídico vigente.

É este o fundamento subjacente ao n.º 2 do art. 796.º e ao 797.º, ainda que na última norma se conjugue com um vector de controlo da coisa. Com originalidade relativamente aos diversos ordenamentos jurídicos *supra* compulsados, admite-se, na primeira hipótese, a dilação do momento de transmissão do risco para um termo coincidente com a entrega da coisa ao adquirente. Já na segunda hipótese, a transmissão do risco com a colocação da coisa em poder de um terceiro demonstra haver o legislador eleito a realização do programa negocial acordado pelas partes como radical atendível. Postula-se mesmo, no momento da colisão entre este elemento e a afectação dominial do risco, uma leitura do vínculo

---

[1462] A orientação encontrava-se porém presente no art. 22.º do anteprojecto de Galvão Telles relativo à compra e venda, segundo o qual apenas transferido o risco para o comprador lhe pertenceriam os proventos da coisa, sendo por ele suportados os encargos (cfr. Galvão Telles *Dos contratos em especial*, p. 182).

[1463] Em sentido próximo, de acordo com o prisma da análise económica do Direito, Alpa, *Rischio vigente*, p. 1152, abre a hipótese de suporte do risco por parte do contraente que melhor o conhece. Moura Ramos/Bento Soares, *ob. cit.*, p. 182 e 184, admitem, por seu turno, a pertinência do vector risco-controlo ao domínio normativo dos n.os 2 e 3 do art. 796.º.

contratual em concreto pressuposto, a qual obsta à prevalência de qualquer um dos dois comandos normativos[1464].

Não obstante, na medida em que a mesma equação imputa o risco contratual à parte cujo proveito é contratualmente maximizado, a sua enunciação não constitui novidade ou ousadia. Esta surge na sequência da contraposição da obrigação de custódia à *emptio perfecta*, na ponderação de tipos contratuais específicos como o *aestimatum*, bem como, noutros ordenamentos jurídicos, a respeito de pronunciamentos doutrinais des-construtivos, ou que almejaram situar dados normativos rebeldes em termos sistemáticos. Ora, ainda no domínio normativamente estéril do CCse, GOMES DA SILVA enunciou a relação do risco com o benefício ou proveito contratual[1465], sendo a modelação do interesse, em afastamento do puro conceptualismo jurídico, prenunciada também por VAZ SERRA nos trabalhos preparatórios do CCiv[1466]. Em sentido próximo, MENEZES CORDEIRO anunciou como sentido geral do sistema de risco a sua correspondência ao brocardo *ubi commoda ibi incommoda*[1467], concluindo PEDROSA MACHADO que os arts. 796.º e 797.º acabam por estabelecer uma conexão com a "efectiva possibilidade de aproveitamento da situação jurídica considerada, o que tanto se verifica, ou pode verificar, no domínio, como na pura e simples detenção"[1468].

Não se confundindo com a atribuição do sacrifício patrimonial em simetria com o aumento do valor da coisa – o qual em regra pertencerá ao

---

[1464] É aliás desnecessária uma relação hierárquico-valorativa entre estes, a exemplo das relações existentes entre princípios jurídicos. Tal reflecte, apenas, "um sistema que se sabe, e quer, inconcluso e aberto" (cfr. CARNEIRO DA FRADA, *Responsabilidade*, p. 36, n. 48).

[1465] Cfr. GOMES DA SILVA, *ob. cit.*, p. 92, mencionando que, "segundo o senso jurídico comum, todo aquele que retém alguma coisa alheia, ilicitamente, ou licitamente, mas em seu proveito, assume o risco que ela possa correr".

[1466] Cfr. VAZ SERRA, *Obrigações genéricas*, p. 43, n. 88, que, sem prejuízo da defesa do brocardo *res perit domino*, conclui que "se o risco se transfere em determinado momento, dá-se isso, não porque algum conceito ou construção o justifique, mas porque se julga justo ou razoável, *no plano dos interesses e da sua apreciação*, que tal se verifique" (itálico nosso).

[1467] Cfr. MENEZES CORDEIRO, *Da alteração de circunstâncias*, p. 331, embora referindo, a p. 370-371, n. 148, com apoio no art. 506.º, uma ideia prévia de repartição igualitária do risco (possivelmente subsumível a quotas de risco).

[1468] Cfr. PEDROSA MACHADO, *ob. cit.*, p. 74-75, que chega a concluir, em posição que não podemos integralmente acompanhar, que a necessidade e utilidade das referidas normas provém daquilo que, na letra da lei surge formalmente como excepção, verificando-se a "introdução no nosso ordenamento do segundo sistema de distribuição do risco contratual – o da transferência deste de acordo com a detenção da coisa".

titular do direito real subjacente[1469] – o vector da satisfação do interesse contratual subjacente à alienação deve ser reconhecido como dado insuprível do ordenamento jurídico português, harmonizando-se ainda com um dos postulados valorativos basilares do instituto da responsabilidade civil objectiva[1470].

V. Sintetizando a orientação normativa por detrás do ordenamento jurídico vigente, haverá que concluir no sentido da ausência de um fundamento unitário de distribuição do risco contratual nos contratos de alienação.

Mesmo desdobrando o risco em termos puramente contraprestacionais, a busca de um tal princípio redunda na identificação de fundamentos de imputação de risco distintos e em oposição, cuja recondução à unidade é ficcional[1471]. O sistema de distribuição do risco contratual assume assim um fundamento plúrimo, não sendo cognoscível em termos axiomáticos puros.

5.2. **Movimento diacrónico de alteração de paradigmas ou de eterno retorno?**

I. A exemplo da evolução da base dogmática relativa à distribuição do risco contratual no Direito romano, o influxo normativo comunitário introduzido através da LVBC suscita as mais severas hesitações no que respeita à sua efectiva interferência na conformação geral do instituto.

[1469] Cfr. Vaz Serra, *Impossibilidade superveniente*, p. 91, enquadrando a atribuição do risco ao adquirente por pertencer a este o aumento do valor da coisa (*res perit domino*); e Galvão Telles, *Obrigações*, p. 469, aludindo ao benefício económico-jurídico resultante da transferência jurídico-real.

[1470] Razão pela qual frontalmente se discorda de Múrias/Lurdes Pereira, *Prestações*, p. 4, quando adicionam à autonomia dos institutos – que obviamente se reconhece (cfr. *supra* p. 56) – a inexistência de "*nenhuma vantagem em aproximá-los*" (itálico dos autores).

[1471] A conclusão próxima chega também Ana Prata, *O regime*, p. 22, quando refere que "o art. 796.º tem normas várias, inspiradas por *rationes* diversas", sendo aquelas consideradas pela autora como "incongruentes no seu conjunto e criticáveis, quer por isso quer porque, e sobretudo, desadequadas à realidade económica e social".

Julgamos, porém, que a incongruência pode – e deve – ser prudencialmente solucionada.

Não obstante, corporizando a distribuição do risco enquanto corolário da transmissão consensual dos direitos reais sobre coisas corpóreas uma solução potencialmente desfavorável aos consumidores, a alteração ocorrida – que considera fatalmente decisivo o momento da entrega da coisa ao adquirente – encontra não apenas sustentação normativa bastante, como se traduz, afinal, numa modelação sectorial dos paradigmas normativos subjacentes ao CCiv.

Não haverá porém que aproximar o referido regime jurídico dos modelos normativos germânico ou internacional, podendo o fenómeno apresentar-se como mera involução lógica subjacente a uma transmutação valorativa.

II. A atribuição do risco ao consumidor com a entrega da coisa alienada pelo profissional representa a ultrapassagem de uma solução de distribuição do risco contratual em estrita obediência ao império lógico--categorial do efeito real determinado pelo acordo das partes. Se a sua recondução ao sinalagma contratual no Direito romano enfrenta o óbice do reporte desta noção àquele momento histórico – a que ainda se acrescenta a dúbia vigência de idêntica regra naquele ordenamento jurídico – é plausível que, efectuando um recuo histórico ainda mais pronunciado, o seu fundamento resida, em parte, na simples racionalidade sócio-económica subjacente à primitiva venda a contado.

Superando dois milénios de dogmatização jurídica, a solução completará o ciclo de mutação histórico-cultural do ordenamento jurídico vigente, nela se divisando "o mais alto grau de irracionalidade, tal como o contrário"[1472] sempre presente aquando da submissão dos dogmas e construções jurídicas ao devir temporal[1473].

[1472] NIETZCHE, *A vontade de poder v. III Princípios de uma nova valoração*, p. 306.

[1473] A essência nihilista do fenómeno constitui, segundo se julga, uma opção válida aquando da ponderação diacrónica (senão mesmo sincrónica) das soluções de distribuição do risco, constatando, com IRTI, *Nichilismo e metodo giuridico*, p. 1161, "*quel negare ogni critério d'unitá, quel consegnarsi al volere humano ed alla casualità del divenire, che getta le norme in un indefinito movimento, in un quotidiano nascere e morire*" (cfr. na sua crítica, nomeadamente, PUNZI, *Puo il giurista essere nichilista?*, p. 731, apontando "*l'eccessiva modestia*" de um enquadramento assente na acidentalidade factual, para concluir, ainda mais modestamente, pela busca do fim do Direito através do equilíbrio harmónico dos princípios da liberdade e da autoridade "*nell'idea di giustizia*"). Com efeito, a adesão ao nihilismo hermenêutico não significa anarquia metodológica. Apenas aceitação da radical e permanente historicidade do Direito.

BIBLIOGRAFIA CONSULTADA

AA.VV. – *Avant-Projet de Réforme du Droit des Obligations e du Droit de la Prescrition* – Rapport à Monsieur Pascal Clemente Garde des Sceaux, Ministre de la Justice, 22 Septembre 2005 in www.henricapitant.org/IMG [M.c.: *Avant-Projet*].
- *Cuerpo del Derecho Civil Romano tomos 1.º a 6.º*, Valladolid, Lex Nova, 2004 (tradução para língua castelhana do *Corpus Iuris Civilis* por ILDEFONSO L. GARCÍA DEL CORRAL).
- *Dicionário da Língua Portuguesa Contemporânea da Academia das Ciências de Lisboa v. II*, Lisboa, Verbo, 2001.
- *Il progetto Gandolfi di un Codice europeo dei contrati* in EDP n.º 2, 2002, p. 275-343.
- *Lei do comércio electrónico anotada*, Coimbra, Coimbra Ed., 2005 [M.c.: *Lei do comércio electrónico*].
- *Livro de Leis e Posturas*, Lisboa, ULFD, 1971.
- *Ordenações Filipinas,* Lisboa, ed. da Fundação Calouste Gulbenkian, 1985.
- *Osservatorio* in EDP, 2003, n.º 2, p. 387-389.
- *Reforma do Direito Civil*, Coimbra, Almedina, 2005.
ABRANTES, JOSÉ JOÃO – *A excepção de não cumprimento do contrato no Direito civil português*, Coimbra, Almedina, 1986.
ABREU, JORGE MANUEL COUTINHO DE – *Curso de Direito Comercial v. II Das Sociedades*, 2.ª ed., Coimbra, Almedina, 2007.
ABREU, ANTÓNIO JOSÉ TEIXEIRA DE – *Lições de Direito Civil Português t. I,* Coimbra, França Amado, 1898.
ALARCÃO, RUI DE – *Direito das obrigações*, dactilografado por JOÃO ABRANTES, Coimbra, 1977/78.
ALBALADEJO, MANUEL – *Compendio de Derecho Civil*, 12.ª ed., Madrid, Edisofer, 2004 [M.c.: *Compendio*].
- *Derecho Civil II – Derecho de obligaciones*, 12.ª ed., Madrid, Edisofer, 2004 [M.c.: *Obligaciones*].
ALBERTARIO, EMILIO – *Il momento del trasferimento della proprietá nella compravendida romana* in RDCDGO a. XXVII, n.º 1, prt. prima, 1929, p. 233-264.
ALBUQUERQUE, PEDRO DE – *Contrato de compra e venda – Introdução, efeitos essenciais e modalidades* in MENEZES CORDEIRO, *Direito das Obrigações, 3.º v.*, 2.ª ed., Lisboa, AAFDL, 1991, p. 9-48.
ALBUQUERQUE, RUY ALBUQUERQUE e MARTIM – *História do Direito Português I v. (1140--1415) 1.ª prt.*, 10.ª ed., Lisboa, PF, 1999; *v. I t. II*, 1983; *v. II*, 1983 [M.c.: *História do Direito*].

ALCÁNTARA SAMPELAYO, J. – *La prestacion del riesgo en la compraventa* in RDP t. XXX, 1946, p. 488-508.

ALEGRE, CARLOS – *Acidentes de trabalho e doenças profissionais*, 2.ª ed., Coimbra, Almedina, 2001 (reimp.).

ALEMÁN MONTERREAL, ANA – *El contrato estimatorio*, Madrid, Dykinson, 2002.

ALESSI, ROSALBA – *L'attuazione della direttiva sulla vendita dei beni di consumo nel diritto italiano* in EDP n.° 3, 2004, p. 743-782.

ALMEIDA, CARLOS FERREIRA DE – *Contratos*, *I*, 4.ª ed., Coimbra, Almedina, 2008; *II*, 2007.
  – *Transmissão contratual da propriedade* – *entre o mito da consensualidade e a realidade de múltiplos regimes* in THEMIS a. VI, n.° 11, p. 5-17 [M.c.: *Transmissão contratual da propriedade*].
  – *Direito do consumo*, Coimbra, Almedina, 2005 [M.c.: *Consumo*].
  – *Orientações de política legislativa adoptadas pela Directiva 1999/44/CE sobre venda de bens de consumo. Comparação com o Direito português vigente* in THEMIS a. II, n.° 4, p. 109-120 [M.c.: *Orientações de política legislativa*].
  – *Direito Comparado. Ensino e método*, Lisboa, Cosmos, 2000.
  – *Introdução ao Direito Comparado*, Coimbra, Almedina, 1998.
  – *Texto e enunciado na teoria do negócio jurídico vols. I e II*, Coimbra, Almedina, 1992 [M.c.: *Texto e enunciado*].
  – *Os direitos dos consumidores*, Coimbra, Almedina, 1982.
  – *Negócio jurídico de consumo* in BMJ n.° 347, p. 11-38.

ALMEIDA, CLÁUDIA PEREIRA DE – *Relevância da causa na circulação das acções das sociedades anónimas fora do mercado regulamentado*, Coimbra, Coimbra Ed., 2007.

ALMEIDA, JOSÉ MOITINHO DE – *A locação financeira (leasing)* in BMJ n.° 231, p. 5-26 [M.c.: *A locação financeira*].

ALMEIDA, L. P. MOITINHO DE – *Restituição de posse e ocupações de imóveis*, 5.ª ed., Coimbra, Almedina, 2002.

ALMEIDA, TERESA – *Lei de defesa do consumidor anotada*, Lisboa, Instituto do Consumidor, 2001.

ALONSO PÉREZ, MARIANO – *El riesgo en el contrato de compraventa*, Madrid, Editorial Montecorvo, 1972 [M.c.: *El riesgo*].
  – *Periculum est emptoris y frag. Vat. 16* in AHDE t. XXXI, 1961, p. 363-388 [M.c.: *Periculum est emptoris*].

ALPA, GUIDO – *Diritto privato europeo: fonti normative e programmi di armonizzazione* in NGCC a. XIX, n.° 1, prt. seconda, 2003, p. 16-34 e in EBLR v. 14, n.° 4, 2003, p. 379-403 (versão inglesa).
  – *L'armonizzazione del diritto contrattuale e il projetto di codice civile europeo* in NGCC a. XIX, n.° 2, prt. seconda 2003, p. 169-174 e in RDPatr n.° 11, n.° 2, 2003, p. 25-30 (versão espanhola).
  – *I principi generali* in MARIO BESSONE, Casi e questioni di diritto privato, 2.ª ed., Milano, Giuffrè, 1995, p. 3-10.
  – *Rischio contrattuale* – *Diritto vigente* in ED v. XL, p. 1144-1159 [M.c.: *Rischio vigente*].
  – *Per una critica all'identificazione di casus e non culpa* in ALPA/BESSONE/ROPPO, *Rischio contrattuale e autonomia privata*, Napoli, Jovane editore, 1982, p. 373-376.

Bibliografia Consultada

- *Sulla nozione di prezzo* in ALPA/BESSONE/ROPPO, *Rischio contrattuale e autonomia privata*, Napoli, Jovane editore, 1982, p. 141-153.
- *Rischio contrattuale* in NssDI app. v. VI, p. 863-868 [M.c.: *Rischio*].

ALPA, GUIDO, MARIO BESSONE e ENZO ROPPO – *Rischio contrattuale e autonomia privata*, Napoli, Jovane Editore, 1982.

ALVES, SÍLVIA – *Alguns aspectos acerca da natureza obrigacional ou real da compra e venda civil na história do Direito português*, Lisboa, FDUL, tese n.° 469, 1990.

AMADIO, GIUSEPPE – *Difetto di conformità e tutele sinallagmatiche* in Il nuovo diritto dei contratti, Milano, Giuffrè, 2004, p. 295-350.

AMBROGIO, PAOLO EMILIO – *Ancora sulla vendita com riserva di proprietà* in RDCDGO a. XLVII, n.° 1, prt. prima, 1949, p. 143-158.

ANCEL, PASCAL – *Force obligatoire et contenu obligationnel du contrat* in RTDC a. XCVIII, n.° 4, 1999, p. 771-810.

ANDRADE, MANUEL A. DOMINGUES DE – *Teoria Geral da Relação Jurídica vols. I e II*, Coimbra, Almedina, 1983 (reimp.) [M.c.: *Teoria Geral*].
- *Teoria Geral das Obrigações*, 3.ª ed., Coimbra, Almedina, 1966 [M.c.: *Obrigações*].
- *Obrigações pecuniárias* in RLJ a. LXXVII, n.° 2771, p. 17-20, n.° 2772, p. 33-36, n.° 2773, p. 49-52, n.° 2774, p. 65-67, n.° 2775, p. 81-83, n.° 2784, p. 225-228, n.° 2785, p. 241-244, e n.° 2792, p. 353-357.

ANGELICI, CARLO – *Passagio del rischio* in BIANCA, Convenzione di Viena sui contratti di vendita internazionale di beni mobili, Padova, Cedam, 1992, p. 274-286.

ANNIBALETTI, DANIELA – *Il futuro codice europeu delle obbligazioni e dei contratti* in JUS a. XXXIX, n.° 1, 1992, p. 85-90.

ANTERO, ADRIANO – *Comentario ao Codigo Commercial Portuguez v. III*, 2.ª ed., Porto, Companhia Portuguesa Ed., s/d.

ANTUNES, JOÃO TIAGO MORAIS – *Do contrato de depósito escrow*, Coimbra, Almedina, 2007.

ARANGIO-RUIZ, VINCENZO – *Istituzioni di diritto romano*, 14.ª ed., Napoli, C.E.D. Eugenio Jovene, 1998.

ASCENSÃO, JOSÉ DE OLIVEIRA – *Onerosidade excessiva por "alteração das circunstâncias"* in ROA a. LXV, III, 2005, p. 625-648 [M.c.: *Onerosidade excessiva*].
- *O acto uniforme da OHADA sobre Direito Comercial Geral e a ordem jurídica da Guiné-Bissau* in DC a. V, n.° 16/17, p. 91-122, e in BFDBis n.° 6, p. 202-253.
- *Direito Civil – Teoria Geral v. II*, 2.ª ed., Coimbra, Coimbra Ed., 2003; *III*, 2002; e *I*, 2.ª ed., 2000 [M.c.: *Teoria Geral*].
- *Direito Civil – Sucessões*, 5.ª ed., Coimbra, Coimbra Ed., 2000 [M.c.: *Sucessões*].
- *Direito Comercial v. IV. Sociedades Comerciais Parte Geral*, Lisboa, 2000; *v. I. Institutos gerais*, 1998/99; *v. III. Títulos de Crédito*, 1992 [M.c.: *Comercial*].
- *Usucapião de propriedade resolúvel* in AB VNO AD OMNES – 75 anos da Coimbra Editora, Coimbra, Coimbra Ed., 1998, p. 497-517 [M.c.: *Usucapião*].
- *Direito Civil – Reais*, 5.ª ed., Coimbra, Coimbra Ed., 1993 [M.c.: *Reais*].

ASTOLFI, DOMENICANTONIO – *Incoterms* in DDP sezione commerciale v. VII, p. 315-320.

ATIYAH, P. S. – *The Law of Contract*, 3.ª ed., Oxford, Clarendon Press, 1981.

AUDIT, BERNARD – *La vente internationale de marchandises*, Paris, LGDJ, 1990 [M.c.: *La vente internationale*].

506   *O Risco nos Contratos de Alienação*

– *Présentation de la convention* in La Convention de Vienne sur da vente internationale et les incoterms – Actes du Colloque des 1er et 2 décembre 1989, Paris, LGDJ, 1990, p. 13-34 [M.c.: *Présentation*].

AZZARITI, GIUSEPPE – *Le successioni e le donazioni*, Padova, Cedam, 1982.

BADENES GASSET, RAMÓN – *El contrato de compraventa tomos I e II*, 2.ª ed., Barcelona, Bosch, 1979.

BADOSA COLL, FERRAN – *Examen de tres "esquemas fiduciários" en el derecho español (la venta en garantia, la legitimación dispositiva sobre bienes com titular y la gestión de patrimónios sin titular)* in EH al Profesor Luís Díez-Picasso v. I, Madrid, Civitas, 2003, p. 221-236.

BAGGE, ALGOT – *Genesis e importância del proyecto de una Ley Uniforme sobre la venta internacional de los objetos muebles corporales* in ADC t. XI, f. IV, 1968, p. 979-983.

BALBI, GIOVANNI – *Il contratto estimatorio* in Trattato di Diritto Civile Italiano v. VII, t. II, f. II, Torino, Utet, 1960.

BARATA, CARLOS LACERDA – *Contrato de depósito bancário* in EH ao Professor Doutor Inocêncio Galvão Telles v. II, Coimbra, Almedina, 2002, p. 7-66 [M.c.: *Depósito bancário*].

– *Sobre a constituição de sinal por meio de cheque*, Lisboa, FDUL, tese n.º 480, 1990.

BARBA, VINCENZO – *L'obbligo di consegnare beni conformi al contratto* in Aspetti della vendita di beni di consumo, Milano, Giuffrè, 2003, p. 27-123.

BARBIERA, L. – *Il divieto del patto commissorio* in MARIO BESSONE, Casi e questioni di diritto privato, 2.ª ed., Milano, Giuffrè, 1995, p. 465-473.

BARROS, HENRIQUE DA GAMA – *História da Administração Pública em Portugal t. VI*, 2.ª ed., Lisboa, Livraria Sá da Costa, 1949.

BÁRTOLO, DIOGO – *Venda de bens alheios* in EH ao Professor Doutor Inocêncio Galvão Telles v. IV, Coimbra, Almedina, 2003, p. 383-436.

BASEDOW, JÜRGEN – *Vers un Code Européen des Contrats* in EH à Professora Doutora Isabel de Magalhães Collaço v. I, Coimbra, Almedina, 2002, p. 671-688.

– *I singoli contratti fra concettualimo giuridico* in I cento anni del Codice Civile Tedesco, Padova, Cedam, 2002, p. 331-346.

BEALE, HUGH, ARTHUR HARTKAMP, HEIN KÖTZ e DENIS TALLON – *Cases, Materials and Text on Contract Law*, Oxford, Hart Publishing, 2002.

BELVEDERE, A. – *Vendita e permuta* in MARIO BESSONE, Casi e questioni di diritto privato, 2.ª ed., Milano, Giuffrè, 1995, p. 270-273.

BÉNABENT, ALAIN – *La chance et le droit*, Paris, LGDJ, 1973.

BÉRAUDO, JEAN-PAUL – *Les principes d'Unidroit relatifs au droit du commerce international* in JCPSJ ed. generale, a. LXIX, n.º 18, 3.5.1995, p. 189-194.

BERGER, KLAUS PETER – *Harmonisation of european contract law. The influence of comparative law* in ICLQ v. L, part 4, 2001, p. 877-900.

BERNARDEAU, LUDOVIC – *Transposition de la directive sur la vente en droit français* in EDP n.º 3, 2005, p. 877-881.

– *L'attuazione della direttiva sulla vendita dei beni di counsumo in Francia* in EDP n.º 3, 2004, p. 783-801.

BESSONE, MARIO – *Causa tipica e "motivo" del contratto, dogmi di teoria generale, orientamenti della giurisprudenza* in ALPA/BESSONE/ROPPO, *Rischio contrattuale e autonomia privata*, Napoli, Jovane editore, 1982, p. 13-33.

– *Adempimento e rischio contrattuale*, Milano, Giuffrè, 1975 (ristampa inalterata).

BETTI, EMILIO – *Teoria generale del negozio giuridico*, Napoli, ECI, 1994 (reed.).

– *"Periculum"* – *Problema del rischio contrattuale in Diritto romano classico e giustinianeo* in Studi in onore di Pietro de Francisci v. I, 1956, p. 131-197 [M.c.: *"Periculum"*].

– *Teoria generale delle obbligazioni I*, Milano, Giuffrè, 1953 [M.c.: *Obbligazioni*].

BIANCA, CESARE MASSIMO – *Diritto Civile IV – L'obbligazione*, Milano, Giuffrè, 2006 (reimp.) [M.c.: *Civile*].

– *La nuova disciplina della compravendita: osservazioni generali* in La riforma dello *Schuldrecht* tedesco: un modelo per il futuro diritto europeo delle obbligazioni e dei contratti?, Padova, Cedam, 2004, p. 179-186.

– *La vendita e la permuta* in FILIPPO VASSALLI, Trattato di Diritto Civile Italiano v. VII, t. I, Torino, Utet, 1972 [M.c.: *La vendita*].

BIANCHI, GIORGIO – *Rescissione e risoluzione dei contratti*, Padova, Cedam, 2003.

BIROCCHI, ITALO – *Rischio contrattuale – Diritto intermedio* in ED v. XL, p. 1133-1143.

BLOCH, PASCALE – *L'obligation de transférer la propriété dans la vente* in RTDC a. LXXXVII, n.º 4, 1988, p. 673-706.

BOCCHINI, FERNANDO – *La tutela del consumatore nella vendita tra piazze diverse* in L'attuazione della direttiva 99/44/CE in Italia e in Europa, Padova, Cedam, 2002, p. 161-183.

BONNEL, MICHAEL JOACHIM – *Un "Codice" Internazionale del Diritto dei Contratti*, Milano, Giuffrè, 2006.

BORGIA, ALESSANDRA – *Gli incoterms della Camera di Commercio Internazionale nella nuova edizione 1990* in RDIPP a. XXVII, n.º 1, 1991, p. 71-80.

BOSELLI, ALDO – *Alea* in NssDI t. I, p. 468-476.

BRAGA, ARMANDO – *Contrato de compra e venda*, Porto, Porto Ed., 1990.

BRASIELLO, UGO – *Alienatio* in NssDI t. I, p. 480-481.

BREITENSTEIN, D. VON – *Le clause de réserve de propriété et le risque d'une perte fortuite de la chose vendue* in RTDCDE a. XXXIII, n.º 1, 1980, p. 43-49.

BRITO, MARIA HELENA – *O contrato de concessão comercial*, Coimbra, Almedina, 1990 [M.c.: *Concessão*].

BROX, HANS e WOLF-DIETRICH WALKER – *Besonderes Schuldrecht*, 30.ª ed., München, Beck, 2005 [M.c.: *Schuldrecht II*]; *Allgemeines Schuldrecht*, 30.ª ed., 2004 [M.c.: *Schuldrecht I*].

BURDESE, ALBERTO – *Diritto privato romano*, 4.ª ed., Milano, UTET, 2000 (ristampa).

BUSCHE, JAN – *Kommentar zum §§ 644 und 651* in MKBGB Band 4 (Schuldrecht Besonder Teil II – Redakteur: MARTIN HENSSLER), 4.ª ed., 2005, p. 1959-1966, e 2035-2043.

BUSSANI, MAURO – *Diritto privato e diritto europeo* in Diritto e Università: comparazione e formazione del giurista nella prospettiva europea, Padova, Cedam, 2003, p. 123-142 [M.c.: *Diritto privato*].

– *En busca de un Derecho privado europeo* in ADC t. LV, f. III, 2002, p. 941-963.

508   *O Risco nos Contratos de Alienação*

CABRILLAC, RÉMY – *Droit des obligations*, 6.ª ed., Paris, Dalloz, 2004.

CAETANO, MARCELLO – *História do Direito Português*, 3.ª ed., Lisboa, Verbo, 1992.

CAFFARENA LAPORTA, JORGE – *Comentario a los artículos 3 e 66 a 70* in LUÍS DIEZ-PICASSO (ed.) *La compraventa internacional de mercaderias – Comentario de la Convencion de Viena*, Madrid, Civitas, 1998, p. 67-71 e 514-559 [M.c.: *Comentario*].

  – *"Genus nunquam perit"* in ADC t. XXXV, f. II, 1982, p. 291-354 [M.c.: *Genus*].

CALAIS-AULOY, JEAN – *Une nouvelle garantie pour l'acheteur: la garantie de conformité* in RTDC a. CIV, n.º 4, 2005, p. 701-712.

CALVO, ROBERTO – *La vittoriosa lotta del legislatore britannico contro il copy-out delle direttive comunitarie* in CE a. VII, 2002, n.º 2, p. 1205-1230.

  – *La proprietà del mandatario*, Padova, Cedam, 1996 [M.c.: *La proprietà*].

CALVO ANTÓN, MANUELA – *La venta a prueba*, Barcelona, Bosch, 1995.

CALVO CARAVACA, ALFONSO LUIS – *Comentario al artículo 1* in LUÍS DIEZ-PICASSO (ed.) *La compraventa internacional de mercaderias – Comentário de la convencion de Viena*, Madrid, Civitas, 1998, p. 45-59.

CALVO CARAVACA, ALFONSO LUIS e JAVIER CARRASCOSA GONZÁLEZ – *Contrato internacional, nueva lex mercatoria y princípios unidroit sobre los contratos comerciales internacionales* in EH al Profesor Luís Díez-Picasso v. II, Madrid, Civitas, 2003, p. 1539-1567.

CAMANHO, PAULA PONCES – *Do contrato de depósito bancário*, Coimbra, Almedina, 1998.

CÁMARA LAPUENTE, SERGIO – *El hipotético "Código Civil Europeo": por qué, como y cuando?* in EH al Profesor Luís Díez-Picasso v. I, Madrid, Civitas, 2003, p. 347-379.

CAMARDI, CARMELITA – *Vendita e contratti traslativi – Il patto di differimento degli effetti reali*, Milano, Giuffrè, 1999.

CAMPOBASSO, GIAN FRANCO – *Diritto Commerciale 2 – Diritto dele società*, 4.ª ed., Torino, Utet, 2001; *3 – Contratti, titoli di credito, procedure concorsuali*, 3.ª ed., 2001 [M.c.: *Commerciale*].

CAMPOS, DIOGO LEITE DE – *A alienação em garantia* in EH ao Banco de Portugal 150.º Aniversário, Lisboa, Banco de Portugal, 1996, p. 5-23 [M.c.: *A alienação*].

  – *A locação financeira (estudo preparatório de uma reforma legislativa)*, Lisboa, Lex, 1994 [M.c.: *A locação financeira*].

  – *A locação financeira na óptica do utente* in ROA a. XLIII, n.º 2, 1983, p. 319-346.

CAMPOS, MARIA ISABEL MENÉRES – *Anotação ao ac. do STJ de 02 de Fevereiro de 2006* in CDP n.º 15, 2006, p. 43-54.

  – *Algumas reflexões em torno da cláusula de reserva de propriedade a favor do financiador* in Estudos em comemoração do 10.º aniversário da licenciatura em Direito da Universidade do Minho, Coimbra, 2004, p. 631-649.

  – *Da hipoteca – caracterização, constituição e efeitos*, Coimbra, Almedina, 2003.

CAMPOS, ROSELY MORAES – *Alienação fiduciária em garantia* in As operações comerciais, Coimbra, Almedina, 1988, p. 565-590.

CANARIS, CLAUS-WILHELM – *Il programma obbligatorio e la sua inattuazione: profili generali. Il nuovo Diritto delle leitungsstörungen* in La riforma dello *Schuldrecht* tedesco: un modelo per il futuro diritto europeo delle obbligazioni e dei contratti?, Padova, Cedam, 2004, p. 31-57, reformulado em *La mancata attuazione del rap-*

porto obbligatorio: profili generali. Il nuovo diritto delle leistunsstörungen in RDC a. XLIX, n.º 1, prt. prima, 2003, p. 19-38 [M.c.: *Il programma obbligatorio*].

– *L'attuazione in Germania della direttiva concernente la vendita di beni di consumo* in L'attuazione della direttiva 99/44/CE in Italia e in Europa, Padova, Cedam, 2002, p. 235-254.

– *Contenuti fondamentali e profile sistematici del gesetz zur modernisierung des schuldrechts* in La riforma del diritto tedesco delle obbligazioni, Padova, Cedam, 2003, p. 1-96 [M.c.: *Contenuti fondamentali*].

– *A transposição da directiva sobre compra de bens de consumo para o direito alemão* in EDC n.º 3, 2001, p. 49-67.

CANNATA, CARLO AUGUSTO – *La responsabilità contrattuale* in Derecho romano de obligaciones: homenage al professor José Luis Murga Gener, Madrid, CERA, 1994, p. 143-178.

CAPILLA RONCERO, F. – *Riesgo* in EJB v. IV, p. 6021-6023.

CARASCO PERERA, ÁNGEL, ENCARNA CORDERO LOBATO e MANUEL MARÍN LOPEZ – *Tratado de los Derechos de Garantia*, Navarra, Aranzadi, 2002.

CARAVELLI, CASIMIRO – *Alea* in NDI v. I, p. 306-321.

CARBONNIER, JEAN – *Droit Civil volume II*, Paris, PUF, 2004 (reedição).

CARVALHO, JORGE MORAIS – *Comércio electrónico e protecção dos consumidores* in THEMIS a. VII, n.º 13, p. 41-62.

– *Transmissão da propriedade e transferência do risco na compra e venda de coisas genéricas* in THEMIS a. VI, n.º 11, p. 19-63 [M.c.: *Transmissão*].

CARVALHO, ORLANDO DE – *Introdução à posse* in RLJ a. CXXII, n.º 3780, p. 65-69, n.º 3781, p. 104-108, n.º 3786, p. 262-266, n.º 3787, p. 292-294, n.º 3792, p. 72-74, n.º 3801, p. 353-355, n.º 3810, p. 259-264, n.º 3811, p. 292-294, e n.º 3812, p. 333-336.

CARNEIRO, MANUEL BORGES – *Direito Civil de Portugal t. IV*, Lisboa, Imprensa de Figueiredo, 1840.

CASTILHA CUBILLAS, MANUEL – *La tarjeta de crédito*, Madrid, Marcial Pons, 2007.

CASTRO, ARTUR ANSELMO DE – *A acção executiva singular, comum e especial*, 3.ª ed., Coimbra, Coimbra Ed., 1977.

CASTRO, CARLOS OSÓRIO DE – *Os efeitos da nulidade da patente sobre o contrato de licença de invenção patenteada*, Porto, UCP Ed., 1994.

CASTRONOVO, CARLO – *Savigny, i moderni e la codificazione europea* in EH à Professora Doutora Isabel de Magalhães Collaço v. I, Coimbra, Almedina, 2002, p. 689-721.

CEBOLA, CÁTIA SOFIA MARQUES – *Da função de garantia da venda a retro* in JORGE FERREIRA SINDE MONTEIRO (coord.), *Garantias das Obrigações*, Coimbra, Almedina, 2007, p. 137-174.

CHATILLON, STÉPHANE – *Droit des affaires internationales*, 2.ª ed., Paris, Vuibert, 1999.

CHAZAL, JEAN-PASCAL e SERGE VINCENTE – *Le transfert de propriété par l'effet des obligations dans le code civil* in RTDC a. XCIX, 2000, p. 477-506.

CHEVALLIER, JEAN – *Jurisprudence française – obligations et contrats spéciaux* in RTDC a. LXVI, 1968, p. 707-711.

CHIANALE, ANGELO – *Obbligazione di dare e atti traslativi solvendi causa* in RDC a. XXXV, n.º 2, prt. seconda, 1989, p. 233-250.

CHIARINI, FRANCESCA – *Commentario breve agli art. 1519-quater c.c.* in La vendita dei beni di consumo (a cura di CARLO BERTI), Milano, Giuffrè, 2004, p. 47-63.

CHIUSI, TIZIANA J. – *Modern, alt und neu: Zum Kauf nach BGB und römischem Recht* in JURA a. XXV, n.° 4, 2003, p. 217-224.

CIAN, GIORGIO – *Relazione introduttiva* in La riforma dello *Schuldrecht* tedesco: un modelo per il futuro diritto europeo delle obbligazioni e dei contratti?, Padova, Cedam, 2004, p. 9-30 [M.c.: *Relazione*].

– *Significato e lineamenti della riforma dello Schuldrecht tedesco* in RDC a. XLIX, n.° 1, prt. prima, 2003, p. 1-18 [M.c.: *Significato e lineamenti*].

– *Presentazione del convegno* in L'attuazione della direttiva 99/44/CE in Italia e in Europa, Padova, Cedam, 2002, p. 3-16.

CIAN, GIORGIO e ALBERTO TRABUCCHI – *Comentario breve al Codice Civile – complemento giurisprudenziale*, 6.ª ed., Padova, Cedam, 2003.

CLARIZIA, R. – *La locazione finanziaria* in MARIO BESSONE, Casi e questioni di diritto privato, 2.ªed., Milano, Giuffrè, 1995, p. 259-264.

COELHO, FRANCISCO MANUEL PEREIRA – *O problema da causa virtual na responsabilidade civil*, Coimbra, Almedina, 1998 (reimp) [M.c.: *O problema da causa virtual*].

– *Arrendamento*, coligido por JOÃO ABRANTES, Coimbra, 1984.

– *Obrigações*, coligido por MÁRIO DA SILVA E SOUSA, Coimbra, 1967.

COELHO, JOSÉ GABRIEL PINTO – *Direito Civil (Obrigações)*, coligido por VIANNA REBELLO, Lisboa, 1939 [M.c.: *Obrigações*].

– *Direito Civil (Noções fundamentais)*, coligido por MENDES DE ALMEIDA e AGOS-TINHO DE OLIVEIRA, Lisboa, 1937 [M.c.: *Noções fundamentais*].

COELHO, LUÍS PINTO – *Direito Civil (Teoria Geral da Relação Jurídica)*, coligido por DIAS BRAVO, Lisboa, AAFDL, 1953.

– *Da posse* in BMJ n.° 88, p. 139-166.

COELHO, MARIA CRISTINA PIMENTA – *A imputação de liberalidades feitas ao cônjuge do autor da sucessão* in EH ao Professor Doutor Inocêncio Galvão Telles v. IV, Coimbra, Almedina, 2003, p. 527-572.

COIMBRA, ANA – *O sinal: conceito e regime no ordenamento jurídico actual*, Lisboa, FDUL, tese n.° 255, 1988.

CONSERVA, DOMENICO – *L'appalto* in NICOLÒ LIPARI, Trattato di Diritto Privato Europeo v. IV, Padova, Cedam, 2003, p. 333-368.

CONTURSI-LISI, LYCIA GARDANI – *Delle donazioni*, Bologna, Zanichelli, 1976.

CORAPI, DIEGO – *La direttiva 99/44/CE e la convenzione di Vienna sulla vendita internazionale: verso un nuovo diritto comune della vendita* in L'attuazione della direttiva 99/44/CE in Italia e in Europa, Padova, Cedam, 2002, p. 135-148 e in EDP n.° 3, 2002, p. 655-669.

– *L'equilibrio delle posizioni contrattuali nei principi Unidroit* in EDP n.° 1, 2002, p. 23-40 [M.c.: *L'equilibrio*].

CORDEIRO, ANTÓNIO MENEZES – *Contratos públicos: subsídios para a dogmática administrativa, com exemplo no princípio do equilíbrio financeiro*, Cadernos O Direito, n.° 2, Coimbra, Almedina, 2007 [M.c.: *Contratos públicos*].

– *Manual de Direito Comercial*, 2.ª ed., Coimbra, Almedina, 2007 [M.c.: *Comercial*].

– *Manual de Direito das Sociedades II – Das sociedades em especial*, 2.ª ed., Coimbra, Almedina, 2007; *I – Das Sociedades em Geral*, 2.ª ed., 2007 [M.c.: *Sociedades*].

Bibliografia Consultada 511

- *Manual de Direito Bancário*, 3.ª ed., Coimbra, Almedina, 2006 [M.c.: *Bancário*].
- *Tratado de Direito Civil Português I Parte geral t. IV*, 2.ª ed., Coimbra, Almedina, 2007; *t. I*, 3.ª ed., 2005; *t. II*, 2.ª ed., 2002 [M.c.: *Tratado*].
- *Da natureza civil do Direito do consumo* in EH ao Professor Doutor António Marques dos Santos v. I, Coimbra, Almedina, p. 675-711.
- *Da modernização do Direito Civil I – Aspectos Gerais*, Coimbra, Almedina, 2004.
- *A modernização do Direito das Obrigações – III – A integração da defesa do consumidor* in ROA a. LXII, n.º 3, 2002, p. 711-729; *II – O direito da perturbação das prestações* in ROA a. LXII, n.º 2, 2002, p. 319-345.
- *Da boa fé no direito civil*, Coimbra, Almedina, 2001 (2.ª reimp) [M.c.: *Da boa fé*].
- *Direitos Reais – Sumários*, Lisboa, AAFDL, 2000 [M.c.: *Reais – Sumários*].
- *A posse: perspectivas dogmáticas actuais*, 3.ª ed., Coimbra, Almedina, 2000 [M.c.: *A posse*].
- *Anotação ao acórdão do pleno do STJ de 31 de Janeiro de 1996* in ROA a. LVI, n.º 1, 1996, p. 307-329.
- *Manual de Direito do Trabalho*, Coimbra, Almedina, 1994 (reimpressão).
- *Direitos Reais – Reprint 1979*, Lisboa, Lex, 1993 [M.c.: *Reais – 1979*].
- *Direito das Obrigações 3.º v.*, 2.ª ed., Lisboa, AAFDL, 1991; *1.º e 2.º vols.*, 1980 [M.c.: *Obrigações*].
- *Da alteração de circunstâncias* in EM do Professor Doutor Paulo Cunha, Lisboa, 1989, p. 293-371.
- *Ciência do Direito e metodologia jurídica nos finais do século XX* in ROA a. XLVIII, n.º 3, 1988, p. 697-768.
- *Cumprimento imperfeito do contrato de compra e venda. A compensação entre direitos líquidos e ilíquidos. A excepção do contrato não cumprido* in CJ a. X, t. IV, 1985, p. 37-48.
- *Da natureza do direito do locatário*, Lisboa, sep. da ROA a. XL, n.º 1, 1980.

Correia, A. Ferrer, Vasco Lobo Xavier, Maria Ângela Coelho e António A. Caeiro
- *Sociedade por quotas de responsabilidade limitada. Anteprojecto de lei – 2.ª redacção e exposição de motivos* in RDE a. III, 1977, p. 153-224, e a. V, 1979, p. 111-200.

Corrias, Paoloefisio – *Garanzia pura e contratti di rischio*, Milano, Giuffrè, 2006.

Corso, Elena – *La tutela del consumatore dopo il decreto legislativo di attuazione della direttiva 99/44/CE* in CI a. XVIII, n.º 3, p. 1317-1361.

Corte-Real, Carlos Pamplona – *Da imputação de liberalidades na sucessão legitimária*, Lisboa, CEF, 1989.

Cossio, Alfonso de – *La transmisión de la propiedad y de los riesgos en la compra-venta de cosas genéricas* in ADC t. VI, f. III, 1953, p. 597-621.
- *Los riesgos en la compraventa civil y en la mercantil* in RDP a. XXVIII, 1944, p. 361-399.

Costa, Mário Júlio de Almeida – *Direito das Obrigações*, 11.ª ed., Coimbra, Almedina, 2008 [M.c.: *Obrigações*].
- *História do Direito Português*, 3.ª ed., Coimbra, Almedina, 2002 (reimp.) [M.c.: *História do Direito*].
- *Contrato-promessa – uma síntese do regime actual* in ROA a. L, n.º 1, 1990, p. 21-63.

512   *O Risco nos Contratos de Alienação*

– *Alienação fiduciária em garantia e aquisição de casa própria* in DJ v. I, 1980, p. 41-57 [M.c.: *Alienação fiduciária em garantia*].

COSTA, MÁRIO JÚLIO DE ALMEIDA e ANTÓNIO MENEZES CORDEIRO – *Cláusulas contratuais gerais – Anotação ao Decreto-Lei n.° 446/85, de 25 de Outubro*, Coimbra, Almedina, 1994 (reimp.).

COSTANZA, MARIA – *Perimento e deterioramento dell'opera* in ED v. XXXIII, p. 64-70.

COURDIER-CUISINIER, ANNE-SYLVIE – *Nouvel éclairage sur l'énigme de l'obligation de donner* in RTDC a. CIV, 2005, p. 521-533.

COURTOIS, HÉLÈNE – *Rapport nationaux: Italie* in Les effets du contrat dans les pays du marche commun, Paris, Pedone, 1985, p. 159-192.

CRISCUOLI, GIOVANNI – *Il contratto. Itenerari normativi e riscontri giurisprudenziali*, 2.ª ed., Padova, Cedam, 2002.

CRISTAS, MARIA DA ASSUNÇÃO e MARIANA FRANÇA GOUVEIA – *Transmissão da propriedade de coisas móveis e contrato de compra e venda – Estudo dos Direitos Português, Espanhol e Inglês* in Transmissão da Propriedade e Contrato, Coimbra, Almedina, p. 15-137.

CRISTOFARO, GIOVANNI DE – *Note introduttive sulla genesi e sull'oggetto della riforma tedesca e sui contenuti del Quaderno* in La riforma del diritto tedesco delle obbligazioni, Padova, Cedam, 2003, p. IX-XXI [M.c.: *Note introduttive*].

    – *Difetto di conformità al contratto e diritti del consumatore*, Padova, Cedam, 2000 [M.c.: *Difetto di conformità*].

CRUZ, GRACIANO ANILDO – *A transferência do risco na Convenção de Viena sobre a venda internacional de mercadorias*, Lisboa, FDUL, tese n.° 803, 1992/1993.

CRUZ, GUILHERME BRAGA DA – *Formação histórica do moderno Direito privado português e brasileiro*, Braga, Scientia Iuridica, s/d.

CRUZ, SEBASTIÃO DA – *Direito Romano (ius romanum) I (Introdução. Fontes)*, 4.ª ed., Coimbra, 1984 [M.c.: *Romano*].

    – *Conteúdo das obligationes de dar* in EH aos Professores M. Paulo Merêa e G. Braga da Cruz v. II, BFD v. LVIII, 1982, p. 995-1024.

CUJINI, SILVIA – *L'avant-projet sull'attuazione nel diritto francese della directiva n.° 44/1999* in CE (Europa) a. VIII, n.° 2, 2003, p. 902-947.

CUNHA, PAULO – *Direito Civil – Teoria Geral da Relação Jurídica*, coligido por MARGARIDA SARAIVA e ORLANDO COURRÈGE, Lisboa, 1943.

    – *Direito das Obrigações – O Objecto da Relação Obrigacional*, coligido por ORLANDO COURRÈGE, Lisboa, 1943 [M.c.: *Obrigações*].

    – *Sumários das aulas teóricas da 2.ª cadeira de Direito Civil*, Lisboa, 1938 [M.c.: *Sumários de Direito Civil*].

CUNHA, PAULO OLAVO – *Venda de bens alheios* in ROA a. XLVII, n.° 2, 1987, p. 419-471.

CURA, ANTÓNIO A. VIEIRA – *O fundamento romanístico da eficácia obrigacional e da eficácia real da compra e venda nos Códigos Civis espanhol e português* in Jornadas Romanísticas, Coimbra, Coimbra Ed., 2003, p. 33-108 [M.c.: *O fundamento romanístico*].

    – *Transmissão da propriedade e aquisição de outros direitos reais (algumas considerações sobre a história do "sistema do título e do modo")* in EH ao Professor Doutor Raul Ventura v. I, Coimbra, Coimbra Ed., 2003, p. 373-400 [M.c.: *Transmissão da propriedade*].

Bibliografia Consultada 513

– *Compra e venda e transferência da propriedade no Direito romano clássico e justinianeu (a raiz do "sistema do título e do modo")* in Boletim comemorativo do 75.° t. do Boletim da Faculdade de Direito, 2003, p. 69-112 [M.c.: *Compra e venda e transferência da propriedade*].

– *Fiducia cum creditore – Aspectos gerais* in BFD, suplemento, v. XXXIV, Coimbra, 1991 [M.c.: *Fiducia cum creditore*].

D'ALFONSO, GIOVANNA – *The European judicial harmonization of contractual law: observations on the german law reform and "Europeanization" of the BGB* in EBLR v. 14, n.° 6, 2003, p. 689-726.

DAVID, RENÉ e CAMILLE JAUFFRET-SPINOSI – *Les grands systèmes de droit contemporains*, 11.ª ed., Paris, Dalloz, 2002.

DEBATTISTA, CHARLES – *Transfer of Ownership in International Trade – England* in Transfer of Ownership in International Trade, The Hague, Kluwer Law, 1999, p. 129-153.

DELFINI, FRANCESCO – *Autonomia privata e rischio contrattuale*, Milano, Giuffrè, 1999.

DERAINS, YVES – *Transfert des risques de livraison* in La Convention de Vienne sur da vente internationale et les incoterms – Actes du Colloque des 1er et 2 décembre 1989, Paris, LGDJ, 1990, p. 127-137.

DIAS, GABRIELA FIGUEIREDO – *Reserva de propriedade* in Comemorações dos 35 anos do Código Civil e dos 25 anos da Reforma de 1977 v. III (Direito das Obrigações), Coimbra, Coimbra Ed., 2007, p. 417-452.

DÍAZ GÓMEZ, MANUEL JESUS – *El contrato aleatorio*, Granada, Comares, 2004.

DIEZ-PICAZO, LUIS (ed.), – *La compraventa internacional de mercaderias – Comentario de la Convencion de Viena*, Madrid, Civitas, 1998.

DIEZ-PICAZO, LUIS e ANTONIO GULLÓN – *Sistema de Derecho Civil v. II*, 9.ª ed., Madrid, Tecnos, 2003.

DIEZ-PICAZO, LUIS, ROCA TRIAS e A. M. MORALES – *Los princípios del derecho europeo de contratos*, Madrid, Civitas, 2002.

DOHRMANN, KLAUS JOCHEN ALBIEZ – *Un nuevo Derecho de obligaciones. La Reforma 2002 del BGB* in ADC t. LV, f. III, 2002, p. 1133-1227 [M.c.: *La Reforma*].

– *La integración del derecho de consumo contractual en el Código Civil: una simple entelequia o algo más?* in EH al Profesor Luís Díez-Picasso v. I, Madrid, Civitas, 2003, p. 137-152.

DOMINGUES, PAULO TARSO – *O regime das entradas no Código das Sociedades Comerciais* in RFDUP a. III, 2006, p. 673-723.

D'ORS, ÁLVARO – *Derecho privado romano*, 10.ª ed., Pamplona, EUNSA, 2004 [M.c.: *Romano*].

– *Elementos de derecho privado romano*, 3.ª ed., Pamplona, EUNSA, 1992 [M.c.: *Elementos*].

DUARTE, PAULO – *Algumas questões sobre o ALD* in EDC n.° 3, 2001, p. 301-327.

– *O conceito jurídico de consumidor, segundo o art. 2.°/1 da Lei de defesa do consumidor* in BFD v. LXXV, 1999, p. 649-703 [M.c.: *Consumidor*].

DUARTE, RUI PINTO – *Curso de Direitos Reais*, 2.ª ed. Cascais, Principia, 2007 [M.c.: *Reais*].

– *Direito Comunitário e Direitos Reais* in EH ao Professor Doutor Inocêncio Galvão Telles v. IV, Coimbra, Almedina, 2003, p. 451-466.

514   *O Risco nos Contratos de Alienação*

- *Quinze anos de leis sobre leasing – Balanço e perspectivas* in Escritos sobre *Leasing* e *Factoring*, Cascais, Principia, 2001, p. 175-192.
- *Aspectos contratuais do aluguer, da locação financeira e de outros contratos afins à face da lei portuguesa* in Escritos sobre *Leasing* e *Factoring*, Cascais, Principia, 2001, p. 161-173 [M.c.: *Aspectos contratuais*].
- *Tipicidade e Atipicidade dos Contratos*, Coimbra, Almedina, 2000.
- *A locação financeira (Estudo jurídico do leasing financeiro)*, Lisboa, Ed. Danúbio, 1983 [M.c.: *A locação financeira*,].

DUTILLEUL, FRANÇOIS COLLART e PHILIPPE DELEBECQUE – *Contrats civils et commerciaux*, 5.ª ed., Paris, Dalloz, 2001.

EHMANN, HORST e ULRICH RUST – *Die Verbrauchsgüterkaufrichtlinie* in JZ a. LIV, n.º 18, 1999, p. 853-864.

EIRÓ, VERA – *A transmissão de valores mobiliários – as acções em especial* in THEMIS a. VI, n.º 11, p. 145-185.

EISSER, GEORG – *Desarrolo y extension del concepto de riesgo en la compraventa, segun el derecho aleman* in RDP t. XXXIX, 1955, p. 520-532.

ELLWOOD, L. A. – *The Hague uniform laws governing the international sale of goods* in Some comparative aspects of the law relating to sale of goods – ICLQ Suplementary Publication n.º 9, 1964, p. 38-56.

EMMERICH, VOLKER – *Kommentar zum § 323* in MKBGB Band 2 (Schuldrecht Allgemeiner Teil – Redakteur: WOLFGANG KRÜGER), 4.ª ed., 2001, p. 1349-1362.

ENNECCERUS, LUDWIG e HEINRICH LEHMANN – *Derecho de obligaciones v. II 1.ª prt.*, 3.ª ed. (tradução da 15.ª revisão por PÉREZ GONZÁLEZ e ALGUER), Barcelona, Bosch, 1956; *v. I*, 2.ª ed. (tradução da 11.ª revisão e 35.ª ed. alemã por PÉREZ GONZÁLEZ e ALGUER), 1954 [M.c.: *Obligaciones*].

ERNST, WOLFGANG – *Kommentar zum § 275* in MKBGB Band 2a (Schuldrecht Allgemeiner Teil – Redakteur: WOLFGANG KRÜGER), 4.ª ed., 2003, p. 693-730.

ESSER, JOSEF e EIKE SCHMIDT – *Schuldrecht – Band I Allgemeiner Teil Teilband 2*, 7.ª ed., Heidelberg, C.F. Müller, 1993; *Teilband 1*, 7.ª ed., 1992.

FABRE-MAGNAN, MURIEL – *Le mythe de l'obligation de donner* in RTDC a. XCV, n.º 1, 1996, p. 85-107.

FALLON, MARC – *Le domaine d'application de la Convention de Vienne* in ADL 1998, n.º 3, p. 255-278.

FARIA, JORGE LEITE RIBEIRO DE – *Direito das Obrigações v. I*, Coimbra, Almedina, 2003; *v. II*, 2001 [M.c.: *Obrigações*].
- *A natureza da indemnização no caso de resolução do contrato – Novamente a questão* in Comemoração dos 5 anos da FDUP, Coimbra, Coimbra Ed., p. 11-62 [M.c.: *A natureza da indemnização*].

FARNSWORTH, E. ALLAN – *The American provenance of the Unidroit Principles* in RDU v. III, n.os 2/3, 1998, p. 397-404.

FAUVARQUE-COSSON, BÉNÉDICTE – *Faut-il un Code civil européen?* in RTDC a. CI, 2002, p. 463-480.

FAUVARQUE-COSSON, BÉNÉDICTE/MAZEAUD, DENIS – *L'avant-projet français de réforme du droit des obligations e du droit de la prescrition* in RDU v. XI, 2006, p. 103-134.

FERNANDES, ANTÓNIO MONTEIRO – *Direito do Trabalho*, 13.ª ed., Coimbra, Almedina, 2006.
FERNANDES, LUÍS CARVALHO – *A situação jurídica do superficiário-condómino* in ROA a. LXVI, n.º 2, 2006, p. 547-579.
– *Lições de Direitos Reais*, 4.ª ed., Lisboa, Quid Juris, 2004 [M.c.: *Reais*].
– *Lições de Direito das Sucessões*, 2.ª ed., Lisboa, Quid Juris, 2001.
– *Teoria Geral do Direito Civil II*, 3.ª ed., Lisboa, UCP, 2001; *I*, 2.ª ed., Lex, 1995 [M.c.: *Teoria Geral*].
– *Da subempreitada* in DJ v. XII, t. I, 1998, p. 79-102.
– *A conversão dos negócios jurídicos civis*, Lisboa, Quid Juris, 1993.
– *A teoria da imprevisão no Direito Civil Português* in BMJ n.º 128, p. 19-291.
FERNÁNDEZ DE BUJAN, ANTONIO – *La compraventa* in Derecho romano de obligaciones: homenage al professor José Luis Murga Gener, Madrid, CERA, 1994, p. 549-564.
FERNÁNDEZ DE BUJAN, FEDERICO – *Sistema Contratual Romano*, Madrid, Dykinson, 2003 [M.c.: *Romano*].
FERNÁNDEZ ESPINAR, RAMÓN – *La compraventa en el Derecho medieval español* in AHDE t. XXV, 1955, p. 293-528.
FERRÃO, ANTÓNIO D'ABRANCHES – *Das doações segundo o Código Civil português*, Coimbra, França Amado, 1911.
FERRARI, FRANCO – *Universal and Regional Sales Law: Can They Coexist?* in RDU v. VIII, n.ᵒˢ 1/2, 2003, p. 177-189.
– *La rilevanza degli usi nella Convenzione di Vienna sulla vendita internazionale di beni mobili* in CI a. X, n.º 1, p. 239-258 [M.c.: *La rilevanza degli usi*].
FERRARIO, MICHELE – *La cessione dei beni ai creditori: un mandato in rem propriam com funzione di garanzia o di liquidazione* in RTDPC a. LV, n.º 3, 2001, p. 321-379.
FERREIRA, FERNANDO AMÂNCIO – *Curso de Processo de Execução*, 5.ª ed., Coimbra, Almedina, 2003.
FERREIRA, JOSÉ DIAS – *Codigo Civil Portuguez Annotado v. III*, 2.ª ed., Coimbra, Imprensa da Universidade, 1898; *v. II*, 2.ª ed., 1895; *v. I*, 2.ª ed., 1894 [M.c.: *CCAnnotado*].
FERRERI, SILVIA – *L'intervento dell'Unione Europea a tutela dei consumatori e le possibili reazioni di sustrato negli Stati membri* in RDC a. XLVIII, n.º 5, prt. seconda, 2002, p. 633-657.
FERRI, GIOVANNI BATTISTA – *Il Code Européen des Contrats* in CI a. VII, n.º 1, 2002, p. 27-39 e in EDP n.º 2, 2002, p. 345-358.
FERRI, GIUSEPPE – *Manuale di Diritto Commerciale*, 11.ª ed., Torino, Utet, 2001.
FIKENTSCHER, WOLFGANG – *Schuldrecht*, 7.ª ed., Berlin, Walter de Gruyter, 1985.
FLOUR, JACQUES, JEAN-LUC AUBERT e ÉRIC SAVAUX – *Droit Civil – Les obligations 1. L'acte jurídique*, 11.ª ed., Paris, Armand Colin, 2004.
FOLLIERI, LUIGI – *"Contratti di vendita" e garanzie legale* in Aspetti della vendita di beni di consumo, Milano, Giuffrè, 2003, p. 151-234.
FONSECA, TIAGO SOARES DA – *Do contrato de opção*, Lisboa, Lex, 2001.
FONTAINE, MARCEL – *Introduction: la Convention de Vienne du 11 avril 1980 sur les contrats de vente de marchandises* in ADL 1998, n.º 3, p. 251-253.
– *Conclusions* in ADL 1998, n.º 3, p. 337-342.
FOUCHARD, PHILIPPE – *Rapport de synthèse* in La Convention de Vienne sur da vente internationale et les incoterms – Actes du Colloque des 1ᵉʳ et 2 décembre 1989, Paris, LGDJ, 1990, p. 149-169.

516   *O Risco nos Contratos de Alienação*

FRADA, MANUEL CARNEIRO DA – *Direito Civil – Responsabilidade civil*, Coimbra, Almedina, 2006 [M.c.: *Responsabilidade*].
– *Danos económicos puros* in EH ao Professor Doutor Marcello Caetano v. II, Coimbra, Almedina, 2006, p. 151-176.
– *Teoria da confiança e responsabilidade civil*, Coimbra, Almedina, 2004 [M.c.: *Teoria da confiança*].
– *Contrato e deveres de protecção*, Coimbra, Coimbra Ed., Separata do v. XXXVIII do BFD, 1994.
– *Perturbações típicas do contrato de compra e venda* in MENEZES CORDEIRO, *Direito das Obrigações 3.º v.*, 2.ª ed., Lisboa, AAFDL, 1991, p. 49-96 [M.c.: *Perturbações típicas*].
– *Erro e incumprimento na não conformidade da coisa com o interesse do comprador* in Dir a. CXXI, n.º 3, 1989, p. 461-484.
FRANK, JERÔME – *Directive 1999/44 du 25 Mai 1999 sur certains aspects de la vente et des garanties des biens de consommation* in EDC n.º 2, 2000, p. 159-180.
FREIRE, PASCOAL DE MELLO – *Instituições de Direito Civil Português – Tanto público como particular – Livros III e IV* in BMJ n.º 165, p. 35-156, n.º 166, p. 45-180, e n.º 168, p. 27-165 (na tradução de MIGUEL PINTO DE MENEZES) [M.c.: *Instituições*].
– *História do Direito Civil Português* in BMJ n.º 173, p. 45-108, n.º 174, p. 5-60, e n.º 175, p. 45-109 (na tradução de MIGUEL PINTO DE MENEZES).
FREITAS, JOSÉ LEBRE DE – *A acção executiva depois da reforma*, 4.ª ed., Coimbra, Coimbra Ed., 2004 [M.c.: *A acção executiva*]; *A acção executiva à luz do Código revisto*, 3.ª ed., 2001.
FREITAS, JOSÉ LEBRE DE e ARMINDO RIBEIRO MENDES – *Código de Processo Civil Anotado v. 3.º*, Coimbra, Coimbra Ed., 2003.
FREITAS, PEDRO CARIDADE DE – *A compra e venda no Direito romano: características gerais* in Estudos em Honra de Ruy de Albuquerque, v. II, FDUL, Coimbra Ed., 2006, p. 431-497.
FURMSTON, MICHAEL – *An English view of the Unidroit Principles of international commercial contracts* in RDU v. III, n.ºs 2/3, 1998, p. 419-424.
FURTADO, JORGE HENRIQUE PINTO – *Manual de Arrendamento Urbano v. I*, 4.ª ed., Coimbra, Almedina, 2007 [M.c.: *Arrendamento*].
– *Curso de direito das sociedades*, 5.ª ed., Coimbra, Almedina, 2004 [M.c.: *Sociedades*].
– *Títulos de crédito*, Coimbra, Almedina, 1999 [M.c.: *Títulos*].

GALGANO, FRANCESCO – *Diritto privato*, 11.ª ed., Padova, Cedam, 2001 [M.c.: *Privato*].
– *La adquisicíon de la propiedad mediante la posesión* in FRANCESCO GALGANO, Atlas de Derecho Privado Comparado, Madrid, Fundación Cultural del Notariado, 2000, p. 98-108.
– *La transmisión de la propiedad mobiliaria por acto inter vivos* in FRANCESCO GALGANO, Atlas de Derecho Privado Comparado, Madrid, Fundación Cultural del Notariado, 2000, p. 187-195.
– *Diritto civile e commerciale v. II tomos I e II*, 2.ª ed., Padova, Cedam, 1993.
GAMBARO, ANTONIO – *Il método comparatistico nel diritto privato. Obiettivi scientifici* in Diritto e Università: comparazione e formazione del giurista nella prospettiva europea, Padova, Cedam, 2003, p. 107-121.

GANDOLFI, GIUSEPPE – *La vendita nel "codice europeo dei contratti"* in EDP 2006, n.º 4, p. 1229-1234.
– *Il projecto «pavese» di un codice europeo dei contratti* in RDC a. XLVII, n.º 4, prt. prima, 2001, p. 455-473 [M.c.: *Il projecto «pavese»*].
– *Sulla sorte del contratto con effetti reali (nella prospettiva di una codificazione europea)* in RTDPC a. LI, n.º 4, 1997, p. 1015-1025.
GANDOLFI, MARIA LETIZIA RUFFINI – *Il Code Européen des Contrats fra gli scenari delineati dalla Comissione Europea* in JUS a. XLIX, n.º 2, 2002, p. 219-238 [M.c.: *Il Code Européen des Contrats*].
– *Problèmes d'unification du droit en Europe et le code européen des contrats* in RIDC a. LIV, n.º 4, 2002, p. 1075-1103 [M.c.: *Problèmes d'unification*].
GATT, LUCILLA – *Sistema normativo e soluzioni innovative del "Code Europeen des Contrats"* in EDP n.º 2, 2002, p. 359-379.
GUARDIOLA SACARRERA, ENRIQUE – *La compraventa internacional – Importaciones y exportaciones*, Barcelona, Bosch, 1994.
GENOVESE, AMARILLIDE – *Le garanzie dei beni di consumo, la direttiva 99/44/CE ed il diritto spagnolo* in CI a. VII, n.º 2, 2002, p. 1103-1130.
GHESTIN, JACQUES – *Les obligations du vendeur* in La Convention de Vienne sur da vente internationale et les incoterms – Actes du Colloque des 1er et 2 décembre 1989, Paris, LGDJ, 1990, p. 83-115.
GIAMPICCOLO, GIORGIO – *Mutuo – Diritto privato* in ED v. XXVII, p. 444-474.
GIAMPIERI, ALBERTO – *Rischio contrattuale in diritto comparato* in DDP sezione civile v. XVIII, p. 30-42 [M.c.: *Rischio comparato*].
– *Rischio contrattuale* in DDP sezione civile v. XVIII, p. 17-30 [M.c.: *Rischio*].
GIANDOMENICO, GIOVANNI DI – *La nozione di alea nei contratti* in NGCC a. V, n.º 4, prt. seconda, 1989, p. 280-283.
– *Il contrato e l'alea*, Padova, Cedam, 1987 [M.c.: *Il contrato*].
GIANNATTASIO, CARLO – *L'appalto* in CICU/MESSINEO, Trattato di Diritto Civile e Commerciale v. XXIV, t. II, Milano, Giuffrè, 1967.
– *La permuta. Il contratto estimatorio. La somministrazione* in CICU/MESSINEO, Trattato di Diritto Civile e Commerciale v. XXIV, t. I, Milano, Giuffrè, 1960.
GILISSEN, JOHN – *Introdução histórica ao direito*, 4.ª ed., Lisboa, FCG, 2003 (tradução da ed. de 1979 por ANTÓNIO MANUEL HESPANHA).
GOMES, JOSÉ OSVALDO – *Expropriações por utilidade pública*, Lisboa, Texto Ed., 1997.
GOMES, JÚLIO VIEIRA – *Do contrato de comodato* in CDP n.º 17, 2007, p. 3-31 [M.c.: *Comodato*].
– *O conceito de enriquecimento, o enriquecimento forçado e os vários paradigmas do enriquecimento sem causa*, Porto, UCP, 1998 [M.c.: *Enriquecimento*].
– *Cláusulas de hardship* in Contratos: actualidade e evolução, Porto, UCP, 1997, p. 167-204.
– *Responsabilidade subjectiva e responsabilidade objectiva* in RDE a. XIII, 1987, p. 97-125 [M.c.: *Responsabilidade*].
GOMES, MANUEL JANUÁRIO DA COSTA – *Ser ou não conforme, eis a questão. Em tema de garantia legal de conformidade na venda de bens de consumo* in CDP n.º 21, p. 3-20 [M.c.: *Ser ou não conforme*].

518   *O Risco nos Contratos de Alienação*

– *A fiança no quadro das garantias pessoais. Aspectos de regime* in Comemorações dos 35 anos do Código Civil e dos 25 anos da Reforma de 1977 v. III (Direito das Obrigações), Coimbra, Coimbra Ed., 2007, p. 79-119.

– *Assunção fidejussória de dívida – Sobre o sentido e o âmbito da vinculação como fiador*, Coimbra, Almedina, 2000 [M.c.: *Assunção fidejussória*].

– *Contrato de mandato* in MENEZES CORDEIRO, *Direito das Obrigações 3.° v.*, 2.ª ed., Lisboa, AAFDL, 1991, p. 263-408-C [M.c.: *Mandato*].

– *Em tema de revogação do mandato civil*, Coimbra, Almedina, 1989 [M.c.: *Revogação do mandato civil*].

GONÇALVES, GABRIEL ÓRFÃO – *Aquisição tabular*, 2.ª ed., Lisboa, AAFDL, 2007.

GONÇALVES, LUIZ DA CUNHA – *Dos contratos em especial*, Lisboa, Eds. Ática, 1953 [M.c.: *Dos contratos*].

– *Da propriedade e da posse*, Lisboa, Eds. Ática, 1952.

– *Tratado de Direito Civil em comentário ao Código Civil Português, v. XII*, Coimbra, Coimbra Ed., 1937; *v. XI*, 1936; *v. X*, 1935; *v. IX*, 1935; *v. VIII*, 1934; *v. VII*, 1933; *v. VI*, 1932; *v. V*, 1932; *v. IV*, 1931; *v. III*, 1930 [M.c.: *Tratado*].

GONÇALVES, NUNO – *Do negócio sob condição*, Lisboa, FDUL, tese n.° 821, 1993 (dissertação de mestrado).

GONZÁLEZ, JOSÉ ALBERTO – *A realidade registal predial para terceiros*, Lisboa, Quid Iuris, 2006 [M.c.: *A realidade registal*].

– *Direitos Reais e Direito Registal Imobiliário*, 3.ª ed., Lisboa, Quid Iuris, 2005 [M.c.: *Reais*].

– *Locação/venda* in LUS série de Direito, n.os 1-2, 1999, p. 205-223.

GORLA, GINO – *La compravendita e la permuta* in FILIPPO VASSALLI, Trattato di Diritto Civile Italiano v. VII, t. I, Torino, Utet, 1937.

GOUVEIA, JAIME CARDOSO DE – *Direitos reais*, coligidos por CASTRO GUIMARÃES, PIRES DA CRUZ e AMARAL MARQUES, Lisboa, 1935.

– *Da responsabilidade contratual*, Lisboa, ed. do autor, 1932 [M.c.: *Da responsabilidade*].

GROTIUS, HUGO – *De iure belli ac pacis libre tres*, com tradução de WILLIAM WHEWELL D.D., Cambridge, John Parker London, 1853.

GRUNDMANN, STEFAN – *Consumer law, commercial law, private law: how can the sales directive and the sales convention be so similar?* in EBLR v. 14, n.° 3, 2003, p. 237--257 [M.c.: *Consumer law*].

– *European sales law – reform and adoption of international models in German sales law* in ERPL v. 9, n.os 2 e 3, 2001, p. 239-258.

GUARDIOLA SACARRERA, ENRIQUE – *La compraventa internacional – Importaciones y exportaciones*, Barcelona, Bosch, 1994.

GUEST, A. G. – *Anson's Law of Contract*, 26.ª ed., Oxford, Clarendon Press, 1984.

GUIMARÃES, MARIA RAQUEL – *As transferências electrónicas de fundos e os cartões de débito*, Coimbra, Almedina, 1999.

HABERSACK, MATHIAS e JAN SCHÜRNBRAND – *Der Eigentumsvorbehalt nach der Schuldrechtreform* in JS a. XLII, n.° 9, 2002, p. 833-839.

HANOTIAU – *L'exécution du contrat selon la Convention de Vienne* in ADL 1998, n.° 3, p. 279-304.

HATTENHAUER, HANS – *Conceptos fundamentales del derecho civil*, Barcelona, Ariel Derecho, 1987 (tradução de GONZALO HERNANDEZ da ed. de 1982 de *Grundbegriffe des Bürgerlichen Recht*).

HENRIQUES, PAULO ALBERTO VIDEIRA – *A desvinculação unilateral ad nutum nos contratos civis de sociedade e de mandato*, Coimbra, Coimbra Ed., 2001.

HERNÁNDEZ-TEJERO, FRANCISCO – *Extinción de las obligaciones* in Derecho romano de obligaciones: homenage al professor José Luis Murga Gener, Madrid, CERA, 1994, p. 179-223.

HERNÁNDEZ-TEJERO, LUCÍA – *Pactos añadidos a la compraventa* in Derecho romano de obligaciones: homenage al professor José Luis Murga Gener, Madrid, CERA, 1994, p. 565-571.

HESELER, FRANK – *Le nouveau droit du contrat d'entreprise* in RIDC a. LIV, n.° 4, 2002, p. 1005-1012.

HESSELINK, MARTIJN W. – *The new european private law*, The Hague, Kluwer Law International, 2002.

HEUZÉ, VINCENT – *La vente internationale de marchandises* in GHESTIN, Traité des Contrats, Paris, LGDJ, 2000.

HÖRSTER, HEINRICH EWALD – *A Parte Geral do Código Civil Português*, Coimbra, Almedina, 2003 [M.c.: *A Parte Geral*].
   – *Sobre a formação do contrato segundo os arts. 217.° e 218.°, 224.° a 226.° e 228.° a 235.° do Código Civil* in RDE a. IX, n.os 1/2,1983, p. 121-157 [M.c.: *Sobre a formação do contrato*].

HOUIN, ROGER – *Sale of good in french law* in Some comparative aspects of the law relating to sale of goods – ICLQ Suplementary Publication n.° 9, 1964, p. 16-31.

HOWELLS, GERAINT e CHRISTIAN TWIGG-FLESNER – *"Much ado about nothing" – The implementation of Directive 99/44/EC into english law* in EDP n.° 3, 2004, p. 813-840.

HUET, JÉRÔME – *Les principaux contrats spéciaux*, 2.ª ed., in GHESTIN, Traité de Droit Civil, Paris, LGDJ, 2001.

IGLESIAS, JUAN – *Derecho romano – Historia e instituciones*, 11.ª ed., Madrid, Ariel Derecho, 1994.

IRTI, NATALINO, *Nichilismo e metodo giuridico* in RTDPC a. LVI, n.° 4, 2002, p. 1159--1169.

IURILLI, CRISTIANO – *Autonomia contrattuale e garanzie nella vendita di beni di consumo*, Milano, Giuffrè, 2004.

JANSSEN, FRITZ – *Kommentar zum § 350* in MKBGB Band 2 (Schuldrecht Allgemeiner Teil – Redakteur: WOLFGANG KRÜGER), 4.ª ed., 2001, p. 1638-1640.

JARDIM, MÓNICA – *Efeitos decorrentes do registo da penhora convertido em definitivo nos termos do artigo 119.° do Código do Registo Predial* in CDP n.° 9, p. 23-42.
   – *Herdeiros e legatários testamentários e o art. 5.° do Código do Registo Predial* in Comemorações dos 35 anos do Código Civil e dos 25 anos da Reforma de 1977 v. I (Direito da Família e das Sucessões), Coimbra, Coimbra Ed., 2004, p. 915-960.

JORGE, FERNANDO PESSOA – *O mandato sem representação*, Coimbra, Almedina, 2001 (reimp.) [M.c.: *O mandato*].

520   *O Risco nos Contratos de Alienação*

- *Ensaio sobre os pressupostos da responsabilidade civil*, Coimbra, Almedina, 1999 (3.ª reimp.) [M.c.: *Responsabilidade civil*].
- *Direito das obrigações 1.° v.*, Lisboa, AAFDL, 1975/76 [M.c.: *Obrigações*].

JÚNIOR, EDUARDO DOS SANTOS – *Sobre o conceito de contrato internacional* in EH ao Professor Doutor António Marques dos Santos v. I, Coimbra, Almedina, p. 161-192.

JUSTO, ANTÓNIO SANTOS – *Direitos reais*, Coimbra, Coimbra Ed., 2007 [M.c.: *Reais*].
- *Direito Privado Romano – II (Direito das Obrigações)*, StI n.° 76, Coimbra, Coimbra Ed., 2003; *I (Parte Geral)*, 2.ª ed., StI n.° 50, 2003; *III (Direitos Reais)*, StI n.° 26, 1997 [M.c.: *Romano*].
- *A evolução do direito romano* in Boletim comemorativo do 75.° t. do Boletim da Faculdade de Direito, 2003, p. 47-68.
- *A locatio-condutio rei* in BFD v. LXXVIII, 2002, p. 13-41 [M.c.: *A locatio*].
- *O código de Napoleão e o direito ibero-americano* in BFD v. LXXI, 1995, p. 27-96 [M.c.: *O código de Napoleão*].

KASER, MAX – *Direito privado romano*, Lisboa, FCG, 1999 (tradução de SAMUEL RODRIGUES e FERDINAND HÄMMERLE da ed. de 1992 de *Römisches Privatrecht*).

KINDLER, PETER – *La nuova disciplina della mora del debitore* in La riforma dello *Schuldrecht* tedesco: un modelo per il futuro diritto europeo delle obbligazioni e dei contratti?, Padova, Cedam, 2004, p. 59-77.

KRAJEWSKI, MARKUS – *The new german law of obligations* in EBLR v. 14, n.° 2, 2003, p. 201-215.

KRAUSE, RÜDIGER – *Die Leistungsverzögerung im neuen Schuldrecht (Teil I und Teil II)* in JURA a. XXIV, n.° 4, 2002, p. 217-222 e 299-305.

KRONKE, HERBERT – *La transmisión de la propiedad mobiliaria por acto inter vivos* in FRANCESCO GALGANO, Atlas de Derecho Privado Comparado, Madrid, Fundación Cultural del Notariado, 2000, p. 195-206.

LACRUZ BERDEJO, JOSÉ LUIS – *Elementos de Derecho Civil III. Derechos Reales v. segundo*, 2.ª ed., Madrid, Dykinson, 2004; *III. Derechos Reales v. primero*, 2.ª ed., 2003; *II. Derecho de Obligaciones v. primero*, 3.ª ed., 2003; *II. Derecho de Obligaciones v. segundo*, 2.ª ed., 2002 [M.c.: *Elementos*].

LANDO, OLE – *Principles of European Contract Law and Unidroit Principles: Moving from Harmonisation to Unification?* in RDU v. VIII, n.ºs 1/2, 2003, p. 123-133.

LANDO, OLE e HUGH BEALE (ed.) – *Principles of European Contract Law Parts I e II*, The Hague, Kluwer Law International, 2000.

LARCHER, SARA – *Contratos celebrados através da internet: garantias dos consumidores contra vícios na compra e venda de bens de consumo* in Estudos do Instituto de Direito do Consumo v. II, Coimbra, Almedina, 2005, p. 141-253.

LARENZ, KARL – *Lehrbuch des Schuldrechts – Erster Band Allgemeiner Teil*, 14.ª ed., München, Beck, 1987; *Zweiter Band Besonderer Teil 1. Halbband*, 13.ª ed., 1986 [M.c.: *Schuldrechts*].

LASARTE, CARLOS – *Principios de Derecho civil t. III – Contratos*, 8.ª ed., Madrid, Marcial Pons, 2004; *t. II – Derecho de Obligaciones*, 9.ª ed., 2004.

LEITÃO, LUÍS DE MENEZES – *Direito das Obrigações v. III*, 5.ª ed., Coimbra, Almedina, 2008; *v. II*, 6.ª ed., 2008; *v. I*, 7.ª ed., 2008 [M.c.: *Obrigações*].

Bibliografia Consultada

- *Garantias das obrigações*, Coimbra, Almedina, 2006.
- *Arrendamento urbano*, Coimbra, Almedina, 2006.
- *Cessão de créditos*, Coimbra, Almedina, 2005.
- *O regime da compra e venda comercial no Acto Uniforme da OHADA relativo ao Direito Comercial Geral* in BFDBis n.° 6, p. 254-265 [M.c.: *O regime da compra e venda comercial*].
- *Caveat venditor? A directiva 1999/44/CE do Conselho e do Parlamento Europeu sobre a venda de bens de consumo e garantias associadas e suas implicações no regime jurídico da compra e venda* in EH ao Professor Doutor Inocêncio Galvão Telles v. I, Coimbra, Almedina, 2002, p. 263-303 [M.c.: *Caveat venditor?*].
- *Direito do consumo: autonomização e configuração dogmática* in EIDC n.° 1, 2002, p. 11-30 [M.c.: *Direito do consumo*].
- *O enriquecimento sem causa no Direito Civil*, Lisboa, Cadernos de CTF n.° 176, CEF, 1996 [M.c.: *O enriquecimento*].
- *Contrato de sociedade civil* in MENEZES CORDEIRO, *Direito das Obrigações 3.° v.*, 2.ª ed., Lisboa, AAFDL, 1991, p. 97-184 [M.c.: *Contrato de sociedade*].
- *A cessão de bens aos credores*, Lisboa, AAFDL, 1987 [M.c.: *A cessão de bens*].

LE MASSON, DIDIER e SIBILLE STENAY – *Les incoterms* in La Convention de Vienne sur da vente internationale et les incoterms – Actes du Colloque des 1er et 2 décembre 1989, Paris, LGDJ, 1990, p. 35-54.

LETE, JAVIER – *The impact on spanish contract law of the EC directive on the sale of consumer goods and associated guarantees* in ERPL v. 9, n.° 2-3, 2001, p. 351-357.

LETE DEL RÍO, JOSÉ e JAVIER LETE ACHIRICA – *Derecho de obligaciones v. I*, Navarra, Aranzadi, 2005; *Derecho de obligaciones v. II*, 2006.

LEVY, ERNST – *West roman vulgar law – The law of property*, Philadelphia, American Philosophical Society, 1951.

LEVY, JEAN-PHILIPPE e ANDRÉ CASTALDO – *Histoire du droit civil*, Paris, Dalloz, 2002.

LIGUORI, FABIO – *Il diritto uniforme della vendita internazionale: prassi e tendenze applicative della Convenzione di Vienna del 1980* in RDC a. XLV, n.° 1, prt. prima, 1999, p. 143-177.

LINACERO DE LA FUENTE, MARIA – *Los riesgos en el contrato de compraventa*, Madrid, CRPME, 2007.

LOBÃO, MANUEL DE ALMEIDA E SOUSA DE – *Fasciculo de dissertações juridico-praticas t. I*, Lisboa, Imprensa Régia, 1829; e *t. II*, 1825.
- *Tractado das obrigações recíprocas, que produzem acções civis*, Lisboa, Imprensa Régia, 1828.

LOMBARDI, ANTONIO – *La risoluzione per impossibilità sopravvenuta*, Milano, Giuffrè, 2007.

LOPES, LUIZ – *Os contratos de parceria e o futuro Código Civil*, Braga, Livraria Cruz, 1966 [M.c.: *Os contratos de parceria*].
- *Do contrato de parceria pecuária*, Valpaços, ed. do autor, 1965.

LOPES, MANUEL BAPTISTA – *Do contrato de compra e venda no direito civil, comercial e fiscal*, Coimbra, Almedina, 1971.
- *Das doações*, Coimbra, Almedina, 1970.

LOPEZ, GREGORIO (glosa de) – *Las Siete Partidas – Partidas V-VI-VII*, Madrid, BOE, 1985 (reimp. da ed. de 1555).

522 *O Risco nos Contratos de Alienação*

LORENZ, STEPHAN – *Kommentar zum § 474* in MKBGB Band 3 (Schuldrecht Besonder Teil I – Redakteur: HARM PETER WESTERMANN), 4.ª ed., 2004, p. 475-486.

LIMA, FERNANDO PIRES DE – *Enfiteuse (anteprojecto de um título do futuro Código Civil)*, Lisboa, 1957; e in BMJ, n.º 66, p. 5-41.

– *Do usufruto, uso e habitação* in BMJ, n.º 79, p. 33-103 [M.c.: *Do usufruto*].

LIMA, FERNANDO PIRES DE e JOÃO DE MATOS ANTUNES VARELA – *Código Civil Anotado v. VI*, Coimbra, Coimbra Ed., 1998; *v. II*, 4.ª ed., 1997; *v. III*, 2.ª ed., 1987; e *v. I*, 4.ª ed., 1987 [M.c.: *CCAnotado*].

LUÍS, ARMINDO RIBEIRO – *O problema do risco nos contratos de compra e venda com reserva de propriedade* in CJ a. VI, t. III, 1981, p. 15-18.

LUMINOSO, ANGELO – *La compravendita: dal codice ai nuovi assetti normativi* in CI a. XIX, n.º 3, 2003, p. 1109-1132.

– *I contratti tipici e atipici*, Milano, Giuffrè, 1995 [M.c.: *I contratti*].

LUNA SERRANO, AGUSTÍN – *El alcance de los conceptos de venta de bienes de consumo y de garantia de los mismos en la Directiva 1999/44/CE* in EH al Profesor Luís Díez-
-Picasso v. II, Madrid, Civitas, 2003, p. 2341-2353.

LUZ ALONSO, MARIA – *La compraventa en los documentos toledanos de los siglos XII-XV* in AHDE t. XLIX, 1979, p. 455-517.

MACARIO, FRANCESCO – *Rischio contrattuale e rapporti di durata nel nuovo diritto dei contratti: dalla presupposizione all'obligo di rinegoziare* in RDC a. XLVIII, n.º 1, prt. prima, 2002, p. 63-95.

MACCORMACK, GEOFFREY – *Alfenus Varus and the law of risk in sale* in LRQ v. CI, 1985, p. 573-586.

MACHADO, JOÃO BAPTISTA – *Risco contratual e mora do credor* in RLJ a. CXVI, n.º 3711, p. 166-171, n.º 3712, p. 194-198, n.º 3713, p. 225-227, n.º 3714, p. 258-263, n.º 3715, p. 293-297, n.º 3716, p. 334-337, n.º 3717, p. 357-360, n.º 3718, p. 13-16, e n.º 3718, p. 41-45 [M.c.: *Risco contratual*].

– *Nominalismo e indexação* in RDES ano XXIV, n.ºs 1-3, 1977, p. 49-77.

– *Pressupostos da resolução por incumprimento* in EH ao Professor José Joaquim Teixeira Ribeiro, p. 343-411 [M.c.: *Pressupostos da resolução*].

– *Acordo negocial e erro na venda de coisas defeituosas* in BMJ n.º 215, p. 5-93.

MACHADO, MIGUEL PEDROSA – *Sobre cláusulas contratuais gerais e conceito de risco*, Lisboa, sep. da RFDUL, 1988.

MAGALHÃES, J. M. VILHENA BARBOSA DE – *A teoria da imprevisão e o conceito classico de fôrça maior* in GRL a. XXXVII, n.º 9, 1923, p. 129-131.

MAGAZZÙ, ANDREA – *Perimento della cosa* in ED v. XXXIII, p. 35-64.

MAINGUY, DANIEL – *Contrats spéciaux*, 4.ª ed., Paris, Dalloz, 2004.

MAJO, ADOLFO DI – *La nuova disciplina della risoluzione del contratto (rücktritt)* in La riforma dello *Schuldrecht* tedesco: un modelo per il futuro diritto europeo delle obbligazioni e dei contratti?, Padova, Cedam, 2004, p. 109-121 [M.c.: *Rücktritt*].

– *La modernisierung del diritto delle obbligazioni in germania* in EDP n.º 2, 2004, p. 353-383 [M.c.: *La modernisierung*].

– *Recesso e risoluzione del contratto nella riforma dello schuldrecht: al di là dell'inadempimento colpevole* in EDP n.º 1, 2004, p. 13-31 [M.c.: *Recesso e risoluzione*].

Bibliografia Consultada

– *Il secondo libro del BGB* in I cento anni del Codice Civile Tedesco, Padova, Cedam, 2002, p. 347-369.
MALTEZ, SUSANA – *A transferência do risco nos incoterms*, Lisboa, FDUL, tese n.º 1179, 1996.
MANNINO, VINCENZO – *L'attuazione della directiva 1999/44/CE in Spagna* in EDP n.º 1, 2004, p. 131-159.
– *L'attuazione della directiva 1999/44/CE in Francia* in EDP n.º 2, 2003, p. 394-414.
– *Quelques réflexions en marge de la possession des droits* in EDP n.º 3, 2002, p. 727-745 [M.c.: *Quelques réflexions*].
MARICONDA, VINCENZO – *Il pagamento traslativo* in CI a. IV, n.º 3, 1988, p. 735-769.
MARQUES, JOSÉ DIAS – *Noções elementares de Direito Civil*, 7.ª ed., Lisboa, 1992 [M.c.: *Noções elementares*].
– *Índice dos vocábulos do Código Civil Português* in RFDUL v. XXVII, 1986, p. 327-390 e v. XXVIII, 1987, p. 203-321.
– *Direitos reais v. I*, Lisboa, 1960 [M.c.: *Reais*].
MARQUES, J. P. REMÉDIO – *Curso de processo executivo comum*, Porto, SPB, 1998.
MARRELLA, FABRIZIO – *Nouvi sviluppi dei Prinzipi Unidroit sui contratti commerciali internazionali nell'arbitrato CCI* in CI a. VII, n.º 1, 2002, p. 40-53.
MARTIN SANTISTEBAN, SONIA – *Nuova disciplina della vendita di beni di consumo nel diritto spagnolo* in CE (Europa) a. 8, n.º 2, 2003, p. 868-901.
MARTINEZ, PEDRO ROMANO – *Distribuição do risco no contrato de locação. Interpretação do art. 1044.º do Código Civil* in EH ao Professor Doutor José de Oliveira Ascensão v. I, Coimbra, Almedina, 2008, p. 873-904.
– *Compra e venda e empreitada* in Comemorações dos 35 anos do Código Civil e dos 25 anos da Reforma de 1977 v. III (Direito das Obrigações), Coimbra, Coimbra Ed., 2007, p. 235-263.
– *Direito do Trabalho*, 4.ª ed., Coimbra, Almedina, 2007.
– *Da cessação do contrato*, Coimbra, Almedina, 2005 [M.c.: *Da cessação*]
– *Direito das Obrigações – Apontamentos*, 2.ª ed., Lisboa, AAFDL, 2004 [M.c.: *Obrigações – Apontamentos*].
– *Empreitada de consumo* in THEMIS a. II, n.º 4, p. 155-171.
– *Direito das Obrigações – Contratos*, 2.ª ed., Coimbra, Almedina, 2001[M.c.: *Obrigações – Contratos*].
– *Contratos comerciais*, Cascais, Principia, 2001.
– *Venda executiva – Alguns aspectos das alterações legislativas introduzidas na nova versão do Código de Processo Civil* in Aspectos do Novo Processo Civil, Lisboa, Lex, 1997, p. 325-337 [M.c.: *Venda executiva*].
– *Cumprimento defeituoso, em especial na compra e venda e na empreitada*, Coimbra, Almedina, 1994 [M.c.: *Cumprimento defeituoso*].
– *O contrato de empreitada no Direito romano e no antigo Direito português* in DJ v. VII, 1993, p. 17-33 [M.c.: *O contrato de empreitada no Direito romano*].
MARTINEZ, PEDRO ROMANO e JOANA VASCONCELOS – *Vício na formação do contrato, interpretação do negócio jurídico, condição resolutiva e incumprimento contratual* in RDES a. XLIV, n.ᵒˢ 1 e 2, 2003, p. 159-273.
MARTINEZ, PEDRO ROMANO e PEDRO FUZETA DA PONTE – *Garantias de cumprimento*, 5.ª ed., Coimbra, Almedina, 2006.

524   *O Risco nos Contratos de Alienação*

MARTOR, BORIS, NANNETTE PILKINGTON, DAVID SELLERS e SÉBASTIEN THOUVENOT – *Business Law in Africa – OHADA and the Harmonization Process*, London, Kogan Page, 2002.

MASTRORILLI, ANNACHIARA – *La garanzia per vizi nella vendita*, Milano, Giuffrè, 2004.

MATOS, ISABEL ANDRADE DE – *O pacto comissório – Contributo para o estudo do âmbito da sua proibição*, Coimbra, Almedina, 2006.

MATTA, TIAGO REIS DE ATHAYDE – *Da garantia fiduciária no âmbito do sistema financeiro* in JORGE FERREIRA SINDE MONTEIRO (coord.), *Garantias das Obrigações*, Coimbra, Almedina, 2007, p. 525-564.

MATTEI, UGO e ANNA DI ROBILANT – *Les longs adieux: la codification italienne et le Code Napoléon* in RIDC a. LVI, n.º 4, 2004, p. 847-864.

MAZZAMUTO, SALVATORE – *Equivoci e concettualismi nel diritto europeo dei contratti: il dibattito sulla vendita dei beni di consumo* in EDP n.º 4, 2004, p. 1029-1125.
    – *I Prinzipi di diritto europeo dei contratti nel cânone di Carlo CastroNovo* in EDP n.º 4, 2002, p. 847-869.

MEDICUS, DIETER – *Schuldrecht II – Besonderer Teil*, 13.ª ed., München, Beck, 2006; *I – Allgemeiner Teil*, 16.ª ed., 2005 [M.c.: *Schuldrecht*].

MEINERTZHAGEN-LIMPENS, ANNE – *La philosophie de la convention de Vienne du 11 Avril 1980* in RDULB v. XVIII, n.º 2 – La vente internationale de merchandises, 1998, p. 39-55.

MEMMO, DANIELA – *Il nuovo modello tedesco della responsabilità per inadempimento delle obbligazioni* in CI a. XX, n.º 2, 2004, p. 797-822.

MENA-BERNAL ESCOBAR, MARÍA JOSÉ – *El comodato o el préstamo de uso* in EH al Profesor Luís Díez-Picasso v. II, Madrid, Civitas, 2003, p. 2547-2564.

MENDES, ARMINDO RIBEIRO – *Aspectos gerais da responsabilidade contratual em direito comparado inglês e português* in ROA a. XXXVII, n.º 1, 1977, p. 5-52, e n.º 2, 1977, p. 317-353.

MENDES, ISABEL PEREIRA – *A publicidade registral imobiliária como factor de segurança jurídica* in Estudos sobre Registo Predial, Coimbra, Almedina, 2003, p. 7-56 [M.c.: *A publicidade*].
    – *A protecção registral imobiliária e a segurança jurídica no Direito Patrimonial Privado* in Estudos sobre Registo Predial, Coimbra, Almedina, 2003, p. 57-78 [M.c.: *A protecção*].
    – *Repercussões do registo das acções dos princípios de direito registral e da função qualificadora dos conservadores do registo predial* in Estudos sobre Registo Predial, Coimbra, Almedina, 2003, p. 79-100.
    – *De novo o conceito de terceiro para efeitos de registo predial* in Estudos sobre Registo Predial, Coimbra, Almedina, 2003, p. 157-170.

MENDES, JOÃO DE CASTRO – *Direito comparado*, Lisboa, AAFDL, 1982/83 [M.c.: *Comparado*].
    – *Direito Civil – Teoria Geral v. II*, Lisboa, AAFDL, 1979 [M.c.: *Teoria Geral, II*].
    – *Da condição* in BMJ n.º 263, p. 37-60 [M.c.: *Condição*].

MERÊA, PAULO – *A Traditio Cartae e os documentos medievais portugueses* in Estudos de Direito Hispânico Medieval t. II, Coimbra, 1953, p. 112-124.
    – *A doação per cartam no Direito romano vulgar e no direito visigótico* in Estudos de Direito Visigótico, Coimbra, 1948, p. 63-81 [M.c.: *A doação per cartam*].

Bibliografia Consultada

- *Sobre a compra e venda na legislação visigótica* in Estudos de Direito Visigótico, Coimbra, 1948, p. 83-104 [M.c.: *Sobre a compra e venda*].
- *Estudos de Direito Privado Visigótico* in AHDE t. XVI, 1945, p. 71-111 [M.c.: *Direito Privado Visigótico*].

MESQUITA, JOSÉ ANDRADE – *Direitos pessoais de gozo*, Coimbra, Almedina, 1999.

MESQUITA, MANUEL HENRIQUE – *Obrigações reais e ónus reais*, Coimbra, Almedina, 2003 (3.ª reimp.) [M.c.: *Obrigações reais*].

- *Anotação ao ac. do STJ de 4 de Outubro de 1994* in a. CXXVIII, n.° 3584, p. 154-160, e n.° 3585, p. 186-192 [M.c.: *Anotação*].
- *Direitos reais*, Coimbra, 1967.

MESSINEO, FRANCESCO – *Il contratto in genere t. II* in CICU/MESSINEO, Trattato di Diritto Civile e Commerciale v. XXI, t. II, Milano, Giuffrè, 1972.

MEYER, OLAF – *The Unidroit Principles and their impact on European private law* in RDU v. VII, n.° 4, 2002, p. 1222-1227.

MEYLAN, PHILIPPE – *Fr. Vat. 16 et la question des risques dans le contrat de vente* in IURA n.° 1, 1950, p. 252-264.

- *Paul. D. 21.2.11 pr. et la question des risques dans le contrat de vente* in RIDA a. II, tome 3, 1949, p. 193-212 [M.c.: *Paul. D. 21.2.11 pr.*].

MICKLITZ, HANS-W. – *An Expanded and Systematized Community Consumer Law as Alternative or Complement?* in EBLR v. 13, n.° 2, 2002, p. 583-598.

MILLET, FLORENCE – *La notion de risque et ses fonctions en droit privé*, Clermont-Ferrand, PUFDCF, 2001.

MIQUEL, JOAN – *Derecho privado romano*, Madrid, Marcial Pons, 1992.

MIRANDA, YARA – *Venda de coisa alheia* in THEMIS a. VI, n.° 11, p. 111-144.

MOCCIA, LUIGI – *Du "marché" a la "citoyenneté": a la recherché d'un droit prive européen durable et de sa base juridique* in RIDC a. LVI, n.° 2, 2004, p. 291-327.

MÖLLERS, THOMAS M. J. – *European Directives on Civil Law – The German Approach: Towards the Re-codification and the New Foundation of Civil Law Principles* in ERPL v. 10, n.° 6, 2002, p. 777-798.

MONATERI, PIER GIUSEPPE – *Causalidad y abstracción del contrato* in FRANCESCO GALGANO, Atlas de Derecho Privado Comparado, Madrid, Fundación Cultural del Notariado, 2000, p. 161-170.

MONCADA, LUÍS CABRAL DE – *Lições de Direito Civil*, 4.ª ed., Coimbra, Almedina, 1995 [M.c.: *Direito Civil*].

- *A "traditio" e a transferência da propriedade imobiliária no direito português* in Estudos de História do Direito v. I, Coimbra, Atlântida, 1948, p. 1-36 [M.c.: *A "traditio"*].
- *Lições de história do direito português*, coligidas por BANDEIRA GARCEZ, Coimbra, TGCL, 1924/1925 [M.c.: *História do direito português*].
- *Elementos de história do Direito Romano v. II (teoria geral da relação jurídica)*, Coimbra, Coimbra Ed., 1924; v. I *(fontes e instituições)*, 1923 [M.c.: *Romano*].

MONTEIRO, ANTÓNIO PINTO – *O Direito do consumidor em Portugal* in RBDC n.° 17, 2.° Semestre, 1999, p. 129-142.

- *Cláusula penal e indemnização*, Coimbra, Almedina, 1990 (reimp.) [M.c.: *Cláusula penal*].

526 *O Risco nos Contratos de Alienação*

MONTEIRO, JORGE SINDE – *Manuel de Andrade e a influência do BGB sobre o código civil português de 1966* in Boletim comemorativo do 75.º t. do Boletim da Faculdade de Direito, 2003, p. 181-207.

MONTEIRO, LUÍS MIGUEL – *A operação de levantamento automático de numerário* in ROA a. LII, n.º I, 1992, p. 123-168.

MONTEIRO, ANTÓNIO PINTO e AGOSTINHO CARDOSO GUEDES – *Venda de animal defeituoso* in CJ a. XIX, t. V, 1994, p. 5-11.

MONTEIRO, ANTÓNIO PINTO e PAULO MOTA PINTO – *La protection de l'acheteur de choses défectueuses en droit portugais* in BFD v. LXIX, 1993, p. 259-288.

MORAIS, FERNANDO DE GRAVATO – *Manual da Locação Financeira*, Coimbra, Almedina, 2006 [M.c.: *Locação Financeira*].
   – *Locação financeira e desconformidade da coisa com o contrato* in SI t. LIV, n.º 304, 2005, p. 697-731.
   – *Reserva de propriedade a favor do financiador – anotação ao acórdão do Tribunal da Relação de Lisboa de 21 de Fevereiro de 2002* in CDP n.º 6, 2004, p. 43-53 [M.c.: *Reserva de propriedade*].
   – *União de contratos de crédito e de venda para o consumo*, Coimbra, Almedina, 2004 [M.c.: *União de contratos*].

MORALES MORENO, ANTONIO MANUEL – *La modernización del Derecho de Obligaciones*, Madrid, Civitas, 2006 [M.c.: *La modernización*].
   – *Comentario al artículo 36* in LUÍS DIEZ-PICASSO (ed.) *La compraventa internacional de mercaderias – Comentario de la Convencion de Viena*, Madrid, Civitas, 1998, p. 312-318.

MOREIRA, GUILHERME ALVES – *Instituições do Direito Civil Português v. II – Das obrigações*, 2.ª ed., Coimbra, Coimbra Ed., 1925; *v. I – Parte Geral*, Imprensa da Universidade, 1907; e *v. III – Dos direitos reaes,* s/d [M.c.: *Instituições*].

MOREU BALLONGA, JOSÉ LUIS – *El aforismo genus nunquam perit y la doctrina general sobre la obligación genérica* in EH al Profesor Luís Díez-Picasso v. II, Madrid, Civitas, 2003, p. 2629-2662.

MOSCO, LUIGI – *Impossibilità sopravvenuta della prestazione* in ED v. XX, p. 405-440.

MOUSSERON, JEAN MARC – *La gestion des risques par le contract* in RTDC a. LXXXVII, n.º 3, 1988, p. 481-504.

MOZOS, JOSÉ LUIS DE LOS – *Anteprojeto de código europeu de contratos da academia de Pavia* in RBDC n.º 18, 1.º Semestre 2000, p. 130-147.

MÚRIAS, PEDRO e MARIA DE LURDES PEREIRA – *Sobre o conceito e a extensão do sinalagma* in EH ao Professor Doutor José de Oliveira Ascensão v. I, Coimbra, Almedina, 2008, p. 379-430.
   – *Prestações de coisa: transferência do risco e obrigações de reddere* in CDP n.º 23, 2008, p. 3-16 [M.c.: *Prestações*].

MUSIELAK, HANS-JOACHIM – *Kommentar zum § 2380* in MKBGB Band 9 (Erbrecht – Redakteur: GERHARD SCHLICHTING), 3.ª ed., 1997, p. 2220.

NASCIMENTO, PAULO SOARES DO – *Redução por inoficiosidade e expurgação de hipoteca: reflexões sobre os arts. 722.º e 2175.º do Código Civil* in EM Professor Doutor José Dias Marques, Coimbra, Almedina, 2007, p. 731-772.

Neumayer, Karl H. e Catherine Ming – *Convention de Vienne sur les contrats de vente internationale de marchandises – Commentaire*, Lausanne, CEDIDAC, 1993.

Neves, Vítor Pereira – *A protecção do proprietário desapossado de dinheiro – Estudo dos Direitos Inglês e Português* in Transmissão da Propriedade e Contrato, Coimbra, Almedina, p. 139-250.

Nietzche – *A vontade de poder v. III Princípios de uma nova valoração*, Porto, Rés-Editora, 2004.

Nicolò, Rosario – *Alea* in ED v. I, p. 1024-1031.

Nieto Alonso, Antonia – *La responsabilidad por vícios o defectos ocultos en las ventas. La superación de la rígida normativa del Código Civil como médio de defensa de los consumidores y usuários* in EH al Profesor Luís Díez-Picasso v. II, Madrid, Civitas, 2003, p. 2695-2714.

Nunes, A.J. Avelãs – *O direito de exclusão do sócio nas sociedades comerciais*, Coimbra, Almedina, 2002 (reimp. de 1968).

Oliva Blázquez, Francisco – *La transmisión del riesgo en la compraventa internacional de mercaderías: el régimen jurídico del convénio de Viena y sus primeras aplicaciones jurisprudenciales*, Valencia, Tirant lo blanch, 2000.

Oliveira, Elsa Dias – *O risco na alteração das circunstâncias – Alguns problemas*, Lisboa, FDUL, tese n.º 1699, 1998.

Oliveira, Guilherme Freire Falcão de – *Alteração das circunstâncias, risco e abuso de direito, a propósito de um crédito de tornas* in CJ a. XIV, t. V, 1989, p. 19-27.

Oliveira, Nuno Manuel Pinto – *Ensaio sobre o sinal*, Coimbra, Coimbra Ed., 2008.
  – *Contrato de compra e venda*, Coimbra, Almedina, 2007 [M.c.: *Compra e venda*].
  – *Contributo para a "modernização" das disposições do Código Civil Português sobre a impossibilidade da prestação* in Estudos sobre o não cumprimento das obrigações, Coimbra, Almedina, 2007, p. 7-28 [M.c.: *Contributo*].
  – *Direito das obrigações v. I*, Coimbra, Almedina, 2005 [M.c.: *Obrigações*].
  – *Revogação das doações* in SI t. L, n.º 290, 2001, p. 171-180.

Olivier-Martin, Fr. – *Histoire du droit français*, Paris, CNRS, 1995 (reimp.).

Olmo Guarido, Natalia Del – *El caso fortuito: su incidencia en la ejecución de las obligaciones*, Navarra, Aranzadi, 2004.

Omodei-Salè, Riccardo – *Il rischio del perimento fortuito nella vendita di cosa viziata*, Padova, Cedam, 2004.

Orlando, Salvatore – *Rischio e vendita internazionale*, Milano, Giuffrè, 2002.

Orti Vallejo, Antonio – *La regla periculum est venditore en la Directiva 1999/94/CE y la especificación de la cosa vendida genérica* in EH al Profesor Luís Díez-Picasso v. II, Madrid, Civitas, 2003, p. 2765-2775 [M.c.: *La regla periculum est venditore*].
  – *La Directiva 1999/44/CE: un nuevo régimen para el saneamiento por vícios en la compraventa de consumo* in RPJ v. LXVI, n.º 2, 2002, p. 593-639 [M.c.: *La Directiva 1999/44/CE*].

Ortscheid, Pierre – *Possession et clause de réserve de propriété en droits français et allemand* in RIDC a. XXXV, n.º 4, 1983, p. 767-786.

Pacheco, Regina Constança – *Da transferência do mandatário para o mandante dos direitos adquiridos em execução do mandato sem representação para adquirir*, Lisboa, AAFDL, 2001.

528   *O Risco nos Contratos de Alienação*

PAGANELLI, PAOLO – *Commentario breve agli art. 1519-ter c.c.* in La vendita dei beni di consumo (a cura di CARLO BERTI), Milano, Giuffrè, 2004, p. 19-37.

PALACIOS ALCAINE, AZUCENA (ed. e comentários) – *Alfonso X El Sabio. Fuero Real*, Barcelona, PPU, 1991.

PAOLA, LUIGI DI – *Vendita di beni di consumo: si rafforzano le garanzie per l'acquirente* in NLCC a. XXV, n.º 2-3, 2002, p. 309-335.

PARA MARTÍN, ANTONIO – *En torno a la fiducia "cum creditore"* in EH al Profesor Luís Díez-Picasso v. I, Madrid, Civitas, 2003, p. 723-737.

PATRÍCIO, JOSÉ SIMÕES – *Direito do crédito – Introdução*, Lisboa, Lex, 1994.
     – *A operação bancária de depósito*, Porto, ELCLA, 1994 [M.c.: *Depósito*].

PATTI, SALVATORE – *Riflessioni su un progetto di Codice Europeo dei contratti* in RDCDGO a. XCIX, n.ᵒˢ 9-10/11-12, prt. prima, 2001, p. 489-500.
     – *Fascismo, Codice Civile ed evoluzione del diritto privato* in RDCDGO a. XCVI, n.ᵒˢ 7-8, prt. prima, 1998, p. 543-564.

PEDRO, RUTE TEIXEIRA – *Contrato-promessa* in Estudos em Comemoração dos 5 anos da Faculdade de Direito da Universidade do Porto, Coimbra, Coimbra Ed., 2001, p. 1041-1083.

PELET, STÉPHANIE – *L'impact de la directive 99/44/CE relative à certains aspects de la vente et des garanties des biens de consommation sur le droit français* in REDC n.º 1, 2000, p. 41-59.

PERALTA, ANA MARIA – *A posição jurídica do comprador na compra e venda com reserva de propriedade*, Coimbra, Almedina, 1990.

PEREIRA, ALEXANDRE DIAS – *Correio electrónico e consumidor* in EDC n.º 6, p. 341-400.

PEREIRA, MARIA DE LURDES – *A obrigação de recepção das mercadorias na Convenção de Viena sobre a compra e venda internacional de mercadorias* in EH à Professora Doutora Isabel de Magalhães Collaço v. II, Coimbra, Almedina, 2002, p. 339-392 [M.c.: *A obrigação de recepção das mercadorias*].
     – *Conceito de prestação e destino da contraprestação*, Coimbra, Almedina, 2001 [M.c.: *Conceito de prestação*].

PERISSINOTTO, GUSTAVO RAMOS – *Compra e venda com reserva de domínio/propriedade – comparação dos Direitos brasileiro e português* in THEMIS a. VI, n.º 11, p. 65-109.

PHILIPPE, DENIS – *Vienna convention on international sale of goods* in CLYIB v. XXI, 1999, p. 441-493.

PINHEIRO, LUÍS LIMA – *Direito aplicável aos contratos celebrados através da internet* in ROA a. LXVI, n.º 1, 2006, p. 131-190 [M.c.: *Direito aplicável*].
     – *Incoterms – introdução e traços fundamentais* in ROA a. LXV, n.º 2, 2005, p. 387-406, e in Estudos de Direito Civil, Direito Comercial e Direito Comercial Internacional, Coimbra, Almedina, 2006, p. 315-333 [M.c.: *Incoterms*].
     – *Direito Comercial Internacional*, Coimbra, Almedina, 2005 [M.c.: *Comercial Internacional*].
     – *Cláusulas típicas dos contratos do comércio internacional* in EH ao Professor Doutor Armando Marques Guedes, Coimbra, Coimbra Ed., 2004, p. 877-902 [M.c.: *Cláusulas típicas*].
     – *Venda marítima internacional* in BFDBis n.º 5, p. 173-225, e in Estudos de Direito Civil, Direito Comercial e Direito Comercial Internacional, Coimbra, Almedina, 2006, p. 81-126 [M.c.: *Venda marítima*].

Bibliografia Consultada 529

- *A venda com reserva de propriedade em Direito internacional privado*, Lisboa, Mcgraw-Hill, 1991 [M.c.: *A venda com reserva de propriedade*].
- *A cláusula de reserva de propriedade* in Estudos de Direito Civil, Direito Comercial e Direito Comercial Internacional, Coimbra, Almedina, 2006, p. 9-80.

PINTO, CARLOS ALBERTO DA MOTA – *Teoria Geral do Direito Civil*, 3.ª ed., Coimbra Ed., 1985 [M.c.: *Teoria Geral*].
- *Direitos Reais*, coligido por ÁLVARO MOREIRA e CARLOS FRAGA, Coimbra, Almedina, 1971 [M.c.: *Reais*].
- *Uma nova modalidade jurídica de financiamento industrial: o leasing* in RDES a. XII, n.ᵒˢ 1-4, 1965, p. 103-110.

PINTO, EDUARDO VERA-CRUZ – *O Direito das Obrigações em Roma v. I*, Lisboa, AAFDL, 1997 e in RJAAFDL n.ᵒˢ 18-19, p. 19-125, n.ᵒ 20, p. 139-159, n.ᵒ 21, p. 85-156, n.ᵒ 22, p. 197-201, e n.ᵒ 23, p. 139-167.

PINTO, PAULO MOTA – *Cumprimento defeituoso do contrato de compra e venda – Anteprojecto de diploma de transposição da Directiva 1999/44 para o Direito português*, Lisboa, Instituto do Consumidor, 2002 [M.c.: *Cumprimento defeituoso*].
- *Reflexões sobre a transposição da Directiva 1999/44/CE para o Direito português* in THEMIS a. II, n.ᵒ 4, p. 195-218 [M.c.: *Reflexões sobre a transposição*].
- *Anteprojecto de diploma de transposição para o Direito português. Exposição de motivos e articulado* in EDC n.ᵒ 3, 2001, p. 165-279 [M.c.: *Anteprojecto de diploma de transposição*].
- *Conformidade e garantias na venda de bens de consumo* in EDC n.ᵒ 2, 2000, p. 197-331 [M.c.: *Conformidade e garantias*].
- *Declaração tácita e comportamento concludente no negócio jurídico*, Coimbra, Almedina, 1995 [M.c.: *Declaração tácita*].

PINTÓ-RUIZ, JOSÉ J. – *Resolución del contrato y la regla "periculum est emptoris"* in RJC a. LXXIV, n.ᵒ 4, 1975, p. 693-749.

PITA, MANUEL ANTÓNIO – *Cumprimento defeituoso da obrigação de entrada em espécie* in Estudos Comemorativos dos 10 anos da Faculdade de Direito da Universidade Nova de Lisboa, v. II, Coimbra, Almedina, 2008, p. 323-353.

PLÉGAT-KERRAULT, ODILE B. – *Transfer of Ownership in International Trade – France* in Transfer of Ownership in International Trade, The Hague, Kluwer Law, 1999, p. 155-179.

PLESSING, WOLF DIETER – *Rapport nationaux: Allemagne* in Les effets du contrat dans les pays du marche commun, Paris, Pedone, 1985, p. 193-223.

PORTALE, GIUSEPPE – *Principio consensualistico e conferimento di beni in proprietà* in RS a. XV, 1970, p. 913-950.

POTHIER, R. J. – *Tratado das obrigações pessoaes e reciprocas nos pactos, contractos, convenções, &c. t. I* – tradução de JOSÉ HOMEM CORRÊA TELLES, Lisboa, Typografia de António José da Rocha, 1849 [M.c.: *Tratado*]

PRATA, ANA – *O regime do artigo 796.ᵒ do Código Civil ("one man's platitude is another's revolution")* in Estudos Comemorativos dos 10 anos da Faculdade de Direito da Universidade Nova de Lisboa, v. II, Coimbra, Almedina, 2008, p. 9-22. [M.c.: *O regime*].
- *Os contratos em volta (da compra e venda)* in EH ao Professor Doutor Inocêncio Galvão Telles v. IV, Coimbra, Almedina, 2003, p. 355-381 [M.c.: *Os contratos*].

530 O Risco nos Contratos de Alienação

– *O contrato-promessa e o seu regime civil*, Coimbra, Almedina, 2006 (2.ª reimpressão) [M.c.: *O contrato-promessa*].

– *Cláusulas de exclusão e limitação da responsabilidade contratual*, Coimbra, Almedina, 2005 (reimpressão) [M.c.: *Cláusulas de exclusão*].

PRETE, PASQUALE DEL – "*Alienatio*" in NDI v. I, p. 324-325.

PROENÇA, JOSÉ CARLOS BRANDÃO – *A resolução do contrato no Direito civil*, Coimbra, Coimbra Ed., 1996 [M.c.: *A resolução*].

– *Do dever de guarda do depositário e de outros deveres precários: âmbito e função, critério de apreciação da culpa e impossibilidade de restituição* in DJ a. 1994, v. VIII, t. II, p. 45-76, e a. 1995, v. IX, t. I, p. 47-102 [M.c.: *Do dever de guarda*].

PROVERA, GIUSEPPE – *Sul problema del rischio contrattuale nel Diritto romano* in Studi in onore di Emilio Betti v. III, 1962, p. 691-724.

PUCELLA, ROBERTO – *Colpa e rischio nel caso fortuito* in NGCC a. VI, n.° 5, prt. seconda, 1990, p. 341-352.

PUFENDORF, SAMUEL – *On the duty of man an citizen*, tradução de JAMES TULLY para a língua inglesa de *De officio hominis et civis juxta legem naturalem libri duo*, Cambridge, CUP, 1991 [M.c.: *On the duty*].

– *Le droit de la nature et des gens* tradução em dois tomos de JEAN BARBETRAC para a língua francesa de *De iure naturae et gentium libri octo*, Amsterdam, Pierre de Coup, 1712 [M.c.: *Le droit de la nature*].

– *De iure naturae et gentium libri octo*, Francofurti, Officina Knochiana, 1754 [M.c.: *De iure naturae*].

PUGLIATTI, SALVATORE – *Alienazione* in ED v. II, p. 1-6.

PUNZI, ANTONIO – *Puo il giurista essere nichilista?* in RIFD a. LXXXI, n.° 4, 2004, p. 715-732.

RAINER, J. MICHAEL – *Zur Eigentumsübertragung in der EU* in EDP n.° 2, 2004, p. 385-438.

RAMALHO, MARIA DO ROSÁRIO PALMA – *Direito do Trabalho – Parte I Dogmática Geral*, Coimbra, Coimbra Ed., 2005, e *Direito do Trabalho – Parte II Situações Laborais Individuais*, 2006.

– *Sobre a doação modal* in Dir a. CXXII, n.os 3/4, 1990, p. 673-744 [M.c.: *Doação modal*].

RAMBERG, JAN – *ICC Guide to Incoterms 2000*, Paris, ICC, 1999.

RAMOS, RUI MOURA e MARIA BENTO SOARES – *Contratos internacionais – Compra e venda, cláusulas penais, arbitragem*, Coimbra, Almedina, 1986.

RANIERI, FILIPPO – *La nouvelle partie générale du droit des obligations* in RIDC a. LIV, n.° 4, 2002, p. 941-958.

RASCIO, RAFFAELE – *Consegna del denaro e transferimento della proprietà nel mutuo* in MARIO BESSONE, Casi e questioni di diritto privato, 2.ª ed., Milano, Giuffrè, 1995, p. 268-270.

REALMONTE, FRANCESCO – *Caso fortuito e forza maggiore* in JUS a. XXXIV, n.° 3, 1987, p. 262-276.

REDINHA, JOÃO – *Contrato de mútuo* in MENEZES CORDEIRO, *Direito das Obrigações 3.° v.*, 2.ª ed., Lisboa, AAFDL, 1991, p. 185-262.

REICH, NORBERT – *Die Umsetzung der Richtlinie 1999/44/EG in das deutsche Recht* in NJW a. LII, n.° 33, 1999, p. 2397-2403.

REIS, JOSÉ ALBERTO DOS – *Da venda no processo de execução* in ROA a. I, n.° 2, 1941, p. 410-450.

RESCIGNO, PIETRO – *La codificazione tedesca della störung der geschäftsgrundlage* in La riforma dello *Schuldrecht* tedesco: un modelo per il futuro diritto europeo delle obbligazioni e dei contratti?, Padova, Cedam, 2004, p. 101-108.

RESCIO, GIUSEPPE ALBERTO – *La traslazione del rischio contrattuale nel leasing*, Milano, Giuffrè, 1989.

RIBEIRO, JOAQUIM DE SOUSA – *As fronteiras juslaborais e a (falsa) presunção de laboralidade do art. 12.° do Código do Trabalho* in Direito dos Contratos, Coimbra, Coimbra Ed., 2007, p. 345-408.

– *Responsabilidade e garantia em cláusulas contratuais gerais* in Direito dos Contratos, Coimbra, Coimbra Ed., 2007, p. 101-179.

– *O problema do contrato – As cláusulas contratuais gerais e o princípio da liberdade contratual*, Coimbra, Almedina, 2003 (reimp.) [M.c.: *O problema*].

RIBEIRO, MANUEL DE NAZARÉ – *O risco nas obrigações*, Lisboa, FDUL, tese n.° 1932, 1949-50.

RIDOLFI, GUIDO – *Alienatio, alienazione* in DI v. II, prt. seconda, p. 285-313.

ROCHA, ANA CATARINA – *A cláusula de reserva de propriedade na Directiva 2000/35/CE do Parlamento Europeu e do Conselho sobre as medidas de luta contra os atrasos de pagamento* in RFDUP a. II, 2005, p. 9-78.

ROCHA, MANUEL ANTÓNIO COELHO DA – *Instituições de Direito Civil tomos I e II*, ed. sob a coordenação de ALCIDES TOMASETTI, São Paulo, Ed. Saraiva, 1984.

ROCHA, MARIA ÁLVARO GOMES DA – *A problemática do regime aplicável no âmbito do contrato de compra e venda de coisa defeituosa* in MJ a. I, n.° 2, 2003, p. 25-75.

RODRIGUES, MANUEL – *A posse – Estudo de Direito Civil português*, 4.ª ed., Coimbra, Almedina, 1996 (reimp.).

RODRÍGUEZ MARTÍNEZ, MARIA EUGENIA – *Contrato estimatorio y transmisión de la propiedad*, Navarra, Aranzadi, 2008.

ROMEIN, ANNEMIEKE – *The passing of the risk – A comparison between the passing of risk under the CISG and German law* in www.cisg.law.pace.edu/cisg/biblio/romein.html, s/p.

ROPPO, ENZO – *La resoluzioni per eccessiva onerosità sopravvenuta* in MARIO BESSONE, Casi e questioni di diritto privato, 2.ª ed., Milano, Giuffrè, 1995, p. 295-305.

– *Note sopra il divieto del patto comissorio* in ALPA/BESSONE/ROPPO, *Rischio contrattuale e autonomia privata*, Napoli, Jovane editore, 1982, p. 259-277 [M.c.: *Patto comissorio*].

ROPPO, VINCENZO – *Preparazione e conclusione del contrato* in Il nuovo diritto dei contratti, Milano, Giuffrè, 2004, p. 31-49.

ROSA, VICTOR CASTRO – *Intervenção na Conferência – O novo regime legal da contratação electrónica* in AA.VV., *Lei do comércio electrónico anotada*, Coimbra, Coimbra Ed., 2005, p. 191-208.

ROSA DIAZ, PELAYO DE LA – *Contribucion a la interpretacion de D. 19.3.1.1. en relacion con D. 19.5.17.1* in EH al Profesor Ursicino Alvarez Suárez, 1978, p. 405--413.

532   *O Risco nos Contratos de Alienação*

ROSCH, WOLFGANG – *Le nouveau droit de la vente: présentation générale* in RIDC a. LIV, n.º 4, 2002, p. 969-988.

ROSSI, GIULIA – *Il ritardo di pagamento imputabile al creditore* in CI a. XX, n.º 2, 2004, p. 566-573.

ROTH, GÜNTER H. – *Kommentar zum § 313* in MKBGB Band 2a (Schuldrecht Allgemeiner Teil – Redakteur: WOLFGANG KRÜGER), 4.ª ed., 2003, p. 1788-1854.

ROTH, PETER – *German Sales Law after the implementation of Directive 1999/44/EC* in EDP n.º 3, 2004, p. 861-883.

ROTH, P. M. – *The passing of the risk* in AJCP v. XXVII, n.os 2-3, p. 291-310 [M.c.: *Risk*].

RUBINO, DOMENICO – *La compravendita*, 2.ª ed. in CICU/MESSINEO, Trattato di Diritto Civile e Commerciale v. XXIII, Milano, Giuffrè, 1971.

RUBIO GARRIDO, TOMAS – *Contrato de compraventa y transmision de la propiedad*, Zaragoza, Colegio de España, 1993.

SÁ, ALMENO DE – *Cláusulas contratuais gerais e directiva sobre cláusulas abusivas*, 2.ª ed., Coimbra, Almedina, 2005.

SÁ, F. A. CUNHA DE – *Modos de extinção das obrigações* in EH ao Professor Doutor Inocêncio Galvão Telles v. I, Coimbra, Almedina, 2002, p. 171-262 [M.c.: *Modos de extinção*].

– *Direito ao cumprimento e direito a cumprir* in RDES a. XX, n.os 2-3-4, 1973, p. 149-259 [M.c.: *Direito ao cumprimento*].

SABATO, FRANCO DI – *Società*, 6.ª ed., Torino, Utet, 1999.

SACCO, RODOLFO – *Il transferimento della proprietà mobiliare* in Letture di diritto civile, Padova, Cedam, 1990, p. 393-410.

SALAMONE, LUIGI – *La c. d. proprietà del mandatario* in RDC a. XLV, prt. prima, 1999, p. 77-126.

SAN JUAN CRUCELAEGUI, JAVIER – *Contrato de compraventa internacional de mercaderías*, Navarra, Thomson, 2005.

SAN MIGUEL PRADERA, LIS PAULA – *La excesiva onerosidad sobrevenida: una propuesta de regulación europea* in ADC t. LV, f. III, 2002, p. 1115-1132.

SANTOS, AKUÉTÉ PEDRO e JEAN YADO TOÉ – *OHADA – Droit commercial général*, Bruxelles, Bruylant, 2002.

SANTOS, FILIPE CASSIANO DOS – *Direito Comercial Português v. I*, Coimbra, Coimbra Ed., 2007.

SARGENTI, MANLIO – *Rischio contrattuale – Diritto romano* in ED v. XL, p. 1126-1133.

SCACCHI, ARIANA – *La proprietà temporanea*, Milano, Giuffrè, 2005.

SCALFI, GIANGUIDO – *Alea* in DDP sezione civile v. I, p. 253-260.

SCHLECHTRIEM, PETER – *The sale of goods: do regions matter?* in RDU v. VIII, n.os 1/2, 2003, p. 173-175.

SCHNEIDER, WINFRIED-THOMAS – *La codification d'institutions prétoriennes* in RIDC a. LIV, n.º 4, 2002, p. 959-968.

SCHULTZ, DIETRICH – *Preisgefahr und Gehilfenhaftung beim Versendungskauf* in JZ, a. XXX, n.º 8, 1975, p. 240-243.

SCHULZE, REINER – *Schuldrechtsmodernisierungsgesetz e prospettive di unificazione del diritto europeu delle obligazioni e dei contratti* in La riforma dello *Schuldrecht*

Bibliografia Consultada 533

tedesco: un modelo per il futuro diritto europeo delle obbligazioni e dei contratti?, Padova, Cedam, 2004, p. 161-175.

SCOTTON, MANOLA – *Directive 99/44/CE on certain aspects of the sale of consumer goods and associated guarantees* in ERPL v. 9, n.° 2 e 3, 2001, p. 297-307.

SERRA, ADRIADO PAES DA SILVA VAZ – *Anotação ao ac. do STJ de 1 de Março de 1979* in RLJ a. CXII, n.° 3648, p. 235-240.

– *Anotação ao ac. do STJ de 16 de Fevereiro de 1978* in RLJ a. CXI, n.° 3625, p. 242-249.

– *Anotação ao ac. do STJ de 21 de Maio de 1976* in RLJ a. CX, n.° 3596, p. 164-176.

– *Anotação ao ac. do STJ de 19 de Março de 1976* in RLJ a. CX, n.° 3591, p. 88-96.

– *Anotação ao ac. do STJ de 19 de Junho de 1973* in RLJ a. CVII, n.° 3527, p. 214-217.

– *Anotação ao ac. do STJ de 16 de Março de 1973* in RLJ a. CVII, n.° 3520, p. 103-120.

– *Anotação ao ac. do STJ de 24 de Novembro de 1972* in RLJ a. CVI, n.° 3511, p. 351-352.

– *Anotação ao ac. do STJ de 14 de Junho de 1972* in RLJ a. CVI, n.° 3501, p. 185-192, e n.° 3502, p. 197-200.

– *Anotação ao ac. do STJ de 14 de Março de 1972* in RLJ a. CVI, n.° 3494, p. 75-80, e n.° 3495, p. 85-88.

– *Anotação ao ac. do STJ de 27 de Maio de 1969* in RLJ a. CIII, n.° 3429, p. 380-384.

– *Empreitada* in BMJ n.° 145, p. 19-190, e n.° 146, p. 33-247.

– *Fontes das obrigações – O contrato e o negócio jurídico unilateral como fontes das obrigações* in BMJ n.° 77, p. 127-219 [M.c.: *Fontes das obrigações*].

– *Efeitos dos contratos (princípios gerais)* in BMJ n.° 74, p. 333-368 [M.c.: *Efeitos dos contratos*].

– *Realização coactiva da prestação* in BMJ n.° 73, p. 31-394.

– *Resolução ou modificação do contrato por alteração das circunstâncias* in BMJ n.° 68, p. 293-385 [M.c.: *Resolução ou modificação do contrato*].

– *Resolução do contrato* in BMJ n.° 68, p. 153-291.

– *Obrigações alternativas. Obrigações com faculdade alternativa* in BMJ n.° 55, p. 61-158 [M.c.: *Obrigações alternativas*].

– *Obrigações genéricas* in BMJ n.° 55, p. 5-59.

– *Impossibilidade superveniente por causa não imputável ao devedor e desaparecimento do interesse do credor* in BMJ n.° 46, p. 5-152 [M.c.: *Impossibilidade superveniente*].

– *Parecer acerca do projecto de Lei uniforme sobre a venda internacional de objectos mobiliários corpóreos e do anexo I (projecto sobre o pacto de reserva da propriedade)* in BMJ n.° 25, p. 13-75.

– *Caso fortuito ou de fôrça maior e teoria da imprevisão* in BFD v. X, 1926-1928, p. 192-215 [M.c.: *Caso fortuito ou de fôrça maior*].

– *A enfiteuse no Direito romano, peninsular e português*, Coimbra, Coimbra Ed., 1925.

534   *O Risco nos Contratos de Alienação*

SILVA, JOÃO CALVÃO DA – *Não cumprimento das obrigações* in Comemorações dos 35 anos do Código Civil e dos 25 anos da Reforma de 1977 – v. III (Direito das Obrigações), Coimbra, Coimbra Ed., 2007, p. 483-494 [M.c.: *Não cumprimento*].

    – *Banca, Bolsa e Seguros t. I Parte Geral*, 2.ª ed., Coimbra, Almedina, 2007 [M.c.: *Banca*].

    – *Venda de bens de consumo*, 3.ª ed., Coimbra, Almedina, 2006 [M.c.: *Venda de consumo*].

    – *Compra e venda de coisas defeituosas*, 4.ª ed., Coimbra, Almedina, 2006 [M.c.: *Compra e venda*].

    – *Sinal e contrato-promessa*, 11.ª ed., Coimbra, Almedina, 2006 [M.c.: *Sinal*].

    – *Cumprimento e sanção pecuniária compulsória*, 4.ª ed., Coimbra, Almedina, 2002 [M.c.: *Cumprimento*].

    – *Anotação ao ac. do Tribunal da Relação de Lisboa de 12 de Outubro de 2000* in RLJ a. CXXXIII, n.ᵒˢ 3915 e 3916, p. 203-224.

    – *Anotação ao ac. do STJ de 16 de Maio de 2000* in RLJ a. CXXXIII, n.º 3911, p. 81-91.

    – *Responsabilidade do produtor*, Coimbra, Almedina, 1990.

SILVA, MANUEL GOMES DA – *O dever de prestar e o dever de indemnizar v. I*, Lisboa, 1944.

SILVA, NUNO ESPINOSA GOMES DA – *História do Direito Português*, 2.ª ed., Lisboa, FCG, 1991.

SILVA, PAULA COSTA E – *Intervenção na Conferência – O novo regime legal da contratação electrónica* in AA.VV., *Lei do comércio electrónico anotada*, Coimbra, Coimbra Ed., 2005, p. 181-189.

    – *Posse ou posses?*, Coimbra, Coimbra Ed., 2004 [M.c.: *Posse*].

SOBRINHO, RITA – *Contrato de empreitada* in RJUPIDH n.º 9, 2002, p. 63-84.

SOERGEL, CARL – *Kommentar zum §§ 644 und 651* in MKBGB Band 4 (Schuldrecht Besonder Teil II – Redakteur: HARM PETER WESTERMANN), 3.ª ed., 1997, p. 1362-1367, e 1412-1416.

SORTAIS, JEAN PIERRE – *Anteprojeto de código europeu dos contratos (relatório sobre a terceira parte)* in RBDC n.º 18, 1.º Semestre, 2000, p. 110-129.

SOTO NIETO, FRANCISCO – *El caso fortuito y la fuerza maior*, Barcelona, Nauta, 1965.

SOUCHON, CHRISTINE – *Rapport nationaux: France* in Les effets du contrat dans les pays du marché commun, Paris, Pedone, 1985, p. 41-73.

SOUSA, RABINDRANATH CAPELO DE – *Lições de Direito das Sucessões v. II*, 3.ª ed., Coimbra, Coimbra Ed., 2002; *I*, 4.ª ed., 2000 [M.c.: *Sucessões*].

SOUSA, MIGUEL TEIXEIRA DE – *A acção executiva singular*, Lisboa, Lex, 1998.

    – *O cumprimento defeituoso e a venda de coisas defeituosas* in AB VNO AD OMNES – 75 anos da Coimbra Editora, Coimbra, Coimbra Ed., 1998, p. 567-585.

SOUZA, MARNOCO E – *História das Instituições do Direito Romano Peninsular e Português*, 3.ª ed., Coimbra, França Amado, 1910.

STAUDENMAYER, DIRK – *The Commission Communication on European Contract Law: What Europe for European Contract Law?* in ERPL v. 10, n.º 2, 2002, p. 249-260.

    – *The Directive on the Sale of Consumer Goods and Associated Guarantees – a Milestone in the European Consumer and Private Law Guarantees* in ERPL v. 8, n.º 4, 2000, p. 547-564.

Bibliografia Consultada 535

– *Die EG-Richtlinie über den Verbrauchgüterkauf* in NJW a. LII, n.° 33, 1999, p. 2393-2397 [M.c.: *Die EG-Richtlinie*].

TALAMANCA, MARIO – *Vendita in generale: a) Diritto romano* in ED v. XLVI, p. 303-475.

TAMAYO CARMONA, JUAN ANTONIO – *Responsabilidad y riesgo contractual: normas de la convención de Viena, sobre venta internacional de mercaderias e Incoterms 2000*, Valencia, Tirant lo blanch, 2002.

TAVARES, JOSÉ – *Os Princípios Fundamentais do Direito Civil v. I*, 2.ª ed., Coimbra, Coimbra Ed., 1929; *v. II*, 1928 [M.c.: *Princípios*].

TEDESCHI, BIANCA GARDELLA – *Mutuo (contratto di)* in DDP sezione civile v. XI, p. 537-558.

TELLES, J. H. CORREIA – *Digesto Portuguez tomos I e III*, Lisboa, Livraria Clássica, 1909.

TELLES, INOCÊNCIO GALVÃO – *Sucessão legítima e sucessão legitimária*, Coimbra, Coimbra Ed., 2004.

– *Sucessões – Parte geral*, Coimbra, Coimbra Ed., 2004.

– *Manual dos Contratos em Geral*, 4.ª ed., Coimbra, Coimbra Ed., 2002 [M.c.: *Contratos em Geral*].

– *Introdução ao Estudo do Direito v. II*, 10.ª ed., Coimbra, Coimbra Ed., 2000; *v. I*, 11.ª ed., 1999.

– *Direito das Obrigações*, 7.ª ed., Coimbra, Coimbra Ed., 1997 [M.c.: *Obrigações*].

– *Direito das Sucessões – Noções fundamentais*, 6.ª ed., Coimbra, Coimbra Ed., 1996.

– *Mandato sem representação* in CJ a. VIII, t. III, 1983, p. 5-17.

– *Manual de Direito das Obrigações t. I*, 2.ª ed., Coimbra, Coimbra Ed., 1965 [M.c.: *Manual de Obrigações*].

– *Contratos Civis – Exposição de motivos* in RFDUL v. IX, 1954, p. 144-221 [M.c.: *Contratos Civis*].

– *Aspectos comuns aos vários contratos* in RFDUL v. VII, 1950, p. 234-315 [M.c.: *Aspectos comuns*].

– *Dos contratos em especial (compra e venda e locação)* in RFDUL v. V, 1948, p. 173-230 [M.c.: *Dos contratos em especial*].

– *Venda obrigatória e venda real* in RFDUL v. V, 1948, p. 76-87 [M.c.: *Venda obrigatória*].

– *Acção de arbitramento e preferência do inquilino comercial* in RFDUL v. IV, 1947, p. 197-220.

– *Mandato (anteprojecto de um capítulo do futuro Código Civil português)* in BMJ n.° 16, p. 38-46 [M.c.: *Mandato*].

TENREIRO, MÁRIO e SOLEDAD GÓMEZ – *La directive 1999/44/CE sur certains aspects de la vente et des garanties des biens de consommation* in REDC n.° 1, 2000, p. 5-39.

TERRÉ, FRANÇOIS e YVES LEQUETTE – *Droit Civil – Les successions – Les libéralités*, 3.ª ed., Paris, Dalloz, 1997.

TERRÉ, FRANÇOIS e PHILIPPE SIMLER – *Droit Civil – Les biens*, 6.ª ed., Paris, Dalloz, 2002.

TERRÉ, FRANÇOIS, PHILIPPE SIMLER e YVES LEQUETTE – *Droit Civil – Les obligations*, 9.ª ed., Paris, Dalloz, 2005.

THORN, KARSTEN – *Transfer of Ownership in International Trade – Germany* in Transfer of Ownership in International Trade, The Hague, Kluwer Law, 1999, p. 181-200.

536   *O Risco nos Contratos de Alienação*

TOMÉ, MARIA JOÃO ROMÃO CARREIRO VAZ, *Sobre o contrato de mandato sem representação e o trust* in ROA a. LXVII, n.º 3, 2007, p. 1091-1161.

TORRES, NUNO MARIA PINHEIRO – *A transmissão da propriedade das entradas in natura nas sociedades anónimas* in DJ v. XVII, 2003, p. 33-113.

TRABUCCHI, ALBERTO – *Istituzioni di Diritto Civile*, 40.ª ed., Padova, Cedam, 2001.

TREITEL, G. H. – *The Law of Contract*, 4.ª ed., London, Sweet & Maxwell, 1995.

TUNC, ANDRÉ – *La transmisión de los riesgos en la ley uniforme* in ADC t. XI, f. IV, 1968, p. 1063-1070.

VACCA, LETIZIA – *Cultura giuridica e armonizzazione del diritto europeo* in EDP n.º 1, 2004, p. 53-68.

VALCAVI, GIOVANNI – *Alcuni appunti in materia di rischio, di incidenza della mora e di perpetuatio obligationis* in QRDP n.º 1, 1993, p. 157-163.

VALIOTI, ZOI – *Passing of risk in international sale contracts: a comparative examination of the rules on risk under the United Nations Convention on Contracts for the International Sale of Goods and INCOTERMS 2000*, 2003, in www.cisg.law.pace.edu/cisg/biblio/valioti.html, s/p.

VALLE, LAURA – *La riforma dei codici in Europa e il progetto di codice civile europeo: recenti sviluppi e prospettive* in CI a. VII, n.º 2, 2002, p. 723-744.

VARELA, JOÃO DE MATOS ANTUNES – *Das Obrigações em geral v. I*, 10.ª ed., Coimbra, Almedina, 2000; *v. II*, 7.ª ed., 1997 [M.c.: *Das Obrigações*].
- *Dos efeitos e da execução do contrato no anteprojeto do código europeu dos contratos* in RBDC n.º 18, 1.º Semestre, 2000, p. 78-109.
- *Direito do Consumo (Encerramento do Curso)* in RLJ a. CXXXII, n.º 3901 e 3902, p. 98-103, e n.º 3903, p. 162-165 [M.c.: *Direito do Consumo*].
- *Cumprimento imperfeito do contrato de compra e venda. A excepção do contrato não cumprido* in CJ XII, t. IV, 1987, p. 21-35.
- *Anotação ao ac. do STJ de 10 de Dezembro de 1985* in RLJ a. CXXIV, n.º 3809, p. 241-256, n.º 3810, p. 269-279, e n.º 3811, p. 327-328.
- *Anotação ao ac. do STJ de 10 de Fevereiro de 1983* in RLJ a. CXIX, n.º 3753, p. 377-384 e a. CXX, n.º 3754, p. 14-19.
- *Anotação ao ac. do STJ de 7 de Outubro de 1982* in RLJ a. CXIX, n.º 3747, p. 172-179.
- *Anotação ao ac. do STJ de 4 de Março de 1982* in RLJ a. CXVIII, n.º 3738, p. 282-288, e n.º 3739, p. 307-316.
- *Ensaio sobre o conceito de modo*, Coimbra, Atlântida, 1955.

VARELA, JOÃO DE MATOS ANTUNES e MANUEL HENRIQUE MESQUITA – *Resolução ou modificação do contrato por alteração de circunstâncias* in CJ VII, t. II, 1982, p. 5-17.

VASCONCELOS, JOANA DE – *Sobre a repartição entre titular e emitente do risco de utilização abusiva do cartão de crédito no direito português* in EH ao Professor Doutor Inocêncio Galvão Telles v. II, Coimbra, Almedina, 2002, p. 487-517 [M.c.: *Sobre a repartição*].
- *O contrato de emissão de cartão de crédito* in EH ao Professor Doutor Mário Júlio de Almeida Costa, Coimbra, UCE, 2002, p. 723-752.
- *Emissão de cartões de crédito* in EIDC n.º 1, 2002, p. 165-183.

Vasconcelos, Luís Miguel Pestana de – *Os contratos de garantia financeira. O dealbar do Direito europeu das garantias* in EH ao Professor Doutor José de Oliveira Ascensão v. II, Coimbra, Almedina, 2008, p. 1274-1305.

Vasconcelos, Pedro Pais de – *Teoria Geral do Direito Civil*, 5.ª ed., Coimbra, Almedina, 2008 [M.c.: *Teoria Geral*].
  - *A participação social nas sociedades comerciais*, Coimbra, Almedina, 2.ª ed., 2006 [M.c.: *A participação social*].
  - *Contratos Atípicos*, Coimbra, Almedina, 2002 (reimp.).
  - *A natureza das coisas* in EH ao Professor Doutor Manuel Gomes da Silva, Lisboa, FDUL, 2001, p. 707-764.

Vasques, José – *Contrato de seguro*, Coimbra, Coimbra Ed., 1999.

Vattier Fuenzalida, Carlos – *Nota breve sobre el momento de perfección del consentimiento contractual* in EH al Profesor Luís Díez-Picasso v. II, Madrid, Civitas, 2003, p. 3211-3225.

Vaz, Teresa Anselmo – *Alguns aspectos do contrato de compra e venda a prestações e contratos análogos*, Coimbra, Almedina, 1995.

Velozo, Francisco José – *Orientações filosóficas do Código de 1867 e do futuro Código* in SI t. XVI, 1967, p. 155-235.

Venâncio, Pedro Dias – *O contrato electrónico e o momento da sua conclusão* in MJ a. IV, n.º 2, 2006, p. 61-76.

Ventura, Raúl – *Sociedades por quotas v. I*, 2.ª ed., Coimbra, Almedina, 1999; *v. II*, 1996.
  - *Novos estudos sobre sociedades anónimas e sociedades em nome colectivo*, Coimbra, Almedina, 1994.
  - *Contrato de compra e venda no Código Civil (proibições de compra e de venda – venda de bens futuros – venda de bens de existência ou de titularidade incerta – venda de coisas sujeitas a contagem, pesagem ou medida)* in ROA a. XLIII, n.º 2, 1983, p. 261-318 [M.c.: *Compra e venda – Proibições...*].
  - *Contrato de compra e venda no Código Civil (efeitos essenciais: a transmissão da propriedade da coisa ou da titularidade do direito; a obrigação de entregar a coisa)* in ROA a. XLIII, n.º 3, 1983, p. 587-643 [M.c.: *Compra e venda – Efeitos essenciais*].
  - *Direito Romano – Obrigações*, coligido por Miranda Neves no a. lectivo 1951/1952, Lisboa, s/d [M.c.: *Romano – Obrigações*].

Vettori, Giuseppe – *Consenso traslativo e circolazione dei beni*, Milano, Giuffrè, 1995.

Vicente, Dário Moura – *Problemática internacional da sociedade da informação*, Coimbra, Almedina, 2005.
  - *A convenção de Viena sobre a compra e venda internacional de mercadorias: características gerais e âmbito de aplicação* in Estudos de Direito Comercial Internacional v. I, Coimbra, Almedina, 2004, p. 271-288 [M.c.: *A convenção de Viena*]
  - *Um Código Civil para a Europa? Algumas reflexões* in EH ao Professor Doutor Inocêncio Galvão Telles v. I, Coimbra, Almedina, 2002, p. 47-73.
  - *Desconformidade e garantias na venda de bens de consumo: a Directiva 1999/44/CE e a Convenção de Viena de 1980* in THEMIS a. II, n.º 4, p. 121-144 [M.c.: *Desconformidade e garantias*].
  - *Da arbitragem comercial internacional*, Coimbra, Coimbra Ed., 1990.

VIEIRA, JOSÉ ALBERTO COELHO – *Direitos reais*, Coimbra. Coimbra Ed., 2008 [M.c.: *Reais*].
- *O contrato de concessão comercial*, Coimbra, Coimbra Ed., 2006 (reimpressão) [M.c.: *Concessão comercial*].
- *Arrendamento de imóvel dado em garantia* in EH ao Professor Doutor Inocêncio Galvão Telles v. IV, Coimbra, Almedina, 2003, p. 437-450.

VILALONGA, JOSÉ MANUEL – *Compra e venda e empreitada – contributo para a distinção entre os dois contratos* in ROA a. LVII, n.º 1, 1997, p. 183-228.

VIVAS TESÓN, INMACULADA – *La compraventa con pacto de retro en el Código Civil*, Valencia, Tirant lo blanch, 2000.

VLIET, L. P. W. VAN – *Iusta causa traditionis and its history in european private law* in ERPL v. 11, n.º 3, 2003, p. 342-378.

VOIDEY, NADÈGE – *Le risque en droit civil*, Aix-en-Provence, PUAM, 2005.

VOLANTE, RAFFAELE – *La nuova disciplina del mutuo come contratto consensuale* in La riforma dello *Schuldrecht* tedesco: un modelo per il futuro diritto europeo delle obbligazioni e dei contratti?, Padova, Cedam, 2004, p. 277-305.

VON BAR, CHRISTIAN, OLE LANDO e STEPHEN SWANN – *Communication on European Contract Law: Joint Response of the Commission on European Contract Law and the Study Group on a European Civil Code* in ERPL v. 10, n.º 2, 2002, p. 183-248.

WATTÉ, NADINE e ARNAUD NUYTS – *Le champ d'application de la Convention de Vienne sur la vente internationale. La théorie à l'epreuve de la pratique* in JDI CXXX a., n.º 2, 2003, p. 365-424.

WATTERSON, STEPHEN – *Consumer sales directive 1999/44/EC – The impact on English law* in ERPL v. 9, n.ºs 2 e 3, 2001, p. 197-221.

WEATHERIL, STEPHEN – *The Commission's Options for Developing EC Consumer Protection and Contract Law: Assessing the Constitutional Basis* in EBLR v. 13, n.º 6, 2002, p. 497-515.

WESTERMANN, HARM PETER – *Kommentar zum §§ 446 und 447* in MKBGB Band 3 (Schuldrecht Besonder Teil I – Redakteur: HARM PETER WESTERMANN), 4.ª ed., 2004, p. 287-310 [M.c.: *Kommentar*[4]].
- *Das neue Kaufrecht* in NJW a. LV, n.º 4, 2002, p. 248-253.
- *Das neue Kaufrecht einschliesslich des Verbrauchgüterkauf* in JZ a. LVI, n.º 10, 2001, p. 530-543.
- *Kommentar zum §§ 446 und 447* in MKBGB Band 3 (Schuldrecht Besonder Teil I – Redakteur: HARM PETER WESTERMANN), 3.ª ed., 1995, p. 114-131 [M.c.: *Kommentar*[3]].

WHINCUP, MICHAEL – *Contract Law and Practice*, 4.ª ed., The Hague/London/Boston, Kluwer Law International, 2001.

WIEACKER, FRANZ – *História do Direito Privado Moderno* Lisboa, FCG, 1980 (tradução da ed. de 1967 de *Privatrechtsgeschichte der Neuzeit unter besonderer berücksichtigung der Deutschen Entwicklung*).

WILHELMSSON, THOMAS – *Private law in the EU: harmonised or fragmented europeanisation* in ERPL v. 10, n.º 1, 2002, p. 77-94.

XAVIER, VASCO DA GAMA LOBO – *Alteração das circunstâncias e risco (parecer)* in CJ a. VIII, t. V, 1983, p. 15-23.

Zaccaria, Alessio e Giovanni de Cristofaro – *La vendita dei beni di consumo*, Padova, Cedam, 2002.

Zimmermann, Reinhard – *Roman law, contemporary law, european law*, Oxford, Oxford University Press, 2001.

Zimmermann, Stefan e Kai Bischoff – *Haftungsausschluss für zwischen Vertragsschluss und Gefahrübergang entstehende Mängel bei Gebrauchtimmobilien* in NJW a. LVI, n.° 35, 2003, p. 2506-2509.

Zunarelli, Stefano – *Transfer of Ownership in International Trade – Italy* in Transfer of Ownership in International Trade, The Hague, Kluwer Law, 1999, p. 201-216.

Zunarelli, Stefano e Greta Tellarini – *La vendita a condizione fob* in Trattato di Diritto Commerciale e di Diritto Pubblico dell'Economia, Padova, Cedam, 1999.

Zweigert, Konrad – *Aspects of the german law of sale* in Some comparative aspects of the law relating to sale of goods – ICLQ Suplementary Publication n.° 9, 1964, p. 1-15.

JURISPRUDÊNCIA CONSULTADA

Supremo Tribunal de Justiça

- Ac. de 21 de Abril de 1948 in BMJ n.º 9, p. 249-251 (compra e venda de coisa futura).
- Ac. de 27 de Maio de 1949 in BMJ n.º 13, p. 247-251 (compra e venda).
- Ac. de 26 de Março de 1957 in BMJ n.º 65, p. 463-467 (transmissão da propriedade).
- Ac. de 10 de Fevereiro de 1961 in BMJ n.º 104, p. 396-403 (empreitada).
- Ac. de 11 de Abril de 1969 in BMJ n.º 186, p. 182-185 (impossibilidade).
- Ac. de 16 de Maio de 1969 in BMJ n.º 187, p. 145-156 (depósito bancário).
- Ac. de 27 de Maio de 1969 in RLJ a. CIII, n.º 3429, p. 380-381 (reserva de propriedade).
- Ac. de 9 de Janeiro de 1970 in BMJ n.º 193, p. 340-344 (compra e venda de coisa futura; impossibilidade).
- Ac. de 2 de Março de 1971 (Tribunal Pleno) in BMJ n.º 205, p. 190-194 (depósito bancário).
- Ac. de 14 de Março de 1972 in RLJ a. CVI, n.º 3494, p. 75-79 (fornecimento de electricidade).
- Ac. de 24 de Novembro de 1972 in BMJ n.º 221, p. 206-211 (resolução do contrato).
- Ac. de 16 de Março de 1973 in RLJ a. 107.º, n.º 3520, p. 103-106, e in BMJ n.º 225, p. 210-215 (empreitada).
- Ac. de 19 de Junho de 1973 in RLJ a. CVII, n.º 3527, p. 214-217 (restituição na anulação do contrato).
- Ac. de 15 de Março de 1974 in BMJ n.º 235, p. 269-274 (empreitada).
- Ac. de 21 de Maio de 1976 in RLJ a. CX, n.º 3596, p. 164-168 (direitos pessoais de gozo).
- Ac. de 23 de Novembro de 1976 in BMJ n.º 261, p. 165-170 (venda de parte integrante de um imóvel).
- Ac. de 9 de Janeiro de 1979 in BMJ n.º 283, p. 196-199 (venda executiva).
- Ac. de 8 de Fevereiro de 1979 in BMJ n.º 284, p. 221-229 (alteração das circunstâncias; impossibilidade relativa).
- Ac. de 1 de Março de 1979 in RLJ a. CXII, n.º 3648, p. 235-240, e in BMJ n.º 285, p. 279-285 (reserva de propriedade).
- Ac. de 29 de Março de 1979 in BMJ n.º 285, p. 262-268 (alteração das circunstâncias).
- Ac. de 12 de Junho de 1979 in BMJ n.º 288, p. 369-372 (alteração das circunstâncias).
- Ac. de 19 de Junho de 1979 in BMJ n.º 288, p. 373-377 (impossibilidade de cumprimento; obrigações pecuniárias).
- Ac. de 25 de Outubro de 1979 in BMJ n.º 290, p. 429-433 (depósito bancário).
- Ac. de 29 de Janeiro de 1980 in BMJ n.º 293, p. 341-345 (contrato-promessa).

542 *O Risco nos Contratos de Alienação*

– Ac. de 10 de Abril de 1980 in BMJ n.º 296, p. 273-275 (empreitada).
– Ac. de 22 de Maio de 1980 in BMJ n.º 297, p. 368-375 (depósito bancário).
– Ac. de 16 de Junho de 1981 in BMJ n.º 308, p. 255-259 (depósito bancário).
– Ac. de 18 de Fevereiro de 1982 in BMJ n.º 314, p. 288-292 (cláusula "*fob and stowed*").
– Ac. de 24 de Junho de 1982 in BMJ n.º 318, p. 394-399 (reserva de propriedade).
– Ac. de 10 de Fevereiro de 1983 in RLJ a. CXIX, n.º 3753, p. 377-380 (preferência na venda).
– Ac. de 22 de Fevereiro de 1983 in BMJ n.º 324, p. 578-583 (reserva de propriedade).
– Ac. de 14 de Novembro de 1984 in BMJ n.º 351, p. 408-414 (mora na restituição da coisa).
– Ac. de 13 de Fevereiro de 1986 in BMJ n.º 354, p. 514-520 (alteração das circuns-tâncias).
– Ac. de 27 de Fevereiro de 1986 in CJ (STJ) 1986-I, p. 247-249 (venda a esmo; alteração das circunstâncias).
– Ac. de 16 de Maio de 1989 in BMJ n.º 387, p. 579-585 (contrato-promessa).
– Ac. de 22 de Junho de 1989 in BMJ n.º 388, p. 437-440 (contrato-promessa).
– Ac. de 8 de Janeiro de 1991 in BMJ n.º 403, p. 327-330 (reserva de propriedade).
– Ac. de 21 de Fevereiro de 1991 in BMJ n.º 404, p. 465-472 (contrato-promessa)
– Ac. de 8 de Maio de 1991 in BMJ n.º 407, p. 523-529 (permuta).
– Ac. de 10 de Dezembro de 1991 in BMJ n.º 412, p. 459-469 (alteração das circuns-tâncias).
– Ac. de 2 de Abril de 1992 in BMJ n.º 416, p. 641-655 (venda com expedição).
– Ac. de 23 de Abril de 1992 in BMJ n.º 416, p. 656-663 (cláusula "*fob*").
– Ac. de 27 de Outubro de 1992 in BMJ n.º 420, p. 538-543 (venda a contento; venda sujeita a prova; venda de bens futuros).
– Ac. de 6 de Julho de 1993 in CJ (STJ) 1993-II, p. 181-184 (reserva de propriedade).
– Ac. de 29 de Setembro de 1993 in CJ (STJ) 1993-III, p. 44-49 (precário).
– Ac. de 20 de Janeiro de 1994 in CJ (STJ) 1994-I, p. 53-55, e in BMJ n.º 433, p. 541-546 (venda de frutos).
– Ac. de 1 de Fevereiro de 1995 in BMJ n.º 444, p. 609-617 (reserva de propriedade).
– Ac. de 6 de Abril de 1995 in CJ (STJ) 1995-II, p. 33-37 (reserva de propriedade).
– Ac. de 24 de Outubro de 1995 in BMJ n.º 450, p. 469-476 (empreitada).
– Ac. de 12 de Dezembro de 1995 in BMJ n.º 452, p. 432-436 (mandato sem represen-tação).
– Ac. de 31 de Janeiro de 1996 (Tribunal Pleno) in BMJ n.º 443, p. 46-57 (reserva de pro-priedade; empreitada).
– Ac. de 29 de Fevereiro de 1996 in CJ (STJ) 1996-I, p. 108-111 (reserva de propriedade).
– Ac. de 05 de Março de 1996 in CJ (STJ) 1996-I, p. 119-122 (reserva de propriedade).
– Ac. de 21 de Maio de 1996 in BMJ n.º 457, p. 343-349 (depósito bancário).
– Ac. de 5 de Junho de 1996 in CJ (STJ) 1996-II, p. 119-122 (elisão da presunção de culpa).
– Ac. n.º 7/97, de 25 de Fevereiro de 1997 (acordão de uniformização de jurisprudência), in DR 1.ª série, n.º 83, de 9 de Abril de 1997, p. 1598-1603 (cláusula modal).
– Ac. de 10 de Abril de 1997 in BMJ n.º 466, p. 477-484, e in CJ (STJ) 97-II, p. 39-42 (venda de eucaliptos).
– Ac. de 22 de Abril de 1997 in CJ (STJ) 1997-II, p. 70-72 (elisão da culpa).

Jurisprudência consultada

– Ac. de 10 de Fevereiro de 1998 in BMJ n.º 474, p. 451-456 (subempreitada).

– Ac. de 23 de Abril de 1998 in CJ (STJ) 1998-II, p. 46-49 (venda de frutos).

– Ac. de 3 de Dezembro de 1998 in CJ (STJ) 1998-III, p. 140-145 (CCG).

– Ac. de 17 de Junho de 1999 in CJ (STJ) 1999-II, p. 148-150 (CCG).

– Ac. de 23 de Novembro de 1999 in BMJ n.º 491, p. 241-258 (CCG).

– Ac. de 25 de Novembro de 1999 in CJ (STJ) 1999-III, p. 124 (resolução do contrato).

– Ac. de 1 de Abril de 2000 in CJ (STJ) 2000-II, p. 15-23 (contrato-promessa; empreitada).

– Ac. de 16 de Maio de 2000 in RLJ a. CXXXIII, n.º 3911, p. 66-81 (alienação fiduciária em garantia).

– Ac. de 12 de Outubro de 2000 in CJ (STJ) 2000-III, p. 67-70 (CCG).

– Ac. de 28 de Junho de 2001 in CJ (STJ) 2001-III, p. 127 (CCG).

– Ac. de 11 de Outubro de 2001 in CJ (STJ) 2001-III, p. 78-81 (CCG).

– Ac. de 7 de Fevereiro de 2002 in CJ (STJ) 2002-I, p. 81-86 (mandato para venda).

– Ac. de 19 de Março de 2002 in CJ (STJ) 2002-I, p. 139-142 (permuta de bens futuros).

– Ac. de 11 de Março de 2003 in CJ (STJ) 2003-I, p. 122-126 (âmbito de aplicação da lei de defesa do consumidor).

– Ac. de 19 de Outubro de 2004 in CJ (STJ) 2004-III, p. 69-72 (compra e venda sob condição resolutiva).

– Ac. de 13 de Janeiro de 2005 in CJ (STJ) 2005-I, p. 37-40 (compra e venda sujeita a prova).

– Ac. de 12 de Maio de 2005 in CJ (STJ) 2005-II, p. 94-99 (reserva de propriedade).

– Ac. de 2 de Fevereiro de 2006 in CDP n.º 15, 2006, p. 53-54 (reserva de propriedade).

– Ac. de 21 de Fevereiro de 2006 in CJ (STJ) 2006-I, p. 89-93 (contrato-promessa).

– Ac. de 18 de Abril de 2006 in CJ (STJ) 2006-I, p. 49-50 (depósito).

– Ac. de 23 de Maio de 2006 in CJ (STJ) 2006-I, p. 97-100 (contrato-promessa).

– Ac. de 06 de Julho de 2006 in CJ (STJ) 2006-I, p. 136-139 (compra com termo a favor do alienante).

– Ac. de 5 de Dezembro de 2006 in CJ (STJ) 2006-III, p. 148-152 (risco de crédito).

– Ac. n.º 1/2007, de 30 de Novembro de 2006 (acordão de uniformização de jurisprudência), in DR, 1.ª série, n.º 32, de 14 de Fevereiro de 2007, p. 1156-1159 (prejuízo patrimonial).

– Ac. de 11 de Janeiro de 2007 in CJ (STJ) 2007-I, p. 25-28 (reserva de propriedade).

– Ac. de 23 de Janeiro de 2007 in CJ (STJ) 2007-I, p. 39-41 (empreitada).

– Ac. de 13 de Fevereiro de 2007 in CJ (STJ) 2007-I, p. 71-72 (mútuo).

– Ac. de 8 de Março de 2007 in CJ (STJ) 2007-I, p. 93-98 (reserva de propriedade).

– Ac. de 13 de Março de 2007 in CJ (STJ) 2007-I, p. 101-104 (transmissão da propriedade de acções).

– Ac. de 17 de Abril de 2007 in CJ (STJ) 2007-II, p. 37-41 (contrato-promessa).

– Ac. de 22 de Janeiro de 2008 in CJ (STJ) 2008-I, p. 57-59 (mandato sem representação).

– Ac. de 4 de Março de 2008 in CJ (STJ) 2008-I, p. 147-151 (contrato-promessa).

– Ac. n.º 10/2008, de 09 de Outubro de 2008 (acordão de uniformização de jurisprudência), in DR, 1.ª série, n.º 222, de 14 de Novembro de 2008, p. 7971-7989 (reserva de propriedade).

Relação de Lisboa

– Ac. de 24 de Julho de 1968 in BMJ n.º 179, p. 205-228 (depósito bancário).
– Ac. de 04 de Novembro de 1970 in RT a. LXXXIX, 1971, p. 317 (sumário) (locação; caducidade).
– Ac. de 7 de Junho de 1974 in BMJ n.º 238, p. 273 (sumário) (contrato-promessa).
– Ac. de 12 de Junho de 1974 in BMJ n.º 238, p. 272 (sumário) (depósito bancário).
– Ac. de 2 de Fevereiro de 1979 in CJ 1979-I, p. 129-132 (depósito bancário).
– Ac. de 22 de Abril de 1980 in CJ 1980-II, p. 230-231 (depósito bancário).
– Ac. de 9 de Janeiro de 1981 in CJ 1981-I, p. 199-201 (depósito bancário).
– Ac. de 17 de Março de 1983 in CJ 1983-II, p. 114-117 (depósito bancário).
– Ac. de 16 de Abril de 1985 in CJ 1985-II, p. 127-129 (reserva de propriedade).
– Ac. de 12 de Dezembro de 1985 in CJ 1985-V, p. 103-104 (reserva de propriedade).
– Ac. de 3 de Novembro de 1987 in CJ 1987-V, p. 88-91 (risco e cumprimento das obrigações).
– Ac. de 16 de Março de 1989 in CJ 1989-II, p. 116 (presunção de culpa do locatário).
– Ac. de 9 de Novembro de 1989 in CJ 1989-V, p. 103-104 (locação; caducidade).
– Ac. de 18 de Janeiro de 1990 in CJ 1990-I, p. 146-148 (reserva de propriedade).
– Ac. de 7 de Junho de 1990 in CJ 1990-III, p. 137-140 (presunção de culpa do locatário).
– Ac. de 25 de Outubro de 1990 in CJ 1990-IV, p. 159-162 (cláusula "fas").
– Ac. de 25 de Março de 1993 in CJ 1993-II, p. 124-126 (empreitada).
– Ac. de 20 de Maio de 1993 in CJ 1993-III, p. 107-112 (reserva de propriedade).
– Ac. de 3 de Novembro de 1994 in BMJ n.º 441, p. 391 (sumário) (risco de furto).
– Ac. de 24 de Outubro de 1996 in CJ 1996-IV, p. 139-140 (impossibilidade).
– Ac. de 12 de Julho de 1997 in CJ 1997-II, p. 104-106 (locação; caducidade).
– Ac. de 2 de Outubro de 1997 in CJ 1997-IV, p. 102-104 (nulidade do contrato).
– Ac. de 28 de Outubro de 1999 in CJ 1999-IV, p. 139-142 (risco e alteração de circunstâncias).
– Ac. de 28 de Março de 2000 in CJ 2000-II, p. 118-121 (negócio fiduciário).
– Ac. de 12 de Outubro de 2000 in RLJ a. CXXXIII, n.os 3915 e 3916, p. 189-203 (transporte marítimo de mercadorias).
– Ac. de 23 de Novembro de 2000 in CJ 2000-V, p. 99-100 (reserva de propriedade).
– Ac. de 13 de Março de 2003 in CJ 2003-II, p. 74-76 (reserva de propriedade).
– Ac. de 4 de Dezembro de 2003 in CJ 2003-V, p. 115-117 (reserva de propriedade).
– Ac. de 29 de Abril de 2004 in CJ 2004-II, p. 120-122 (reserva de propriedade).
– Ac. de 24 de Junho de 2004 in CJ 2004-II, p. 122-126 (CCG).
– Ac. de 30 de Maio de 2006 in CJ 2006-III, p. 105-107 (reserva de propriedade).
– Ac. de 8 de Março de 2007 in CJ 2007-II, p. 76-79 (reserva de propriedade).

Relação do Porto

– Ac. de 4 de Fevereiro de 1971 in BMJ n.º 204, p. 196 (sumário) (reserva de propriedade).
– Ac. de 16 de Outubro de 1979 in CJ 1979-IV, p. 1289-1290 (locação; caducidade).
– Ac. de 4 de Dezembro de 1980 in CJ 1980-V, p. 143-144 (empreitada; impossibilidade).

Jurisprudência consultada

- Ac. de 19 de Maio de 1981 in CJ 1981-III, p. 127-128 (reserva de propriedade).
- Ac. de 26 de Novembro de 1981 in CJ 1981-V, p. 262-265 (contrato-promessa).
- Ac. de 5 de Abril de 1983 in CJ 1983-II, p. 250-252 (locação; caducidade).
- Ac. de 6 de Outubro de 1983 in CJ 1983-IV, p. 251-253 (reserva de propriedade).
- Ac. de 25 de Outubro de 1984 in CJ 1984-IV, p. 234-236 (locação; caducidade).
- Ac. de 25 de Outubro de 1984 in CJ 1984-IV, p. 236-238 (reserva de propriedade).
- Ac. de 23 de Fevereiro de 1989 in CJ 1989-I, p. 198-199 (contrato-promessa de venda de bens futuros).
- Ac. de 12 de Janeiro de 1993 in CJ 1993-II, p. 175-178 (reserva de propriedade).
- Ac. de 9 de Março de 1993 in CJ 1993-II, p. 187-191 (contrato-promessa).
- Ac. de 20 de Fevereiro de 1997 in CJ 1997-I, p. 238-242 (mandato sem representação).
- Ac. de 26 de Janeiro de 1998 in CJ 1998-I, p. 190-193 (empreitada).
- Ac. de 25 de Fevereiro de 2002 in CJ 2002-I, p. 214-216 (responsabilidade do comodatário).
- Ac. de 14 de Fevereiro de 2005 in CJ 2005-I, p. 186-191 (aluguer de longa duração).
- Ac. de 9 de Fevereiro de 2006 in CJ 2006-I, p. 180-182 (empreitada).
- Ac. de 13 de Fevereiro de 2006 in CJ 2006-I, p. 189-191 (venda de bem alheio).
- Ac. de 9 de Outubro de 2006 in CJ 2006-IV, p. 172-173 (empreitada).
- Ac. de 16 de Abril de 2007 in CJ 2007-II, p. 183-186 (resolução do contrato).

Relação de Coimbra

- Ac. de 20 de Abril de 1982 in BMJ n.º 318, p. 487 (sumário) (contrato-promessa).
- Ac. de 24 de Janeiro de 1989 in CJ 1989-I, p. 44-46 (escambo).
- Ac. de 26 de Janeiro de 1993 in CJ 1993-I, p. 24-25 (venda de coisa futura).
- Ac. de 21 de Maio de 1996 in CJ 1996-III, p. 16-19 (serviço de cofre nocturno).
- Ac. de 28 de Maio de 1999 in CJ 1999-III, p. 20-21 (mandato sem representação).
- Ac. de 19 de Outubro de 2004 in CJ 2004-I, p. 31-34 (locação).
- Ac. de 31 de Maio de 2005 in CJ 2005-III, p. 25-28 (venda de coisas defeituosas).
- Ac. de 14 de Junho de 2005 in CJ 2005-III, p. 28-32 (depósito bancário).
- Ac. de 31 de Janeiro de 2006 in CJ 2006-I, p. 13-18 (alteração das circunstâncias).
- Ac. de 15 de Maio de 2007 in CJ 2007-III, p. 5-7 (empreitada).
- Ac. de 25 de Setembro de 2007 in CJ 2007-IV, p. 19-21 (venda a contento).

Relação de Évora

- Ac. de 3 de Julho de 1980 in BMJ n.º 302, p. 327 (sumário) (locação; caducidade).
- Ac. de 28 de Maio de 1986 in CJ 1986-III, p. 253-258 (contrato-promessa).
- Ac. de 23 de Fevereiro de 1989 in CJ 1989-I, p. 256-258 (venda de bens autonomizados e de frutos pendentes).
- Ac. de 18 de Março de 1993 in CJ 1993-II, p. 264-266 (venda de coisa futura).
- Ac. de 30 de Março de 1995 in CJ 1995-I, p. 257-259 (venda a esmo).
- Ac. de 22 de Janeiro de 2004 in CJ 2004-I, p. 238-242 (contrato nulo; obrigação de restituição).

Relação de Guimarães

– Ac. de 26 de Setembro de 2005 in CJ 2005-IV, p. 304-305 (estimatório).
– Ac. de 15 de Fevereiro de 2007 in CJ 2007-I, p. 281-285 (entrega da coisa).

Outros/Ministério Público

– Ac. do TCA de 25 de Maio de 1999 in BMJ n.º 487, p. 383 (sumário) (permuta).
– S. da 6.ª Vara Cível de Lisboa de 24 de Janeiro de 1978 in CJ 78-II, p. 703-707 (depósito bancário).
– S. do 15.º Juízo Cível de Lisboa de 06 de Março de 1981 in CJ 81-II, p. 277-284 (contrato de fornecimento).
– S. do 15.º Juízo Cível de Lisboa de 09 de Março de 1981 in CJ 81-II, p. 284-287 (empreitada).
– Parecer do Ministério Público no processo n.º 62900 do STJ – Tribunal Pleno in BMJ n.º 205, p. 94-104 (depósito bancário).
– Parecer n.º 85/75 da PGR in BMJ n.º 259, p. 109-122 (condição resolutiva; bens do ausente).

ÍNDICE

Modo de citação e abreviaturas	9
Sumário	15
1. **INTRODUÇÃO**	19
1.1. O risco	20
1.1.1. O delinear de um conceito legalmente pressuposto	20
1.1.2. Delimitação da investigação	36
1.1.2.1. O risco inerente à titularidade de um direito real	36
1.1.2.2. Risco e a responsabilidade pelo risco	56
1.1.2.3. Risco e o incumprimento obrigacional	59
1.1.2.4. Risco e a alteração das circunstâncias	61
1.1.2.5. Risco e contratos aleatórios	66
1.1.3. Os desdobramentos do risco contratual	69
1.1.3.1. O risco da prestação	69
1.1.3.2. O risco da contraprestação	76
1.1.3.3. O risco enquanto perda patrimonial contratualmente fundada	81
1.2. Os contratos de alienação	82
1.2.1. Conceito e âmbito dos contratos de alienação	82
1.2.2. O momento de constituição e transferência de direitos reais	87
1.2.3. O momento da formação do contrato	91
2. **EVOLUÇÃO HISTÓRICA**	101
2.1. Direito romano	102
2.2. Das Ordenações do Reino ao período pré-codificador	138
2.3. O Código Civil de Seabra	158
3. **ALGUMAS EXPERIÊNCIAS E MODELOS DE DIREITO ESTRANGEIRO E INTERNACIONAL**	169
3.1. Razão de ordem	169
3.2. Direito estrangeiro	174
3.2.1. Direito francês	174
3.2.2. Direito espanhol	184
3.2.3. Direito alemão	200

548   *O Risco nos Contratos de Alienação*

3.2.4. Direito italiano	220
3.2.5. Direito inglês	240
3.3. Direito internacional e modelos regulatórios	243
3.3.1. A Convenção de Viena sobre a Compra e Venda Internacional de Mercadorias	243
3.3.2. O Acto Uniforme da OHADA relativo ao Direito Comercial Geral	263
3.3.3. Os INCOTERMS	266
3.3.4. O anteprojecto de Código Europeu dos Contratos	276
3.3.5. Os Princípios *Unidroit* relativos aos Contratos Comerciais Internacionais	280
3.3.6. Os *Principles of European Contract Law*	283

4. O REGIME JURÍDICO DO RISCO NOS CONTRATOS DE ALIENAÇÃO

4.1. Risco obrigacional e risco real	287
4.2. Risco real	291
4.2.1. A conexão com o momento de constituição ou de transferência de direitos reais	291
4.2.1.1. O regime geral de alienação de coisa presente e determinada	291
4.2.1.2. A alienação de coisa futura	294
4.2.1.3. A alienação de coisa indeterminada	299
4.2.1.3.1. Em geral	299
4.2.1.3.2. Obrigações alternativas	300
4.2.1.3.3. Obrigações genéricas	305
4.2.1.4. A alienação de direitos reais menores	315
4.2.2. A conexão com o tempo e o lugar do cumprimento das obrigações contratuais	318
4.2.2.1. Em geral	318
4.2.2.2. O termo para a entrega da coisa constituído a favor do alienante	322
4.2.2.3. Coisa a ser transportada para lugar distinto do lugar do cumprimento	327
4.2.3. O risco na de transmissão não imediata ou precária da propriedade	333
4.2.3.1. A alienação subordinada a condição suspensiva	333
4.2.3.2. A alienação subordinada a condição resolutiva	337
4.2.3.3. A alienação subordinada a termo suspensivo	340
4.2.3.4. A cláusula de reserva de propriedade	343
4.3. Contratos de alienação paradigmáticos	355
4.3.1. A compra e venda	355
4.3.1.1. Em geral	355
4.3.1.2. A compra e venda a contento e sujeita a prova	362
4.3.1.3. A compra e venda a retro	368
4.3.1.4. A compra e venda de coisa em viagem	370
4.3.1.5. A locação-venda	372
4.3.1.6. A compra e venda de bens de consumo	374

4.3.2. A troca	385	
4.3.3. A doação	387	
4.3.4. O mútuo e o depósito irregular	395	
4.3.5. A dação em cumprimento	404	
4.3.6. A alienação fiduciária em garantia	405	
4.4. Contratos eventual ou acessoriamente alienatórios	409	
4.4.1. A sociedade e a obrigação de entrada do sócio	409	
4.4.2. A empreitada	418	
4.4.3. O mandato sem representação para aquisição	429	
4.4.4. O contrato estimatório ou de consignação	434	
4.5. A distribuição do risco em alguns contratos com efeitos meramente obrigacionais	438	
4.5.1. O comodato	438	
4.5.2. O depósito	443	
4.5.3. A locação	445	
4.5.4. A locação financeira	449	
4.5.5. A parceria pecuária	453	
4.5.6. O contrato-promessa de compra e venda com tradição da coisa prometida alienar	456	
4.6. Risco e crise contratual	460	
4.6.1. A mora do devedor	460	
4.6.2. A mora do credor	466	
4.6.3. A invalidade do contrato	470	
4.6.4. A resolução do contrato	476	
4.7. Risco e autonomia privada	484	

5. ESBOÇO DE SÍNTESE DO REGIME JURÍDICO VIGENTE 495

5.1 A tentativa de formulação de um princípio geral no ordenamento jurídico português: em busca do tempo perdido? 495

5.2. Movimento diacrónico de alteração de paradigmas ou de eterno retorno?. 501

Bibliografia consultada 503

Jurisprudência consultada 541